W0273183

Eckhard Weber

Der KORNKREIS – Code

Verborgene Botschaften in mysteriösen Zeichen

Argo-Verlag
Ingrid Schlotterbeck
Sternstraße 3, D-87616 Marktoberdorf
Telefon: 0 83 49/920 440
Fax: 0 83 49/920 44 49
Mail: mail@magazin2000plus.de

Alle Rechte vorbehalten. Kein Teil des Werkes darf in irgendeiner Form (Druck, Fotokopie, Mikrofilm, oder in einem anderen Verfahren) ohne schriftliche Genehmigung des Verlages reproduziert oder unter Verwendung elektronischer Systeme verarbeitet, vervielfältigt oder verbreitet werden.

Vorbehaltserklärung:
Der Zweck dieses Buches ist, Informationen über die behandelten Themen zu vermitteln und darüber zu berichten. Im Falle eines Verlustes oder Schadens, der direkt oder indirekt in Verbindung mit den in diesem Buch enthaltenen Informationen einer Person oder Wesenheit gegenüber gebracht werden könnte, sind weder der Autor noch der Verleger verantwortlich oder schadensersatzpflichtig.

3. Auflage 2010
Printed in Germany
ISBN 978-3-937987-20-0

gedruckt auf chlor- und säurefreiem Papier

Umschlagbilder
Vorderseite: Kornkreis vom 27.7.2002, Crooked Soley, Berkshire.
Rückseite: Julia-Set vom 13.8.2001 bei Alton Barnes. (links oben)
Das Neue Jerusalem vom 5.7.2005 bei Alton Priors. (rechts oben)
Himmlischer Thron der Herrlichkeit vom 13.8.2005, Woolstone Hill.
Die Krone des Lebens vom 9.8.2005, Wayland Smithys.
Fotos: Steve Alexander.

Eckhard Weber

Der KORNKREIS – Code

Verborgene Botschaften in mysteriösen Zeichen

Widmung

Ich widme dieses Buch unserer logisch orientierten Gesellschaft, allen die am Phänomen der Kornkreise zweifeln, allen, die sie bekämpfen, aber vor allem den Menschen, die sich schon lange an der Schönheit der Kornkreise erfreuen.

Wir sehen (die Kornkreise) und können es nicht glauben. Sollten wir nicht glauben, ohne zu sehen? Die Kornkreise kommen in unsere Realität und zeigen uns, daß der rationale Verstand nicht alle Daten erfaßen kann, so sehr er das auch möchte. Immer wenn die Wirklichkeit nicht erklärt werden kann, wird eine Nische innerhalb unseres Bewußtseins geöffnet.

Die Kornkreise übersteigen den logischen Verstand. Daher zwingen sie die menschliche Sichtweise zur Erweiterung, weil so etwas aus der jetzigen Erfahrung gar nicht möglich erscheint. Das Kornkreis-Phänomen zwingt die logisch orientierte Menschheit etwas anzuerkennen, das keinen Sinn ergibt und dies geschieht auf sehr einfache und offensichtliche Weise, ohne daß irgend jemandes Sichtweise der Realität bedroht wird.

Ich widme dieses Buch aber auch all den Menschen, die schon lange auf dem spirituellen Weg sind, denn die Kornkreise sollen uns helfen, unser Frequenzspektrum zu erweitern und sie sollen uns Mut machen, unser Licht zu leben.

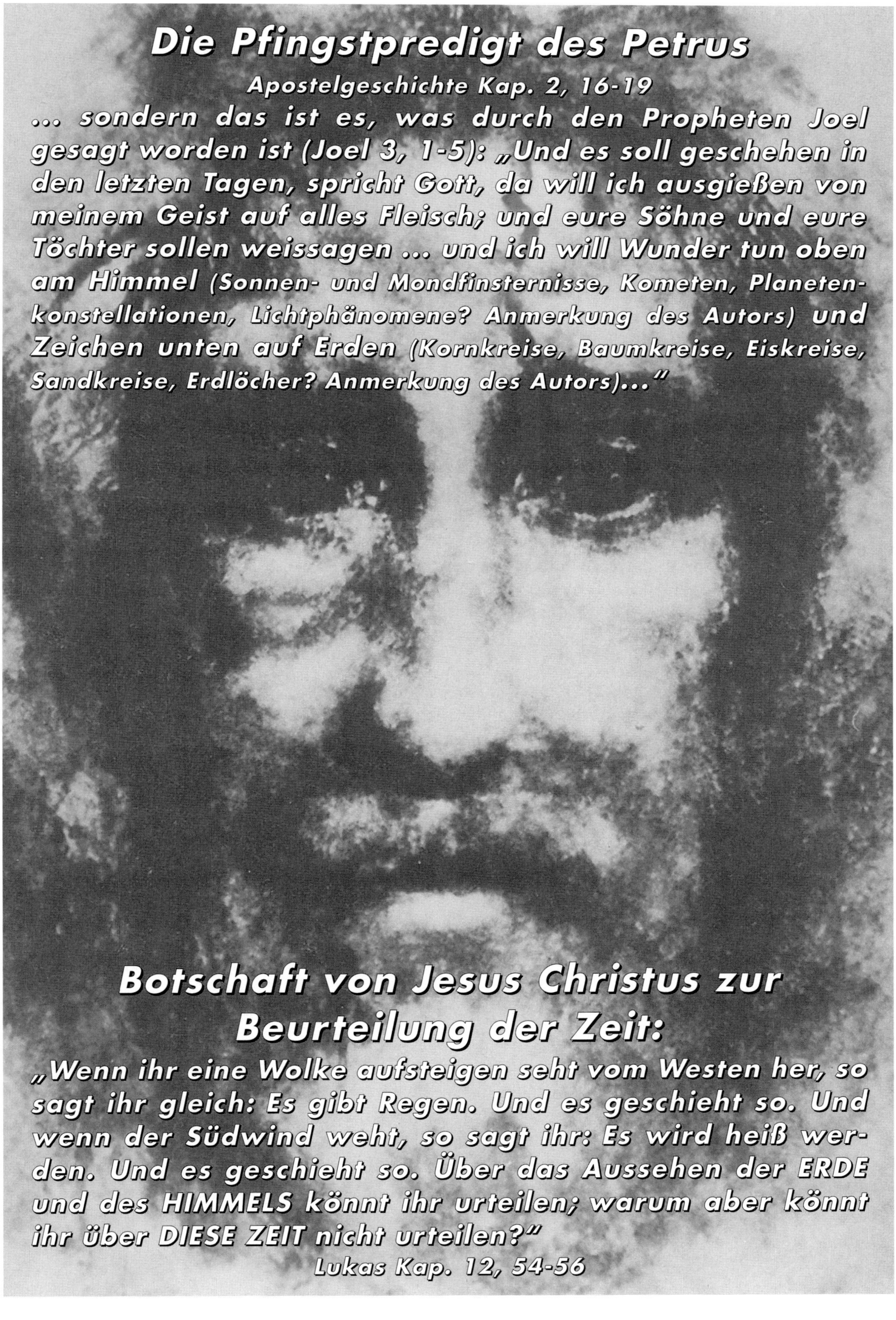

Die Pfingstpredigt des Petrus

Apostelgeschichte Kap. 2, 16-19

... sondern das ist es, was durch den Propheten Joel gesagt worden ist (Joel 3, 1-5): „Und es soll geschehen in den letzten Tagen, spricht Gott, da will ich ausgießen von meinem Geist auf alles Fleisch; und eure Söhne und eure Töchter sollen weissagen ... und ich will Wunder tun oben am Himmel (Sonnen- und Mondfinsternisse, Kometen, Planetenkonstellationen, Lichtphänomene? Anmerkung des Autors) und Zeichen unten auf Erden (Kornkreise, Baumkreise, Eiskreise, Sandkreise, Erdlöcher? Anmerkung des Autors)..."

Botschaft von Jesus Christus zur Beurteilung der Zeit:

„Wenn ihr eine Wolke aufsteigen seht vom Westen her, so sagt ihr gleich: Es gibt Regen. Und es geschieht so. Und wenn der Südwind weht, so sagt ihr: Es wird heiß werden. Und es geschieht so. Über das Aussehen der ERDE und des HIMMELS könnt ihr urteilen; warum aber könnt ihr über DIESE ZEIT nicht urteilen?"

Lukas Kap. 12, 54-56

Danksagung

Es ist mir leider nicht möglich, alle namentlich zu erwähnen, die an der Entstehung von „Der Kornkreis-Code“ beteiligt waren. Jeder Einzelne, dessen spezieller Lebensweg auch ein Teil meines Weges wurde, hat auf seine besondere Weise zu diesem Werk beigetragen. Ich möchte meinen Dank speziell an jene richten, die an mich und meine Forschungen geglaubt haben und dann fünf Jahre warten mußten, bis dieses Buch endlich fertig wurde.

Besonderer Dank gilt:
Meiner Frau Ute und meinen Kindern, die all die Jahre mit mir so viele Kornkreise im In- und Ausland besichtigen mußten.
Der Waldorfschülerin Lena Hegger für ihre wundervolle Jahresarbeit „Kornkreise – Erscheinungsformen und Deutungsversuche zu einem ungeklärten Phänomen“, für die sie mir freundlicherweise die Rechte zur Gestaltung des Einleitungsteiles überließ.
Meinen spirituellen, langjährigen Freunden und Kornkreisforschern Dirk und Peter Möller, die mit ihren Beiträgen in diesem Buch außerordentlich zur „Erhellung des Kornkreis-Phänomens“ beigetragen haben.
Meinem langjährigen Freund und Kornkreisforscher Wolfgang Schöppe, der mit seinem ferngesteuerten Modellflugzeug (mit eingebauter Kamera) so viele schöne Kornkreisbilder gemacht hat.
Meinem Freund Kurt Peter (Journalist), der mir bei dem Kapitel „Der Weg zum Kornkreis-Code“ schriftstellerisch helfend zur Seite stand.
Meiner Sekretärin Grit Bischof und meiner Frau Ute, die viele Kapitel dieses Buches geduldig abgetippt haben, und nochmals meiner Frau, die in der Endphase des Buches noch einige Kapitel mitformuliert hat.
Deutschlands bestem Kornkreisfotograf Frank Laumen für seine tollen Kornkreisbilder und seinen unermüdlichen Einsatz. Er hat fast alle Kornkreise in Deutschland und teilweise auch in England fotografisch dokumentiert.
Meiner Grafikerin und Freundin Caroline Eßer für ihre wundervollen Grafiken, die sie für das Buch erstellt hat.
Peter Sørensen, der mir freundlicherweise seine Schwarz/Weiß-Grafiken kostenlos zur Verfügung gestellt hat. Er sagte zu mir: „Wenn du irgendwann einmal viel Geld mit dem Buch verdient hast, kannst du mir immer noch etwas geben.“
Englands bester Kornkreisfotografin, Lucy Pringle, für ihre tollen Kornkreisbilder aus 'weiblicher Sicht'. Sie überließ mir die Bilder für ein Drittel ihres üblichen Preises mit den Worten: „Wie mir scheint, hast du eine wichtige Botschaft zu überbringen. Du hast eine Mission zu erfüllen, das spüre ich... Ich wünsche Dir viel viel Glück mit Deinem Buch.“
Englands bestem Kornkreisfotografen Steve Alexander für seine wunderbaren Kornkreisbilder aus 'männlicher Sicht' und seinen unermüdlichen Einsatz, alle Kornkreise in England fotografisch zu dokumentieren. Ich persönlich finde seine Kornkreisbilder 'Weltklasse'.
Frank Peters von der Forschungsgesellschaft Kornkreise (FGK) für seinen lichtvollen Beitrag und die Fotos über das Phänomen der Lichtkugeln, die immer wieder bei der Entstehung von Kornkreisen beobachtet werden.
Dem Kornkreisforscher Rüdiger Wagner für seine Sichtweise über das Phänomen der Kornkreise, nachdem er sich 12 Jahre lang damit auseinandergesetzt hat.
Drunvalo Melchizedek für sein enormes Wissen über die Heilige Geometrie und die Mer-Ka-Ba. Durch ihn habe ich viel gelernt und konnte mein neues Wissen in die Kornkreis-Deutungen mit einfließen lassen. Ich danke Dir für Deine wunderbare Arbeit in 33 Ländern dieser Erde und für Deinen großen Dienst an der Menschheit.
Meiner langjährigen Freundin und Verlegerin Ingrid Schlotterbeck, die mir ihr Haus, ihr Team von der Redaktion des Magazin 2000plus und ihr Kornkreisarchiv zur Verfügung stellte und dadurch erst dieses Buch ermöglicht hat. Ich danke Dir auch für Deinen Mut, immer wieder unorthodoxe Themen aufzugreifen, um sie einem größeren Publikum zugänglich zu machen.

Einleitung zum Kornkreisphänomen

Viele in der geneigten Leserschaft werden sagen: Schon wieder ein Buch über Kornkreise! Ja, das stimmt, aber ganz so ist es nicht.
In diesem Buch geht es hauptsächlich nicht darum, die vielen schönen Kornkreise zu dokumentieren oder etwas über die Beschaffenheit oder Veränderung der Halme in einem Kornkreis zu beschreiben, denn das haben in der Tat schon einige gemacht. In diesem Buch soll es um andere Dinge gehen.
Natürlich geht, es hier auch um die Darstellungen der Kornkreise, aber von einem ganz anderen Standpunkt aus. Statt nur die Kornkreise zu dokumentieren, soll hier der Versuch unternommen werden, an den innersten Gehalt der Kornkreise heranzukommen. Was teilt sich uns da in den Kornkreisen mit? Wie kommen sie zustande? Welche Kräfte wirken in den Kornkreisen und was für Kräfte sind das?
Es bringt uns alle auf die Dauer nicht weiter, wenn wir nur die vielen schönen Formen der Kornkreise betrachten und uns daran erbauen. Wenn wir wirklich an den innersten Gehalt der Kornkreise heran kommen wollen, dann müssen wir den Boden der wissenschaftlichen Dokumentation und Meßbarkeit verlassen und den Schritt in andere Sphären des Daseins wagen.
In den Kornkreisen offenbaren sich Kräfte aus höheren Welten und sie haben offenbar eine Botschaft an uns Menschen! Irgend etwas teilt sich uns mit und gibt sich somit zu erkennen, daß es da ist, daß es existiert, daß es intelligent ist und daß es uns beobachtet. Wir können das natürlich ignorieren oder uns darüber lustig machen, aber das wird an den Tatsachen nichts ändern.
Tatsachen verschwinden nicht einfach, nur weil wir sie nicht mögen!
Die Menschen ignorieren ja viele Dinge, die nicht in ihr Weltbild passen. Aber die vielen Kornkreise sind ja eigentlich nicht zu übersehen. Also warum dann diese Ignoranz?
Es gehört schon viel Desinteresse dazu, diese auffälligen Gebilde einfach nicht zu beachten. Vielleicht entsteht über die Sichtbarkeit der Kornkreise auch Angst in den Herzen der Menschen, denn es könnte ja sein, daß es doch einen Gott gibt, und das hat man ja bis jetzt nicht so ernst genommen. Also kann man sagen, daß die Kornkreise doch ihre Wirkung auf den Betrachter haben. Sie berühren den Menschen wohl doch in der Seele. Ahnungsvoll steigt in dem Betrachter eines Kornkreises eine innere Gewißheit hoch, daß sich hier eine geistige Kraft offenbart, hinter dem sich ein großes, göttliches Mysterium verbirgt.
Wenn man also davon ausgeht, daß eine unbekannte, intelligente Kraft in einer für den Menschen unsichtbaren Sphäre existiert, dann teilt sie uns hier etwas von sich selbst mit. Diese Kraft oder dieses Wesen trägt in sich selbst ein göttliches Geheimnis und nun liegt es an uns, diesem Geheimnis näher zu kommen. Jesus sagte einmal: „Werdet vollkommen, wie euer Vater im Himmel vollkommen ist."
Wenn es also so ist, daß wir hier von dieser hohen geistigen Kraft einen Weg gezeigt bekommen, der uns zurück in die geistigen Welten führen kann, dann sollten wir das prüfen. Wir finden ja in den Kornkreisen viele Elemente, die uns Menschen den Stufenweg zu Gott aufzeigen können: Wir haben eine tiefe Formensymbolik in den vielfältigsten Varianten.
Wir haben die Heilige Geometrie, wir haben kabbalistische Elemente, also Verbindungen mit der Zahlen-, Namens- und Sphärensymbolik, sowie der Mer-ka-ba. Wir finden Anteile aus den ägyptischen, asiatischen und europäisch-keltischen Mysterien, wir finden Darstellungen des Planetensystems, Elemente der Harmonik, der Mathematik, der Musik und vielleicht auch Formen einer zukünftigen Architektur.
Von Zufällen kann ja da keine Rede mehr sein!
Darum sollten wir uns in den Arbeitsprozeß hineinbegeben, denn nur so können wir darauf hoffen, die Geheimnisse nach und nach zu enthüllen. Zunächst sollten wir die ätherische Welt dabei im Auge haben, denn diese Sphäre ist am engsten verbunden mit der physischen Welt. Aus der

ätherischen Welt strahlen die Kräfte herab, die sich hier in der physischen Welt als Kreise in den Kornfeldern offenbaren.
Es ist möglich, daß sich nun in dieser Zeit den Menschen völlig neue Mysterien offenbaren, die mit der ätherischen Welt im Zusammenhang stehen. Das Medium dazu sind offenbar die Kornkreise. Hat das alte Rosenkreuzerbild von der Kornähre in der Brustmitte des Christus hier einen verborgenen, aktuellen Bezugspunkt? Hält ein verborgener König etwa Ausschau nach seiner Ernte?
Es mag auch sein, daß ein Einstieg in den Prozeß mit den ätherischen Energien und seine Verbindungen mit den irdischen Bezugspunkten in den Kornkreisen zu schmerzhaften Prozessen im täglichen Leben führen, wie es die Mitarbeiter an diesem Buch bestätigen können. Ungeahnte Schwierigkeiten aller Art traten auf, die eine Beendigung dieses Buches erheblich erschwerten. Wir halten es für möglich, daß die intensive Beschäftigung mit diesem Thema für uns eine Art Initiation war. Darum wissen wir uns auf einem guten Weg und übergeben dieses Werk mit aller guten Hoffnung und voller Lebensmut einer wißbegierigen Leserschaft. ■

Peter Möller, im Juli 2004
Kornkreisforscher

Inhaltsverzeichnis

Vorwort des Autors

Unsere Welt birgt immer noch ungelöste Geheimnisse und Wunder, trotz aller Erkenntnisse der modernen Wissenschaften. Zu den Mysterien unserer Tage gehören auch die sogenannten Kornkreise. Sie erscheinen als große Gebilde mit fantastischen Mustern in der freien Natur und bestechen durch ihre Schönheit und geometrische Perfektion. Nur für wenige Tage und Wochen sind sie sichtbar, ziehen die Menschen in ihren Bann, verursachen gleichzeitig Faszination und Irritation – und werfen viele Fragen und Rätsel auf.

Mitte der neunziger Jahre hatten mich zunächst die Kornkreise vor der eigenen Haustür, in meiner nordhessischen Heimat, in den Bann gezogen. Nach einer intensiven Auseinandersetzung mit diesem Phänomen hatte ich schon nach kurzer Zeit das Gefühl, daß die meisten Gebilde nicht von Menschenhand gemacht sein konnten. Etwas Geheimnisvolles mußte dahinter stecken, wichtige Botschaften für die Menschheit, die uns, von wem oder was auch immer, gesandt werden.

Nach jahrelanger Recherche, Feldbegehungen, zahlreichen Exkursionen durch vier Kontinente sowie ausgiebigen Diskussionen mit weiteren Kornkreisforschern hat sich mir schließlich ein Kornkreis-Code offenbart, der mich jedoch zunächst etwas zurückschrecken ließ. Sollte ich wirklich durch Intuition und unglaubliche persönliche Erfahrungen auf die gesuchte Antwort gestoßen sein? Wird man mich vielleicht für verrückt erklären, wenn ich mich damit an die Öffentlichkeit wage? Und: Würde es überhaupt jemanden interessieren?

Mit Lampenfieber, feuchten Händen und vielen Schweißperlen auf der Stirn, trat ich schließlich 1998 erstmals mit meinem neuen Wissen vor ein Publikum. Erfreulicherweise flogen weder Eier noch Tomaten. Keine Buhrufe oder sonstige Unmutsbekundungen störten meinen Vortrag. Stattdessen folgten Anerkennung und die Ermunterung zum Weitermachen, was ich sehr erleichtert aufnahm. Es blieb daher nicht bei dieser Veranstaltung, sondern es folgten in den vergangenen Jahren zahlreiche weitere Vorträge im In- und Ausland. Dabei wurde von den Zuhörern immer wieder die Bitte an mich herangetragen, den Kornkreis-Code auch in Buchform zu veröffentlichen.

Das Ergebnis halten Sie nun in den Händen. Wer die bisherige Literatur zu diesem Thema kennt, kann ermessen, daß es sich hierbei um die bisher umfangreichste Dokumentation dieses Phänomens handelt, das offensichtlich schon seit Menschengedenken existiert, aber insbesondere in den letzten 15 Jahren auch ins Blickfeld der Öffentlichkeit gelangen konnte. Durch die umfangreiche Farbbild-Dokumentation der interessantesten Formationen der letzten Jahre kann sich jeder Leser selbst einen Eindruck über die immer komplexeren Botschaften im Korn verschaffen, die ich mit parallelen Abbildungen aus Kunst, Geschichte, Geometrie und persönlichen spirituellen Erkenntnissen erläutert habe.

Der Kornkreis-Code beruht auf Erkenntnissen der Quantentheorie (Entstehung des Universums), der Kabbala (jüdisch-hebräische Geheimlehre), der Heiligen Geometrie (Matrix der Schöpfung), der Mer-Ka-Ba (Lichtkörper-Lehre des Menschen) und direkter Intuition, weshalb ich darauf hinweisen möchte, daß es sich hierbei um meine ganz persönliche Deutung der Kornkreise und ihrer Urheber handelt. Dies wird mittlerweile weltweit von vielen Menschen geteilt. Selbstverständlich werden jedoch auch andere Deutungen und Interpretationen mitbehandelt, die teils auf wissenschaftlichen Forschungsergebnissen oder auch medialen Durchgaben beruhen. Genausowenig wird verschwiegen, daß es auch Fälschergruppen gibt, die mittlerweile – zumindest aus der Luft betrachtet – bereits erstaunlich präzise Formationen zuwege brachten. Lesen und überprüfen Sie einfach selbst, ob und was Sie glauben können...

Eckhard Weber

Einleitung

„Viele Leute sagen von den Kornkreisen, sie seien das größte Mysterium unserer Zeit. Und das sind sie auch. Es ist wie eine große Liebesgeschichte.
Es ist, als ob man sich verliebt in das Unbekannte. Man verliebt sich in die eigene Vorstellungskraft, in die Kraft dieser Erde und ihrer Natur. Wenn man in einen Kornkreis hineingeht, hat man das Gefühl, man ist irgendwo in einem Raum zwischen den Welten.
Sie kamen von irgendwo her. Wir wissen nicht, woher sie kamen oder wodurch sie gemacht werden. Und sie scheinen nicht so richtig von dieser Welt zu sein, trotzdem sie in unseren Feldern sind. Und irgendwie ist es auch nicht ganz von dieser Welt, was sie gemacht hat.
So befindet man sich in einem spannungsgeladenem Raum zwischen den Welten.“ [53]

Mit diesen Worten beschrieb Patricia Murray ihre Beziehung zu den Kornkreisen. Ich kann diesen Worten nur zustimmen. Denn hat man einmal angefangen, sich mit diesem Thema zu beschäftigen, läßt es einen nicht wieder los. Die Literatur über Kornkreise ist inzwischen sehr umfangreich geworden. In diesem Buch sollen daher die weitgehend bekannten Fakten nicht noch einmal ausführlich wiederholt werden. Ein kurzer Einblick in die weltweite Kornkreisdiskussion, die bisherige Dokumentation des Phänomens sowie einige wichtige Erkenntnisse und Theorien unterschiedlicher Wissenschaften sollten daher als Grundlage genügen, um den Kornkreis-Code in den späteren Kapiteln nachvollziehen zu können.
Viele Hinweise deuten darauf hin, daß die Kornkreise keineswegs ein Mysterium der Neuzeit sind, sondern schon seit langer Zeit auftreten. Ihre Erforschung steht dennoch ziemlich am Anfang. Noch immer ranken sich viele Rätsel um dieses Phänomen. Für die meisten Menschen steht jedoch die Frage der Entstehung von Kornkreisen im Mittelpunkt. So wurden im Laufe der Zeit zahlreiche Theorien aufgestellt, die von reinem Zynismus bis zu Phantasiegebilden, von rationalen Auslegungen bis zum schlichtweg Absurden reichen. Einige solcher Theorien stellen z.B. Hubschrauber oder Tiere als Verursacher dar. Andere bringen das Phänomen in Zusammenhang mit UFOs. Die einfachste und auch zahlreich vertretene Variante zur Erklärung der Kornkreise ist jedoch die Fälschungstheorie, nach der die Kornkreise ein Machwerk von Menschenhand sind. Neben diesen Theorien mit nicht allzu großer Beweiskraft existieren aber auch durchdachtere Vorschläge wie z.B. die Plasma-Votex-Theorie, die Koch-Kyborgsche Theorie und der in diesem Buch vorgestellte Kornkreis-Code.

Viele Theorien, die bisher als das „letzte Wort“ über die Entstehung der Kornkreise propagiert wurden, sind vom Phänomen selbst auf vernichtende Weise widerlegt oder gar ihrer Glaubwürdigkeit beraubt worden. Daneben besitzt das Phänomen noch weitere Eigenschaften. So animiert es nicht nur zum Lächeln, wenn Theorien, die gerade erst geäußert, schon wieder verändert werden müssen, um dem nächsten Piktogramm angepaßt zu werden. Auch hat es einen Sinn für Schönheit und Ästhetik, denn es präsentiert sich uns in den schönsten geometrischen Formen, eingebettet in die Landschaft. Neben diesen geometrischen Strukturen beinhalten viele Formationen auch Symbole, die auf Bedeutungen schließen lassen.

Die Geschichte des Mysteriums

Begleitet das Phänomen der Kornkreise die Menschheit schon seit jeher? Gab es in früheren Epochen schon Muster und Kreise in Kornfeldern? Haben sie vielleicht solche Ehrfurcht bei den Menschen ausgelöst, daß durch kreisförmige Tempel, Begräbnisstätten, Muster auf den Mosaikböden von Heiligtümern und kreisrunde Steinsetzungen an sie erinnert werden sollte? Denn viele dieser Stätten befinden sich in den Gegenden, aus denen heute Kornkreismeldungen stammen. Ähnliche Darstellungen aus der Steinzeit als Felsritzungen wie auch australische Traumzeitmalereien der Aborigines und rituelle Malereien der Hopi-Indianer könnten ebenso auf damalige Kreise hinweisen, die auf mysteriöse Weise in der Landschaft entstanden waren.
Die ersten Berichte von runden Abdrücken in Kornfeldern stammen aus dem Mittelalter. Diese Kreise wurden damals mit Teufeln, Zwergen und ähnlichen Wesen in Verbindung gebracht. Außerdem wurde von dem sogenannten „Mähteufel“ berichtet, welcher das Korn kreisförmig umgelegt haben soll. Von diesem „Mähenden Teufel“ existiert ein Holzschnitt aus dem Jahre 1678. Dieser könnte die historische Berichterstattung von der Entstehung eines Kornkreises in damaliger volkstümlicher Bildsprache darstellen:

The Mowing-Devil:
Or, Strange NEWS out of
Hartford-ſhire.

Being a True Relation of a Farmer, who Bargaining with a Poor *Mower*, about the Cutting down Three Half Acres of *Oats*, upon the *Mower's* asking too much, the *Farmer* swore, *That the Devil should Mow it, rather than He*. And so it fell out, that that very Night, the Crop of *Oat* shew'd as if it had been all of a Flame; but next Mornin appear'd so neatly Mow'd by the Devil, or some Infernal Spirit, that no Mortal Man was able to do the like.
Also, How the said *Oats* ly now in the Field, and the Owne has not Power to fetch them away.

Licensed, August 22th. 1678.

Auch Berichte von Hexen, die durch das Getreide reiten, Wirbelwinden, die vom Teufel besessen sind oder Feen, die Reigen tanzen, führen uns zu Kulten zur Verehrung der ***„Götter des Korns“*** und vielleicht zu den Kreisen in den Getreidefeldern (s. Abb. unten). Andererseits geht aus Legenden und Sagen hervor, daß die Bauern für auffällige Veränderungen, die in ihren Kornfeldern auftraten, Erklärungen suchten und der Meinung waren, daß diese von Wind und Wild stammten. Aus dem Jahre 1860 existiert der Bericht eines Deutschen, der einen Kornkreis mit folgenden Worten beschrieb: ***„Wie von einer Schleife niedergedrückt.“***

In den 20er Jahren des 19. Jahrhunderts wurden auch in Schleswig-Holstein Kornkreise gesichtet. Auch in Angeln existierten Berichten der Einheimischen zufolge seit der gleichen Zeit Kornkreise. Zu dieser Zeit glaubten die Bauern nicht mehr, daß Teufel, Elfen und ähnliche Wesen für die Kreise verantwortlich wären, sondern führten die Herkunft auf Streiche leichtsinniger Kinder zurück. Da die Bauern das Korn an den niedergedrückten Stellen statt mit der Sense mit der Handsichel ernten mußten, war das Ärgernis über die seltsamen Kreise groß.
Aus dem Jahre 1930 stammt die erste Fotografie eines Kornkreises aus England. Erwähnungen von Kornkreisen aus der folgenden Zeit wurden nicht bildlich belegt. Erst 1966 wurde die Existenz von Kornkreisen in Australien zum ersten Mal fotografisch gezeigt.
Seit 1972 treten Kornkreise massiv in England auf. Von nun an häuften sich die kreisförmigen Abdrücke in den Getreidefeldern Englands und das Phänomen erlangte mehr und mehr die Aufmerksamkeit der Öffentlichkeit. Durch die ersten Bücher, die verfaßt wurden, erlangte das Phänomen bald weltweite Beachtung.
Auch die Medien begannen über die Kornkreise in England zu berichten. Seit den 80er Jahren wird das Phänomen der Kornkreise dokumentiert und Jahr für Jahr werden wissenschaftliche Untersuchungen an den Kreisen vorgenommen. Am Anfang der 90er-Jahre erreichte das Phänomen seinen (ersten) Höhepunkt. Die Anzahl der Kornkreise nahm sprunghaft zu und die Figuren wurden immer komplexer. Um den Rätseln auf die Spur zu kommen, wurde 1991 die deutsche Forschungsgesellschaft Kornkreise (FGK) gegründet. 1992 formierte sich das amerikanische BLT Research Team, welches von den Mitgliedern Burke, Levengood und Talbott seinen Namen erhielt. Zur gleichen Zeit bildeten sich die ersten „Fälscherteams" die „Hoaxer" und führten viele Forscher durch ihre Fälschungen in die Irre. Sie bauten ihre Fähigkeiten immer weiter aus. 1992 fand sogar ein erster Fälscherwettbewerb statt. In den letzten 10 Jahren traten die Kornkreise regelmäßig auf der ganzen Welt auf. Zahlreiche Untersuchungen und Experimente wurden zur Erforschung durchgeführt. Trotzdem blieb das Phänomen bis heute ein Rätsel.

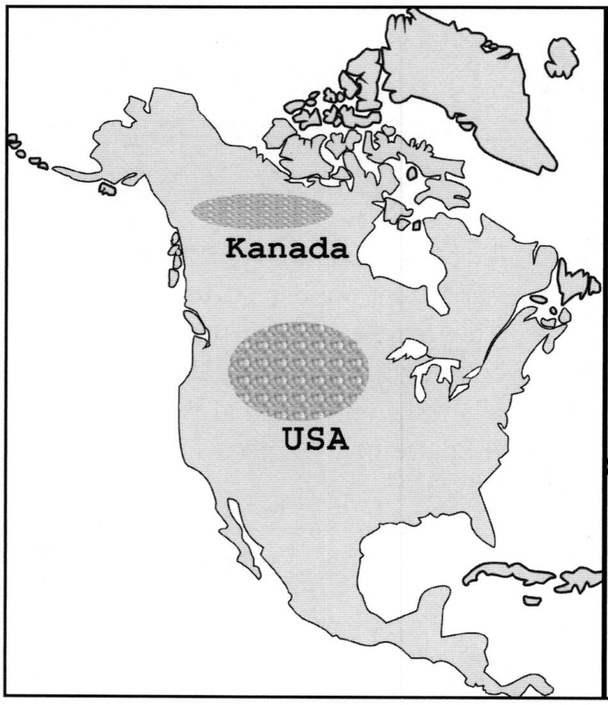

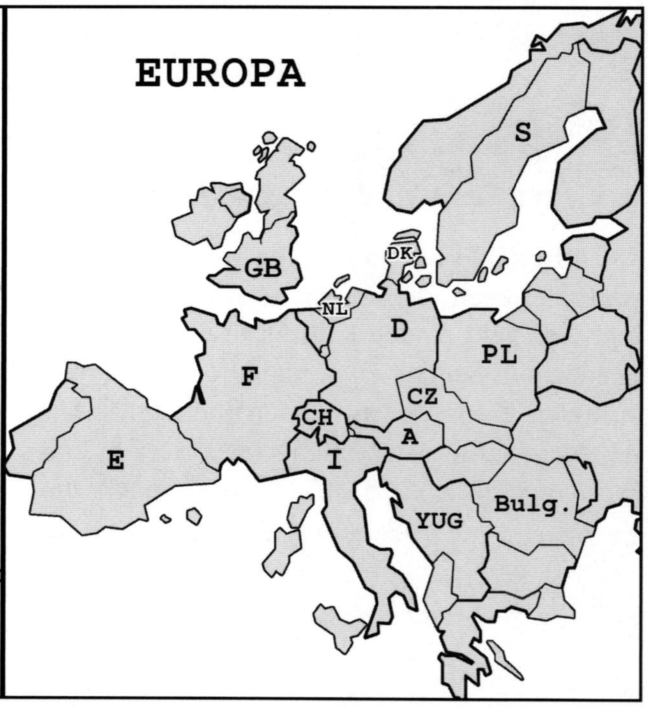

Kornkreise treten weltweit auf, auf dem amerikanischen Kontinent vor allem in den USA und Kanada, in Europa zunächst überwiegend in England, seit 1995 auch vermehrt in Deutschland, aber auch in Holland, Dänemark, Schweden, Österreich, Italien, Frankreich, Bulgarien, Tchechien, Polen, im ehemaligen Jugoslawien und der Schweiz.

Wo entstehen Kornkreise?

Wo treten Kornkreise auf? Besteht ein Zusammenhang mit Kultstätten? Von dem Phänomen der Kornkreise sind viele Länder weltweit betroffen: am häufigsten und mit ausgeprägten Erscheinungen England (1991 über 600 Kornkreise) und Deutschland. In den Jahren 1996, 1997 und 1998 hatte Schleswig-Holstein die stärkste Konzentration in Deutschland. Danach verlagerte sich das Kornkreiszentrum in den Kasseler Raum. Eine Konzentration auf der Insel Rügen war jedoch durch eine Vielzahl von Fälschungen verursacht worden. Im Jahr 2003 gab es im Raum Kassel keine Kornkreise mehr. Warum diese Verlagerungen stattfinden, ist ein weiteres Rätsel.

Auch in Deutschland ist die Nähe der Kornkreishäufungen zu Kultstätten auffallend. So befinden sich in der Umgebung von Kassel viele kulturell bedeutsame keltische Orte. Aber auch in anderen Ländern liegen die meisten Fundorte der Kornkreise in unmittelbarer Nähe von Kultstätten.

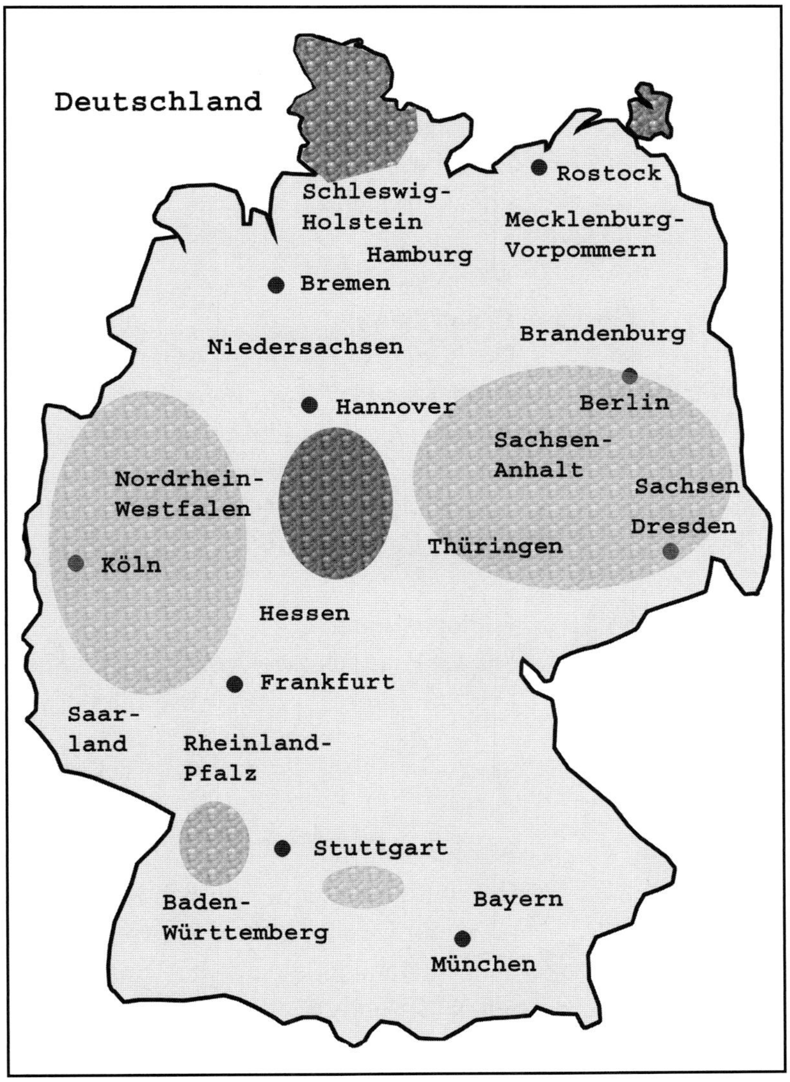

In Australien befinden sich z.B. die Kornkreisgebiete in der Nähe von wichtigen heiligen Orten der Ureinwohner. In Amerika sind mehrere Jahre hintereinander im gleichen Feld nahe des Grabhügels eines Indianerstammes Kornkreise entdeckt worden.

Durch diese Häufungen der Kornkreise an Orten von kultureller Bedeutung wird schnell die Frage aufgeworfen, ob die Kornkreise in Zusammenhang mit Kultstätten stehen. Auf jeden Fall scheinen sie weltweit in unmittelbarerer Nachbarschaft heiliger Stätten zu erscheinen.

Die betroffenen Vegetationsarten

Die verursachende Kraft der Kornkreise scheint in allen Arten von Vegetation wirksam zu werden. Aufgetreten sind Kornkreise schon in verschiedensten Pflanzenarten wie Weizen, Gerste, Roggen, Hafer, Raps, Senf, Stangenbohnen, Spinat, Karotten, Tabak, Mais, Reis und Gras, aber auch in Eis, Schnee und Sand. Bei manchen dieser Kreise ist jedoch unklar, ob sie zu dem Phänomen der Kornkreise zählen. Die Mehrzahl der gesichteten Kornkreise lagen aber in Feldern mit fast ausgereiftem Getreide wie Weizen und Gerste.

Rapskreis am 13. Mai 2001 in Zierenberg, Hessen. Foto: Frank Laumen.

Typologie der Kornkreise
Formationen der Kreise und ihre Grundformen

Einzelkreis:
Einzelkreise kommen mit verschiedenen Durchmessern (ca. 1-32 m) vor. Die Grundform des Einzelkreises weist ein rechts- oder linksläufiges Spiralmuster auf, bei dem die Krümmung der Spiralwindungen von geraden Strahlen bis zu vier Windungen variiert.

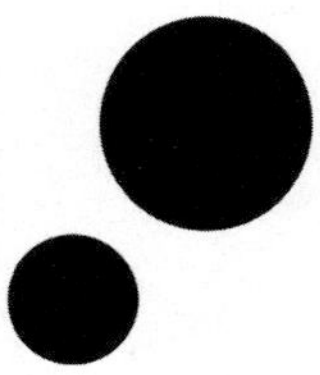

Ungleiches Paar:
Der Durchmesser des kleinen Kreises variiert ungefähr zwischen 5 und 7 m und der des großen Kreises zwischen 12 und 14 m.
Die Spiralen haben eineinhalb bis drei Windungen und können rechts- oder linksläufig sein.

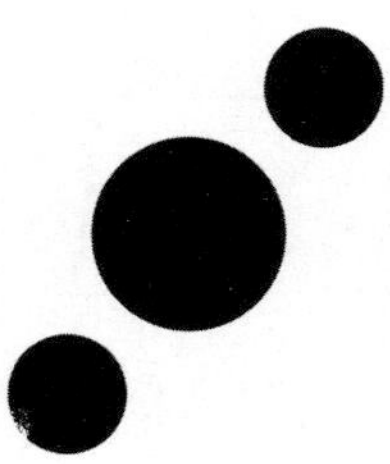

Dreiergruppe:
Der große Kreis einer Dreiergruppe liegt immer in der Mitte. Sein Durchmesser variiert etwa zwischen 16 und 18 m. Der Durchmesser der kleinen Kreise liegt ungefähr zwischen 8 und 10 m. Das Spiralmuster weist entweder bei allen drei Kreisen eine rechtsläufige Drehung oder bei zwei Kreisen eine rechtsläufige und beim dritten eine linksläufige Spiraldrehung auf.

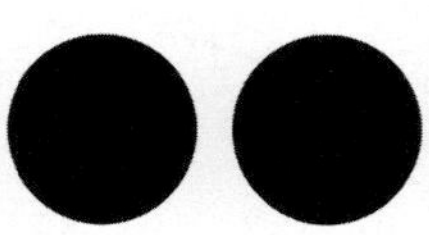

Gleiches Paar:
Dieses Paar aus zwei gleichgroßen Kreisen erscheint sehr selten.
Der Durchmesser der Kreise liegt etwa um 4 m.

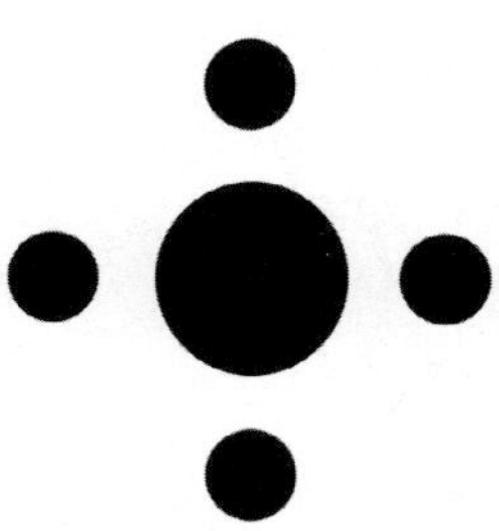

Fünfergruppe:
Der Durchmesser des großen Kreises, welcher immer in der Mitte der vier Satellitenkreise liegt, variiert zwischen 17 und 20 m. Die in etwa gleichmäßigem Abstand um den Mittelkreis gruppierten Satellitenkreise haben ungefähr einen Durchmesser von 3 und 4 m. Gewöhnlich sind alle Spiralmuster im Uhrzeigersinn. Manchmal treten Fünflinge auch mit großen Satellitenkreisen im Durchmesser von 7 und 8 m auf, bei denen der große Mittelkreis einen Durchmesser von 13 und 14 m aufweist.

Kreis mit Außenring:
Das Bodenmuster kann in dieser Konfiguration rechts- oder linksläufige Spiralen oder eine Mischung beider Richtungen aufweisen. Das heißt, die Richtung der Spiralwindungen im Kreis muß nicht die gleiche sein wie die im Ring. Der Kreis mißt ungefähr einen Durchmesser von 17-20 m. Der Innenkranz aus aufrechtem Getreide variiert zwischen 1 und 2 m Breite. Der Außenring hat eine Breite von etwa 1,3 bis 2 m.

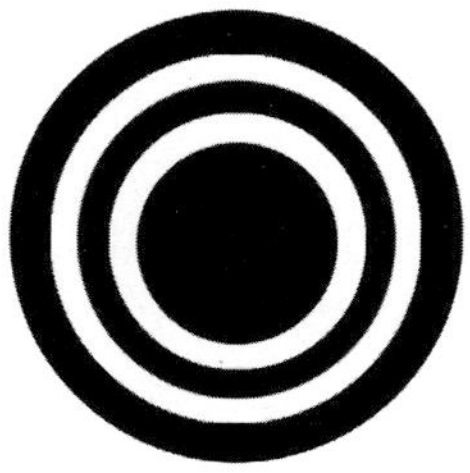

Kreis mit doppeltem Außenring:
Diese Formation ist sehr selten. Der Kreis hat in etwa einen Durchmesser von 16 m und ist gewöhnlich im Uhrzeigersinn gewunden. Die Innenkränze aus aufrecht stehendem Korn sind ca. 2,30 m breit. Der erste und zweite Außenring haben eine Breite von ungefähr 1m. Das Bodenmuster kann verschiedene, aber auch gleiche Richtungen der Spiralwindungen aufweisen, wie bereits beschrieben.

Kreis mit Außenring und Pfeil:
Diese Konfiguration ist ebenfalls sehr selten. Der Durchmesser des Kreises beträgt ca. 20 m. Der Innenkranz aus aufrechtem Getreide ist etwa 2 m breit und der Außenring mißt ca. 1,5 m Breite. Aus diesem führt der Pfeil, in dem das Korn fächerförmig vom Kreismittelpunkt wegweisend am Boden liegt, heraus. Anstatt eines Pfeils kann auch ein Pfad aus dem Ring herausführen. Dieser kann entweder gebogen oder gerade sein und eine Länge von bis zu 30 m haben.

Kreis mit zwei Satellitenkreisen:
Der große Kreis hat einen Durchmesser von ca. 20 m. Die Satellitenkreise befinden sich beide auf einer Seite des großen Kreises.

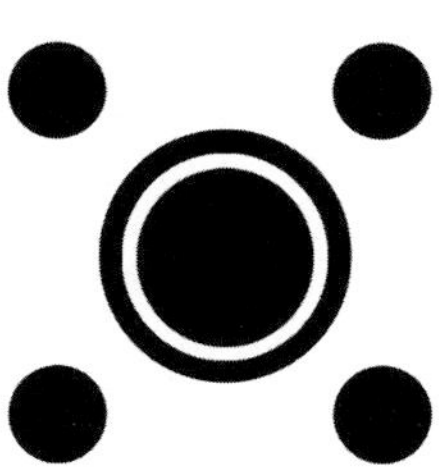

Fünfergruppe mit Außenring:
Der Durchmesser des großen Mittelkreises beträgt etwa 15 m. Der Innenkranz aus aufrecht stehendem Getreide mißt eine Breite von ca. 1,5 m. Die gleiche Breite hat auch der Außenring. Die vier Satellitenkreise, welche wie bei dem „normalen" Fünfling gleichmäßig um den Kreis, hier Kreis mit Ring, verteilt sind, haben einen Durchmesser von ungefähr 4 m.

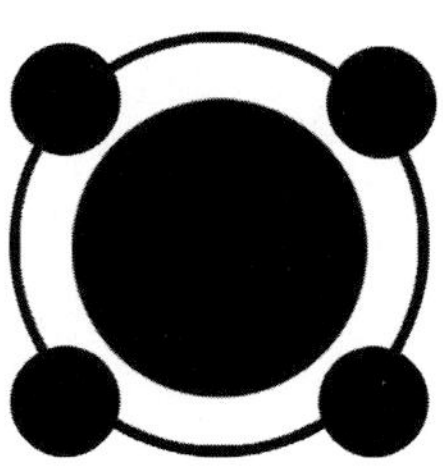

Fünfergruppe mit Ring durch die Satellitenkreise:
Bei dieser Formation führt der Ring, welcher nur wenige Zentimeter breit ist, durch die Mitten der vier Satellitenkreise.

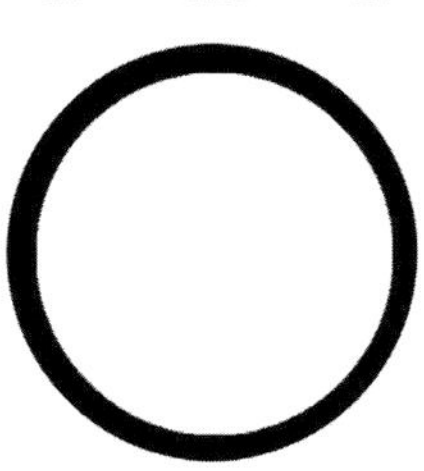

Einzelring:
Der Durchmesser des Rings beträgt etwa 10 m. Die Richtung der Spiralwindung kann sowohl im als auch gegen den Uhrzeigersinn sein. Die Breite des Rings mißt ca. 0,5 m.

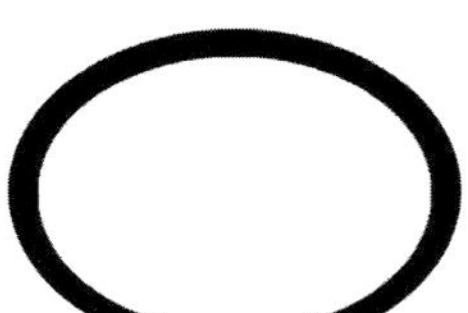

Elliptischer Ring:
Diese Form von Ring erscheint nur äußerst selten. Die Hauptachse beträgt ca. 7 m und die Nebenachse etwa 6 m.

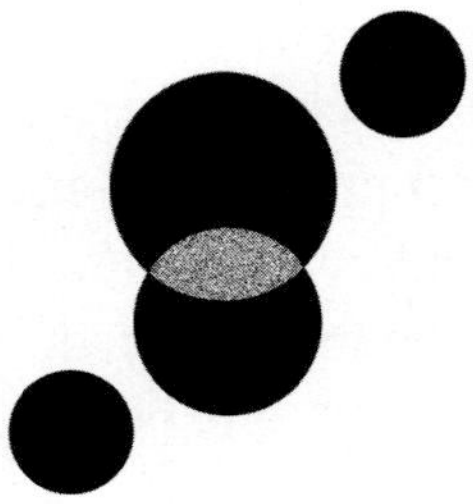

Überlagerte Kreise:
Die Überlagerung von Ringen und Kreisen ist ein weiteres Phänomen beim Auftauchen der Kornkreise. Es deutet auf ein zweites Einwirken der verursachenden Kräfte hin. Teilweise wird das links oder rechtsläufige Bodenmuster an den überlagerten Stellen vollkommen durcheinander gebracht. Einige Konfigurationen werden erst Wochen nach ihrer Entstehung von anderen überlagert. Trotz der Doppelwirkung wächst das Getreide „normal“ weiter.

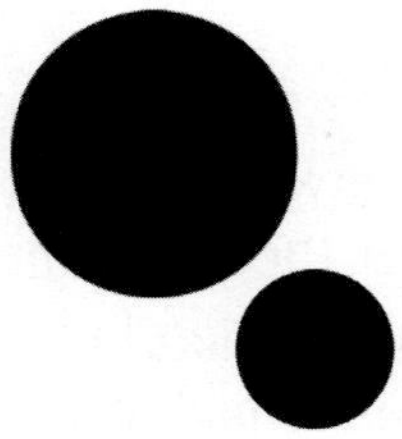

Ergänzungskreise:
Einige Formationen werden zu späterem Zeitpunkt durch Kreise oder Ringe ergänzt.

Diese Grundtypen der Kornkreisformationen traten bis 1990 regelmäßig auf. Auch heute sind sie noch vereinzelt in den Getreidefeldern als Abdrücke zu finden. Doch seit dem Jahre 1990 zeigte sich das Phänomen der Kornkreise in unvorhersehbarer Vielfalt und Anzahl. Die Gesamtzahl der Kreise überstieg die Zahl der vorangegangenen Jahre bei weitem. Außerdem wurden vollkommen neue Formen wie Rechtecke, Dreiecke, Schnörkel, Spiralen, halbierte Ringe und hantelförmige Abdrücke in den Getreidefeldern entdeckt.
Am überraschendsten aber waren die Konfigurationen von bis zu 150 m Länge, welche „Piktogramme“ getauft wurden. Ihre Komplexität und Vielfalt der Kombinationen bestimmter immer wiederkehrender Motive überragten die Ausdruckskraft, welche die Kornkreise bislang an den Tag gelegt hatten, bei weitem.

Die neuen Formen ab 1990

Ringsegmente:
Ab 1990 erscheinen nicht mehr nur Ringe, sondern auch Ringsegmente, welche verschiedenst um Kreise angeordnet sind.

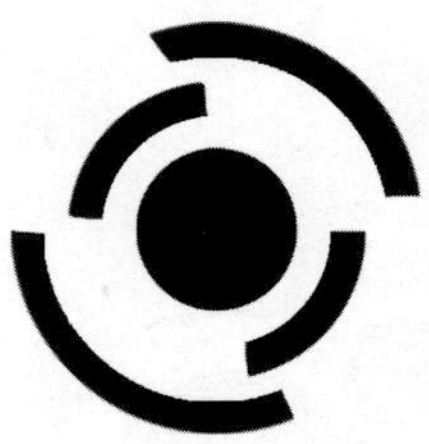

Hanteln:
Auch die „Hanteln“, zwei Kreise durch einen geraden Pfad verbunden, gehören zu den neuen Formen.

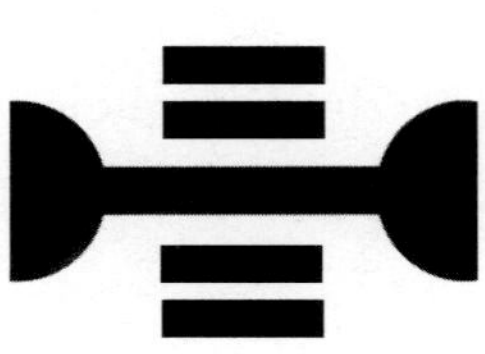

Rechtecke:
Die Rechtecke sind meist einzeln oder paarweise auf beiden Seiten einer Geraden angeordnet.

Zeiger:
Die „Zeiger“ ähneln einem Pfad, der aus einem Kreis oder Ring herausführt. Zusätzlich hat ein „Zeiger“ verschieden große, seitliche Fortsätze, die in eine Richtung zu weisen scheinen.

Diese neuen Formen treten jedoch nicht einzeln, sondern verschiedenst kombiniert auf.

Beispiele solcher Lang-Piktogramme aus den Jahren 1990 und 1991:

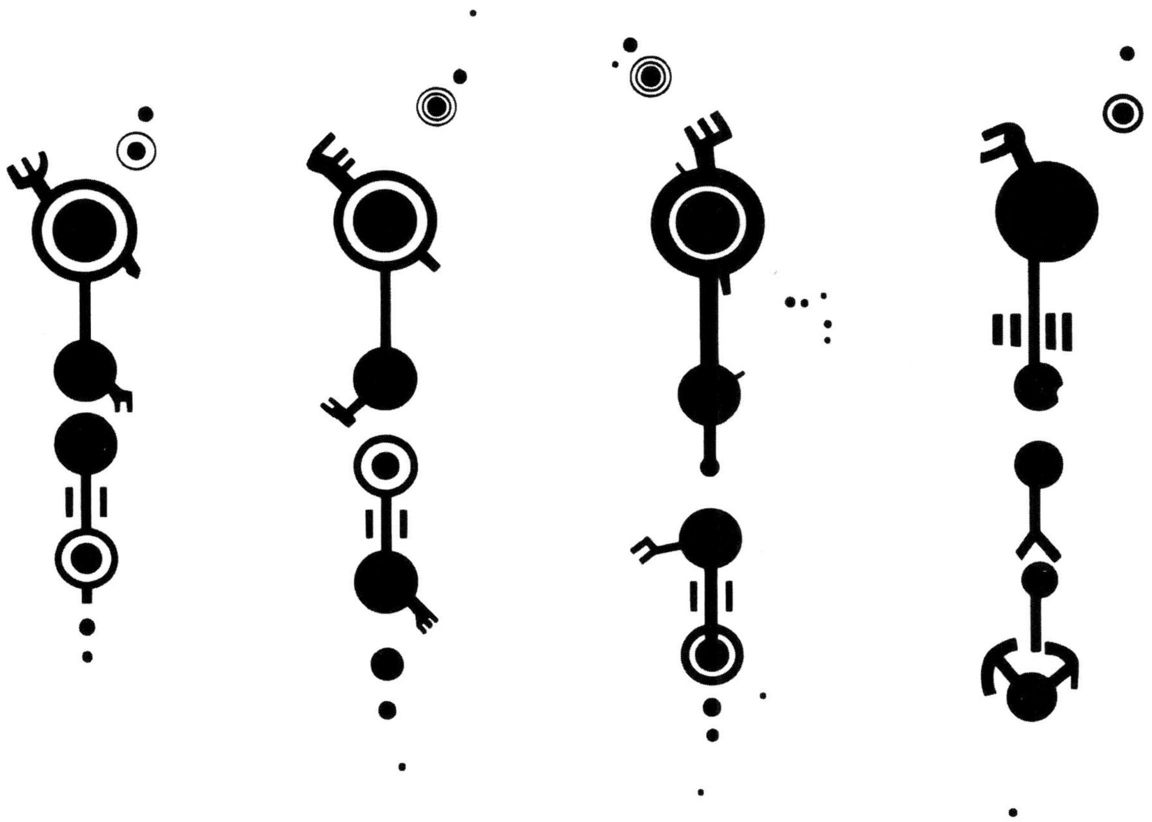

Im Laufe der Jahre entwickelten sich die Formen der Kornkreise weiter zu geometrischen Formationen wie stern- und blumenartigen Gebilden. Heute erscheinen jedes Jahr verschiedenste hoch komplexe aber auch einfache Muster in den Feldern auf der ganzen Welt.[10]

Beispiele geometrischer Formationen in England aus 2002 und 2003:

Beachten Sie auch die chronologisch geordneten Grafiken der Kornkreis-Formationen ab Seite 369.

Die Bodenmuster in den Kornkreisen

In den Kornkreisen wurden verschiedenste Bodenmuster entdeckt: Spiralen im und gegen den Uhrzeigersinn, Mischungen, Strahlen - die Variationsbreite ist beachtlich. Die Anzahl der Spiralwindungen ist von Kreis zu Kreis verschieden. Sie reicht von keiner Krümmung bis zu maximal fünf Umläufen. Bei einigen Mustern sind mehrere Halme zu Strängen nur leicht oder auch fest verdrillt. Diese einzelnen Stränge gehen in das gesamte Bodenmuster über. Einige Kreise beinhalten auch mehrere Muster, die ineinander verwoben sind. Diese Kreise demonstrieren, welch komplizierter Prozeß stattgefunden haben muß, um solche Schichtungen zu erzeugen. So ist es schwer nachvollziehbar, wie eine derart enge Nachbarschaft gegenläufiger Spiralmuster zustande kommt, ohne einen Übergang von einer Drehrichtung zu der anderen aufzuweisen. Denn zwischen den gegenläufigen Spiralen verläuft meist eine scharfe Trennlinie.

Spiralmuster im Uhrzeigersinn. Foto: Eckhard Weber.

Eine Vielzahl von Kornkreisen weist ein mehrschichtiges Bodenmuster auf, welches aus bis zu drei Schichten bzw. Lagen bestehen kann. Die Ausrichtung der verschiedenen Lagen ist meist extrem unterschiedlich. So kann z.B. die unterste Schicht ein Strahlenmuster, die zweite eine Spirale im Uhrzeigersinn und die oberste eine entgegengesetzte Spiralwindung aufweisen. Diese Schichtungen müssen jedoch nicht den ganzen Kreis betreffen. Es können auch nur kleine Ausschnitte der Bodenfläche mehrere Schichten aufweisen, während der Rest aus einer herkömmlichen Spirale besteht. Solche komplexen Bodenmuster treten seit 1987 auf. In den Vorjahren waren die Spiralmuster ordentlich rechts- oder linksläufig. Der einzige Unterschied bestand in der Anzahl der Windungen. Die Bodenmuster der Kornkreise sind von großer Bedeutung, da sie uns zeigen, daß hier etwas wirkt, für das es keine wissenschaftliche Erklärung gibt. Denn es sind keine Kräfte bekannt, die solche „Flechtmuster" verursachen könnten. Egal wie kompliziert das Muster auch sein mag, nur selten sind die Getreidepflanzen beschädigt. Außerdem müssen die verursachenden Kräfte eine extreme Trennschärfe besitzen, um keine Übergangszonen zu hinterlassen.

Spiralzentrum mit sogenannter „Schüssel". Foto: Eckhard Weber.

In einigen Formationen sind Scheitel zu finden, deren Länge von ca. 1 m bis 9 m reicht.

Spiralzentrum mit „Restbüschel". Foto: Eckhard Weber.

Die Kreise mit Scheitel weisen aber trotzdem verschiedene Spiralmuster auf.
Auch geflochtene Bodenmuster wurden in Kornkreisen entdeckt. Bei diesen liegen die Halme in Bündeln zu typischen Zopfmustern verflochten am Boden. In vielen Kornkreisen ist das Getreide so fest an den Boden gepreßt, daß man darauf laufen kann, ohne Abdrücke zu hinterlassen. Hebt man einige dieser an den Boden gepreßten Halme hoch, sieht man sogar die Abdrücke, welche sie in der Erde hinterlassen haben. Die Bodenmuster sind auch in der Kreismitte sehr unterschiedlich. Bis 1986 wiesen sie das klassische Spiralmuster auf. Die Stränge entsprangen im Zentrumsbereich, rund um einen kleinen Fleck nackter Erde und liefen spiralförmig nach außen. So machte das Muster einen ordentlichen Eindruck. Im Laufe der letzten Jahre entstanden jedoch erstaunliche Varianten dieser klassischen Form des Zentrumsbereichs. So wurden unter anderem auch gescheitelte Zentren entdeckt.
Die Variationen der Spiralzentren reichen heute von engen „Schüssel-Formationen" bis zu Strahlenmustern. Manchmal sind auch im Spiralzentrum gemischte Muster zu finden. So kann das Zentrum auf der einen Seite enge Spiralen und auf der anderen Seite fast gerade Strahlen aufweisen. Oft liegen die Stränge, die im Spiralzentrum entspringen, über denen, die weiter außen entspringen. So müssen also die Stränge im Spiralzentrum nach den äußeren flachgelegt worden sein. Bei anderen Kreisen ist der Ausgangspunkt nicht zu erkennen und auf jedem Halmbündel liegt ein anderes, so daß das gesamte Getreide gleichzeitig flachgedrückt worden sein müßte.
Das Spiralzentrum selbst liegt nicht unbedingt in der Kreismitte. Es werden immer wieder exzentrische Verschiebungen beobachtet. Die meisten Kornkreise weisen nur ein Zentrum auf, einige jedoch auch zwei oder drei. Die verursachende Kraft scheint also unerschöpfliche Möglichkeiten zu besitzen, immer kompliziertere Bodenmuster zu erzeugen.

Flechtmuster mit überlagernden Halmschichten. Foto: Eckhard Weber.

Im Folgenden eine Auswahl der am meisten erscheinenden Bodenmuster:

(Die Pfeilrichtung entspricht der Ausrichtung der Halme, von der Wurzel zu der Ähre gesehen.)

Spirale mit mehreren rechts- oder linksläufigen Windungen:
Dieses Muster wird auch als „klassische Spiralform“ bezeichnet. Es tritt seit 1981 immer wieder auf. Dabei sind die Pflanzen gewöhnlich sehr stark an den Boden gepreßt. Die Stränge sind deutlich ausgeprägt. Anzahl der Windungen: 2-6

Spirale mit einer rechts- oder linksläufigen Windung:
Die Spirale ist in der Kreismitte deutlich ausgeprägt. Die Stränge sind klar umrissen.
Anzahl der Windungen: 1

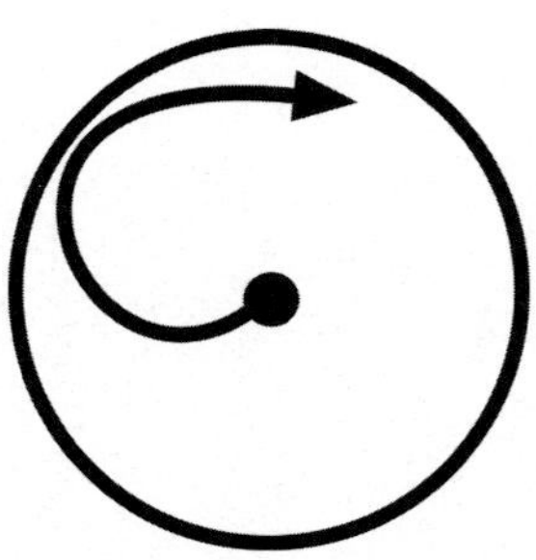

Halbspirale im oder gegen den Uhrzeigersinn:
Die Stränge sind nur schwach ausgeprägt und wirken am Kreisrand „ausgebreitet“. Außerdem durchbrechen sie leicht die Kreiswand aus stehendem Getreide und geben dem Kreis so ein ungleichmäßiges Aussehen. Anzahl der Windungen: 0,5

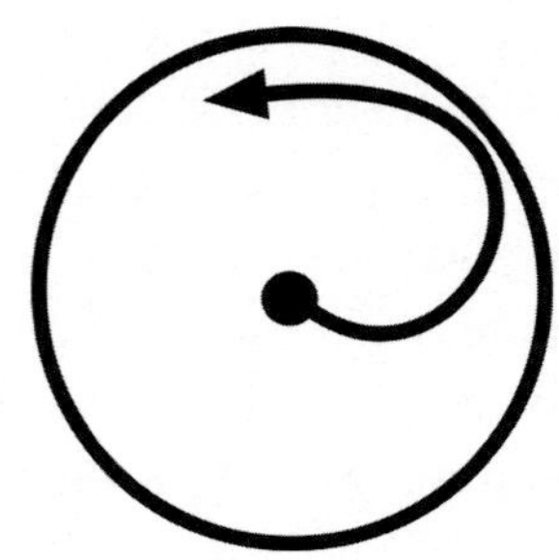

Strahlenmuster:
Das Getreide ist in flachen, kaum verdrillten Strängen von bis zu 50 cm Breite von dem Kreismittelpunkt aus strahlenförmig zur Peripherie niedergelegt. Zwischen diesen Strängen ist die Getreideschicht dünner. Die äußeren Strangenden drücken sich in das aufrecht stehende Getreide und dringen bis zu 75 cm in die Umgebung vor.

Gerade Strahlenstränge, deren äußere Enden ein Spiralband überlagert:
Dieses Muster existiert in zwei Typen. Bei dem einen hört das Strahlenmuster 30 - 40 cm vor dem Kreisrand auf und in dem Zwischenraum zum Kreisrand liegt ein meist rechtsläufiges Getreideband. Bei dem zweiten Typ reicht das Strahlenmuster bis an den Rand des Kreises, an dem ein sehr dünner Kranz rechtsläufiger Halme die Enden des Strahlenmusters überlagert.

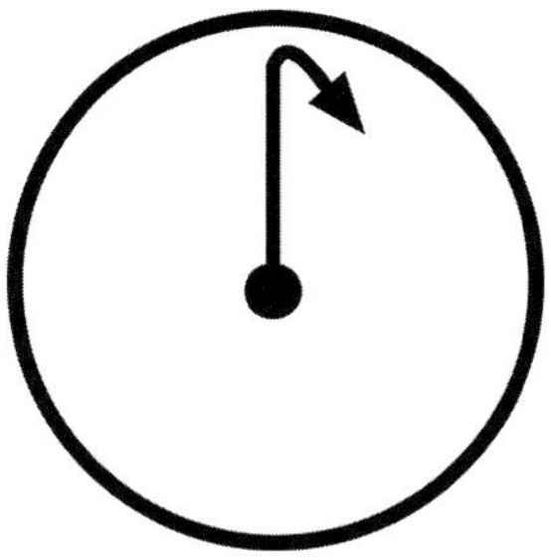

Strahlenmuster mit gewundenem Ende:
Die Strahlen beginnen in der Kreismitte und gehen ca. 1m vor dem Kreisrand in eine Spiralwindung über, die mit kurzen Strängen vollständig ausgebildet ist.

Strahlen mit Anfangsspirale:
Das Muster beginnt in der Kreismitte ähnlich wie eine Spirale. Dann aber richten sich die Getreideschwaden gerade aus und enden strahlenförmig.

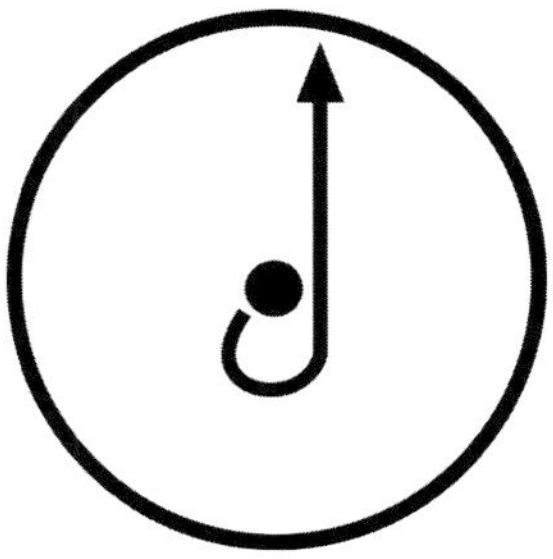

„S-förmige" Spirale:
Von der Kreismitte laufen Getreidestränge zunächst gegen den Uhrzeigersinn nach außen, schwingen jedoch dann in die Gegenrichtung um.

Versetzte Strahlenform:
Die Stränge entspringen tangential in der Kreismitte und setzen sich in gerader Linie bis zur Kreisperipherie, auf die sie schräg auftreffen, fort. Gelegentlich dringen sie leicht in die Umgebung vor.

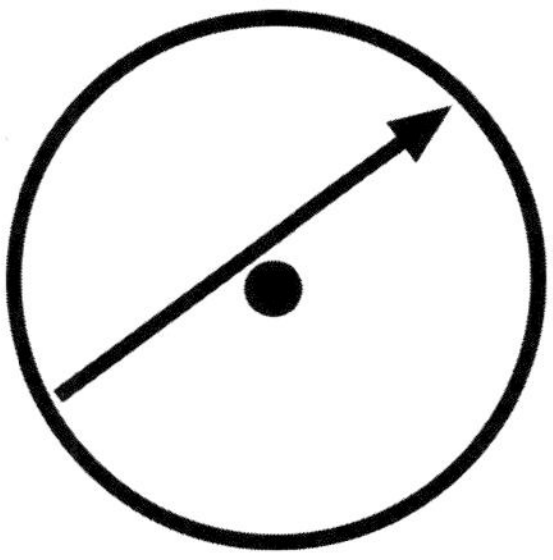

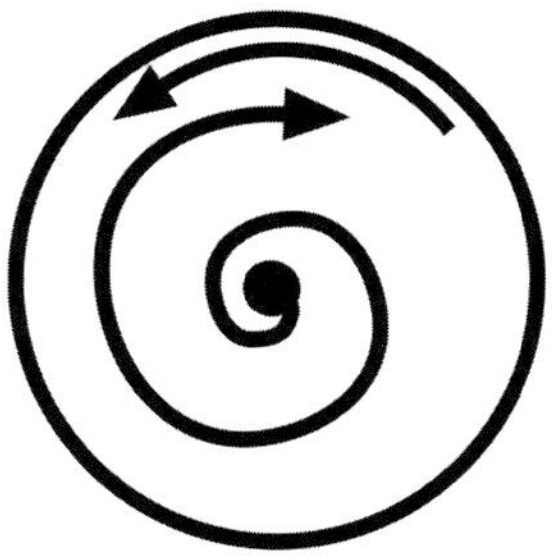

Gegenläufige Spiralen:
Der größte Teil des Bodenmusters besteht aus einer mehrfach im Uhrzeigersinn gewundenen Spirale. Am Kreisrand verläuft ein ca. 2 m breiter Kranz in linksläufiger Richtung. An der Grenze der gegenläufigen Spiralen kommt es zu geringfügigen Überlagerungen. Beide Spiralmuster sind stark ausgeprägt.[10]

Die Kreiswand:
Die Außenränder oder Kreiswände der Kornkreise variieren von klaren Grenzen ohne jeglichen Übergang bis zu ausgezahnten, unregelmäßigen Rändern mit Spuren offensichtlicher Gewalteinwirkung. Kreise mit einem Spiralmuster, das mehr als zwei Windungen aufweist, haben meist klare Ränder mit sauberer Trennlinie ohne Auszahnungen. Spiralstränge, die weniger gekrümmt sind, dringen oft in die vertikale Umgebung vor. Je nach Größe des Kreises variiert die Anzahl solcher Auszahnungen. Am stärksten sind solche Auszahnungen oder Abstufungen am Rand des Kreises aber bei einem Strahlenmuster. Dort scheinen sich die Getreidestränge mit Wucht ihren Weg nach außen zu bahnen. In manchen Kreisen sind sogar ganze Pflanzen ausgerissen und in das stehende Getreide geschleudert worden.

Foto: Eckhard Weber.

Begleitphänomene

Viele Betroffene, ob Forscher, Zeugen der Entstehung eines Kornkreises oder andere interessierte Menschen, berichten über bizarre Begebenheiten, die ihre Nachforschungen beharrlich verfolgten. Sie berichten von unerklärlichen Begleiterscheinungen wie Lichterscheinungen, seltsamen Geräuschen und unerwartetem Versagen der Meßinstrumente.
Diese Erfahrungen beschränken sich nicht nur auf ihre Arbeit in den Kornkreisen, auch zu Hause fanden sie ihre unheimliche Fortsetzung. So besteht kaum ein Zweifel, daß das Phänomen der Kornkreise vielfache Verbindungen zu anderweitigen Phänomenen hat.

Lichterscheinungen

Aus Berichten von Augenzeugen geht hervor, daß viele Kornkreisentstehungen von Lichterscheinungen begleitet werden. Diese Lichterscheinungen sind verschiedener Art. Die am häufigsten beschriebenen sind folgende:
- diffuser Lichtschein vom Boden bis ca. 3 – 5 m Höhe, nach oben nicht scharf begrenzt.
- von oben einstrahlender Lichtkegel
- einzelne Lichtpunkte, kurz aufleuchtend oder tanzend in 3 – 5 m Höhe
- Lichtblitze, extrem kurz und nicht lokalisierbar
- Lichtkugeln
- Lichtobjekte am Himmel

„Lichterscheinung im 4-armigen Julia-Set“ am 23. Juli 1998 beim Silbury Hill, Wiltshire, England. Foto: Mary Bennett.

Einige dieser Lichterscheinungen sind auf Fotos und Videos aufgezeichnet worden. Im Folgenden einige Augenzeugenberichte:
1989 sah ein Augenzeuge gegen Mitternacht einen großen orangenen Ball auf ein Weizenfeld sinken, wo er den Boden berührte, sich abflachte und nach einem Aufhüpfen wenige Sekunden später auflöste. Am nächsten Morgen wurde an dieser Stelle ein Kornkreis mit Ring gefunden.
1992 beschrieb der Engländer Julian Richardson ein nächtliches Erlebnis im Getreidefeld: ***„Plötzlich bemerkte ich ein Licht, das aus dem Nichts gekommen war. Es war ein paar hundert Meter entfernt und direkt vor uns. Ich machte meine Begleiter sofort darauf aufmerksam. Fasziniert starrten wir auf die etwa fußballgroße Erscheinung, die bewegungslos ca. 15m über dem Boden schwebte. Nach fünf Sekunden begann das Licht langsam herabzusinken. Nach weitern fünf Sekunden und nach noch einmal ca. 3m verschwand es“.***
Der Augenzeuge Robbert von den Broeke beschrieb weißliche Lichtbälle, die bei der Entstehung eines Kornkreises durch das Getreide wirbelten, mit den Worten: „fast wie eine leuchtende Scheibe“.[20] Außerdem beschrieb er, daß die Luft flimmerte. Den physikalischen Gesetzen des Elektromagnetismus nach könnte dies auf schwankende Temperaturen hindeuten. Das Luftflimmern könnte aus intensiven Hitzeeinwirkungen resultieren. Nach der Entstehung des Kornkreises verblaßten die Lichtbälle innerhalb weniger Sekunden und verschwanden.

Auch Nancy Talbott vom BLT-Team wurde in den Niederlanden Augenzeugin solcher Lichterscheinungen:

„Das Lichtschauspiel vor meinen Augen war in der Tat unglaublich. Eine starke Körperempfindung ging der Erscheinung voraus. Zu meinem Kopf hin stieg ein Kribbeln auf, das auf Nackenhöhe sehr intensiv wurde, so stark, daß ich den starken Wunsch verspürte, davon zu laufen. Dann hörte es plötzlich auf und das Lichtschauspiel setzte ein. Es waren viele, viele Lichter, teils Tropfen, teils Blitzlichter oder auch Klumpen, die herunterfielen und auf den Terrassenboden aufschlugen. Alle waren direkt auf das Fenster gerichtet, hinter dem wir standen.

Diese Erscheinung dauerte vielleicht 30 Sekunden. Nach weiteren 30 bis 60 Sekunden begann das Kribbeln erneut in unseren Körpern aufzusteigen und erreichte in Nackenhöhe eine Intensität, die unangenehm wurde, um dann ebenso plötzlich aufzuhören und einer neuen Lichterscheinung Platz zu machen. Dies wiederholte sich über einen Zeitraum von 11 Minuten zwischen 2.00 und 2.11 Uhr morgens etwa fünf bis sieben Mal..." [20]

(www.cropcircleconnector.com/archives/inter99/hoeven99a.html)

Diese heruntergefallenen Lichtkugeln hinterließen Brandflecke. Solche Brandstellen sind auch in Kornkreisen zu finden. Außerdem führen aus einigen Kornkreisen Spuren von flachgedrückten, verdorrten Halmen, die nur wenige Zentimeter breit sind, hinaus. Könnten diese durch Lichtkugeln, die aus dem Kornkreis herausfliegen, verursacht werden?

Auch andere Anomalien in Kornkreisen, wie z.B. die Veränderungen der Pflanzen, weisen darauf hin, daß Kornkreisentstehungen von Lichterscheinungen und Wärme begleitet werden.

Veränderungen der Pflanzen in Kornkreisen

Untersuchungen des Getreides aus Kornkreisen ergaben, daß Verdickungen der Halmknoten, teilweise bis zum Aufplatzen und Vergrößerungen der Zellwandtupfel, einer Art Poren der Zellwandmembranen, auftreten. Außerdem wird von Molekularveränderungen im umgelegten Getreide und biologischen Veränderungen der Zellstrukturen berichtet.

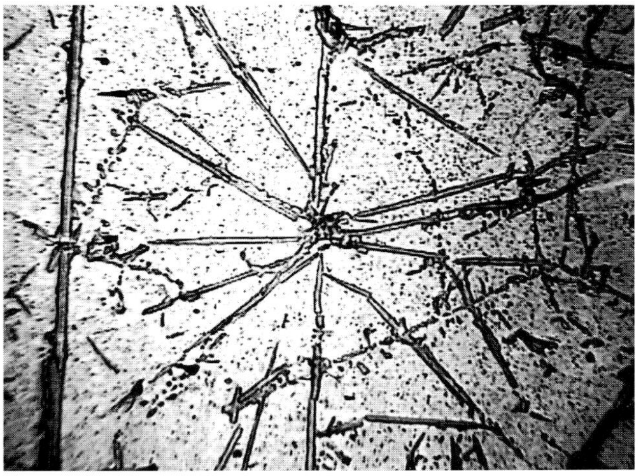

Mikroskopische Laboranalysen von Pflanzenstengeln aus einem Kornkreis (100-fach vergrößert, s. Abb. rechts) ergaben, daß die Kristallstrukturen, die im Destillationsprozeß aus den Pflanzen erzeugt wurden, sichtbare Veränderungen gegenüber den Kontrollproben (100-fach vergrößert, s. Abb. links) des gleichen Feldes zeigten. Fotos, Analysen erstellt von: Hagalis AG, Goldbacherstr. 8, 88662 Überlingen.

Ist das Getreide zur Zeit der Entstehung des Kreises noch nicht ausgereift, wachsen die flachgelegten, ansonsten meist unbeschädigten Halme etwa im 60°-Winkel wieder nach oben. Im nächsten Jahr läßt sich die Form des Piktogramms anhand der Färbung des Getreides, welches an der Stelle wo der Kornkreis war bereits gelb ist, manchmal noch erkennen. Dies ist auf die örtliche Verminderung des Pflanzenwachstums an den ehemaligen Kornkreisstellen zurückzuführen. Außerdem sind im Keimungsprozeß der betroffenen Samen aus Kornkreisen Anomalien festgestellt worden. In Keimungstests wurden Samen aus Kornkreisen mit Kontrollsamen aus dem gleichen Feld, jedoch von außerhalb des Kornkreises, verglichen. Keimungstests sind Standardverfahren der Biophysik, die die Geschwindigkeit der Samenkeimlinge und das Wachstum messen. In 90% aller Fälle traten Anomalien auf: Die Samen aus einem Kornkreis, welcher in unreifem Getreide entstanden war, keimten nicht oder das Wachstum der Keimlinge war drastisch eingeschränkt. Die Samen aus einem Kornkreis, der in ausgereiftem Getreide entstanden war, keimten und das Wachstum der Keimlinge vergrößerte sich bis auf das Fünffache der Kontrollsetzlinge.

Die Verlängerung der Wachstumsknoten

Im Jahre 1994 veröffentlichte der Biophysiker William C. Levengood seine Entdeckung von geschwollenen Wachstumsknoten im Innern der Kornkreise. Die Wachstumsknoten sind die „Gelenke" der Pflanzenstengel und dienen der Pflanze zur Wiederaufrichtung in die Senkrechte, wenn sie in eine horizontale Lage gebracht wurde. Levengood vermutet, daß die Anschwellung durch Erhitzung hervorgerufen wird. Denn eine Erhitzung läßt das Innere der Pflanze durch thermische Ausdehnung anschwellen. Aufgrund der Elastizität der Zellwände behalten die Wachstumsknoten auch nach dem Abkühlen ihre veränderte Gestalt bei.

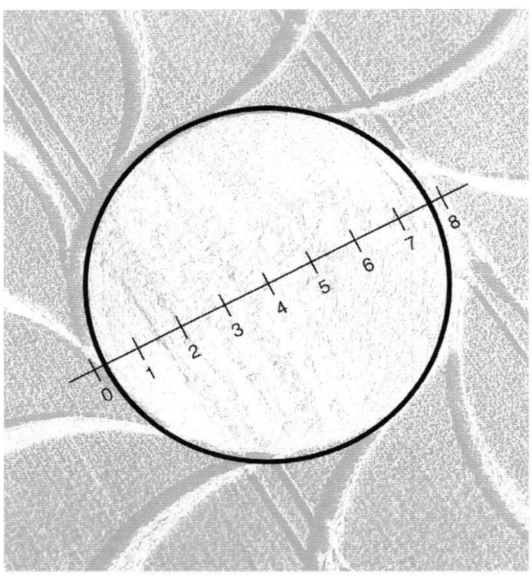

An jeder Markierung (0 bis 8) wurden Proben entnommen

Wie schon beschrieben, werden bei Kornkreisentstehungen oft Lichterscheinungen gesichtet. Aus Kornkreisen, von denen solche Berichte vorliegen, entnahm Eltjo Haselhoff, ein holländischer Kornkreisforscher, Proben und zwar in gleichmäßigen Abständen entlang dem Durchmesser des Kornkreises. So wollte er die Abweichung der Knotenlänge innerhalb des Kornkreises definieren und Rückschlüsse auf die Symmetrie der beteiligten Entstehungsenergien ziehen.

Die Messungen mit Hilfe eines Computers ergaben eine durchschnittliche Knotenlänge der Kontrollproben aus dem gleichen Feld von 2 mm. Die Messungen der Proben aus dem Kornkreis zeigten, daß die Knotenlänge innerhalb des Kreises variiert.

Auffallend sind außerdem die symmetrischen Verhältnisse der durchschnittlichen Knotenlänge zum Mittelpunkt, d.h. daß die Länge der Knoten symmetrisch vom Mittelpunkt ausgehend nach außen hin abnimmt. Die Messungen von Proben entlang anderer Schnittgeraden des gleichen Kreises ergaben eine nahezu gleiche Symmetrie. Den Knotenlängen liegt demnach die gleiche Symmetrie zugrunde wie dem Kreis selbst, nämlich eine kreisförmige.

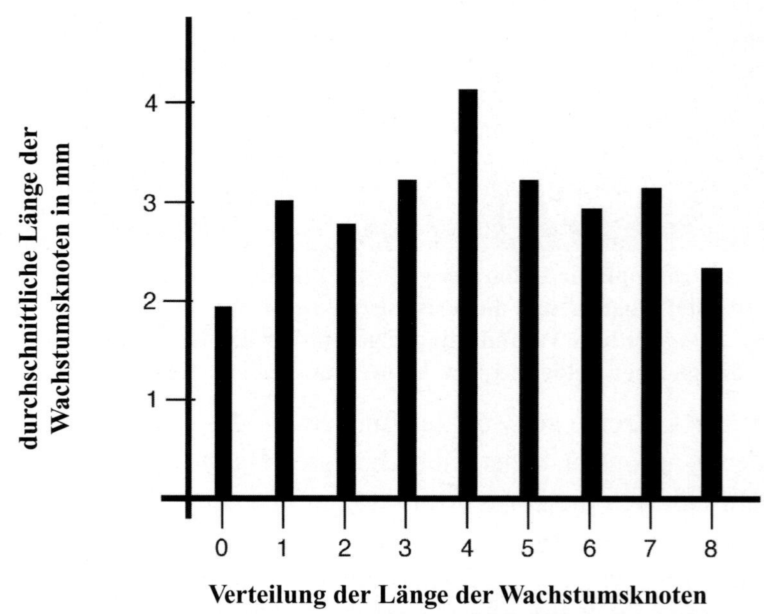

Verteilung der Länge der Wachstumsknoten entsprechend den Proben jeder Markierung

Nimmt man nun an, daß sich das Anschwellen der Wachstumsknoten proportional zum Hitzeanstieg verhält, können die Knotenlängen als Indikatoren der lokalen Temperaturen dienen. Nimmt man desweiteren aufgrund der vielen Augenzeugenberichte an, daß diese Temperaturen, die die Knoten zum Anschwellen bringen, von Lichtkugeln verursacht werden, kann man sich bei der Berechnung der Temperaturverteilung folgende Tatsachen zunutze machen: Bei doppelter Entfernung reduziert sich die Strahlung um Faktor 4, bei dreifacher um Faktor 9 usw....

Wenn die Lichtkugel, auch BOL (Balls of light) genannt, in der Höhe 'h' über dem Feld schwebt, ist die Entfernung zwischen der BOL und einem Punkt mit der Entfernung 'd' nach Pythagoras folgendermaßen zu berechnen:

$$r=\sqrt{h^2+d^2}$$

(siehe Abbildung rechts)

Durch dieses mathematische Modell ist es möglich, im gesamten Kornkreis die Temperaturverteilung am Boden zu bestimmen.

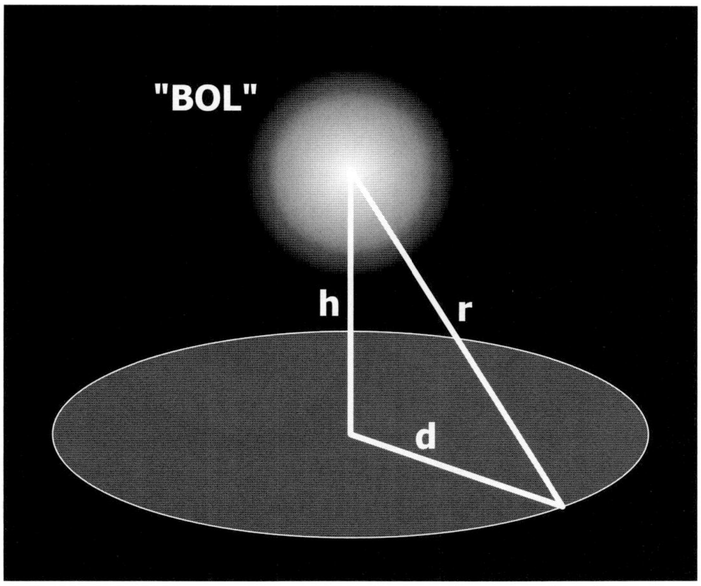

Durch eine lineare Regressionsanalyse, eine Methode, bei der die Messungen als Punkte in einer Graphik dargestellt werden, zeigte Eltjo Haselhoff, daß die gemessenen Knotenlängen exakt mit der Strahlungsintensität übereinstimmen, welche eine kleine, kugelförmige, elektromagnetische Energiequelle abgeben würden.
Dank dieser Untersuchungen ist laut Haselhoff die Hypothese, daß Lichtkugeln an der Entstehung von Kornkreisen beteiligt und für die Verlängerung der Wachstumsknoten verantwortlich sind, zur wissenschaftlichen Tatsache geworden.

Akustische Phänomene

Viele Menschen berichten von seltsamen Geräuschen in Kornkreisen und der Umgebung von diesen. Diese Geräusche sind unterschiedlicher Art:

- Zirpen
- plötzliches knisterndes Zischen
- Geräusche, die über das Getreide zu hüpfen scheinen
- Brummtöne
- lautes plötzliches Klopfen in unregelmäßigen Abständen
- Summen
- Trillergeräusche

Derartige Geräusche werden als intensiv, jedoch meist nicht als „laut" beschrieben. Auf manche Menschen haben sie eine hypnotische Wirkung. Andere Menschen nehmen die Geräusche nicht wahr. Eine professionelle Auswertung solcher Geräusche, die auch auf Videos und Kassetten aufgenommen wurden, ergab, daß sie nicht identifiziert werden konnten.

Substanzen merkwürdiger Art in Kornkreisen
In einigen Kornkreisen wurden merkwürdige Substanzen, wie geleeartige oder pulvrige Rückstände auf den Pflanzen und auf dem Boden gefunden. Die Untersuchung einer pulvrigen Ablagerung in einem Kornkreis, durchgeführt vom BLT-Research Team, ergab, daß es sich um hochreines Siliziumdioxid SiO_2 handelt.
Dieses kommt zwar überall auf der Erde in Form von Quarzsand vor, doch in diesem Fall war die Erscheinungsform ungewöhnlich, denn bei einer Mikroskopuntersuchung wurde festgestellt, daß der Staub aus einer Vielzahl vollkommen runder Kügelchen mit einem Durchmesser von 0,05 mm bestand. Da manche dieser Kügelchen miteinander verschmolzen waren, müssen hohe Temperaturen geherrscht haben.
Andere pulvrige Rückstände in einem Kornkreis wurden als Magnesiumoxid und vor allem Magnetit (Magneteisenstein) indentifiziert. Weltweite Messungen der Magnetitkonzentrationen in zahlreichen Kornkreisen ergaben, daß die Magnetitablagerungen in den Kornkreisen meteoritischen Ursprungs sind. Dieser Meteoritenstaub rieselt täglich mit einer maximalen Konzentration von 4 mg pro 1 g Erde auf unsere Erde herab. In einigen Kornkreisen hat man jedoch Konzentrationen von 20-25 mg entdeckt. Das ist eine 600-fache Steigerung gegenüber dem Normalwert. Diese Konzentrationen könnten auf Magnetfelder innerhalb der Kornkreise hindeuten, die den Meteoritenstaub anziehen.

Energie
Berichten der Kornkreisforscher Koch und Kyborg zufolge besteht über allen echten Kornkreisen ein senkrechter „Energieschlauch". Nach einem Flug mit einem Flugzeug durch einen solchen „Energieschlauch" berichteten die Forscher von starkem Kribbeln am Körper wie feinste Nadelstiche, heftigem Schütteln des Flugzeuges und dem Ausfallen des Kompasses.
Doch nicht nur beim Überfliegen macht sich diese Energie bemerkbar. Auch beim Betreten eines Kornkreises treten unterschiedliche Reaktionen auf. Die häufigste Gefühlsart ist ein Kribbeln in den Handflächen, welches auch unterschiedlich in beiden Händen sein kann.
Anstelle dieses Kribbelns oder auch damit verbunden kann sich ein Wärmegefühl bemerkbar machen. Außerdem wird von Brennen auf der Haut, Schmerzempfindungen wie Kopfschmerzen und Übelkeit oder bedrückenden Gefühlen berichtet. Andererseits treten auch Gefühle wie Freude, Leichtigkeit und Weite auf. Diese Feststellungen variieren von Mensch zu Mensch.

Erdenergie
Auf der gesamten Erdoberfläche verteilt erstrecken sich die sog. Ley-Lines (Energielinien). Untersuchungen der Fundorte von Kornkreisformationen weisen darauf hin, daß diese entlang von solchen Energielinien entstehen.
Die Ley-Energien, wie auch die Energiemuster der Kornkreise, welche oft noch jahrelang nach der Entstehung bestehen, können von Rutengängern aufgespürt werden.
In den Kornkreisen drehen sich die Ruten von selbst, als würden sie einer unbekannten Kraft gehorchen, in die Richtung, in die auch die liegenden Kornähren zeigen.

Reaktionen mechanischer und elektrischer Geräte in Kornkreisen
Häufig berichten Forscher von seltsamen Reaktionen ihrer Geräte bei der Arbeit in den Kornkreisen. Demzufolge entladen sich einige Batterien in den Formationen sehr schnell und manche elektrische Geräte sind zeitweilig funktionsunfähig oder gar ganz zerstört.
Außerdem sind Kompaßabweichungen in den Kornkreisen sehr häufig. Trotz der schwer zu beurteilenden Aussagekraft solcher Berichte kann man diese nicht einfach ignorieren. Denn die Ähnlichkeit der Erfahrungen verschiedener Menschen ist zu auffällig.

Auffälliges Verhalten von Tieren

Die Kornkreise wirken nicht nur auf uns Menschen, auch Tiere werden von ihnen beeinflußt. So meiden z.B. Vogelschwärme das Gebiet der Kornkreise beim Überfliegen. Auch andere Tiere sind in der Umgebung unruhig und meiden die Nähe zu Kornkreisen. In den Piktogrammen sind manchmal tote Insekten, die auf den niedergelegten Ähren kleben, zu finden. Das aufrecht stehende Getreide ist völlig frei von diesen Insekten, so daß Insektizide ausgeschlossen werden können. Einige der toten Insekten scheinen „explodiert" zu sein, so daß der ganze Körper zerrissen ist. Andere dagegen sind nur gelähmt. Wodurch die Insekten innerhalb der Kornkreise sterben, ist bisher nicht bekannt.

Tiere scheinen beim Entstehen von Kornkreisen zu flüchten.

Da man bei Menschen eine gewisse Erwartungshaltung vermuten kann, die im Umfeld von Kornkreisen auch auf mystische Erlebnisse ausgerichtet ist, werden von Kritikern verschiedene Erlebnisse, seien es nun Übelkeit, Geräusche oder Lichterscheinungen, gerne als Phantasie oder psychosomatische Auswirkung abgetan. Bei Tieren kann man dies jedoch sicherlich nicht unterstellen. Es ist daher zu vermuten, daß die immer wieder beobachteten, bzw. gehörten Geräusche in Verbindung mit der Kornkreisentstehung auch als Warnsignal für Säugetiere dienen, die sich dann noch rechtzeitig in Sicherheit bringen können. Was kann jedoch passieren, wenn ein Tier bei Gefahr aufgrund seiner instinktiven Reaktionen sich an Ort und Stelle zusammenkugelt, wie z.B. ein Igel?

Der Kornkreisforscher Andreas Müller beschreibt hierzu in seinem Buch „Kornkreise" (Seite 59) folgenden Vorfall:

„Ein makaberer Hinweis auf von oben wirkende Kräfte bei der Kornkreisentstehung fand sich in einer 1992 bei Milestone im kanadischen Saskatchewan entdeckten Formation. Im Innern eines Kreises in einem Weizenfeld wurde der Kadaver eines Stachelschweins entdeckt. Das Tier war von seiner durchschnittlichen Normalhöhe von etwa 50 Zentimetern auf knappe 10 Zentimeter flach gedrückt worden. Zudem waren die langen Stacheln des Fells in derselben Weise verwirbelt wie die Weizenhalme, die den Kreis bildeten. Vor Ort fanden Forscher eine Spur abgebrochener, schräg im Boden steckender Stacheln des Fells. Die Spur führte vom Rand der Formation bis zum letztendlichen Fundort des Kadavers, was die Forscher zu der Annahme führte, das Tier sei von der wie auch immer gearteten kreisererzeugenden Kraft erfaßt, mitgerissen und schließlich wie das umliegende Getreide niedergedrückt worden." [42]

Stachelschweine kauern sich bei Gefahr instinktiv zusammen - hat dies einem Exemplar das Leben gekostet?

Deutungsversuche

Kornkreise als geometrische, mathematische, musikalische Strukturen?
Seit dem Erscheinen der Kornkreise werden diese auf unterschiedlichste Art untersucht. Wegen ihrer faszinierenden Formen ist es verständlich, daß auch die geometrischen Symbole analysiert wurden. Gerald S. Hawkins gelang es nachzuweisen, daß Kornkreise mehr als nur willkürliche Muster zufälliger Größe sind.
Im Jahre 1978 begann er die Formen der englischen Kornkreise zu analysieren. Zu diesem Zeitpunkt waren es noch einfache Formen wie Kreise und Ringe. So unterzog er alle Diagramme einer genauen mathematischen Analyse, um dabei die Proportionen von Durchmesser und Kreisfläche zu ermitteln. Bei dieser Arbeit entdeckte Hawkins, daß die ermittelten geometrischen Verhältnisse der einzelnen Formationen alle ganze Zahlen ergaben. Merkwürdig war auch, daß diese Zahlen sich mit dem Anordnungsschema der weißen Tasten eines Klaviers deckten. Diesen werden die Zahlen 0,2,4,5,7,9,11 und 12 zugeordnet. Die Proportionen dieser akustischen Frequenzen, die eine Tonleiter ausmachen, stehen in einem solchen Verhältnis, daß die Tonfolge im menschlichen Gehör angenehm klingt. So könnten die diatonischen Verhältnisse, die Hawkins errechnete, analog zur menschlichen Tonwahrnehmung eine Voraussetzung für die geometrische Harmonie sein.
Aufgrund dieses Gedankens verwandelte der Engländer Paul Vigay, sozusagen im Umkehrverfahren von Hawkins Arbeit, die geometrischen Muster mit Hilfe eines Computers in akustische Töne. 1998 präsentierte Vigay in England einige dieser „Kornkreismelodien“. Haselhoff beschrieb das Hörerlebnis wie folgt: ***„Die Melodien waren sehr eigentümlich, weder hatte ich Vergleichbares je gehört, noch hätte ich es mir vorstellen können; aber sie klangen zweifelsohne harmonisch und auf ihre Weise angenehm. Es war eine Art von Musik, die Neugier und den Wunsch weckte länger zuzuhören.“*** [20] Die Melodien jedoch, welche Vigay von gefälschten Kornkreisen produzierte, beschrieb Haselhoff als „häßlich“.
Doch solange nicht klar ist, warum ein Computer nach einigen Formationen „schöne“ und nach anderen „häßliche“ Melodien erzeugt, trägt diese Entdeckung zur Erforschung der Kornkreise wenig bei. Hawkins hatte die diatonischen Verhältnisse entdeckt, da es ihm gelungen war, vier wissenschaftliche Sätze (Theoreme) aufzustellen:

Das erste Theorem beschreibt die Anordnung der Kreise zueinander, die weiteren Theoreme betreffen das Verhältnis der Kreise zu den Ringen um sie herum.[21.1]

1. Theorem **2. Theorem** **3. Theorem** **4. Theorem**

Hawkins entdeckte, daß man zwischen einen Kornkreis und seinen Ring häufig ein Quadrat (Satz 3), ein Dreieck (Satz 2) oder ein Sechseck (Satz 4) einpassen kann.
Obwohl sich die Kornkreise mittlerweile zu hoch komplexen Formationen entwickelt haben, weisen sie immer noch eine Vielzahl solcher geometrischer Verhältnisse auf.

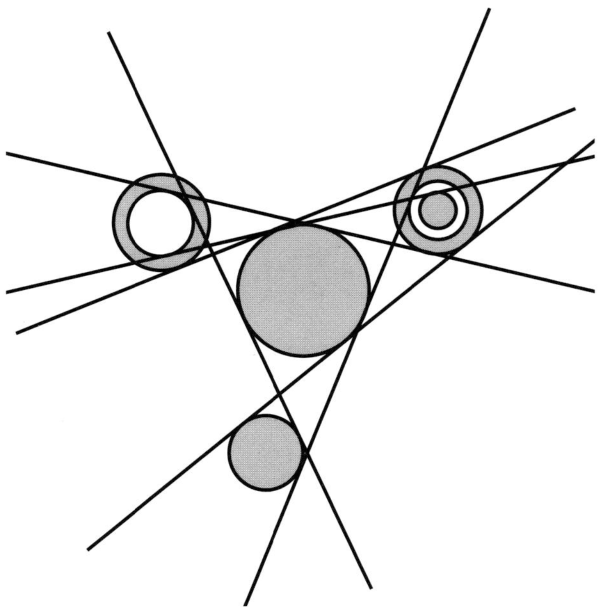

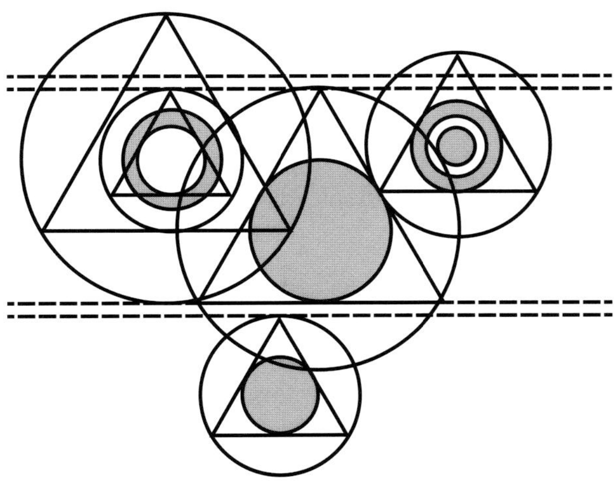

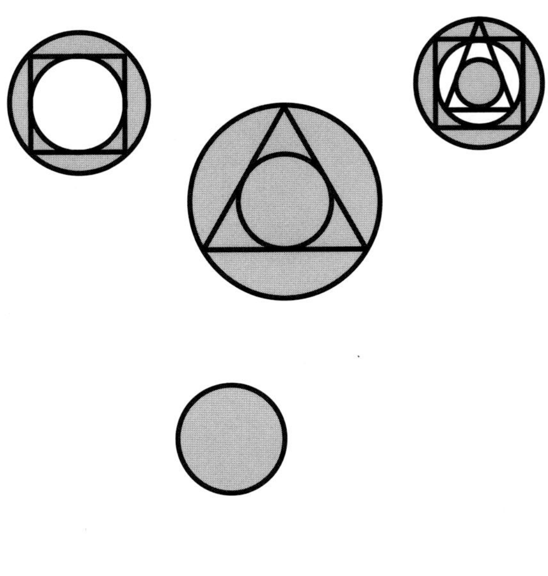

Ein gutes Beispiel für Hawkins Theoreme ist eine Formation, die 1998 in Holland entstanden ist. Diese Formation war so angeordnet, daß sechs dreifache Tangenten, Geraden, die drei verschiedene Kreiselemente tangieren, gezogen werden konnten. Das Muster schien also keine willkürliche Ansammlung von Kreisen und Ringen sondern eine Abwandlung von Hawkins erstem Theorem zu sein.
Auffällig war außerdem die exakte Position der einzelnen Elemente im Verhältnis zueinander und zu den Traktorfurchen. (s. Grafik Mitte)
Um den großen mittleren Kreis kann ein gleichseitiges Dreieck gezeichnet werden, welches mit der Basis die untere und mit der Spitze die obere Traktorfurche berührt. Ein weiterer Kreis um dieses Dreieck berührt ebenfalls exakt die obere Furche. Es ist möglich, das Gleiche beim linken Ring durchzuführen. Auch dort berührt der Kreis um das Dreieck die obere Furche. Wird das Ganze noch einmal wiederholt, so daß ein weiteres Dreieck um den Kreis und um dieses ein weiterer Kreis gezeichnet wird, tangiert dieser äußere Kreis die untere Traktorfurche. Der Kreis mit Ring scheint in keinem Verhältnis zu den Furchen zu stehen. Doch ein gleichseitiges Dreieck um die Außenkante des Ringes und der umschließende Kreis berühren genau die Kante des Mittelkreises.

Ist dies alles Zufall?

Zieht man in Betracht, daß vergleichbare Verhältnisse in tausenden von anderen Fällen entdeckt wurden, zweifelt man kaum noch daran, daß das Ganze einem Prinzip unterliegt. In der Formation waren aber nicht nur die Positionen der einzelnen Elemente durch diese geometrischen Verhältnisse bestimmt, auch die einzelnen Elemente folgten Hawkins Regeln:
Der Mittelkreis schließt ein gleichseitiges Dreieck ein, welches einen Kreis umschließt (Theorem 2). Die äußere und innere Kante des linken Ringes umschließen ein Quadrat (Theorem 3). Das Gleiche gilt für den rechten Ring. Außerdem umfassen Kreis und Ring ein gleichschenkliges Dreieck. Dies könnte als Ableitung des ersten Theorems gesehen werden. Was haben diese ungewöhnlichen Funde zu bedeuten? Ist dies alles eine Folge der Arbeitsweise der „Kornkreismacher“? Bis jetzt wissen wir nur, daß dies alles kein Zufall sein kann.

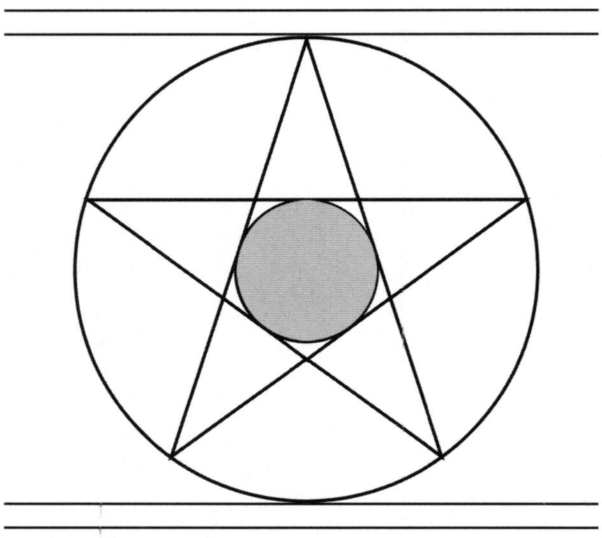

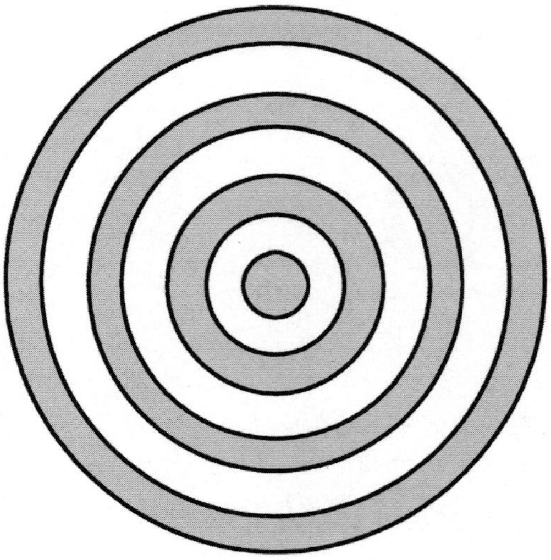

Ein weiteres Konstruktionsprinzip, das Pentagramm (Fünfstern), tauchte bei geometrischen Analysen der Kornkreisformationen auf. Häufig berührt ein Kreis um ein Pentagramm, welches einen Kornkreis umschließt, an beiden Seiten die Traktorfurchen. (siehe oben links)

1997 tauchte in Holland ein spektakuläres Beispiel (siehe oben rechts) auf, in dem Hawkins Theoreme mit dem Pentagramm kombiniert waren. Die Formation bestand aus einem Mittelkreis, welcher von drei Ringen umgeben war. Die geometrische Analyse dieser Formation ergab folgendes:

- Der innere Kreis und der erste Ring umfassen ein gleichseitiges Dreieck (Theorem 2).
- Der erste und zweite Ring umschließen ein Quadrat (Theorem 3).
- Der erste und dritte Ring umschließen ein Pentagramm und der zweite und dritte ein Fünfeck.
- Das Pentagramm verbindet die Innenkanten des ersten und dritten Ringes. Ein weiteres Pentagramm bezieht den Innenkreis auf die Außenkante des ersten Ringes.
- Das letzte Bindeglied, das zur Bestimmung der Dimensionen aller Ringe fehlt, ist ein Sechseck um den dritten Ring mit einem Hexagramm (Sechsstern), welches die Innenkante des zweiten Ringes einschließt.

In dieser Formation war die Dreier-, Vierer-, Fünfer- und Sechser-Geometrie enthalten.[20]

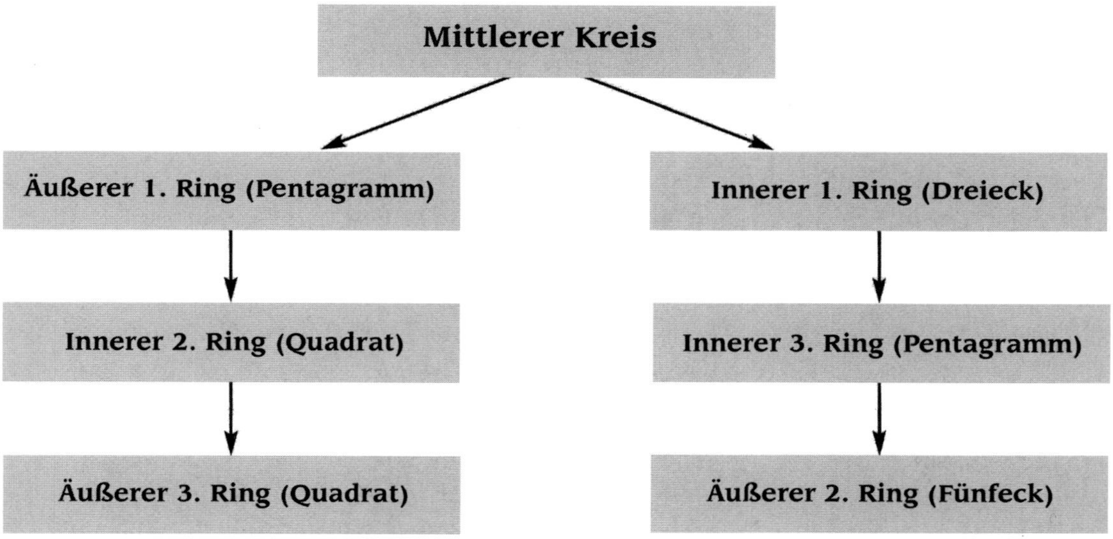

Jeder Ring um den Mittelkreis weist den richtigen Durchmesser im Verhältnis zum nächsten auf und steht so mit den anderen Ringen und dem Kreis in geometrischer Beziehung.[20]

	Erforderliche Proportionen:	Gemessene Proportionen:
Dreieck	$1/2 = 0{,}50$	$0{,}48 \pm 0{,}07$
Quadrat	$1/2\sqrt{2} \approx 0{,}71$	$0{,}70 \pm 0{,}04$
Fünfeck	$\cos(\pi/5) \approx 0{,}81$	$0{,}79 \pm 0{,}02$
Kleines Pentagramm	$\frac{\tan(\pi/10)}{\tan(\pi/10) + \tan(\pi/5)} \approx 0{,}31$	$0{,}30 \pm 0{,}04$
Großes Pentagramm	$\frac{\tan(\pi/10)}{\tan(\pi/10) + \tan(\pi/5)} \approx 0{,}31$	$0{,}29 \pm 0{,}02$
Hexagramm	$\frac{1}{3} \approx 0{,}57$	$0{,}57 \pm 0{,}02$

E. Haselhoff überprüfte seine Entdeckung der verblüffenden geometrischen Proportionen, indem er alle Durchmesser mit den theoretischen Werten verglich, die erforderlich sind, um diese geometrischen Formen zu konstruieren. Die minimalen Abweichungen ergeben sich aus der nebenstehenden Tabelle.[20]

In einer englischen Formation entdeckte der holländische Forscher Bert Jannsen eine Siebenersymmetrie.

(siehe Abbildung rechts: im Hintergrund die Aufnahme vom 9. Juli 1998 bei Alton Barnes, Wiltshire, England. Foto: Steve Alexander, perspektivisch entzerrt.)

Außerdem entdeckte er innerhalb vieler Kornkreise dünne „Hilfslinien", niedergedrückter Halme, die auch in dem liegenden Getreide erkennbar waren. Diese „Hilfslinien" befanden sich aber ausschließlich dort, wo das Getreide flach gedrückt war und nie in aufrecht stehendem Getreide. Diese Tatsache weist darauf hin, daß sie zur Herstellung der Kornkreise nötig waren.

Kornkreise als Ausdruck planetarischer und kosmischer Symbole?

In vergangenen Jahrhunderten setzten sich Priester und Wissenschaftler bei der Untersuchung der Kornkreise andere Prioritäten als die, die heute vorrangig erscheinen. Damals stand die Entschlüsselung der Bedeutung im Mittelpunkt des Interesses und nicht so sehr die Entstehungsart.
Die Herrscher großer Zivilisationen der Vergangenheit pflegten abweichenden „Ausnahmeerscheinungen" der Natur stets besondere Aufmerksamkeit zu schenken, denn diese wurden als Symptom bevorstehender Umwälzungen aufgefaßt.
C.G. Jung erkannte in den UFO´s Vermittler und Vorboten menschlicher Bewußtseinveränderungen. Jene Funktion ist von den Kornkreisen übernommen worden. So sind die Kornkreise laut C.G. Jung als Zeichen einer „großen sich anbahnenden Umwälzung, die das Ende einer Epoche kennzeichnet" zu betrachten.
Auch heute machen sich einige Menschen Gedanken um die Bedeutung der Kornkreise und äußern ihre Meinung, wie z. B., daß wir durch die Kornkreise ein Zeichen von übernatürlicher Seite gesandt bekommen. So werden Kornkreise häufig mit der Krise der Ökologie in Verbindung gebracht und als spontaner Ausdruck des Protestes von Seiten der mißhandelten Erde aufgefaßt. Denn es sind keine Fälle bekannt, daß Botschaften der Götter, des Himmels und der Erde aus guten Nachrichten oder aus Gratulationen für den glücklichen Verlauf der Dinge bestanden hätten.
Andere Menschen schreiben den Kornkreisen symbolische Bedeutung zu. Denn zwischen den Kornkreisen und verschiedenen altertümlichen Symbolen bestehen bemerkenswerte Parallelen. Aber wie Euklid einst sagte, treffen sich Parallelen erst in der Unendlichkeit. Trotzdem lassen sich die Kornkreise in einige Symbolgruppen klassifizieren.

Planetarische Symbole :

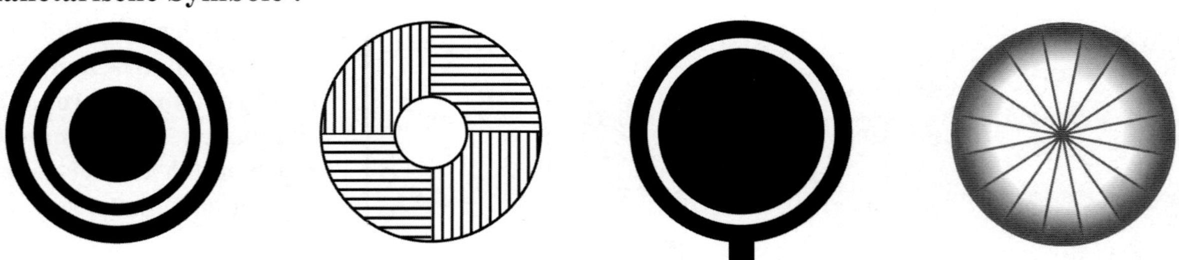

Saturn **Sol** **Luna** **Mars**

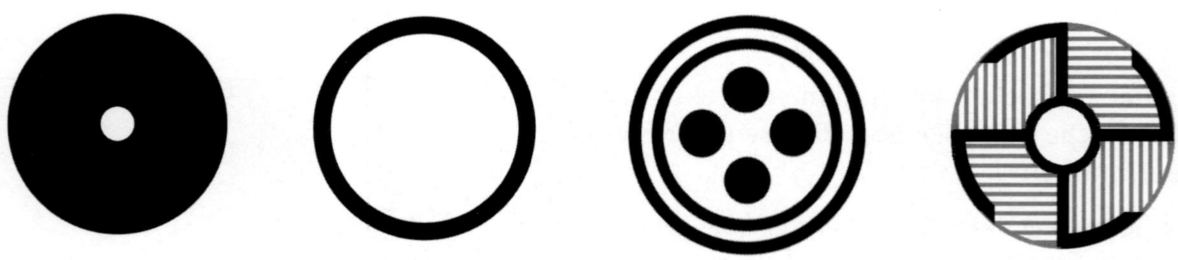

Merkur **Jupiter** **Venus** **Sol (Swastika)**

Kornkreise nach planetarischen Mustern:
Diese Kreise weisen eine Ähnlichkeit mit ur- und vorgeschichtlichen Symbolen auf. Vor etwa 20 Jahren wurde in einer römischen Villa bei Chilgrove auf dem Mosaikboden ein Muster aus sieben Kreisen entdeckt. Diese sieben Kreise stellen die Symbole der planetarischen Gottheiten, die für die Wochentage zuständig sind, dar. Die Reihe beginnt mit **Saturn** (vier konzentrische Ringe), gefolgt von **Sol** (Sonnenstrahlen, geviertelter Innenkreis), **Luna** (Spiegel mit Handgriff), **Mars** (gewölbtes Schild), **Merkur** (Ring mit Mittelauge), **Jupiter** (einfacher Ring) und **Venus** (vier auseinander gelegene Kreise umgeben von zwei Ringen). Vergleicht man diese Symbole mit den verschiedenen Typen der Kornkreise, lassen sich erstaunliche Ähnlichkeiten feststellen.

Das Hakenkreuz (Swastika) ist ein uraltes Symbol der Menschheit und findet sich auch auf dem sogenannten „Fußabdruck" Buddhas.

Das Hakenkreuzsymbol (Swastika) des Sol stellt die Umlaufbahn der Sonne um die Erde dar. Im esoterischen Sinne meint es das Rad des Lebens. Dieses weist in seiner Mitte das achtgliedrige Rad auf, welches die vier Stufen des Seins und die vier Stufen des Werdens verkörpert. Das Hakenkreuz untermauert das Prinzip der Entwicklung. Bei diesem Symbol handelt es sich um ein uraltes Mandala von zeitloser Weisheit:
„Achtfach sind die sichtbaren Formen meiner Natur: Die Erde, das Wasser, die Luft und das Feuer; der Äther, der Geist, die Vernunft und die Empfindung des 'Ich'. Aber jenseits meiner sichtbaren Natur ist mein unsichtbarer Geist. Hier liegt die Quelle des Lebens, aus der das Universum entsprungen ist." (Bhagavad Gita 7) [21]
Die Bedeutung dieses Mandalas und seiner Lehren in Bezug auf das Rätsel der Kornkreise läßt sich folgendermaßen erklären: Jedes Sichtbarwerden der sieben göttlichen Allmächte, die durch die Gottheiten der Woche symbolisiert werden, kennzeichnet zusammen mit der achten Figur, der Erde selbst, die Qualität einer der acht Stellungen auf dem Rad des Lebens.
Demzufolge sind es die kosmischen Energien der göttlichen Allmacht, die in den Getreidefeldern ihren plastischen Ausdruck finden.

Kosmische Symbole:
In den letzten Jahren sind die relativ einfachen Kornkreise immer komplexeren Mustern gewichen. Diese könnten kosmische Prinzipien der „Alten Weisheit" verkörpern, die vor Jahrtausenden im Unterbewußtsein der Menschen eingeprägt waren und schon immer in Zeichen und Symbolen niedergelegt wurden.

Der Typus eines Kreises mit Schwanz:
Dieses war das erste kosmische Symbol, das im Getreide als Kornkreis zum Vorschein kam. Es versinnbildlicht die Prinzipien der Entstehung des Kosmos.

Der Typus des Kruzifix:
Die Formation eines Fünflings mit zusätzlichem Kreis gehört zu den tiefgründigsten kosmischen Symbolen, die in den Kornkreisen ihren Ausdruck fanden. Die Anordnung verleiht dem Ganzen die Gestalt eines Kruzifix. Dies ist hauptsächlich das Symbol des Gottessohnes, der Ausstrahlung Jesu Christi, der Liebe und der Weisheit im theosophischen System, nach welcher der Sinn des Weltgeschehens nur in meditativer Berührung mit Gott erfaßt werden kann. Das Kreuz erinnert außerdem daran, daß Reinheit und Leid notwendige Voraussetzungen für Heilung sind. Interessanterweise vollziehen Kornkreise und die mit ihnen verbundenen Stätten heilende Wirkungen.

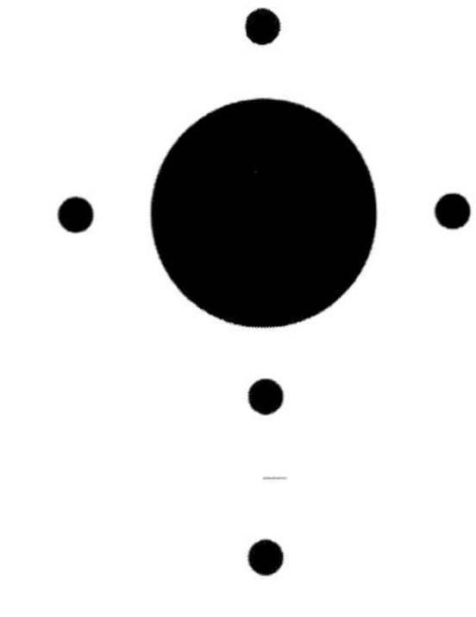

Der Typus des „Kosmischen Eies":

Piktogramm

Felsmalerei an irischen Megalithen

Felsmalerei an irischen Megalithen

Erstmals erschien dieses Symbol 1990 als ungewöhnliche Variation des dreifach umringten Kreises in den Kornfeldern. Man kennt diese Symbolform von den Felsmalereien und Steinzeichen an irischen Megalithen. Sie versinnbildlicht den Vorgang des Schlüpfens aus dem „kosmischen Ei" bzw. den Zusammenbruch des ursprünglichen Kerns, der die Herausbildung der einzelnen Bestandteile des Kosmos erst zuließ.

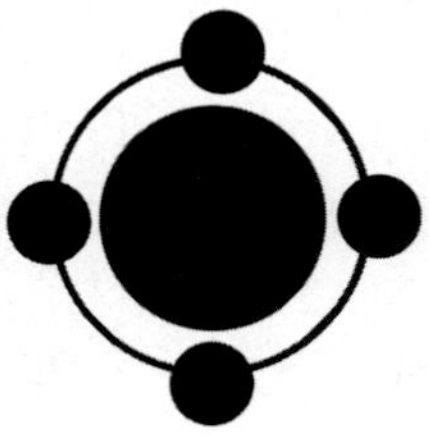

Der Typus des Keltischen Kreuzes:
Diese Formation, die aus einem Quincunx (Fünfling) und einem Ring, der durch alle vier Trabanten führt, besteht, erschien erstmals im Jahre 1988. Symbolisch stellt sie das Prinzip der Rotation um die Mittelachse des kosmischen Bewußtseins, folglich einen Vorgang des Kreisens durch alle Stufen des Bewußtseins, dar.

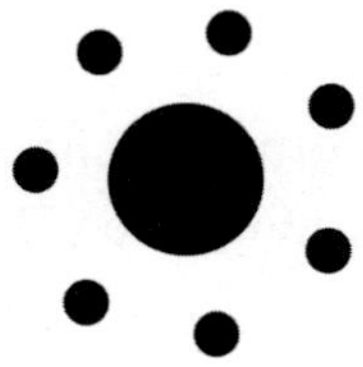

Der Typus der sieben Strahlen:
Im Jahre 1990 erschien eine neue Variante der Kreis-Trabanten-Formationen. Um einen Kreis waren sieben Trabanten symmetrisch angeordnet. Dies ist das Symbol der „sieben Strahlen", welche die sieben planetarischen Geistwesen symbolisieren.

Die Symbole der Logos:

Ab 1990 tauchte unter den Kornkreisen eine völlig neue symbolische Serie auf. Diese läßt sich aufgrund ihrer symbolischen Merkmale in zwei Gruppen, Sonnen- und Erdlogos, unterteilen:

Sonnenlogos:

2 Piktogramme aus dem Jahr 1990 (England)

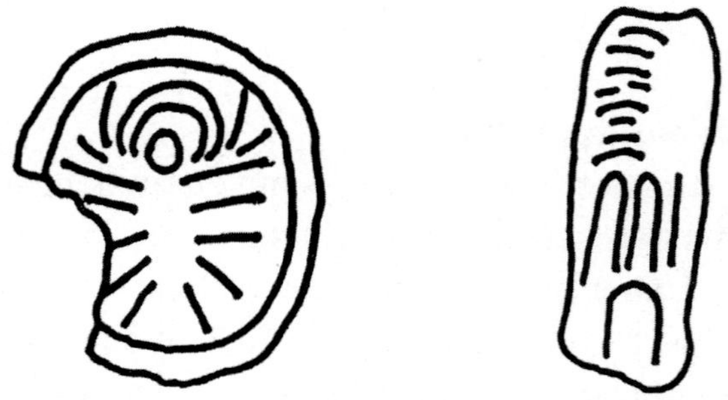

Felszeichnungen aus westeuropäischen Katakomben (ca. 4000 Jahre alt)

Dieser Typus der Formationen bzw. Piktogramme besteht aus einem, durch einen Steg verbundenen Doppelkreis. Manchmal ist einer der Kreise, der „Kopf", von einem „Heiligenschein" aus drei Halbringen umgeben und verkörpert so die ursprüngliche Dreieinigkeit.
Die Ureigenschaft des Sonnenlogos ist die Verkörperung des Kerns der „bedingungslosen Liebe".

Erdlogos (große Mutter):

Piktogramm von 1990 (aus England)

Felsritzzeichnung ca. 11.000 Jahre alt Mas d'Azil / Spanien

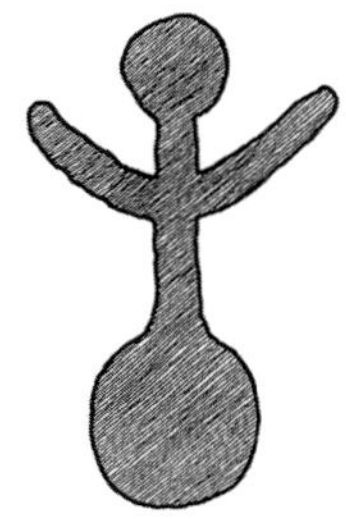

Höhlenmalerei ca. 8.000 Jahre alt Ciaque / Spanien

Steinfigur ca. 7.000 Jahre alt Griechenland

1990 tauchten weitere, neue und außergewöhnliche Formationen auf. Das Neuartige lag in der „hantelförmigen" Gestaltung des „Körpers", sowie in den rechteckigen Kästen zu beiden Seiten der Figur. Diese Art der Formation könnte für das Symbol der Erdgöttin stehen. So würden bei den Kornkreisformationen die vier rechteckigen Kästen die ausgestreckten Arme der Göttin darstellen. Aber warum sollten die Arme durch vier Rechtecke dargestellt werden? In den alten Weisheiten stellt das Rechteck immer die Grundbestandteile der Form dar, eine ausgewogene Zusammensetzung aus Erde, Feuer, Luft und Wasser. In den Getreideformationen scheint es sich also um die Schöpfungskraft der großen Mutter zu handeln.

Der kosmische Drache:

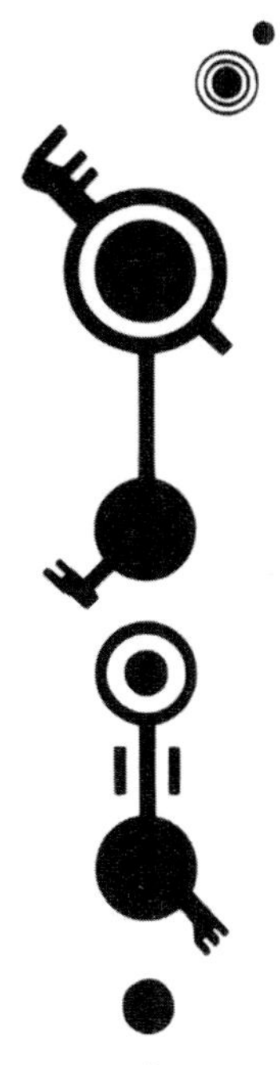

Piktogramm (England 1990)

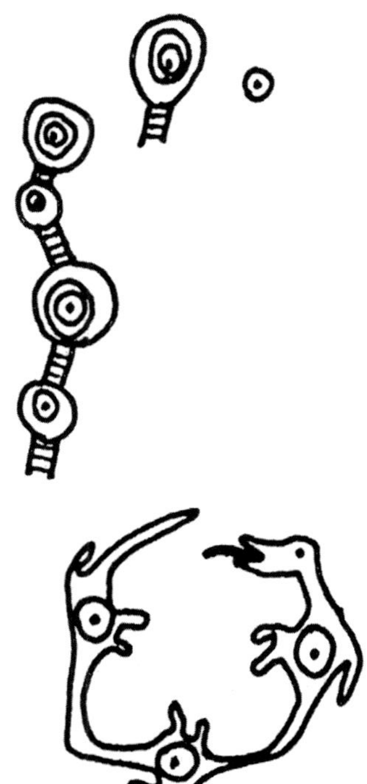

vorzeitliche Felsmalereien aus England

Die sieben Planeten wurden bereits in Zusammenhang mit den Kornkreisen gebracht. Der alten Weisheit zufolge gibt es sieben heilige und zusätzlich fünf nichtheilige Planeten. Die nichtheiligen sind Mars, Erde, Pluto, der Mond und die Sonne, während Vulkan, Merkur, Venus, Jupiter, Saturn, Neptun und Uranus die heiligen Planeten sind. Die Planeten Vulkan, Neptun, Uranus und Pluto sind in den einfacheren Kornkreisen nicht symbolisch dargestellt worden. Doch es scheint, daß diese Planeten das Thema der neuen Kornkreise, der Piktogramme, sind **(siehe Abb.: von oben Neptun mit Dreizack, Vulkan, Uranus und Pluto)**.

Neptun symbolisiert das Hervordringen der dreifachen Lebenskraft des Geistes, der Seele und der Persönlichkeit aus dem Meer. Sein Dreizack bringt diese dreifachen Charaktere zum Ausdruck. **Vulkan** ist im Sternzeichen des Stieres angesiedelt und trägt deshalb das Zeichen der Hörner. Er ist der Spender des Wachstums. **Uranus** verkörpert die Verwandlung des Geistes. Er wird als Kreissymbol dargestellt, welches dem der Venus ähnelt und zeigt so die Wiedergeburt des Geistes. **Pluto** deutet auf den Tod und den Übergang zu einer neuen Wirklichkeitsstufe hin. Symbolisch beschreibt das Ganze eine Entwicklung, ausgehend von der dreifachen Lebenskraft, dem Grundelement des Lebens, über das Wachstum und die Verwandlung bis hin zum Tod und Neuanfang in einer anderen Wirklichkeit. Im Äußeren gleicht die Form der ganzen Konfiguration der eines Drachens mit krallenartigen Gliedern, einem Auge zur Seite Neptuns und einem Schwanz aus drei schrumpfenden Kreisen jenseits des Pluto. [43]

Kornkreise als Heiler unserer Erde?

Johann Blomeyer, ein erfahrener Wünschelrutengänger, ist der Meinung, daß Kornkreise ein zweidimensionaler Fingerabdruck eines eintreffenden Bewußtseinsstrahles sind. Dieser wirkt nicht nur auf die Menschen, die sich in der Umgebung des Eintreffens aufhalten, sondern die ganze Erde ist von dieser eintreffenden Energie betroffen.

Nach der Philosophie der Hindus könnte Avebury, ein Ort in England, der von großer kultureller Bedeutung ist, und in dessen Umgebung sich eine starke Konzentration der Kornkreise bildete, ein Chakra, ein Energiezentrum der Erde, auch Gaia, darstellen. Dieses Chakra ist der Ausgangspunkt eines jeden spirituellen Heilungsansatzes in Bezug auf körperliche Leiden. Hier werden Energien freigesetzt, die den anderen Chakren der Erde, aber auch des Körpers, zugute kommen können. Erhält die Erde durch die Energien, welche die Kornkreise entstehen lassen, also eine Heilung oder Anregung?

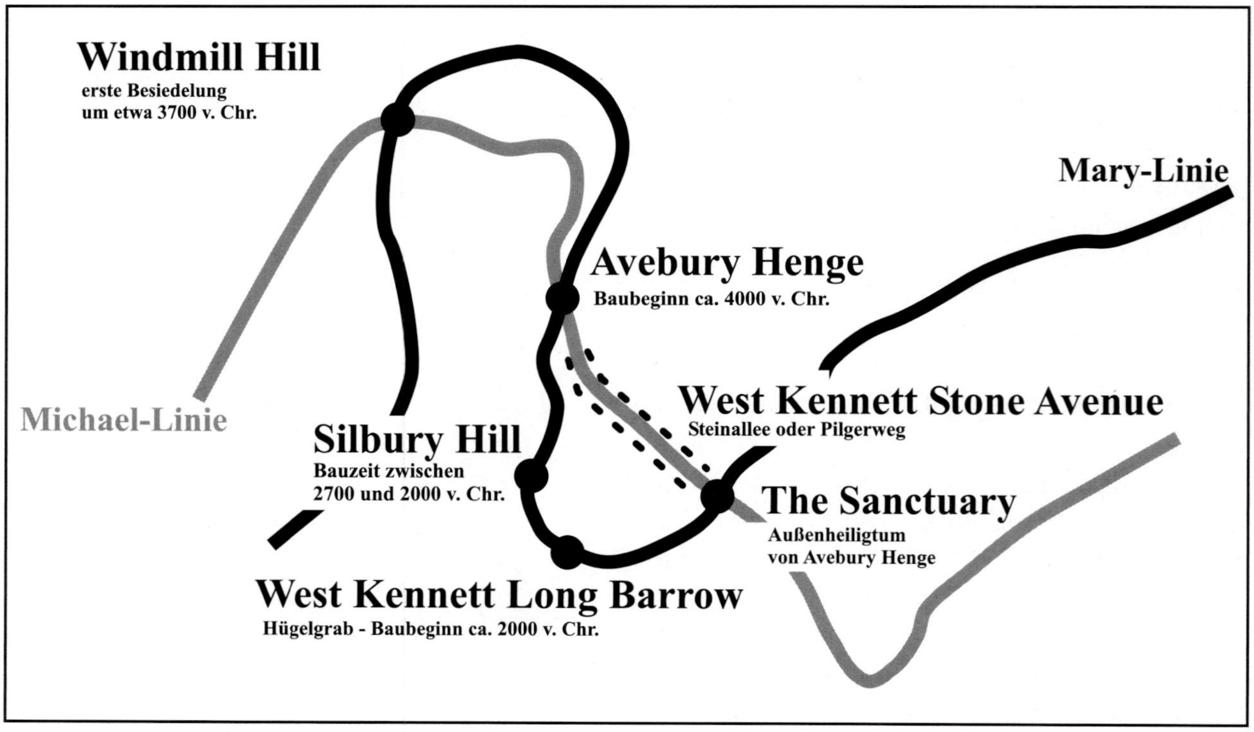

Steinreihe in Avebury Henge, Wiltshire, England. Foto: Eckhard Weber.

Die Umgebung von Avebury (England) zählt als wichtiges Erdchakra. Dort kreuzen sich zwei der wichtigsten Ley-Linien, welche durch England führen: die Mary- und die Michaels-Linie.

An den Kreuzungspunkten wurden schon vor Jahrtausenden Heiligtümer errichtet. Ein vergleichbares Pendant in Deutschland findet sich im Raum Kassel (in der Nähe von Zierenberg), wo um die Jahrtausendwende ebenfalls zahlreiche Kornkreise in direkter Nähe vorzeitlicher keltischer Anlagen aufgetreten sind.

Entstehungstheorien

Hoaxer und Debunker

Einige Menschen glauben fest daran, daß die gesamten Kornkreise von Menschenhand geschaffen werden und verbreiten ihre Meinung bei jeder Gelegenheit in der Öffentlichkeit. Solche Kornkreisdebunker (von to debunk = entlarven) glauben nicht, daß es irgendetwas Unerklärliches am Kornkreisphänomen gibt. Um dieses zu beweisen, wurden sogar immense Geldsummen ausgegeben. So sponserte 1998 die amerikanische Fernsehgesellschaft NBC ein teures Projekt. Bei diesem wurden bekannte Kornkreisfälscher wie John Lundberg, Rod Dickinson und Will Russel nach Neuseeland geflogen, um dort vor laufender Kamera eine Fälschung herzustellen. Auf einer Luftaufnahme sah die Formation sogar relativ „echt" aus. Doch das ganze „Experiment" wurde unter Ausschluß von Forschern durchgeführt. Was also sollte dies beweisen?

Manchmal grenzt die Tätigkeit der Debunker sogar an Sabotage. So gab es den Fall, daß jemand Eisenspäne auf die flachgedrückten Halme innerhalb eines Kornkreises streute und dadurch die anschließende chemische Analyse des Bodens und der Pflanzen verfälschte. Ein ernsthafter Debunker sollte sich auf dokumentierte Beobachtungen und Experimente stützen. Er sollte nicht nur versuchen, bei den anderen Fehler zu finden, sondern Experimente wiederholen und seine eigenen Ergebnisse mit denen der Kornkreisforscher vergleichen. Wem der Aufwand dazu zu groß ist, sollte sich lieber jeglichen Kommentars enthalten.

Doch die Theorie, daß alle Kornkreise ein Machwerk von Menschen seien, ist die einfachste. Dies führt dazu, daß viele Menschen aus Bequemlichkeit daran glauben oder daran glauben wollen. Aber wie schon Albert Einstein sagte: ***„Alle Theorien sollten so einfach gehalten werden, wie möglich – aber nicht einfacher."***

Natürlich gibt es auch Debunker, die gleichzeitig Hoaxer (von to hoax = hereinlegen), also Fälscher, sind, um ihrer Ansicht mehr Gewicht zu verleihen. Die bekanntesten Fälscher sind wohl Doug Bower und Dave Chorley, bekannt als Doug und Dave, aus England. Sie fabrizierten einige Formationen. Doch ab 1992 wuchs Robert Irving zum Hauptfälscher in der Kornkreisszene heran. Einige Fälscher schlossen sich mit anderen zu Hoaxergruppen zusammen, von denen eine sich „Team Satan" nennt. So entstand schnell ein ganzes Netz von Fälschern in verschiedenen Teams, die mitunter bei großen Fälschungen auch koordiniert vorgingen. 1992 wurde sogar ein Fälscherwettbewerb ausgetragen, bei dem einige ihr Können unter Beweis stellten. Ein Konkurrenzkampf der einzelnen Gruppen begann.

Doug und Dave, das Rentner-Paar, sorgte zunächst für helle Aufregung in der Kornkreisszene. Die von diesen beiden – unter Beobachtung – gefälschten Formationen waren jedoch nicht sehr überzeugend.

Mit der Zeit wurden auch die gefälschten Muster komplizierter und die Hoaxergruppen zeigten mehr und mehr Geschick, originalgetreu zu arbeiten. Die Methoden, einen Kornkreis zu fälschen, sind vielfältig. Sie reichen von einfachem Plattstampfen mit Händen und Füßen über den Gebrauch von Seilen und Pfählen bis hin zu Gartenwalzen. Zur Herstellung von Kornkreisen gibt es außerdem Anweisungen von Hoaxern im Internet: ***„Gestalten Sie Ihren eigenen Kornkreis."*** Dort wird eine Ausrüstung aus Zollstock, Seilen, Brettern und einer schweren Gartenwalze sowie Wünschelruten empfohlen. Der zweite Schritt der Anleitung lautet : ***„Schreiten Sie das Gelände mit der Wünschelrute ab, um die Erdenergien festzustellen."***

Wenn eine Formation sich auf einer starken Ley-Linie befindet, so wird dies spätere Echtheitstests begünstigen und Heileffekte, Heilungen, Orgon-Akkumulation, Engelsvisionen, positive Entführungserlebnisse durch extraterrestrische Wesen und allgemeines Wohlbefinden unterstützen. Warnung: Ist die Formation gegenläufig zum Energiefluß situiert, kann dies die entgegengesetzten Wirkungen hervorrufen, also Kopfschmerzen, Schwindelgefühl, vorübergehende Lähmungen, Gelenkschmerzen, Geisteskrankheiten, negative Orgonstrahlung (DOR), Teufelsvisionen, negative Entführungserlebnisse durch extraterrestrische Wesen sowie allgemeine Desillusionierung.

Einige Fälscher betrachten sich selbst als Mitwirkende am Kornkreisphänomen und von einer höheren Intelligenz gelenkt. Ein Mitglied der Gruppe „Team Satan" schrieb im Internet: ***„Ich bin überzeugt, daß die Kreise, die wir herstellen, echt sind und dazu dienen, eine Reihe anderer paranormaler Erfahrungen ermöglichen. Wie sonst lassen sich die zahlreichen Anomalien im Zusammenhang mit den Kornkreisen erklären, von denen nicht nur Interessierte und Wissenschaftler, sondern auch die Schöpfer der Kornkreise selbst berichten."***

Andere Hoaxer nahmen 1997 in einer Pressemitteilung Bezug auf merkwürdige Lichterscheinungen. So schrieben John Lundberg und Rod Dickinson: ***„Unsere Absicht ist, in dieser Landschaft mit Kornkreisen temporäre heilige Stätten zu schaffen. Bei der Arbeit an unseren Kornkreisen sind wir Zeugen einer Reihe von ungewöhnlichen Lichterscheinungen geworden, unter anderem kleiner Lichtkugeln, Lichtsäulen und greller Blitze. Alle waren augenscheinlich auf uns und unserer Arbeit gerichtet. Die zahlreichen Berichte von Besuchern über Anomalien im Zusammenhang mit unseren Kunstwerken überraschen uns daher nicht. Zu ihnen gehörten körperliche Beschwerden wie Kopfschmerzen und Schwindel, Heilwirkungen, beispielsweise bei akuter Osteoporose und physikalische Effekte wie das Versagen von Kompaß und anderen elektronischen Geräten. Wir sind sicher, daß unsere Kunstwerke die Aufmerksamkeit paranormaler Kräfte wecken und als Katalysatoren für andere paranormale Erscheinungen dienen."*** [20]

Wie viele Hoaxer derzeit aktiv sind, ist ungewiß. Außerdem wird es immer schwerer, echte von gefälschten Kornkreisen zu unterscheiden. Mit der Zeit entwickelten die Forscher einen scharfen Blick für offenkundige Spuren und stellten Merkmale zur Unterscheidung auf. Zur Identifizierung echter Kornkreise gegenüber gefälschten hat sich folgender Vergleich bewährt (wobei nicht alle Merkmale immer zutreffen müssen):

Kriterien	echte Kreise	Fälschungen
Wirbel	**erkennbare Spiralformen**	**nicht oder nur unklar vorhanden**
Verschiedene Kornlagen	**sichtbar**	**nicht sichtbar**
Strangbildungen / Verflechtungen	**sichtbar**	**nicht sichtbar**
Halme	**gebogen oder flachgedrückt**	**gebrochen oder beschädigt**
Form	**elliptisch, kaum sichtbar**	**fast rund, teils Ausbuchtungen**
Ränder	**exakt geschnitten**	**unsauber geschnitten**
Lage des Spiralzentrums	**leicht exzentrisch**	**direkt im Kreiszentrum**
Formationstyp	**alle Typen**	**nur begrenzte Typenformen**
Bodenschäden	**keine**	**Löcher, Vertiefungen, Fußspuren**
Wünschelruteneffekt	**vorhanden**	**kaum nachweisbar**
Radioaktivität	**Verstärkung möglich**	**normale Meßwerte**
Gravitation	**teilweise Schwankungen möglich**	**normale Testergebnisse**
Veränderungen an den Ähren, Halmen oder Samen	**deformierte Wachstumsknoten und Samen, Keimungsanomalien**	**keine Abweichungen gegenüber Proben außerhalb des Kreises**
Bekanntheitsgrad	**ohne besondere Aufmerksamkeit**	**große Medien-Präsentation**

Plasma – Votex – Theorie

George Terence Meaden ist Leiter der „Tornado and Storm Research Organisation". Aufgrund jahrelanger Erforschung von Wirbelwinden entwickelte er eine Theorie über die Entstehung von Kornkreisen. Seine Hypothese lautet, daß es einen bislang unbekannten energetischen Wirbel gibt, eine gewaltige, spiral- oder ringförmige Kraft, die auf das Getreide einwirkt und unerwartete elektromagnetische Eigenschaften besitzt.

Eigenschaften des Plasmawirbels

Meaden ist der Meinung, daß die Kornkreise auf das Herabsinken eines energetischen Wirbels aus der Atmosphäre zurückzuführen sind. Dieser Wirbel ist so stark ionisiert, daß man ihn besser als eine Art kühlen Plasmas geringer Dichte bezeichnen sollte, welches ein stark elektromagnetisches Feld verursacht.

Viele Hinweise deuten nicht nur auf eine Plasmaquelle elektromagnetischer Strahlung, welche Auswirkungen in Form von Störungen der Radiokommunikation, Geisterbildern an Radarschirmen, Defekten an Flugzeugmotoren o.ä. durch Ionisation sowie Störungen im Verhalten von Menschen und Tieren zeigt. Auch tausende von Meldungen über Begleiterscheinungen der Kornkreise wie unidentifizierbare Lichterscheinungen und fliegende Objekte (UFOs) können dadurch erklärt werden. Den deutlichsten Hinweis auf die Einwirkung dieses atmosphärischen Wirbels geben uns, laut Meaden, aber die einzigartigen, kreisförmigen Markierungen im Getreide. Bei den Kornkreisen wurden die Halme des wachsenden Korns von einer intensiven, axial rotierenden Kraft flachgedrückt. Die Rotation kann in beiden Richtungen vorliegen und ist für das Spiralmuster verantwortlich. In einigen Fällen ist der abwärtsgerichtete Luftstoß von gewaltiger Kraft, so daß das Korn wie ein harter Teppich auf dem Boden klebt. In einem anderen Extremfall muß der Wirbel von oben eher einem Hauch gleichen, der nur die oberen Zentimeter der Halme beeinflußt. Die Krümmung der Halme entsteht durch die Luftbewegung, die heftig gegen die Halme drückt, jedoch ohne sie zu beschädigen. Diese Krümmung findet ganz natürlich in Bodennähe unweit der Wurzel statt.

Werden Kornkreise durch „gelenkte" Luftwirbel erzeugt?

Die Mehrschichtigkeit der Lage des Korns ist auf eine Strömungsverschiebung während der wenigen Sekunden des Einfalls, wodurch auch in einigen Kreisen zwei Mittelpunkte zu finden sind, zurückzuführen. Der Mittelpunkt selbst ist nicht immer flachgedrückt. Manchmal ist er in Form einer Pyramide oder eines Kegels aus krummen und geraden Halmen stehen geblieben. Dieser Auswirkung liegt die kreisende Luft eines herabsinkenden „hohlen Wirbels" oder „Wirbelringes" zugrunde. Die Wirbel kommen eindeutig von oben und breiten sich beim Eintreffen waagerecht aus. Die „zerquetschte" Luftmasse rollt nach außen, dehnt sich und drückt das Getreide praktisch in die horizontale Ebene. Auf diese Weise unterscheidet sich dieser neue Wirbeltypus von den gewöhnlichen Tornados, Windhosen und Staubstürmen, die aus ansteigenden Säulen und Schläuchen aus Luft bestehen und sich zugleich spiralförmig nach innen drehen.

Kreisformationen mit Ringen und Trabanten

Relativ häufig erschienen Formationen aus zwei, drei, vier oder fünf Kreisen, Kreisen mit Ringen oder Trabanten. Daraus läßt sich schließen, daß die Wirbel in einigen Fällen miteinander verbunden und somit voneinander abhängig sind. Eine Studie von van Heijst zeigte, wie ein einzelner Wirbel in einer schnell kreisenden Flüssigkeit in eine tripolare Wirbelreihe verwandelt wird. Dieses Laborergebnis läßt vermuten, daß die Stabilität eines dreifachen Wirbels eine Eigenschaft sein könnte, die auch Wirbel besitzen, die in atmosphärischen Umfeldern auftreten und einer Schubwirkung ausgesetzt sind.

Die verursachende Kraft der Kreise mit Ringen verfügt offenbar über einen erstaunlich genauen Kontrollmechanismus. Denn das Korn ist an den Rändern der Kreise und Ringe extrem scharf getrennt. Dies hängt mit der Ionisierung der Luftströme zusammen. Während die Ringe die Folge einer Interaktion im Grenzbereich des Luftstroms beim Auftreffen des Hauptwirbels sein könnten, hat der intensive Luftzug insgesamt eine elektromagnetische Wirkung. Dies ist möglicherweise auf Ionenbewegung zurückzuführen, die stark genug ist, um polarisierbare Partikel im Erdboden zu orten und somit eine instrumental meßbare „Handschrift“ zu hinterlassen. Die Ringe, die in einigen Fünflingen zu finden sind und durch die Trabanten führen, könnten durch das Kreisen ionisierter Luft entstanden sein.

Schall- und Lichteffekte

Augenzeugenberichte von akustischen Nebeneffekten wie Summen deuten auf die Anwesenheit und den Fluß von Elektrizität, wie bei dem besser bekannten Phänomen des Wirbelwindes, hin. Gewöhnliche Wirbelwinde erzeugen ein elektrisches Feld. Dieses entsteht durch Staubpartikel, die von der Reibung des Windes gegen den Boden elektrisch aufgeladen und von der Drehung des Windes hochgeschleudert werden. Da das elektrische Feld von Tornados und Wirbelwinden akustische und leuchtende Nebenerscheinungen erzeugt, könnte dies auch auf die verursachenden Wirbel von Kornkreisen zutreffen.

Sensible Wünschelrutengänger können nicht nur Wasseradern finden, sondern erspüren auch feinstoffliche Felder, wie Ley-Linien oder Veränderungen im Magnet- oder Gravitationsfeld. Manche Kornkreis-Fälschungen wurden an solchen geomantischen Punkten angelegt, um die Rutengänger zu täuschen und als „echt“ deklariert zu werden.

Wünschelruteneffekt

Wenn Wirbel mit elektromagnetischen Auswirkungen auf das Getreide und den Erdboden treffen, könnten sie jene Energien erzeugen, die in den Kornkreisen von Wünschelrutengängern aufgespürt werden. Einer Studie zufolge können Ruten, die in den Händen gehalten werden, winzige Muskelbewegungen verhundertfachen, die als Reaktion auf kleinste Veränderungen des magnetischen Feldes in der Nähe von Wasser auftreten. Die positiven Reaktionen der Wünschelruten in Kornkreisen könnten mit örtlichen Verschiebungen im magnetischen Feld zusammenhängen, die sich aus dem Zusammentreffen eines elektrisch geladenen Wirbels mit dem Erdboden ergeben.

Ausrichtung der Formationen nach Treckerspuren und nicht bewachsenen Bodenstellen
Erstaunlich viele Kornkreise zentrieren sich ungefähr auf vorhandenen Treckerspuren, andere setzen ihren Mittelpunkt auf unbewachsene Bodenstellen. In der letzten Phase des Herabsinkens könnte der Wirbel vielleicht die örtlichen Schwankungen in der Stärke des elektrischen Feldes spüren. Unbewachsene Bodenstellen oder Treckerspuren könnten Stellen mit unterschiedlicher Feldstärke sein. Dies würde bedeuten, daß bestimmte Flächen im Getreide eine überdurchschnittliche Ladung aufweisen und daher eine Anziehungskraft auf die Wirbel ausüben.

Die Ursache der Wirbel
Die Wirbel sind strukturierte Turbulenzen der unteren Atmosphäre, die durch Windströme, die an topographischen Hindernissen vorbeiziehen, in Bewegung gesetzt werden. Fast immer treten Kornkreise in der Nähe von Hügeln auf und zwar an der Windschattenseite.
Berichten zufolge erschien sofort ein Kornkreis nachdem ein heftiger Wind das Korn in ca. 30 Sekunden in eine kreisförmige Fläche niederwehte, dabei ein seltsames Geräusch machte und plötzlich „eine Kraft" nach unten stürzte. Dabei handelte es sich um das klare Beispiel des Zusammenbruchs eines stehenden Lee-Seiten-Wirbels. Solche Wirbel entwickeln sich unter den entsprechenden Bedingungen auf der Lee-Seite eines Hügels. Anscheinend ist eine wesentliche Voraussetzung für die Entstehung eines Wirbels eine ruhige Luftmasse mit stabiler Schichtenbildung, die auch bei einer ständigen schwachen Luftströmung erhalten bleibt. Während sich dann eine neue kleine Front mit klarer Grenze und höherer Geschwindigkeit nähert und die Windgeschwindigkeit zunimmt, entwickeln sich Wirbelschläuche. Im letzten Aufzug bricht das System jedoch zusammen und jagt einen Wirbel nach unten. Der Lee-Seiten-Wirbel kann bis zu mehreren Minuten andauern. Der Zusammenbruch vollzieht sich jedoch sehr schnell.
Die Energie in diesem gewaltigen Wirbel entsteht aus der Konzentration der herannahenden Luftmassen-Energie im sehr kleinen Volumen des sich bildenden Wirbelschlauches. Dessen Drehmoment ist wahrscheinlich die wesentliche Ursache der rotierenden elektrischen Ladung und des kräftigen magnetischen Feldes. Je nachdem wie die Gesamtheit der Ladung im Wirbel, Getreide und Boden verteilt ist, stürzt der Wirbel dann auf das Getreide oder senkt sich sanft. Wenn das Getreide nicht oder nur leicht berührt wird, scheint eine Abstoßung stattzufinden.

Die Evolution der Kornkreise
In den letzten Jahren vollzog sich eine enorme Steigerung der Anzahl der Kornkreise, sowie eine sensationelle Vervielfältigung der Muster. George Terence Meaden meint, daß dies die Folge der Wetterfrontart sein kann, die für die wesentliche Erscheinung verantwortlich ist. In Bezug auf die Evolution der Kreismuster glaubt Meaden, daß es hunderte verschiedene Muster geben kann und daß jedes Jahr einige spezifische Typen kredenzt werden, je nachdem was die atmosphärischen und örtlichen Begebenheiten erlauben.

Kritische Anmerkungen
Die Plasma-Votex-Theorie von George Terence Meaden fand anfangs schnell viele Anhänger, die genauso wie Meaden selbst eine wissenschaftliche Erklärung für das Phänomen der Kornkreise suchten. Doch im Laufe der Jahre mußte Meaden seine Theorie mehrmals abwandeln, um sie mit neuesten Erscheinungen in Einklang zu bringen. Als 1990 Formationen mit rechteckigen Kästen und anderen komplexen Formen auftauchten, die eindeutig nicht von kreisenden Luftsäulen oder Plasmawirbeln herrühren konnten, wurden die letzten Zweifel der übrig gebliebenen Anhänger beiseite geräumt. So blieb die Theorie ein gescheiterter Versuch das Kornkreisphänomen auf wissenschaftliche Art zu klären.

Koch – Kyborgsche Theorie - Eine kosmische Kommunikation

Nach jahrelangen Untersuchungen der Kornkreise und mit der Auffassung, daß hinter den Kornkreisen eine kosmische Intelligenz stehe, entwickelten Joachim Koch und Hans-Jürgen Kyborg folgende Prinzipien:

Eine Kommunikation auf der Basis einfachster, astronomischer Symbolik :

Kreis, kreisen, umkreisen:

Ein Stern wird von einem anderen Gebilde, ein Planet auf einer bestimmten Bahn umkreist.

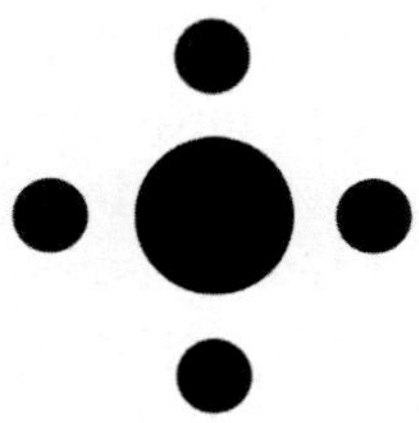

Vier Satelliten umkreisen eine Sonne / einen Stern.

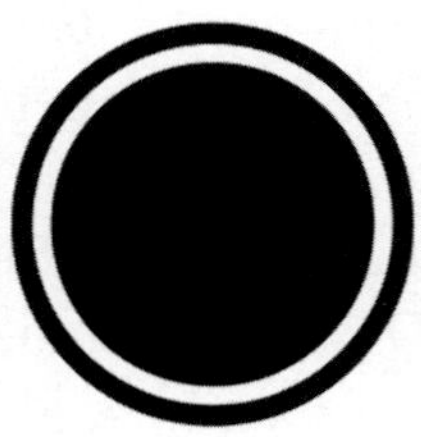

Die Tatsache des Umkreisens ist hier wichtig:

Wenn es zu einer bestimmten Zeit nicht wichtig ist, wie viel da kreist, sondern, daß überhaupt etwas kreist, kann mit einem Kreis und einem Ring symbolisch ein ganzes Sonnensystem dargestellt werden.

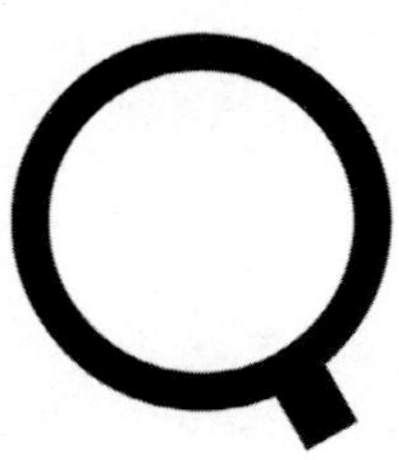

Kreis mit Zeiger:

Ein Zeiger besagt, daß hier noch mehr enthalten ist, es kommt noch mehr, es kommt noch eine nähere Erklärung zu diesem Teil.

Verkürzungen / Vereinfachungen:

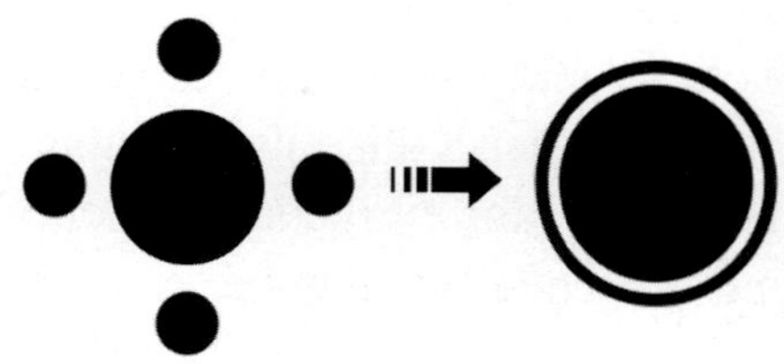

Werden zwei Formationen in einem Feld oder in unmittelbarer Nachbarschaft dargestellt, ist die eine Formation zumindest teilweise in der anderen enthalten und wird dort verkürzt dargestellt.

Wichtigkeit nach Größe:

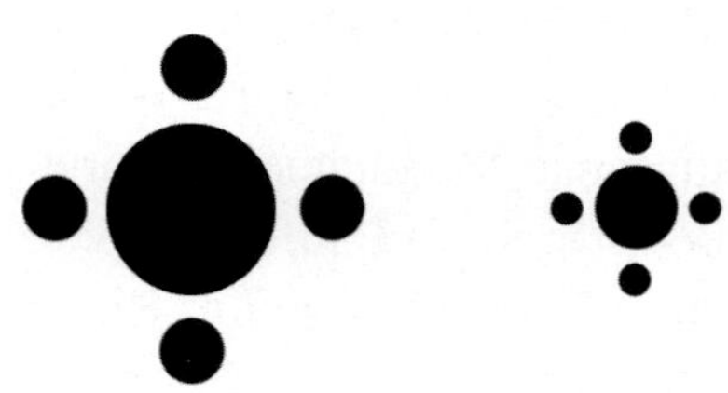

Von großen und kleinen Formationen oder deren Teilen, die zusammenliegen, ist wichtig, was groß dargestellt ist.

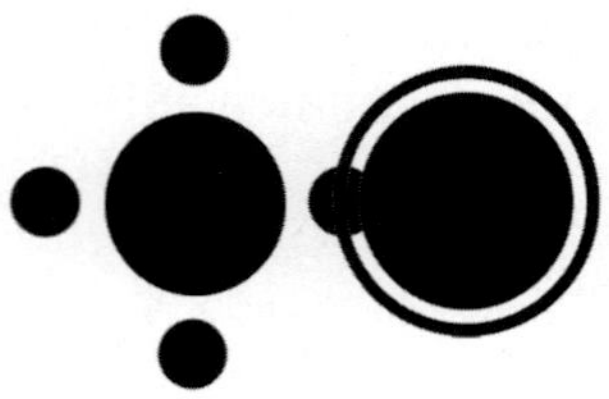

Überschneidungen / Überlappungen:

Überlappungen verschiedener oder ähnlicher Formationen bedeuten eine Verbindung dieser verschiedenen oder ähnlichen Systeme.

Weitere Verkürzungen / Vereinfachungen:

Ab jetzt wird in einem neuen Piktogramm ein Stern, der vier Satelliten hat, nur noch symbolisch verkürzt dargestellt, sonst würden die Piktogramme mit allen ihren Umkreisen zu unübersichtlich!

Hinweise über verbundene Kreise:
Die Verbindung von gleichen Dingen bedeutet auch das Gleiche.

Ringsegmente:
Ringsegmente sind die abgekürzte Darstellung von Umlaufbahnen.

Schlüssel (numerische Zeiger):

Geht ein numerischer Zeiger von einem Ring aus, weist er auf im Umland liegende Körper hin und bestimmt deren Anzahl oder, wenn ein Zählbalken hervorgehoben ist, die Umlaufbahn bzw. Position. Geht ein Zeiger von einem Kreis aus, bezeichnet er die Gesamtzahl der Satelliten / Planeten oder die Position.

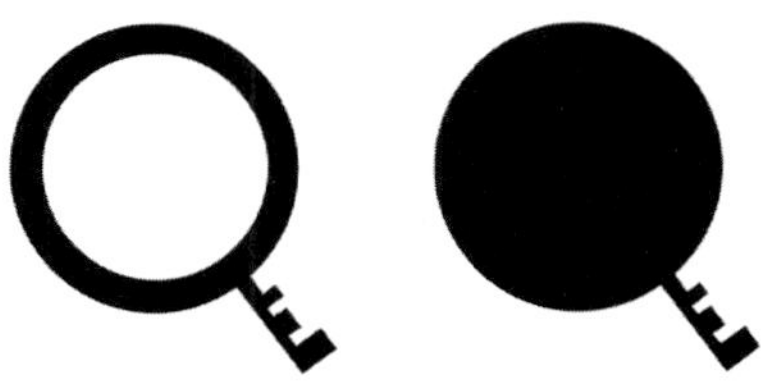

Ergänzende Darstellungen:

Besonders wichtige Dinge werden zusätzlich oder zusätzlich und ausführlicher abgebildet bzw. breit und groß dargestellt.

Mit Hilfe dieser 12 Prinzipien untersuchten die beiden Forscher etliche Formationen und interpretierten sie. Zunächst lasen sie aus den Formationen, daß die verursachende Intelligenz vom Stern Alpha Centauri stammt. Infolgedessen entwickelten sie ihr erstes Fragepiktogramm, welches sie 1991 in die Getreidefelder Englands legten.

Die Frage, die mit Hilfe dieser Prinzipien in diesem Piktogramm steckte, lautete:
„Hallo! Hier sind wir von der Erde, dem 3. Planeten in unserem Sonnensystem, das 4 Lichtjahre von Alpha Centauri entfernt ist. Die größere dieser beiden Sonnen ist Alpha Centauri A, die kleinere Alpha Centauri B. Wir nehmen an, daß vier Planeten um Alpha Centauri A kreisen. Kommt ihr von einem dieser Planeten?“ [27]

Die Antwort auf dieses Piktogramm erschien vier Tage später. Sie beantwortete jedoch nicht die gestellte Frage. Die Interpretation dieses Antwortpiktogramms lautete:
„Ja, es gibt Planeten dort, aber wir kommen nicht von dort. Wir kommen von einem Einzelstern – Sonnensystem, dessen Sonne eurer Sonne ähnlich, dabei aber kleiner ist und zwei Planeten beherbergt, von denen einer wichtig ist.“ [27]

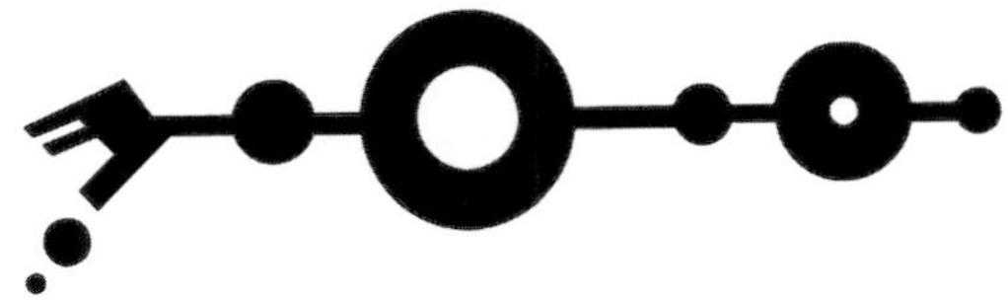

Ein zweites Piktogramm, das mit dem ersten in Verbindung zu stehen schien, erschien am 17. Juli 1991. Es beinhaltete die gleichen Informationen wie das erste und war durch eine zusätzliche galaxieartige Spirale ergänzt worden. Die Gesamtaussage dieses Piktogramms lautete: "Ein Sonnensystem mit zwei Planeten oder dem wichtigen Planeten Nr. 2 existiert bei einem hellen Stern, in Verbindung mit einem schwächeren Stern und in Verbindung mit einer Galaxie." [27]
Mit diesen Informationen begannen Joachim Koch und Hans-Jürgen Kyborg die Suche nach dem gefragten Stern. Auf dieser Suche begegnete ihnen immer wieder die Zahl 6. Demzufolge mußte sie eine bestimmte Bedeutung haben. Schließlich interpretierten sie aus den Piktogrammen, daß dieser gesuchte Stern im Zentrum eines Umkreises aus sechs Sternen, dem Wintersechseck, liegt. Nun verbanden sie die sich auf der Sternenkarte gegenüberliegenden Sterne des Wintersechseckes, Capella und Sirius, Prokyen und Aldebaran, Pollux und Rigel mit jeweils einer Geraden und fanden im Zentrum eines sich aus diesen Geraden bildenden Dreiecks einen sonnenähnlichen Stern mit der Nummer HD42807.
Auch die anderen Merkmale der Piktogramme stimmten mit den Sternen überein. Außerdem ist HD von weiteren Sternen umgeben, die mit ihm ein Dreieck bilden, welches genau dem einen Antwortpiktogramm glich. An der oberen Spitze des Dreiecks thront HD, genau dort, wo im Piktogramm durch den Kreis mit den sechs Strahlen auf den zentralen Stern des Wintersechsecks hingewiesen wurde. War dort zu finden, was wir schon lange suchen: anderes Leben?
Schon vor tausenden von Jahren muß das Wintersechseck bedeutend für die Menschen gewesen sein. Denn die riesigen Steinmonumente in England beinhalten auch Steine, die für das Wintersechseck stehen. Auch die drei Pyramiden von Gizeh und ihre Anordnung gleichen einem Sternbild, den Sternen des Oriongürtels. In den Pyramidentexten steht ebenfalls etwas über das Sternbild des Orion. Sie beschreiben, wie der tote Pharao auf ein Leben in einer anderen Welt vorbereitet wird, berichten von seiner Wiedergeburt, seiner Reise dorthin und von seiner dortigen Ankunft. Es ist eine Reise weg von unserer Erde, hinaus in das Weltall, in den Bereich des Sternbildes Orion, bis hin zu einem bestimmten Stern, der im Duat zu finden ist. Der Duat ist der Bereich, wo die Sonnenwesen leben und die Pharaonen neben den Göttern als Astralwesen weiterexistieren sollen.
Auch für die Beschreibungen in den Pyramidentexten erfüllt HD alle Bedingungen. Mit diesem neuen Wissen legten Koch und Kyborg 1992 das zweite Fragepiktogramm in die Felder Englands. Die hineingelegte Frage war mit einem Wunsch verbunden und lautete:
„Wir kommen aus diesem Sonnensystem vom dritten Planeten. Wir wissen jetzt, daß ihr vom zweiten Planeten im Sonnensystem des Sterns kommt, der sich im Zentrum des Wintersechsecks befindet. Wir möchten euch treffen. Als Treffpunkt schlagen wir einen Hügel in Wiltshire vor, z.b. Silbury Hill." [27]

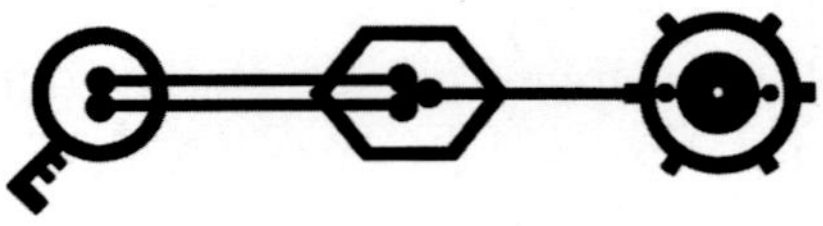

Als Antwort erschien nur ein riesiger Kreis mit einem kleineren daneben, nichts weiter als ein riesiges, inverses Sonnensymbol und ein großer Planetenkreis daneben, als wollte das Phänomen sagen: ***„Richtig! Darauf baut sich alles auf. Das ist wichtig."*** [27]
Am 27. Juli des gleichen Jahres meditierte die Gruppe CSETI (Center for the Search for Extraterrestrial Intelligence), welche mittels spezieller Meditations- und Visualisierungsprotokollen versucht, Kontakt zu extraterrestrischen Intelligenzen herzustellen, in dem zweiten Fragepiktogramm. Daraufhin tauchte in 800 m Entfernung ein ca. 30 m großes Objekt auf und verschwand nach etwa 5 Minuten wieder. Skeptiker zweifelten ohnehin schon an der CSETI und hielten alles für einen Schwindel. Die Wissenschaftler vermißten brauchbare Daten und die UFO-Enthusiasten bejubelten das Ereignis. Doch bis heute läßt sich weder für die eine noch für die andere Seite ein schlüssiger Beweis erbringen. Das Ereignis aber spiegelte sich in dem Fragepiktogramm ab, welches das Phänomen zu einem Treffen einlud. Joachim Koch und Hans-Jürgen Kyborg fuhren jedes weitere Jahr mit weiterführenden Informationen wieder nach England und kehrten jedes Jahr mit weiterführenden Informationen und Ideen zurück.

„Stonehenge", Rekonstruktions-Gemälde an einer Mauer auf dem Gelände bei Stonehenge. Foto: Eckhard Weber.

In den folgenden Jahren wurden ihnen vom Phänomen Energiegitter bzw. -netze gezeigt. Diese, scheinbar am Boden liegenden Energiegitter sind zweidimensionale Projektionen mehrdimensionaler Raumstrukturen, derer sich das Phänomen bedient, um auf alle Fälle Transport und Austausch von geistiger Energie, wenn nicht sogar von Materie zu betreiben. Diese Netze markieren zumindest drei-, wenn nicht vierdimensionale Raumstrukturen, die wir selbst körperlich und geistig beeinflussen können. An bestimmten Punkten in diesem Raumgitter, den Kreuzungspunkten der Gitterlinien, gibt es gerichteten Transport. So, wie jeder Planet in seiner Umlaufbahn alles prägt und beherrscht, so prägen wir alle den Raum um uns und hinterlassen Informationen, die dort in dieser Raumstruktur gespeichert und wieder abrufbar sind.

Stonehenge in seinem heutigen Zustand. Foto: Eckhard Weber.

Auch auf der Oberfläche unseres Planeten existiert ein solches Netz von Linien. Die großen Steinsetzungen wie Stonehenge und Avebury wirken wie Akupunkturnadeln. Sie beeinflussen die durch die umliegende Landschaft ziehenden Energielinien und wirken damit auf die Landschaft selbst ein. Im Verbund werden somit ganze Teile der Erdoberfläche erreicht, letztendlich die ganze planetare Sphäre.

Die alten Steine wirken als Verstärker, Sender und Empfänger von nicht nur geistiger Energie. Dieses vom Phänomen der Kornkreise vermittelte Wissen über die „Nervenbahnen" des Planeten, die mit gleichartigen kosmischen Strukturen in Verbindung stehen, wendeten J. Koch und H.-J. Kyborg während zweier großangelegter Experimente in den Jahren 1994 und 1995 in dem Steinkreis von Avebury mit Erfolg an. Infolgedessen kam es zu einem weiteren Ereignis mit einem leuchtenden Objekt, welches auf einem Feld landete und ein Gitter aus leuchtenden Energielinien produzierte. Die Arbeit der beiden Forscher ist noch nicht beendet und wird sicherlich noch weitere interessante Ergebnisse hervorbringen. Doch eines ist ihnen schon jetzt bewußt:

„Das UFO-Phänomen und das Phänomen der Kornkreise haben einen gemeinsamen Hintergrund, sie sind beide Teil einer größeren Realität." [27]

„Doppelformation" am 24. Juli 2000 beim Silbury Hill, einer künstlich errichteten Erdpyramide in England. Foto: Frank Laumen.

So berichteten Zeitungen und Magazine in den letzten Jahren über das Kornkreisphänomen.

Kornkreise in der Diskussion

Reaktionen der Öffentlichkeit

Die Reaktionen der Menschen auf das Kornkreisphänomen sind sehr unterschiedlich und interessant. So unterschätzen viele die Komplexität der Kornkreise erheblich und versuchen, das Phänomen ins Lächerliche zu ziehen. Andere formulieren eindeutige Meinungen ohne auch nur die banalsten Fakten zu berücksichtigen oder gar zu kennen. Doch zunächst kann man die Reaktionen von Menschen, die zum ersten Mal mit dem Thema Kornkreise konfrontiert werden, in drei Kategorien unterteilen: leichtgläubig, kritisch und ablehnend. Der Leichtgläubige ist fasziniert und interessiert. Er glaubt fast alles, was ihm berichtet wird und erzählt dies sofort begeistert weiter.

Der kritische Betrachter ist nicht so leicht zu überzeugen. Er stellt kluge, intellektuelle Fragen und führt alternative Erklärungen an. Außerdem fordert er Beweise. Dennoch zeigt er Interesse und gibt keine vorschnelle Meinung von sich. Die ablehnende Person tritt in zwei Varianten auf: Entweder als boshafter Angreifer oder als lächelnder Spötter. Der Erstere versucht möglichst häufig, den ganzen „Kornkreisquatsch" zu attackieren, um viele andere davon abzubringen. Der Spötter ist weniger aggressiv. Er macht sich eher mit Fragen wie: „Was, das glaubst Du wirklich?" über Kornkreisinteressierte lustig. Er ist davon überzeugt, daß er es besser weiß als sein Gesprächspartner und daß dieser schon irgendwann wieder zur Vernunft käme. Beide ablehnende Personengruppen ähneln sich jedoch darin, daß sie nicht richtig zuhören und sich jeder vernünftigen Argumentation verschließen. Diese drei Typen sind in der Praxis in allen Variationen zu finden. Das heißt, daß die verschiedenen Haltungen auch vermischt und in allen Kombinationen und Ausgeprägtheiten auftreten.

Doch nicht nur einzelne Personen versuchen, einen Kreuzzug gegen das Phänomen der Kornkreise zu führen. Auch die englische Regierung versucht, gegen das Phänomen und seine Interessenten anzugehen. Als 1990 die Kornkreis-Hysterie ihren Höhepunkt erreichte, hielt die Regierung in London heimliche Sitzungen zum Thema Kornkreise ab. In der Öffentlichkeit wurde jedoch versucht, die Bedeutung der Kornkreise herunterzuspielen. Forschergruppen wurden lächerlich gemacht. So sollten gut vorbereitete Fälschungen der Öffentlichkeit weismachen, daß alle Kornkreise menschengemacht seien. Dazu bot das Militär bereitwillig seine Mithilfe an. Diese unter Geheimhaltung geplanten und durch Spezialeinheiten der Armee durchgeführten Fälschungen wurden anschließend über die Presse verbreitet.

Die Medien brachten außerdem viele ungenaue oder sogar völlig falsche Geschichten über Kornkreise in Umlauf. Viele Journalisten und Reporter verfügen nicht über das nötige Fachwissen und präsentieren trotzdem Verdächtigungen, Gerüchte und ihre eigene Meinung als allgemein anerkannte Fakten. Die Wirkung dieser Aussagen auf die Öffentlichkeit ist fatal. Ein Beispiel dafür ist folgendes: 1996 beendete ein holländischer Nachrichtensprecher einen kurzen Dokumentarfilm mit den Worten: ***„Auch im Norden Hollands wurden neue Kornkreise entdeckt und sofort entlarvt. Wie es scheint, hat ein Bauer genau an der Stelle, an der am nächsten Tag ein Kornkreis gefunden wurde, nachts einen Hubschrauber gesichtet."*** [20]
Daraufhin war die Meinung, daß Kornkreise von Hubschraubern entstehen, weit verbreitet. Dies zeigt die Verantwortungslosigkeit dieses Sprechers. Denn schon allein die Andeutung, daß ein Hubschrauber irgendetwas produzieren könnte, was dem Kornkreisphänomen nur annähernd ähnlich ist, zeugt davon, daß diese Person noch nie in einem Kornkreis gestanden hat oder sich auch nur ein wenig mit der Thematik auseinandergesetzt hat.

Magazin 2000*plus*
Sonderausgabe 09/2003.

Dennoch gibt es Medien, die die Kornkreise ernst nehmen. Dies ist sehr wichtig, denn ihre Pflicht ist es, der Öffentlichkeit Fakten zugänglich zu machen und keine Geschichten zu erfinden!

Forschung und Forschungsgesellschaften

Seit dem Erscheinen der Kornkreise werden diese auf unterschiedlichste Art und Weise erforscht und untersucht. Einige Methoden sind wissenschaftlich, d.h. sie folgen den Regeln der westlichen Wissenschaft, andere sind es nicht. So ist die Erforschung der Kornkreise eine ständige Gratwanderung zwischen Gefühlen und subjektiven Erlebnissen, Beweisen und objektiven Tatsachen.
In Diskussionen taucht immer wieder das Argument „ich kann nur glauben, was bewiesen ist" auf. Natürlich ist es für einen Wissenschaftler naheliegend, nicht alles einfach zu glauben, sondern für jede Behauptung Beweise zu fordern. Aber die Kriterien, denen ein Beweis genügen muß, sind von Fall zu Fall und von Mensch zu Mensch unterschiedlich. Mancher ist mit einer Aussage oder Behauptung eines glaubwürdigen Menschen zufrieden, während ein anderer erst zufriedengestellt ist, wenn ihm eine umfassende Analyse unterbreitet wurde, die allen wissenschaftlichen Gesetzen folgt. In der Erforschung der Kornkreise ist dies nicht so einfach. Dieses Problem formulierten John und Lynn St. Clair Thomas sehr treffend: ***„Für Menschen, die glauben, ist kein Beweis nötig, für Menschen, die nicht glauben, ist kein Beweis möglich."***

Kornkreisfotografin und Buchautorin Lucy Pringle, GB. Foto: L. Pringle.

Bei dem Phänomen der Kornkreise zweifeln Skeptiker von Experten überprüfte Ergebnisse an. Einige meinen sogar, daß Experimente manipuliert wurden, um die aufgestellte These zu stützen. Das Kriterium eines Beweises ist also auch, ob eine Erklärung plausibel scheint oder nicht. So gesehen wird klar, daß Beweise wesentlich emotionsbedingter sind, als zunächst erwartet. So ist es also in erster Linie eine Vertrauensfrage, ob wir uns alle auf die gelernten, allgemein gültigen und uns aus Büchern bekannten Gesetze verlassen. Da kein Wissenschaftler lange genug lebt, um den Wahrheitsgehalt aller Theorien und Gesetze, mit denen er arbeitet und auf die er sich zwangsläufig stützt, selbst zu überprüfen, basiert die Zuverlässigkeit, die wir unseren wissenschaftlichen Methoden zusprechen, weitestgehend auf Vertrauen. So können die Wissenschaftler eigentlich nur glauben, daß die Theorien, die sie kennen und anwenden, wirklich korrekt sind.
Betrachtet man die Aussage: „Ich glaube nur, was bewiesen ist" wird nach diesen Gedanken zum Ersatz von: „Ich glaube nur, was ich glaube". Doch die Erforschung der Kornkreise wird nicht nur durch die Frage der Glaubwürdigkeit, sondern auch durch andere zusätzliche Probleme erschwert.

Kornkreisforschertreff im Juli 1998 in Kassel v.l.n.r.: Nancy Talbot (USA), Wolfgang Ring, Wolfgang Schöppe, Andreas Müller. Foto: W. Schöppe.

Da ein Großteil der Öffentlichkeit und die Regierungen keine ernsthafte Forschung fordern, sondern das Phänomen eher immer noch leugnen, müssen sich die Forschungsgesellschaften selbst finanzieren. Doch die aufwändigen Experimente und Forschungsprojekte kosten viel Geld, so daß diese kaum stattfinden können. Durch viel Eigeninitiative ist es den Forschungsgesellschaften wie zum Beispiel der deutschen FGK oder dem amerikanischen BLT-Team trotzdem gelungen, ernsthafte Forschung zu betreiben.

Kornkreisfotograf
Frank Laumen, D.
Foto: F. Laumen.

Die FGK (Forschungsgesellschaft Kornkreise)

Im Jahre 1991 wurde die deutsche Forschungsgesellschaft Kornkreise von 23 interessierten Mitgliedern der Ancient Astronaut Society (AAS), einer Organisation von Erich von Däniken, gegründet.

In der ersten Zeit verfolgten die Mitglieder die These, daß die Kornkreise ein Machwerk von Außerirdischen seien. Doch mit der Zeit wurden technische und wissenschaftliche Experimente durchgeführt, um Gesetzmäßigkeiten des Kornkreisphänomens festzustellen. Als die wissenschaftliche Seite immer mehr in Frage gestellt wurde und die esoterische Seite immer mehr an Bedeutung gewann, beschäftigten sich auch einige Mitglieder mit dieser Thematik.

Heute verfolgt die FGK bei der Erforschung der Kornkreise sowohl naturwissenschaftliche, psychologisch-soziologische als auch paranormale Ansätze. Einzelne Projektgruppen führen Jahr für Jahr auch im Ausland unterschiedliche Projekte durch, die zur Erforschung der Kornkreise beitragen.

Das BLT-Research-Team

Dieses Forschungsteam setzt sich aus den amerikanischen Forschern John Burke, William Levengood und Nancy Talbott zusammen. Die Mitglieder führten Tausende von Tests an Pflanzenproben aus Kornkreisen weltweit durch. Darüber hinaus kam das Team zu dem Schluß, daß die meisten Kornkreise nicht durch menschliches Wirken entstehen. Dazu erschien 1999 folgende Aussage: ***„Keine dieser eindeutigen anormalen Pflanzenveränderungen ist jemals von den Verfechtern der Vandalismus-Theorie erwähnt, geschweige denn erklärt worden. Auch können entgegen der Behauptung mancher bekennender 'Vandalen' die angeblichen Methoden der Kornkreisherstellung nicht diese Wirkung hervorrufen."*** [20]

Diese Forschungsgesellschaften stehen in regelmäßigem Kontakt, um Ergebnisse auszutauschen und zu vergleichen. Natürlich sind neben diesen beiden Forschungsgesellschaften auch noch andere wie der „invisible circle" usw. bei der Erforschung der Kornkreise tätig.

Forscherin Mary Bennett
im Kornkreis am 3. Juni 2000
bei Silbury Hill, Wiltshire, England.
Foto: Eckhard Weber.

Kornkreisforscher auf Spurensuche im August 2002
am Scharfenstein bei Gudensberg, Hessen, Deutschland,
v.l.n.r.: Frank Laumen, Gabi Pötzsch, Peter Möller,
Dirk Möller, Christa Kunold. Foto: Eckhard Weber.

Dokumentation der Kornkreise von 1590 - 1979 57

1590 Assen, Holland
1678 Hertfordshire, GB
1871 High Wycombe, Bucks, GB
1890 Thurso, Schottland
1900 - 1910 Tilshead, Wiltshir, GB
1914 Maiden Bradley, Wiltshire, GB
1918 Bilsington, Kent, GB
1920 Mount Pleasant, Indiana, USA
1922 Chilcomb, Hampshire, GB
1924 Devizes, Wiltshire, GB
1927 - 1928 bei Chanctonbury, West Sussex, GB
1930 Burghwallis, South Yorkshire, GB
1930 Co. Donegal, Irland
1932 Manchester, Michigan, USA
1933 - 1965 Nord Brabant, Holland
1934 Eversden, Cambrigdeshire, GB
1935 Helions Bumpstead, Essex, GB
1936- 1940 Whiteparish, Wiltshire, GB
1936 Aberstwyth, Wales
1937 Helions Bumpstead, Essex, GB
1938 Overboelare, Belgien
1939 Kilmacangue, Co. Wicklow, Irland
1940 - 1941 Earl Shiltan, Leicestershire, GB
1940 bei Abergavenny, Gwent, Wales
1940 Cilycwm, Dyfed, Wales
1940 Elton, Cheshire, GB
1940 Kingham, Oxfordshire, GB
1940 Mill End, Hertfordshire, GB
1941 Middletown, Ohio, USA
1943 Fylde, Lancashire, GB
1943 Tangmere, West Sussex, GB
1945 Chilcomb, Hampshire, GB
1945 Sachjawea, Washington, USA
1946 Cheriton, Hampshire, GB
1946 Ivinghoe, Buckinghamshire, GB
1947 Pilling, Lancashire, GB
1949 Hampshire, GB
1950 bei Bath, Avon, GB
1950 bei Nottingham, Notts, GB
1950 Belgien und Holland
1950 Haslemere, Surrey, GB
1950 Heytesbury, Wiltshire, GB
1950 Mickleham, Surrey, GB
1951/1952 Shaftesbury, Dorset, GB
1951 Headbourne Worthy, Hampshire, GB
1952 - 1954 Quarley, Hampshire, GB
1952 Flatwoods, West Virginia, USA
1952 Lumberton, North Carolina, USA
1952 Pittsburg, Kansas, USA
1952 West Palm Beach, Florida, USA
1954 Boston Creek, Ontario, Kanada
1954 Chabeuil, Frankreich
1954 Headbourne Worthy, Hampshire, GB
1954 Hemmingford, Quebec, Kanada
1954 La Croix Daurade, Frankreich
1954 Mexiko
1954 Odedi, Nigeria
1954 Premanon, Frankreich
1954 Redlynch, Somerset, GB
1954 Ressons sur Matz, Frankreich
1954 Ronsenac, Frankreich
1954 St. Soupplets, Frankreich
1956 Warminster, Wiltshire, GB
1957 - 1964 Stonehenge, Wiltshire, GB
1957 Dante, Tennessee, USA
1957 Meopham, Kent, GB
1957 Point Peasant, New York State, USA
1957 South Lee, Massachusetts, USA
1958 Durrington, Wiltshire, GB
1958 Upland, Schweden
1958 Whiteparish, Wiltshire, GB
1959 Tres Lomas, Argentinien
1960 Argentinien
1960 Beckhampton, Wiltshire, GB
1960 Carolton, Ohio, USA
1960 Cheesefoot Head, Hampshire, GB
1960 Evenlode, Gloucestershire, GB
1960 Kenia
1960 Pepperbox Hill, Wiltshire, GB
1960 Stow-on-the-Wold, Gloucestershire, GB
1962 Minot, North, Dakota, USA
1962 Swayfield Bridge, Lincolnshire, GB
1963 - 1964 b. Southampton, Hampshire, GB
1963 Charlton, Wiltshire, GB
1963 Epping, Essex, GB
1963 Litchfield, Hampshire, GB
1963 Sandling Woods, Kent, GB
1964 - 1967 Sarnia, Ontatio, Kanada
1964 Eastwood, Essex, GB
1964 Hubbard, Oregon, USA
1964 Penrith, Cumbria, GB
1964 Saint-Alexis de Montcalm, Quebec, Kan.
1965 Delroy, Ohio, USA
1965 Eton Ridge, Queensland, Australien
1965 Frankford, Ontario, Kanada
1965 Mere, Wiltshire, GB
1965 Minot, North Dakota, USA
1965 Mount Airy, North Carolina, USA
1965 Sharon, Ontario, Kanada
1965 South Brighton, Neu Seeland
1965 Tully, Queensland, Australien
1966 - 1967 Charlton, Wiltshire, GB
1966 Bankstown, New South Wales, Australien
1966 bei Warminster, Wiltshire, GB
1966 Brisbane, Queensland, Australien
1966 Cairns, Queensland, Australien
1966 Colloway-Clump, Warminster, GB
1966 Corndale, New South Wales, Australien
1966 Culcairn, New South Wales, Australien
1966 Dearborn, Michigan, USA
1966 Dover, Kent, GB
1966 Gallipolis, Ohio, USA
1966 Island Lake, Manitoba, Kanada
1966 Kanada
1966 Middlebury, Indiana, USA
1966 Monroe, Oregon, USA
1966 Montsoreau, Frankreich
1966 Norton Bavant, Wiltshire, GB
1966 Sharnbrook, Bedfordshire, GB
1966 Springfield, Montana, USA
1966 Tully, Queensland, Australien
1966 Westall, Victoria, Australien
1966 Woodgreen, Hampshire, GB
1967 - 1968 Chandlers Ford, Hampshire, GB
1967 Alamos, Colorado, USA
1967 Ashland, Nebraska, USA
1967 Bowden, Alberta, Kanada
1967 Camrose, Alberta, Kanada
1967 Centeno, Argentinien
1967 Coventry, USA
1967 Danbury, Connecticut, USA
1967 Duhamel, Alberta, Kanada
1967 Grattan, Ontario, Kanada
1967 Harrisburg, Pennsylvania, USA
1967 Ithaca, USA
1967 James River, Alberta, Kanada
1967 Nitinat, British Columbia, Kanada
1967 Petersborough, Ontario, Kanada
1967 Whippingham, Isle of Wight, GB
1967 Willen, Manitoba, Kanada
1968 - 1969 Stonehenge, Wiltshire, GB
1968 Blind Tarn Moss, Cumbria, GB
1968 Bolnhurst, Bedfordshire, GB
1968 Cairns, Queensland, Australien
1968 Gallupville, New York State, USA
1968 Grafton, Australien
1968 Hill River, Süd-Australien
1968 Meige County, Ohio, USA
1968 St. Stanislas de Kostka, Quebec, Kanada
1968 Tully, Queensland, Australien
1969 Afterlea, New South Wales, Australien
1969 Awanui, Neu Seeland
1969 Chapeau, Quebec, Kanada
1969 Corndale, Australien
1969 Goolmangar, New South Wales, Australien
1969 Ibiuna, Brasilien
1969 Kenora, Ontario, Kanada
1969 Puketutu, Neu Seeland
1969 Tully, Queensland, Australien
1969 Wildwood, Alalbama, USA
1969 Windsor, Süd-Australien
1970 - 1972 North Star Burroughs, Alaska
1970 Alton Barnes, Wiltshire, GB
1970 Cradle Hill, Warminster, Wiltshire, GB
1970 ff. bei Moskau, Russland
1970 ff. Pontiac, Quebec, Kanada
1970 Patcham, E. Sussex, GB
1970 Port Monmouth, New Jersey, USA
1970 Puits d´ Edme, Frankreich
1970 Puketutu, Neuseeland
1970 Strawberry Hill, Wiltshire, GB
1971 Cradle Hill, Warminster, Wiltshire, GB
1971 Draguignan, Frankreich
1971 Lynchford, Tasmanien
1971 Norwood, Tasmanien
1971 St. Hyacinthe, Quebec, Kanada
1971 Taupo, Neuseeland
1971 Tellebang, Queensland, Australien
1971 Toooligie, Süd-Australien
1971 Tully, Queensland, Australien
1971 Westgate, Iowa, USA
1971 Wimbourne, Dorset, GB
1971 Wokurna, Süd-Australien
1972 Bratton, Wiltshire, GB
1972 Greensburg, Pennsylvania, USA
1972 Houston, Montana, USA
1972 Indiana, USA
1972 Loughhuile, Co. Antrim, Irland
1972 Orebro, Schweden
1972 Pueblo, Connecticut, USA
1972 Racine, Quebec, Kanada
1972 St. Mathias, Quebec, Kanada
1972 Starr Hill, Warminster, Wiltshire, GB
1972 Tully, Queensland, Australien
1972 Valea Popiliu, Rumänien
1972 Warminster, Wiltshire, GB
1972 Wellington, Neuseeland
1973 Bordertown, Tooligie Hills, Süd-Australien
1973 Calvert, Texas, USA
1973 Coffs Harbour, New South Wales, Aust.
1973 Columbus, Ohio, Usa
1973 Hinsdale, New Hampshire, USA
1973 Mobile, Alabama, USA
1973 Nähe A303, Wiltshire, GB
1973 San Diego, Kalifornien, USA
1973 South Arm, Tasmanien
1973 WarraGAMBA; New South Wales, Australien
1973 Wokurna, Süd-Australien
1974 - 1978 Dilton Hollow, Winltshire, GB
1974 Baldwin, Ontario, USA
1974 Dinsmore, Saskatchewan, Kanada
1974 Falmer, E. Sussex, GB
1974 Forbes, New South Wales, Australien
1974 Grapevine, Texas, USA
1974 Hebden Bridge, N. Yorkshire, GB
1974 High Point, North Carolina, USA
1974 Lake Lenore, Saskatschewan, Kanada
1974 Langenburg, Saskatchewan, Kanada
1974 Narrogin, West-Australien
1974 Peebles, Saskatchewan, Kanada
1974 Pullbooka, New South Wales, Australien
1974 St. Cyrille, Quebec, Kanada
1974 Stockton, Teeside, GB
1974 Young, Saskatschewan, Kanada
1975 Headbourne Worthy, Hampshire, GB
1975 Hinwil, Kanton Zürich, Schweiz
1975 Kitchener, Ontario, USA
1975 Marymont, Ohio, USA
1975 Mildura, Australien
1975 Mount Pleasant, Ontario, Kanada
1975 Narrogin, West-Australien
1975 Roland, Manitoba, Kanada
1975 Sewardstone, GB
1975 Stonehenge, Wiltshire, GB
1975 Tranmere, Süd-Australien
1975 Tully, Queensland, Australien
1975 Walpole, New Hampshire, USA
1976 Cascade County, USA
1976 Dingle, County Kerry, Irland
1976 Grand Bend, Ontario, Kanada
1976 Headbourne Worthy, Hampshire, GB
1976 Kanton Zürich, Schweiz
1976 Lake Port, Kalifornien, USA
1976 Lake Scugog, Ontario, Kanada
1976 Litchfield, Hampshire, GB
1976 Minden, Louisiana, USA
1976 Penrith, New South Wales, Australien
1976 Torrita, Victoria, Australien
1977 Aix-en-Prevence, Frankreich
1977 Cheesefoot Head, Hampshire, GB
1977 Corsley, Wiltshire, GB
1977 Crook, Cumbria, Englnd
1977 Ginowna, Japan
1977 Menzie, Manitoba, Kanda
1977 Milbaheta, Mexiko
1977 Moray, Schottland
1977 Orange, New South Wales, Australien
1977 Rossburn, Manitoba, Kanada
1977 Salto, Uruguay
1977 Sorell, Tasmanien
1977 Tully, Queensland, Australien
1977 Twywell, Northamptonshire, GB
1977 Woburn Green, Buckinghamshire, GB
1978 Beacon Hill, Berkshire, GB
1978 Cheesefoot Head, Hampshire, GB
1978 Corhampton, Hampshire, GB
1978 Delhi, Toronto, Ontario, Kanada
1978 Faversham, Kent, GB
1978 Headbouren Worthy, Hampshire, GB
1978 Jenkins, Montana, USA
1978 Litchfield, Hampshire, GB
1978 Llanerchymedd, Anglesey, Wales
1978 Longwood Warren, Hampshire, GB
1978 Maui Island, Hawaii, USA
1978 Nakano, Japan
1978 Oshawa, Ontario, Kanada
1978 Twywell, Northamptonshire, GB
1978 Winnipeg, Manitoba, Kanada
1978 Yellow Grass, Saskatchewan, Kanada
1979 Blackdown, Hampshire, GB
1979 Bratton, Wiltshire, GB
1979 Cheesefoot Hesd, Hampshire, GB
1979 Kingsbridge, Devon, GB
1979 Litchfield, Hampshire, GB
1979 Oak Harbour, Ohio, USA
1979 Sewardstone, GB
1979 Toyosato, Japan
1979 Upham, Hampshire, GB
1979 Waltham, Minnesota, USA

Der Weg zum Kornkreis-Code

Kornkreise in Nordhessen

Während die Welt in den letzten Jahren hauptsächlich auf die Kornkreise in England blickte, wurde Deutschland weitgehend übersehen. Doch die Kornkreise in Deutschland haben einen viel tiefgründigeren und mysterischen Hintergrund als bisher angenommen wurde. Seit 1996 sind auch in der Kasseler Region zahlreiche symbolträchtige Kornkreise erschienen. Einige bei Gleichen im Schwalm-Eder-Kreis, sehr viele um die Ortschaft Zierenberg im Landkreis Kassel. Sie liegen auf Ley-Linien, die miteinander verbunden sind. Diese geomantischen Linien reichen hinüber bis auf die britische Insel und sogar bis in andere Teile der Erde. Die Kornkreise suchten offensichtlich auch immer die Nähe alter Kultplätze - und, so erscheint es mir, meiner Wohnorte.

Die nordhessische Mittelgebirgslandschaft bei Kassel wird geprägt durch bewaldete Bergrücken sowie kegel- und domförmige Erhebungen, die überwiegend vulkanischen Ursprungs sind. Einige gelten als alte Kultplätze, mehrere Ringwallanlagen sind zum Beispiel heute noch deutlich zu erkennen. Dazwischen befinden sich große landwirtschaftlich genutzte Flächen, die hauptsächlich dem Ackerbau dienen. Auffällig sind viele Ähnlichkeiten mit den englischen Kornkreisregionen in Wiltshire und Hampshire.

Kassel ist die einzige Großstadt weit und breit, ansonsten leben die Bewohner in kleinen Städtchen und Dörfern. Anfang des 18. Jahrhunderts entstanden in Kassel zwei große Parkanlagen und Bauwerke, die wie ein geomantisches Großprojekt wirken und die beiden Kornkreisregionen bei Gleichen und Zierenberg miteinander verbinden. Von 1701 an ließ Landgraf Karl in Kassel neben der Fulda einen 150 Hektar großen länglichen Park anlegen, die Karlsaue. Ein markantes Gestaltungselement ist die Orangerie mit der großen Rasenfläche. Von hier führen geradlinige Wege und Gräben in den Park hinein, wobei der Hauptweg als Mittelachse des Parks im rechten Winkel zur Orangerie verläuft. Der gesamte Park ist auf den circa 13,5 Kilometer entfernten Odenberg bei Gleichen ausgerichtet. Dort wurden 1997 bis 2001 sieben Kornkreise gesichtet.

Wurde auf Schloß Wilhelmhöhe in Kassel Geheimwissen verbaut? Foto: Michael Herwig.

Gleichen sowie die Nachbarorte Dorla und Werkel sind auch für UFO-Sichtungen bekannt. Gemeldet, fotografiert und dokumentiert wurden materielle UFO-Scheiben und ebenso Plasma-Lichtschiffe wie jene, die durch die Fotografien von Carlos Diaz, Mexiko bekannt wurden. Auf dem Odenberg (381 m) und dem nahegelegenen Wartberg (306 m) finden sich Reste keltischer Ringwallanlagen. Gleichen liegt auf einer Linie zwischen den beiden Bergen. In der Nähe befindet sich auch das berühmte Steinkammergrab von Züschen, dessen Öffnung, das „Loch der Seelen", genau auf den fünf Kilometer entfernten Wartberg ausgerichtet ist und damit auch auf den Sonnenaufgang zum 1. Mai, Walpurgis. Bei Geismar befindet sich die heilige Donarquelle und die Stelle der Donareiche. Dort entstand am 1. Juni 2001 ein riesiger Kornkreis, der ein Sonnenrad darstellte. Der Missionar Winfried-Bonifatius fällte hier im Jahr 723 n.Chr. die von dem germanischen Stamm der Chatten verehrte und daher als heidnisch geltende Eiche und entweihte somit einen wichtigen Kultplatz. Ein über 100 Meter langer Kornkreis wurde 1997 in der Nähe von Geismar gesichtet.

Bilder oben und unten:
„Doppelkreis“, 36 m - rechts oben mit „Zeigerkreis“ im Nachbarfeld
am 30. Juni 1996 bei Zierenberg-Burghasungen, Hessen, Deutschland.
Fotos: Eckhard Weber.

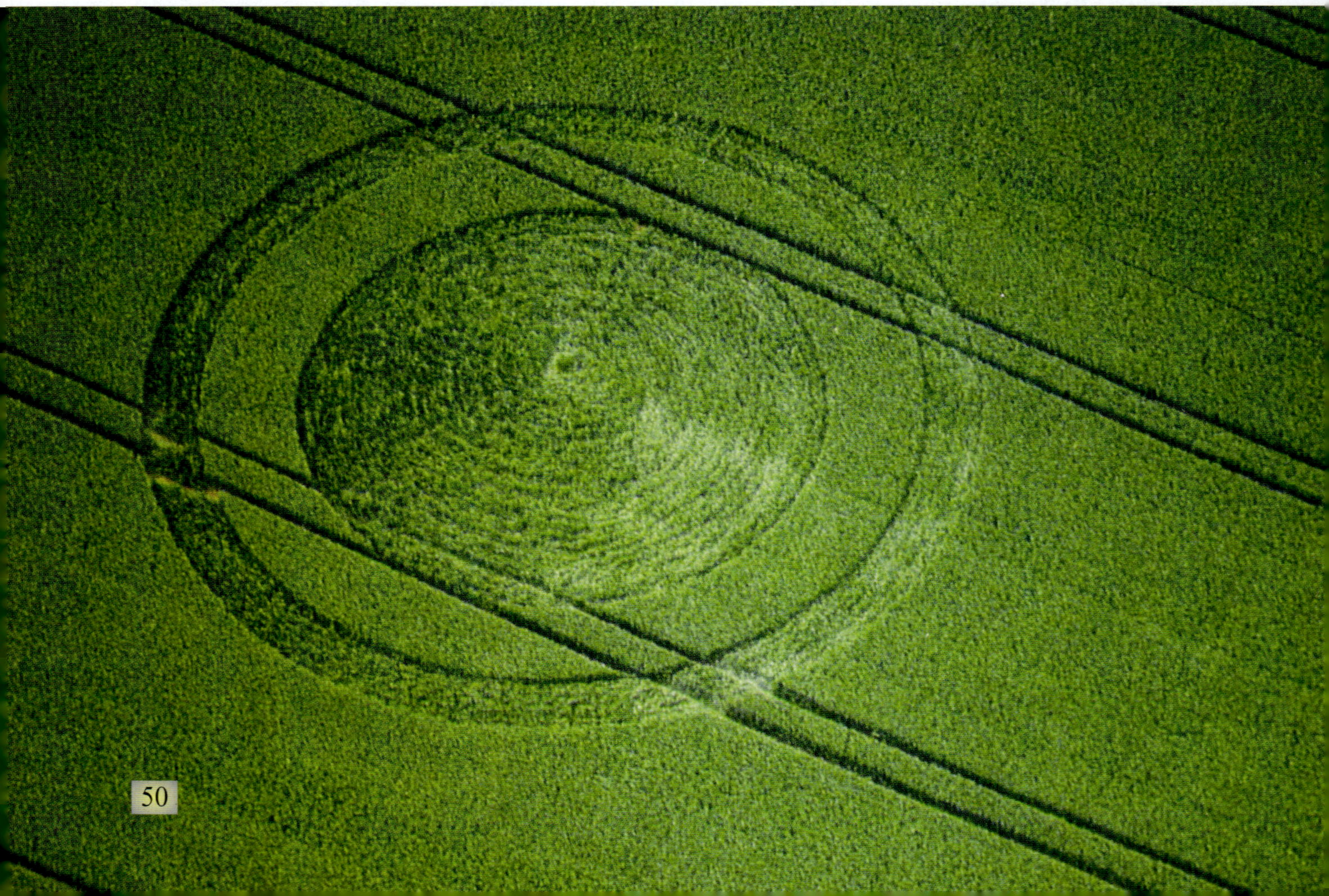

Bild unten:
„Der Burghasunger Berg aus der Vogelperspektive“
am 1. Mai 1998 bei Zierenberg-Burghasungen, Hessen, Deutschland.
Foto: Eckhard Weber.

Viele Kraftorte liegen also in der Nähe des Odenberges (früher Odinberg). Und die Energielinien, die bis nach England reichen, nach Avebury (das innere Herzchakra der Erde) und nach Glastonbury, das sagenumwobene keltische Avalon (äußeres Herzchakra der Erde). Die Planer der Stadt Kassel wußten womöglich davon. In einem geomantischen Großexperiment leiteten sie die Energielinien durch die Karlsaue zur Orangerie und speisten sie in die heutige Wilhelmshöher Allee ein. Michael Herwig hat sie in seinem Buch „Der Bergpark Wilhelmshöhe - Landschaftstempel und Einweihungspark" (BOD Kassel 2003-2004) als Teilstück einer wesentlich längeren Ley-Linie ausgemacht. Diese Allee liegt in einem 25-Grad-Winkel zum ehemaligen Vorplatz der Orangerie (heute ein Sportplatz) und führt schnurgerade durch Kassel auf den Bergpark Wilhelmshöhe mit dem Wahrzeichen der Stadt, dem Herkules, einem achteckigen Riesenschloß mit der 30 Meter hohen Herkules-Pyramide zu.
Baubeginn des Herkules und Ausbau des Bergparks fallen ebenfalls in das Jahr 1701. Im Bergpark wurde durch diverse Bauten ein Landschaftstempel mit dem Siebener-Chakrensystem, dessen Mittelachse (Wirbelsäule) die Ley-Linie ist, sichtbar und erfahrbar gemacht, wie M. Herwig konstatiert. Zieht man eine gedachte Linie von der Wilhelmshöher Allee über den Bergpark und den Herkules hinaus, eben die Verlängerung der Allee, stößt man genau auf den Burghasunger Berg bei Zierenberg. Bemerkenswerterweise bilden die Orte Gleichen, die Karlsaue und der Burghasunger Berg ein fast gleichseitiges Dreieck mit circa 16 Kilometer Kantenlänge. Und noch eine Linie fällt auf, eine 24 Kilometer lange Achse von Gleichen über den Lindenberg zum Gut Rangen bei Zierenberg. Entlang diese Linie sind bisher die meisten nordhessischen Kornkreise entstanden, hauptsächlich immer wieder in der Umgebung von Zierenberg. **(Karte siehe Seite 142)**

Kornkreisland bei Zierenberg

Verläßt man Kassel auf der A44 in westlicher Richtung erreicht man nach 20 Kilometern die Anschlußstelle Zierenberg. Schon vorher fällt der Blick über weite Felder hinweg auf einige markante Erhebungen. In einer Autobahnschleife steht der 600 Meter hohe Große Bärenberg. Um ihn herum befinden sich sechs weitere Berge und Hügel in jeweils fast gleichem Abstand. Circa fünf Kilometer östlich thront der weit sichtbare Hohe Dörnberg (535 m), ein Tafelberg mit Ringwallanlage. An seinen Hängen bildet blanker Basalt zwei bizarre Felsformationen, die turmähnlichen Helfensteine (410 m) und die so genannte Wichtelkirche. In ihrem Aussehen erinnert diese in einer Senke gelegene Basalt-Formation tatsächlich an eine kleine Kirche.

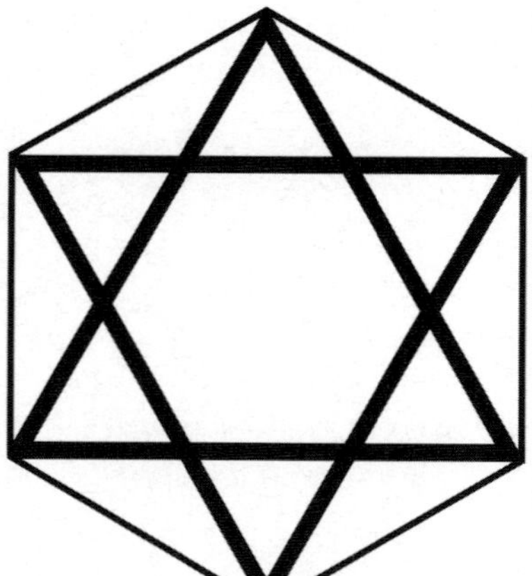

Der sechszackige Davidstern ist das Symbol des Judentums und bedeutet das gegenseitige Durchdringen der sichtbaren (materiellen) und unsichtbaren (feinstofflichen/geistigen) Welt. Er entsteht durch zwei ineinander geschobene Dreiecke.

Weiter gegen den Uhrzeigersinn erblickt man das 321 Meter hohe Hirschköpfchen, den Escheberg (449 m), den Warteberg (417 m), den Isthaberg (525 m), der mit der babylonischen Göttin Ishta (Im Sumerischen hieß diese Göttin Inanna, im Ägyptischen Isis und bei den Germanen Freya) in Verbindung gebracht wird, und den Hundsberg (496 m). Verbindet man nun mit Linien die Erhebungen untereinander, erhält man ein ziemlich gleichmäßiges Sechseck von circa zehn Kilometer Durchmesser mit sechs etwa gleichgroßen Dreiecken, deren Spitzen sich am Großen Bärenberg treffen. Solch ein Sechseck findet sich übrigens gleich zweimal beim Davidstern wieder. Einmal als Innenfläche und zweitens, wenn die sechs Sternspitzen miteinander verbunden werden. **(siehe Landkarte mit Markierungen auf Seite 142)**
Von 1996 bis 2002 wurden innerhalb diese Sechseckes 18, außerhalb acht Kornkreise gezählt. Innerhalb und außerhalb

des Sechsecks befinden sich weitere Erhebungen, Kultplätze und Kraftorte. Die A44 durchschneidet das Sechseck in einer Schlangenlinie, die beim Hundsberg eintritt und zwischen Esche- und Warteberg wieder herausführt. Die Autobahn bildet eindeutig eine Störzone im Sechseck. Nach dem chinesischen Feng Shui wird eine Störzone behandelt, indem vor und hinter ihr energetische Maßnahmen vorgenommen werden. So lassen sich zum Beispiel die Kornkreiserscheinungen am Lindenberg erklären, der etwas außerhalb des Sechsecks nahe dem Hundsberg steht.

Der Burghasunger Berg

Eine im Zusammenhang mit den Kornkreisen sehr wichtige Erhebung ist der Burghasunger Berg, in dessen Nähe immer wieder Kornkreise erscheinen. Der 480 Meter hohe Tafelberg vulkanischen Ursprungs mit Klosterruine und Ringwall befindet sich direkt neben der Autobahn, auf der Sechseckdiagonalen zwischen Großem Bärenberg und Hundsberg. Am Berghang liegt der Ort Burghasungen, in dem ich von Mai 1997 bis Januar 2000 wohnte. Ein kleiner Teich auf dem Bergplateau weist eine Herzform auf. Der Berg soll laut Aussage namhafter Erdheiler das Herzchakra für Deutschland sein.

Einst wirkte hier der Heilige Heimerad von Meßkirch. Heimerad (Heimo) wurde als Leibeigener im süddeutschen Meßkirch geboren. Seine Herrin muß jedoch schon früh seine Berufung erahnt haben und gab ihn frei, damit er Priester werden konnte. Nach seiner Rückkehr von einer Pilgerreise in das Heilige Land zog er als Wanderprediger durch Deutschland und Polen. Er galt als tiefgläubig und gebildet, kleidete und ernährte sich äußerst einfach. Heimerad fühlte sich dem einfachen Volk, das ihn verehrte und liebte, mehr verbunden als den jeweiligen Obrigkeiten, die ihn wegen seiner Lebensart und Volksnähe schmähten, verjagten und mitunter sogar auspeitschen ließen. Zeitweise lebte er in Kirchberg, nur zwei Kilometer von Gleichen gelegen, bevor er auf dem Hasunger Berg die Stätte seiner Berufung fand: In einer Vision wurde Heimerad zum Wächter des Berges gerufen. „Hier ist das Haus Gottes und die Pforte des Himmels“, soll er daraufhin gesagt haben. So ließ er sich hier nieder und baute ein Haus. Seine Vita berichtet von Visionen, von vielen Heilungen und auch Wundern wie zum Beispiel von einem Hahn, den er ins Leben zurückgeholt haben soll. Er soll auch stigmatisiert gewesen sein und die Wunden Jesus an seinem Körper getragen haben. Es bildete sich um ihn zunächst eine kleine treue Gemeinschaft, die auch nach seinem Tod sein Andenken pflegte und die ständig wachsende Schar der Wallfahrer betreute. In der Nacht vom 28. auf den 29. Juni 1019 starb der Heilige Heimerad auf dem Hasunger Berg, wo er auch beerdigt wurde. Zwei Jahre nach seinem Tod wurde ein Monasterium über seinem Grab errichtet und 1074, wie Heimerad vorausgesagt hatte, ein Kloster.

„Der Heilige Heimerad vom Burghasunger Berg“
Statue in der Stadtkirche Meßkirch, Deutschland.
Foto: Eckhard Weber.

„Das Labyrinth Typ Chartres“ am 30. Juni 1997, Durchmesser 44 m, bei Zierenberg-Burghasungen, Hessen, Deutschland, oben rechts eingefügt das Fußbodenmosaik aus der Kathedrale von Chartres (Foto: Eckhard Weber). Bild unten: Bodenaufnahme (s. Pfeil) mit dem Burghasunger Berg im Hintergrund. Foto oben: Wolfgang Schöppe, Foto unten: Eckhard Weber.

Bild oben: Bodenaufnahme vom „Labyrinth Typ Chartres“ bei Zierenberg-Burghasungen.
Bild unten: Bodenaufnahme vom „Labyrinth Typ Trojaburg“ beim Lindenberg (siehe Seite 58).
Hier ist deutlich zu erkennen, daß sich die Halme zum großen Teil wieder aufgerichtet haben.
Fotos (vom 29. Juni 1998) oben: Wolfgang Schöppe; unten: Eckhard Weber.

Zum Burghasunger Berg fällt mir eine biblische Prophezeiung ein. Nach seinem Einzug in Jerusalem „reinigte“ Jesus den Tempel, indem er Händler und Wechsler vertrieb. Tags darauf kehrte er in den Tempel zurück und sprach vor Hohen Priestern und den Ältesten des Volkes: ***„Das Reich Gottes wird von euch genommen und einem Volk gegeben werden, das seine Früchte bringt.“*** (Matthäus: 21, 43/ Luther-Bibel, 1913). Der vollständige Urtext dazu, der sich im Archiv der ‘Societas Templi Marcioni’ befinden soll, spricht darüber sehr viel ausführlicher. (Wissenschaftler und Bibelforscher sind sich darüber einig, daß Bibeltexte im Laufe der Jahrhunderte mehrmals im Sinne der jeweiligen geistlichen und weltlichen Obrigkeiten geändert, an einigen Stellen sogar verfälscht wurden. Zudem dürfen auch zahlreiche Sinnänderungen durch Übersetzungsfehler unterstellt werden. In den so genannten Urtexten finden sich häufig ganz andere Deutungen als in den bekannten Bibeltexten.) Demnach waren auch Germanen, die in einer römischen Legion Dienst taten, im Tempel anwesend. Im entscheidenden Moment blickte Jesus zu ihnen und meinte genau sie mit dem ‘anderen Volke’. Das germanische Volk war also von Jesus mit der Schaffung des Lichtreiches am Ende der Zeiten dieser Menschheit beauftragt worden. Darauf beriefen sich auch die Nazis, aber (der schreckliche Ausgang ist ja bekannt) nicht im Sinne der Worte Jesu. Und er sprach von ihrem Land als das „Land des Mitternachtsberges“. Eine ähnliche Prophezeiung gibt es bei den Tibetern, wonach die Kraft des Universums vom Dach der Welt auf das „Land des Mitternachtsberges“ übertragen werden soll.

Könnte nicht der Burghasunger Berg der Mitternachtsberg sein, nach dem alle suchen? Betrachtet man das geomantische Kasseler Großprojekt aus dem 18. Jahrhundert, scheint es, als ob die Energie vom Herzchakra der Erde in England dorthin geleitet wurde. Jetzt könnte sich die biblische Prophezeiung bewahrheiten, angekündigt durch die zahlreichen Kornkreise der letzten Jahre.

Es waren viele Symbole mit biblischem Bezug darunter, die jeweils um den 29. Juni herum erschienen, und zuvor gaben die Kornkreise oft einen Auftakt bei Gleichen. Der Heilige Heimerad von Meßkirch starb in der Nacht vom 28. auf den 29. Juni 1019 in Burghasungen. War er vielleicht die Wiedergeburt von Johannes dem Täufer? Nostradamus kündigte sie am 50. Breitengrad an, Burghasungen liegt etwa zwischen dem 50. und dem 51. Breitengrad.

Kornkreise am laufenden Band

Grüner und lila Kreis, 30. Juni 1996, bei Bodenhausen (Farbfoto siehe Seite 51)

Zwischen Burghasungen und dem Gut Bodenhausen befindet sich auf einem Acker ein Hügelgrab. Circa 300 Meter davon entfernt wurde am 30. Juni 1996 in einem noch grünen Kornfeld ein Vollkreis mit Außenring entdeckt - der erste Kornkreis in dieser Region. Überall befanden sich kleine Frösche, Zigtausende von Fröschen, die es förmlich in die Energie des Kreises zog. In der Heiligen Geometrie symbolisiert ein Kreis die göttliche Sphäre, die Einheit von allem. Zeitgleich war in einem benachbarten violett blühenden Phaceliafeld (Gründünger) ein Vollkreis mit einem Schlüssel- bzw. F-Zeichen entstanden. Im Hebräischen wie Ägyptischen ist dies ein Gottes- oder Wächterzeichen (Wächterglyphe). Die Ägyptologin Margaret A. Murray sieht in diesem Symbol das Schriftzeichen für Gott. Das ägyptische Wort für göttliche Wesen war Neter und bedeutet „Einer, der wacht“. Fast alle Besucher des Kornkreises verspürten nach kurzer Zeit eine starke Beklemmung und Atemprobleme. Erst vier Wochen zuvor war ich nach Zierenberg gezogen, nur zweieinhalb Kilometer von den Kornkreisen entfernt. Noch handelte es sich um einfache geometrische Formen und ich dachte an eine einmalige Erscheinung.

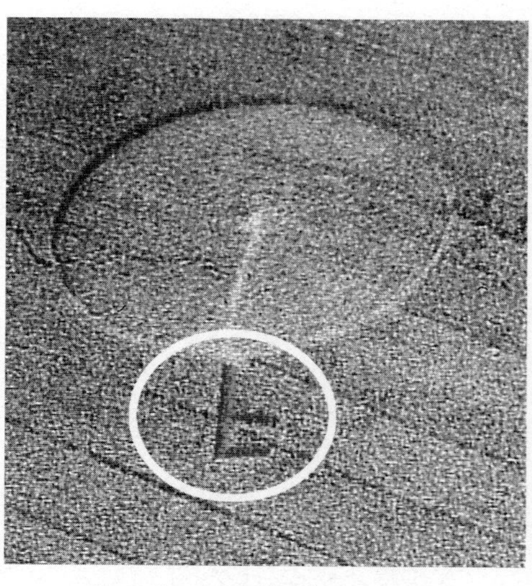

Detail mit „F“-Hieroglyphe

Labyrinthe, 29. Juni 1997, A44 bei Burghasungen und Lindenberg (Farbbilder Seite 54/55, 58)
Im Mai 1997 erwarben meine Lebensgefährtin und ich ein Haus in Burghasungen, unweit von Zierenberg. Ein Teil der Fenster erlaubt einen weitläufigen Blick über die Felder, in denen seit 1996 Kornkreise erscheinen. Zufall oder nicht? Kaum waren wir eingezogen, wurde ich wieder mit einem Kornkreis überrascht. In der Nacht vom 29. auf den 30. Juni 1997 erwachte ich gegen halb fünf Uhr morgens. Eine innere Stimme hatte mir gesagt: „Steh auf, geh zum Wohnzimmerfenster und schaue auf den Acker. Da ist ein Zeichen.“ Und wirklich, in der Morgendämmerung sah ich in einem Kornfeld neben der Autobahn ein Labyrinth mit mehr als 40 Metern im Durchmesser! Verwundert rieb ich mir die Augen, sollte es wahr sein? Mein Zustand wechselte zwischen Faszination und Irritation, abwechselnd empfand ich wohlige Wärme und kaltes Frösteln in meinem Körper. Umgehend informierte ich Wolfgang Schöppe, Kornkreiskenner und Experte für Kornkreisluftaufnahmen mit Modellflugzeugen. Zusammen machten wir eine Vermessung, Zeichnungen und Fotos. Gut, daß wir sofort an die Arbeit gegangen waren, denn abends zerstörte ein heftiges Gewitter mit Hagel vieles in der Kornkreisformation. (Ich hatte nicht viel Zeit, denn nachmittags sollte ich in Köln-Hürth vor Ärzten und Heilpraktikern einen Kornkreisvortrag halten. Erstaunlicherweise war in der Nähe des Hauses, wo ich den Vortrag hielt, ebenfalls ein Kornkreis gefunden worden.)
Natürlich besuchte ich das Labyrinth auch am nächsten Tag, diesmal mit einem befreundeten Bauern aus Paderborn und dessen Familie. Ungläubig bestaunten die Agrarexperten das Gebilde, überlegten und diskutierten sehr lange, mit dem Ergebnis, daß dieser Kornkreis ihrer Meinung nach einfach nicht von Menschenhand gemacht worden sein konnte. Doch der Tag hielt noch eine weitere Überraschung für sie und mich bereit. Während wir uns umdrehten erblickten wir auf der anderen Seite der Autobahn am Lindenberg plötzlich ein zweites Labyrinth! Vermutlich war es zur gleichen Zeit wie das erste entstanden, wir hatten es vor lauter Aufregung nur nicht sofort bemerkt.

Labyrinth Typ „Chartres“

Beim ersten Kornkreis handelte es sich um ein klassisches Labyrinth mit unvollständigen Kreisen nach dem Typ Chartres. Nur ein Weg führte durch den Irrgarten zur Mitte, vom geschlossenen Außenring durch drei unterbrochene Kreise hindurch. Die Halme in den insgesamt acht Enden der Labyrinthgänge bildeten kreisförmige Wirbel, ebenso das Ziel in der Mitte. In früherer Zeit soll an dieser Stelle ein Versammlungsplatz gewesen sein.
Das zweite Labyrinth hatte sich die Stelle einer ehemaligen keltischen Siedlung ausgesucht. Beim Betreten des Labyrinths verspürten wir eine sehr starke Energie, die bei uns Kopfdruck, Schwindelgefühle und Herzrasen verursachte und uns schon nach fünf Minuten zum Verlassen des Kornkreises zwang. Er hatte die Form eines nordischen Trojaburg-Labyrinths und nach meinem Empfinden die Botschaft: „Gehe den Weg der Liebe“.
Mir fiel der Tor-Hill von Glastonbury in England ein. Glastonbury soll das sagenumwobene Avalon sein, wohin sich König Arthus nach seiner Verwundung zurückzog. Auf dem Hügel steht der Turm der St. Michaels Kapelle, die im 16. Jahrhundert zerstört wurde.

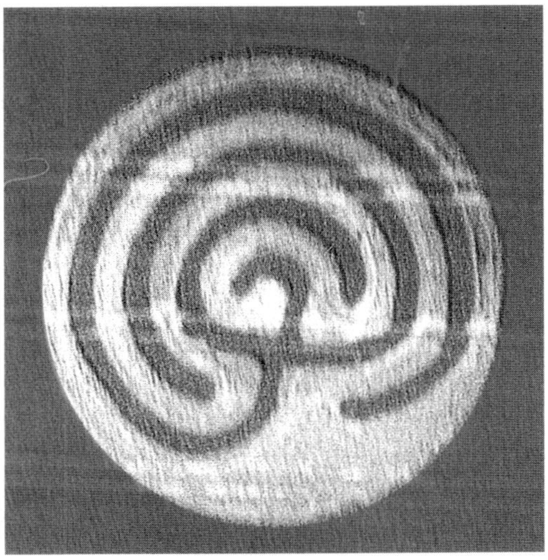

Labyrinth Typ „Trojaburg“

„Labyrinth Typ Trojaburg“ beim Lindenberg, 36 m
am 29. Juni 1997 zwischen Ehlen und Breitenbach, Nähe A44, Hessen, Deutschland.
Foto oben: Wolfgang Schöppe.
Foto unten: Eckhard Weber.

Detailaufnahme vom „Unterschriftssymbol (Kreis mit 9)“ ohne Fußspuren (!)
dazwischen sind mehrere Windbrüche zu sehen.
Unten: „Die Doppelspirale“ am 29. Juni 1998 beim Lindenberg, ca. 60 m,
zwischen Ehlen und Breitenbach, Nähe A44, Hessen, Deutschland. Fotos: Wolfgang Schöppe.

Die Erhebung selbst ist in der Form eines nordischen Trojaburg-Labyrinths trassiert. Dieser Kornkreis zeigte mir, daß Burghasungen einen feinstofflichen Kontakt zum Außerherzchakra der Erde in Glastonbury haben muß. Das erste Labyrinth hingegen symbolisiert das Innerherzchakra der Erde in Avebury, England, mit der Botschaft: „Der Pfad des Herzens“. Also werden im Herzchakra Deutschlands, in Burghasungen, beide Energien aktiviert. Nach den Lehren der Heiligen Geometrie des Drunvalo Melchizedek zeigt sich die feinstoffliche Steuerung des Herzchakras beim Menschen als Labyrinthform. Dieses Wissen wird in Drunvalos bekannten „Flower of Life-Workshops“ vermittelt. (Weitere Details hierzu im Kapitel zur Heiligen Geometrie.)

Schlange, 1. Mai 1998, Am Weinberg (Bild Seite 62)
In der Nacht vom 30. April auf den 1. Mai 1998 kehrte ich erst gegen zwei Uhr nachts nach Hause zurück. Ich hatte einen anstrengenden Interviewtermin beim Magazin 2000*plus* (damals in Düsseldorf/Neuss) hinter mir. Erschöpft fiel ich sofort ins Bett, wurde beim Morgengrauen aber schon wieder munter. Ein Gefühl, eine Ahnung beschlich mich, die mich zum Wohnzimmerfenster trieb. Von dort erblickte ich, nachdem sich der dichte Nebel verzogen hatte, eine Kreisformation, diesmal in einem Rapsfeld.
Gemeinsam mit meiner Lebensgefährtin untersuchte ich das Feld. Wir wurden etwas stutzig wegen der disharmonischen Formen und glaubten zunächst an eine Fälschung. Doch der Raps stand nicht sehr dicht, hatte Zwischenräume von 30 bis 40 Zentimeter, in denen wir Fußspuren von Fälschern hätten entdecken müssen, zumal der Boden durch den Regen der letzten Tage aufgeweicht war. Außerdem war der Raps auf eine stattliche Höhe von circa 1,80 Meter gewachsen. Fälscher hätten ihn nur unter einer unvorstellbaren Kraftaufbringung zu einem Muster umlegen können und sicherlich auch den Blütenstaub verteilt. Nein, es war keine Fälschung. Die großen Zwischenräume ließen das Muster nur etwas unsauber aussehen.
Der Rapskreis lag im Feld „Am Weinberg“ in der Nähe eines Hügelgrabes. Erst aus der Luft war das Muster richtig zu erkennen. Es handelte sich um eine einfache Spirale mit je einem Kreis unterschiedlicher Größe an den beiden Enden, die auch an eine Klapperschlange erinnerte. Ein Bezug zu den Indianern? Vielen Indianerstämmen in den USA ist die Schlange heilig und wird in einem eigenen Kult verehrt.
Die Rapslage im größeren Kreis entsprach dem Uhrzeigersinn, was z.B. in der Radiästhesie auf den männlichen Aspekt hindeutet. Im kleineren Kreis lagen die Stengel gegen den Uhrzeigersinn, der weibliche Aspekt. So symbolisiert der Rapskreis für mich, daß zwischen männlichen und weiblichen Energien kein Ausgleich besteht, was zusätzlich durch den abrupten Knick zwischen großem Kreis und Spiralanfang bekräftigt wird. Aber warum erschien der Kornkreis schon am 30. April, viel früher als sonst? Es scheint eine Verbindung zum Wesak-Fest am Mount-Shasta in Kalifornien, USA, bestanden zu haben. In dieser Nacht feierten an dem heiligen Berg der Indianer Tausende von Menschen aus der ganzen Welt das Vollmondfest nach Ostern und gedachten dabei wie jedes Jahr Buddha, der am gleichen Tag vor einigen tausend Jahren die Erleuchtung erlangt haben soll.

Doppelspirale, 30. Juni 1998, Lindenberg (Bild Seite 59)
Gespannt blickte ich dem 29. Juni entgegen. Ein Gefühl ließ mich bereits einen weiteren Kornkreis erahnen. Oder sollte der frühe Kreis am 30. April doch schon alles in diesem Jahr gewesen sein? Wolfgang Schöppe bereitete meinem Bedenken ein Ende, als er die freudige Botschaft einer weiteren Entdeckung überbrachte.
Dort, wo im letzten Jahr das nordische Trojaburg-Labyrinth erschienen war, bei der keltischen Schanze am Lindenberg neben der A44, lag eine wunderbare Doppelspirale in Form des Unendlichkeitszeichens. In der freien Energieforschung wird dieses Zeichen nach Nikola Tesla “Tesla-Spule” genannt. Bei Gregg Bradden („Das Erwachen der neuen Erde“, Hans-Nietsch-Verlag, Freiburg 2000) ist die Spirale Symbol für die Nullpunkt- oder Christusenergie.

Der amerikanische Physiker und Elektrotechniker Nikola Tesla (1856 in Kroatien geboren) erfand und schuf Grundlagen z.B. für das Telefon, das Radio, den weltweiten Funkverkehr und die drahtlose Energieübertragung. 1891 entwickelte er die nach ihm benannte Tesla-Spule, in deren Sekundärwicklung er hochfrequente Wechselströme hoher Spannung („T-Ströme") erzeugte, die wegen der hohen Frequenz physiologisch ungefährlich sind. Tesla gilt auch als Prophet und Magier. Einen Großteil seiner Forschungsarbeit widmete er der so genannten Freien Energie. Hierbei sollten Geräte entwickelt werden, die die natürlichen (und kostenlosen!) elektromagnetischen Felder anzapfen und in nutzbare Energie umwandeln können. Auch heute sind viele Wissenschaftler auf diesem Gebiet tätig - von der Lobby der internationalen Energiekonzerne verständlicherweise äußerst argwöhnisch beobachtet, bekämpft und diffamiert. Als Tesla 1943 starb, ließ das FBI seinen Tresor öffnen und sämtliche Unterlagen beschlagnahmen. [44.1]
Meines Erachtens sind manche Kornkreise wie Teilbaupläne für Freie-Energie-Maschinen aufgebaut. Es gibt eine Webseite im Internet, auf der dargestellt wird, daß Prof. Evert nach einem Kornkreismuster einen Freie-Energie-Motor entworfen hat. (www.evert.de)

Die 'Wingmakers', Kreis mit Delle, 1. Mai 1999 bei Bodenhausen (Bild Seite 63)
Anläßlich des Wesak-Festes trafen wir uns am 30. April 1999 mit 25 Mitgliedern von „Flower of Life" auf dem Burghasunger Berg. Wir verbrachten die Nacht unter anderem mit Meditation und „klinkten" uns in das weltweite Wesak-Fest ein. Zeitweise sahen wir Lichterscheinungen, die wir als orangene Plasma-Kugeln erlebten.
Am nächsten Morgen hatten wir das sichere Gefühl, daß ein Kornkreis entstanden war. Aber der Acker, auf dem wir die Formation vermuteten, war vom Burghasunger Berg nicht genau einzusehen. Ergebnislos suchten wir die Landschaft ab. Zierenberger Mitglieder der Forschungsgruppe Kornkreise (FGK) entdeckten dann doch auf dem Acker eine Formation und benachrichtigten uns. Es war der Acker mit dem Hügelgrab, auf dessen beiden Nachbarfeldern 1996 die ersten Kornkreise entstanden waren. In England nennt man diese Hügelgräber „barrow" (lat. Tumulus), und auch hier erscheinen in ihrer Nähe jedes Jahr Kornkreise.
Im Raps lag ein kleiner Vollkreis mit drei Außenringen unterschiedlicher Stärke. Die beiden äußeren waren an einer Stelle etwas disharmonisch. Es schien, als ob eine vom Hügelgrab kommende Energie sie eingedrückt hätte. Beim Anblick der Formation sagte meine Frau spontan: „Die Sternensaat geht auf."
Zwischen den beiden Außenringen befand sich eine spiegelverkehrte Neun, die in englischen Formationen auch schon aufgetreten war. Zunächst war ich ratlos über die Symbolik. Anfang Juli wurde ich auf die Internetseite wingmakers.com aufmerksam, wo sich spannende Parallelen fanden. Wanderer entdeckten 1972 in einem verborgenen Canyon in New Mexiko, USA, eine spiralförmige Höhle mit 23 Kammern, die als Initiationsort der Indianer diente. Jede Kammer schmückt ein geheimnisvolles Bild, die aus dem achten Jahrhundert stammen sollen. Interessanterweise traten bei der Höhle, analog zu unseren Kornkreisen, immer wieder Kreise im Sand auf. Vermeintliche extraterrestrische Fundstücke mit Informationen über Technologie und Philosophie wurden von einer Regierungsbehörde für extraterrestrische Kontakte umgehend requiriert, das gesamte Gebiet zur Sperrzone erklärt. In jahrelanger Arbeit hat eine Forschungsgruppe unter der Leitung von Dr. Anderson (Pseudonym) die Funde untersucht sowie die 23 Höhlenbilder und 98 weitere Symbole dechiffriert. Dann nahm eine Gruppe von Geistwesen mit Dr. Anderson telepathischen Kontakt auf. Diese nannten sich Wingmakers (= „Flügelmacher" – **siehe auch Engelflügel-Kornkreis auf Seite 71**). Sie sagten ihm, er wäre speziell von ihnen ausgesucht worden, weil er momentan als einziger Mensch ihre Zeichen entschlüsseln könnte, und ihre Botschaft solle die ganze Menschheit erfahren und nicht einfach im Tresor verschwinden.

Bild oben: „Helfenstein und Dörnberg" bei Zierenberg.
Bild unten: Rapskreis am 30. April 1998
bei Zierenberg-Burghasungen, Hessen, Deutschland.
Fotos: Eckhard Weber.

Bild oben: „Raps-Hantel 2000“, 24 m,
erster Kreis des Jahres im Raum Kassel am 1. Mai 2000
bei Zierenberg-Burghasungen, Hessen, Deutschland.
Foto: Eckhard Weber.

Bild unten: „Rapskreis am Weinberg“ (mit Hügelgrab), 32 m.
Bild oben: Bodenaufnahme des Zentrums vom
30. April 1998 bei Zierenberg-Burghasungen.
Fotos: Eckhard Weber.

und geht ihren Entwicklungsweg in die Unendlichkeit, symbolisiert durch die liegende Acht. Der kleine Kreis an der 72. Zacke war ohne Pflanzenwuchs in der Mitte, was auf einen Nullpunkt hindeutet. Dieser Nullpunkt stellt nach Gregg Braden („Das Erwachen der neuen Erde“) die Christusenergie dar. Sie wirkt nicht nur für Menschen, sondern auch für die Erde. Zur Plazierung neben der 72. Zacke fallen mir die 72 Heiligen Namen Gottes ein, die sieben göttlichen Eigenschaften zum nächsten Kreis, der sich sieben Zacken weiter neben der 79. Zacke befand. (Erläuterung des Hintergrundbildes siehe Seite 135, „Der Weg aller Seelen“)

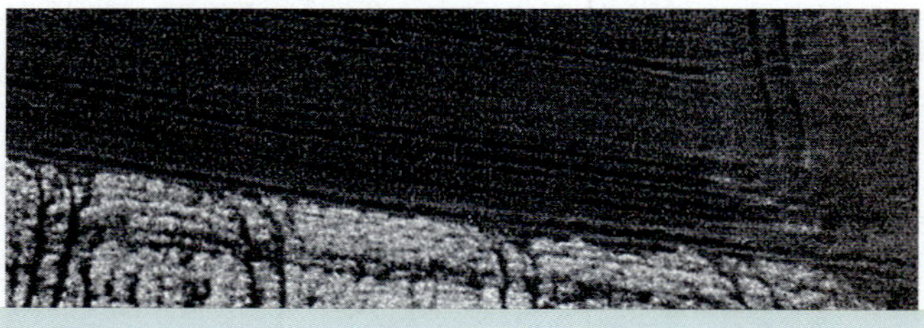

Daraufhin sagte sich Dr. Anderson von seinem Arbeitgeber los, tauchte unter und suchte sich eine Journalistin, die seine Informationen zusammen mit den 23 Bildern aus den 23 Höhlenkammern ins Internet stellte. Demnach handelt es sich bei den Wingmakers um

Detailaufnahmen „Spirale mit 144 Wellen", Durchmesser 65 m, am 26. Juni 1999 beim Lindenberg zwischen Ehlen und Breitenbach, Hessen, Deutschland. Fotos: Wolfgang Schöppe.

Bild oben: „Spirale mit 144 Wellen" (Details siehe links)
Bild unten: „Wellen-Kreis" mit 60 m Durchmesser und spiegelverkehrter '9'
am 18. Juni 1999 bei Gudensberg-Gleichen, Hessen, Deutschland.
Fotos: Eckhard Weber.

Anfang Juli nahm ich in Brienz, Schweiz, an einem spirituellen Seminar von Dr. phil. Hurtak teil. Er ist Leiter der „Akademie für die Wissenschaften der Zukunft“ in Los Gatos, Kalifornien, USA, und Autor des Buches „Die Schlüssel des Enoch“. Martina Pilz, eine mir bis dahin völlig unbekannte Seminarteilnehmerin aus der Wiener Gegend fragte mich unverblümt: ***„Sind Sie nicht der Eckhard Weber?“*** Ich war total perplex, da wir beide uns einfach nicht kennen konnten. Sie erzählte mir, daß sie seit dem 23. Januar 1999 hellsichtig sei und mediale Fähigkeiten an sich bemerkt hatte. In der Nähe ihres Wohnhauses wurde 1999 erstmals ein Kornkreis entdeckt. In mehreren Visionen hatte sie sich in den geheimnisumwitterten Hallen der Urkunden unter der Sphinx in Ägypten aufgehalten. Dort sah sie Abbildungen von 144.000 Menschen mit ihrem heutigen Aussehen und Namen. Sie hätte mich dort an 72. Stelle entdeckt. Ich war völlig irritiert und konnte mit dem Gesagten zunächst überhaupt nichts anfangen.

Kornkreis mit Sicheln vom 2. Juli 1999 bei Wien (Österreich). Foto: Martina Pilz.

Erst Mitte Juli fand ich genügend Zeit, die Luftbildaufnahmen der großen Spirale genauer zu analysieren und spielte sehr oft einfach mit den Zahlen. Die Seminarteilnehmerin hatte mich in der Halle der Urkunden an 72. Stelle gesehen. An der 72. Zacke der Spirale war ein Nullpunktkreis, der nach Braden für die Christusbewußtseinsenergie steht. Gab es eine Verbindung zwischen mir und dieser Energie? Und, wenn ja, welche? In der Numerologie, der Lehre von der Bedeutung der Zahlen, hat jeder Buchstabe einen bestimmten Zahlenwert. Die Magie der Zahlen hat ihren Ursprung im hebräischen Alphabet und findet als Gematria in der praktischen Kabbala ihre Anwendung. Sie erlaubt es, Wörter mit dem gleichen Zahlenwert zu vertauschen und so z. B. einem Text einen geheimen Sinn zu geben. Dieses System kann auch auf andere Sprachen und Alphabete übertragen werden, wobei der jeweilige Zahlenwert solange addiert werden muß, bis die Quersumme eine Zahl von 1 bis 9 ergibt. Im numerischen Alphabet der hebräischen Kabbala ist der Zahlenwert für Jesus 9, Christus ergibt ebenfalls 9; beide zusammen ergeben 9+9=18=1+8=9. Die Quersumme von 144 (Zacken) ist 1+4+4=9. Der Kreis der Christusenergie befand sich neben der 72. Zacke; 72=7+2=9. Die Quersumme von beiden ergibt sich aus 9+9=18 = 1+8= wieder 9. Eine spiegelverkehrte 9 tauchte in etlichen Kornkreisen auf – ein Erkennungszeichen, eine Art Siegel von Jesus Christus?

Auch von 144.000 ist die Quersumme 9. In der Offenbarung des Johannes taucht die Zahl 144.000 mehrmals auf. (z.B.: ***„Dann vernahm ich die Zahl derer, denen das Siegel aufgedrückt wurde. Die Gesamtzahl der auf diese Weise Gekennzeichneten betrug hundertvierundvierzigtausend“***;...(Gekennzeichnete bezeichnet an anderer Stelle die „Knechte Gottes“, Joh. Off. 7,4) oder ***„Und ich sah das Lamm stehen auf dem Berg Zion und mit ihm hundertvierundvierzigtausend, die hatten seinen Namen (Anm.: gemeint ist Jesus) und den Namen seines Vaters geschrieben an ihrer Stirn.“*** (Joh. Off. 14,1).

links: „Das Gefolge des Lammes“ (Off. 14,1-5). Gemälde von Jakob Häne.

Johannes gilt als Lieblingsjünger von Jesus Christus und als Vertrauter seiner höchsten Geheimnisse sowie als meditativer Empfänger von Offenbarungen. Gemeint sind die 144.000 Menschen, die Jesus Christus zuerst an seine Tafel holen wird. Besonders wichtig erscheint mir folgendes Zitat: ***„Niemand konnte das Lied singen außer den Hundertvierundvierzigtausend, die aus der Zahl der Erdenbewohner erkauft worden waren.“*** (Joh. Off. 14,3). 144.000 Menschen entgehen also der Apokalypse, indem sie ein Lied (er-)kennen. In der Apostelgeschichte (2,17) steht geschrieben: ***„Und ich werde Wunder tun oben am Himmel und Zeichen unten auf der Erde. In den letzten Tagen wird es geschehen.“*** Sind die Kornkreise die Zeichen, mit dem Lied der Erde, die es zu erkennen gilt? Stammt die Botschaft somit von Jesus Christus? Und, haben die 144.000 Namen aus der Halle der Urkunden irgendetwas mit den 144.000 Menschen aus der Offenbarung des Johannes zu tun?

Die 'Große Pyramide' von Gizeh mit dem Sphinx. Foto: Eckhard Weber.

Wenden wir uns noch mal dem kleinen Kreis (ein Markierungspunkt?) neben der 79. Zacke zu und errechnen folgende Quersumme: 79 = 7+9 = 16 = 1+6 = 7. Es gibt 7 göttliche Eigenschaften, 7 Geister Gottes und 7 Welten. Ein direkter Bezug zu Gott? (siehe Goodman, Linda: „Star Signs - Sternzeichen“, Knaur, München 1990)
Kurze Zeit nach Erscheinen der Spirale fragte mich eine Freundin, ob ich an ihrer Stelle eine Ägyptenreise unternehmen wolle, da sie absagen mußte. Ich entschied mich dagegen, da zwei Jahre zuvor das schreckliche Attentat auf die Touristen geschehen war. Ein paar Wochen später hatte ich nachts eine Eingebung, bei der die Zahl 144 eine wichtige Rolle spielte. 144 Tage nach dem Erscheinen der Spirale, am 17. November 1999 also, sah ich mich in einer Pyramide. Ich flog dann doch nach Ägypten. Die Nacht vom 16. auf den 17. November 1999 verbrachte ich in der Cheops-Pyramide und hatte dort ein ganz besonderes Erlebnis. Einer nach dem anderen unserer spirituellen Reisegruppe lag für eine ganze Weile in dem Sarkophag der Königskammer, während die anderen um ihn herum standen und rituelle Anrufungen sangen. Die Gruppe meditierte teilweise in eigenen, aber auch in geführten Meditationen unter Anrufung der Mer-Ka-Ba (Lichtkörper des Menschen). Dabei entstand eine wahrlich unbeschreibliche Energie. Man konnte aus dem eigenen Körper heraustreten und in eine andere Dimension, in eine andere Realität eintauchen – es war ein Einweihungsritual wie im alten Ägypten. Diese Erfahrung wird heute noch in unterschiedlichen Lebenssituationen lebendig, bzw. reaktiviert.
Eine Assoziation fiel mir zum Namen des Feldes mit der Spirale ein. Die Einheimischen nennen es „Das Handtuch“, weil es sich um ein schmales, langgezogenes Feld handelt. Im selben Jahr wurde das Handtuch („Schweißtuch“) der Veronika entdeckt, das 400 Jahre lang verschollen war. Auf diesem Handtuch ist ein fotoähnliches Abbild von Jesus zu sehen, in dessen Gesicht die Folterspuren seiner Peiniger zu erkennen sind. Es soll sich bei dem Handtuch der Veronika um genau jenes Tuch handeln, das sie Jesus auf seinem Gang nach Golgatha zum Abwischen von Schweiß und Blut gereicht hat. Und genau in diesem Jahr, als dieses „Handtuch“ gefunden wurde, entdeckte ich eine Art „Siegel“ mit dem numerologischen Code von Jesus Christus auf einem Feld, das von den Einheimischen auch noch als „das Handtuch“ bezeichnet wird, alles nur ein Zufall???

Bild oben: Könnte dieses Lichtphänomen eine Marienerscheinung sein? Bild unten: „Die Sicheln“ oder „Der Engelflügel“ am 26. Juni 1999 bei Zierenberg-Burghasungen, Deutschland. Foto unten: Frank Laumen.

Bild oben: „Lichtphänomen“ um die Sonne, ist es ein besonderes Zeichen, oder nur eine Reflexion? Foto rechts (Seite 71): „Der Engelflügel“, 100 m. Foto: Eckhard Weber.

Nicht weit von der Spirale entfernt hatte ich sechs Tage vor dem Erscheinen einen Erdheilungspunkt mit einem Erd-Beamer aktiviert und dabei eine Spirale visualisiert. Und dann war sie (allerdings ohne Wellen) Wirklichkeit geworden! In meinem Bekanntenkreis wurde schon gemunkelt, daß ich selbst der Urheber der materiellen Entstehung der Zierenberger Kornkreise sei und als Landvermessungstechniker durchaus die nötigen Fähigkeiten haben könnte. Doch dem ist absolut nicht so. Ich habe eine sehr starke mediale Verbindung zu vielen Kornkreisen und schon vor ihrem Entstehen das Gefühl und die Gewißheit, daß sie kommen werden. Ich weiß oft auch, auf welchem Flurstück der jeweilige Kreis zu finden sein wird. Es ist Intuition, nachts im Traum, aber manchmal auch, wenn ich wach bin, meist in den frühen Morgenstunden zwischen halb vier und halb fünf. Viele der Kornkreise erschienen nicht weit von meiner Burghasunger Wohnung entfernt, von wo aus man über die Äcker schauen kann. Im Traum erhalte ich gewöhnlich eine „Information" über die Entstehung eines Kornkreises und eine innere Stimme führt mich dann genau dort hin. Oftmals war ich bei der Entstehung eines Kornkreises im Ausland und bekam sogar dort die entsprechende innere „Information". Während der Entstehung der ersten 2000er Kreise z. B. hielt ich mich in Neuseeland auf. Als ich spürte, daß ein Kornkreis entstanden war, rief ich sofort eine Mitarbeiterin in ihrer Wohnung an und sagte: ***„Heute Nacht muß ein Kornkreis in der Nähe des Büros entstanden sein. Fahr bitte zu den Feldern und sieh nach."*** Doch sie wurde nicht fündig, konnte von den Feldwegen aus nichts entdecken. Am Tag darauf schaute sie aus einem der Fenster des neuen Büros in Burghasungen, das einen weiten Blick über die Felder erlaubt – und erblickte in nur 300 Metern Entfernung den neuen Kornkreis. Während der Entstehung der Spirale am Lindenberg feierten wir nachweislich Hochzeit. Und an mehreren Orten hätte ich mich wahrlich nicht gleichzeitig aufhalten können – denn es wurden noch weitere Kornkreise entdeckt, die nach Befragung von Anwohnern zeitgleich mit der Spirale entstanden sein mußten!

Die Sicheln, 26. Juni 1999, Roter Hain (Bilder siehe Seite 70 und 71)
Den ganzen Vormittag war ich auf die Spirale konzentriert. Unterdessen machte Wolfgang Schöppe eine weitere Entdeckung, nur einen Kilometer von der Spirale entfernt. Eine Formation aus mehreren Kreisen und vier gewaltigen Sicheln schmückte ein Feld vor dem „Roten Hain", einem keltischen Versammlungsplatz. Die Spirale lag außerhalb, die Sichelformation innerhalb des Sechsecks, getrennt durch die störende Autobahn. Wieder schien das Entstörungsprinzip des Feng Shui zu gelten. Die Formation war weithin und von mehreren stark befahrenen Straßen aus sichtbar. Sie hatte schnell verschiedene Bezeichnungen bekommen: Sicheln, Kralle oder Engelflügel. Auch Narrenkappe wurde sie von einigen genannt, später manchmal in Anspielung auf meine geplatzte frische Ehe. Die Sichel befand sich in Hör- und Sichtweite eines Bauernhofes. Weder der Bauer noch seine freilaufenden Doggen hatten in der Nacht irgendetwas bemerkt. Zum ersten Mal war ein Kornkreis so nahe an einem bewohnten Gebäude entstanden. Ungläubig betrachtete der Bauer später Luftaufnahmen „seiner" Sichel und schloß völlig aus, daß hier Menschen am Werk gewesen sein könnten. Das liegende Korn hob sich hell von den dunkleren, stehenden Halmen ab. Die vier hellen Sicheln ragten aus einem Kreis heraus. In einer atlantischen Sage heißt es :***"Gott spricht: Ich bin Kreis, und der Rest sind scharfe Sicheln."*** [13] Zwischen den hellen Sicheln bildete das stehende Korn drei dunkle Sicheln, deren Spitzen nach innen wiesen. Vier nach außen und drei nach innen – wie das symbolische Ein- und Ausatmen Gottes. Über der längsten Sichel waren drei Kreise zu sehen, die die dritte Dimension darstellten, darunter dann die vier Sicheln, die vierte Dimension. Ein großer Vollkreis lag unter dem Kreis mit den Sicheln. In der Kornlage, die rechts- und linksläufig war, bildete sich eine zweidimensionale Mer-Ka-Ba ab, auch Lichtkörper genannt. (Die dreidimensionale Mer-Ka-Ba hat eine UFO-Form.). Das Göttliche wird immer mit dem Kreis dargestellt, was hier durch den Kreis mit den Sicheln symbolisiert wurde. Der Vollkreis mit der Mer-Ka-Ba war praktisch das Gefährt in die vierte Dimension, wie eine Art „Fahrplan" für die gesamte Menschheit.

Völlig neu und außergewöhnlich für mich war, daß in einem Kornkreis an vielen Stellen einzelne Halme standen. Dabei kam mir die biblische Geschichte in den Sinn, wo es heißt:
„Zwei sind auf dem Feld, einer bleibt, einer wird genommen.“
Meine Zahlenspiele führten diesmal zu folgenden Ergebnissen: 3 Kreise oberhalb der Sicheln + 4 Kreise unterhalb der Sicheln = 7. Die 7 steht für die sieben göttlichen Aspekte und die sieben Geister Gottes. Die Anzahl der Sicheln und aller Kreise zusammen addiert ergibt 12. In der Quantenphysik geht man von 12 Haupt- und 12 Unterdimensionen aus. 12 x 12 = 144 – ein Bezug zu den 144 Wellen der Spirale in unmittelbarer Nachbarschaft?

Unerfreuliche, erfreuliche und merkwürdige Erlebnisse
Als ich am 28. November 1999 aus Ägypten wieder nach Hause kam, hatte sich meine Lebenssituation vollständig geändert. Meine Frau wollte die Trennung und hatte einen neuen Partner. Vor fünf Monaten hatten wir uns kirchlich trauen lassen, sah ich freudig einer gemeinsamen Zukunft entgegen – und jetzt? Ich stand vor dem Nichts, alles war mir genommen worden. Ich war wie am Boden zerstört und mußte mir alles neu erschaffen. Doch ich bekam alles neu, schon nach sieben Wochen – und Kornkreise in Sichtweite meiner neuen Wohnung.
Während des Seminars 1999 in der Schweiz zeigte ich Dr. J.J. Hurtak, dem Leiter der Akademie für Wissenschaft der Zukunft, Luftbildaufnahmen der Zierenberger Kornkreise, die ihn sehr nachdenklich stimmten und ihn veranlaßten, sein internationales Pfingstseminar 2000, „Erwachen in Gottes Gegenwart“, erstmalig nach 14 Jahren an einem anderen Ort abzuhalten. Er suchte die Nähe der Kornkreise und entschied sich für Baunatal bei Kassel, nur zehn Kilometer Luftlinie von Burghasungen entfernt.

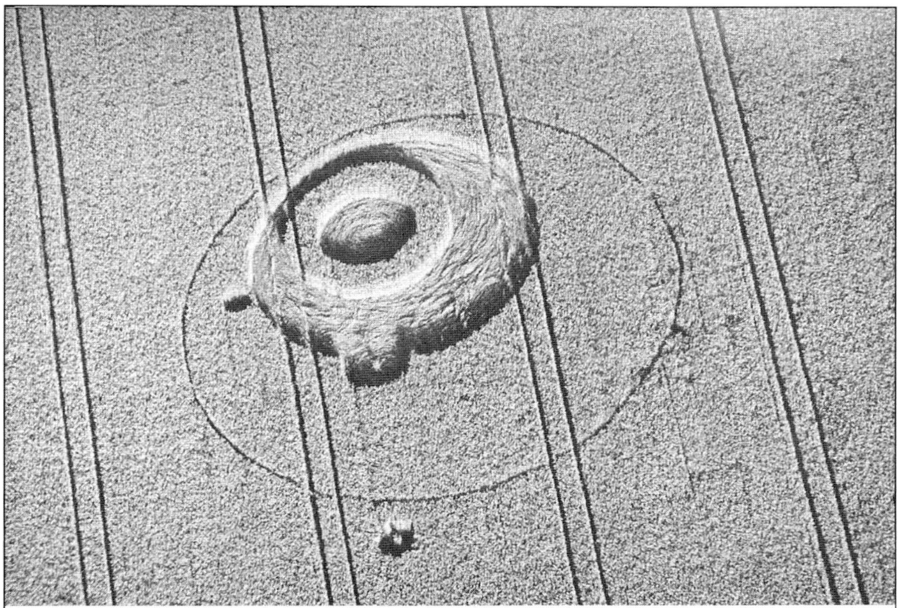

An Pfingsten 2000 hatte mich auch diesmal eine innere Stimme zu dem entsprechenden Acker bei Burghasungen geführt. Dieser Kornkreis sah aus wie ein Auge und unter den ganzen Begleitumständen fiel mir gleich eine Deutung ein: „Das allsehende Auge Gottes?“ Leider wurde das Feld von seinem Besitzer permanent überwacht und jedes unbefugte Betreten wegen Landfriedensbruch zur Anzeige gebracht. Aus diesem Grund war eine Begehung mit den Mitgliedern des Hurtak-Seminares leider nicht möglich. Daher kann ich hier auch keine weiteren Aussagen zu dieser Formation machen. Foto: Eckhard Weber.

Bei diesem Seminar hielt ich vor ca. 200 Zuhörern einen Vortrag über Kornkreise, der sehr begeistert aufgenommen wurde. Im Seminarinfo, das sechs Monate vorher verschickt worden war, wurde auf Kornkreise hingewiesen, die am Pfingstsonntag /-Montag wie bestellt erschienen. Ein weiteres Zahlenspiel bezüglich der großen Spirale von 1999 scheint mir bemerkenswert. Addiert man zu ihrem Erscheinungstag, dem 26. Juni 1999, 72 Tage (der Kreis neben der 72. Zacke), führt dies zum 6. September. Nun, ich kann mich an kein besonderes Ereignis am 6. September 1999 erinnern, aber genau ein Jahr später fand ich eine kaum verständliche Nachricht auf meiner Mailbox, die ich aufbewahre. Die Akustik erinnert an einen Funkspruch aus dem Weltall, wie wir ihn von den Astronautenflügen her kennen. Die Botschaft lautete: ***„S.O.N. Commander.“*** Was sollte diese Botschaft bedeuten? Ich konnte dieses Ereignis bis heute nicht richtig klären.

Bild oben (Detail) und unten: „Zykloide Endlosschleife“, 44 m, am 24. Mai 2000 beim Lindenberg zwischen Ehlen und Breitenbach, Hessen, Deutschland. Fotos: Eckhard Weber.

Bild oben: Ute Weber im „Devils Chair“ (größter Megalith der Umgebung) im Mai 1998 bei Avebury, Wiltshire, England. Foto: Eckhard Weber.

Bild oben: „Einsturzloch" auf dem Hügelplateau der Erdpyramide im Juli 2000 auf dem Silbury Hill, Wiltshire, England. Foto: Eckhard Weber.

Bild unten: Am Silbury Hill entstehen jedes Jahr spektakuläre Formationen, wie hier am 24. Juli 1999 der fraktale vierzackige Stern mit 84 m Durchmesser. Foto: Steve Alexander.

6 Stufen aus konzentrischen Kalksteinmauern, die anschließend aufgefüllt wurden.

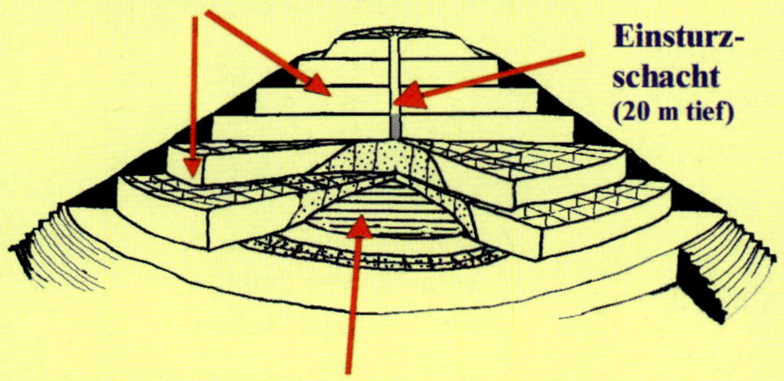

Die 38 m hohe Pyramide wurde über einem älteren, ebenfalls künstlichen (8 m hohen) Hügel errichtet.

Quelle: 9

Vorzeitliche Figur einer schwangeren Mutter-Göttin, Symbol für die Bedeutung der künstlichen Pyramide Silbury Hill.

Die Kornkreisforschungsgesellschaft hatte sich in der Nacht vom 30. April auf den 1. Mai 2000 mit zwanzig Mann in potentielle Kornkreisgebiete begeben und versuchte, mit Nachtsichtgeräten eine Entstehung zu beobachten. In der Nacht wurde alles in Nebel getaucht, so daß Beobachtungen unmöglich gemacht wurden, und erst in der Morgensonne fand man den ersten Rapskreis der Saison, ein typische Hantelformation mit vier kleinen Kreisen außerhalb. Die gerade Verbindungslinie zwischen den beiden Kreisen könnte für eine Verbindung der unteren und oben Welten, die vier kleinen Kreise für die vierte Dimension stehen. Auch dieses Feld gehört dem Landwirt, der unbefugtes Betreten zur Anzeige brachte und so konnte auch dieser Kornkreis nicht weiter untersucht werden. (Abb. rechts / Farbfoto siehe Seite 63)

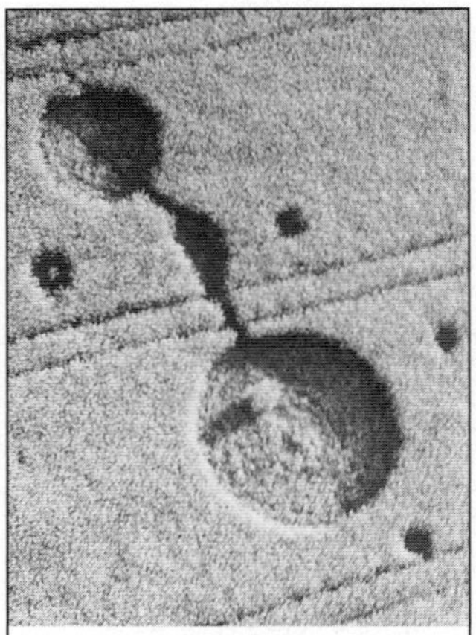

„Die Hantel" vom 1. Mai 2000. Foto: Eckhard Weber.

„Der Engel" vom 17. Mai 2000. Foto: Wolfgang Schöppe.

Am 17. Mai 2000 erschien am Dörnberg, der eine keltische Ringwallanlage war, ein Kreis mit einer Art Engelwesen mit ausgebreiteten Flügeln, das in der Mitte durch eine Linie getrennt ist, manche interpretieren es auch als Isis oder ihrer Entsprechung unseres Kulturkreises, der Jungfrau Maria. Sehen könnte man in dem Kreis auch die Seele mit der Silberschnur, der Verbindung zum höheren Selbst. Dieser Kreis wurde von 150 Menschen (von der Akademie für die Wissenschaft von der Zukunft) besucht. Eine nette Geste am Rande soll nicht unerwähnt bleiben: Die Leute sammelten etwa 400 DM, die sie mir zur Entschädigung des Bauern übergaben. Bei den Bodenaufnahmen dieses Zeichens sieht man sehr schön das Schachbrettmuster und die Wellenform. Ich war gleich am ersten Tag im Kreis, als alles noch unbeschädigt war, und mir war die außergewöhnliche Kornlage sofort aufgefallen. Auch dieser Kornkreis war nur ca. 600 Meter von meiner neuen Wohnung in Dörnberg entfernt. (Abb. oben links / Farbfotos siehe Seiten 78+79)

Eine Woche später erschien am 26. Mai eine Art „Flower of life", eine „Blume des Lebens", wobei ich es mehr als Heilige Trinität sehe. Es sind sechs übereinanderlappende „Blasen" in einer Größe von 44 Metern. Auch diesen Kreis betrat ich wahrscheinlich als erster, denn es waren keinerlei Fußspuren zu finden. Die Geometrie dieser Kornkreise ist mathematisch nicht zu berechnen, es sind zykloidische Endlosschleifen. (Abb. rechts / Farbfotos siehe Seite 74)

„Zykloide Endlosschleife" vom 24. Mai 2000. Foto: Eckhard Weber.

Am 24. Juni 2000 wurde ich unterwegs von meiner Sekretärin angerufen, die mir mitteilte, daß in der Nähe von Escheberg ein riesiger Kornkreis aufgetaucht sei. Als ich von meiner Reise zurück-kam, habe ich ihn gleich untersucht. Ich möchte den Kreis „Trennung von Spreu und Weizen", „Licht und Dunkelheit" oder „Aufstieg der Erde in eine höhere Schwingungsebene" nennen.

Besonders interessant bei dieser Formation ist, daß der Lichtwellenring, der die Hälfte des Kreisumfanges ausmacht, erst eine Woche später erschien (siehe Abb. Seite 77 rechts oben).

Eine Deutungsmöglichkeit ist folgende: Die 3 Punkte außerhalb des glatten Halbkreises stehen für die dritte Dimension. Die dunklere Hälfte des Kornkreises, dort, wo das Getreide noch steht, bedeutet Dunkelheit – die Erde mit dem niederfrequenten Bewußtsein der Angst, Verurteilung, Negativität und Zerstörung in der dritten Dimension. Der leuchtende Teil der Formation steht für das Licht – die Erde im Christusbewußtsein der 4. Dimension mit Liebe und Mitgefühl.

Deutlich sieht man im Bild (s. Pfeil) ein Zeichen der Hopi-Indianer mit dem Namen „Nakwach", das

'Brüderlichkeit' bedeutet und ein Symbol der „Kachinas“, ihrer kosmischen Lehrmeister darstellt. „Zufällig“ erhielt ich im Herbst des Jahres 2000 auch Besuch vom offiziellen Sprecher der Hopi-Indianer aus den USA.

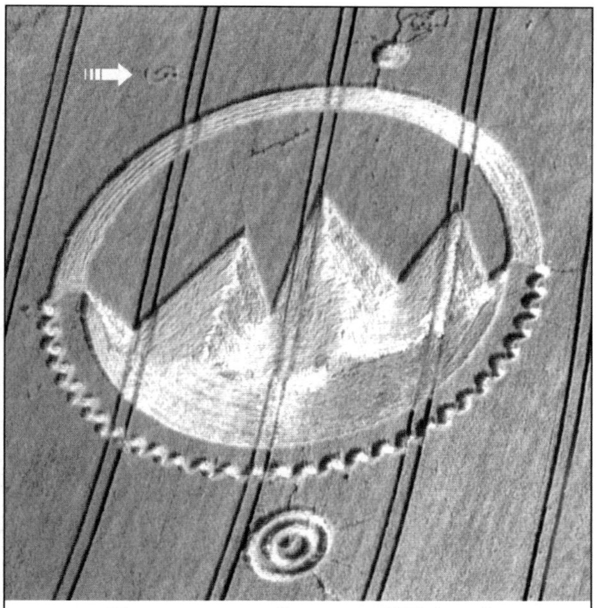

„Trennung von Spreu und Weizen“ vom 24. Juni 2000. Foto: Eckhard Weber.

Geheimnisvolle Energien

Die Energien in Kornkreisen sind sehr unterschiedlich. Einige ziehen die Pflanzen wie magnetisch nach unten, bei anderen ist nach zwei Wochen alles fast vollständig wieder hochgewachsen (so z.B. auch bei der zykloiden Endlosschleife). Meine Theorie ist, daß man die Kornkreise klassifizieren kann. Einige Kornkreise werden von Kräften aus uns unbekannten Dimensionen aus dem Inneren der Erde, bzw. von der Erde als „lebendem Wesen“ selbst in Verbindung mit Naturwesenheiten gemacht, denn die druidischen Meister machten ihren Aufstieg früher in eine Dimension ins Innere der Erde. Deshalb auch die alten keltischen Druidenzeichen und die ägyptischen Zeichen, denn die ersten Druiden kamen anfänglich aus Ägypten. Nach meiner Einschätzung sind 50 Prozent Fälschungen. Einige Kornkreise könnten von extraterrestrischen Rassen stammen, die man vielleicht früher als „Engelwesen“ bezeichnet hat und die uns beim globalen Transformationsprozeß der Erde und der Menschheit helfend zur Seite stehen. Die Mehrzahl der Kornkreise werden wahrscheinlich von sogenannten „Aufgestiegenen Meistern“ erzeugt – das sind unsere älteren Brüder und Schwestern, die den Weg, der nun vor uns liegt, bereits vor langer Zeit gemeistert haben. (Aufgestiegene Meister sind z.B. Jesus Christus, Buddha, St. Germain usw.) Wie man sieht, ist das Phänomen der Kornkreise ein vielschichtiges und nur durch ein erweitertes Bewußtsein oder durch das Studium einer allumfassenden Betrachtung der uns überlieferten alten oder auch neuen Lehren zu begreifen. Meines Erachtens sind die Kornkreise das größte für jedermann sichtbare Mysterium der Neuzeit und von globaler Bedeutung für die gesamte Menschheit. Kreise, bei denen sich das Korn schnell wieder aufrichtet, sind in der Regel durch kosmischen Einfluß geschaffen und Kreise, die lange am Boden bleiben, werden wahrscheinlich von der Erde beeinflußt, die ihre eigenen Akupunkturpunkte und Chakren, welche an heiligen Plätzen liegen (die mit anderen Dimensionsebenen verbunden sind), selbst aktiviert. Aus diesem Grund findet man die meisten Kornkreise auch immer in der Nähe solcher Kraftorte.

Das Loch in der Pyramide von Silbury Hill

An Christi Himmelfahrt 2000 war ich in England, in dem Gebiet um Avebury und Stonehenge, habe dort die ersten Kornkreise beobachtet und auch das Loch in der Pyramide von Silbury Hill (bedeutet „Hügel der Leuchtenden Wesen“) erforscht, einer Stufenpyramide aus Kalkstein mit Erde überdeckt. Niemand weiß, wie das Loch entstanden ist, es gibt keinerlei Spuren, von dem Material, das es füllte. Als ich dort ankam, wurde gerade das Gelände abgesperrt, und ich erfuhr, daß in der Nacht zuvor das Loch entstanden war. Es war circa 20 Meter tief und 1,50 Meter breit. Offiziellen Angaben zufolge, soll das Loch durch einen Erdrutsch entstanden sein, aber wie soll sich ein solcher Schlot bilden und tonnenweise Kalkstein sich entfernen und tief im Inneren soll eine Art Raum gesichtet worden sein? Vielleicht gab es diesen Kanal schon immer, der nur mit Erde bedeckt war. Die Pyramide symbolisiert die schwangere Mutter Natur und alte Prophezeiungen sagen: Wenn die Fruchtblase platzt, bricht das neue Zeitalter an, und wir gelangen in eine höhere Schwingungsebene (siehe auch Fotos und Grafik auf Seite 75).

Detailaufnahmen vom „Engel", Fotos: Eckhard Weber (oben), Frank Laumen (unten).
Bild oben links: Hier war das Korn in der Mitte zopfartig ineinander verflochten.
Bild oben rechts: Im wellenförmigen Schwanz waren die Halme teilweise ineinander verwoben.
Bild unten: Im Kreis am Ende des wellenförmigen Schwanzes blieb in der Mitte ein Büschel Halme stehen.

**Luftbilder vom „Engel", 36 m,
am 17. Mai 2000 bei Dörnberg, Hessen, Deutschland.
Foto oben: Eckhard Weber.
Foto unten: Wolfgang Schöppe.**

Das Langpiktogramm von Fürstenwald bei Kassel – ein Deutungsversuch

Dirk Möller (Farbbilder siehe Seite 82+83)

Was ich hier im Folgenden versuchen möchte, ist ein Weg von vielen oder eine Möglichkeit von vielen, dem Rätsel der Kornkreise, speziell aber einem bestimmten Kornkreis in der Nähe von Kassel näher zu kommen. Ebenso soll dieser Lösungsansatz völlig losgelöst betrachtet werden von all denjenigen Berichten und Meinungen, die sogenannte Ufos und ihre Insassen für die Verursacher des Phänomens halten.
In diesem speziellen Fall möchte ich auf den Symbolgehalt eingehen, der sich in den echten, nicht von Menschenhand erzeugten Kornkreisen verbirgt. Ich persönlich bin tief davon überzeugt, daß ein echtes Kornkreisphänomen existiert, ebenso wie mir auch klar ist, daß etliche Kornkreise von Landschaftskünstlern bewußt gefälscht werden.
Für mich existiert neben der Ebene der physischen Wahrnehmung noch eine Ebene der intuitiven Wahrnehmung oder der intuitiven Erkenntnis, in welcher man meiner Meinung nach einen von Menschenhand gefälschten Kornkreis von einem echten unterscheiden kann. Zumindest meine ich, das von mir selbst nach nun zehnjähriger ernsthafter Beschäftigung mit dem Kornkreisphänomen, inklusive Begutachtung etlicher Kornkreise vor Ort, behaupten zu können. Es soll hier nur angedeutet werden, daß das Rätsel um die Kornkreise ein überaus komplexes Phänomen ist und sich nicht nur auf seine bloße Manifestation im Kornfeld beschränkt. Es geht sogar weit darüber hinaus. Und wie weit es darüber hinaus geht, das möchte ich im Folgenden versuchen zu zeigen. Ich bitte aber zu berücksichtigen, daß es sich hier auch nur um einen Aspekt des vielschichtigen Phänomens der Kornkreise handelt und es somit auch nicht die letzte Wahrheit darüber sein kann. Vielmehr möchte ich zur Diskussion anregen und hiermit vielleicht sogar einen Stein ins Rollen bringen.
Es ist in der heutigen Zeit weit in der Gesellschaft verbreitet, die Dinge zu zerreden. Das ist auch leider in der Kornkreisforschung nicht anders. Man läuft teilweise Gefahr, die Kornkreisthematik zu zerreden bzw. am Thema vorbei zu reden, anstatt die Kornkreise im übertragenen Sinne zunächst selbst reden zu lassen und dann erst Schlußfolgerungen daraus zu ziehen. Was ich persönlich suche sind Erkenntnisse und nicht unbedingt Erklärungen. Erklärungsansätze zur Kornkreisthematik gibt es so viele, wie es auf der Welt Kornkreisforscher gibt.
Ich möchte mich an die Symbolik herannähern, die in den Kornkreisen verborgen ist, aber auch hier lösgelöst betrachtet von den genauen Maßen, seinen Ausdehnungen und Winkelgraden. Nur auf den reinen Symbolgehalt soll eingegangen werden. Sicherlich, so könnte man einwenden, kann der Symbolgehalt für den Betrachter auch nur subjektiven Charakter haben. Diese Sichtweise ist für mich aber genauso real wie etwa für den Biologen oder den Chemiker der Blick durch das Mikroskop auf die Pflanzenproben oder Bodenproben aus Kornkreisen und stellt für mich somit eine weitere, ebenso reale Ebene der Wahrheit dar.

Ich möchte zu einem nächsten wichtigen Schritt in der Kornkreisforschung übergehen: der Analyse der Symbolik, und zwar unter Berücksichtigung geisteswissenschaftlicher Erkenntnisse, wie wir sie z. B. aus der Anthroposophie kennen. Das, was der Großteil der Kornkreisforschung bisher wissenschaftlich erbracht hat, ist aber durchaus größter Beachtung und Beifall wert, weil alle Kornkreisforscher Wege gehen, die sie und ihren guten Ruf sehr schnell in Mißkredit bringen können. Jeder einzelne Kornkreisforscher riskiert dabei sehr viel. Die Bedeutung oder die Aussagen eines Kornkreises festzuhalten oder einen Ausblick zu geben, das ist der nächste Schritt. Das ist eine immense Herausforderung und spielt leider in der gegenwärtigen Kornkreisforschung eine noch eher untergeordnete Rolle.

Rudolf Steiner
als junger Doktorand in Berlin.

Wie bereits angedeutet sind die Grundlagen zu meiner folgenden Interpretation zu suchen in der anthroposophischen Geisteswissenschaft Rudolf Steiners, der die Grundlagen der Anthroposophie bereits vor 100 Jahren gegeben hat. Durch hellseherische Schau hat Dr. Rudolf Steiner Zusammenhänge im Menschen, in der Natur und im Kosmos im weitesten Sinne erkannt. Eine Fähigkeit, die er ohne jeden Zweifel hatte und die weit über die Fähigkeiten der Menschen der Gegenwart hinausgehen. Über die Tiefen seiner Erkenntnisse kann man sich durch selbständiges Studium in seiner mehrere Tausend Vorträge großen Hinterlassenschaft jederzeit selbst überzeugen. Dr. Steiner hat immer wieder in seinen Vorträgen und in seinen eigenen Ausarbeitungen auf universelle, kosmische Symbolik hingewiesen, die in allen Reichen der Natur und auch im ganzen Kosmos selbst zu finden sind.
Es stellt sich dem Verfasser die bedeutende Frage, ob es nicht eine an die ganze Menschheit der Gegenwart gerichtete Aufgabe ist, in den echten Kornkreisen das Wirken von Naturkräften und Naturgesetzen aus Mikrokosmos und Makrokosmos abzulesen, d.h. sie zu erkennen und sie auch zu verstehen ? Können wir heute noch deutlicher darauf aufmerksam gemacht werden, wieder anzufangen, im Buch der Natur zu lesen? Das alles hat mich nun bewegt, mich näher mit einer bestimmten Formation auseinander zu setzen. Es handelt sich hierbei um das sogenannte Langpiktogramm von Fürstenwald in der Nähe von Kassel vom 9.7.2000.
Da es sich hierbei um das wohl längste Piktogramm handelt, das bis zum jetzigen Zeitpunkt in Deutschland aufgefunden wurde, muß es wohl auch von enormer Bedeutung sein. Um es gleich vorweg zu nehmen: es scheint so, als hätten die echten Kornkreismacher hier eine Kornkreisformation von ganz elementarer Bedeutung erschaffen.
Allem Anschein nach werden hier in einer verborgenen Symbolik die sieben hauptsächlichen Wesensglieder des Menschen, so wie wir sie z.B. aus der Anthroposophie her kennen, in einer Kornkreisformation dargestellt. Das wäre durchaus nur eine ungeheure Behauptung, wenn ich das nicht näher erläutern und belegen würde. Ich bediene mich hier, wie bereits erwähnt, bei meiner Erläuterung der anthroposophischen Terminologie, obwohl mir bewußt ist, daß diese Wesensglieder in anderen spirituellen Strömungen andere Namen tragen. Es kommt in diesem Fall auch nicht auf die Begrifflichkeit an, sondern eher auf das Prinzip, die verschiedenen Wesensglieder auch zu erkennen.

Bild oben: Lang-Piktogramm am 9. Juli 2000 beim Kopfstein, ca. 190 m lang, Calden-Fürstenwald, Hessen, Deutschland.
Bild oben und Detailfoto unten links: Eckhard Weber.
Detailfoto unten rechts: Wolfgang Schöppe.
Detailfoto unten Mitte: Fotomontage aus den Bilden rechts und links daneben.

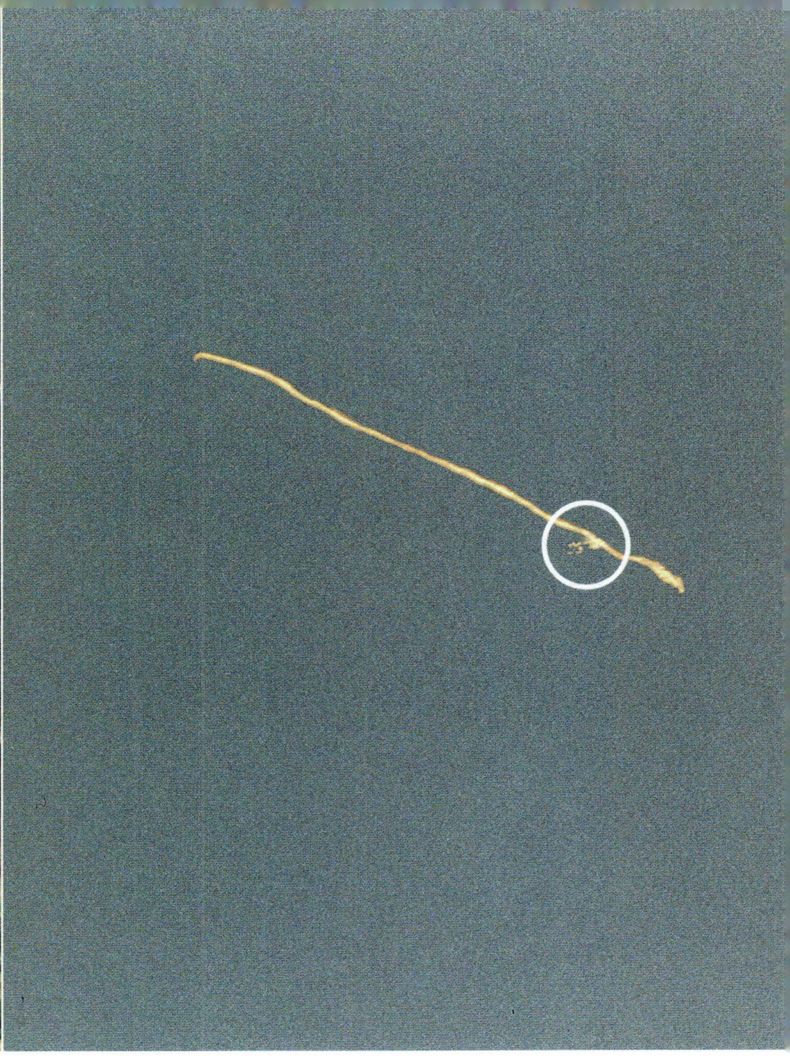

Bild oben: „Kornkreis-Besichtigungs-Kasse“ für das Lang-Piktogramm (Bild unten) am 9. Juli 2000 beim Kopfstein, Calden-Fürstenwald, Hessen, Deutschland. Fotos: Eckhard Weber.

Bild oben: „UFO-Lichtkugel“ am 8. Mai 1999 über Zierenberg-Burghasungen, Hessen, Deutschland. Funkensprühende Flugbahn mit 30 sec. Belichtung auf Stativ Foto (mit 200 mm Teleobjektiv): Wolfgang Schöppe.

Zum besseren Verständnis wähle ich aber die westlichen, aus der Anthroposophie entlehnten Namen der Wesensglieder des Menschen. Diese teilen sich zunächst wie folgt auf :

7. Geistesmensch
(Atma)
6. Lebensgeist
(Buddhi)
5. Geistselbst
(Manas, Bewußtseinsseele)
4. Ich (Mentalkörper, Verstandesseele)
3. Astralkörper
(Empfindungsseele)
2. Ätherkörper (Lebenskräfteleib, Bildekräfteleib)
1. Physischer Körper

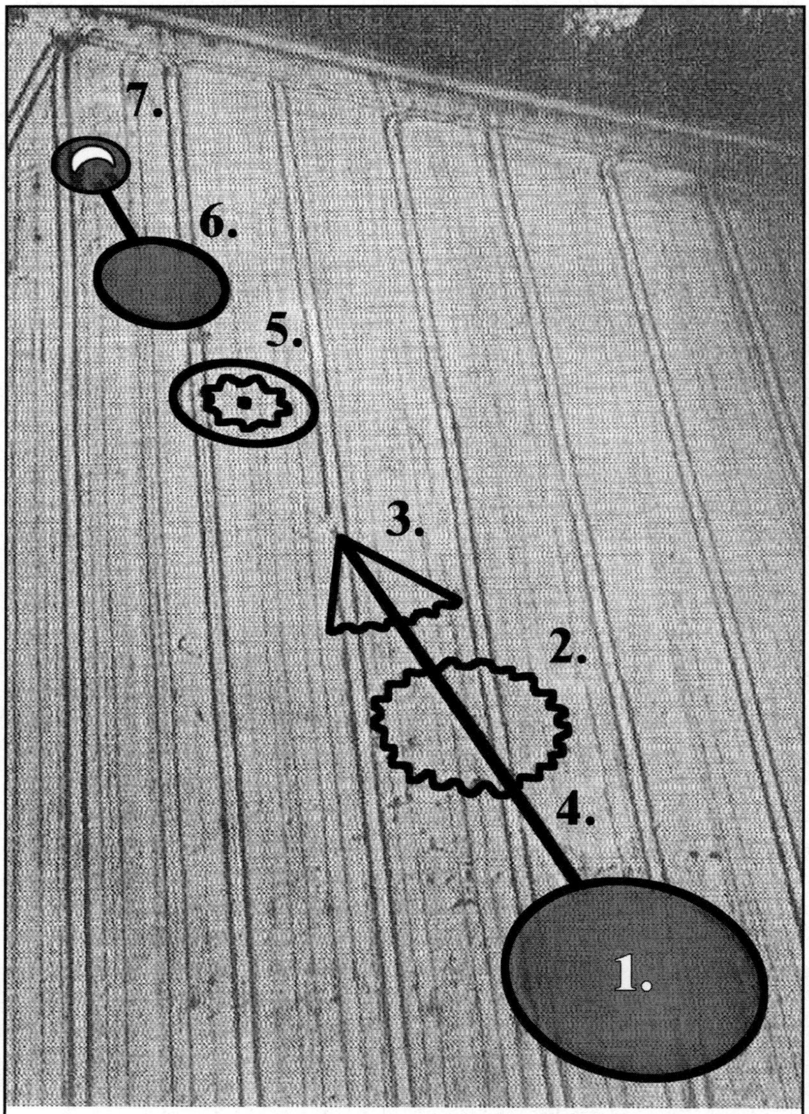

Das Langpiktogramm von Fürstenwald graphisch aufbereitet von Dirk Möller.

Die oben genannten Wesensglieder des Menschen können nun aufgrund ihrer einzelnen Eigenschaften durchaus symbolisch dargestellt werden. Andersherum gesagt kann man auch durchaus in geometrische Figuren oder in geometrische Formen gewisse Eigenschaften hineininterpretieren. Transferiert man die Erkenntnisse Steiners über den Aufbau der verschiedenen Wesensglieder des Menschen auf das Langpiktogramm von Fürstenwald, so fallen durchaus einige interessante Analogien ins Auge.
Doch der Reihe nach: wenn wir uns das gesamte Piktogramm von Fürstenwald vergegenwärtigen, muß als erstes die Frage gestellt werden : wo ist oben und wo ist unten, oder genauer gefragt: wo ist der Anfang und wo ist das Ende des Piktogramms zu suchen ?
Der eigentliche Anfang des Piktogramms kann nach meinem Ermessen nur der größte Kreis mit niedergelegtem Korn sein. Der größte und somit auffälligste Kreis der Formation bildet den eigentlichen Anfang des gesamten Piktogramms, hier einmal von den sogenannten Grapeshots außerhalb der Hauptformation abgesehen.

[*1.*] Dieser große Anfangskreis ist meiner Meinung nach eine symbolische Darstellung des physischen Körpers des Menschen. Der physische Körper ist das älteste Wesensglied, das der Mensch besitzt. Der Keim des physischen Körpers wurde bereits in einer Zeit veranlagt, die man in der anthroposophischen Geisteswissenschaft den Alten Saturn nennt. Seit dieser Zeit ist der physische Körper des Menschen durch verschiedenste Stufen der Entwicklung hindurchgegangen und ist hier auf der Erde nun in seiner vierten und letzten planetarischen Entwicklungsstufe angelangt. Der physische Körper ist von allen Wesensgliedern des Menschen nicht nur das älteste, sondern auch dasjenige Wesensglied, welches bis jetzt am weitesten entwickelt ist.

Die Organisation des physischen Körpers wird hier auf der Erde in absehbarer Zukunft Perfektion erreichen. Er ist aber jetzt schon in der Gegenwart durch und durch glänzend organisiert und in jeder Hinsicht weisheitsvoll aufgebaut. Der physische Körper wird sich in seiner inneren und äußeren Gestalt nicht mehr wesentlich verändern, wohl aber die Aufgabenbereiche verschiedener Organe. Darauf hat Dr. Steiner immer wieder hingewiesen.
Würde man nun den physischen Körper in einem Kornkreis oder in einer Kornkreisformation darstellen wollen, so kann meines Erachtens kein besseres Symbol dafür gefunden werden als ein großer Kreis mit komplett und perfekt niedergelegtem Korn. Ein Kreis also, an dem es nichts auszusetzen gibt und der eigentlich nicht mehr zu verbessern ist. Der Kreis an sich ist ja der beste Repräsentant für die Perfektion.
Wenn wir einmal davon ausgehen, daß der große Kreis wirklich den physischen Körper darstellt, so können wir zu der analogen Schlußfolgerung kommen, daß der sich direkt anschließende Kreis aus einer wellenförmigen Bahn [**2.**] nur den Ätherkörper des Menschen darstellen kann.
Der Ätherkörper des Menschen ist ein Wesensglied, welches dem Menschen in einer Zeit gegeben wurde, welche man die Alte Sonne nennt. Er ist von einer sehr, sehr dünnen Konsistenz, die aber durchaus noch als physisch existent bezeichnet werden kann. Im allgemeinen kann der Ätherkörper als Sitz der Lebenskräfte oder auch Bildekräfte bezeichnet werden. Das Wesensglied des Ätherkörpers ist in seiner dritten planetarischen Entwicklungsstufe und somit noch nicht soweit und so perfekt ausgebildet, wie es der physische Körper des Menschen ist. Und genau auf diese Tatsache werden wir durch das Kornkreispiktogramm aufmerksam gemacht: Der wellenförmige Kreis, welcher den Ätherkörper darstellt, ist in sich nicht abgeschlossen. Er ist an zwei Stellen noch geöffnet. Das Wesentliche, was hier erkannt werden soll, ist eben die Tatsache, daß der Ätherkörper seine Entwicklung zum gegenwärtigen Zeitpunkt noch lange nicht abgeschlossen hat. Dies wird erst in einer planetarischen Stufe geschehen, die der jetzigen der Erde in Zukunft noch folgen wird. Sehr schön ist in diesem zweiten Kreis des Piktogramms angedeutet, daß es sich beim Ätherkörper des Menschen nicht um einen festen Körper handelt, wie es etwa der physische Körper des Menschen ist. Der Ätherkörper besteht aus einem feinem Kräfte - Fluidum, welches sich in ständiger Bewegung befindet. Und exakt dies wird dargestellt durch die weiche, aber dynamisch wirkende wellenförmige Bahn im Kornkreis.
Der erste Kreis, welcher den physischen Körper des Menschen darstellt, und der zweite Kreis mit dem wellenförmigen Element, welches den Ätherkörper darstellt, haben in ihrem Durchmesser etwa identische Maße. Das spiegelt auch die tatsächlichen Verhältnisse der beiden Wesensglieder beim Menschen wider: Der Ätherkörper überragt den physischen Körper an allen Seiten nur um wenige Zentimeter.
Betrachten wir nun den dritten Teil des Piktogramms näher, so bekommen wir unweigerlich den Eindruck, daß es sich hierbei um eine Darstellung des Astralkörpers des Menschen handeln könnte [**3.**]. Der sogenannte Astralkörper ist ein Wesensglied, welches dem Menschen auf dem Alten Mond einverleibt wurde. Er kann als Träger von Emotionen im weitesten Sinne bezeichnet werden, als Träger von Gefühlen positiver und negativer Art sowie auch von Trieben und Leidenschaften. Der Astralkörper ist in seiner zweiten planetarischen Entwicklungsstufe und folglich noch weniger weit entwickelt, als es der Ätherkörper ist.
So wie der heutige Mensch in seinem physischen Körper die verschiedensten Organe ausgebildet hat, so werden auch Ätherkörper und Astralkörper in ferner Zukunft ebenso Organe ausbilden. Diese sind aber zum gegenwärtigen Zeitpunkt erst dabei, sich aus Ätherkörper und Astralkörper heraus zu differenzieren und zu entwickeln. Dr. Steiner hat auf diese Organe in Ätherkörper und Astralkörper hingewiesen als die sogenannten Lotusblumen. Wir kennen sie in der heutigen Zeit im allgemeinen eher unter ihrem Namen Chakren. Betrachten wir nun wieder den dritten Teil, wie uns im Kornkreis gezeigt wird, so können wir aus der analogen Schlußfolgerung heraus durchaus erkennen, daß es sich bei dieser Darstellung um den Astralkörper handeln könnte.

„Die Dreifach-Spirale“ (ein altes keltisches Symbol) mit dem „allsehenden Auge“ oder „Flammenzungen“ (s. Pfeil), 67 m, am 9. Juli 2000 beim Caldener Erdwerk, Nähe Flughafen Kassel-Calden, Hessen, Deutschland. Fotos: Eckhard Weber.

Bild rechts: „Sonnenrad“ mit Unterschriftssymbol am 1. Juni 2001, 48 m, bei Züschen, Hessen, Deutschland. Foto: Frank Laumen.

Vergegenwärtigen wir uns die Darstellung im Kornfeld, so bekommt man unweigerlich den Eindruck, daß etwas hier gerade dabei ist, sich aufzufächern. Es öffnet sich etwas, etwas ist gerade dabei, sich zu entwickeln. Auch in dieser Darstellung treffen wir auf die wellenförmige Bahn. Hier wird ebenfalls angedeutet, daß es sich beim Astralkörper nicht um einen festen Körper handelt wie es der physische Körper ist, sondern nur noch um einen Körper rein energetischer Art. Es muß hier aber unterschieden werden, daß sich der Astralkörper nicht mehr auf dem physischen Plan befindet, wie es etwa der Ätherkörper noch ist. Ätherkörper und Astralkörper sind sich aber trotzdem in ihrer Konsistenz entfernt ähnlich. Genau das zeigt die wellenförmige Bahn an, die im zweiten und dritten Teil des Kornkreises abzulesen ist. In seiner dargestellten Form zeigt sich dieser dritte Teil des Kornkreises in einer etwa dreieckigen Form, spitzt sich nach oben verjüngend wie ein Pfeil. Das könnte zeigen, wenn man mir an dieser Stelle diesen Vergleich erlaubt, die scharfen Ecken und Kanten, man könnte es auch „überspitzt" sagen: die Launen, die dem menschlichen Charakter innewohnen und ihren Sitz im Astralkörper haben.

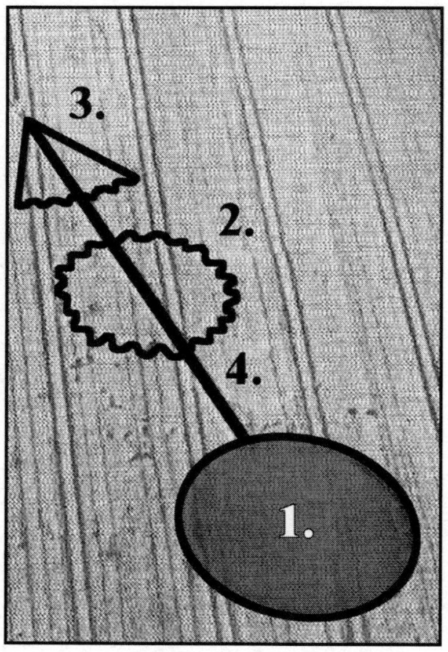

Vervollständigt werden die ersten drei Teile des Piktogramms durch einen weiteren, vierten Teil, welcher auf den ersten Blick in der Kornkreisformation leicht übersehen werden kann: der lange Verbindungsgang [*4.*] zwischen den drei erstgenannten Elementen. Es zeigt sich in der Formation ein Verbindungsgang, welcher alle drei erst genannten Elemente von oben nach unten wie eine Säule verbindet. Dieser vierte Teil wirkt also jeweils in jedem einzelnen vorhergenannten Element und durch jedes einzelne vorhergenannte Element hindurch.

Aus der anthroposophischen Geisteswissenschaft heraus wissen wir, daß analog betrachtet, ein solches Wesensglied beim Menschen tatsächlich existiert und die Kriterien, welche die Kornkreisformation zeigt, in jeder Hinsicht erfüllt. Dieses Wesensglied wird beim Menschen das „Ich" genannt. Das „Ich" ist ein Wesensglied, welches dem Menschen erst in seiner jetzigen planetarischen Entwicklungsstufe hier auf der Erde einverleibt wurde. Es stellt also das jüngste Wesensglied des Menschen dar und wurde von Rudolf Steiner mehrere Male scherzhaft als das „Baby" unter den Wesensgliedern bezeichnet. Mit diesen vier kurz skizzierten Wesensgliedern Physischer Körper, Ätherkörper, Astralkörper und dem Ich haben wir denjenigen Teil im Menschen beschrieben, den man die „Persönlichkeit" nennt. In der Kornkreisformation zeigen sich aber noch drei weitere Elemente oder Zeichen, die oberhalb der eben genannten und dargestellten Zeichen im Kornfeld liegen. Aus der analogen Schlußfolgerung heraus kann jetzt schon vorausgenommen werden, daß es sich bei diesen drei Elementen um denjenigen Teil im Menschen handelt, den man die „Individualität" nennt.

Das Wesensglied des „Ich" hat die Eigenschaft, auf Astralkörper, Ätherkörper und physischen Körper verwandelnd oder umwandelnd einwirken oder eingreifen zu können. Hier betreten wir aber schon Gebiete, die erst die zukünftige Entwicklung des Menschen zeigen. Die Kornkreisformation, so wie sie vor uns im Feld liegt, zeigt den Zustand oder das Bewußtsein des durchschnittlich entwickelten Menschen der Gegenwart, nicht aber etwa das Bewußtsein eines hohen Eingeweihten oder Meisters, wie es etwa Rudolf Steiner war. Das muß deutlich unterschieden werden. In letzterem Fall müßte die Kornkreisformation grundlegend anders aussehen, aber das soll hier und jetzt nicht das Thema sein. Das nächst höhere Wesensglied im Menschen ist dasjenige, welches man das „Geistselbst" nennt [*5.*]. Als Geistselbst wird in der anthroposophischen Terminologie dasjenige bezeichnet, was der Mensch mit Hilfe seines Ichs (Verstand, Intellekt, logisches Denkvermögen) bereits im Astralkörper verwandelt bzw. umgewandelt hat, man spricht hier auch von dem schon geläuterten Teil des Astralkörpers.

Das wird uns auch in der Kornkreisformation veranschaulicht : dasjenige Wesensglied, welches das Geistselbst darstellt, liegt abseits, ohne Verbindung zu den Wesensgliedern, welche als die der Persönlichkeit identifiziert wurden. Zwar ist schon eine Entwicklung im Geistselbst zu erkennen, es wird daran gearbeitet - das veranschaulicht die wellenförmige Bahn.
Es ist scheinbar schon etwas in Bewegung, es entwickelt sich etwas, aber hier in diesem Wesensglied wie durch eine Art Eierschale (der äußere Ring um die wellenförmige Bahn) oder wie eine Fruchtblase im Mutterleib noch von der Außenwelt abgegrenzt. Es besteht zwischen den Wesensgliedern, die als die Persönlichkeit identifiziert wurden, und den nächst höheren Wesensgliedern der Individualität kein Verbindungsgang in der Kornkreisformation, also noch kein Zugang. Das trifft auch voll auf das Bewußtsein des durchschnittlich entwickelten Menschen der Gegenwart zu, nicht aber, wie bereits oben angedeutet, auf die Eingeweihten Lehrer der Menschheit.

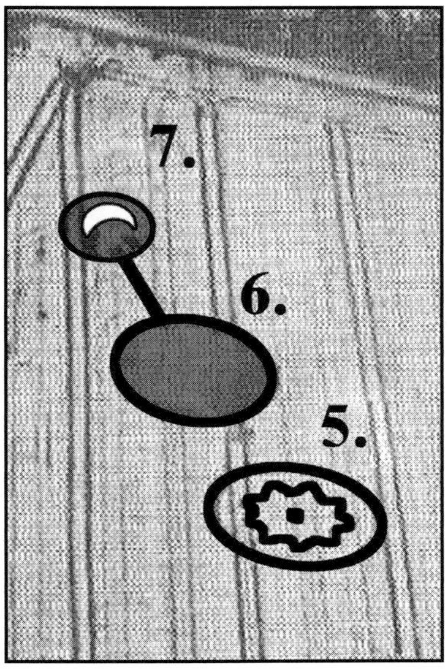

Auffällig ist, daß das Symbol für das Geistselbst in der Kornkreisformation wesentlich kleiner ist als es alle vorherigen Symbole waren. Auch hier wird verdeutlicht, daß etwas gerade erst dabei ist, sich zu entwickeln und zu entfalten, etwas, was noch wachsen kann und auch noch wachsen wird. Etwas, was seine Entwicklung erst in ferner Zukunft abgeschlossen haben wird, wenn auch die gegenwärtige fünfte Wurzelrasse am Ende ihrer Entwicklung angelangt sein wird.
Beginnt der Mensch nun auch über das Ich am Ätherkörper zu arbeiten, diesen zu bearbeiten und umzuwandeln, so bekommt der Mensch ein Wesensglied hinzu, welches man den „Lebensgeist" nennt [***6.***].
Der Ätherkörper bildet neben seiner Hauptfunktion als Lebenskräfteleib oder Bildekräfteleib auch den Sitz der Neigungen und Gewohnheiten im Menschen. Diese Neigungen und Gewohnheiten sind Eigenschaften des Menschen, die nur sehr schwer und auch nur langfristig zu bearbeiten und zu läutern sind. Rudolf Steiner hat einmal den Vergleich mit den Stunden- und Minutenzeigern der Uhr herangezogen: Eigenschaften des Astralkörpers in geläuterte umzuwandeln kann bisweilen kurzfristig geschehen, wie etwa der Minutenzeiger der Uhr vorwärts schreitet. Eigenschaften des Ätherkörpers hingegen umzuwandeln in Geläutertes ist eine eher langfristige Aufgabe, vergleichbar dem Stundenzeiger der Uhr. Es geht bei diesem Vergleich freilich nicht um Stunden oder Minuten, sondern um Jahre und vielleicht auch der Zeitraum einiger durchlebter Menschenleben, um gewisse Dinge umzuwandeln. Hier gilt es, das Prinzip zu erkennen.
Das Kornkreispiktogramm zeigt in demjenigen Zeichen, welches als Lebensgeist identifiziert wurde, einen Kreis aus völlig niedergelegten Kornhalmen. Im Gegensatz zu demjenigen Zeichen, welches als das des physischen Körpers identifiziert wurde und auch nur aus niedergelegten Kornhalmen besteht, haben wir hier zwischen diesen beiden aber einen Unterschied festzuhalten.
Dasjenige des Lebensgeistes ist erheblich kleiner als das des physischen Körpers. Hier hat noch kaum eine Entwicklung stattgefunden, das Zeichen zeigt keine weiteren Elemente im Inneren des Kreises. Das entspricht auch analog der gegenwärtigen Entwicklung des Menschen: Während in der Gegenwart das Ich hauptsächlich am Astralkörper arbeitet, ist die Arbeit bzw. die Umwandlung des Ätherkörpers noch nicht oder nur sehr wenig in Angriff genommen worden. Das ist eine Aufgabe der Menschheit in der Zukunft. In noch weit fernerer Zukunft, wenn der Mensch einmal seinen Astralköper und Ätherkörper umgewandelt haben wird, wird es auch möglich sein, den physischen Körper umzuwandeln. Das ist keineswegs Utopie. Daß dies möglich ist, hat der Christus vor zweitausend Jahren der Menschheit unter Beweis gestellt. Er hat nach seinem physischen Ableben am Kreuz von Golgatha nach drei Tagen den Tempel, d.h. seinen physischen Körper, mit Hilfe seiner Kräfte wieder neu aufgebaut.

Auch in England treten Langpiktogramme (340 m) auf, hier kombiniert mit der „Schlange“ (170 m) im selben Feld am 12. Juni 1999 im East Field, Alton Barnes, Wiltshire, England. Bilder unten: Bodenaufnahmen vom Langpiktogramm, rechts ein separater Kreis ohne Fußspuren(!). Fotos: Eckhard Weber.

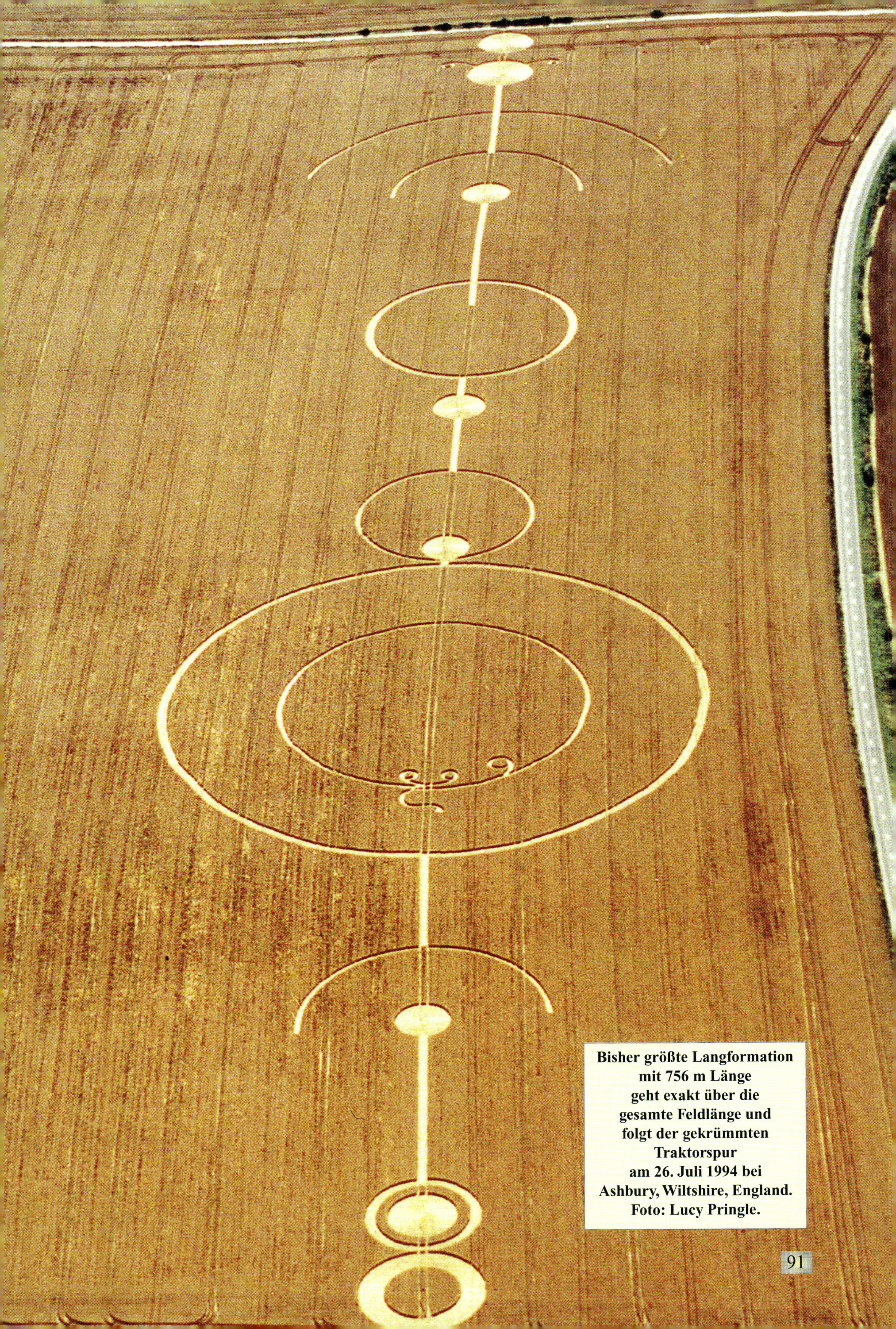

Bisher größte Langformation mit 756 m Länge geht exakt über die gesamte Feldlänge und folgt der gekrümmten Traktorspur am 26. Juli 1994 bei Ashbury, Wiltshire, England. Foto: Lucy Pringle.

Hat der Mensch es einmal geschafft, seinen physischen Körper zu bearbeiten und umzuwandeln in dasjenige Wesensglied, welches man in der Anthroposophie „Geistesmensch" nennt [7.], dann ist es dem Menschen jederzeit möglich, aus den höheren Wesensgliedern der Individualität die unteren Wesensglieder der Persönlichkeit aus seinem freiem Willen heraus zu erschaffen oder wieder aufzulösen. Betrachten wir uns dasjenige Zeichen im Kornkreispiktogramm, welches für das Wesensglied des Geistesmenschen steht, können wir feststellen, daß es das kleinste und unscheinbarste aller Zeichen im Kornkreis ist. Die Arbeit an diesem Wesensglied hat für die gegenwärtige Menschheit noch nicht begonnen. Das Zeichen im Kornkreis erweckt den Eindruck, als handele es sich hier um eine Blume, zumindest eine geöffnete Blüte, vielleicht auch wie ein geöffneter Kelch. Wartend darauf, befruchtet zu werden, wartend, daß die Arbeit begonnen wird, die Arbeit des Ich am physischen Körper, sodaß das Wesenglied des Geistesmenschen entstehen kann. Wartend darauf, irgendwann einmal in ferner Zukunft die Essenzen aus allen unteren Wesensgliedern wie in einen Kelch aufzunehmen und zu bewahren. Auch das ist eine zukünftige Aufgabe der Menschheit, wie bereits erwähnt.

Alle Eingeweihten schweigen sich zu der Art von Arbeit aus, wie man am physischen Körper arbeiten kann. Niemand hat hier jemals ausführlich darüber gesprochen. Es wird immer nur vage angedeutet, daß es etwas mit dem Atem, mit dem richtigen Atmen in gewissen Rhythmen und Reihenfolgen zu tun hat. Daraufhin weist auch der aus dem östlichen kommende Name „Atma" für das Wesensglied, welches man in der Anthroposophie Geistesmensch nennt und das in der Kornkreisformation zu erkennen ist.

Das sind zunächst die Dinge, die ich für mich in der Kornkreisformation erkannt habe: eine Darstellung des Menschen mit seinen hauptsächlichen sieben Wesensgliedern, zudem noch genau in der richtigen Reihenfolge und sogar die realen Verhältnisse widerspiegelnd. Ein Spiegelbild des Menschen in einer Kornkreisformation.

Man kann über das Gesagte urteilen wie man will, ob positiver oder negativer Art. Der eine oder andere wird diese Interpretation wohl als wirre Stammtischesoterik dahinstellen und mir das Gegenteil vom Gesagten beweisen wollen... Für mich persönlich habe ich diese Dinge als wahr erkannt, wenn auch alle Skeptiker hier freilich wieder abwinken. Für die Skeptiker ist ohnehin alles nur reine Spekulation und die Kornkreise nur der Jux einiger Spaßvögel. Wenn man sich aber endlich einmal von der Frage nach Fälschergruppen, deren Intentionen und deren Vorgehensweisen im Kornfeld einmal löst und für sich persönlich die Möglichkeit einmal zuläßt, daß es tatsächlich ein echtes Kornkreisphänomen gibt und es sich bei den echten Kornkreisen um weit mehr als nur einen Jux handelt, dann hat man einen wichtigen Schritt getan. Die in der Gegenwart noch viel belächelte Kornkreisforschung könnte in Zukunft in ein völlig neues Licht gerückt werden, wenn erst einmal verstanden wird, daß es sich bei den echten Kornkreisen tatsächlich um „Tempel für einen Sommer" handelt, gegeben von den schöpferischen Wesenheiten der höheren, geistigen Hierarchien im Kosmos. Jemand anderes dürfte dafür wohl kaum in Frage kommen, wenn man die Größe und die Präzision der Formationen bedenkt und zudem noch die Tatsache, daß sich die Kornkreisformationen im sogenannten Goldenen Schnitt befinden, ganz zu schweigen von der unglaublichen Mathematik, die darin verborgen ist. Es sind schlichtweg Geschenke für die Menschen. Leider nur wissen die meisten Menschen mit diesen Geschenken nicht umzugehen und lehnen diese ab. Beginnt man einmal, alles ernsthaft zu hinterfragen und eventuell sogar geisteswissenschaftliche Erkenntnisse mit in die Kornkreisforschung einfließen zu lassen, öffnen sich Türen und Tore, der Horizont wird weiter und das Spektrum wird breiter. Der Schlüssel zu den eben genannten Türen ist durch die Anthroposophie bereits für alle frei gegeben worden. Man muß den Schlüssel nur ergreifen und herumdrehen, die Türe öffnen und dann das wichtigste: ***auch durch die Tür hindurchgehen!***

Der Desenberg und seine Kornkreise

Dirk Möller

Zwei außergewöhnliche Kornkreisformationen sind gleichzeitig in der Nacht zum 11. August 2001 in unmittelbarer Nähe des Desenberges bei Warburg, ca. 30 km nord-westlich von Kassel, entstanden. Schon aus der Entfernung fällt der Desenberg durch seine markante Gestalt auf. Es handelt sich bei diesem Berg um einen uralten Vulkankegel, der gleichmäßig aus einer flachen Ebene, der sogenannten Warburger Börde, zu seiner einzigartigen Form ansteigt. Das Gesamtbild wird durch eine Burgruine auf der Spitze des Berges abgerundet. (Bilder Seite 94/95 und 98/99)

„Bedeutende Ereignisse werfen ihre Schatten voraus“ – diese alte Weisheit sollte auch auf den Desenberg und seine außergewöhnlichen Kornkreise zutreffen. Vorab sei mitgeteilt, daß bereits eine Woche vor dem besagten 11. August vermutlich die Bundeswehr ein verstärktes Interesse bzw. eine verstärkte Präsenz am Desenberg zeigte, die sich zu diesem Zeitpunkt aber noch niemand recht erklären konnte.

Just über jenem Weizenfeld, genau über derjenigen Stelle, an welcher einer der beiden Kornkreise eine Woche später erschien, kreiste mehrere Male in sehr geringer Höhe (ca. 10 Meter) ein schwarzer Hubschrauber ohne Registrierungsnummern und Kennzeichen in der Luft. Er stand sogar einige Male über dem Kornfeld.

Alleine die Tatsache dieser militärischen Präsenz am Desenberg wirft schon einige Fragen auf.

- Was macht ein nicht identifizierbarer Hubschrauber am Desenberg?
- Warum flogen sie in so geringer Höhe und mit so geringer Geschwindigkeit über das besagte Kornfeld, in dem kurze Zeit später der Kornkreis erschien? Nach was genau suchten sie?
- Könnte es möglich sein, daß sie mit ihren `Spezialgeräten`, die jeweils links und rechts an Auslegern des Hubschraubers befestigt waren, bereits eine Woche vor Erscheinen des Kornkreises im Kornfeld eine Art elektromagnetischer Energiespur wahrgenommen haben?
- Wurde möglicherweise ein Kornkreis kausal durch elektromagnetische Bestrahlung produziert?

Fragen über Fragen – die Antworten hierüber werden sicherlich noch lange Zeit im dunkeln bleiben. Eine Rücksprache mit einem der beiden Landwirte der betroffenen Felder hat übrigens ergeben, daß die eben genannten Ereignisse auch für das Jahr 2002 zutrafen.

Ein schwarzer Hubschrauber kreiste in geringer Höhe über einem Kornkreis. Foto: Eckhard Weber.

Auch 2002 war unmittelbar vor dem Erscheinen eines Rapskreises am Desenberg dort eine verstärkte Militärpräsenz zu bemerken. Wenden wir uns nun den Kornkreisen zu. Wenn man dem Kornkreisphänomen wirklich näher kommen möchte und es recht verstehen will, so führt der Weg dorthin nur über die Analyse vieler einzelner Aspekte. Man wird hier bei diesem Thema nur zu einem Gesamtverständnis und zu Erkenntnissen kommen, wenn man sich inspirativ und intuitiv an Zusammenhänge zwischen diesen vielen Teilaspekten herantastet. Allein ein Blick auf Bodenproben und Halmproben unter dem Mikroskop wird zum Gesamtverständnis des Kornkreisphänomens nicht weiterhelfen. Laborergebnisse von Halm- und Bodenproben liefern bestenfalls nur Teilergebnisse, geben aber keine weiteren Aufschlüsse über die Ursachen und die Intentionen der Kornkreise. Leider ist das aber nicht allen klar und deutlich.

„Quadrat-Spirale“ am 11. August 2001 beim Desenberg
(eckige oder gerade Formen symbolisieren die 'männlichen' Aspekte der Schöpfung)
im Hintergrund Burg Daseburg, Nordrhein-Westfalen, Deutschland.
Fotos: Frank Laumen.

Wenn sich also am Desenberg in einer einzigen Nacht gleich zwei Kornkreise manifestieren, so soll hier von höherer Seite auf etwas ganz bestimmtes aufmerksam gemacht werden, was in direktem Zusammenhang mit dem Erscheinungsort, dem Desenberg, steht. Man kommt nur zu einem Gesamtverständnis der beiden Kornkreise, wenn man den Berg selbst in dieser Gesamtkomposition als Element mit betrachtet. Es ist der falsche Weg, wenn man zunächst nur den einen Kornkreis einzeln, dann den anderen und dann den Desenberg selbst isoliert betrachtet und interpretiert. Nur zusammen betrachtet ergibt alles einen tieferen Sinn und die Kernaussage wird klar.
Das führt nun zunächst zu zwei grundlegenden Fragen:
Erstens, was genau ist eigentlich der Desenberg, und zweitens: Warum trägt er eigentlich diesen Namen, was bedeutet er?

Die Reste der ehemaligen Daseburg auf dem Desenberg

Wie bereits erwähnt, handelt es sich beim Desenberg um einen uralten Vulkankegel. Von Natur aus wirken hier also bereits ganz andere Kräfte, als das an anderen Plätzen der Fall ist. Starke Kräfte aus dem Erdinneren waren einst nötig gewesen, die den Berg zu seiner jetzigen Form anhoben und es ist anzunehmen, daß diese starken Kräfte bis heute präsent sind und nachwirken. Darüber hinaus wissen wir heute, daß jede Form, bzw. jedes Objekt seine eigene, spezifische Formstrahlung besitzt. Das gilt für alle künstlichen und natürlichen Formen, und somit selbstverständlich auch für natürliche Formen, wie es der Desenberg darstellt.
Vieles deutet heute darauf hin, daß der Desenberg bereits in vorchristlicher Zeit ein Kultplatz war. Das würde heute deutlicher wieder in den Vordergrund treten, wenn man es nicht zuließe, daß der Desenberg durch Bäume und Strauchwerk zuwachsen würde.
Wenn man aber alle Bäume und Sträucher entfernen würde, so würde mit aller Deutlichkeit sichtbar hervortreten, daß aus der Ebene ein Spiralweg im Uhrzeigersinn den Berg bis zum höchsten Punkt hin ansteigt. Bei diesem Spiralweg handelt es sich um einen sehr alten, künstlich angelegten Pilgerpfad, der auf den Gipfel führt. Die Reste der sogenannten Daseburg, der Ruine auf dem Desenberg, kann man heute noch auf dem Gipfel besichtigen. Die Burg selbst stammt aus dem Mittelalter. Der Spiralweg, der Pilgerweg, ist aber um einiges älter und stammt vermutlich aus keltischer Zeit.
Die nächste Frage, die sich hier anschließt, ist die Frage, was sich auf dem Gipfel befand, bevor der Berg im Mittelalter in Privatbesitz überging und dann dort die Daseburg errichtet wurde. Einige Autoren und Forscher sind heute der Meinung, daß der Desenberg möglicherweise derjenige oder zumindest einer der Standorte war, wo in alter Zeit die Irminsul gestanden haben kann. Als mögliche weitere Standorte der Irminsul werden von verschiedenen Autoren auch die Externsteine im Teutoburger Wald oder die Wewelsburg bei Paderborn genannt.
Die Meinungen der Forscher gehen diesbezüglich bis heute weit auseinander. Hier nähern wir uns unmittelbar einem weiteren Thema, das zunächst auf den ersten Blick scheinbar rein gar nichts mit den Kornkreisen am Desenberg zu tun hat. Je mehr man sich aber an den Mythos der Irminsul herantastet, desto größer wird das Verständnis dafür, wie die Verehrung von Natur und Naturkräften mit dem Symbol der Irminsul zusammenhängen, was uns dann letztlich auch unmittelbar zum Kornkreisphänomen der Gegenwart führt.
Was ist das Elementare an der Irminsul, was sagt dieses Symbol aus?

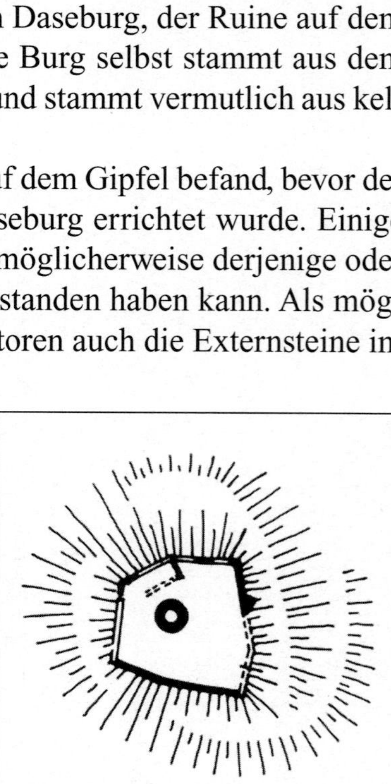

Grundrißplan der ehemaligen Daseburg auf dem Desenberg

In den verschiedensten Kulturen auf der Welt wurde zu allen Zeiten unabhängig voneinander eine Urform verehrt, die sich in vielen Naturreichen wiederfinden läßt. Dieser Urform wurden seit jeher schöpferische Kräfte zugesprochen. Und so, wie diese Urform in vielen Kulturen zu Hause ist, so hat diese Urform natürlich auch bei den verschiedenen Völkern andere Namen: Die Germanen nannten sie die 'Irminsul' - die sogenannte Irmen - Säule; unsere keltischen Vorfahren verehrten den Menhir ('Irmen' nach den Silben aufgetrennt: 'Ir' und 'men', die Silben dann umgedreht 'Men' und 'ir', zusammen = Menhir). Die Völker Asiens verehren bis heute den Lingam, einen länglichen, aber dennoch abgerundeten Stein. Das alles sind nur verschiedene Namen oder Begriffe für ein und dasselbe Objekt. In allen Kulturen lassen sich demnach Objekte ähnlicher Art wiederfinden, die als Gegenstände mit göttlichen und schöpferischen Kräften anerkannt und verehrt wurden.
Alle eben genannten Objekte, ob Irminsul, Menhir oder Lingam, sind im weitesten Sinne Phallus-Symbole (Pfahl, Säule). Diese Phallus-Symbole lassen sich in der Natur mikrokosmisch und makrokosmisch wiederfinden, so z.B. im Getreide, in der Form des einzelnen Weizenkorns im Kleinen – oder aber auch im Großen, in 'dem' Archetyp des Phallus in der Natur schlechthin: im Bild des Vulkans, oder noch besser und präziser ausgedrückt: im Bild des Lava speienden Vulkans. Was passiert denn, wenn ein Vulkan ausbricht? Starke Naturkräfte heben einen Berg zu einem phallusartigen Gebilde an, der dann Lava ausspeit. Die Lava ergießt sich in die Ebene und tötet zwar zunächst alles Leben durch das Feuer, sie bringt aber gleichzeitig neue fruchtbare Erden und Mineralien mit und innerhalb kürzester Zeit entsteht neues Leben. Unsere keltischen Vorfahren müssen diese Naturkräfte am Desenberg erspürt und verehrt haben. Wie sonst ist der uralte spiralige Pilgerweg auf den Gipfel des Desenberges zu erklären?
Es ist gewissermaßen ein Meditationsweg und der äußerliche Spiralweg soll nur anleiten zum eigenen inneren Schreiten und Schauen der Dinge, gleich dem Wort Goethes ***„Alles äußere ist nur ein Gleichnis“***. Immer neue und höhere Sichtweisen gegenüber einer Sache sollen so über den Spiralweg gewonnen werden. Dazu bedarf es aber der Seelenhaltung eines Pilgers! Hat man dann den Gipfel des Berges erklommen, so hat man die wahre Schau der Dinge erreicht. Dann erst sieht man alles klar und deutlich und man ist den Göttern nahe.
Diese Tatsache bringt uns auch der Wortbedeutung des Desenberges schon sehr nahe:
Der Desenberg ist von der Wortbedeutung her: Desenberg - der Esenberg - der Asenberg!
Die Burg auf dem Desenberg ist: die Daseburg - die Asenburg!

Wie entstehen die Kornkreise ???
von Ingrid Schlotterbeck
Text aus Magazin 2000plus Nr.180

Sicher haben Sie sich auch immer wieder diese Frage gestellt. Man hört hier und dort und von jenen viele Theorien dazu. Es werden Nachtwachen gehalten, und ehe etwas zu bemerken ist, ist ein Kornkreis im Feld. Man wundert sich und hat keine Erklärung dafür. Andere berichten, Geräusche wie ein leises Sirren und Schwirren gehört zu haben – und kurz darauf ist ein neuer Kornkreis zu bewundern. Es wird auch von Telemeterscheiben berichtet und diese sogar auf Video festgehalten - und ein paar Minuten später ist ein Kornkreis zu bestaunen. Wirklich alles rätselhaft, abgesehen von den ganz realistisch gefälschten Kornkreisen. Kommen wir zurück zu den Anfängen der ersten Kornkreise. Erinnern wir uns an einfache Musterkreise. Mit der Zeit entwickelten sie sich zu wahren Kunstwerken. Es werden Warnungen von Mitbewohnern unseres oder entfernten Sonnensystemen herausgelesen, das Erdmagnetfeld ist erkennbar, ja sogar Anleitungen für Entwürfe von Freie-Energie-Maschinen. Die Kornkreise werden immer diffiziler, feiner in der Struktur – bis hin zu den kleinen Pixel-Erscheinungen, die in den Jahren 2001 und 2002 als Gesichter erkennbar waren.
Die Technik der Kornkreismacher hat sich weiter entwickelt, und man gewinnt den Eindruck, es wurde aus den Erfahrungen der Jahre gelernt.
Würden sie tatsächlich von Außerirdischen erzeugt, so können wir sicherlich davon ausgehen, daß die Technik schon vor Jahrzehnten vorhanden war und es bräuchte nicht erst experimentiert und aufgebaut werden.
Daher drängt sich der Verdacht auf, daß auch hinter bisher als „echt“ eingestuften Formationen durchaus irdische Macher stecken könnten. Zum Beispiel ionisierte Strahlen und Skalarwellen, könnten eine recht irdische Form dieser Technik sein. Nur: Wer setzt die Botschaften ins Korn? Militärs – Geheimdienste – oder...??
Aber warum sollten Militärs biblische Zeichen, Zeichen der Heiligen Geometrie, kabbalistische Zeichen und Mer-Ka-Ba-Zeichen benutzen, was macht das für einen Sinn?!
Außerdem gab es im Jahre 1590 auch noch keine Geräte, die Skalarwellen erzeugen konnten.

„Kreis-Spirale" am 11. August 2001 beim Desenberg, 25 m (runde Formen symbolisieren die 'weiblichen' Aspekte der Schöpfung) im Hintergrund Burg Daseburg, Nordrhein-Westfalen, Deutschland. Fotos: Frank Laumen.

Die Asen waren die Gottheiten der Germanen. Das deutet darauf hin, daß der Desenberg schon in alten Zeiten verehrt wurde und sehr wahrscheinlich ein Kultplatz war. Es war ein heiliger Platz, der gewissermaßen eine natürliche Irminsul, einen natürlichen Menhir oder auch einen natürlichen Lingam darstellte. Als Pilger in der rechten Seelenhaltung, so kann man dann sagen, konnte man, wenn man den Spiralweg erstiegen hatte, auf dem Gipfel mit den Göttern, mit den Wesen höherer geistiger Art in Kontakt treten und sich mit ihnen austauschen.
Was hat das nun alles mit den beiden Kornkreisen vom 11. August 2001 zu tun und was soll uns in dieser Gesamtdarstellung mitgeteilt werden?
Betrachten wir zunächst die beiden Kornkreise noch einmal separat. Sehr nahe am Berg unterhalb der Burg fand man am frühen Morgen des 11. August die Spirale im Weizenfeld auf. Auf der gegenüberliegenden Seite fand man am selben Morgen in ca. 1 km Entfernung in einem weiteren Weizenfeld einen Kornkreis, der in seinem Innenteil eine Darstellung von immer kleiner werdenden, verschachtelten Vierecken zeigte, die sich in einer angedeuteten Drehbewegung befanden. Auch diese Formation erinnerte an eine Spirale, wenn auch eine sehr eckige.
Die Kernaussage dieser beiden Kornkreisformationen ergibt sich meines Erachtens nun nur, wenn man den Desenberg, wie bereits angedeutet, als dazugehörendes Element in seiner Bedeutung mit betrachtet. So möchte ich diese Gesamtkomposition wie folgt interpretieren:
Der Desenberg ist in seiner natürlichen Gestalt ein uralter Kultplatz, wo starke Kräfte aus dem Inneren der Erde heraufkommen. Diese können von sensitiven Menschen wahrgenommen und erspürt werden. Sie können möglicherweise inspirierend, vielleicht sogar energetisierend oder heilend wirken.
Da unsere Vorfahren naturverbundener waren als wir das heute sind, hatten sie ein ganz natürliches Verständnis und ein ganz natürliches Verhältnis zum Desenberg als heiligem Platz – als Kraftplatz, als Platz, wo man mit den Göttern, mit den Asen in Verbindung treten kann, aber natürlich nur, wenn man sich dem Gipfel auf die richtige Weise nähert und den Pilgerpfad beschritten hat. Unsere Vorfahren wußten all dies intuitiv sehr genau. Uns aber ist dieses natürliche Wissen verlorengegangen und wir bedürfen heute kleiner, aber bedeutender Hinweise, um den rechten Weg wieder zu finden. Wir sollen heute wieder lernen, den Spiralweg am Desenberg zu gehen! Wir sollen uns die Zeit nehmen und wieder zum Pilger werden! Das drückt die Gesamtkomposition der beiden Kornkreise unter Einbeziehung des Desenberges aus. Die Spirale lag sehr dicht am Berg, was mit ganz einfachen Worten ausgedrückt bedeutet: ***„...so sollt ihr es machen!“***.
Die Kornkreisformation auf der anderen Seite des Berges, die Formation mit den ebenfalls spiralartigen, viereckigen Verschachtelungen, lag aber ca. 1 km entfernt. Hier können wir den wichtigen Unterschied festhalten: Dadurch, daß diese Kornkreisformation viel weiter entfernt lag, zeigte sie an, wie wir es NICHT machen sollen: wir sollen den Berg NICHT eckig, NICHT kantig und NICHT geradeaus, also nicht FALSCH ersteigen! Wenn es nicht so wäre, dann hätten sich die beiden Kornkreise auch nicht am Desenberg manifestiert. Wenn man den spiralartigen Pilgerpfad nicht geht, wird man natürlich auch oben auf dem Gipfel ankommen, das Resultat ist aber qualitativ ein ganz anderes.
Letztendlich ist dieses Gesamtbild natürlich doppeldeutig. Die eben genannte Interpretation gilt durch die beiden Kornkreise im besonderen für den Desenberg, ist aber letztlich ein Hinweis, wie mit allen Kraftplätzen und allen Pilgerwegen umzugehen ist. Grundsätzlich sollen wir wohl darauf aufmerksam gemacht werden, alle Spiralwege wieder laufen zu lernen und jeden heiligen Platz wieder als Pilger zu betreten, und nicht als Konsument, wie das eben heute meist üblich ist.

Das Mysterium der Kornkreise

Dirk Möller

Ich möchte auf diesem Wege einige Dinge ansprechen, die sich in der letzten Zeit sehr deutlich bemerkbar gemacht haben in der sogenannten Kornkreisszene. Immer mehr und mehr verhärten sich die Fronten zwischen den verschiedenen Gruppen.

Im großen und ganzen haben sich zwei Hauptrichtungen herauskristallisiert. Dabei handelt es sich um zwei große Fraktionen, wo sich auf der einen Seite diejenigen Kornkreisforscher sammeln, die davon überzeugt sind, daß wir es bei den Kornkreisen mit einem echten Phänomen zu tun haben, welches definitiv nichtmenschlichen Ursprungs ist aber gleichzeitig bis heute nicht näher bestimmt werden kann, und auf der anderen Seite diejenigen, die denken, daß es sich bei allen Kornkreisen nur um Scherze von Rentnern und Studenten handelt.

Die eine wie die andere Fraktion liegt nicht ganz falsch. Es ist eine Illusion zu denken, daß alle Formationen nichtmenschlichen Ursprungs sind, genauso wie es eine Illusion ist zu denken, daß alle Kornkreise nur menschengemacht sind. Die Wahrheit liegt wie immer irgendwo in der Mitte. Durchaus können sogenannte Landschaftskünstler Kornkreise manuell herstellen und dabei optisch respektable Ergebnisse erzielen. Das soll auch gar nicht in Abrede gestellt werden. Es bleibt in diesem Fall aber immer nur bei der Imitation des echten, natürlichen Kornkreisphänomens. So ist die Realität.

Es gibt aber durchaus einige Kornkreis-Exemplare, die aufhorchen lassen und die in den Vordergrund des Interesses rücken. Diese können nicht so ohne weiteres als menschengemacht abgetan werden und sie verdienen einer vertieften Betrachtung.

Genannt werden soll hier z.B. das riesige 6-fach-Julia-Set vor dem Milk Hill (unten links) vom 13.8.2001, oder auch die riesige Formation bei Stonehenge (unten rechts) vom 07.07.1996, welche nachweislich am hellichten Tag entstand, um hier stellvertretend nur zwei zu nennen.

Wenn es also nur zwei Formationen von einigen Tausend gibt, die offensichtlich nur nichtmenschlichen Ursprungs sein können, dann ist das rein mathematisch gesehen schon das Gegenteil davon, so wie es manche Zeitgenossen behaupten, daß ausnahmslos alle Kornkreisformationen menschlichen Ursprungs sind. Wenden wir uns den offensichtlich echten Kornkreisen doch einmal intensiver zu.

Farbfoto siehe Seite 102

Farbfoto siehe Seite 103

Bild unten: „6-fach-Julia-Set" am 13. August 2001 beim Milk Hill, Wiltshire, England, ca. 270 m Durchmesser, 409 Kreise, ca. 70.000 m². Foto: Steve Alexander.

Bild rechts: „Julia-Set" am 7. Juli 1996 bei Stonehenge, Wiltshire, England, 300 m lang, 149 Kreise. Foto: Steve Alexander.

Die Kornkreisformation vom Milk Hill, auch 6-fach-Julia-Set (oder 6-fache Galaxie) genannt, besticht durch seine unglaubliche Gesamtfläche von fast einem halben Quadratkilometer. 409 einzelne Kreise reihen sich in fraktaler Struktur aneinander. Diese Formation ist entstanden in einer sehr verregneten Nacht, wo es in einem nassen Kornfeld unmöglich ist, keine Spuren zu hinterlassen. Es waren aber am Morgen keine Spuren nachzuweisen. Darüber hinaus: Welcher Fälscher geht wohl bei strömenden Regen nachts hinaus in die Felder? Da ich nicht vor Ort war, bin ich auf Fotos und Aussagen von Augenzeugen angewiesen. Diese berichten, daß das Feld keineswegs eine ebene Fläche sei, sondern eher sehr wellig ist. Man kann von manchen Punkten aus wohl keine 20 Meter weit sehen; wie sollte man da wohl erst nachts – bei Dunkelheit und Regen – ein Fälscherteam koordinieren? Berücksichtigt man den echten Zeitraum, den ein Fälscherteam gehabt haben könnte, um in der kompletten Dunkelheit in dieser Jahreszeit (13. August) unbeobachtet arbeiten zu können, so käme man auf einen Zeitraum von etwa vier Stunden kompletter Dunkelheit in jener Nacht.

6-fach-Julia-Set beim „White Horse" in der Nähe des Milk Hill am 13. August 2001. Foto: Frank Laumen.

Man hat darüber hinaus errechnet, daß dann bei 409 einzelnen Kreisen für jeden dieser Kreise etwa 30 Sekunden Zeit gewesen wäre, diesen anzufertigen. Wohlgemerkt, nur wenn wir davon ausgehen würden, daß ihn menschliche Landschaftskünstler angelegt haben. Diese Tatsachen scheinen so absurd, daß man Menschen als Schöpfer dieser Kornkreisformation wohl mit gutem Gewissen ausschließen kann. Diese Kornkreisformation aber – wenn sie denn nur nichtmenschlichen Ursprungs sein kann – woher kommt sie und wer ist ihr wahrer Schöpfer? Holen wir uns noch die Kornkreisformation von Stonehenge aus dem Jahr 1996 ins Bewußtsein zurück:

An einem späten Julinachmittag flog ein Pilot innerhalb einer halben Stunde zweimal mit Passagieren an Bord seiner Cessna über die prähistorische Anlage von Stonehenge. Beim zweiten Überflug stellten er und seine Passagiere zu ihrer Verwunderung plötzlich neben der Anlage von Stonehenge eine riesige Kornkreisformation in einem benachbarten Kornfeld fest, die kurz zuvor noch nicht da gewesen war. Man muß dabei berücksichtigen, daß die Anlage von Stonehenge umzäunt ist und ständig von geschultem Personal überwacht wird.

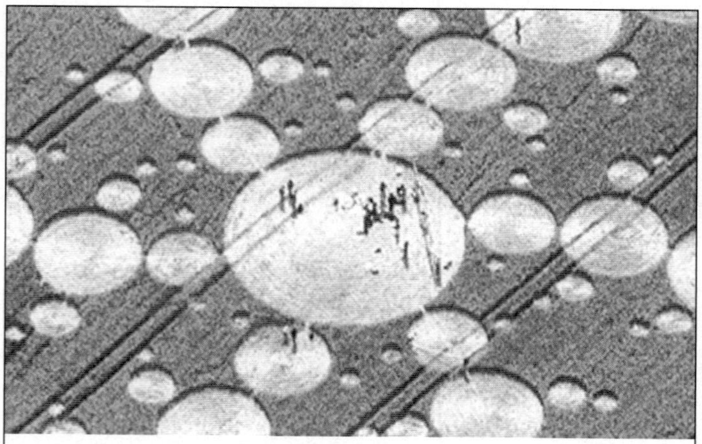

Diese Ausschnittvergrößerung des Zentrums mit den Menschen zeigt die gigantischen Ausmaße der Formation. Foto: Steve Alexander.

Nicht nur die prähistorische Anlage wird bewacht, sondern auch die Umzäunung, weil viele Besucher nur allzu gerne den Eintrittspreis umgehen möchten. Dem Personal hätte es auffallen müssen, daß sich im benachbarten Kornfeld Personen aufhalten, die einen Kornkreis bei Tageslicht manuell anlegen wollen.

(Für den Fall, daß es sich hierbei um

eine von Menschen hergestellte Fälschung handelt.) Im nächsten benachbarten Feld waren bereits Landarbeiter mit der Ernte beschäftigt; auch diesen Personen ist nicht die geringste Aktivität aufgefallen. Die Formation war plötzlich einfach da.

Entstand am hellichten Tag, direkt neben der Straße: Die Formation bei Stonehenge am 7. Juli 1996 . Foto: Lucy Pringle.

Und auch diese Formation – wenn sie denn nur nichtmenschlichen Ursprungs sein kann – woher kommt sie und wer ist, bzw. wer sind ihre wahren Schöpfer?

Zu allen Zeiten hat es in der Menschheitsgeschichte Mysterien gegeben. In den Tempeln des Altertums wurden bestimmte kultische Handlungen von bestimmten dazu ausersehenen Menschen durchgeführt. Diese kultischen Handlungen sowie Tänze, Gebete, Gesänge und Mantren waren keineswegs nur Selbstzweck des Ausübenden oder eine Zurschaustellung für Unwissende. In den meisten Fällen handelte es sich bei dieser Art der kultischen Handlungen um ein aus uralter Zeit überliefertes Wissen, welches von den Ausübenden ehrfurchtsvoll und aus einem tiefen, religiösen Verständnis heraus angewandt wurde. Diese alten Zeiten, in denen das Heiligste vor der unwissenden Masse, den unwissenden Menschen verborgen bleiben mußte, gehören der Vergangenheit an und sind bereits seit einiger Zeit vorbei. Mit dem Ereignis von Golgatha, dem Tod des in dem physischen Körper des Jesus von Nazareth verkörperten großen Sonnengeistes Christus, ist eine große Wandlung und eine Wende in der gesamten Menschheitsentwicklung hier auf der Erde vollzogen worden.

In jenem Moment, in dem das Blut des Messias, des am Kreuz von Golgatha hängenden Jesus Christus auf die Erde fiel und einsickerte, in diesem Moment vollzog sich der zentralste Moment in der gesamten Erdevolution. Mit dem Blut, welches auf die Erde tropfte, verband sich der Sonnenlogos Christus ganz wesenhaft mit der Erde, um von jenem Zeitpunkt an bis ans Ende der Erdenzeit die Menschheit in ihrer Entwicklung zu begleiten und zu unterstützen. Das ist mit den Worten des Christus gemeint: ***„Ich bleibe bei euch alle Tage bis an der Welt Ende“***. In jenem Moment, in dem der menschgewordene Sonnenlogos am Kreuz von Golgatha verschied und das Blut auf die Erde tropfte, ereignete sich ein weiteres Mysterium. In den Evangelien des Neuen Testamentes ist dieses erwähnt mit den Worten ***„... und der Vorhang im Tempel riß von oben nach unten in zwei Teile“***. Was ist damit gemeint?

In den alten Mysterien und den dazugehörigen Mysterienstätten war das Allerheiligste im Tempel, der innerste Bezirk nur für die höchsten Priesterinnen und Priester, für die sogenannten Eingeweihten zugänglich. Nichteingeweihte, die diese Bezirke betraten, wurden gar mit dem Tode bestraft. Dieses waren Bereiche, in denen sich Höchstes offenbaren konnte, wo man durch die oben erwähnten kultischen Handlungen, Gebete, Tänze und Mantren einen Austausch mit den Wesenheiten der höheren Hierarchien unseres Sonnensystems pflegen konnte. Aus diesem Grunde waren diese Bereiche der Tempel für Außenstehende, für Nichteingeweihte durch einen großen Vorhang verschlossen. Das ist auf der einen Seite ganz wörtlich zu nehmen, in dem vor diesen Bereichen in den Tempeln tatsächlich ein Vorhang hing, der das Allerheiligste vor neugierigen Blicken verbarg, auf der anderen Seite aber ist das auch rein symbolisch zu verstehen, in dem für Nichteingeweihte die Vorgänge in den Tempeln wirklich nicht zu durchschauen und verschleiert, wie durch einen großen Vorhang verdeckt waren.

Bild oben: „Doppelpentagramm mit Symbol und Ankh-Zeichen" am 4. Juli 1998, 63 m, bei Dadford, Buckinghampshire, England. Foto: Steve Alexander.
Bild unten: „Pentagramm in 10-blättriger Blüte" am 20. Juni 1998, 77 m, bei Avebury Trusloe, Wiltshire, England. Foto: Lucy Pringle.

Symbolische Entsprechungen der beiden Kornkreise

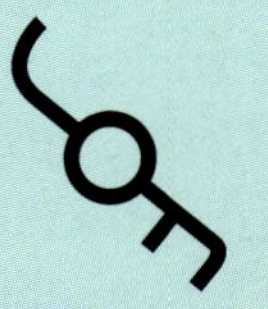

1 = Materialisierung des Geistes/Schöpfungsprinzip
0 = Auflösung und Befreiung

Ein F (Gotteszeichen)
Ein Kreis (Göttl. Sphäre)
Ein J(esus)

Das göttliche Symbol für Tod und Wiedergeburt.

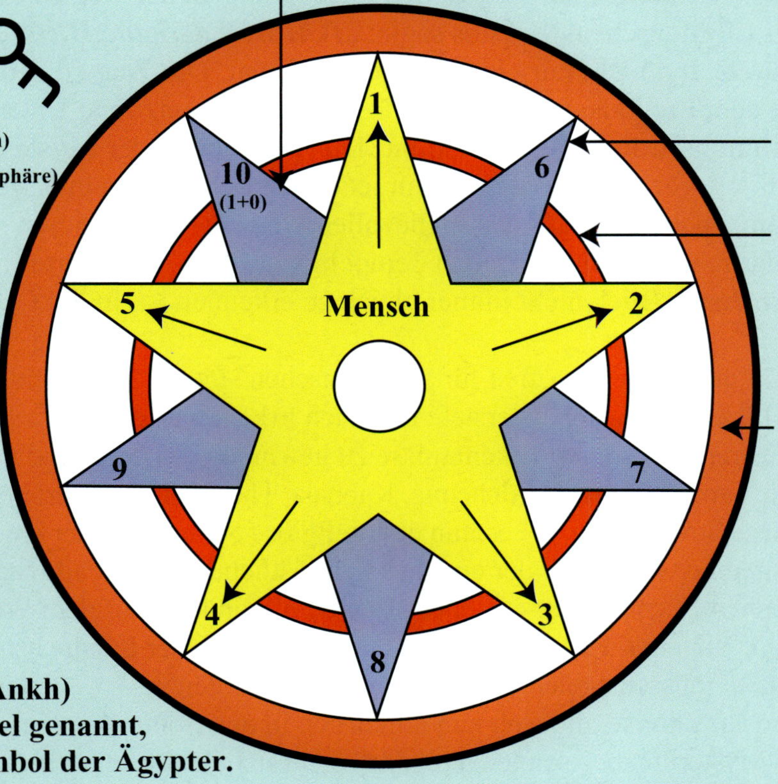

Universaler Christus als Überwinder.

Mensch und der universale Christus werden miteinander verbunden.

Beide sind dann mit der Göttlichen Sphäre verbunden.

Die Zahl 10 steht für die Vollendung und als Zeichen der Vollkommenheit.

Das Henkelkreuz (Ankh) auch Lebensschlüssel genannt, Unsterblichkeitssymbol der Ägypter.

> **Und Ihr werdet nie den Todesschmerz erleiden, sondern wenn ich in meiner Herrlichkeit komme, werdet Ihr in einem Augenblick von der Sterblichkeit zur Unsterblichkeit verwandelt werden, und dann sollt Ihr im Reich meines Vaters gesegnet sein.** (Wort Christi aus dem Buch Mormon, 3 Nephi 28,8)

Blume des Lebens als Matrix der Schöpfung.

Die auf dem Pentagramm aufgebaute 10-blättrige Blume gilt als materialistische (gefallene) Schöpfung aus den 5 Elementen Äther (Geist), Luft Wasser, Erde und Feuer, im Gegensatz zu der 12-blättrigen Blume des Lebens der Göttlichen Schöpfung.

(siehe Kapitel Heilige Geometrie)

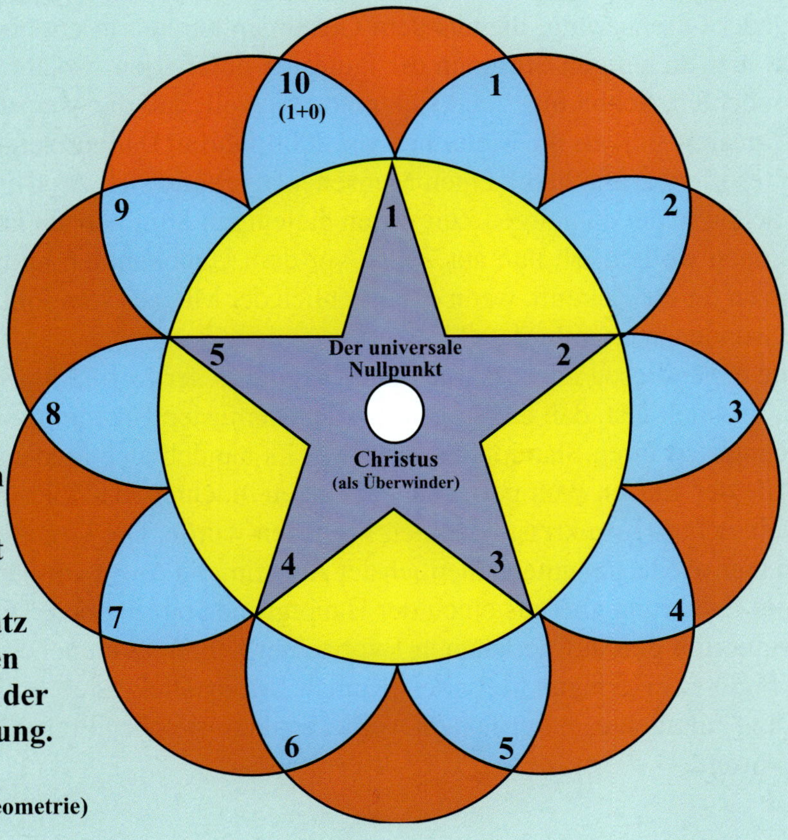

Nach Pythagoras ist die Fünf (das Pentagramm) die vollkommene Zahl des Mikrokosmos Mensch.

Das Pentagramm erinnert auch an den fünfzackigen Stern der Kabbala.

Auch Hildegard von Bingen sah den Mensch ganz wesentlich durch die Fünf geprägt.

Nun steht aber geschrieben, daß der Vorhang in zwei Teile riß in dem Moment, in dem der Jesus Christus am Kreuz verstarb. Dasjenige, was bisher vor den Augen der Menschen verborgen bleiben mußte, das darf nun nicht länger im Geheimen bleiben. Durch die große Opfertat des Christus ist der Weg zu den Mysterien, der Weg zu den Einweihungen, der Weg zurück zu GOTT nun frei geworden für ALLE Menschen. Christus sagte: ***„ICH BIN der gute Hirte“***, gekommen, um alle Menschen zu rufen, und nicht nur eine auserlesene Schar. Der Weg zu den Geheimwissenschaften ist nun seit dem Ereignis von Golgatha frei für jedermann, ohne Unterschied, aus welcher Rasse oder Religionsströmung man stammt. Die Wahrheiten der Mysterien bleiben dem Menschen aber nach wie vor verschlossen, wenn jeder Mensch nicht sein Kreuz freiwillig und bewußt auf sich nimmt, sich selber auf den mühevollen Weg begibt und diesen selbständig geht. Dasjenige, was früher nur Lehrinhalte in den Tempeln war, das findet nun für alle Menschen, wenn es auch auf den ersten Blick nicht immer gleich zu erkennen ist, in der Gegenwart, im täglichen Leben statt.

Die Tatsache, daß nun die Mysterien offen für alle Menschen sind, ist aber nicht gleichbedeutend damit, daß jeder die Inhalte auch gleich versteht und auch Erkenntnisse daraus ziehen kann. Es bedarf der höchsten Anstrengungen, um Erkenntnisse zu gewinnen aus den Geheimwissenschaften, sei es nun Astrologie, Tarot, Hermetik, Alchemie, Kabbala, Theosophie, Anthroposophie, Heilkunde oder Yoga. Alle diese Strömungen, sei es nun eine religiöse Strömung oder eine geheimwissenschaftliche, sei es nun eine westliche oder eine aus dem östlichen kommende Strömung, jede hat einen tiefen esoterischen Kern. Dieser erschließt sich dem Wanderer auf dem Weg aber erst nach eingehendem Studium. Nur ein flüchtiges Lesen und Nacherzählen der Inhalte bringt den Übenden nicht weiter. Die Inhalte müssen „gelebt“ und verinnerlicht werden!

Und so kann man die Kornkreise, die sich nun alljährlich in den Sommermonaten zeigen, durchaus als ein modernes Mysterium bezeichnen. Frei und offen, sichtbar (aber noch nicht entschleiert!), greifbar für alle und nur allzu offensichtlich zeigt sich ein Mysterium vor den Augen der Menschen, mit ähnlichem Charakter wie das Mysterium von Golgatha vor 2000 Jahren. Man hat durchaus die Möglichkeit, es sehen zu können, dabei sein zu können und es erleben zu können. Die Reaktionen auf das Kornkreisphänomen sind aber genauso unterschiedlich und zahlreich wie es auf der Welt Menschen gibt. Jeder beurteilt das Kornkreisphänomen auf seine ganz persönliche Art und Weise. Wie bei jeder Offenbarung, die aus dem Geheimen heraustritt an eine breite Öffentlichkeit, so sind auch hier diejenigen Stimmen die lautesten unter allen, welche das Kornkreisphänomen zerreden möchten. Schon hier zeigt sich eindrucksvoll, daß die Menschen der Gegenwart nicht viel anders geartet sind als die Menschen vor 2000 Jahren. Damals zeigte sich offen für alle sichtbar eine Gottesoffenbarung durch einen Menschen, es zeigte sich der Christus durch den Jesus von Nazareth. Schon in der damaligen Zeit waren diejenigen Stimmen am lautesten, die den Messias nicht anerkennen wollten, ob nun aus Angst vor dem Unbekannten und den damit verbundenen Konsequenzen für die Zukunft, wenn er tatsächlich der Messias sein sollte, oder aus welchen verschiedenen Gründen auch immer.

Schaut man sich heute die endlosen Diskussionen und Dispute in der Kornkreisszene intensiv an, so stellt man auch hier schnell fest, daß diejenigen mit den wenigsten Erkenntnissen am lautesten reden und am vehementesten ihren Standpunkt vertreten. Es handelt sich hier um jene Vertreter der Kornkreisszene, die der ganzen Welt gerne näher bringen möchten, daß alles nur reines Menschenwerk sei und kein echtes Kornkreisphänomen vorliegen würde. Die Gründe für deren Einstellung können auch hier wiederum unterschiedlichster Art sein; die Angst vor dem Unbekannten würde ich nach meiner Erfahrung aber als einen der Hauptgründe bezeichnen. Die eben genannten Protagonisten erinnerten den aufmerksamen Beobachter schon so manches mal an Käpt`n Ahab, jene tragische Figur aus Hermann Melvilles` Roman „Moby Dick“, der, wo immer das Weiße Monster aus der Tiefe auftauchte, es vernichten wollte, egal um welchen Preis. Dabei gibt es dafür eigentlich keinen Grund.

Der Blutzoll von Golgatha hat die Menschheit befreit.

Man muß vor Kornkreisen keine Angst haben, denn sie beißen ja nicht.... Trotzdem sind sie aber in einem gewissen Sinne gefährlich, denn sie können durchaus innere Erdbeben verursachen! Im INNEREN, in Seele und Geist des Menschen. Der Mensch wird, wenn er mit dem Kornkreisphänomen konfrontiert wird, an seine Grenzen herangeführt. An seine Grenzen, weil hier etwas völlig Neues auf ihn zukommt. Hier taucht etwas völlig Neues vor der Seele und dem Geist des Menschen auf, ähnlich dem großen weißen Monster Moby Dick. Daher sind die Reaktionen der meisten Menschen durchaus bis zu einem gewissen Grade verständlich. Aber nur, weil es Kornkreise in dieser Art und Weise in der Vergangenheit nicht gegeben hat, bedeutet das nun NICHT, daß es so etwas heute in der Gegenwart nicht geben kann und daß es sich hierbei zwangsläufig nur um Menschenwerk handelt.

Die Evolution erfindet sich ständig neu, und es liegt am Menschen selbst und seinen Erkenntniskräften, ob er die Gesetze in Mikrokosmos und Makrokosmos, ob er die reale Existenz der Wesenheiten der höheren Hierarchien in unserem Sonnensystem und ob er das Wirken der Wesenheiten in der lebendigen Natur um uns herum in ihren Offenbarungen als Naturkräfte und Naturgesetze, ob er diese Wahrheiten auch erkennen kann. Dabei haben die Erkenntniskräfte nicht ausschließlich etwas mit dem Grad des Intellektes zu tun. Gerade ein sehr rationeller Intellekt kann hier zu völlig falschen Schlußfolgerungen führen. Die Erkenntniskräfte gehen einher mit der richtigen Seelenhaltung dem Phänomen gegenüber!

Die Wahrheit wird eine andere, je höher und weiter man mit den Erkenntniskräften schreitet. Wenn also jemand der Ansicht ist, daß alle Kornkreisformationen nur Menschenwerk sind, dann ist es zwar auf der einen Seite durchaus erfreulich, daß man sich überhaupt mit dem Thema auseinandersetzt, aber auf der anderen Seite sehr bedauerlich, weil man die Wahrheiten hinter den sichtbaren Dingen noch nicht erfaßt hat. Aber was ist denn nun der erste Schritt, den man gehen kann oder den man sogar gehen muß, wenn man die „Wahrheit" erkennen möchte? Vor 2000 Jahren sagte Johannes der Täufer: ***„Tuet Buße, denn das Königreich Gottes ist nahe!"*** Dieses so im Laufe der Zeit von der Kirche etwas verfremdete Zitat lautete in seinen ursprünglichen Sinne: „Ändert eure Seelenhaltungen, denn die Reiche des Himmels sind nahe (örtlich) herbeigekommen!"

Das ist genau der Kernpunkt, um den es geht, in den vermeintlich kleinen Dingen genauso wie bei den Großen: die Menschheit bedarf heute in der Gegenwart einer grundsätzlichen Änderung, einer inneren Veränderung der Seelenhaltung so vielen Dingen gegenüber. Wenn also, wie eingangs erwähnt, zahlreiche Kornkreisforscher zwar von einem echten Kornkreisphänomen ausgehen, aber im selben Atemzug sagen, daß es nicht näher bestimmt werden kann, dann ist das auch nur der Ausdruck davon, daß sie die Antworten immer nur in den äußeren Erscheinungsformen der Kornkreise suchen. Die großen Antworten auf das Warum, Wieso und Woher der Kornkreise lassen sich nicht mittels eines Blickes auf die äußeren Erscheinungsformen, geschweige denn mittels eines Blickes durch das Mikroskop lösen. Das ist die größte Illusion überhaupt. Dort kann man immer nur die Auswirkungen sehen, aber niemals die Ursachen!

Wichtig ist nicht, daß man herausbekommt, welche Art von Energie auf welche Art und Weise den Kornkreis erst zu dem gemacht hat, was er ist, sondern daß man zu der Erkenntnis kommt, daß ein Mensch dieser Dinge niemals fähig ist und daß das Mysterium der Kornkreise eine Offenbarung ist derjenigen Wesenheiten, die seit allen Zeiten der Menschheit bekannt waren und immer noch bekannt sind: der Wesenheiten der Hierarchien unseres Sonnensystems, der großen Baumeister der Welt. ■

Bild links: Der Stachelrochen vom 21. Juli 1998, 132 m, der den Aufstieg von Mutter Erde und das Doppel-Pentagramm mit Pentagon, das den Aufstieg der Menschheit symbolisiert, erschienen beide, kurz hintereinander, auf dem selben Feld bei Beckhampton. Foto: Frank Laumen.

„Doppel-Pentagramm mit Pentagon", ca. 70 m, am 8. August 1998 bei Beckhampton, Wiltshire, England. Foto: Lucy Pringle. Die untenstehende Grafik erläutert die möglichen Entsprechungen (siehe hierzu auch Seite 107 sowie das Kapitel zur Heiligen Geometrie).

Der Code des Schöpfers resultiert aus den fünf Platonischen Körpern.

Die Überwindung der Materie (Auferstehung) erfolgt über ein geometrisches Gefährt, das Mer-Ka-Ba genannt wird.

Das Dodekaeder stellt eine Stufe der Mer-Ka-Ba dar.

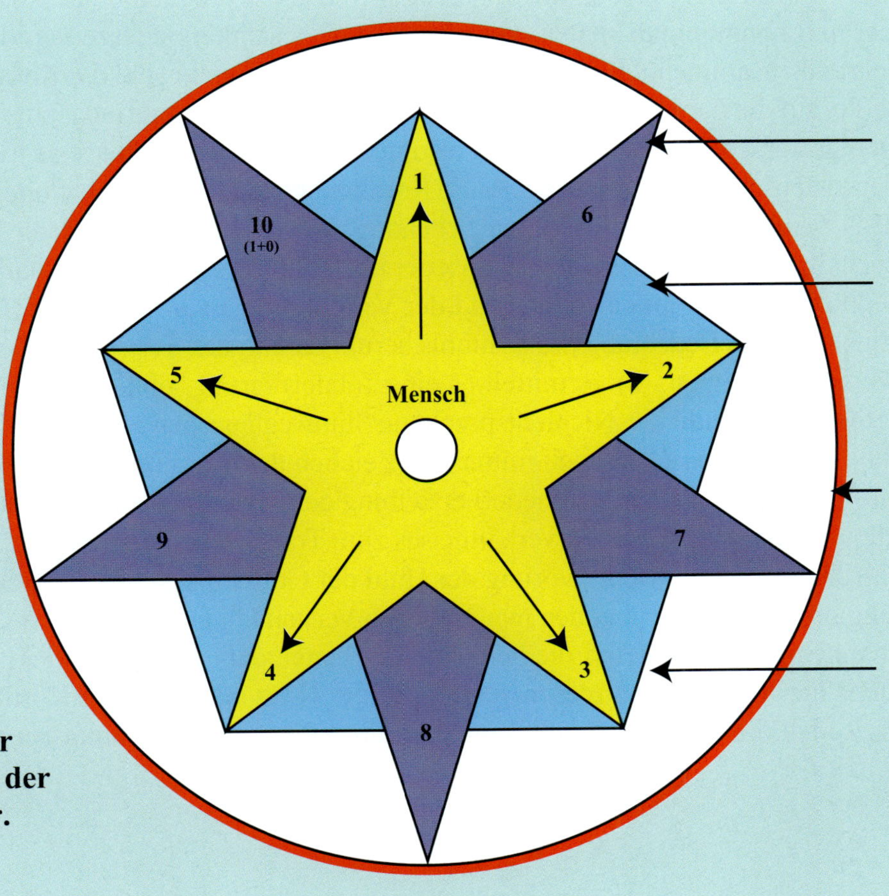

Universaler Christus als Überwinder.

Mensch und der universale Christus werden miteinander verbunden.

Beide sind dann mit der Göttlichen Sphäre verbunden.

Das Pentagon (zweidimensional) bildet dreidimensional das Dodekaeder einen der fünf Platonischen Körper.

Was ist ein Symbol?

„Ein Wort oder ein Bild ist symbolisch, wenn es mehr enthält, als man auf den ersten Blick erkennen kann“ (C.G. Jung). In diesem Sinne kann kein Mensch von der Tatsache seines Umgangs mit Symbolen absehen. Wir leben nicht nur in einer Welt von Symbolen. Eine Welt von Symbolen lebt in uns. Jedermann, ob er sich dieser Tatsache bewußt ist oder nicht, bedient sich der Symbole; bei Tag und Nacht, in der Sprache, in Handlungen und Träumen. Dennoch entzieht sich das Symbol der exakten Definition. Es gehört zu seinem Wesen, daß es sich nicht auf einen festen Rahmen einengen läßt, da es ja gerade die Extreme, Unvereinbares, Konkretion und Abstraktion vereint und dazu dient, als mit den Sinnen wahrnehmbares Zeichen etwas anzudeuten, das mit den Sinnen nicht wahrnehmbar ist.

Alte Kulturen wie z.B. die Ägypter zeichneten ihre Geschichte in einer symbolischen Bildersprache auf. Foto: Eckhard Weber.

Diese Verknüpfung führt auch zu seinem ursprünglichen Wortsinn, der vom griechischen Symballein (= Zusammenwerfen / zusammenfügen / an einen sinnvollen Ort zusammenbringen) herkommt. Das Symbol gibt Teilhabe und fordert Teilnahme. Es schließt eine bloße Zuschauerhaltung aus. Auch die Leser und Leserinnen des Kornkreis-Codes nehmen jetzt Teil am Phänomen der Kornkreise. In der antiken Welt spielte das Symbol, im Wortsinn des Zusammenfügens, eine durchaus praktische Rolle. Symbolon war ein in zwei Teile auseinandergebrochener Gegenstand aus Ton, Holz oder Metall, ein kleines Bild, ein Ring, ein Würfel, ein Siegelabdruck oder dergleichen, der des Zusammenfügens bedurfte, um seine Bedeutung wiederzugewinnen und als Erkennungszeichen zu dienen. Persönliche Freunde oder Geschäftsfreunde, Gläubiger und Schuldner, Pilger oder auch in anderen Beziehungen zueinander stehende Menschen brachen beim Abschied das Symbol auseinander und konnten nun später sich oder ihre Abgesandten jederzeit an dem neuen Bruchrand zu Bruchrand zusammengefügten Zeichen erkennen. Vielleicht sind die Kornkreise die Zeichen oder Symbole, auf die die Menschheit gewartet hat, damit physische und nicht physische Welt wieder zusammengefügt werden. Das Symbol trennt also und vereint. Auch Kornkreise trennen und vereinen verschiedene Menschengruppen, wie z.B. die Kornkreisgegner und Fälscher und die Kornkreisbefürworter. Das Symbol dient als Mittel zur Erkenntnis, zum Bekenntnis und zur Beschwörung einer Gemeinschaft, die aufgelöst ist und sich wieder neu knüpfen soll. Dennoch haftet diesem überzeugenden Medium des Zusammenfindens und der Vereinigung auch immer das Stigma des Gebrochenen an. Eine wichtige Bedeutung des Symbols beruht darauf, daß es zugleich Zertrennung und Verbindung des Zertrennten ist. So vermittelt es eine Totalerfahrung, ohne doch optimistisch über seine Begrenztheit im „Lande der Nichtentsprechung“ hinwegtäuschen zu wollen. In diesem Sinne ist das Symbol für den Menschen auch immer ein Zeichen der Verknüpfung des Sichtbaren mit dem Unsichtbaren, der Sehnsucht nach Wiederherstellung des spannungsvollen, schuldhaft gestörten oder schuldlos verlorenen, positiven Verhältnisses zum Transzendenten gewesen, Bekenntnis der religiös-kultischen Bindung, Beschwörung der Huld der Gottheit. Symbolische Sprache ist die Sprache der Religion für das, was über den menschlichen Verstand hinausgeht. Sie ist Geheimnis und Offenbarung in einem; sie verschleiert die heiligen Wahrheiten dem profanen Blick, macht sie aber zugleich offenbar für alle, die sie zu lesen verstehen. (So ist es auch mit den Kornkreis-Zeichen.) Auf diese Weise hat die religiöse Symbolsprache immer in enger Beziehung zur religiösen Kunst gestanden.[22]

Symbolische Bilder und Zeichen in der bildenden Kunst

Seit den frühesten Zeiten gehört es zu den Zielen künstlerischer Darstellung, dem Göttlichen menschlichen Ausdruck zu geben. Lange stand die Kunst damit im Bereich des Magischen. In den prähistorischen Höhlenmalereien sucht der Mensch sich in seiner Existenz und ihres Bestandes beschwörend zu versichern, indem er gefährliche Großtiere oder jagdbares Wild zeichnet und symbolisch erlegt.

Ein weiterer Schritt symbolischer Darstellung führt über den Totenkult und die Empfehlung der Verstorbenen unter den Schutz bestimmter Gottheiten. Das Bild des Sonnenrades taucht auf. Menschliche Werkzeuge wie z. B. Hammer und Axt werden zu Attributen und Machtsymbolen der Gottheit. Erst später tauchen menschliche Darstellungen der Götter auf, üblich in Mesopotamien, Kleinasien und Ägypten, scharf verurteilt in Israel, äußerst verfeinert und individualisiert in Griechenland.

Detail der prähistorischen Höhlenmalerei in Lascaux, Frankreich. Foto: Eckhard Weber.

Ägypten – in der Zahlensymbolik, die sich heute noch beispielsweise in den Pyramiden kundtut, mit vorderasiatischen, astronomisch-astrologischen Traditionen verbunden – wird zum Modell der symbolischen Ausdrucksmöglichkeiten religiöser Kunst. Hier ist sowohl auf den Sphinx hinzuweisen, der mit Menschenkopf, Löwenpfoten, Stierrücken und Adlerflügeln eine symbolische Synthese der vier Elemente Erde, Feuer, Wasser, Luft darstellt, wie auf die Gottheiten mit Menschengestalt und Tierköpfen, auf die stark stilisierten Pharaonenbilder, auf das „Auge des Horus", den Skarabäus und das lebenspendende Henkelkreuz (Ankh).

Geflügelte Sphinx-Skulptur im Museum von Delphi. Foto: Eckhard Weber.

Für die Christen war „Symbol" zunächst ein Wort, das den gleichen Sinn wie „Glaubensbekenntnis" hatte: Der Versuch, das Sagbare und das Unsagbare über Jesus Christus, den wahrhaftigen Gott und wahrhaftigen Menschen, verbindend und verbindlich zu bezeugen. Vielleicht unter dem Druck der jahrhundertelang wiederholten Verfolgungswellen, vielleicht unter der Nachwirkung des mosaischen Gesetzes entwickelte sich lange Zeit keine spezifische christliche Kunst großen Ausmaßes. Doch begegnen auf Katakombenfresken, Sarkophagen, Tonlampen, Goldrundgläsern sehr früh neben bestimmten biblischen Szenen, die vor allem die Hoffnung der Christen ausmalen, symbolische Zeichen, die auf mehr hinweisen, als sie darstellen: aus dem Tierreich etwa Fisch, Adler, Taube, Lamm, Widder, Pfau, Schlange und Skorpion; aus der Pflanzenwelt etwa der Baum allgemein, ferner Palme, Weinstock, Ölzweig und Rose.[22]

(Einige dieser symbolischen Zeichen sind auch schon als Kornkreise erschienen, siehe Fotos auf Seite 157, 159, 211, 276, 278.)

„Momentaner Energiefluß im 7er-Chakrensystem der Menschheit(?)“ mit „Unterschriftssymbolen“ (Kreis und 'Wächter-Zeichen
am 17. Juli 2002, ca. 140 m, bei Bockschaft (Nähe Sinsheim), Baden-Württemberg, Deutschland.
Bild oben: Andreas Vogt.
Bilder unten und rechts: Frank Laumen.

Das Henkelkreuz (Ankh) auf einer ägyptischen Stele. Foto: Eckh. Weber.

Das Ankh-Symbol erschien auch bei einem Kornkreis am 4. Juli 1998 in England, siehe Farbbild Seite 111.

Ägyptische Darstellung des Gottes 'Horus' vor dem „Auge des Horus".

Der Grund für die Wahl solcher äußeren sichtbaren, hörbaren, betastbaren, also mit den Sinnen wahrnehmbaren Objekte zur Andeutung bedeutsamer Zusammenhänge lag sowohl in dem reichen Angebot biblischer Gleichnisbilder als in natürlicherweise gegebenen Vergleichen (Löwe = Kraft) sowie in der Aufnahme bestimmter außerchristlicher Traditionen.

Umfängliches Erläuterungsmaterial zu den Symboldarstellungen in der christlichen Kunst der ersten Jahrhunderte bieten die erhaltenen zeitgenössischen Predigten. Man kann und will keineswegs das Göttliche an Gott selbst darstellen, überzeugt, daß ***„zwischen Schöpfer und Geschöpf keine noch so große Ähnlichkeit festgestellt werden könne, ohne daß diese eine noch größere Unähnlichkeit zwischen beiden einschlösse"*** (Viertes Laterankonzil, 1215), aber man findet Zeichen des Schöpfers (vestigia Dei) in seiner Schöpfung und orientiert sich vor allem an der Menschwerdung, das heißt doch auch: dem Anschaulichwerden Gottes in Christus. Im gegliederten Raum des Kosmos gibt es eine abgestufte Teilhabe am wahren, dem Göttlichen Sein. Symbolische Bilder aus diesem Bereich vermögen daher als abgezogene Begriffe des Dialogs des Schöpfers und Erlösers mit dem Menschen sowie die in kultischer Form veranschaulichte, betende Antwort des Menschen zu verlebendigen. Aber das Symbol bleibt doch zugleich auch Ausdruck des irdischen Ungenügends, der Unvollkommenheit; es bleibt Schleier und Spiegel, Rätsel und Gleichnis, Hinweis auf Höheres, das es nur zu vertreten, nicht zu ersetzen vermag. In diesen Zusammenhängen gewann die immer reicher ausgestaltete mittelalterliche Symbolkunst ihr theologisches Fundament, ihre kontemplative und erzieherische Kraft.

„So gewiß das Symbol Träger und Vermittler von Bedeutung ist, so gewiß haftet ihm auch die Eigenschaft an, Phantasma, ein der sinnlichen Bildkraft angehörendes Gebilde zu sein. So bezeichnet es den Punkt, an welchem sich das Logische und das Figürliche treffen und zu einem einheitlichen Gebilde, einer eigentümlichen Gestalt vereinigen: Es stellt die Mitte dar zwischen dem Logos und dem Figürlichen."

Wenn dies namens der philosophischen Grundlegung einer wissenschaftlichen Symbolik gesagt werden kann, so mit größerer, anschaubarerer Belegkraft angesichts des Universums der Symbole in der mittelalterlichen christlichen Kunst. Dieses in den Bereichen der Romanik und Gotik besonders breit entwickelte System von Symbolen bietet in seiner Gesamtheit eine sowohl höchst sinnfällige wie intensive Darstellung der christlichen Glaubensaussage. Es geht weder um historischen noch um naturkundlichen Naturalismus.[22]

Es geht immer um Inbild, Sinnbild und Verknüpfung. Die Erziehung zur Verknüpfung von Sehen und Denken stellt sich als eine Form des Apostolats dar, das manchmal in diskreter Weise, manchmal mit lapidarer und drastischer Direktheit geübt wird.

Hier ist der Ort des Bildes. ***„Das Bild ist aussagend, berichtend und schweigt doch zugleich zu einem „Mehr" hin, zu etwas, das mehr ist als das, was es berichtet: auf ein Verborgenes, Geheimnisvolles, nie ganz zu Deutendes. Das Bild berichtet von den sichtbaren Dingen der Erde und der Menschen hin zum 'Mehr', zum Urbild, und von den unsichtbaren Dingen des Urbildes hin zum Menschen....Bald weiß der Mensch, bald ahnt er vor dem Bilde. Das Bild ist eine Einheit von Sinnlichem, Geistigem und Übergeistigem. Das Bild appelliert an diese Einheit im Menschen, es appelliert an sein Ganzes."*** (Max Picard)

Dieses Buch möchte nicht weitere theoretische Beiträge (wie in der vorangegangenen zusammenfassenden Einleitung zum aktuellen Stand der Kornkreisforschung) zur Erhellung der Kornkreissymbole leisten, sondern der Praxis dienen, indem es eine weithin unbekannte, aber nichtsdestoweniger faszinierende Welt erschließen hilft. Es will dazu beitragen, einen inneren Zugang zu den heute äußerlich leichter und vielfältiger als früher zugänglichen Bildwerken und Symbolen zu eröffnen. Daher ist es bemüht, Symbole, Zeichen und Piktogramme, Gestalten und Szenen mit wissenschaftlicher Zuverlässigkeit und abwägendem Urteil zu interpretieren und angesichts der oft atemberaubenden Phantasie der Maler und Autoren doch der eigenen Phantasie keinen unverantwortlich großen Raum zu gewähren.
Die gegebenen Bild-, Zeichen- und Symboldeutungen stützen sich auf die gründliche Erforschung der Heiligen Geometrie, der Quantentheorie, der Kabbala und der Mer-Ka-Ba-Mythologie.[22]

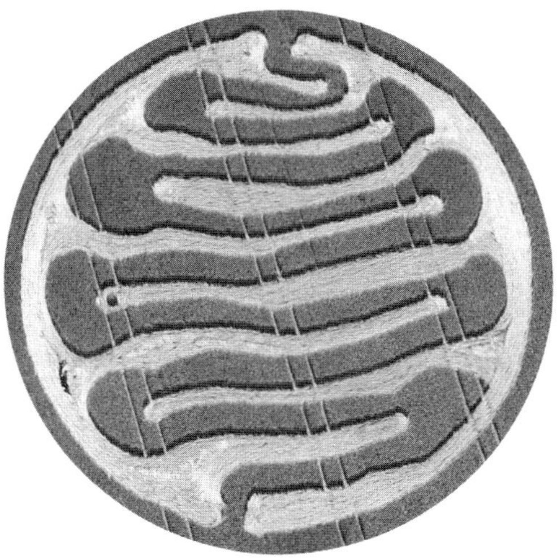

„Metatrons Zeichen"

(Metatron wird auch 'Engelsfürst' genannt, sein Name bedeutet: 'der neben dem Thron steht'.) Das Symbol ganz oben findet sich auf der Engelkarte Nr. 49 von Ingrid Auer aus dem Buch „Heilende Engelsymbole", Verlag „Die Silberschnur". Sie hatte es 1999 medial als Signum von Metatron empfangen. Ein fast identisches Symbol entstand am 19. Juli 2001 bei Grombach in der Nähe von Sinsheim (Baden-Württemberg).
Foto (perspektivisch entzerrt)**: Frank Laumen.**
Farbfotos siehe Seite 118 + 119.

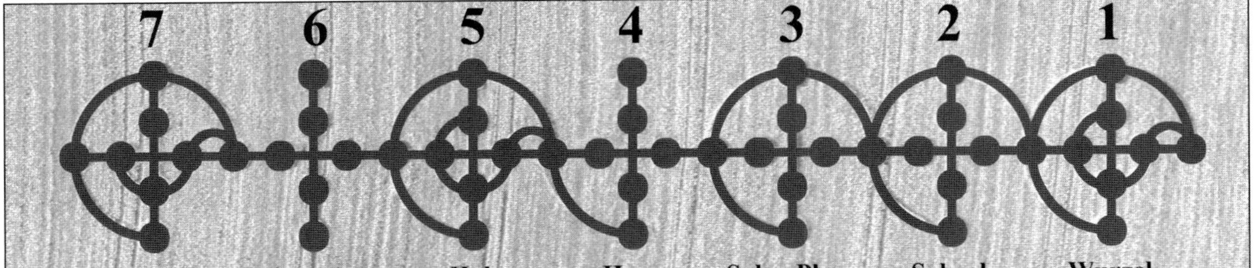

Dieses Symbol, das die 7 Chakren zeigen könnte, entstand 2002 in Deutschland (**Farbfotos Seite 114+115**).
Hintergrundfoto (perspektivisch entzerrt)**: Frank Laumen.**

„Metatrons Zeichen“, ca. 50 m,
am 19. Juli 2001 bei Grombach an der A6
in der Nähe von Sinsheim, Baden-Württemberg, Deutschland.
Fotos: Frank Laumen.

Bodenaufnahmen von „Metatrons Zeichen"
am 19. Juli 2001 bei Grombach an der A6
in der Nähe von Sinsheim, Baden-Württemberg, Deutschland.
Fotos: Frank Laumen.

Wahrheit und Fälschung

Dirk Möller

Jedes Jahr, wenn eine „Kornkreissaison" zu Ende geht, halten zahlreiche und spektakuläre Kornkreisformationen diesseits und jenseits des Ärmelkanals die Kornkreisforscher in Atem. Die Saison 2002 war jedoch anders als die Jahre zuvor: Während in Deutschland die Zahl der Kornkreise gegenüber den vorherigen Jahren enorm anstieg, ging die Zahl der Kornkreise in England deutlich zurück. Im Jahr 2003 erschienen dann im Raum Kassel überhaupt keine Kornkreise. Für diese Schwankungen gibt es bisher keine plausiblen Erklärungen.

Als vor rund 12 Jahren die beiden bekannten Rentner Doug & Dave der BBC am hellichten Tag zeigten, wie man Kornkreise herstellt, war das im Grunde nichts Außergewöhnliches. Der Kreis, den die beiden Rentner angelegt hatten, war äußerst simpel, unspektakulär und unbeeindruckend. Ihre Aktion erklärte eigentlich nur, daß „Kreise" jedermann anlegen konnte. Das erklärte aber noch lange nicht, wie komplizierte geometrische Muster, die bis in die Gegenwart weit über 100 Meter groß sein können, nachts in die Getreidefelder kommen. Davon einmal abgesehen, wußten die beiden Rentner gar nichts von der ein oder anderen Kornkreisformation, die zu dem damaligen Zeitpunkt existierten, obwohl sie zunächst behauptet hatten, für alle Kornkreise verantwortlich gewesen zu sein. Was die Kornkreisforscher relativ unbeeindruckt ließ, beeindruckte die Medien um so mehr und von Stunde an war das Thema für sie erledigt und Kornkreise wurden in den Medien zum Tabuthema. Wenn dennoch darüber berichtet wurde, dann waren die Beiträge alles andere als objektiv und diejenigen, die sich für ehrliche Stellungnahmen vor der Kamera bereit erklärten, hatten dann das Nachsehen. Kommentare der Kornkreisforscher wurden in Satzfragmente zerlegt und wieder neu zusammengesetzt, so daß nur zusammenhanglose Aussagen dabei herauskamen. Kurzum: es wurde und wird noch immer von Seiten der Medien versucht, das Kornkreisthema und die Kornkreisforscher in ein zweifelhaftes Licht zu rücken.

Seit Doug & Dave sind viele Trittbrettfahrer auf den Fälscherzug aufgesprungen und mittlerweile tatsächlich zu interessanter „Land-Kunst" fähig. Dabei haben sich nunmehr einige Fälscherteams herauskristallisiert, denen es tatsächlich immer wieder gelingt, die Öffentlichkeit zu täuschen, indem sie das Kornkreisphänomen imitieren. Das „Kornkreismachen" droht in England und in Deutschland mittlerweile zu einem Volkssport zu werden und hat schon fast Jahrmarktniveau erreicht, woran auch die Filmindustrie in Hollywood nicht ganz unschuldig ist. Das ist jedoch ein Niveau, wo dieses wichtige Thema mit Sicherheit nicht hingehört. Interessanterweise nennt man diese „Kornkreismacher" nun Fälscherteams, was ja allein im Namen schon beinhaltet, daß sie Kornkreise „fälschen"; also muß es neben allen Fälschungen von Menschenhand auch ein „echtes" Kornkreisphänomen geben. Und genau das ist die Tatsache, die viele einfach nur allzu gerne ignorieren möchten.

Leider war es in der Geschichte der Menschheit mit neuen Erkenntnissen häufig so: zuerst wird eine Wahrheit verlacht, dann wird sie bitter bekämpft und später einmal wird sie allgemeingültig. Es könnte für die Menschen so einfach sein, aber wie so oft zieht man lieber schmerzhafte Prozesse vor, bevor man die Wahrheit akzeptiert. Anstatt aber die Wahrheit zu akzeptieren, baut man sich lieber eine Schein- oder Lügenwelt auf, in der das eigene, materielle Weltbild sicher ist und keinen Schaden davon trägt. Aber was ist nun mit den ECHTEN Kornkreisen? Was ist mit den merkwürdigen Substanzen in chemisch reinster Weise, die in Kornkreisformationen gefunden werden? Was ist mit den Anomalien in der Keimfähigkeit der betroffen Körner aus Kornkreisen? Was ist mit den Anomalien an den Halmknoten? Was ist mit den toten Fliegen, die mit den Kornhalmen des niedergelegten Kornes wie verklebt sind? Was ist mit der unglaublichen Mathematik, der Heiligen Geometrie, die in den Kornkreisformationen verborgen ist? Das alles sind Fakten, die auf weit mehr hindeuten als nur menschliche Kornkreisfälscher. Das sind Tatsachen, die auf wundersame Weise nie richtig zur Diskussion kommen und seltsamerweise immer nur eine untergeordnete Rolle spielen.

Es gibt Kornkreisformationen, die aufhorchen lassen und die nicht so ohne weiteres als übler Studentenscherz abgetan werden können. Diese Kornkreisformationen sind nachhaltig untersucht worden; stellvertretend sei hier nur die sogenannte Julia-Set-Kornkreisformation von Stonehenge aus dem Jahre 1996 genannt, die nachweislich am hellichten Tag entstanden ist, in einem Zeitraum von nur ca. einer halben Stunde. (siehe hierzu auch Seiten 101-105)

Bevor Sie der Autor in die Details der Geometrie und Mathematik von Kornkreisen einführt, möchte ich noch einmal verschiedene Kriterien aufgreifen, z.T. verbunden mit persönlichen Eindrücken, die man bei echten Kornkreisformationen antrifft und die wesentliche Unterschiede zwischen echten und von Menschen hergestellten Kornkreisen aufzeigen. Diese Kriterien belegen, daß wir es neben den vielen Fälschungen von Menschenhand tatsächlich auch mit einem echten Phänomen zu tun haben. Wie viele Kriterien der Echtheit es am Kornkreisthema wirklich gibt, kann man bis zum jetzigen Zeitpunkt noch nicht absehen. Anzunehmen ist aber, daß in Zukunft noch weitere, höchst interessante Entdeckungen auf diesem Gebiet gemacht werden.

Zunächst liegt bei natürlichen, nicht von Menschenhand erschaffenen Kornkreisen eine unglaubliche Mathematik in der sichtbaren Geometrie vor! Nicht ein Winkel niedergelegten Kornes, nicht eine Windung im Kornkreis, nicht ein Wirbel und nicht ein Grapeshot liegen nur zufällig da, wo sie liegen. Alles ist weisheitsvoll aufgebaut und fügt sich mathematisch in harmonikale Gesetzmäßigkeiten nach den altehrwürdigen Hermetischen Grundsätzen der Tabula Smaragdina des Hermes Trismegistos: ***„Es ist alles oben wie unten, innen wie außen und alles im Großen wie im Kleinen“.***

Max Seurig zeigt in seinem Buch „Das Menetekel der Kornkreise“ an einigen ausgewählten Kornkreisen auf, daß in den vermutlich echten Kornkreisen mathematische Gesetzmäßigkeiten vorhanden sind, die kein Zufall sein können und somit nur den Rückschluß zulassen, daß diese Formationen nicht von Menschenhand angelegt wurden. Dazu sind diese von ihm analysierten Kornkreise mathematisch viel zu komplex und viel zu kompliziert in ihrer Geometrie und Struktur niedergelegter Halme am Boden. Diese komplexen Geometrien nachts in einem Kornfeld umzusetzen ist für menschliche Kornkreisfälscher bei etlichen Formationen nach dem heutigen Kenntnisstand der Technik absolut unmöglich. Max Seurig weist in seinen Ausarbeitungen in den Kornkreisformationen Zahlenverhältnisse nach, die aus der höheren Mathematik stammen. In den geometrischen Meßdaten, die von langjährigen Kornkreisforschern den Formationen mühsam entnommen worden waren, fand er Zahlenverhältnisse, die bereits den alten griechischen Mathematikern wie Platon und Aristoteles bekannt waren und im Mittelalter von Kopernikus wiederentdeckt wurden. Es handelt sich hier gewissermaßen um eine Art „Sternenschrift“, man könnte es auch tatsächlich als eine Art „alten Geheimwissens“ bezeichnen. Es sind unter anderem auch Kennzahlen, welche präzise Größen- und Abstandsverhältnisse der Planeten in unserem Sonnensystem beschreiben. Darüber hinaus weist Seurig eine Verbindung zur Zahlenwelt des Tierkreises nach. So kann man in den Zahlenverhältnissen der Kornkreisformationen in verblüffender Weise direkte Verbindungen zu einzelnen Tierkreiszeichen wie Löwe oder Jungfrau eindeutig erkennen. Wenn hier tatsächlich menschliche Fälscher Hand angelegt hätten, dann müßten diese zumindest hochbegabte Professoren der Mathematik sein, die sich auch die Mühe gemacht haben, das Wissen der alten Meister der Mathematik aus der Antike zu studieren. Darüber hinaus müßten sie das Schweben oder Fliegen beherrschen, denn sie hinterlassen selbst bei Regenwetter und weichem Boden keinerlei Spuren im Kornfeld.

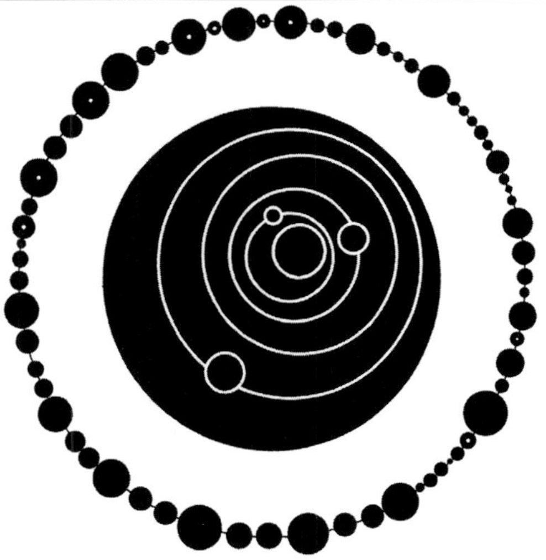

Unser Sonnensystem / Kornkreis von 1995

Bild oben: „Das Sonnensystem mit fehlender Erde (?)", 88 m,
am 26. Juni 1995 bei Longwood Warren, Hampshire, England.
Bild unten: Soll dieser Kornkreis den Eintritt unseres Sonnensystems in den Photonenring
oder Gerald S. Hawkings fünften Lehrsatz bedeuten?
Am 6. Juni 1995, ca. 90 m, bei Newbury, Buckinghampshire, England. Fotos: Lucy Pringle.

Unser Sonnensystem

Ich hatte vor über drei Jahren eine ausführliche Besprechung mit dem Autor dieses Buches, der über 25 Jahre als Vermessungstechniker im Hoch- und Tiefbau gearbeitet hat. Bei der Betrachtung der „Wellenspirale" vom Juni 1999 (Farbbilder siehe Seiten 66+67) versicherte er mir, daß es aus seiner Sicht so gut wie unmöglich ist, eine Kornkreisformation dieser Präzision und in dieser Größe nachts bei völliger Dunkelheit herzustellen. Man bräuchte selbst unter Tageslichtbedingungen schätzungsweise zwei bis drei volle Arbeitstage, unter zu Hilfenahme von technischem Vermessungsgerät, um zunächst einmal Pflöcke an die Stellen zu stecken, wo dann später einmal eine Windung am Boden hinkommen sollte. In dieser Formation, die ich als einer der ersten betreten und selbst eingehend auf Spuren untersucht habe, waren aber keinerlei Hinweise auf mechanische Einwirkungen festzustellen. Zudem bekam ich den Hinweis eines Jägers dieses Gebietes, daß er zufälligerweise die Nacht auf einem Hochstand unweit des Feldes verbracht hat, in welchem der besagte Kornkreis entstanden war. Er war in den Morgenstunden kurze Zeit eingeschlafen. Nachdem er wieder erwachte, war da plötzlich die Spiralformation, im Feld gegenüber gelegen, wo kurz zuvor noch keine gewesen war. Diese Hinweise sollen aufzeigen, wie abwegig es ist, sich hinter der Aussage zu verstecken, es gäbe keine echten Kornkreise und alles sei nur von Menschen hergestellt. Wenn man das Kornkreisphänomen wirklich verstehen will, dann muß man sich zunächst einmal von dieser Anschauung völlig lösen, denn erst jenseits der ewigen Fälscherfrage beginnt wahre Kornkreisforschung.

Ein weiteres Kriterium für echte Kornkreisformationen liegt darin, daß sie nach dem Goldenen Schnitt aufgebaut sind! Den Kollegen Jan Schwochow und Wolfgang Schindler aus Hamburg ist diese Entdeckung zu verdanken, die ein neues Kapitel in der Kornkreisforschung aufgeschlagen hat. Echte Kornkreisformationen sind nicht nur nach der optisch-sichtbaren Geometrie absolut beeindruckend. Es existiert zusätzlich noch ein verborgenes, geometrisches Konstruktions- oder Schöpfungsprinzip hinter der äußerlich sichtbaren Erscheinungsform der Kornkreise, welches auf den ersten Blick nicht zu erkennen ist und sich erst nach eingehender Analyse mit Hilfe von Grafik-Computern offenbart. Es ist durch die Größen- und Proportionsverhältnisse des Goldenen Schnittes genauestens definiert, wo, an welcher Stelle und in welcher Größe einer Kornkreisformation sich welches Element zu befinden hat, ohne daß das Gesamtbild der Formation unharmonisch wird. Es definiert die Grenzen der Formation absolut genau. Das erstaunliche daran ist, daß sich das Kornkreisphänomen auch der bereits vorhandenen Traktorspuren des jeweiligen Kornfeldes bedient. So werden die Traktorspuren in das Gesamtgewebe bzw. in die Gesamterscheinung häufig mit eingefügt. Liegt ein Feld z.B. an einem Hang und laufen die Traktorspuren bogenförmig durch ein Kornfeld, so ist auch eine Kornkreisformation in diesem Feld verzerrt, ohne aber aus den Zahlenverhältnissen des Goldenen Schnittes abzuweichen. Auf diesen Punkt werde ich später noch ausführlich eingehen, denn alle lebendigen Dinge im Universum sind nach den Verhältnissen des Goldenen Schnittes aufgebaut.

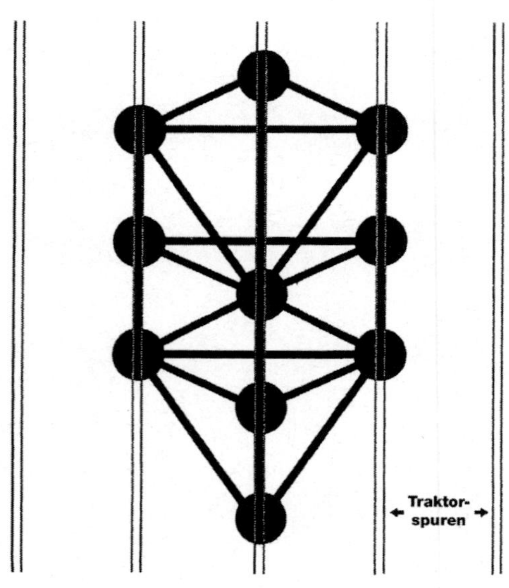

Lebensbaum als Kornkreis von 1997 ausgerichtet nach den Traktorspuren.

Es handelt sich hierbei um harmonische, proportionale Größen- und Zahlenverhältnisse im Mineralreich, im Pflanzenreich, bei allen Tieren, beim Menschen und selbst in übergeordneten Dingen wie unserem Sonnensystem. Nichts in der Natur und im ganzen Universum, nichts in der gesamten Schöpfung ist nur reiner Zufall. Die Natur „macht" nichts durch Zufall oder einfach nur zum Spaß, sondern unterliegt einem universellen Schöpfungsplan.

Nun gehören Kornkreisformationen nicht direkt der lebendigen Natur in ihrer schöpferischen Vielfalt an. Sie sind weder dem Mineralreich, dem Pflanzenreich noch irgend einer anderen Evolutionsstufe zuzuordnen. Hier drücken sich einfach nur formbildende Kräfte und proportionale Verhältnisse aus. Und da sich Kornkreisformationen auch im Goldenen Schnitt befinden, muß man zwangsläufig davon ausgehen, daß in ihnen dieselben Naturkräfte und dieselben Naturgesetze wirken, die auch in allen anderen Reichen der Natur tätig sind. Die Kräfte, die eine Kornkreisformation erst zu einer Kornkreisformation werden lassen, sind dieselben Kräfte, die auch eine Schneeflocke zu ihrer jeweils einzigartigen Formgestaltung bringt; es sind dieselben Kräfte, die ein Ahornblatt zu seiner äußeren Ausgestaltung bringt, es sind dieselben Kräfte, die einer Distel oder einer Sonnenblume sagen, daß sie sich nach genau derjenigen bestimmten äußeren Form zu entwickeln haben. Hier wirken dieselben Gesetze und Kräfte, die ein Mineral oder auch die äußere Form des Menschen zu seiner harmonischen Proportion wachsen lassen. Echte Kornkreise sind gewissermaßen ein kleiner Quantensprung in der Evolution, der bisher überhaupt noch nicht richtig erkannt und gewürdigt wurde. Hier werden frei und offen die Gesetzmäßigkeiten der sogenannten Heiligen Geometrie gezeigt. Aber nur die wenigsten können und wollen diese Wahrheit auch erkennen und annehmen.

Selbstverständlich ist und war es auch Menschen möglich, ihre Kunst nach dem Goldenen Schnitt aufzubauen und zu konstruieren. So hat z.B. Leonardo da Vinci seine Bilder nach dem Goldenen Schnitt gemalt. Bei diesem handelte es sich aber um eine der wenigen Ausnahmeerscheinungen unter Millionen von Menschen. Auch die früheren Architekten und Baumeister konstruierten Kathedralen und andere Gebäude nach dem Goldenen Schnitt, was als „Geheimwissen" weitergegeben wurde. Wollen sich die Kornkreisfälscher etwa anmaßen, sich mit diesen Meistern vergleichen zu wollen? Bisher ist keine von Menschen hergestellte Kornkreisfälschung exakt in allen Kriterien des Goldenen Schnittes nachgewiesen worden.

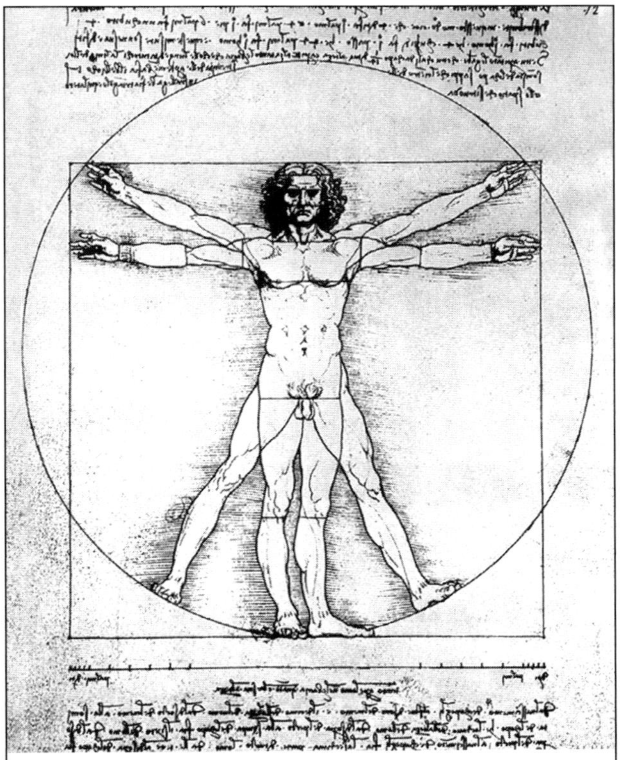

Leonardo da Vinci erkannte den Goldenen Schnitt in den Körperproportionen des Menschen.

Ein weiteres, interessantes Kriterium echter Kornkreise besteht darin, daß man aus ihnen homöopathische Essenzen entnehmen und diese gezielt in der Heilbehandlung einsetzen kann. Andreas Korte, ein Naturforscher aus dem Bodenseeraum, ist vor einigen Jahren auf das Kornkreisthema gestoßen. Schnell ist ihm klar geworden, daß wir es hier neben den von Menschen geschaffenen Fälschungen auch mit einem echten Kornkreisphänomen zu tun haben. Er hat sich relativ schnell von der bloßen Theorie in der Kornkreisforschung gelöst und ist in die Praxis übergegangen. Er berichtet über seine Arbeit wie folgt: ***„Wenn Sie mit einem Piloten über die Kornkreise fliegen, so wird er Ihnen hinter vorgehaltener Hand versichern, daß er es zwar niemals sagen würde, doch er wisse, daß die Kornkreise echt seien, denn jedes mal, wenn sie einen neuen Kreis überfliegen, werden sämtliche Instrumente nicht richtig funktionieren. Neben der perfekten Komposition, der mathematischen Präzision und der symbolischen Bedeutung sind es vor allem ihre meßbaren elektromagnetischen Energien, die die multidimensionale Information der Kornkreise ausmachen. Ich befasse mich schon seit mehr als 16 Jahren mit der Erforschung und Entwicklung von Blütenessenzen in Europa, Afrika und dem Amazonasgebiet.***

**Gefälschtes „Lang-Piktogramm“ am 13. Juli 2001 beim „Steinkammergrab“ in Züschen, Hessen, Deutschland.
Die Fälscher haben sich später selbst 'geoutet'.
In der Bodenaufnahme unten sieht man deutlich unsaubere 'Schlangenlinien'.
Fotos: Frank Laumen (oben), Eckhard Weber (unten).**

Bild oben: Fälschung im East Field, England, Ende Juli 2003. :s sollte ein Quadrat mit 'Feuerflammen' entstehen, das jedoch in iner Nacht nicht fertig wurde, wobei die zweite Reihe nicht mehr ɔaßte und auch die 'Mitte' verfehlt wurde. Foto: Eckhard Weber.

Bild unten: „BBC-Kornkreisfälschung" (Herstellzeit 48 Stunden in abgesperrtem Feld), im August 1998 beim Milk Hill, Wiltshire, England. Foto: Stefan Malik.

Seit 1991 beschäftigen wir uns auch mit der Erforschung von Delphinen und Walen. Seit dem Jahr 1996 speichern wir im gleichen Verfahren wie bei der Gewinnung von Essenzen auch die Informationen der elektromagnetischen Kräfte der Kornkreise in Essenzen. Solange ein Kornkreis besteht, sind diese Kräfte in seinem energetischen Umfeld existent. Wird ein Kornkreis von sehr vielen Menschen besucht oder ist er schon alt, so schwächen sich diese Schwingungen ab. Wenn das Korn dann abgeerntet und das Feld danach umgepflügt wird, so geht diese Information verloren. In der Kombination mit der Information von Farbe und Licht haben wir ein Verfahren entwickelt, bei dem die spezifische Schwingung von Essenzen mittels Lichtwellen transportiert werden kann. Diese holistische Lichtbehandlungsmethode wurde unter der Nummer DE 101 04 762 A1 beim deutschen Patentamt registriert. Das Besondere der Kornkreisessenzen ist, daß sich herausstellte, daß diese nicht nur in einem eingeschränkten Bereich wirken, sondern daß analog zu ihren multidimensionalen Informationen auch eine mehrschichtige Wirkung beobachtet wird. So lassen unsere bisherigen Beobachtungen mit EEG und anderen feinstofflichen Meßmethoden bislang die Vermutung zu, daß sie einerseits unseren energetischen Körper harmonisieren und andererseits so etwas wie eine energetische Fixierung mit dem physischen Körper bewirken. Eine interessante Beobachtung ließ sich auch in Bezug auf die Lagerichtung des Getreides beobachten. Waren die Kornkreise im Uhrzeigersinn niedergelegt, so war das Empfinden für diese Essenzen wie eine energetische Aufladung des energetischen Körpers. Lagen die Halme aber im Gegenuhrzeigersinn, so wurden diese Essenzen eher als eine Reinigung für den energetischen Körper oder für gewisse Chakren empfunden. In der Tat haben diese Essenzen bis heute eine starke energetische Wirkung gezeigt, was sich auch bei verschiedenen Versuchen bestätigt hat. Das Verfahren der holistischen Lichtmethode wird heute schon von mehreren Ärzten und Heilpraktikern in Europa, Südamerika und Japan mit Erfolg angewendet, was sicherlich auf die Heilkraft der Kornkreisessenzen zurückzuführen ist.“

(weitere Informationen im Internet unter: www.KortePHI.com)

Auch hier wurde ein völlig neues Kapitel in der Kornkreisforschung aufgeschlagen und dank Andreas Korte und seinem Team einem nunmehr größerem Interessentenkreis zugänglich gemacht. Dieses Thema ist zwar in der englischen Kornkreisszene schon seit einigen Jahren bekannt, doch viele Kollegen in der Kornkreisforschung sind der Meinung, daß man Essenzen auch aus Fälschungen entnehmen kann. Dieser Einwand ist natürlich berechtigt, denn jedes Objekt, ob nun natürlicher Herkunft oder von Menschen angefertigt, besitzt eine sogenannte Formstrahlung. Grundsätzlich, so kann man heute sicher sagen, birgt jede Kornkreisformation Kräfte in sich, völlig unabhängig davon, ob diese nun echten, also natürlichen Ursprungs ist oder von Menschen angelegt wurde. Eine mit frischen und unbelastetem Wasser gefüllte Ampulle, welche man zur Entnahme von einer homöopathischen Essenz für einige Stunden zur Einwirkung in einen Kornkreis stellt, wird immer eine Information aufnehmen. Wasser mit seiner grundsätzlichen Eigenschaft als passives, aufnehmendes und/oder empfangendes Element hat zwar auf der einen Seite kein komplexes Bewußtsein wie ein Mensch, kann aber andererseits dennoch Informationen jeglicher Art aufnehmen wie Arbeiten des Japaners Masaru Emoto eindrucksvoll beweisen. Daraus ergibt sich jedoch ein elementarer Unterschied zwischen natürlichen und von Menschen hergestellten Kornkreisen: eine Essenz aus einem echten oder natürlichen Kornkreis wird nicht von der sichtbaren geometrischen Form, sondern von der ätherischen Qualität des Kornkreises genommen, die innerhalb der Grenzen desselben wirkt!

Würde man von einer Fälschung eine Essenz nehmen, so bekäme man bestimmt eine Essenz der Bodenqualität, der verschiedenen Mineralien, Tone und Erden, aus denen das Feld besteht, vielleicht auch eine Essenz der jeweiligen Feldfrucht und im abstrakten Sinne auch eine Information der Formstrahlung der Formation. Diese Essenzen sind aber nur von untergeordneter Qualität. Wir haben es hier bei echten oder natürlichen Kornkreisen mit etwas völlig anderem zu tun. „Irgendetwas“ hat hier eine Ursache gesetzt, was sich dann zum Kornkreis ausgebildet hat.

Man nimmt hier nicht die Essenz des Bodens, nicht die Essenz der Feldfrucht und auch nicht die Essenz der geometrischen Form. Man nimmt bei echten Kornkreisen, und das ist der wesentliche Unterschied, eine Essenz von etwas viel Höherwertigem und Übergeordnetem, also von derjenigen Kraft, die den Kornkreis erschaffen hat, die maßgeblich in der Kornkreisformation wirkt oder nachwirkt und die alle anderen Qualitäten dieses Platzes bei weitem übertrifft! Man nimmt hier eine homöopathische Essenz der Ätherischen Kräfte bzw. der Ätherischen Bildekräfte, wie sie Rudolf Steiner bereits vor 100 Jahren definiert und beschrieben hat. Diese Kräfte sind es, die diese Kornkreisessenzen so außergewöhnlich in ihrer Wirkungsweise und in ihrem Wirkungsgrad machen. Nach Rudolf Steiner versteht man unter Ätherischen Bildekräften folgendes:

Alles Lebendige auf unserer Erde, das gesamte Pflanzenreich, alle Tiere dieser Welt und auch alle Menschen sind Träger eines sogenannten Ätherkörpers, den man auch Lebensleib oder Bildekräfteleib nennt. Ohne diesen Ätherkörper ist kein Leben im Pflanzenreich, im Tierreich und beim Menschen möglich. Er hält die Lebensfunktionen jedes individuellen Organismus aufrecht und steuert auch dessen Stoffwechselfunktionen. Der Ätherkörper oder Bildekräfteleib steht in direkter Verbindung mit der Sonne und bekommt seine Lebenskräfte von ihr. Unentwegt strömen von der Sonne Ätherische Kräfte in alle Weiten des Alls hinaus. Bei den Indern sind diese Kräfte unter dem Namen „Prana" bekannt, die alten Germanen nannten diese Kräfte „Od". Diese Kräfte von der Sonne sind es, die dem Pflanzenreich, dem Tierreich und auch den Menschen ihre notwendigen Lebenskräfte verleihen. Diese Ätherkräfte wirken in allen lebendigen Formen der Natur und sie sind es auch, die eine Kornkreisformation zu ihrer Ausgestaltung bringt und in ihr nachwirken. Hochfrequenzaufnahmen nach der sogenannten Kirlian-Fotographie zeigen, wie beeindruckend Kornkreis-Essenz-Tröpfchen aussehen können: sie haben eine sehr ansprechende, wunderschöne vielfarbige Aura. Hierbei handelt es sich um ein Sichtbarmachen der Ätherischen Kräfte eines Objektes.

Wie bei so vielem spielt beim Kornkreisphänomen natürlich auch die eigene Erfahrung eine Rolle, wie man mit diesem Thema umgeht. Die meisten Leser hatten bisher nicht die Möglichkeit, Formationen persönlich in Augenschein zu nehmen und angesichts imposanter Luftbilder von „gelungenen" Fälschungen kommt vielleicht immer wieder Skepsis auf. Wenn wir uns jedoch bemühen, dieses Thema zu „lieben" und den Kornkreisen sprichwörtlich mit Liebe begegnen, dann werden sie auch in einer ihnen gemäßen Sprache antworten und wir werden sie eines Tages auch verstehen. Kornkreise nur zum Spaß selbst zu fälschen, das ist der völlig falsche Ansatz, um diesem Thema näher zu kommen. Das führt zu nichts, außer zu jeder Menge Ärger und Zorn der Landwirte, der arglistig getäuschten Menschen und wahrscheinlich auch zu einem Kopfschütteln des wahren, großen Schöpfers der Kornkreise. ***Der Schöpfer hinter unserer sichtbaren und unsichtbaren Welt hält jedoch noch viele Geheimnisse bereit und der Autor Eckhard Weber möchte anschließend ein persönliches Erlebnis einfügen, das vielleicht den einen oder anderen Leser überzeugen wird und er versichert auch, daß es sich hierbei keineswegs um eine erfundene Geschichte handelt!*** ■

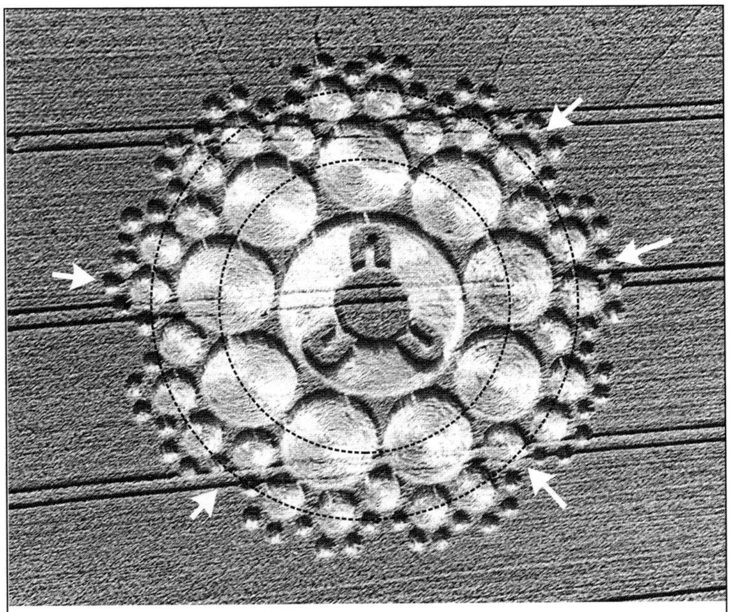

„BBC-Kornkreisfälschung" im August 1998
mit geometrischen Ungereimtheiten (siehe Pfeile). Außerdem waren Hilfslinien (gestrichelt eingezeichnet) zu erkennen.
Foto (perspektivisch entzerrt)**: Stefan Malik.**
Farbbild siehe Seite 127.

Bild oben: „Das Spinnennetz“ oder „Der Traumfänger“ vom 11. August 1994 bei Avebury, Wiltshire, England, 110 m. Die Kornlagen in dieser Formation sind wahrscheinlich nicht zu fälschen. Foto: Lucy Pringle.

Bild unten: Fälschung vom „Team Satan“ vom 1. August 2000 bei Allington Down, Wiltshire, England. Auf der rechten Seite der Formation erkennt man deutlich asymmetrische Geometrien, sowie Hilfslinien im inneren Teil (siehe Pfeile). Foto: Frank Laumen.

Diese beiden Fälschungen zeigen sehr deutlich, wie schwer es offensichtlich ist, perfekte Kreise zu erzeugen.
Bild oben: angelegt am 15. Juni 2002 in Brachbach bei Kupferzell, Baden-Württemberg, Deutschland.
Bild unten: angelegt am 11. Juli 2002 bei Kasselvitz auf der Insel Rügen, Mecklenburg-Vorpommern, Deutschland.
Die kleinen Kreise könnten echt sein, der große Kreis sieht sehr disharmonisch aus. Fotos: Frank Laumen.

Das „Fröschewunder“ von Burghasungen

Die beiden Kreise, die Ende Juni 1996 in Zierenberg-Burghasungen (Farbilder Seite 50+51) entstanden sind, waren in einer weiteren, bereits auf Seite 56 angedeuteten Weise etwas Außergewöhnliches. Als ich mit mehreren Personen am ersten Tag nach der Entstehung die Formationen besichtigte, stellten wir fest, daß es in dem einen Kreis von zigtausenden junger Frösche nur so wimmelte. Man konnte kaum einen Schritt machen, ohne auf eines dieser Tiere zu treten. Außerhalb dieses Kreises und auch im anderen Kreis (lila blühendes Feld) war jedoch kein einziger Frosch zu sehen. Einen Tag später stellten wir fest, daß alle diese Frösche wieder verschwunden waren. Zunächst hatte ich gedacht, daß diese jungen Laubfrösche von der Energie dieses speziellen Kreises angezogen und aus Bächen und Weihern der Umgebung angewandert sind.

Doch weshalb entdeckte man keinen einzigen Frosch außerhalb des Kreises? Zigtausende von kleinen Fröschen hätte man doch auch bei der Wanderung beobachten müssen und ein Gewässer, aus dem diese Massen von Tieren stammen könnten, ist mir in der Nähe auch nicht bekannt. Siegfried Lindwurm, Autor des Buches „VORSICHT LICHT – Ein spirituell-historischer Crash-Kurs zum dritten Jahrtausend“, der als Kenner des Lorber-Werkes gilt, machte mich dann auf die immer wieder beobachteten und beschriebenen „Amphibienregen“ aufmerksam, bei denen es jeweils Frösche, Schlangen, Kröten oder Fische vom Himmel regnet. (Zitat: ***„Die Erde besteht tatsächlich seit Milliarden von Jahren. Die sogenannte Evolution ist jedoch kein Zufallsprodukt, sondern unterliegt einem festen Stufenplan, der bei der entsprechenden Entwicklungsreife völlig neue Lebensformen entstehen läßt. Da alle Informationen im Licht codiert sind, kann auch die Atmosphäre unter bestimmten Bedingungen – die durch die zunehmende Umweltverschmutzung jedoch immer seltener werden – ebenfalls als 'Ursuppe' genutzt werden, womit sich auch die immer wieder glaubhaft beschriebenen 'Amphibienregen' erklären lassen, wenn Tausende von Fröschen, Schlangen oder anderen Tieren 'vom Himmel fallen', jedoch meist nicht überleben und sich wieder auflösen. Auch Heuschreckenschwärme können sich auf diese Weise bilden und verheerenden Schaden anrichten.“***) Er nannte mir auch die Stellen im Lorber-Werk, an denen auf dieses Phänomen eingegangen wird, die ich nachstehend zitieren möchte. Aus Jakob Lorber, „Erde und Mond“, Kapitel 14 und 15: ***„Daß die Erde wirklich Samen erzeugt für allerlei Pflanzen und Tiere, kann aus vielen Erscheinungen auf der Erdoberfläche abgenommen werden. Zu diesen Erscheinungen gehören die ursprüngliche Bewaldung der Gebirge wie die Moos- und Grasüberwachsung mancher früheren wüsten Steppen, auf denen ein Jahrtausend hindurch nichts gewachsen ist. Schimmel und Schwämme haben noch bis jetzt keinen anderen Samen. Dann gehören zu den diese Sache erklärenden Erscheinungen die jener – wenn schon etwas seltener, aber im ganzen doch noch häufig genug vorkommenden – Art, wo es Getreide und allerlei Körner geregnet hat; und besonders sind diese Sache erklärend die nicht selten vorkommenden Fisch-, Schlangen- und Krötenregen und noch andere dergleichen Erscheinungen, von denen kein sogenannter Naturforscher sagen kann – wenn er nur einen Gran gesunden Verstandes hat –, daß sie etwa gar irgend ein Wirbelwind von der Erde aufgehoben und dann wieder niedergeschleudert hat; denn da müßte er doch irgend nachweisen können, daß auf der Erde sich ein solcher Platz vorfindet, auf dem solche Wesen in nicht selten trillionenfältiger Anzahl vorhan-***

den gewesen sind, und würde er auch das tun können, so würde er nichts weniger tun, als eben die eigentümliche Zeugungskraft der Erde um so auffallender beweisen, wie eben die Erde aus sich selbst dergleichen hervorbringen kann... Diese Erscheinungen geschehen scheinbar wohl also, daß jemand glauben könnte, sie seien gewisserart Sammlungen von gewissen Wirbelwinden, die sich aber dann in der Luft in irgend einen Knäuel vereinigten und sodann wieder herunterfielen, so die Hebekraft des Wirbelwindes nachgelassen hätte. Allein für einen nur etwas tieferen Forscher wird diese Erklärungsweise sicher nicht genügend sein; denn um Frösche, Kröten und Schlangen zu heben, würde ein ungeheuer starker Wirbelorkan oder gar eine allerheftigste Windhose vonnöten sein. So aber diese mehr lockeren Tierkörper einer solchen zerstörenden Wut der Winde preisgegeben würden, so müßten sie fürs erste ja eher in die kleinsten Stücke zerrissen sein, bevor sie wieder zur Erde fielen, und mit dem Lebendigbleiben solcher Tiere hätte es dann sicher seine geweisten Wege. Fürs zweite müßte eine solche Windhose, um etwa irgend einen ganzen See oder einen Morast, der oft mehrere Stunden in der Länge und Breite hat, auszufischen, selbst einen ungeheuren Durchmesser haben und eine Kraftäußerung daneben, der kein Berg widerstehen könnte, was doch nicht leichtlich ein Naturforscher annehmen kann. Und fürs dritte würde ein solcher Wind oder eine solche gewaltige Windhose wohl das Wasser des Sees bis auf den letzten Tropfen oder auch einen ganzen Morast dergestalt ausputzen, daß da nicht auch nur ein lockeres Sandkörnchen zurückbliebe, wo dann, wenn es diese Tiere niederregnete, auch Wasser, Schlamm und noch eine Menge anderer Ingredienzien herabfallen müßten, was aber gewöhnlich bei diesen sogenannten Amphibienregen niemals der Fall ist. Wohl aber entstehen diese Erscheinungen auf folgende Art: Die Erde zeugt als ein Doppelwesen in irgend einer Gegend aus ihren Eingeweiden heraus eine gewöhnlich zahllose Menge solcher Eierchen. Diese sind sehr klein und werden leicht durch die Poren und Kanäle der Erde hinausgetrieben. Durch den in ihnen zugrunde liegenden Gärstoff werden sie, je weiter herauf sie kommen, desto mehr ausgedehnt, wodurch sie am Ende leichter als die atmosphärische Luft werden, und steigen dann, so sie die Oberfläche der Erde erreicht haben, in der Gestalt dunkler Nebel nach Art eines Luftballons in eine bestimmte Höhe, wo sie in eine stark elektrische Strömung geraten, und das zwar leicht, weil sie von dieser eigens angezogen werden. In dieser Strömung werden sie dann schnell ausgereift und ausgeboren, und das nicht selten in einer Anzahl von vielen tausend Millionen. Weil sich diese Tierchen aber dann aus der Luft durch die elektrische Strömung einen spezifisch schwereren Leib gebildet haben, als die Luft selbst ist, so können sie sich auch in der Luft nicht mehr lange aufhalten, sondern senken sich zur Erde herab; aber, weil sie dennoch ziemlich leicht sind, nicht so schnell, daß sie durch einen solchen Fall plötzlich zerplatzten und somit natürlich alsogleich getötet würden, sondern sie kommen allezeit ziemlich wohlbehalten herab und können nach dem Herabfallen noch einige Stunden lang leben.[32]

JAKOB LORBER (1800-1864)
In den letzten 24 Jahren seines Lebens wurden ihm durch eine innere Stimme mehr als 10.000 Seiten über den Aufbau des Universums, die geistige Welt und zur menschlichen Entwicklung diktiert.

Grafische Darstellung wie der Schöpfungsimpuls eine neue Galaxie entstehen läßt

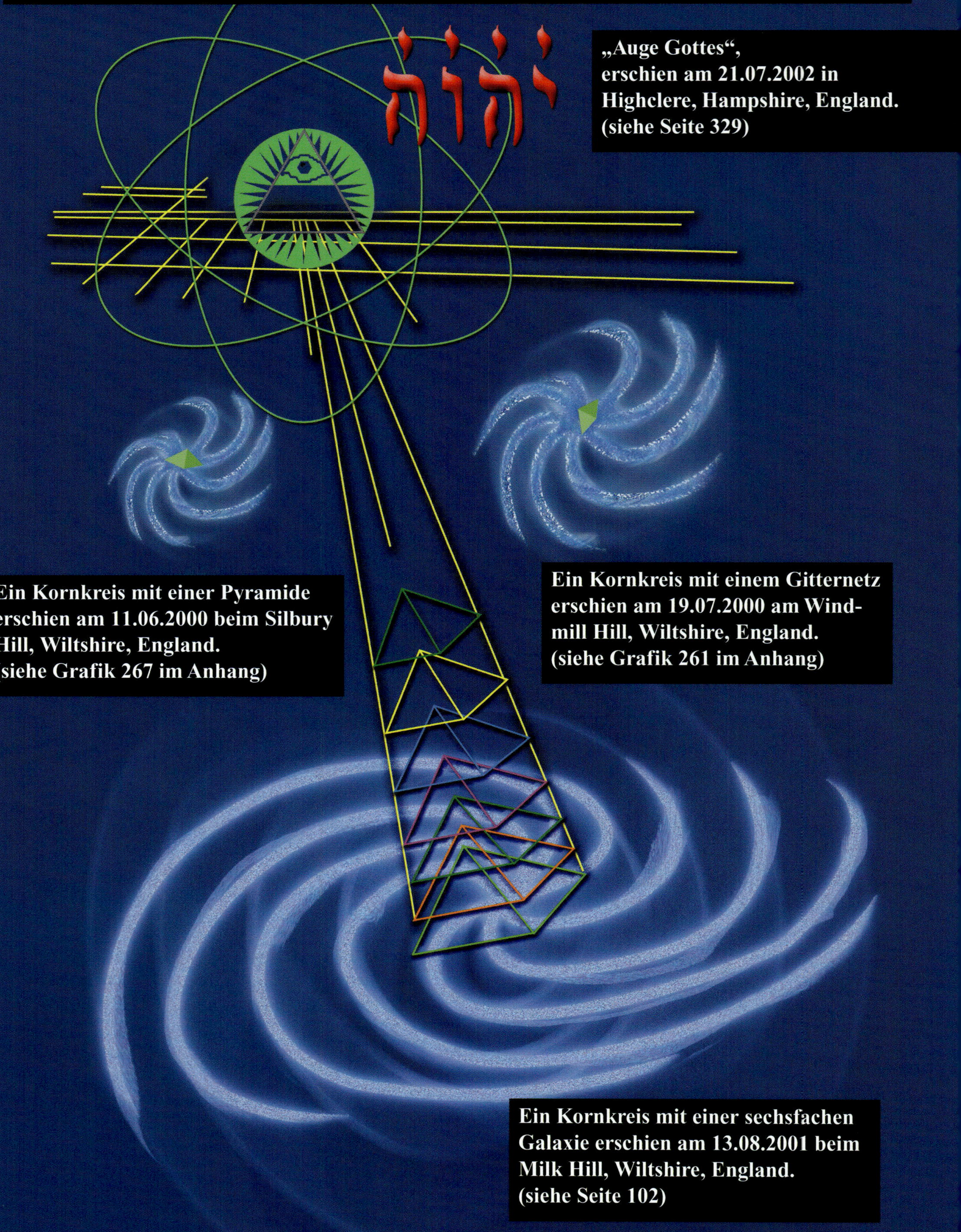

Die göttliche Schöpfung eines materiellen Universums

Quelle: 24

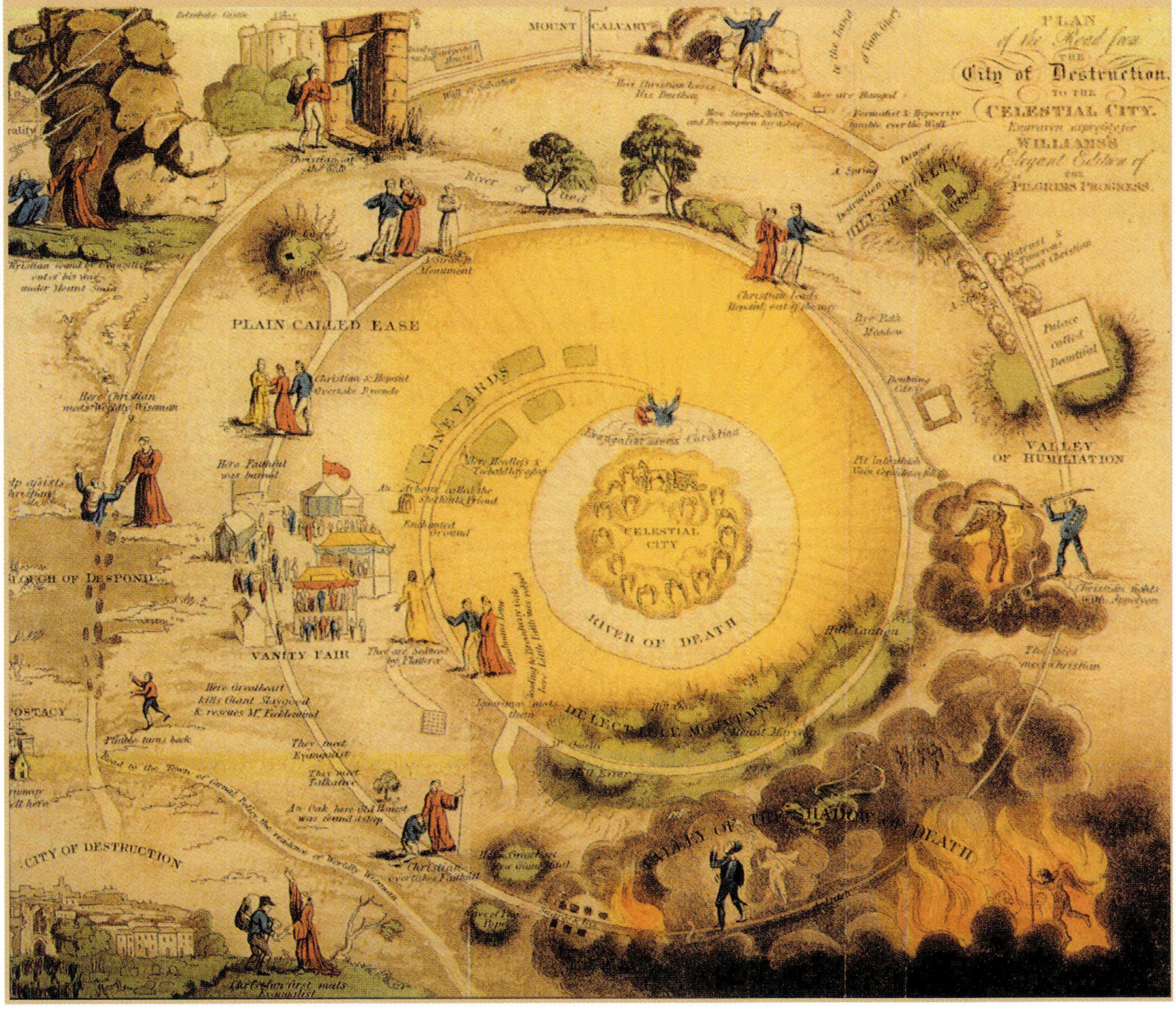

Der Weg, den alle Seelen gehen

Viele Kulturen haben schon seit frühesten Zeiten das eigentliche Ziel der Seele als die spirituelle Vollkommenheit, bzw. als den Himmel bezeichnet, während das menschliche Leben eine einzige lange Reise dorthin ist. Der römische Dichter Vergil schrieb im 1. vorchristlichen Jahrhundert: „Der Abstieg in die Unterwelt ist leicht.“ Jedoch der Aufstieg in den Himmel galt fast immer als qualvoll. Manche meinen, daß die Reise erst beginnt, wenn der Körper abgelegt wird. So glaubten die bolivianischen Guarayu-Indiander, daß sich der Seele nach dem Tod zwei Möglichkeiten öffneten - einen leicht gehbaren Pfad und einen schwierigen. Zur ewigen Glückseligkeit führte jedoch nur die gefährliche Route. Das Christentum und andere Religionen sehen die Schwierigkeiten des irdischen Lebens und die Leiden als die Reise der Seele zum Heil. Durch eine symbolische Landschaft voller Gefahren und Anfechtungen, die ihn vom Weg der Erlösung abbringen sollen, läßt John Bunyan im 17. Jahrhundert den Jedermann „Christ“ auf seiner allegorischen Pilgerreise wandern. Der oben abgebildete Stich aus dem 19. Jahrhundert stellt dar, wie der Weg, der den Wanderer von der Stadt der Zerstörung (City of Destruction) zur Stadt Gottes (Celestial City) oder in den Himmel führt, von mannigfaltigen Versuchungen und Hindernissen gesäumt wird. Bekannte Stationen, wie der Jahrmarkt der Eitelkeiten (Vanity Fair), das Tal der Erniedrigung (Valley of Humilitation) und der Fluß des Todes (River of Death) sind einige davon. In den mystischen Beschreibungen ist die Irrfahrt der Seele immer wieder in einer Spiralform dargestellt. In der Kabbala wird die Auffassung vertreten, daß die Seele den Baum des Lebens in einem spiralförmigen Weg hinabsteigt und in dem Moment, da sie unten angelangt ist, durch die Geburt physische Erscheinung annimmt. Nachdem der Mensch den leiblichen Körper abgelegt hat setzt eine rückläufige Bewegung ein und die Seele kehrt ins Geistige Reich heim. Die Spirale ist für einige Denker des New Age ein wichtiges Symbol für den Wechsel der Jahreszeiten, die Zyklen der Natur, was auch das Zu- und Abnehmen des Mondes beinhaltet, wie auch einen zur vollkommenen Erkenntnis führenden sich sanft empor schraubenden Pfad.

Aber weil diese Gestaltung ein Stufenübersprung ist und nicht mit dem ordnungsmäßigen Vorwärtsschreiten geistiger Intelligenzen aus dem Erdkörper im Einklange steht, so vergehen sie auch bald wieder aus dem erscheinlichen Dasein, werden von der Erde wieder aufgesogen und in das Pflanzenreich getrieben...“ [32]

Großes Evangelium Johannes, Band 5, Kapitel 251,9+10: ***„Um aber auf unsere Heuschrecken zurückzukommen, so entstehen sie zwar allenthalben auf den wärmeren Erdstrichen, aber zumeist zu gewissen Zeiten in Ägypten und im südlichen Asien. Da ist durch die Beschaffenheit des Klimas die stärkste Naturlebensgeisterproduktion, oder sie entwickeln sich dort am ehesten und häufigsten, weil da der materielle Boden der Erde, die Wärme der Sonne, ihr starkes Licht, der stets mächtige Tau und noch eine Menge anderer Umstände so mächtig einwirken, daß stets eine große Menge früher noch gebundener Erdgeister frei werden, sich ehest mit den Luftgeistern verbinden, dann in eine leichte Materie gewisserart sich einpuppen und weiter in der Puppe sich sodann mit einem Leibe bekleiden und in das tierische Erdenleben eingehen. Auf diese Art und Weise entstehen in den sehr warmen Ländern der Erde auch die Heuschrecken, und zwar sehr oft, obwohl sie auch aus ihren eigenen Eiern ausgebrütet werden können.“*** [31]

Spezialausgabe Magazin 2000plus, Argo-Verlag.

Damit erklärt sich auch das spurlose Verschwinden der Frösche am nächsten Tag und manche biblische Heuschreckenplage, aber auch das Auftreten von Süßwasserfischen in Seen auf vulkanischen kleinen Inseln mitten im Meer, die noch niemals Verbindung zum Festland hatten. Auch das Auftreten völlig neuer Lebensformen ohne evolutionäre Zwischenstufen können so erklärt werden, denn die berühmte Frage, was zuerst da war, das Huhn oder das Ei, wird hier klar beantwortet: Jedes Geschöpf wurde in seiner ureigenen Form materialisiert, ausgestattet mit der Fähigkeit, sich anschließend fortzupflanzen. Diese erscheint auf jeden Fall logischer, als der bereits mehrfach widerlegte Darwinismus, der immer noch Millionen „zufällig“ entstandener Evolutionsschritte voraussetzt und auch bis heute niemand erklären kann, wie z.B. eine Raupe durch „zufällige“ Mutationen auf die Idee kommen sollte, sich zu einem Schmetterling zu entwickeln.

Zum Abschluß dieses Kapitels möchte ich noch eine Passage aus dem Buch „VORSICHT LICHT“ von Siegfried Lindwurm zitieren, der eine Inhaltsbeschreibung des Lorber-Werkes verfaßt hat:

„Das Verhältnis von Materie und Geist:

Alle Materie ist aus zerfallenem Licht entstanden. Dies stellt den 'Fall' des Geistes dar, der selbst das Abenteuer eigener Schöpfungen einging. Sämtliche Informationen sind im Licht codiert und finden dann ihren materiellen Ausdruck, wenn äußere Bedingungen den geforderten Voraussetzungen entsprechen. In der Schöpfung gibt es daher weder Zufall noch Chaos. Materie hat jedoch die Vorbestimmung (man könnte es auch Chance nennen) wieder zum Geist zurückzukehren. Dies geschieht über den Weg vom Mineral- über das Pflanzen- und Tierreich bis hin zum Menschen, der eine selbstbestimmte Seele hat, die ewig lebt. Die Erkenntnis der einzelnen Seelen wird über zahlreiche Inkarnationen, nicht nur auf dieser Erde, gewonnen und die Existenz von Himmel und Hölle ist durchaus real, wobei die 'Hölle' keine ewige Verdammung in einer Gluthitze darstellt, sondern das Seelenbewußtsein belastet, das bei seiner vorgenommenen Aufgabe gescheitert war und sich nun für den nächsten 'Anlauf' vorbereitet. Jede Materie stellt im Grunde einen manifestierten Gedanken dar, der seine Existenz dem Bewußtsein und der Betrachtung seiner 'Schöpfer' verdankt. Sobald der letzte Mensch einer Zivilisation sterben sollte, werden sich dort auch alle von Menschenhand geschaffenen, künstlichen Gegenstände quasi in Luft auflösen, da es niemand mehr gibt, dessen Bewußtsein diese Formen aufrecht erhält.“ [30]

(siehe auch Seite 135 – „Der Weg aller Seelen“)

Kosmische Botschaften – nicht nur im Korn!

Die Kornkreispiktogramme hat es anscheinend schon immer gegeben, wie man von den Aufzeichnungen der letzten 500 Jahre aus England, Holland und Belgien ersehen kann. Zu dieser Zeit gab es weder Raumfahrttechnologie noch Satelliten, womit man diese als Verursacher ausschließen kann. Wahrscheinlich begleitet dieses Phänomen die Menschheit schon immer, aber seit rund 13 Jahren hat ihre Anzahl sprunghaft zugenommen. Mit jedem Jahr wurden sie nicht nur zahlreicher, sondern auch künstlerischer, komplexer und rätselhafter. Sie erscheinen hauptsächlich in England, aber nicht nur dort, sondern auch in vielen anderen Ländern auf der ganzen Erde.
Die echten Kornkreise (nicht menschlichen Ursprungs) befinden sich mitten in Korn- und Rapsfeldern, sind bis zu 500 Meter lang, bestehen aus perfekten Kreisen, Ellipsen, Geraden, Spiralen und anderen Flächen- und Linienmustern, wobei die Getreidehalme nicht gebrochen, sondern nur flachgelegt und manchmal sogar wie ein Zopf geflochten sind.
Es zeigt sich auch, daß die Zellstruktur der Getreidehalme leicht verändert ist und in den Kornkreisen magnetische Anomalien auftreten. Erscheinen die Kornkreise in Getreidefeldern, die noch grün sind, wachsen die flachgelegten Pflanzen unbeschadet weiter. Auch hier sind keinerlei Fußspuren festzustellen, die in das Getreidefeld hinein- oder hinausführen.
Für die komplexen Geometrien der Kornkreise müßten aus vermessungstechnischer Sicht viele Hilfspunkte gesetzt werden, gerade bei großen Radien und bei ineinander übergehenden Radien muß der Kreismittelpunkt auch außerhalb des Kornkreises ermittelt werden. Und diese Hilfspunkte fallen natürlich nicht immer in die Traktorspuren. Also wenn alle Kornkreise menschlichen Ursprungs wären (wie manche „Kornkreisexperten" uns diese These weismachen wollen) müßten immer kleine Pfade im Getreide zu erkennen sein. Dies ist jedoch nicht der Fall, wobei ich zugeben muß, daß auch die Kornkreisfälscher ihre Technik enorm verbessert haben, wie ich vor allem bei meinen letzten Englandreisen feststellen konnte.

Im Trockensee des Mickey Basin in Oregon, USA wurde im August 1990 eine gigantische Formation in Form eines Mandalas entdeckt. Die Linien waren ca. 25 cm breit und 8 cm tief. Die Gesamtlänge der Linien betrug ca. 25 Kilometer. Das einzig existierende Foto wurde von Eric Eyler aufgenommen.

Manche gefälschte Kornkreise sehen aus der Luft (mit dem Flugzeug) sehr passabel aus, geht man aber in solch einen Kreis, ist man von der katastrophalen Kornlage erst einmal geschockt, wenn man die Kornlage eines echten Kornkreises kennt. Es muß an dieser Stelle natürlich auch erwähnt werden, daß gewisse Mächte (wie z.B. die britische Militärführung) ein großes Interesse zeigten und noch immer zeigen, diese deutlichen Zeichen zu verwischen. Sie inszenieren Fälschungen und großangelegte Desinformationskampagnen, die weltweit verkünden, das Rätsel der Kornkreise sei gelöst: Sie seien nichts anderes als das Werk von irgendwelchen gelangweilten Spaßvögeln in der Sommerzeit und niemand solle so blöd oder leichtgläubig sein und denken, diese Kornkreise seien etwas Geheimnisvolles oder – sogar noch lächerlicher – das Werk von Außerirdischen.
Man staunt, daß die Existenz solch eindeutiger und doch unerklärlicher Indizien im „Zeitalter der

Bild oben: „Das Feuerflammenrad“ vom 4. Juli 2002, ca. 260 m, in der Nähe von Stonehenge, Wiltshire, England.
Hier sieht man deutlich die ineinander übergehenden Radien ohne Hilfspunkte. Foto: Steve Alexander.
Bild unten: Ein Eisring am 2. Dezember 2000 bei Delta im Staat Ontario, Kanada.
Der Ring entstand völlig unerklärlich auf dünnem, nicht tragfähigem Eis. Foto: The Murial, www.themurial.on.ca.

Bild oben rechts: Satellitenaufnahme des rund 4,5 km langen Scharrbildes in der australischen Wüste vom Juli 1998. Es handelte sich um einen pflugähnlichen Erdauswurf, allerdings fand man keinerlei Reifenspuren! Soll dieses Bild den Adam Kadmon, den göttlichen Menschen darstellen? Foto: BILD-Zeitung vom Juli 1998.

Bilder links oben und Mitte: Einer der schwedischen Eis- bzw. Wasserringe in exakter Kreisform. Es ist bisher nicht klar, ob das Eis in der Formation exakt geschmolzen wurde oder ob der fehlende Eisring in diesem zugefrorenen See auf mysteriöse Weise entfernt wurde.

Bild unten: Eines der spektakulären Erdlöcher in der Schweiz von 1982, bei dem über Nacht ca. 400 t (178 m³) Erdmaterial verschwunden sind. Diese Löcher stellen bis heute ein ungelöstes Rätsel dar, da auch hier keinerlei Reifen- oder Werkszeugspuren zu finden waren.

Dieses Erdloch vom 17.12.1982 in Begnins hatte einen Durchmesser von 5,5 m und eine Tiefe von 7,5 m. Es liegt über einem Tunnel, weshalb ein Erdeinbruch nach unten ausgeschlossen werden kann. Foto: Helmut Schaffer.

Information" nicht bekannter ist und mit solch billigen Vertuschungen vor der Öffentlichkeit ferngehalten werden kann. Wenn über Kornkreise berichtet wird, sieht es so aus, als ob nur sehr wenige Menschen bereit sind, bei diesem Thema zuzuhören. Jeder hat so seine eigene Theorie oder nimmt die Meinung der Medien an und erzählt diese auch noch im Freundeskreis weiter.
Die „echten Kornkreismacher" versuchen, mit den Kornkreisen nebst vielen anderen Bemühungen, die Menschen zu wecken. Es gibt zwei Gründe, warum sie Getreidefelder wählen. Erstens wird durch den regelmäßigen Wuchs des Getreides der Kreis gut sichtbar und hat den Effekt, wie mit einer Kreide auf einer Tafel geschrieben zu wirken. Sie beschränken diese Zeichen jedoch nicht nur auf Getreidefelder, es gab große Zeichen in der australischen Sandwüste, bis 4500 Meter lang, die nur aus 9000 Meter Höhe oder von Satelliten aufgenommen werden konnten.
In Kanada wurden die Baumwipfel zu geometrischen Kreisen umgelegt als wären sie Getreide. In den USA gab es mehrere hundert Meter große Zeichen in Salzseen. In Schweden, Finnland und Rußland gab es Schnee- und Eiskreise, wobei das Eis wie mit einem Laser weggeschmolzen war und auch nicht mehr zufror, trotz hoher Minus-Temperaturen.

Von STEFAN ULMEN
Bitterfeld – Ganz Deutschland rätselt über das unheimliche Loch von Bitterfeld: Wurde es wirklich von Außerirdischen in den Acker gebeamt?
Die These wird immer wahrscheinlicher – denn jetzt wurde bekannt: Es gibt noch ein viel größeres Loch in Sachsen-Anhalt, dessen Herkunft kein Geologe erklären kann!
BILD berichtete gestern über den Ufo-Alarm in Bitterfeld. Mitten im Weizenacker von Bauer Heinz Renn (53) klaffte das unheimliche Loch (1,10 Meter tief, 1,30 Meter breit). Es gibt keinen Erdaushub, keine Fahrspuren drum herum. Jetzt entdeckte BILD in den Akten des geologischen Landesamts noch mehr Löcher.
Nur 70 Kilometer weit entfernt auf einem Acker bei Liederstädt klaffte kürzlich ein 4 Meter tiefes, 6 Meter breites Loch. Auch hier gab es keine Erde herum, keine Spuren von Reifen. Genau so unheimlich sahen zwei Löcher bei Kelbra 1993 und eins bei Helfta 1995 aus.
„Die Löcher sind mysteriös", sagt Ufologin Ingrid Schlotterbeck (53). „Es existiert mit Sicherheit Leben außerhalb unseres Sonnensystems. Es waren oder sind Außerirdische auf unserem Planeten. Man muss sich mit dem Gedanken abfinden, dass es anderes Leben gibt. Vielleicht ist ein solches Phänomen ein Hinweis darauf."

1993 Kelbra

▲Juni 1993: ein weiteres Loch (5 Meter breit, 2 Meter tief) bei Kelbra

März 2003: Bei Liederstädt steht ein Landwirt vor dem unheimlichen Riesenloch: 6 Meter Durchmesser, 4 Meter tief!▼

2003 Liederstädt

So berichtete die BILD-Zeitung am 2. April 2003 über die mysteriösen Erdlöcher in Deutschland.

In der Schweiz, Deutschland und Peru gab es mehrere Erdlöcher, wo über Nacht bis zu 900 von Kubikmetern Erdaushub sich einfach in Nichts auflösten. Es wurden keine Spuren von LKWs gefunden und die kreisrunden Löcher hatten einen Durchmesser von 5 bis 10 Metern und eine Tiefe von 4 bis 12 Metern. In Japan gab es große Kreise in Reisfeldern. Des weiteren wird auch von Mais- und Rasenkreisen berichtet. Die Energie, die für die Herstellung der Zeichen verwendet wird, ist eine Art elektromagnetische Lichtenergie, gepaart mit Ultraschall und bestimmten Tonfrequenzen.
Die meisten medial begabten Menschen könnten die Energie sehen, wenn sie bei der Entstehung eines Kornkreises zugegen wären, wogegen sie für unser bloßes Auge nicht sichtbar ist. Es gibt sogar Zeugenberichte, aber da dieser Vorgang nicht-physisch ist, schenkt man ihnen keinen Glauben. Den echten Kornkreismachern geht es jedoch nur darum, der Menschheit zu zeigen, daß sie nicht allein in diesem gigantischen Universum lebt.
Aber es gibt so viele enghorizontige Theorien über die Entstehung der Kornkreise. Einige davon sind wirklich zum Lachen. Manche Wissenschaftler versuchen uns davon zu überzeugen, daß die Kornkreise durch Wirbelwinde oder durch Pilzbefall am Getreide entstehen. Andere Wissenschaftler erklärten in Zeitungen, daß das Rätsel der Kornkreise gelöst ist. Es waren sich paarende Rehe und Igel und durch den Paarungslauf wären geometrische Zeichen entstanden. Menschen, die nur auf wissenschaftliche Beweise pochen und bestimmte Medien würden Aufklärungshämmer wie Baumwipfelkreise oder Erdlöcher auch noch abtun, wenn diese vor ihrer Nase wären.

Aber das ändert nichts daran, daß diese Dinge sehr real sind und überall auf der Welt passieren. Jesus Christus sagte einmal: „Die Wahrheit macht euch frei". Diese Kornkreispiktogramme sind außerdem bestimmte Symbole in einer systematischen Reihenfolge, wobei mit einigen Symbolen gleich mehrere Themen angesprochen werden. Auch hier hoffen die „echten Kornkreismacher", daß es dem Menschen gelingen wird, ihre Botschaft zu entschlüsseln.

Ihre Botschaft an uns: Ihr sollt wissen, daß wir hier sind für die Menschheit und die Erde in Liebe und Frieden. Wann immer ihr uns bittet, werden wir euch helfen. Wir gestalten einfache Symbole, damit noch einige Menschen sie entschlüsseln können, um sie in Vorträgen und auch schriftlichen Werken den kornkreisinteressierten Menschen weiterzugeben. Es werden in naher Zukunft noch mehr sichtbare Zeichen aktuell sein. Ihr braucht keine Angst zu haben! Wir werden euch noch andere Zeichen unserer Gegenwart und Existenz geben, die sich nicht nur auf unser physisches Erscheinen beschränken werden.

Diese Kornkreiszeichen stellen u.a. eine Serie von Noten für Musik dar, die eine Kombination von Erdenmusik und universal existierender Musik ist. „Und niemand konnte das Lied lernen als nur die 144000, die aus der Erde erkauft sind." (Johannes Offenbarung 14,3). Schon der Apostel Johannes sprach von einem Lied der Erde. Die geometrischen Figuren der Träger von Intelligenz sind Frequenzwellen (Erdenmusik), die moduliert und verändert werden können.

Die auf die Erde kommenden Kornkreispiktogramme sind wie Dimensionstore oder Energieglyphen. Sie sind bestimmte Muster und werden gerade jetzt installiert, um sich schließlich zu verbinden und ein intelligentes Gitternetz um den Planeten Erde zu bilden. Dieses Gitternetz wird eine Frequenz von 13 Hertz besitzen, die die Menschheit zu ihrer weiteren evolutionären Entwicklung nutzen kann.

Außerdem erzählen die Kornkreise eine Geschichte über die Liebe der „höher entwickelten Lichtwesen", welche die ganze Erde umfaßt. Mit den weiteren Kornkreis-Symbolen wird das Kommen der ultraterrestrischen Lichtwesen, der aufgestiegenen Lichtmeister, den geistig höher entwikkelten kosmischen Rassen und die Wiederkunft des Christus beschrieben.

Sie kommen, um der Erde beizustehen, damit die ihre neue Schwingung erreichen kann. Diese sogenannten „Wächter von Eden" in Verbindung mit den aufgestiegenen Lichtmeistern begannen langsam in den achtziger Jahren und neunziger Jahren des vergangenen Jahrhunderts Akupunkturpunkte der Erde aufzusuchen und Informationen des Aufstiegs, des Dimensionswechsels, der Mer-Ka-Ba (Lichtkörper), der Auferstehung und der magnetischen Umpolung in Form von geometrischen Kornkreis-Piktogrammen mit der elektromagnetischen Lichtenergie einzuspeisen.

Sie kommen auch, um den Erdenbürgern beizustehen, damit sie sich in ihrem Inneren finden können und fähig werden, sich selbst und alle anderen Wesen im Universum zu lieben.

Diese Geschichte führt schließlich zu dem Punkt, an dem die „höher entwickelten Lichtwesen" sich tatsächlich manifestieren, damit alle sie sehen können. Diese Erklärungen scheinen jedoch weit über die Aussagekraft der Kornkreis-Piktogramme hinaus zu gehen, die kommende Zeit wird es zeigen. Wenn jedoch alle Kornkreise richtig kombiniert werden, wird die vollständige Botschaft offensichtlich. Dies ist nicht sehr schwierig, wenn nur ein paar Menschen sich überwinden könnten, in dieser Hinsicht die ersten Schritte zu tun.

Einige Voraussetzungen dafür sind allerdings Kenntnisse in der Quanten-Theorie (Entstehung des Universums) in der Kabbala (Geheimlehre der Hebräer, basierend auf Symbolen der Numerologie und als jüdisch-christlicher Einweihungsweg), der Heiligen Geometrie (als Matrix der Schöpfung und als Bildnis Gottes), den Platonischen Körpern (als den Code der Schöpfung) und der Mer-Ka-Ba (Entwicklung des feinstofflichen Lichtkörpers), die ich Ihnen mit diesem Buch etwas näherbringen möchte.

Es steht jedem frei, diese Informationen an alle weiterzugeben, die bereit sind, zuzuhören. Das sind keine Geheimnisse, denn dieselben Informationen wurden weltweit auch schon durch andere spirituelle Menschen erkannt und verbreitet.

• 2001

Kornkreise im Hexagon um Zierenberg (bei Kassel) 1996 - 2002

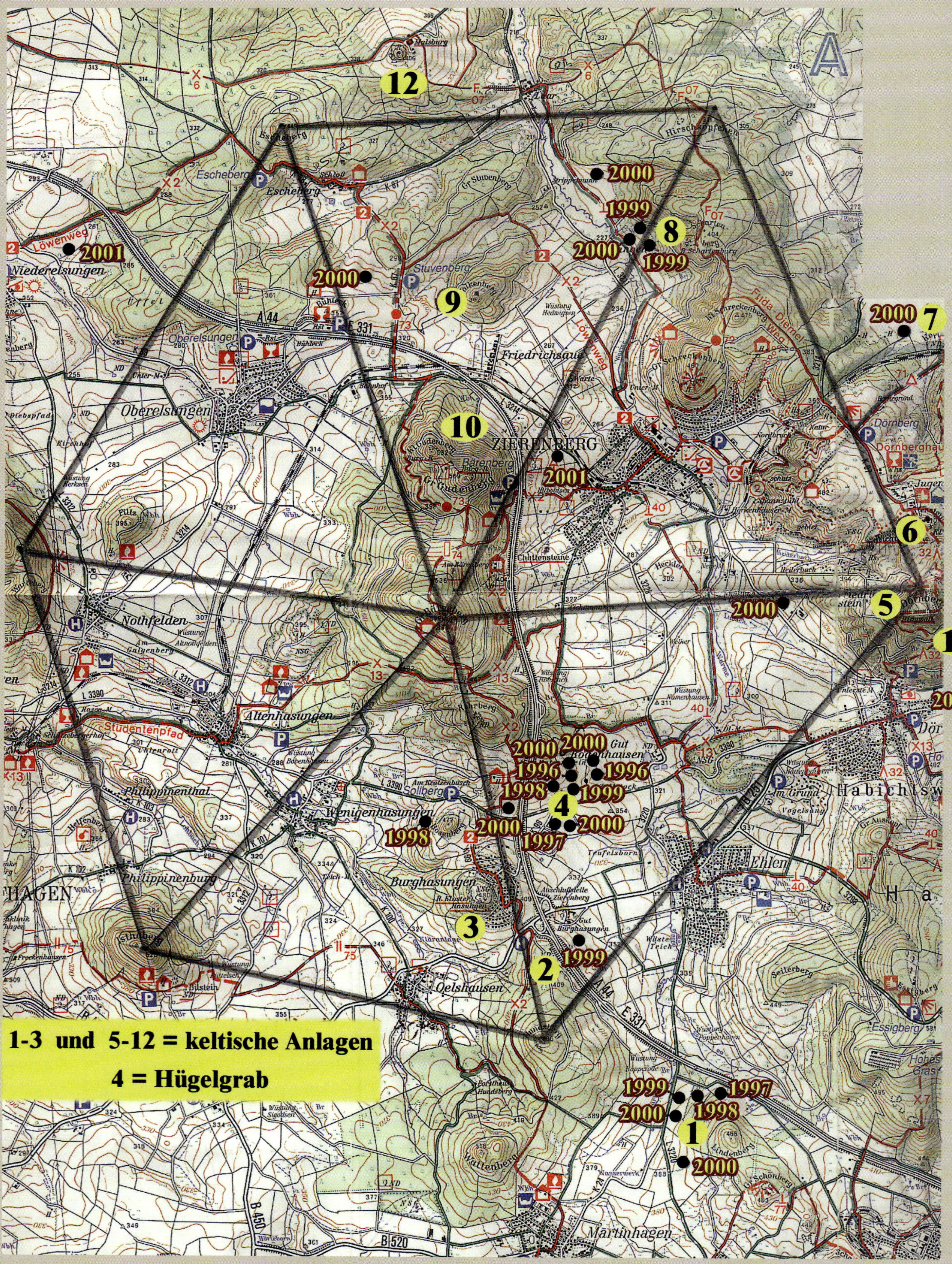

Kartengrundlage: Topographische Freizeitkarte 1:50000 (TF 50) Blatt Nr. 15
Habichtswald Ausgabe 1993
mit Genehmigung des Hessischen Landesvermessungsamtes
vervielfältigt, Vervielfältigungsnummer 2004-1-20.

Bild oben: Das „Kornkreisland“ zwischen Burghasungen und dem Ort Dörnberg (mit Berg Dörnberg) im Vordergrund Gut Bodenhausen. Foto: Eckhard Weber.

Bild unten: Das Bergplateau des Burghasunger Berges mit kleinem Teich, der eine Herzform aufweist. Dieser Berg soll angeblich das Herzchakra für Deutschland sein. Foto: Eckhard Weber.

Deutsche Kornkreise auf dem Rückzug – 2001 bis 2003

Blume des Lebens mit Davidstern, 13. Mai 2001, Zierenberg (Fotos siehe Seiten 146/147)
Nach einem ereignis- und lehrreichen Jahr 2000 begannen meine Frau und ich am 14. Februar, am Valentinstag, dem Tag der Liebenden, gemeinsam ein neues Leben. Am 3. Mai kauften wir unser neues Haus in Zierenberg – mit der Haus-Nummer 13, Flur 7 und Flurstücksbezeichnung 33! Als ob die Kornkreismacher unsere Entscheidung bestätigen wollten, erschien am 13. Mai die erste Formation des Jahres 2001, ein Rapskreis in Sichtweite unseres Hauses. Es war eine Blume des Lebens mit Davidstern und Lichtwellen. Intuitiv kam mir dazu der Name: „Beginn des Neuen Himmels und der Neuen Erde" in den Sinn. Der Rapskreis war von 57 Lichtwellen umgeben.
(5 + 7 = 12 = 1 + 2 = 3) 12 steht für die 12 Dimensionen, die 3 für die Heilige Trinität. Der Davidstern in der Mitte steht für die Verbindung der oberen und der unteren Welten, die 12 Dreieckssegmente stehen wiederum für die 12 Dimensionen, der Kreis in der Mitte für die göttliche Sphäre. 12 + 1 = 13. Die 13. Dimension wird als die göttliche Dimension bezeichnet. Jesus und seine 12 Jünger waren ebenfalls 13. Um den Davidstern herum waren die Außenkreise des Genesismusters aus der Heiligen Geometrie zu sehen, die man auch in der Blume des Lebens, bekanntlich die Matrix der Schöpfung, wiederfindet. Die 6 Punkte an den Ecken des Davidsterns und die 6 halben Fischblasen zwischen den Dreieckssegmenten ergeben wieder 12.
(12 = 1 + 2 = 3) Eine Wiederholung der Symbolik der anderen beiden Elemente. Nimmt man das Datum der Entstehung, den 13.5.2001 (= 1 + 3 + 5 + 2 + 1 = 12 = 1 + 2 = 3), erhält man zum vierten mal dieselbe numerologische Wertigkeit. Desweiteren betrug der Durchmesser des Rapskreises 36 m (3 + 6 = 9).
Außerdem stehen die Zahlen 3,6 und 9 numerologisch für den Namen „Jesus von Nazareth". Die numerologische Bedeutung dieses Namens werde ich noch ausführlich in einem späteren Kapitel behandeln.

Farbaufnahmen siehe Seiten 146/147.
Foto: Frank Laumen.

Multipliziert man die 3 Elemente im Rapskreis ergibt das 3 x 12 = 36 = 3 + 6 = 9. Die 9 steht für das Alpha und das Omega, den Anfang und das Ende. Links neben der Blume des Lebens befand sich noch ein Sonne-Mond-Symbol, welches die heilige Hochzeit des männlichen und des weiblichen Aspektes symbolisiert. Auf der rechten Seite war ein großes „L". Mir kam dazu „Licht, Liebe, Leben" in den Sinn und die gleichzeitige Entsprechung im Englischen „Light, Love, Life". Betrachtet man dieses „L" auf dem Kopf, könnte es auch den vierten hebräischen Flammenbuchstaben Daleth darstellen. Dieser bedeutet Gerechtigkeit und hat den Zahlenwert 4. Es wurde 4-fach die Zahl 12 dargestellt. Eine weitere Deutung in der Kabbala für diesen Buchstaben lautet: „Verzeihen ist die beste Rache."
Es sah so aus, als passe dieses Zeichen genau zu unserer wiedererwachten Liebe. Erstaunlicherweise heißt das Feld, auf dem der Rapskreis erschien, im Volksmund „Judentrift". Ich empfand dieses Piktogramm als eine Art Segen, hatte aber gleichzeitig das Gefühl, es könne ein Abschied sein, sozusagen der Abschluß der Kornkreiszeit in der Zierenberger Region. Und daß die Kornkreise uns von 1996 bis 2001 wie heilige Zeichen begleitet und unterstützt haben in unserer transformatorischen Phase, damit wir trotz größter Probleme und Krisen nicht von unserem spirituellen Weg abweichen oder gar unseren Glauben verlieren. Vielleicht bedeutet dieses bisher letzte Zeichen

Rapskreis, Zierenberg, 13. Mai 2001.

auch: „Jetzt schafft ihr es allein!“.
Man kann einen Kornkreis von vielen Seiten interpretieren und ich glaube, daß dieser Rapskreis, abgesehen von unserem persönlichen Bezug, bedeutsam für die gesamte Menschheit ist und als Anfang eines „Neuen Himmels“ und einer „Neuen Erde“ von globaler Bedeutung ist.
Kurz nachdem dieser Kreis entstanden war, erhielt ich einen Anruf einer bekannten deutschen Pop-Sängerin, die nicht namentlich genannt werden möchte, mit der Bitte um eine Kornkreisbesichtigung. Ein Freund in Hamburg wollte eine Akademie für Indigokinder gründen und war von dieser Sängerin kontaktiert worden, weil auch sie sich für diese Thematik interessiert. Mein Freund Thomas, den ich im November 1999 während der Ägyptenreise kennengelernt hatte, sagte spontan, sie müsse mich und das Kornkreisphänomen unbedingt kennenlernen. So kam der Kontakt zustande und ein paar Tage später kam sie zu mir. Wir besichtigten zusammen die Blume des Lebens und erzählten uns gegenseitig unsere Lebensgeschichten. Zu jener Zeit nahm die Pop-Sängerin gerade ihre neue CD auf. Der Titel der CD steht in der Kabbala für das Attribut der göttlichen Schöpfungsweisheit und enthält u.a. ein Lied über Lichtarbeiter und andere Dimensionen. Auf der Rückseite der CD befindet sich eine Abbildung des Rapskreises vom 13. Mai 2001.

Lichtwellen und Fischblasen, 18. Juni 2001, am Heiligenberg

2001 breitete sich das Kornkreis-Phänomen in einem Radius von ca. 30 km um die Zierenberger Region aus und zog sich bis zu den keltischen Anlagen bei Warburg, Gudensberg und Felsberg. Die Lichtakupunktur der Zierenberger Region scheint abgeschlossen zu sein. In Gudensberg und in der Nähe von Felsberg entstanden zwei weitere Kreise mit den typischen „Zierenberger Lichtwellen“. Zunächst möchte ich auf die Formation in der Nähe von Felsberg (am Heiligenberg) eingehen. Dort entstand ein Kornkreis mit 27 Lichtwellen in der Mitte (27 = 2 + 7 = 9). Um diese Lichtwellen herum waren 9 Fischblasen von unterschiedlicher Größe relativ disharmonisch angeordnet (9 + 9 = 18 = 1 + 8 = 9). Fischblasen sind Schöpfungssymbole.
Wenn man die Quersumme des Entstehungsdatums, dem 18. 6. 2001 nimmt, erhält man wieder 9 (1 + 8 + 6 + 2 + 1 = 18 = 1 + 8 = 9). Also wieder eine vierfache Bestätigung des numerologischen Wertes der „9“ (9 + 9 + 9 = 27 = 2 + 7 = 9).
Meine Deutung diese Kornkreises lautet: „Wenn die Christusenergie auf die Erde trifft, entsteht zunächst Chaos“.

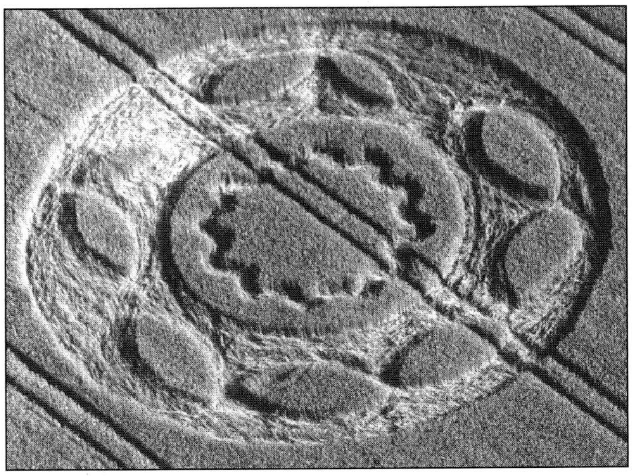

Der Kornkreis beim Heiligenberg am 18. Juni 2001 bei Felsberg, Hessen, Deutschland. Foto: Frank Laumen.

Ein ähnlicher Lichtwellenkreis fand sich auch im Langpiktogramm vom 9. Juli 2000 beim Kopfstein in Fürstenwald (siehe Seiten 80-92). In der Deutung dieses Zeichens war schon zu erkennen, daß etwas auf die Erde zukommt und in 2001 schien es auch so, als sei diese Energie auf der Erde angekommen. Die Symbole und die Energien der Kornkreise stehen miteinander in Verbindung, auch wenn sie räumlich weit verteilt liegen.
Mit den Ereignissen des 11. “9“. 2001 in New York trat das weltweite Chaos dann deutlich zutage. Wurde mit dem Kornkreis der „9-te“ Monat angezeigt?

Bild links: Fälschung im Raps am 24. Mai 2001 bei Niederelsungen
Bild unten: „Blume des Lebens" im Raps, 36 m,
mit „L-Signatur" und Sonne-Mond-Symbol am 13. Mai 2001
bei Zierenberg, Hessen, Deutschland. Fotos: Frank Laumen.

Bild oben rechts: Lichtwellen und Fischblasen, 30 m,
18.06.2001 am Heiligenberg bei Felsberg, Hessen,
Deutschland. Titel: „Wenn die Christusenergie auf die
Erde trifft". Foto: Frank Laumen.

Noch eine Anmerkung zu den Schöpfungssymbolen der Fischblasen, in der christlichen Mythologie auch Mandorla oder Mandel genannt: Emanation des göttlichen Lichtes in der Gegenwart Gottes und zugleich Verschleierung der Sicht auf dieses Licht ist der mandelförmige Lichtschein, der auf den mittelalterlichen Kunstwerken den „Christus in Majestät" umgibt. Die Symbolik der Mandel ist damit verbunden. Das im Äusserlichen verborgene wesentliche Innere wird von der Mandel sinnbildlich dargestellt. Sie ist Gegenstand der Meditation, denn sie birgt damit in sich das Mysterium des Lichts und das Geheimnis der inneren Erleuchtung. Dadurch, daß die göttliche Natur Christus in seiner menschlichen Gestalt verborgen war, kann auch er durch die Mandel symbolisiert werden. Der Mandelbaum ist für die Israeliten das Symbol für neues Leben.

Chaosringe und Lichtwellen, 5. August 2001, bei Gudensberg (Fotos siehe Seiten 150/151)
Ein weiterer Lichtwellenkreis mit Halbkreisen und Skarabäus-Signatur erschien am 5. August 2001 bei Gudensberg. Der Ort Gudensberg, am Fuße des Berges mit der Obernburg, liegt im ehemaligen Kerngebiet des germanischen Stammes der Chatten. Irgendwie machte der Kornkreis am Boden genauso wie aus der Luft einen sehr disharmonischen Eindruck. So eine Kornlage hatte ich noch nie gesehen! Das Korn lag nach links und nach rechts, nach vorne und nach hinten und übereinander, vollkommen chaotisch. Auch die 4 Halbkreise waren von unterschiedlicher Größe. Im Innern des Kreises herrschte eine äußerst starke, unangenehme Energie, die meinen bulgarischen Freund (der mir auch von Kornkreisen in der Nähe von Sofia berichtete) und mich schon nach kurzer Zeit zum Verlassen der Formation zwang. Uns war beiden so enorm schwindelig und übel, daß ich sogar Schwierigkeiten hatte, das Auto nach Hause zu fahren. Mein Freund wurde am nächsten Tag krank. Konnten diese chaotischen und disharmonischen Strukturen auch ein Hinweis auf die Ereignisse am 11. September sein?
Die Formation hatte 2 mal 16 Windungen der Lichtwellen. Die Quersumme von 16 = 1 + 6 = 7 und nimmt man die Quersumme des Entstehungsdatums 5. 8. 2001 = 5 + 8 + 2 + 1 = 16 = 1 + 6 = 7. Addiert man dann die Quersummen der beiden Lichtwellen und des Entstehungsdatums (7 + 7 + 7) bekommt man den Wert „21", 2 + 1 ergibt wieder 3, den Wert für die Heilige Trinität, eine dreifache Bestätigung des numerologischen Wertes der „7" für die 7 göttlichen Eigenschaften.
Die Skarabäus-Signatur, die am Anfang der Lichtwellen steht, bedeutet in der ägyptischen Mythologie: „Der Wächter des menschlichen Herzens, der Schlüssel zum überirdischen Heil". Nun, wer ist dieser „Wächter" wohl? Bei den Ägyptern war der Skarabäus ein heiliges Zeichen für die aufgehende Sonne (die sie mit Gott in Verbindung brachten). Der heilige Mistkäfer (Pillendreher), den man deutlich in dem Zeichen neben dem Lichtwellenkreis erkennen kann, wurde mit dem Namen Chephre (="Werden") identifiziert. Der Skarabäus war das beliebteste Amulett der Ägypter.
Bei den Halbkreisen ist eine deutliche „Trennung" zu sehen. Die unteren Halbkreise mit den chaotischen Kornlagen könnten für die dreidimensionale Erde mit ihrem niederfrequenten Bewußtsein und die oberen Halbkreise mit den Lichtwellen für die Erde mit einem hochfrequenten Christusbewußtsein der vierten Dimension stehen.

Das Sonnenrad, 1. Juni 2001, am Donarbrunnen bei Züschen (siehe auch Foto auf Seite 87)
Dieser Kornkreis stellte die starken Sonneneruptionen dar, die über die Sonnenwinde auf das Erdmagnetfeld einwirken, welche dann auch im Oktober 2001 eintraten. In diesem Monat gab es eine Mitteilung übers Internet, daß ins All geschleuderte, elektrisch geladene Sonnenteilchen beim Auftreffen auf technische Geräte eine erhöhte Spannung erzeugen könnten. Unter ungünstigen Bedingungen könnten die Sonnenwinde beispielsweise Transformatoren und Überlandleitungen in Brand setzen. Die elektrisch geladenen Sonnenteilchen erzeugten auch vermehrt Polarlichter in der Erdatmosphäre. Die geomagnetischen Stürme waren so stark, daß selbst die NASA, die vier Satelliten in den Orbit bringen wollte, ihre Mission verschieben mußte.

Detailausschnitt aus der Formation mit dem „Sonnenrad“. Foto: Frank Laumen.
(Farbbild-Großaufname auf Seite 87)

Der kleine Kreis mit dem Halbkreis und dem Pfeil könnte die Erde darstellen, wie sie einen „Richtungswechsel“, z.B. durch Veränderung des Erdmagnetfeldes, erfährt. Daß der magnetische Nord- und Südpol sich verschieben, ist inzwischen auch wissenschaftlich belegt. Sonnenstürme verändern das Magnetfeld der Erde und damit auch das Umfeld der Menschen, was unausweichlich psychische oder physische Auswirkungen hat. Da das menschliche Bewußtsein an das Erdmagnetfeld gekoppelt ist, wird so ein Bewußtseinswandel eingeleitet. Starke kosmische Einstrahlung wirkt sich auf die menschliche DNS aus, was körperliche Veränderungen und eine Transformation zum Geistigen hin mit sich bringt. Die Evolution der Erde wird auf diese Weise beschleunigt.

Der kleine Kreis auf der anderen Seite des Sonnenrades (siehe Bild unten: in der linken, unteren Ecke) könnte die göttliche Sphäre darstellen, welche diese Prozesse ursächlich in Gang setzt. Erstaunlich war, daß diese Formation am Hang in einer Senke lag und trotzdem aus der Luft keinerlei Verzerrungen durch die Schräge zu erkennen waren. Außerdem hatte ich bisher noch nie nach innen gerundete Kreiswandränder gesehen. Gewöhnlich steht das Getreide, das den äußeren Rand eines Kornkreises bildet, aufrecht in einem scharfen rechten Winkel. Diese Formation lag an einer heiligen keltischen Quelle, dem Donarbrunnen, wo stark eisenhaltiges Wasser, ähnlich der Gralsquelle in Glastonbury, entspringt. Das älteste Sonnenzeichen ist ein einfacher Kreis oder ein Kreis, der ein Kreuz umschließt. Damit ist das später vielfach variierte Bild des Sonnenrades geschaffen. Bei vielen Völkern ist die Sonne Offenbarung der Gottheit und Kundgabe; da sie sich jeden Morgen neu erhebt und abends ins Totenreich hinabsteigt, ist sie das Symbol für Unsterblichkeit; außerdem ist sie die Quelle des Lebens, des Lichts und der Wärme und durch ihre Strahlen werden die Dinge erkennbar, was sie mit Gerechtigkeit verbindet. Die Bibel bezeichnet bei Malachias (3,30) den Messias als „Sonne der Gerechtigkeit“.

Der 104. Psalm nennt, im Unterschied zum Sonnenhymnus des ägyptischen Pharao Echnaton, der diesem Hymnus jedoch im starken Masse entlehnt ist, Gott als Urheber und auch Lenker der Sonne. Wenn auf altchristlichen Darstellungen manchmal die Sonne mit Strahlenhänden, wie es auf Echnatons Relief erscheint, stellt das keinen Widerspruch dazu dar. Gott, bzw. Christus, die Sonne des achten Schöpfertages wird hier apostrophiert. Die Sonne taucht in der späteren christlichen Kunst nur in Funktionen auf. So verhüllt sie in Trauer ihr Haupt bei der Kreuzigung Christi und verweigert den Schein. Oder sie erscheint als Nimbus über dem Haupt Gottes, Christi und unzähliger heiliger Personen in den Darstellungen.

Das „Sonnenrad“ vom 1. Juni 2001 bei Züschen, Hessen, Deutschland. Foto: Frank Laumen.

„Gemischter Wellenkreis mit Skarabäus-Signatur“ am 5. August 2001, ca. 30 m.
(Chaosringe und Lichtwellen – eine Anspielung auf die Ereignisse vom 11. September 2001 in New York?)
bei Gudensberg, Hessen, Deutschland.
Fotos: Frank Laumen.

Der Sonnensohn Phaeton, der unfähig war, den Sonnenwagen - das weiterentwickelte Sonnenrad - dessen Führung er sich angemaßt hatte, zu lenken, dabei Himmel und Erde in Feuer setzte und deshalb von Jupiter auf die Erde geschleudert wurde, um eine größere Katastrophe zu vermeiden, war in der griechischen und römischen Kunst ein häufig abgebildeter Mythos und hat auch einige frühere christliche Kunstwerke inspiriert. Dagegen ist das Mosaik in den vatikanischen Grotten aus dem 4. Jahrhundert, das Christus als Helios im Strahlenkranz mit dem Sonnenwagen darstellt, ein eindeutig christliches Bekenntnis zu Ostern als Garantie einer neuen Lebensqualität durch den Anbruch eines neuen Schöpfungstages. Die Charakterisierung des Christus Chronokrator, der die Zeit regiert, ist ein besonders der romanischen Kunst zugeordnetes Bild und hat damit zu tun, daß Christus unter der Darstellung der Sonne verstanden wird, die Auf- und Niedergang der Zeit weist.

Kosmisches Ei, 17. Juni 2002, am „Hohlen Stein" bei Dörnberg (Foto siehe Seite 155)
Am 15. und 16. Juni 2002 fand unser alljährliches Bio-Energie- und Kornkreis-Seminar statt, an dem wir regelmäßig mit unseren Teilnehmern eine Kornkreisbegehung unternommen hatten. In diesem Jahr hatten wir leider bis zu unserem Seminartermin keinen Kornkreis entdeckt, den wir hätten besichtigen können. Ich hatte ja schon im letzten Jahr das Gefühl, die Kornkreise würden sich aus der Zierenberger Region verabschieden. Vier Tage später bekam ich eine Mitteilung von meinem Freund Dirk Möller, daß bei Dörnberg, am Hohlen Stein, ein Kornkreis entstanden sei. Während wir den Kornkreis besichtigten, traf ich einen befreundeten Landwirt aus Dörnberg, der mir beiläufig erzählte, daß dieser Kornkreis wahrscheinlich schon seit Pfingsten da sei. Er hatte ihn schon Wochen zuvor entdeckt, war aber leider nicht auf die Idee gekommen, mich zu benachrichtigen, obwohl er wußte, wie sehr ich mich mit dem Phänomen beschäftige. Diese Formation stellte einen 4-fach umringten Kreis dar, wobei die 3 inneren Kreise die typischen Zierenberger Wellen aufwiesen und 2 dieser Innenkreise nur durch jeweils 2 Halbkreise angedeutet waren. Der äußere Kreis war wieder glatt. Als wir den Kornkreis vorfanden, war das Getreide schon fast vollständig wieder hochgewachsen, so daß eine Begehung unmöglich war.

Eine ähnliche Symbolik erschien 1990 in englischen Getreidefeldern (siehe Grafik Nr. 37 auf Seite 276). Man kennt diese Symbolform von den Felsmalereien und den Steinzeichnungen auf megalithischen Stelen. Sie versinnbildlicht den Vorgang des Schlüpfens aus dem sogenannten kosmischen Ei, bzw. den Zusammenbruch des ursprünglichen Kerns, der die Herausbildung der einzelnen Bestandteile des Kosmos erst zuließ.

Der innerste Wellenkreis hatte 18 Wellen (= 1 + 8 = 9), die beiden inneren Wellen-Halbkreise hatten 2 mal 9 Wellen (= 9 + 9 = 18 = 1 + 8 = 9). Die beiden äußeren Wellen-Halbkreise hatten 2 mal 12 Wellen (= 12 = 1 + 2 = 3, mal 2 = 3 + 3 = 6). Wieder 3 mal den numerologischen Wert 9 für das Alpha und das Omega. 9 ist die Zahl vom Anfang und Ende, bzw. die Vollendung. 2 mal 12 für die 12 Dimensionen, manche Quantenphysiker sprechen auch von 24 Dimensionen. Und 2 mal der Wert 3, was 6 ergibt und einer umgekehrten 9 entspricht. Also ist wieder der numerologische Code des Namens Jesus Christus oder Jesus von Nazareth (3, 6, 9 und 18) enthalten, sowie 2 mal der Hinweis auf die 12 Dimensionen.

Der „Hohle Stein" ist ein magischer Felsen und soll die letzte Zuflucht eines großen keltischen Druiden vor seinen christlichen Verfolgern gewesen sein.

Dieser Kornkreis war tatsächlich der letzte Kornkreis, der in der Zierenberger Region und im Umkreis von 30 Kilometern entstanden war. Meines Erachtens war die Lichtakupunktur der heiligen Plätze in Nordhessen abgeschlossen. Vergleichbar mit einem Menschen, der eine Akupunkturbehandlung bekommen hat und auch nicht grundlos weiter akupunktiert wird, sobald er geheilt ist. Jeder Kornkreis ist ein Wirbel, er zieht Energie an und gibt sie weitflächig an seine Umgebung ab. Kornkreise sind nicht wahllos plaziert, sondern formen ein zusammenhängendes Energiesystem. Der Kosmos vergeudet keine Energie, um einen Kornkreis einzig und allein zur Unterhaltung zu verursachen.

Rotierendes Genesismuster, 21. Juni 2002, Elbenberg (Foto siehe Seite 155)
Bei diesem erstaunlichen Kornkreis sehen wir ein rotierendes Genesismuster mit 6 großen, 6 kleinen und 6 Mini-Elementen und 3 Dreiecken in der Mitte.
(6 + 6 + 6 = 18 = 1 + 8 = 9 / 9 + 3 = 12 = 1 + 2 = 3)
3 steht für die Heilige Trinität, 12 für die 12 Dimensionen, 9 für Alpha und Omega und 9 und 18 stehen numerologisch auch immer für den Namen Jesus Christus. Eine ähnliche numerologische Bewertung ergab die Blume des Lebens bei Zierenberg vom 13. Mai 2001. Daran kann man erkennen, daß es immer wieder Kornkreise mit verschiedenen geometrischen Mustern gibt, die fast dieselbe Aussage haben. Die Elemente des rotierenden Genesismusters findet man auch in der Blume des Lebens wieder. Ich möchte diesem Kornkreis noch einen besonderen Namen geben. Durch die Dynamik, die man erkennen kann, sieht es aus, als würde etwas in Bewegung kommen oder sich auflösen: „Die neue Schöpfung kommt in Bewegung".
Bevor neue Ordnung (Kosmos) entstehen kann, gibt es zunächst Chaos. Das hat uns auch Jesus Christus schon vorhergesagt: ***„Glaubt nicht, daß ich gekommen bin, um Frieden auf Erden zu bringen. Ich bin nicht gekommen, um Frieden zu bringen, ich bringe das Schwert. Ich bin gekommen, um den Sohn mit seinem Vater zu entzweien, die Tochter mit ihrer Mutter. Die Feinde eines Menschen werden seine eigenen Hausgenossen sein." (Matthäus, Kap. 10,34)***[34]
Wenn man heute in die einzelnen Familien und auf das Weltgeschehen blickt, könnte man meinen, diese Worte würden jetzt wahr werden. Er sagte auch: ***„Ihr werdet von Kriegen und Kriegsgerüchten hören. Laßt euch dadurch nicht in Schrecken versetzen. Denn das alles kommt notwendigerweise von Zeit zu Zeit. Es bedeutet also noch nicht das Ende. Auch wird sich ein Volk gegen das andere erheben und ein Reich gegen das andere. Seuchen und Hungersnot werden kommen und Erdbeben bald hier, bald dort entstehen." (Matthäus Kap. 23,24)***[34]
Meine Theorie ist u.a., daß die Kornkreise uns eine Vorhersage für die weltweiten Geschehnisse in kommenden Jahren geben, manchmal gilt die Botschaft auch direkt für das Jahr der Entstehung. Wenn man das Jahr 2003 anschaut, sind diese Ereignisse auch eingetreten. Interessant ist auch der Ort der Entstehung diese Kornkreises: Elbenberg – Elben (= Elfen) – Ist dort ein Wohnsitz von Naturgeistern?
Es gab noch eine Art Unterschriftssymbol bestehend aus zwei sich überlappenden Kreisen. In der Heiligen Geometrie wird so etwas „Vesica piscis" (= Fischblase) genannt und symbolisiert der ersten Tag der Schöpfung. Durch die Mitte dieser beiden Kreise läuft ein Y. In der Mathematik steht das Y für "der oder die große Unbekannte". Es könnte aber auch für „Yehova" stehen. Im hebräischen ist der Name für Jesus Christus „Yoshua Jahwe".
Nicht weit von Elbenberg entfernt gaben ein Freund und ich ein Mer-Ka-Ba-Seminar, bei dem ich u.a. einen Vortag über Kornkreise hielt. Während einer Pause rief mich meine Frau an, um mir mitzuteilen, daß unweit unseres Seminarortes ein Kornkreis entstanden sei. So bald wie möglich fuhren wir mit den Teilnehmern des Seminars dorthin und fanden die Formation an der beschriebenen Stelle. Für alle Seminarteilnehmer war diese Kornkreisbegehung ein besonderes und unvergeßliches Erlebnis, zumal wir uns im Seminar aktuell mit der Heiligen Geometrie und dem Wissen um die Blume des Lebens und den Kornkreisen beschäftigt hatten. Im Kornkreis trafen wir auch die Eigentümerin des Feldes, eine Gutsbesitzerin, die bis dahin noch nie von Kornkreisen gehört hatte und sichtlich beeindruckt war. Im Gegensatz zu manch anderem Landwirt stand sie dem Phänomen interessiert und offen gegenüber. Ich begegnete ihr noch öfter in diesem Kornkreis und sie erzählte mir von ihren heftigen psychischen Problemen der letzten Monate und daß sie nun jeden Tag mindestens eine Stunde in 'ihrem' Kornkreis verbringe und es ihr seither gesundheitlich und psychisch zunehmend besser ginge.
Vielleicht handelt es sich ja bei dieser Formation energetisch um das 'Positive Gegenstück' zum Kornkreis vom 5. Juli 2001 bei Gudensberg? Sind die Kornkreise auch Heilsymbole für Erde und Menschheit?

„Spirale mit Labyrinth“, 30 m,
am 26. Mai 2002 bei Grombach an der A6
in der Nähe von Sinsheim, Baden-Württemberg, Deutschland.
Fotos: Frank Laumen.

Bild oben: Das „Kosmische Ei“ am 17. Juni 2002 beim „Hohlen Stein“, hier deutlich: unter drei Stromleitungen Nähe Dörnberg, Hessen, Deutschland.
Bild unten: Rotierendes Genesismuster am 21. Juni 2002, ca. 45 m, bei Elbenberg, Hessen, Deutschland.
Fotos: Frank Laumen.

Schlange mit Sichel, 5. Juli 2003, Sinsheim-Bockschaft (siehe Foto auf Seite 158)
Bei diesem Kornkreis sieht man eine Schlange mit 12 Windungen, zum Ende in eine Sichel übergehend und sich ausbreitend. Vor der Sichel sind noch 3 Kreise im Innern der Formation zu erkennen. Um diese Zeichen herum lagen noch 4 weitere Symbole: eine Art Fragezeichen, eine Art Spermium sowie ein Kreis mit geschlängelter Linie, ähnlich dem Zeichen von 2001, das ich „Metatron´s Zeichen" genannt habe. Außerdem ein paar Symbole, die nicht klar identifiziert werden konnten.

Die Hauptformation war ca. 70 m lang und genau von Ost nach West ausgerichtet. Die Schlange könnte für die sogenannte Kundalini-Energie, die aufsteigenden Schöpferkräfte stehen. In den esoterischen Lehren wird die aufsteigende Kundalini-Energie mit der Erleuchtung in Verbindung gebracht.

„Um leben zu können benötigt der menschliche Körper kosmische Energie, die sich als Atem manifestiert. Am Hauptenergiekanal des Körpers (Sushumna, Nadi), der sich entlang der Wirbelsäule erstreckt, liegen sechs Hauptchakren, welche die kosmische Energie gleichsam als Regulatoren sammeln und verteilen. Ein siebentes Chakra befindet sich außerhalb des Körpers über dem Scheitel. Im untersten Chakra ruht wie eine Schlange die höchste Energie, die Kundalini, die nach ihrer Erweckung nach oben steigt und dabei alle Chakren nacheinander aktiviert. Jedes Chakra, das die Kundalini auf ihrem Weg berührt, erblüht wie ein Lotos. Da von den Chakren Energiekanäle (Nadis) ausgehen, werden auch die benachbarten Organe davon betroffen. Außer einem ständig wachsenden Glücksgefühl werden bei jedem Chakra auch besonders übersinnliche Kräfte (Siddhi) geweckt, die in dem Gefühl von höchster Glückseligkeit und einem Überbewußtsein beim Erreichen des siebten Chakras gipfeln." [13]

Betrachtet man diese Formation numerologisch, könnten die 12 Windungen der Schlange für die 12 Dimensionen stehen und die Sichel für die 13. Dimension, das Göttliche. Ich hatte in dem Kornkreis vom 26. Juni 1999 bei Burghasungen, „Die Sicheln", auf eine alte atlantische Sage hingewiesen, in der es heißt: ***„Gott spricht: Ich bin ein Kreis und der Rest sind scharfe Sicheln..."*** [13]

Die Sichel ist eines der ältesten Kulturgeräte zum Abschneiden von Getreide oder Gras und zugleich ein altes Erntesymbol. Sie spielt eine Hauptrolle im biblischen Verständnis der Ernte als Symbol des Endgerichts (Joel 4, 13; Mark. 4,29; Offb. Joh. 14,15) und ist auch auf illustrativen Ausmalungen der Johannesapokalypse in dieser Funktion zu sehen.

Die 3 offenen Kreise vor der Sichel stellen ein Symbol für die Heilige Trinität dar. Man sieht: wieder ein neues Zeichen mit derselben Aussage. Die Ägypter hatten ein 13er Chakrensystem, ausgerichtet auf die 13 Dimensionen, auch das könnte hier aufgezeigt werden. Das 7er Chakrensystem ist in dem 13er Chakrensystem enthalten.

Wenn ich das Spermium- oder Samen-Symbol betrachte, könnte es ein Zeichen für den Samen einer „neuen Menschheit" sein, die schon ein anderes Bewußtsein entwickelt hat. Im vorhergehenden Text wurde bereits erwähnt, daß mehrere Symbole auf einem Feld eine ganze Geschichte erzählen. Das „Fragezeichen" könnte für die Fragen der Menschen stehen, die durch die globalen Umwälzungen, eigene energetisch bedingte Entwicklungsprozesse (Umbrüche im Äußeren, berufliche oder familiäre Veränderungen) oder aufgrund körperlicher Reaktionen verunsichert sind.

Der Kreis mit der geschlängelten Linie könnte Mitochondrien, eine neue Zelle oder DNS-Struktur darstellen und so für ein neues Bewußtsein oder geistige Umpolung stehen. (Mitochondrien sind kugel- bis stäbchenförmige Gebilde im Protoplasma lebender Zellen, aus feinen, doppelwandigen Lamellen aufgebaut, die Zentren der Zellatmung.)

Bemerkenswert ist, daß in 2002 auf demselben Feld ein Kornkreis, der ein 7-er-Chakrensystem darstellte, erschienen war. Vielleicht wurde damit energetisch dieses neue Chakrensystem für die Menschheit vorbereitet und die Formation von 2003 zeigt bereits den neuen Energiefluß.

Spirale mit Labyrinth, 26. Mai 2002, Sinsheim (Farbbilder siehe Seite 154)
Bei dieser Formation sieht man eine abgewandelte Spirale. Sie ist teilweise von einer Art Labyrinth umringt. Über dem Labyrinth schwebt ein Vogel, vielleicht eine Taube, die auf die Formation zufliegt. Die Taube steht in der biblischen Geschichte für den Heiligen Geist. Bei der Taufe im Jordan kam der Heilige Geist in Form einer Taube auf Jesus Christus nieder und eine Stimme aus den Wolken sagte: ***„Dies ist mein geliebter Sohn, an dem ich Wohlgefallen habe.“*** [34]
(Sind wir nicht ***alle*** die geliebten Töchter und Söhne Gottes?)
Wie der Mond seine regelmässigen Phasen in Entschwinden und Wiederkehr hat, drückt die Spirale den Gedanken des Relativen, Werdenden aus, die Wiederholung, die ewige Wiederkehr und den zyklischen Charakter der Evolution, wobei auch eine Verbindung zum Labyrinth vorhanden ist. Das sich Ineinander- und Auseinander-Entwickeln von Leben und Tod kommt durch die Doppelspirale zum Ausdruck und liegt auch dem Zeichen Spirale zugrunde. Die Spirale weist auf eine Erneuerung des Lebens hin, auf vegetabilische und organische Fruchtbarkeit, wo immer die Spirale in der Steinzeit auftaucht. Auch auf späteren christlichen Gedenksteinen keltischer Herkunft wird sie so ohne Schwierigkeiten verständlich.
Mit ihren unabsehbaren Mäanderlinien stellen Labyrinthe das menschliche Leben mit all seinen Prüfungen, Komplikationen und Verzögerungen dar, wobei im Ziel, in der Mitte, das himmlische Jerusalem wartet.

Die „Schwalben“, entstanden am 4. August 2003
am Walkers Hill bei Alton Barnes, Wiltshire, England.
In der christlichen Kunst, besonders des späteren Mittelalters, wird die Schwalbe, die schon in der Antike als Lichtsymbol galt, zum Christus- und Auferstehungssymbol, in der Annahme, daß die Schwalbe durch den Saft des Schöllkrautes (Schwalbenkraut) ihren Jungen das Augenlicht zu geben vermöge.
Foto: Steve Alexander (Farbaufnahmen siehe Seite 179).

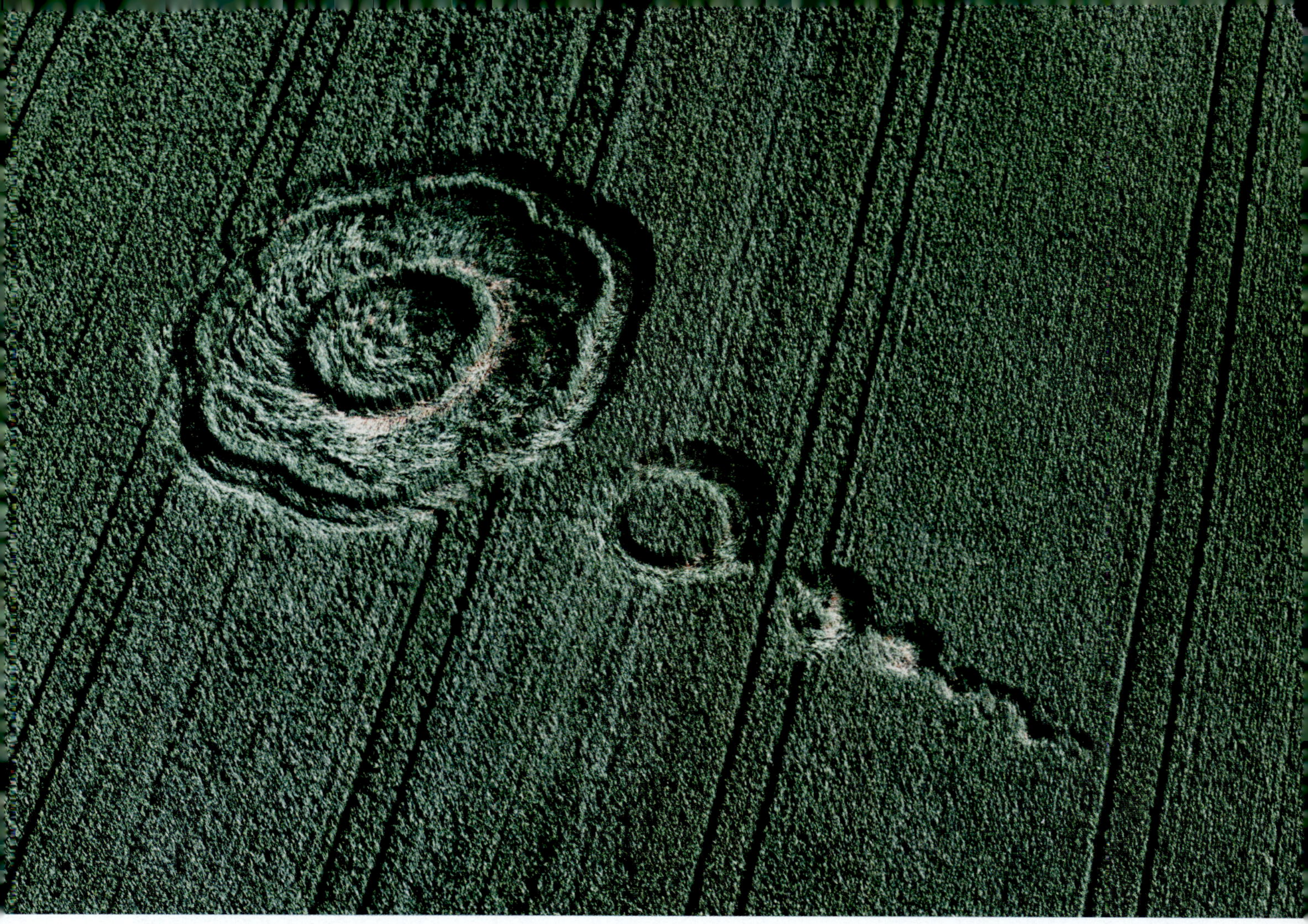

Bild oben: „Die Rosette“ am 15. Juni 2003, 45 m, bei Unterrieden, Hessen, Deutschland.
Bild unten und rechts: „Schlange mit Sichel“ am 5. Juli 2003, 70 m, direkt neben der Autobahn A6 bei Sinsheim-Bockschaft, Baden-Württemberg, Deutschland.
Fotos: Frank Laumen.

Die Rosette, 15. Juni 2003, Unterrieden (siehe Fotos Seiten 158/159)
Am 15. Juni 2003 erschien der einzige und vielleicht auch der letzte Kornkreis bei Unterrieden nahe Witzenhausen in unserer nordhessischen Region, ca. 50 km Luftlinie von Zierenberg entfernt. In der Nähe liegen auch einige Kraftplätze. Als ich den Kornkreis betrat, überkam mich eine tiefe Traurigkeit und die Tränen schossen mir in die Augen, so daß ich den Kreis mit der Rose schon nach 5 Minuten verlassen mußte. Auf einem Hügel vor dem Kornkreis traf ich die Kornkreisforscherin und „Mutter aller Kornkreise", Christa Kunold und ihre Freundin, die von ähnlichen Erlebnissen berichteten.

Diese ähnliche Formation, allerdings mit exakten Kreisen, entstand am 14. Mai 2003 bei Woodingdean in England.

Die Rose oder Rosette bestand aus 7 Blättern. Die Zahl 7 steht für die 7 göttlichen Eigenschaften, für die 7 Geister Gottes und für die 7 göttlichen Welten. Vor der Rose waren 3 Kreise in einer Reihe, von denen einer wie ein Spermium aussah. Das könnte wieder ein Dreifaltigkeitssymbol sein. Die Rose ist in der christlichen Mystik das uralte Sinnbild der Liebe. Wegen ihres Gestaltgeheimnisses, ihres Duftes und ihrer Schönheit seit jeher hochgeschätzt, verweist sie, auch wegen ihrer überwiegend roten Farbe, auf die Schale, die das Blut des gekreuzigten Heilands auffängt, auf die Umwandlung dieser Blutstropfen und auf die Wunden des gekreuzigten Christus. Auch die Schale des Grals gehört zu dieser Symbolik. Die in gotischen und romanischen Kirchen anzutreffenden Fensterrosen mit ihrer astralen Kreissymbolik haben mesopotamische Modelle (M'schatta) oder koptische Vorbilder (Tugendkreis, Sonnenrad, Engel- und Märtyrerreigen) als Ursprung. Meist erinnern sie auch an Christus als die „Sonne der Gerechtigkeit" oder auch an platonische Sphärenharmonien wie den immerwährenden Lauf der Planeten am Himmel oder der Zeichen des Tierkreises mit ihren Einwirkungen auf alles Lebendige.

Die Rosettenformen in den Portalen von Beaulieu und Moissac, die in bis zu achtfacher Wiederholung das ewige Leben symbolisieren, gehen gleichfalls auf die Astralsinnbilder zurück und stehen für die Planeten mit deutlichem Bezug auf Psalm 19 Vers 2 in der mittelalterlichen Literatur: „Die Himmel erzählen die Ehre Gottes, und das Firmament verkündet seiner Hände Werk". Rosetten beschwören die himmlische Stadt, das ewige Leben, das neue Jerusalem, sofern sie das Zeichen der ewigen Sonne, ein Christusmonogramm, umschließen.

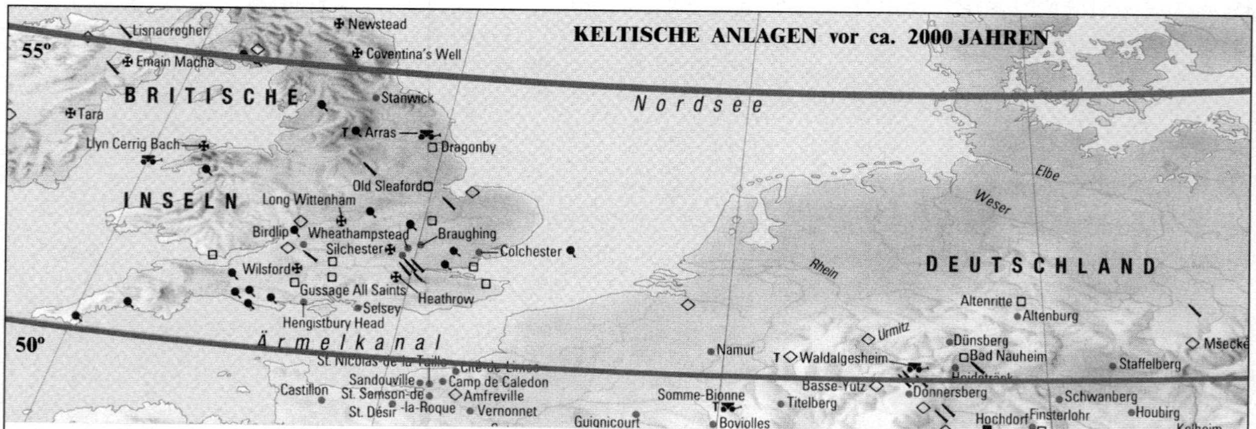

Bei Jakob Lorber (1800 – 1864), der in den letzten 24 Jahren seines Lebens das „Diktat der göttlichen Stimme" niederschrieb, bezeichnet sich Christus als der „Einundfünfzigste". Läßt er deshalb die besten Kreise am 51. Breitengrad hinlegen? Die Kornkreise in Nordhessen und auch in Südengland befanden sich immer in der Nähe des 51. Breitengrades. Am Morgen des 8. August 1997 entstand der 18-zackige Davidstern unter dem weißen Pferd vom Milk Hill, Alton Barnes, im Korn.

Mysteriöse Energiekugeln und Nebel

Frank Peters

Wie alles begann:

20. Januar 2001, 15.20 Uhr, die Temperatur -3°C, kein Niederschlag, geringe Luftfeuchtigkeit, gefrorener, schneebedeckter Boden, Winternachmittag in der Gemeinde Hude (Landkreis Oldenburg, Niedersachsen).

Ich war mit meiner Tochter und ihrem Schlitten auf dem Nachhauseweg von der Rodelbahn, die sich gegenüber unserem Haus in einem Waldstück namens Schnitthilgenloh verbirgt. Mit meiner Digitalkamera, einer Hewlett Packard C 200 (ich fotografiere vorwiegend mit der Auflösung 1152x875 Pixel), hatte ich einige Bilder von ihr und der verschneiten Landschaft eingefangen. Als ich mir später die Aufnahmen zu Hause am Bildschirm betrachtete, staunte ich nicht schlecht, daß zwei Aufnahmen so ganz anders geworden waren, wie ich sie eigentlich erwartet hatte.

Auf dem ersten Bild, wo diese Anomalien zu finden waren, stand meine Tochter neben einem Holzstoß aus frisch gesägten Buchenstämmen ungefähr 3 m von mir und der Kamera entfernt. Direkt auf und auch ein Stück über ihrer rechten Schulter war eine grün/graue Kugel zu sehen (ca. 10 cm im Durchmesser). Sie hob sich sehr gut auf und über der schwarzen Jacke meiner Tochter ab. Die Kugel besaß zusätzlich noch einen matten gelben Innenkreis und außen herum eine bläuliche Umrandung, ähnlich einem Energiefeld. (siehe Foto auf Seite 162)

Das zweite Bild, am Ausgang des Waldes in Sichtweite unseres Haus aufgenommen, zeigte auf dem Waldweg einen sich auf dem Boden schlängelnden Nebelschwaden, der in einem ca. 4 bis 5 m großen Nebelball endete. Gemeinsamkeiten bei beiden Bildern waren insofern vorhanden, daß der integrierte Kamerablitz jeweils ausgelöst hatte. (siehe Foto auf Seite 162)

Nach erstem Erstaunen und der Frage: „Was ist das, was könnte das sein?" ließen Forschergeist, Tatendrang und eine Portion Neugier mir bis zum heutigen Tag keine Ruhe diesem Phänomen auf die Spur zu kommen. Am gleichen Abend bin ich noch einmal allein in den verschneiten Winterwald gegangen und hatte wiederum einzelne Kugeln abgelichtet.

Erklärungsversuche - Strukturnebel und Kugeln.

Der Mond oder etwaige andere Spiegelungen schieden aus. Der Mond war noch nicht aufgegangen und andere Reflexionen sollte es im dichten Wald nicht geben. Der Mond stellte sich auch auf späteren Aufnahmen als gänzlich anderes farbliches Objekt dar als „meine" Kugeln. Ich konnte diesem Phänomen nur mit Zuhilfenahme des Blitzes beikommen. Die „Gegenseite" wollte angestrahlt, sichtbar gemacht werden. Ohne Blitz und mit eigenen Augen waren diese Kugeln nicht zu sehen. Schneekristalle waren nicht in der Luft, konnten es vielleicht Staubpartikel sein?

Neuentdeckung?

An dem Tage glaubte ich etwas gänzlich Neues entdeckt zu haben ohne schon zu wissen, daß es im Internet über eine halbe Millionen Seiten zu dem Thema zu finden gab. Ich kannte auch die Fotos meines Kornkreisfreundes Wolfgang Schöppe aus Kassel, die er mit seinen Stereokameras aufgenommen hatte und die mich schon immer, trotz Pro und Kontra, sehr fasziniert hatten. Ich hielt seine sogenannten „Plasma-Fotos" aber zuerst schlichtweg für ein anderes Phänomen, denn die Farbe und die Anzahl meiner Kugeln differierte zu seinen Aufnahmen gewaltig. Es scheint sich aber um das gleiche Phänomen zu handeln. Aber was vor allem ganz anders war, daß bei meinen Bildern, die ich ab Januar 2001 fast täglich im Wald vor der Haustür während der Früh- und Abenddämmerungsstunden schoß, sporadisch Nebel eintrat. Mit den eigenen Augen war er nicht wahrnehmbar! Kein Boden- oder Hochnebel, nein, plötzlich auftauchende Nebelschwaden, die in sich eine feste Struktur hatten, sogar so etwas wie Aussparungen aufwiesen. Bei den kleineren Kugeln zeigte sich ab und zu an ihrer Unterseite ein kleiner Schweif, wie der von einer Rakete, die gen Himmel stieg. Als hätten sie sich erschrocken, wenn ich sie anblitzte. Irgendwie scheint es eine Verbindung zwischen Kugeln und Nebel zu geben, denn wenn man sich den Nebel näher betrachtet, findet man dort, wie in einem Schaumteppich, Kugel an Kugel.

Bild oben links: 20. Januar 2001 - Mein erstes Foto mit einer für das Auge nicht sichtbaren Kugel.
Bild oben rechts: Jonglieren mit Kugeln (???) – nein, eher ein Zufallsprodukt! Fotos: Frank Peters.

Bild unten: 20. Januar 2001 – mein zweites Bild am Ausgang des Waldes in Sichtweite unseres Haus, zeigte auf dem Waldwe einen sich auf dem Boden schlängelnden Nebelschwaden. Foto: Frank Peters.

Bilder oben und unten:
Die nebelhaften Kugel-Erscheinungen auf den Fotos nahmen die Form von kleinen „Fliegenden Untertassen“ an.
Fotos: Frank Peters.

Auch fotografierte ich Einzelkugeln, woraus sich wie in einem Wirbel Nebel lösten oder die sich auch wieder zu Kugeln zusammensetzten. Manche Nebelschwaden sahen aus wie Tiere, Fratzen, Gnome und Geisterwesen. Und meistens schauten einen aus diesen Nebelschwaden große dunkle furchterregende Augen an, wenn man einige Bilder länger betrachtete. An einem Abend hatte ich auf dem Waldweg einen Nebel mit der Kamera eingefangen, der aussah, als würden zwei Engel oder Elfen über dem Boden schweben, sogar die Umrisse der Flügel waren zu erkennen und die Proportionen waren 3 bis 4 m groß. Auf einer Bank im Wald lichtete ich später ein Nebelstrukturwesen ab – menschenähnlich, als würde dort jemand zusammenkauert sitzen, wie mir es einige Freunde bestätigten, die das Bild auch so deuteten. Der Phantasie des Betrachters sind bei den Aufnahmen keine Grenzen gesetzt.

Ich gab die Bilder in meinem Freundeskreis herum und war über die Reaktionen sehr erstaunt, denn jeder erspähte irgendwelche anderen Figuren im Nebel, ob es Feenwesen, Kobolde, Wölfe oder Hunde waren, selbst ein trollähnlicher Musikant mit einer Laute in seinen Armen, wurde mir beschrieben. Waren es vielleicht Wesen, die es nicht gibt bzw. nicht geben darf, vielleicht aber doch irgendwo gibt? Seit Jahrtausenden beschäftigen sie die Phantasie der Menschen. Zum Teil wurden sie in die Welt der religiösen Symbolik integriert, mitunter auch als Bestandteil der „harten Realität" aufgefaßt, dann auch wieder augenzwinkernd als Fabelgeschöpfe aus Kindermärchen hingenommen. Wo kommen unsere Märchenfiguren her - alles nur zusammen gesponnen und gedichtet oder beruht es teilweise auf alten Überlieferungen von wahren Begebenheiten, wenn es um die Naturgeister geht? Nicht alle Menschen im materialistischen, technisierten und degenerierten Europa haben den Glauben an solche Wesen verloren. Auf den Außenposten Nordwest- und Westeuropas in Irland und auf Island sind diese Märchen noch genauso lebendig wie in Skandinavien und Osteuropa. Die Menschen dort haben noch Kontakte zu ihnen und leben in Harmonie mit Elementargeistern wie Feen, Devas, Gnomen und anderen. Das kommt uns hier in Mitteleuropa sehr fremd vor. Auf Island, wo mehr als die Hälfte der Einwohner an diese Wesen glaubt und auch diesen schon begegnet ist, gibt es neben einer Elfenschule in Reykjavik in der Staatssregierung Islands einen Elfenbeauftragten - kein Scherz, den gibt es wirklich.

Die folgenden Wochen

Bei vielen meiner Aufnahmen nahm ich meine Familie mit auf die Fotopirsch, als Interessierte und Zeugen für etwas Unsichtbares und Unfaßbares, was erst durch den Blitz der Kamera angestrahlt wurde, um so sichtbar gemacht zu werden. Immer wiederkehrende Versuche, die ich auch bei verschiedenen Wetterlagen unternahm, ließen mich dem Phänomen nicht unbedingt näher kommen.

Die Kugeln waren allgegenwärtig, ob bei trockenem Wetter, Schnee, Regen oder Hagelschauern, auch wenn sich Luftfeuchtigkeit und Luftdruck schlagartig änderten. Auch am Tage konnte ich ohne weiteres Kugeln vor einem dunklen Hintergrund fotografieren, wenn sich die Sonne nicht sehen ließ. Regentropfen stellten sich auf den Digitalbildern als Regentropfen dar und Schneeflocken als Schneeflocken. Ein Regenschirm war bei widrigen Wetterverhältnissen nicht nur der übliche Schutz für mich, sondern hielt auch den Regen und Schnee mindestens auf 40 bis 50 cm Abstand von der Kameralinse entfernt. Sehr gut konnte man auch erkennen, daß die Kugeln unabhängig vom Wetter bisher ihre Form behalten hatten.

Fliegende Untertassen?

Im März bekam das Phänomen eine neue Dimension - die Kugeln veränderten ihre Form. Am Montag, den 19. März 2001, gab es einen starken Wintereinbruch in Deutschland und vormittags an der Küste Sturmböen bis zu Windstärke 11 und ständiges Schneetreiben. Da es den ganzen Tag nicht richtig hell wurde, konnte ich erstaunliche Bilder im Wald und auch im eigenen Garten einfangen. Die Kugeln, es waren einige richtige große dabei von 40 bis 50 cm im Durchmesser, hatten ihre Form verändert, sie sahen aus wie die klassische Form eines UFOs. Hatten die Kugeln eine wetterbedingte Schutzform angenommen oder waren sie vom Orkan so zerzaust? Sie sahen aus wie kleine fliegende Untertassen. (siehe Fotos auf Seite 163)

Der Lichtstrahl (siehe Foto auf Seite 166)
10 Tage später, am 29. März 2001, war ich am Vormittag wieder einmal mit der Kamera im Wald zu meinen Lieblingsfotoplätzen unterwegs. Dichte Eiswolken kündigten einen Hagelschauer an. Aus einer leer stehenden Hütte fotografierte ich in Richtung einer uralten Eiche. Beim Auslösen sah ich im Monitor der Kamera, wie mich ein Blitz anleuchtete. Am Bildschirm betrachtete ich später wie ein fast 3 Meter langer Lichtstrahl von ca. 7 bis 10 cm Breite im 45° Winkel vom grasbedeckten Boden zu den ausladenden Äste der Eiche hinaufführte. Aber es war nicht eben nur ein Lichtstrahl, wie ein Fahrstuhlsah es aus, in dem sich eine Vielzahl dieser kleinen „Untertassen" befanden, die ich 10 Tage zuvor zum ersten Mal zu Gesicht bekommen hatte. Wenige im unteren Teil des Lichtstrahls, aber sehr viele, fast ein Stau der Objekte, im oberen Teil des Strahls - als sollten sie sich nicht schnell genug vor dem nahenden Hagelschauer in Sicherheit bringen können. Wurden sie nach oben gebeamt? Da ich auch hier in Serie Fotos schoß, stellte ich schon auf dem nächsten Bild mit Bedauern fest, daß der Lichtstrahl verschwunden war. Ich hatte leider auch keine Fotos vom oberen Teil der Eiche gefertigt, so bleibt es offen, wohin dieser Lichtstrahl führte und ob er länger war als diese fast 3m, die auf dem Bild zu sehen sind. Am meisten erstaunte mich aber, daß es wahrscheinlich eine sogenannte Intelligenz auf der anderen Seite der Kamera zu geben scheint. Es kostet ein wenig Überwindung mit etwas zu reden was nicht sichtbar ist. An Tagen wo sich kein Nebel zeigte, sprach ich das Unbekannte an: „Du könntest Dich wieder einmal vor der Kamera zeigen!". Resultat war, daß mehrmals prompt direkt danach auf dem nächsten Bild eine Nebelstruktur zu sehen war. In der Zeit nach meinen ersten Bildern im Wald spürte ich eine gewisse Unruhe und sogar Ängstlichkeit, die ich vorher nie gekannt hatte, wenn ich in der Abenddämmerung allein den vertrauten Wald betrat, um mich dort ein oder zwei Stunden mit meiner Kamera aufzuhalten. Ich wußte nicht, was mich dort vielleicht einmal erwarten würde, ob sich die „Geister" auch einmal real zeigen oder wie sich diese Phänomene überhaupt weiterentwickeln würden. Ich sah unseren heimischen Wald plötzlich mit ganz anderen Augen. Wer sich mit mysteriösen Wesenheiten beschäftigt, bewegt sich in einem nebelhaften Zwischenreich, am Kreuzungspunkt zwischen Wissen und Glauben, Kunst und Symbolik, Realität und Traum. Faszinierend ist diese Dämmerzone deshalb, weil es den Anschein hat, als könnten sich diese Wesen aus dem Bereich der Vorstellungen von Zeit zu Zeit mit einem Schimmer von realer Erfaßbarkeit umgeben, Fußspuren hinterlassen und - zumindest in Form von grün/grauen Kugeln - auf Fotos auftauchen. Hatte ich auf dem ersten Bild einen Strukturnebel, war auf dem folgenden Foto, wenn der Blitz 6-7 Sekunden später erneut auslöste, der ganze Spuk schon wieder vorbei. Nun mochte einem der eigene Atem gerade bei Temperaturen unter dem Gefrierpunkt einen Streich spielen. Doch bei einigen Testaufnahmen unter gleichen und ähnlichen Bedingungen zeigte sich bald, daß sich durch meine Ein- und Ausatmungsübungen zwar ein schwacher Dunst ablichten ließ, aber der hatte mit den teilweise mehrere Meter großen Nebelstrukturen nichts gemeinsam.
Einige Wochen nach Auftauchen des Phänomens bekam ich eine Antwort auf eine E-mail - ein paar der Kugelaufnahmen hatte ich an einen Kamerahersteller aus dem Stuttgarter Raum gesendet.
Kleine Tierchen und herab fallende oder aufgewirbelte Staubkörner sollten es sein, was sich dort vor meiner Kamera bewegte. Tierchen - an Mücken oder Fliegen war dort wohl gedacht worden - bei Minusgraden?! Da ich ähnliche und für mich unbefriedigende und unsinnige Antworten auch von anderen Herstellern erwartete, verfolgte ich diese Anfragen bisher nicht weiter.
Neben meiner Digitalkamera benutzte ich auch dann und wann meine beiden Spiegelreflexkameras und erzielte mit ihnen gleiche Erfolge. Die Kugeln und der Nebel waren auch hier zu sehen. Zwischendurch wechselte ich auch die Standorte für meine Aufnahmen, begab mich in andere landschaftliche Gebiete, teilweise bis zu 100 km entfernt oder erzielte bei Reisen auf die Schwäbische Alb und in die neuen Bundesländer ähnliche Resultate, egal ob in Räumen oder im Freien. In Haldensleben hatte ich mehrere Kugeln abgelichtet, die sich im 4. Stock unseres Hotelzimmers aufhielten.

Bild oben: Ein Lichtstrahl mit vielen kleinen Mini-UFOs???
Bild unten links: Herabrieselnder Sand vor der Kamera mit Lichtkugel am Baumstamm.
Bild unten rechts: Lichtkugel im Wald beim Kaiserstuhl, aufgenommen am 23. Februar 1975.
Fotos: Frank Peters (oben und unten links), Manfred Saier (unten rechts).

Eine ähnliche Überraschung erlebte Reiner Rosenfeld beim Wasserfall Misol Ha, einem der energiereichsten Orte in Mexiko (im November 2003). Einige der Energiekugeln scheinen sich hinter (!) dem Wasserfall zu befinden. Unten ist zu sehen, wie sich eine dieser Kugeln zum Kopf von Ursula Rosenfeld senkt, während sie beim Wasserfall meditiert. Fotos: Reiner Rosenfeld.

Staubpartikel, Fliegen, Mücken?

Sind die Kugeln nicht vielleicht doch nur Staubpartikel? Ich habe natürlich auch und gerade in den letzten Wochen und Tagen Versuche unternommen, um diese These zu widerlegen. Zu den Tests, die ich bisher immer mit Hilfestellung meiner Familie unternahm, stellte sich nach kurzer Zeit schnell heraus, daß z. B. Waldbodenpartikel und Haushaltsmehl ungeeignet sind für solche Versuche und feine Sandkörner oder Salz für Versuche dieser Art mir am besten geeignet erschienen. Im Millimeterbereich vor der Linse wurden sämtliche Partikel unscharf wiedergegeben. Einige Zentimeter entfernt entstanden die besten Aufnahmen, wenn z. B. Sand vor der Kameralinse herunterrieselte, auch noch bis zum Bereich von 30/50 cm kamen ganz vernünftige Bilder dabei heraus. Es stellten sich auch fast ähnliche Kugeln dar wie auf meinen Bildern - ich war überrascht. Aber schon bei den ersten Versuchen hätte ich sagen können, wenn ich es nicht bereits geahnt hätte, in welchem Abstand sich das vor der Kamera abspielt (räumliches Sehen) und außerdem waren das nicht „meine Kugeln", denen ich schon einige Monate auf der Spur war.

Sand vor der Kamera wird von einer Kugel beobachtet (siehe Foto auf Seite 166)

Aber „meine Kugeln" kamen mir zu Hilfe. Denn bei Versuchen im 30-cm-Bereich hielten sich einige von ihnen wie Zaungäste in ein paar Metern Entfernung im Hintergrund auf. Deutlich hebt sich der rieselnde Sand von den Kugeln ab. Schon bei einer Entfernung, die über einen Meter Abstand hinausgeht, konnte man die Versuche einstellen - nichts war mehr von „der Kugelform" zu sehen, geschweige denn überhaupt irgendetwas von dem Versuch, wenn man nicht Erklärungen abgegeben hätte, was dort auf den Bildern hätte zu sehen sein sollen. Die Grundfarbe meiner Kugeln, abgesehen von den ganz durchsichtigen, ist nach wie vor grün/grau. Eine violette und zwei stahlblaue Einzelkugeln waren bisher die Ausnahme. Eine einzelne, quittegelbe kleinere, die von mir so bezeichnete „Golden Bowl" taucht oft im ganzen Verband mit den grün/grauen auf. Hat sie vielleicht eine Führungsposition? Die Größen variieren von Tischtennis- bis hin zu Fußbällen.

Aber noch wichtiger und grundlegender bei dem Thema „Staubpartikel" ist für mich die eher sekundäre Bedeutung, ob diese Objekte jetzt 1 mm, 30 mm oder mehr vor der Kameralinse aufgenommen wurden. Viel entscheidender finde ich es, daß bei sehr vielen Bilderserien, die ich schoß auf dem ersten Bild hunderte von Kugeln zu finden sind und auf dem nächsten Bild, bis ca. 7 Sekunden später ausgelöst, nicht eine zu sehen ist. Wenn es sich um Staubpartikel handeln würde, wären auf den nachfolgenden mit Sicherheit noch einige davon zu finden gewesen. Staubpartikel halten sich bekanntlich länger in der Luft auf und schweben zu Boden! Bei all meinen schon über 2500 archivierten Fotos, die ich zum Thema schoß, kam ich mehr und mehr zur Überzeugung, daß auf der „Gegenseite" oder wie immer man sie bezeichnen will, jemand in der Lage sein muß, die angeblitzten Kugeln zu deaktivieren. Nur so läßt sich erklären, daß Hunderte von Kugeln von einem zum nächsten Moment plötzlich von der Bildfläche verschwunden sind. Vornehmlich Mücken und ein paar Fliegen sind im Bereich von einem Meter von der Linse entfernt auch als solche zu identifizieren. Selbst Details wie Flügel und Beine sind gut zu sehen. Geflügelte Tiere im weiteren Bereich stellen sich als kleine helle Lichtpunkte dar, aber eben anders als die Kugeln.

Das Verhaltensmuster der Kugeln.

Bei meinen Exkursionen bemerkte ich sehr oft ein wiederkehrendes Verhaltensschema der Kugeln. Wenn ich an meinen Standardfotoplätzen angekommen war, begann ich in Intervallen Fotoserien zu schießen. Auf den ersten Bildern waren selten Kugeln zu finden, wenn dann meistens einzelne, das mehrte sich dann spätestens nach der Hälfte der Fotoserie. Es tauchten immer mehr von ihnen auf, vornehmlich später dann zum Finale auch größere Kugeln und mit dabei fast immer die „Golden Bowl" - um dann in gleichem Tempo wie sie gekommen waren auch wieder weniger zu werden. Der Eindruck entstand: „Laßt uns mal neugierig schauen, wer dort ein Blitzgewitter auslöst. Ach, er macht schon wieder seine Bilder." Gelangweilt wendete man sich ab. Gibt es ein Interesse der Kugeln an den Menschen oder spielt es eine Rolle, daß sie sich vielleicht zu Menschen hingezogen fühlen, die sich für Übersinnliches interessieren?

Intelligenz auf der „anderen Seite"?

Vorausgesetzt meine Annahmen sind richtig, konnte ich weiterhin feststellen, daß die Kugeln anscheinend ein Interesse an neuen für sie wichtigen naturwissenschaftlichen Informationen haben. Nicht nur bei den Vorträgen und Versammlungen, wo die Kugeln ein Thema waren, sondern auch beim Schulfest meiner Tochter, wo das Thema „Indianer" behandelt wurde und die Kinder ein Theaterstück aufführten, wo sie sich als Bäume verkleidet hatten. Dort waren über ihnen, während der Vorstellung, Kugeln in allen Größen zu sehen. Ein Interesse an neuen Erziehungsmethoden und wie sich die Menschheit noch retten kann, denn die Erde rettet sich selber?

Der Kamerablitz

Welchen Einfluß hat der integrierte Blitz der Kamera bei Belichtung der Objekte? Ohne ihn hätte ich erst einmal weder die Kugeln noch den Nebel sichtbar machen können. Beim Auslösen des Blitzes kann ich im Sucher der Kamera sehen, ob auf der „anderen Seite" irgendetwas angeblitzt worden ist - es reflektiert. Wenn etwas reflektierte schoß ich zumeist Fotoserien in diese Richtung. Auf der Rückseite der Kamera im Monitorfenster „Foto-LCD-Anzeige" hat man die Möglichkeit, die aufgenommenen Bilder zu betrachten. Nur bei der Darstellung der Strukturnebel konnte man gleich sehen, was man fotografiert hatte - bei den Kugeln war es ganz selten der Fall. Sie stellten sich im Fenster zu klein dar. Die meisten Resultate sah ich erst am Bildschirm meines Computers.

Man irrt mit Sicherheit, wenn man die Verschiedenfarbigkeit der Kugeln dem Blitz zurechnet, denn sämtliche Gegenstände rund um die Kugeln herum sind farbgetreu wiedergegeben worden.

Um so beeindruckender ist es für mich, daß es verschiedenfarbige Kugeln gibt.

Die Standorte der Kugeln

In den ersten Tagen und Wochen nach Auftauchen des Phänomens nahm ich an, daß es mit dem Namen des Wäldchens „Schnitthilgenloh", (hilgenloh = heiliger Wald) zu tun haben könnte, der dort zu findenden uralten Arteserquelle oder auch durch die Nähe der Klosterruine in Hude und dem dortigen Schnittpunkt zweier bedeutender deutscher Leylines. Nach und nach stellte ich aber fest, daß ich die Kugeln fast überall fotografieren konnte, den Nebel aber nur im Wald bzw. am eigenen Haus, wenn ich von den Foto-Exkursionen aus dem Schnitthilgenloh zurückkam - als hätte er mich begleitet oder verfolgt. Im März 2001 erschien in der US-Zeitschrift „The Fortean Times" ein Artikel von Philip Carr, der sich auch diesem Thema der Lichtkugeln annahm. Er berichtete davon, daß diese Kugeln weltweit fotografiert werden und hauptsächlich von Menschen, die sich für Übersinnliches interessieren. Vermutungen, um was es sich handeln könnte gibt es viele: Geistige Energie, Geheimwaffen irgendeiner Regierung, Sonden einer außerirdischen Zivilisation oder nur um vorsätzlichen Schwindel... oder liegt die Fehlerursache ganz einfach bei den Kameras? Um herauszufinden, wie groß das Phänomen der Lichtkugeln weltweit geworden ist, gebe man einfach „ghost orbs" - „Geisterkugeln" in eine Internet-Suchmaschine ein. Alleine die altavista-Suchmaschine bringt über eine halbe Millionen Seiten. Homepages von Kalifornien bis nach Brisbane/Australien sind mit Theorien, bestätigten Zeugenaussagen und fotografischen Beispielen übersät.

Vitalisten und Mechanisten

Kontrovers werden die Meinungen der Vitalisten und Mechanisten über Kugeln und Nebelstrukturen auseinandergehen. Die einen nehmen sich gerne dieser nicht zu erklärenden Phänomenen an und die anderen sind die, die sich prinzipiell gegenüber allem verschließen, was nicht mit den Mitteln der Physik und Chemie zu erklären ist. - Doch die paranormalen Phänomene sind nicht so schnell zum Abzug zu bewegen und ein Verschließen gegenüber allem Mysteriösem oder Mystischem ist sicher nicht der richtige Weg.

Rupert Sheldrake:

„Ich glaube, daß die gegenwärtige Schulwissenschaft zu begrenzt, zu beschränkt ist und daß wir für unseren Weg in die Zukunft erst einmal auf das hören müssen, was die Natur uns sagt."

Diesen Worten möchte ich mich anschließen. ■

Oben der Wasserfall „Saint Nectans Glen" in England. Auch hier zeigten sich die mysteriösen 'Energiekugeln' auf zahlreichen Fotos in wechselnden Größen und Anordnungen, so daß eine Verschmutzung der Linse ausgeschlossen werden kann. Die beiden unteren Bilder entstanden im Abstand von 4 Sekunden ebenfalls im Juni 2003 bei West Kennet Long Barrow in England. Fotos: Reiner Rosenfeld.

Bei der Pyramide Kulkulkan in Chichen Itza (Mexiko, November 2003) waren ebenfalls auf mehreren Aufnahmen kugelförmige Gebilde zu erkennen. Unten links eine Aufnahme vom Ausgang der Höhle von Lloltun (Mexiko). Unten rechts eine Energiekugel an einem 'heiligen' Kapohbaum im Park des Hotels 'Mayaland' in Chichen Itza.Fotos: Reiner Rosenfeld.

Hinter dem Horizont

Rüdiger Wagner

Zur Person:

Rüdiger Wagner wurde 1967 geboren und beschäftigt sich nun seit ca. 12 Jahren intensiv mit dem Thema Kornkreise. In dieser Zeit war er viermal in England, um sich vor Ort des Geschehens, das sich aber nicht nur auf England beschränkt, ein persönliches Bild zu machen. Ab 1993 lernte er unter anderem den Niederländer Emile Trommel und den Österreicher Johann Kössner kennen, die sein Leben seitdem in spiritueller Hinsicht maßgeblich bereichert haben. Dafür möchte er ihnen an dieser Stelle nochmals seinen Dank aussprechen.

In dem folgenden Beitrag möchte ich versuchen, meine Sicht zu den Kornkreisen aus einer umfassenderen Perspektive zu betrachten, als dies allgemein üblich ist. Dazu müssen wir aber etwas weiter ausholen, um uns ein Bild der größeren Zusammenhänge zu machen.

Das Thema Kornkreise wird seit Erscheinen des Phänomens, wie die meisten Dinge in unserem Leben, zumeist nur schwarz oder weiß dargestellt. Ist es ein echter oder ein gefälschter Kornkreis, fragen wir uns und zugegebenermaßen tappe auch ich immer wieder in diese „Beurteilungs-Falle". Das liegt wohl daran, daß wir Menschen Dualisten sind. Wir alle sind auf dieser Erde so programmiert, daß wir immer zwischen richtig und falsch, hell und dunkel, oben und unten, usw. unterscheiden. Es ist das alte „Gut - und Böse - Spiel" aus dem wir nicht zu entkommen scheinen und das uns seit Jahrtausenden fest im Griff hält. So sind wir es von klein auf gelehrt worden und alles, was tagtäglich in unserer Welt geschieht, scheint ohne diese Definition, dieses Festlegen auf nur eine Seite der Medaille nicht auszukommen. Was daraus resultiert ist natürlich eine sehr begrenzte Wahrnehmung der Wirklichkeit, die leider nur all zu oft zu Trennung und damit zu Krieg führt. Schon in alter Zeit wußten bestimmte Gruppen über diese und andere Gesetzmäßigkeiten genauestens Bescheid und nutzten dieses Wissen für ihre eigenen Machtinteressen anstatt zum Wohle aller. Deshalb war und ist bis heute das Prinzip „teile und herrsche" so erfolgreich. Blind beharrt jeder auf seinem Standpunkt und ist nicht bereit, auch nur einen Schritt in eine andere Richtung zu tun, ohne zu bemerken, daß der „lachende Dritte" sich darüber diebisch freut.

Obwohl wir ganz genau wissen, daß es außer Schwarz und Weiß natürlich noch viele andere Farben gibt und obwohl selbst die heutigen Wissenschaftler immer mehr erkennen, daß wir in einer mehrdimensionalen Welt leben, in einem so gigantischem Universum, daß es unsere kühnste Vorstellungskraft bei weitem übersteigt, schaffen wir es nicht, unseren Blick über den Tellerrand hinaus zu erheben. Was bleibt ist eine einseitige Beurteilung der Dinge, die in blindem Fanatismus und damit letztlich in der Selbstzerstörung gipfelt.

Und dabei ist unsere Beurteilung nicht mehr als eine menschliche Interpretation, die auf unserer Begrenztheit beruht. Wir haben zwar die Möglichkeit, uns zu entscheiden, unseren sog. (aber meist überschätzten) „freien Willen", doch solange wir nicht erkennen, daß alles nur Entwicklung ist und wir in Wahrheit viel zu begrenzt sind, um zu beurteilen, was richtig oder falsch ist, wird sich an den derzeitigen Verhältnissen nichts ändern.

Da dies nicht einfach zu verstehen ist, ein Beispiel zum besseren Verständnis:

Wenn unsere Überlieferungen stimmen, dann sagte Jesus als er sterbend am Kreuz hing: „Vater, vergib ihnen, denn sie wissen nicht, was sie tun". Das hat wahre Größe. Nicht nur, daß er für seine Peiniger um Vergebung bittet. Er beschimpft oder verurteilt sie nicht einmal, denn er weiß, daß sie im wahrsten Sinne des Wortes nicht wissen, was sie tun. Sie halten ihre Tat für vollkommen in Ordnung und zu dem Zeitpunkt, an dem sie ihn ans Kreuz nageln, wissen sie es tatsächlich einfach nicht besser. Es ist ihr Stand der Entwicklung, ihr derzeitiger Bewußtseinsstand. So gesehen ist ihr Verhalten auch keine Frage von Schuld, von richtig oder falsch, sondern vielmehr Ausdruck ihrer Unwissenheit. Das zu akzeptieren ist wirklich eine harte Nuß, die uns immer wieder aufs Neue fordert. An erster Stelle aller Tugenden steht zwar die selbstlose Liebe, doch schon an zweiter

Stelle das Wissen um die kosmischen Gesetzmäßigkeiten, ohne das unsere Wahrnehmungsfähigkeit der Realität nur sehr begrenzt bleibt. Durch diese Unwissenheit entstand zu allen Zeiten großes Karma, das uns bis heute immer wieder einholt und uns das Leben schwer macht. Leider ist es nur wenigen Menschen vergönnt, hinter die Schleier der Illusion zu blicken und eine Ahnung davon zu bekommen, wie unsere Wirklichkeit hinter dem Horizont beschaffen ist. Das ist aber weder ein Grund zu verzweifeln, noch uns Selbstvorwürfe zu machen. Es spiegelt lediglich den Stand unserer Entwicklung wieder und wer weise ist, wird in Gelassenheit erkennen, daß es ist, wie es ist.
Doch glücklicherweise gab es zu allen Zeiten Menschen, die die Fähigkeit besaßen, über ihren rationalen Verstand hinaus diese anderen Realitäten wahrzunehmen und uns davon zu berichten. Vieles von dem Wissen alter Völker (wie z.B. der Maya und anderer) wird heute wiederentdeckt und hilft uns z.B., kosmische Zyklen, die uns beeinflussen, besser zu verstehen.
Auch heute gibt es noch Naturvölker, die sich manche Fähigkeiten erhalten haben und in Trance mit der Erde und den Naturgeistern kommunizieren können (– funktioniert allerdings nur, wenn man die Erde als ein lebendes Wesen begreift). Anderen Menschen werden auf anderem Wege Informationen oder Einsichten zuteil, die ihnen ein Verständnis der größeren Zusammenhänge und kosmischen Gesetzmäßigkeiten vermitteln. Viele Wege führen ja bekanntlich nach Rom. Auch durch sog. Außerirdische oder Wesenheiten aus der geistigen Hierarchie. Bezeichnungen wie Engel, Avatare oder Lichtwesen sind hier wohl am geläufigsten. Natürlich spielt die geistige Reife des Empfängers und das Wissen eine entscheidende Rolle. Denn wer nicht die Bereitschaft hat, seine Antennen auf Empfang zu stellen, wird kaum etwas erfahren.
Die folgenden Informationen über die bedeutende Zeit, in der wir jetzt leben und auch über die Kornkreise verdanken wir Menschen, denen eben solche Einblicke hinter die Grenzen unseres Horizonts gewährt wurden, und dafür bin ich sehr dankbar.

Aspekte eines göttlichen Plans

Stellen wir uns vor, daß die Erschaffung unserer Erde und allem was darauf lebte und blühte ursprünglich einmal ganz anders aussah, anders geplant war. Ein Planet – der von Friede und völliger Harmonie erfüllt war. Eine Zeit – in der wir alle wußten, wer wir sind und wo wir in dem Bewußtsein lebten, daß alles Eins und Eins alles ist. Zu jener Zeit gab es auf der Erde nicht die Illusion, von Gott getrennt zu sein, es gab keine individuellen Machtinteressen, sondern nur die selbstlose, liebevolle Hingabe an den Einheitsgedanken und alles was uns umgab.
Das klingt wirklich wie im Märchen, nicht wahr? Doch genauso war es einmal und nun, nach Jahrtausenden der Dunkelheit und Unwissenheit, der Illusion des Getrenntseins von Gott und all unserer leidvollen Erfahrungen, die daraus resultierten, scheint es, als stünde unsere Rückkehr in die Einheit kurz bevor. Jetzt ist die Zeit, in der wir die große Chance haben, uns unserer wahren, göttlichen Natur wieder bewußt zu werden, den Kreislauf von Tod und Wiedergeburt zu beenden und das Gesamte zu heilen.
Aus diesem Grund findet derzeit ein gigantischer Transformationsprozeß statt. Dieser Prozeß betrifft alle karmischen Verflechtungen auf der Erde. Das bedeutet, daß wir sowohl individuell als auch kollektiv schon jetzt und vermehrt in naher Zukunft mit unseren Problemen unweigerlich konfrontiert werden. Durch die Gedanken und Taten der Menschen ist die Erde sowohl materiell als auch geistig verunreinigt (z.B. durch Kriege etc.). Die so entstandenen Energien oder „morphogenetische Felder“ bestehen so lange, bis sie vollständig transformiert worden sind. Erst wenn dies der Fall ist, kann es die notwendige Veränderung geben. Aus diesem Grund erhalten wir jede Menge Hilfe aus unterschiedlichen Bereichen. Zum einen von einer Art planetarer Hierarchie, die man als Lichtwesen der Einheit bezeichnen könnte, und zum Teil auch von außerirdischen Zivilisationen, die aus unterschiedlichen Gründen ebenfalls ein Interesse an diesem universellen Plan haben. Zum Teil bestehen auch hier karmische Altlasten, die z.B. von Genmanipulationen durch Außerirdische in früheren Zeiten herrühren und transformiert werden müssen.

Bilder oben: „Lichtschiff oder Lichtwesen" am 16. Februar 1989 bei Valle Sagrado/Peru. Ich hatte unsere Reisegesellschaft und die Landschaft fotografiert und dieses Phänomen erst nach dem Entwickeln des Filmes festgestellt.
Bild unten: „Lichterscheinung" bei den Inka-Ruinen am 13. Februar 1989 in Puno/Peru. Ähnliche Lichtkegel wurden nachts von Augenzeugen bei der Entstehung von Kornkreisen beobachtet, Fotos: Eckhard Weber.

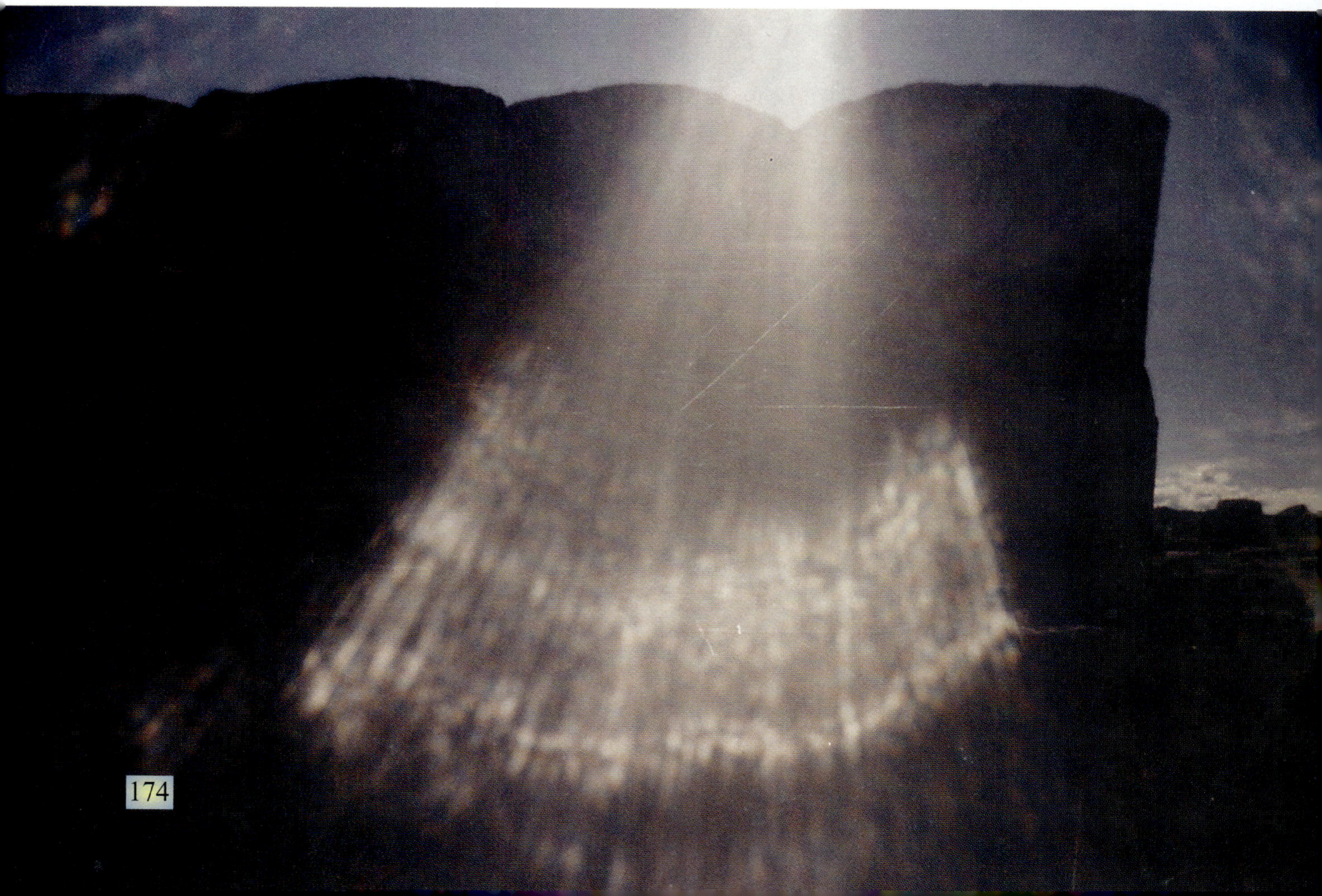

Bild oben: Eine offene „Vesica Piscis (Fischblase/Schöpfungssymbol) am 15. Juli 1997 bei Stratford Upon-Avon/England/ Foto: Steve Alexander. Die Rundung in der Mitte könnte auf die irgendwann einmal begonnene Schöpfung hinweisen und die gerade Linie mit der dynamischen Phase könnte bedeuten, daß sich die Schöpfung nun vollenden möchte. Es sieht so aus, als stünde unsere Rückkehr in die Einheit unmittelbar bevor – der Beginn des 'Goldenen Zeitalters'.

Bild unten: Das Oktagramm vom 27. Juni 2000, 70m, Bishop Cannings, Wiltshire, England. Foto: Frank Laumen.
Ein Doppelquadrat mit acht Ecken, die Acht gilt gemeinhin als die Zahl der Unendlichkeit. Bei den stehenden Elementen des Korns kann man 8 halbe Fischblasen, 8 dreieckige Kreissegmente und 8 Schilder oder Wappen erkennen. 8+8+8=24, 2+4=6. Bei den liegenden Elementen erkennt man einen 8-zackigen Stern, wiederum 8 halbe Fischblasen und 16 gleichseitige Dreiecke und einen Umkreis. 8+8+1+6+1=24=2+4=6. 6+6 =12. Die Zahl 12 steht in der Offenbarung des Johannes für die viereckige Stadt das „Neue Jerusalem". In alten Überlieferungen gibt es eine weitere Bedeutung für das Doppelquadrat: *Der Mensch hat durch das Erkennen seiner Seele und deren Persönlichkeit die Gesetzmäßigkeit des Kosmos erkannt: „Die Wiedergeburt"* [52.1]

Andere Zivilisationen haben durch unseren Aufstieg ebenfalls die Chance, sich weiterzuentwickeln, denn alles steht in Beziehung zueinander, ist miteinander verbunden und die Vorstellung des Getrenntseins ist Illusion.
Die Kornkreise sind hierbei nur ein Aspekt dieser Hilfsmaßnahmen, die uns zuteil werden. In erster Linie geht es auch dabei um die Transformation bestimmter morphogenetischer Felder und um die Einleitung von Frequenzen, die durch Licht als Informationsträger übermittelt werden und die Heilung der Erde unterstützen.

Die jeweilige Geometrie eines Kornkreises spielt natürlich auch eine wichtige Rolle und besitzt eine dementsprechende Information (Formstrahlung) die man nicht unterschätzen sollte.
Bei letzterem spielt es übrigens überhaupt keine so entscheidende Rolle, wer der Urheber ist. Zu allen Zeiten wurden Menschen Impulse zuteil (– man denke nur an Religionsstifter wie Buddha, Jesus usw.). Die nachfolgenden Generationen entwickelten dann anschließend eine eigene Interpretation dieser Lehren, die ihre Urheber in dieser Form vielleicht gar nicht beabsichtigten. Wie auch immer, ein kleiner Impuls zieht manchmal eine große Wirkung nach sich. Wenn also heute auch viele Kornkreise gefälscht werden (und das ist zweifellos der Fall), so sind sie doch letztlich durch den Ursprungsimpuls der Kreise inspiriert worden und tragen durch ihren mystischen Charakter zum Nachdenken und damit zur Weiterentwicklung vieler Menschen bei. Ob es denjenigen, die Kreise fälschen, bewußt ist oder nicht, sie sind Teil dieses gigantischen Prozesses und fördern ihn dadurch. Menschen aus aller Welt treffen sich jedes Jahr aufs Neue in England und anderen Orts und beten, inspiriert durch die Kornkreise, für unsere Mutter Erde und für eine bessere Welt. Dabei ist es völlig unerheblich, ob der eine oder andere Kreis von Menschen gemacht ist. Viele der Kornkreise liegen zudem auf sog. Leylines. Das sind Erdenergielinien, die sich am besten als die Nervenbahnen der Erde beschreiben lassen. So, wie man auch das Wasser und die Flüsse das „Blut der Erde“ nennt. Diese Energielinien sind wie ein Informationsgitter über unseren Planeten verteilt, welches den Zustand der Erde widerspiegelt. Aus diesem Grund steht nebenbei bemerkt auch die Cheops Pyramide auf einem wichtigen Knotenpunkt dieser Linien und strahlt jeden Morgen Informationen über die Erde zu dem Sternbild Orion aus. Doch das nur am Rande.
Diejenigen, die immer noch Zweifel an einem echten Kornkreis-Phänomen haben und für die die Frage nach dem Urheber von Bedeutung ist, sollten nicht die Tatsache übersehen, daß es auch immer wieder Beobachtungen außergewöhnlicher Lichtphänomene gibt, an denen selbst das Militär ein offenkundiges und reges Interesse zeigt. Oder glauben sie etwa, die würden mit Helikoptern fliegenden, leuchtenden Kugeln hinterherjagen, wenn es sich dabei nur um einen simplen Streich handeln würde? Ich selbst habe einige Personen kennengelernt, die in dieser Beziehung Erstaunliches erlebt haben (erst wieder 2003) und es gibt eine Fülle von Foto- und Filmmaterial, um sich selbst davon zu überzeugen. Auf welche Art sich auch immer die Kornkreise manifestieren, die Zeichen am Himmel und auf der Erde sind da. So, wie sie uns schon in der Bibel prophezeit worden sind.
Auch die zunehmenden Umweltkatastrophen und Wetterkapriolen sowie die zunehmenden Spannungen in der Weltpolitik und der Weltwirtschaft sind deutliche Signale für einen bevorstehenden Wandel.

Wer Augen hat zu sehen und Ohren zu hören, der wird die Zeichen erkennen.
All dies sind Anzeichen für einen gigantischen Prozeß der noch einige, wahrscheinlich auch schmerzhafte Konfrontationen für uns bereithält. Viele Menschen auf Erden erleben bereits ihre Apokalypse in Form von Kriegen, Erdbeben, Hungersnöten und vielem, von dem wir uns keine Vorstellung machen. Vielleicht ist das der Preis, den wir zu zahlen haben, weil wir uns von der Urquelle der Liebe (die wir Gott nennen) abgewendet und vergessen haben, wer wir sind.

Doch am Ende steht die Heilung des Gesamten für alles was lebt und blüht, und was könnte erstrebenswerter sein als das? Natürlich fragt man sich an dieser Stelle, wann es denn wohl so weit sein wird. Wann wird dieses neue („Goldene") Zeitalter da sein, wann wird es beginnen? In dieser Hinsicht gibt uns der Maya-Kalender, der „Tzolkin", Aufschluß. Dieser Kalender endet im Jahre 2012. Allerdings befinden wir uns bereits seit 1987, seit der sog. harmonischen Konvergenz, in diesem Transformationsprozeß, der am 21. Dezember 2012 abgeschlossen sein soll. Was dann genau geschehen wird, weiß wohl niemand so genau und das ist auch gut so. Aber es bleibt uns bis dahin nur noch sehr wenig Zeit und wir sollten nicht den Fehler begehen, uns zu sehr auf die Hilfe von oben zu verlassen oder auf eine Art General-Amnestie zu hoffen.

Jeder von uns ist gefordert, die Augen und vor allem sein Herz zu öffnen, um sich der Verantwortung für seine Gedanken, Worte und Taten bewußt zu werden. Wir können uns Gott oder der geistigen Hierarchie als Werkzeug, als Empfänger zur Verfügung stellen, um durch uns das göttliche Licht, auch Christusbewußtsein genannt, in die Welt hinauszustrahlen, wenn wir es nur wollen und fest daran glauben. Das, was in naher Zukunft geschehen wird, hängt entscheidend davon ab, ob genügend Menschen erwachen werden. Werden wir bereit sein, das Alte loszulassen, um das Neue zu erfahren? Werden wir bereit sein, unseren freien Willen für die Einheit aufzugeben und in Vertrauen zu sagen: ***„Nicht mein, sondern Dein Wille geschehe!"***?

Die Zeit wird es zeigen.

Ich habe die Hoffnung, daß es so sein wird und daß ein göttliches Licht unsere Herzen so sehr mit seiner Liebe erfüllen wird, daß wir uns diese Frage nicht mehr zu stellen brauchen und alles gut wird. ■

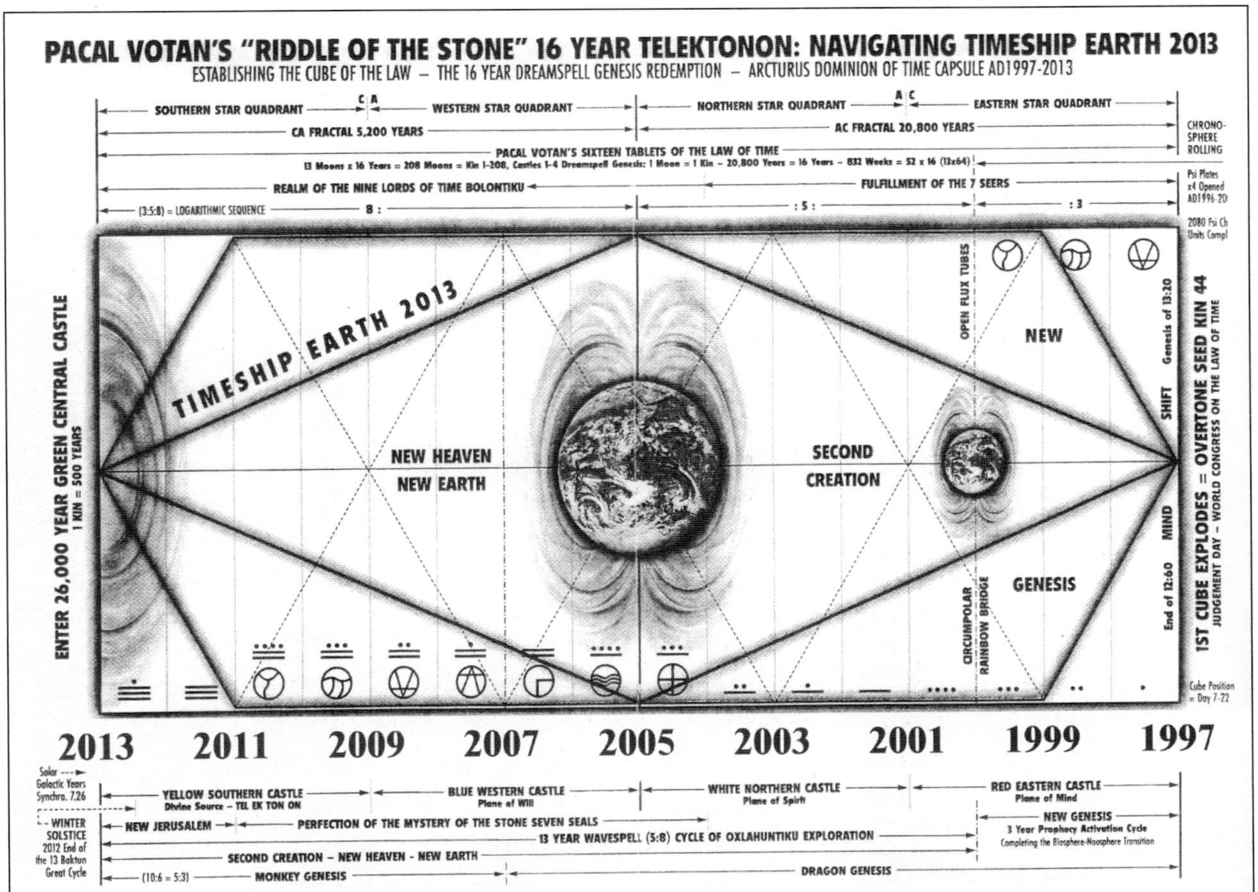

Nach der derzeit allgemein anerkannten Entschlüsselung des Maya-Kalenders von José Argüelles befinden wir uns derzeit in einem Tranformatiosprozeß, der im Jahre 2005 seinen Höhepunkt erreicht und bis zum Jahr 2013 abgeschlossen sein soll.
Grafik: Copyright by José Argüelles.

Auch der renommierte Kornkreisfotograf Frank Laumen entdeckte auf seinen mit Spiegelreflexkamera aufgenommenen Bildern teilweise mysteriöse „Lichtkugeln“.
Bild oben: Kornkreis am Desenberg 2001 (siehe Seite 98/99)
Bild unten: Langpiktogramm im East Field 1999 (siehe Seite 90). Fotos: Frank Laumen.

Der Kornkreis „Die Schwalben“ oder „die Tauben des Heiligen Geistes“ mit über 120 m Länge entstand am 4. August 2003 am Walkers Hill bei Alton Barnes, Wiltshire, England. Der englische Kornkreisforscher Chris Evans beobachtete einen Tag später mysteriöse Lichterscheinungen, die offensichtlich auch Militärhelikopter auf den Plan gerufen hatten. Seinen Bericht finden Sie auf den nächsten beiden Seiten. Fotos: Steve Alexander.

Lichter am Nachthimmel

Ein Erlebnisbericht von Chris Evans zum 5. und 7. August 2003

Übersetzung aus dem Englischen von Rüdiger Wagner

Letzte Woche machten wir einen Campingurlaub in Wiltshire. Wir kamen, um uns aus erster Hand ein Bild von den Kornkreisen zu machen, die um das Hügelland von Marlborough, insbesondere die Gebiete um Cherhill, Avebury und Alton Barnes im Tal von Pewsey entstehen. Eine Möglichkeit dazu erhielten wir durch Rüdiger Wagner und seine Bekannten (Nina, Ralf und Christiane - Anm. d. Übersetzers) die auf unserem Campingplatz waren und uns von einem spektakulären, neuen Kreis am Walkers Hill (Adams Grave - Anm. d. Übersetzers) berichteten, der am 4. August gemeldet wurde. Am folgenden Tag sahen wir die „Schwalbenformation" von der Straße nach Alton Barnes. Es war an diesem Tag sehr heiß und daher beschlossen wir, uns die Formation am Abend anzusehen. Zurück auf dem Campingplatz zeigte uns Rüdiger Videoaufnahmen des letzten Fluges über einige Kornkreise der letzten Zeit und wir hatten so den ersten klaren Blick auf die Schwalbenformation. Spät nachmittags machten wir uns auf den Weg, um sie uns anzuschauen und betraten das Feld kurz nach Sonnenuntergang. Der Abend war klar und der Halbmond schien. Das wunderschöne Design der „Schwalben" offenbarte sich, als wir über den Bergrücken kamen und die Vögel und Kreisformen zwischen zwei Hügeln in einem Sattel zum Vorschein kamen. Das weiße Pferd am Milk Hill bildete einen dramatischen Hintergrund und wir waren beeindruckt von der ruhigen, erhebenden Atmosphäre und den Energien, die von den Kreisen ausgingen. Wir hielten uns ca. eine halbe Stunde in der Formation auf und studierten die Windungen der Halme und die Lage des Korns.

Dann plötzlich sah ich außerhalb dieses Gebietes Lichter in der Dämmerung. Zuerst erschienen sie springend und ziellos blitzend in unterschiedlichen Richtungen. Dann wurden sie deutlicher und glühten konstant wie orange Kugeln. Ich machte meine Frau Rosalind und die Kinder darauf aufmerksam. Wir konnten sie alle deutlich sehen und waren uns einig, daß sie sich bewegten. Katy, meine älteste Tochter, beschrieb was sie sah, als die Lichter sich bewegten: ***„Sie wurden heller und dunkler und verschwanden manchmal ganz."*** Ich sah im ganzen fünf Hauptlichter. Sie erschienen mir weiß/gelblich mit einem orange/rötlichem Licht.

Dieses Licht hatte außerdem die Tendenz zu blinken. Wir schätzten, daß die Lichter dort mindestens 45 Minuten, wenn nicht über eine Stunde aktiv waren. Während dieser Zeit sahen wir, wie die Lichter mehrere Formationen in Beziehung zueinander einnahmen.

Dies beinhaltete: a) eine dreieckige Pyramide mit zwei außenliegenden Lichtern rechts, b) ein umgedrehtes Dreieck mit außenliegenden Lichtern und c) ein umgedrehtes Dreieck mit einem Licht in der Mitte.

Ich nahm meine Uhr ab, bevor ich in die Formation ging, um die Möglichkeit zu haben, etwas zu pendeln. Während die Lichter anwesend waren, benutzte ich mein Pendel und meinen Finger als Zeiger, um an die Lichter Fragen zu stellen. Das Pendel reagierte stark, schnell drehend, wenn ich mit dem Finger auf die Lichter zeigte. Ich stellte die Frage, ob diese Lichter etwas mit der Entstehung von Kornkreisen zu haben und die Antwort war ein klares „Ja.". Auf einmal erschien ein Licht und korrespondierte mit einem anderem Licht direkt neben ihm. Es machte den Eindruck, als ob die Lichter flackernd miteinander kommunizierten. Dann konnte ich einen dünnen Lichtstrahl zwischen ihnen ausmachen. Das Licht unterhalb erschien meistens neblig, so als wäre es eine Reflexion oder ein Licht, das vom Boden aus kam. Rosalind und Katy sahen es auch. Es war möglich, Umrisse der Hügel und bis zuletzt auch den Horizont in dieser Richtung auszumachen. Wir konnten leicht zwischen den Lichtern und den Autoscheinwerfern unterscheiden, die auf einer Straße nahe bei uns oder weiter weg fuhren.

Während dieser Zeit flogen zwei Helikopter in Intervallen von ca. je 10 Minuten über das Feld. Sie kamen aus der Richtung der Hügel hinter uns und überflogen uns in einem Bogen in Richtung der

Lichter. Als sich die Helikopter den Lichtern näherten, verblaßten diese und nachdem die Helikopter vorüber waren erschienen sie wieder. Später betrachtete ich die Landkarte und stellte fest, daß sich das ganze in Richtung Woodborough Hill abspielte. Wir verließen die Schwalbenformation um ungefähr elf Uhr abends. Am folgenden Morgen, dem 6. August, machte ich eine Skizze von den Lichtern, die wir im Kornkreis beobachtet hatten.

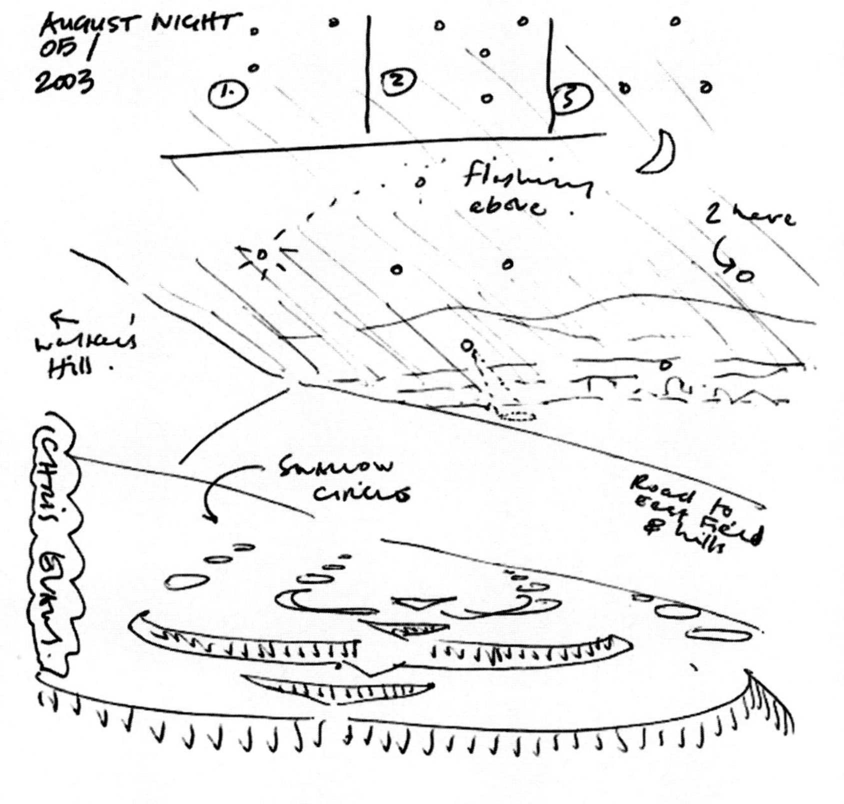

Originalskizze von Chris Evans zu den Lichterscheinungen am 5. August 2003.

Dann pendelte ich auf meiner Landkarte über dem Gebiet am Woodborough Hill. Das Pendel zeigte eine Formation in diesem Gebiet an, so das wir losfuhren um zu schauen, ob wir sie finden könnten. Wir fanden aber nichts und so fuhren wir in das Crop Circle Café bei Cherhill. Wir dachten, daß vielleicht ein neuer Kreis gemeldet sein könnte. Es war kein neuer Kreis entstanden, aber wir trafen dort einen „Mikael Erricson" und sahen seine Filmaufnahmen von gestern Abend von einem höheren Standort aus. Er erzählte mir, daß er zuerst Lichter filmte die in einer anderen Richtung erschienen und erst danach die Lichter am Woodborough Hill entdeckte. Das meiste von seinen Aufnahmen konzentrierte sich auf die individuellen Lichtquellen, die in ihrem Glühen stärker und schwächer wurden. Ich zeigte ihm meine Skizze und beschrieb ihm den Lichtstrahl, den ich gesehen hatte. Als wir den Film nochmals betrachteten, stellten wir überrascht fest, daß er ihn tatsächlich gefilmt hatte und es bis dahin noch nicht bemerkt hatte. (Ich frage mich, wie lange es wohl ohne meine Zeichnung gedauert hätte, um den Lichtstrahl zu entdekken). Der Lichtstrahl erschien im Film mehr wie ein Laser-Pointer, anders als er mir am Abend zuvor erschien. Am folgenden Abend traf meine Frau jemanden, der ihr erzählte, daß tatsächlich eine neue Formation in der Nachbarschaft zum Woodborough Hill entstanden war, diese aber leider schon abgemäht wurde, noch bevor jemand Aufnahmen davon machen konnte.

In der Nacht zum 7. August sahen wir erneut Lichter. Nachdem ich ein „Ja" ausgependelt hatte, das dies auch wirklich geschah, machten wir uns (nach einem Essen im Golden Swan in Wilcot) auf die Suche (vermutlich nach einer neuen Formation - Anm. d. Übersetzers). Auf dem Rückweg gegen Mitternacht auf der Straße nach Stanton St. Bernard bemerkten wir etwas im Süden über Alton Barnes, abseits der Hauptstraße. Wir sahen sich bewegende Lichter, die aber diesmal weniger groß und sehr lebhaft waren. Am folgenden Tag fuhren wir nach Hause. Heute erfuhren wir via Internet, daß am 8. August ein neuer Kreis nahe Woodborough Hill auf dem Eastfield entstanden ist.

Ist es möglich, daß es eine Verbindung zwischen den Lichtern und den Kornkreisen gibt und das das intuitiv ausgependelt werden kann? Es scheint so, daß die Benutzung eines Pendels in den Kornkreisen und auf der Landkarte uns das Phänomen näher erfahren läßt. ■

VERBORGENE DIMENSIONEN

Wenn wir in einer zweidimensionalen Welt leben würden, wären wir Flachmenschen und auch sonst wäre alles flach. Wenn, wie oben abgebildet, eine Kugel in diese zweidimensionale Welt eintauchen würde, wäre es für uns als Flachmenschen nur möglich, diese auch zweidimensional wahrzunehmen. Wie eine aus dem Nichts auftauchende Scheibe erschiene diese Kugel uns, die zuerst größer und dann wieder kleiner wird. Als in der Dreidimensionalität lebende Menschen ist es sehr schwierig für uns, eine vierte oder noch weitere Dimensionen festzustellen. Diese entziehen sich unserer bildlichen Vorstellungskraft, obwohl es durchaus möglich ist, sie zu berechnen. Es bleibt uns jedoch der Zugang auf geistiger oder medialer Ebene.

Versucht man einen Würfel zweidimensional darzustellen gelingt dies auch nur unbefriedigend, denn in der geradlinigen Draufsicht nehmen wir, wie oben links dargestellt, nur eine quadratische Fläche wahr. Berücksichtigt man die räumliche Darstellung sind Verzerrungen zwangsläufig, wie oben rechts.

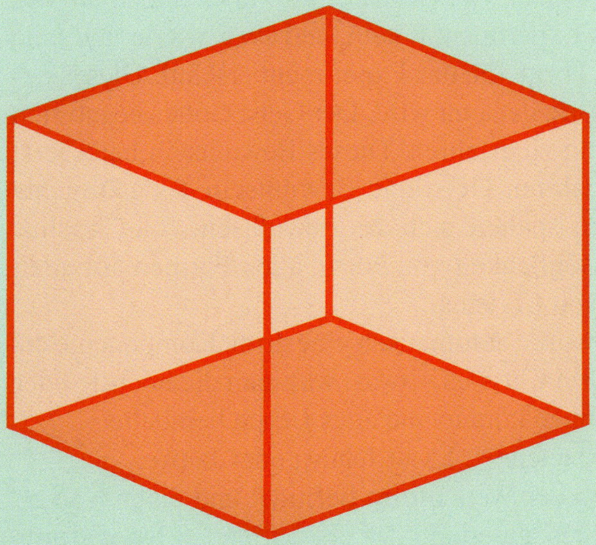
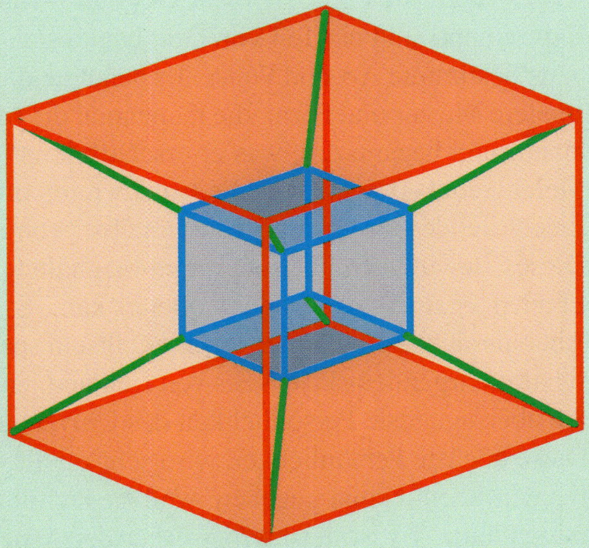

Wenn wir um einen dreidimensionalen Würfel, wie oben links, einen vierdimensionalen Hyperwürfel zeichnen, verhält es sich ähnlich. Für unser Begreifen gäbe es keine Veränderung, da bei einem Würfel alle Kanten senkrecht aufeinander stehen. Wir können diese vorhandene, vierte Dimension nicht wahrnehmen, weil sie von der dreidimensionalen Sichtweise vollständig überlagert wird.

Damit wir beide Würfel erkennen können, stellt die rechte Zeichnung eine Hilfskonstruktion mit einem Raumgitter dar, wobei die grün eingezeichneten Verbindungskanten verzerrt wiedergegeben wurden.

So erscheint es auch verständlich, daß wir Wesen, die aus anderen Dimensionen zu uns kommen – ob wir sie nun Engel, Geistwesen oder Außerirdische nennen – nur wahrnehmen können, wenn sie sich auf unsere Dimensionsebene begeben und dadurch für uns sichtbar werden.[50]

Die ultimative Liebesgeschichte

ein Vortrag von Drunvalo Melchizedek

(Übersetzung aus dem Amerikanischen: Satjanas, Two Wolves Song. Copyright: D. Melchizedek)

Es gab eine Zeit, vor langer, langer Zeit, in der wir dieses Universum erschufen, in der ihr und ich absolut eins waren jenseits aller Worte, jenseits von allem was wir sagen können, jenseits aller Gedanken die wir haben können, wir waren eins, wir waren Gott. Bevor irgend ein Teil dieser Wellenform vom Universum oder irgend welche dimensionalen Ebenen erschaffen wurden, und es ist riesig, es ist wahrscheinlich größer als wir uns vorstellen können, alle Sterne auf die wir schauen und die unermeßliche Weite des Alls, die Atome, die alles durchdringen, es ist alles nichts im Vergleich zu dem, was existiert. Dennoch, bevor es das alles gab, waren wir eine absolute Einheit. Und wir beschlossen – ich muß Worte dafür benutzen – also sage ich, ***wir*** beschlossen, dieses Universum zu erschaffen, und wir erschufen es auf eine ganz spezielle Weise.

Wir wählten eine ganz spezifische Form, die damals noch keine Form war. Eine Sphäre und aus dieser Sphäre entstand alles und sogar alles, was wir nicht kennen. Es gibt keinerlei Ausnahmen, alle Formen des Lebens, alle Planeten und sogar alles jenseits dessen, alles entstand aus einem einfachen kleinen runden Ball. Nachdem wir dieses externe Universum erschufen, das für uns tatsächlich ein Experiment darstellte, beschlossen wir, uns hinein zu begeben. Es ist für Geist, den großen Geist – für Gott – kein Problem, gleichzeitig an mehr als an einem Ort zu sein, in Wirklichkeit kann Gott überall sein.

Also spaltete sich Gott, ein Teil von Ihm – von Ihr (jenseits von Geschlecht) – blieb außerhalb des Experiments und ein Teil von Gott begab sich in das Experiment hinein, und zwar wieder auf eine ganz bestimmte Art und Weise. Er benutzte dieselbe Form, die das Experiment erschuf. Dieses besondere Muster und Form, die manchmal die Mer-Ka-Ba genannt wird. Der Geist Gottes begab sich hinein und begann das, was er erschaffen hatte, direkt zu erfahren. Dieses Bewußtsein heißt jetzt Melchizedek-Bewußtsein. Es war formlos und es gab nur Geist und Bewußtsein. Es gab nichts Erschaffendes außer der Struktur selbst. Von dort aus spaltete sich das Bewußtsein von Christus. Dieses Bewußtsein übernahm und beinhaltete die Möglichkeit von Form, allen Formen auf allen Ebenen, egal was es ist oder woher es kam. Es kam von Christus.

Aber als sich das Melchizedek-Bewußtsein spaltete, wurde automatisch eine dritte Komponente erschaffen, irgendetwas jenseits von sich und jenseits von Christus. Etwas, was man die höchste oder die überragendste Persönlichkeit des Universums nennen könnte, die alles Leben beinhaltet.

Diese höchste Persönlichkeit wird sehr oft als Gott bezeichnet. Es ist Jehova oder Jahwe.

Ihr wurde ein Name gegeben, weil sie sich innerhalb der Wellenform befindet und einen Namen tragen kann. Es ist definierbar. Aber der Aspekt Gottes außerhalb des erschaffenden Universums kann nicht definiert werden, es kann nicht einmal darüber gesprochen werden, es gibt nichts auf keiner Ebene, was dies erreichen könnte. Mit einer Ausnahme: ***dem, was wir sind***. Was das Tröpfchen des Originals ist, aber wir haben keine Wahrnehmungssinne in uns, die dieses Original erreichen könnten. Wir haben lange Zeit auf diese Art und Weise weiter gemacht. Diese drei Komponenten werden heutzutage oder zumindest vom Christentum als Vater, Sohn und Heiliger Geist bezeichnet. Der Vater ist die höchste Persönlichkeit, der Sohn ist der Christus und der Heilige Geist der Formlose (= der Melchizedek-Aspekt). Ihm wurden schon viele Namen im Zeit-Raum-Kontinuum gegeben. Das Leben macht alles mögliche, sobald es eine Möglichkeit sieht, wird es sie ergreifen, weil dies ein Experiment ist. Uns wurde also bewußt, daß es eine bestimmte Art und Weise gab, die Realität zu erfahren, die wir noch nicht ausprobiert hatten. Also probierten wir sie aus. Eigentlich probierten wir sie mehrmals – jedes Mal ist sie gescheitert. Es war ein Desaster, ein absolutes Desaster. ***Dieser jeweils letzte Versuch wird auch 'Luziferrebellion' genannt.*** Doch sie war eigentlich keine wirkliche Rebellion, auch wenn viele Leute es auf diese Art sehen. Diese 'Rebellion' begann in den Engelreichen. Gott erschuf zwei besondere Engel. Sie waren die mächtigsten

und die unglaublichsten Engel, die er jemals erschaffen hatte.
Einer davon war Michael und einer war Luzifer. Der Name Luzifer bedeutet: „Der Lichtbringer“. Er war sozusagen das Topmodell, das jemals erschaffen wurde. Er konnte alles, er wußte und verstand alles vom Anfang bis zum Ende. Das einzigste Wesen, das über ihm stand, war Gott selbst. Das heißt, die Dreieinigkeit, die „höchste Persönlichkeit“, Christus und Melchizedek. Aber sonst gab es nichts. Es gab keine Individuen über ihm. Und wie ihr aus eurem eigenen Leben wißt: Was wir in unserer menschlichen Erfahrung machen, wir streben immer danach, die besten zu werden, die wir nur werden können. Und wir benutzen dabei die Vorbilder unserer Helden, die es in unserer Geschichte gegeben hat. Wir versuchen, ihnen nachzueifern, wir versuchen, zu sein wie sie. Und wir versuchen sogar größer zu sein als sie. Wir versuchen, die Größten zu werden, aber wir benutzen sie als unsere Vorbilder. Luzifer und Michael hatten jedoch so etwas nicht, sie hatten niemanden über sich. Die Anweisungen von Michael und Luzifer waren sehr unterschiedlich, sie wählten zwei extrem unterschiedliche Wege, das war kein Zufall. Es war von Gott bestimmt. Michael blieb mit allem, was erschaffen wurde und mit dem ursprünglichen Plan, wie man sagen könnte, verbunden. Und das war seine Aufgabe. Er blieb mit dem Licht verbunden, wenn man es so ausdrücken will. Luzifer jedoch wählte einen anderen Weg, einen Weg dessen Samen ihm schon bei seiner Erschaffung von Anfang an mitgegeben wurde. Er hatte niemanden über sich, das einzige über ihm war die Heilige Dreieinigkeit. Und so versuchte er, wie die Heilige Dreieinigkeit zu sein und er versuchte sogar, besser zu sein als die Heilige Dreieinigkeit, besser als Gott. Er versuchte, zu den Höhen aufzusteigen, die Gott waren. Das sah er als seine Aufgabe an. Und der Weg, den er ging und den er selbst wählte, ging über sein Wissen der Mer-Ka-Ba. Die Mer-Ka-Ba war das Bild, das alles erschaffen hatte, alle erschaffenden Aspekte des Universums und alles, was ist. Er kannte die Mer-Ka-Ba, er kannte die genaue Form der Mer-Ka-Ba, die die Form der lebendigen Galaxie ist, in der wir uns befinden.
Wenn ihr die Wärmehülle der Galaxie anseht, sieht sie aus wie eine fliegende Untertasse. Sie sieht einfach so aus, weil die Erbauer der fliegenden Untertassen diese Wärmehülle eigentlich kopiert haben. Und diese Form der Wärmehülle sieht man überall in der Realität auf vielen verschiedenen Ebenen. Ja, sogar auf allen Ebenen, nicht nur in den Höheren. Und so erschuf er eine externe Mer-Ka-Ba, ein künstliches Feld. Ein Zeit-Raum-dimensionales Feld, das in der Lage war, sich frei durch den Raum, durch die Zeit und die Dimensionen zu bewegen. Und das ist es auch, was wir ein Raumschiff oder eine fliegende Untertasse nennen. Luzifer war der Erfinder davon, dann begann er eine eigenständige Wirklichkeit (Matrix) zu erschaffen. Eine Realität, abgetrennt von der ganzen übrigen erschaffenden Realität. Unabhängig, getrennt von Michael, das war so bestimmt, weil das Leben erfahren wollte, was dies bedeutet. Nur Luzifer glaubte, daß er das erreichen könnte, das durchführen könnte und, daß es nicht wie die drei vorhergehenden Versuche ausgehen würde. Niemand glaubte ihm, kaum jemand, obwohl man das nicht so sagen sollte, denn der Bibel nach glaubte ihm ein Drittel der Engel. Ein kleiner Teil glaubte ihm, aber die Mehrheit glaubte ihm nicht. Sie lehnte sich einfach zurück und beobachtete. Eigentlich gibt es auch heute nur wenige, die in das, was wir das Dunkle und das Lichte nennen, verwickelt sind. Die Mehrheit des Bewußtseins schaut nur zu und begibt sich auf keine Weise in das Ganze hinein.
Es gibt vier Arten von Wesen in der Existenz des Lebens. Da gibt es diejenigen des Lichtes, deren Zweck es ist, Ordnung zu schaffen und Harmonie und Frieden und Liebe überall im Kosmos zu verbreiten. Und dann gibt es die Wesen des Chaos, der Finsternis, die sich dem entgegenstellen und die bemüht sind, Chaos zu verbreiten. Und dann gibt es diejenigen, die beide Wege gewählt haben. Manchmal sind sie Licht, und manchmal sind sie Dunkelheit. Sie wählen den Weg, den sie nach ihrer Sicht der Realität für den besten halten. Aber die größte Mehrheit des Lebens ist neutral. Sie greift nicht ein, sie beobachtet lediglich das Experiment innerhalb des Experiments, um zu sehen, was passiert, um zu sehen, welche Richtung es einschlägt.
Dieses letzte Experiment, das Michael und Luzifer begonnen haben, ist eigentlich brandneu. Es ist nicht sehr alt, es ist nicht mehr als 200.000 Jahre alt.

Bilder links und oben: „Geköpfter Drache“ und „Sonne-Mond-Symbol“ gleichzeitig im selben Feld erschienen am 2. August 1996 bei Chiseldon, Wiltshire, England. Fotos: Steve Alexander.

Bilder unten: „Die Frau mit der Sonne bekleidet“ steht auf dem Mond und „Der Kampf des Erzengels Michael mit dem Drachen“ nach der Offenbarung des Johannes Kapitel 12,1-4 und 12,7-10 Bilder aus dem 'Apokalypse-Bildband' des Künstlers Jakob Häne, zu beziehen beim Argo-Verlag.

Das Vorherige endete ungefähr vor 900.000 Jahren und es gibt einige, die noch älter sind. Also ist es relativ neu, und es fand etwa zu der Zeit statt, als wir auf diesem Planeten bewußt wurden. Dieses bestimmte evolutionäre Muster, in dem wir uns als Menschheit jetzt befinden, fing knapp nach diesem Ereignis an. Und so breitete es sich überall durch Raum und Zeit aus, es begannen viele Wesen, Rassen von Wesen und Ebenen von Leben damit, die abgetrennte Realität zu erschaffen und sich dahinein zu begeben. Und wir als jetzige Menschheit haben es auch getan.
Ihr alle, die das lest, habt den Pfad von Luzifer gewählt, jeder einzelne von uns, sonst wären wir nicht auf dem Planeten Erde. Es mag sein, daß ihr dem nicht zustimmen wollt, aber Ihr habt es trotzdem getan, wir sind hier in einer künstlichen Umgebung (die fernöstlichen Lehren nennen es Maya oder Illusion) und wir haben uns total in einer künstlichen Realität verwickelt. Hat Michael ein Raumschiff nötig, hätte er sich auf so etwas eingelassen? Er ist formlos, er hat sich nicht in künstliche Wissenschaft verwickelt. Er kann alles ohne die Wissenschaft tun, weil er noch seine innige Verbindung mit allen Leben und der ursprünglichen Schöpfungsweise bewahrt hat.
Er kann alles, was durch die Vorstellungskraft, die Erinnerung oder was durch den Geist möglich ist, einfach nur durch die Verbindung mit Gott. Auch wir als jetzige Menschheit haben noch diese Erinnerung in uns.
Aber Luzifer tat es durch eine künstliche Realität. Das alles hat uns überall im Kosmos zu einer Situation geführt, die lange Zeit den Anschein hatte, als ob sie genau den gleichen Ausgang nehmen würde, wie bei den drei vorherigen Versuchen. Bis vor kurzem, und die Komplexität dessen, was sich in den letzten 13000 Jahren ereignet hat, würde ein bißchen den Rahmen sprengen. Es sind extrem komplexe Muster von Ereignissen, was sich auf der Erde abspielt, die uns zu einer Ereigniskette geführt haben, die 1972 begann. Was nur eine Sekunde her ist, sie haben uns zu einer Situation hier auf der Erde geführt, die im ganzen erschaffenden Raum-Zeit-Kontinuum absolut einmalig ist. Nie hat es jemals eine Situation gegeben, wie sie sich hier gerade jetzt ereignet. Wir können nicht wirklich das unglaubliche, phantastische Phänomen erfassen, das sich auf diesem Planeten abspielt. Weil wir uns innerhalb dieses bestimmten, gerade stattfindenden Experiments befinden. Wenn wir von außerhalb, von einer höheren Bewußtseinsebene aus hereinschauen könnten, dann würden wir es erfassen, aber von unserem jetzigen Standpunkt, in dem die meisten von uns alles nur sehr beschränkt wahrnehmen, können wir es nicht sehen. Wir können es wahrnehmen und spüren, daß die Ereignisse sich sehr schnell bewegen. Wir können die Dringlichkeit wahrnehmen, obwohl es eigentlich keine Dringlichkeit gibt, weil alles vollkommen ist (auch die Kornkreise erscheinen auf dem gesamten Planeten und werden immer größer und komplexer / Anmerkung des Autors). Aber wir können wahrnehmen, daß viele Menschen das Gefühl haben, daß etwas Erstaunliches stattfindet. Doch wir haben eigentlich keine Ahnung, wie absolut erstaunlich das wirklich ist.
Im Jahre 1972 haben ungefähr 100 extraterrestrische Rassen, hauptsächlich angeführt von den Sirianern und einer Rasse aus unserem eigenen Sonnensystem, die in den sumerischen Aufzeichnungen die Nefilim genannt werden, und auch noch viele andere Rassen, die ihnen vertrauten, ein einfaches Experiment auf diesem Planeten durchgeführt, das Mitte Februar 1972 begann. Und dieses Experiment eskalierte in einer Reihe von Ereignissen, die zu dieser außergewöhnlichen Situation geführt haben, in der wir uns jetzt befinden. Am Anfang, wißt Ihr, war die Erde nur ein Fleckchen Staub, inmitten von nirgendwo, wir waren nicht wichtiger als irgend etwas anderes. Und vom Standpunkt der Geistigen Hierarchie folgte die Erde vor 1972 lediglich dem gleichen Entwicklungsmuster wie mindestens 80.000 andere Planeten dieser Galaxie, die sich in einer identischen Lage wie wir befanden. Aber schließlich richtete der wirkliche Kern unserer Galaxie, unserer größerer Leib, wenn man es so ausdrücken will, seine Aufmerksamkeit auf diesen Ort hier.
Weil es ziemlich klar wurde, daß etwas noch nie Dagewesenes im Gange war. Dinge, die noch nie dagewesen sind, (z.B. Kornkreise und UFOs / Anmerkung des Autors) passieren nicht oft in dieser Wirklichkeit (Matrix).

Und dies war wirklich neu. Dann sprengte es die galaktische Grenze. Andere Galaxien fingen an, sich dafür zu interessieren und wieder andere und noch Hunderte, Tausende und Millionen davon. Schließlich ist es dann interdimensional geworden und reichte in andere Welten hinein, die wir uns nur vorstellen können. Es gibt Millionen und Abermillionen von diesen anderen dimensionalen Ebenen, die genau so groß sind wie diese (Jesus Christus benannte sie als: „Meines Vaters Haus hat viele Wohnungen" / Anmerkung des Autors). Und dann passierte etwas, was bisher nur einmal, ganz am Anfang, vorgekommen ist. Alles Leben von überall her begann seine Aufmerksamkeit auf die Erde zu richten. Das ist noch nie passiert und das ist an sich ein unglaubliches Phänomen, weil Aufmerksamkeit den Ausgang der Ereignisse beeinflußt.

Und so wurden die aufgestiegenen Meister aufmerksam, welche die 'Creme de la Creme' unseres bestimmten evolutionären Musters sind, und die uns vorausgegangen sind und dachten, sie verstünden alles genau. Doch was passierte? Diese wurden verwirrt und wußten in vielen Fällen nicht, was sie tun sollten, weil sich die Situation ständig weiterentwickelte. Und es gab keine bekannten Erinnerungsmuster, die damit vergleichbar waren. Jetzt glauben sie, daß sie wissen, was sie tun. Aber ihnen ist vollkommen klar, daß sich das sofort ändert, wenn sich die Dinge in eine ganz neue Richtung entwickeln werden. Jeder improvisiert, es ist egal, wer sie sind oder wie hoch sie sich befinden. Wir improvisieren alle zur Zeit. Aus der Sicht des Melchizedek-Bewußtseins glaube ich zu wissen, was passiert ist, nämlich daß der Gott-Aspekt außerhalb von allem, der Teil von uns außerhalb des Ganzen, vor langer Zeit einen kleinen Samen in die Realität herausgestellt hat, um das Experiment von 1972 hervorzubringen. Am absoluten Anfang wußten wir, das der Same eines Tages gepflanzt werden würde. Und ich bin mir sicher, daß wir auch wußten, wo er gepflanzt werden würde, als ihr und ich eins waren.

Es erscheint uns jetzt, als ob Gott außerhalb des erschaffenden Experiments uns zu einer anderen Ebene der Existenz bringt, die jenseits unserer Vorstellung liegt, jenseits dessen, was wir uns überhaupt erträumen können.

Entweder dies oder es ist ein totaler Rückruf. Wir kehren nach Hause zurück, nicht nur zurück zum Ursprung der Zyklen aller Dinge, sondern noch weiter zurück. Vor das, was jemals erschaffen wurde. Etwas sehr Großes ist im Gange, etwas Riesiges passiert. Deswegen und wegen der Art der außergewöhnlichen Ereignisse, die stattfinden, ist es für uns hier auf der Erde erforderlich, daß wir einen anderen Standpunkt einnehmen, als jenen, den wir lange Zeit vertreten haben. Lange Zeit war es für Michael und Luzifer notwendig, gegeneinander zu kämpfen. Das war ihre Aufgabe, das sollten sie tun. Das hatte einen Zweck, der über das hinaus geht, was wir normalerweise denken. Der Grund, weshalb der Kampf sich ereignete, ist, daß er als Zeitgeber diente. Mit anderen Worten, wenn man einen Planeten nimmt oder einen Menschen oder etwas ähnliches, dann gilt, daß die Mächte des Guten und des Bösen, wenn man so will, oder des Dunklen und des Lichtes, die in eurem Leben agieren, die sich ständig aus allen Richtungen nähern, über den Schein hinaus einen heiligen Zweck haben.

Der Zweck hatte mit dem Timing von Ereignissen zu tun. Die dunkle Macht - die dunkle Bruderschaft - tut alles in Ihrer Macht, um zu versichern, daß man sich nicht entwickelt. Sie tut alles mögliche, um einen aufzuhalten. Und die lichten Mächte - die weiße Bruderschaft - tut alles mögliche, daß man sich nach oben bewegt und sich im Bewußtsein nach oben entwickelt. Letztendlich arbeiten beide auf einer bestimmten Ebene zusammen, als eine Einheit, damit man sich genau zum richtigen Zeitpunkt bewegt.

Der Gott, der beide erschaffen hat, der Aspekt der sich jenseits von ihm befindet, wirkt durch beide, nicht nur durch einen. Wir aber, die wir uns in Polaritäts- oder Dualitätsbewußtsein begeben haben, haben das in Gut und Böse zerlegt. Jetzt beurteilen wir alles, jedes Ereignis, das stattfindet. Die Sätze die ihr gerade lest, werden von euch von Moment zu Moment danach beurteilt, ob ich etwas Gutes oder Schlechtes, etwas Richtiges oder etwas Falsches erzähle. Aber von einer höheren Ebene des Lebens aus gesehen, gibt es nur Gott, es gibt nichts außer Gott.

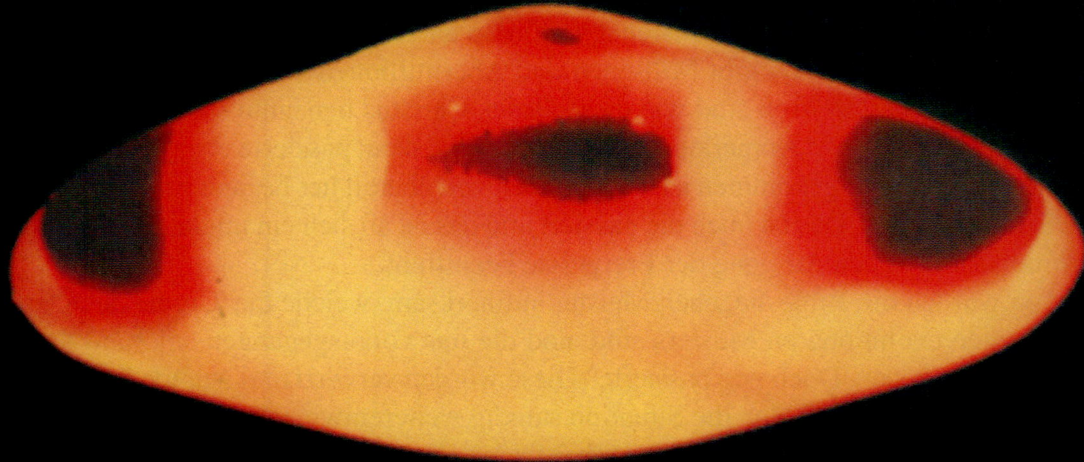

Auf den Fotos von Carlos Diaz aus Tepoztlan, Mexiko, 7. Juni 1992, sieht man lebendige Lichtgefährte, die aus Plasma bestehen sollen, dem gleichen Plasma, das wir in unseren Zellen haben. Die Wesen und das Gefährt bilden eine Einheit und bestehen aus purem Licht, reiner Energie. Das ist etwas, was wir mit unseren menschlichen Sinneswahrnehmungen und unserem momentanen Bewußtsein kaum begreifen können. Dr. J. J. Hurtak von der „Akademie für die Wissenschaft der Zukunft" hält die Lichtgefährte für echt. Bei einem Interview zu dem Videofilm „Schiffe aus Licht" sagt er: „Dies ist eine vollkommene neue Physik des Lichts" [60]. Am 4. Mai 1994 um 23.54 Uhr wurde über Ostia bei Rom ein ähnliches Gefährt gefilmt, aus dem kleine weiße Kugeln heraus kamen. Sind das vielleicht die Lichtkugeln die bei der Entstehung von Kornkreisen oft gefilmt werden? Sind das die Mer-Ka-Ba's (Licht-Geist-Körper, siehe Seite 226-231) von höher entwickelten Lichtwesenheiten, die Räder in den Rädern oder die feurigen Wagen, von denen Hesekiel und andere biblische Propheten berichtet haben? Oder sind das Engelbegegnungen der modernen Art? Foto: Magazin2000*plus.*
Diese Lichtgefährte sind im Durchmesser ca. 30-35 Meter groß und wurden in den Jahren 1999-2003 von mehreren Augenzeugen oft über nordhessischen Kornkreisen beobachtet, in der Nacht ebenso wie am Tage.

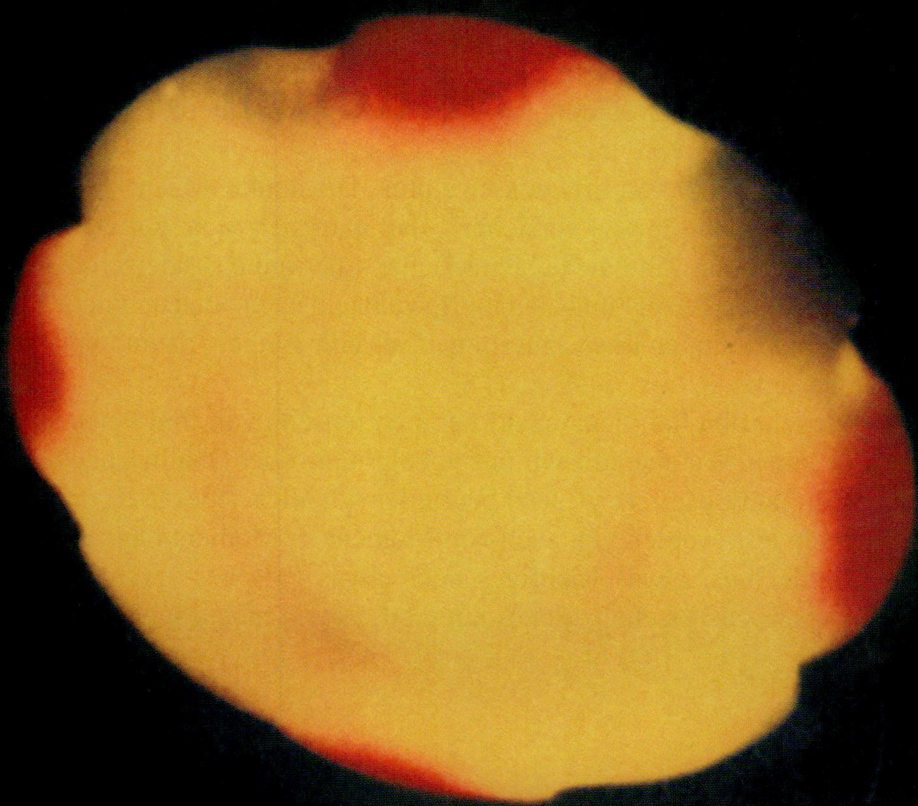

Bild oben: „Vierfach drehendes Genesismuster" am 22. Juli 2000 bei Uffington, Wiltshire, England, über 120 m Länge. Dieser Kornkreis könnte die Transformation der Menschheit in die 4. Dimension beschreiben. Das Genesismuster ist ein Bestandteil der 'Blume des Lebens', die bekanntlich als Matrix der Schöpfung und Bildnis Gottes bezeichnet wird. Die 9 Kreise im Anhang könnten für die 9 Engelhierarchien stehen, die immer mit Gott verbunden sind.

Bild unten: „Blumen-Formation" am 1. Juli 2000 beim Milk Hill, Wiltshire, England, ca. 80 m.

Diese Formation läßt sich mit der geschwungenen, hexagonalen Geometrie ebenfalls in die 'Blume des Lebens' einzeichnen. Sie hat insgesamt 18 Elemente (1+8=9), wovon 3 x 6 Elemente gleich sind (3x6=18=1+8=9). Auch in diesem Zeichen tauchen die Zahlen 3, 6 und 9 auf, was dem numerologischen Code von Jesus Christus entspricht. Fotos: Frank Laumen.

Alles, was sich durch diese Worte in euer Bewußtsein bewegt und ihr seid, und alles, was geschieht, ist Gott und nichts anderes. Es gibt eine absolute Einheit, die immer war und immer sein wird. Wir können sie nicht sehen, weil wir diesen bestimmten Pfad gewählt haben und das war richtig, wir haben das Richtige getan, es gibt keinen Grund, sich dafür schuldig zu fühlen. Wir haben es gewählt, es war, was wir tun sollten, aber jetzt sollten wir einen anderen Pfad einschlagen. Es passiert schon auf den höheren Ebenen des Lebens und in der Tat ist das der Grund, warum dieser Text von mir jetzt veröffentlicht werden durfte. Michael hat jetzt die Erlaubnis dazu gegeben, weil die dunklen und die lichten Mächte wieder dabei sind, sich zu vereinigen. Der Krieg oder der Kampf, der lange Zeit angehalten hat, der notwendig war, wird jetzt unnötig (Davon berichten auch die Kornkreise, wie z.B. die Auflösung der Polarität bzw. Dualität oder andere Kreise berichten von der Einheit. / Anmerkung des Autors). Eine Einheit, die wir einst kannten, vor langer Zeit, wir können uns alle daran erinnern, wir kennen sie, wir können sie spüren, wir haben sie im Herzen gespeichert, wir wissen, was sie ist. Diese Einheit wird bald die Ebenen der Erde erreichen. Sie hat schon die höherdimensionalen Ebenen der Erde erreicht, dort ist es schon geschehen.

Wir sind immer die Letzten, die so etwas mitbekommen, so ist es einfach.

Alles sickert durch die kausalen Ebenen, ereignet sich dann auf den höheren Ebenen und wird erst zum Schluß manifestiert und das passiert bereits. Luzifer und Michael haben ein Abkommen getroffen, und der Kampf geht zu Ende. Wir als Anführer, denn ihr seid jetzt die Führer der Welt, ihr seid diejenigen, an die sich andere Menschen wenden werden.

Ihr seid diejenigen, die anfangen müssen, diese neue Erfahrung zu leben.

Ihr tut das durch euer Leben, es gibt keinen anderen Weg. Vergeßt die Worte. Sie erreichen nicht viel. Was zählt, ist, wie ihr euch im Leben verhaltet. Das bedeutet, daß Ihr alle Urteile fallen lassen müßt. Wir eliminieren sie einfach und handeln in dem Bewußtsein, daß egal was passiert, es eine absolute vollkommene Wirklichkeit ist, die sich da abspielt. Daß Gott in jedem Moment ist, ganz gleich, was geschieht. Daß dahinter ein höherer Zweck steckt, selbst wenn es ein Krieg ist. Laßt alle Urteile, ob gut oder schlecht, fallen und fangt an, in dem Bewußtsein zu leben, daß alles, was geschieht, und alles, was wir in den letzten 200.000 Jahren getan haben, uns dorthin bringen wird, wo Gott uns haben will. An einen Ort, den wir uns im Moment überhaupt nicht vorstellen können, es gibt dafür keine Worte, ich kann nicht darüber sprechen.

Ich kenne die Schritte, die wir anfänglich machen werden, ich kenne sie sehr gut. Ich habe sie selbst gemacht und ich könnte darüber reden, aber irgendwann werden wir an einen Punkt gelangen, der jenseits ist von dem, was ich und was Melchizedek oder Christus oder selbst die höchste Persönlichkeit weiß. Wir werden in irgendetwas eingehen, das vollkommen neu ist. Dies ist wirklich schwer, weil das Bewußtsein von Gut und Böse so fest in uns verankert ist. Es sitzt in jeder Zelle unseres Körpers und nicht länger zu urteilen ist schwierig. Wißt ihr, wir müssen immer noch unterscheiden, und das ist schon eine Art von Urteil. Es ist so eine Art Gratwanderung, zumindest, bis wir an einem Punkt angelangt sind, wo wir darüber hinausgehen.

Es ist mir klar, daß wir nicht einfach „Schnipp“ machen können und komplett dieses andere Bewußtsein haben werden. Die Erleuchtung ist kein Ziel oder Ort, den man erreichen kann, sie ist ein Pfad oder eine Reise. Sie begleitet jeden Atemzug, jeden Moment unseres Weges und wir wachsen in dieses andere Stadium hinein.

Aber der Ort, von wo aus wir wachsen, ist <u>hier und jetzt</u> und er wird immer hier und jetzt bleiben. Es hat kein Ende.

Wenn wir nur damit beginnen könnten, in jeder Situation. Selbst wenn wir nur in ein Taxi steigen, wenn jemand uns anschreit, oder was auch immer passiert – irgendwann nehmen wir dann überhaupt nichts mehr persönlich und beginnen, vom puren Zustand eines puren Bewußtseins aus zu handeln. Wenn ihr das könnt, wenn ihr beginnen könnt, es zu tun, werdet ihr erleben, daß etwas ganz Erstaunliches passiert. Der hohe Geist Gottes wird anfangen, sich auf eine vollkommen neue Art und Weise durch euch hindurch zu bewegen.

Und alles, was ihr tut, egal wie klein es ist, selbst wenn es nur das Hingehen und Versetzen eines Glases Wasser ist, das kann die Energie in einem Raum in einer Art und Weise verändern, die das übersteigt, was man normalerweise weiß und sich sehr positiv auf das Leben auswirken. Wißt Ihr, ich weiß wirklich nicht, wohin dieses alles führt, also improvisiere ich auch, aber ich weiß ganz gewiß, daß es das ist, was wir zu tun haben.

Wir müssen mit dem Urteilen aufhören und einfach mitfühlend werden, vergeßt die ganze Hierarchie, wer höher oder niedriger, besser oder schlechter ist. In meinen Augen stehen Jesus Christus und ein besoffener Penner in der Gosse auf genau dem gleichen Niveau. Wir sind alle genau gleich und es gibt nur Gott, das ist alles, was es gibt. Es gibt sonst nichts. Und ich glaube wirklich, wenn wir diese Tatsache in unser Leben integrieren können, dann können wir die Kraft des Universums auffangen, uns zu benutzen und durch uns zu wirken, um eine Welt zu erschaffen, nach der wir wirklich suchen.

Es scheint, als ob die dunklen und die lichten Bruderschaften so verschieden sind, daß es nicht einmal möglich erscheint, daß ein Traum – eine Wirklichkeit – gefunden werden könnte, die beide Träume aufnehmen kann, ohne Chaos zu bewirken. Es hat bisher nie geklappt.

Die Greys z.B. (das ist eine Rasse von Außerirdischen, die kleinen grauen Männchen mit den großen Augen, wie man sie im Fernsehen immer wieder sieht, die für Menschenentführungen und Verstümmelungen an Kühen und Pferden, die weltweit beobachtet wurden, verantwortlich gemacht werden / Anmerkung des Autors), die so verzweifelt nach einem Ausweg gesucht haben, weil sie wissen, daß sie in ihrer Existenz hier nicht weiterkommen können. Es geht darum, diese Rassen und die verschiedenen Leute, die soviel Chaos verursacht haben, nicht als Feinde zu betrachten, sondern sie als ***uns***, als einen Teil von uns erkennen zu können. Und wir hoffen und beten für eine Lösung, nicht nur, daß das Licht aufsteigt, wir hoffen und beten auch für eine Lösung für das Dunkle. Wir hoffen und beten, daß alles was wir sind, und wir sind alles was lebt, einen Weg finden kann, damit wir alle zusammen leben und zwischen uns Liebe finden können. Und das hat man immer für unmöglich gehalten, aber das glaube ich nicht mehr.

Ich glaube, daß es möglich ist, und ich glaube, daß es gerade hier und jetzt beginnt, obwohl es auch andere Schulen und Mysterienschulen auf der ganzen Welt gibt, wo es gleichzeitig dabei ist zu beginnen. Ich weiß, daß ihr es bereits wißt, es ist eigentlich nichts Neues, es ist keine große Sache, es zu wissen, aber es ist eine große Sache es zu leben und gerade das ist nicht leicht. Es ist leicht zu jemanden zu sagen: „Ziehe los und liebe jeden." Aber es ist sehr schwer, es dann auch zu tun. Es ist wahrscheinlich das Schwerste auf dem ganzen Planeten. Wenn es etwas Schwierigeres geben sollte, kann ich mir nicht vorstellen, was es sein könnte.

Aber ich glaube, daß ihr nicht nur von mir, sondern auch von eurem Inneren und von euren verschiedenen Ebenen ständig die gleiche Botschaft bekommen werdet.

Daß es dies ist, was wir zu tun haben. Daß wir es erlauben müssen, daß alles, was lebt eine Einheit wird, daß es wieder eins wird, nicht nur ein kleiner Teil davon. Wißt Ihr, es geht nicht darum, weiße Kleidung zu tragen und ans Licht zu denken. Es bedeutet, auch an all diejenigen zu denken, die in Schmerz und Verwirrung leben und sie als Teil von uns selbst zu akzeptieren und nicht nur hier auf Erden, sondern überall bis zu den dunkelsten von allen dunklen Wesen, daß wir einen Weg für alle finden, um sich da hindurch zu bewegen. Es wird Änderungen auch in der Art und Weise geben, wie wir uns sehen. Eine Veränderung folgt der nächsten, indem wir alles, was wir für wahr hielten, nach und nach durch Wahrheiten ersetzen, die vielleicht unglaublich erscheinen, aber nützlich sind.

Das sind die Wachstumsmuster, die wir durchlaufen werden. Diese Wachstumsmuster werden weiter und größer werden, indem wir uns auf immer höhere Verstandesebenen begeben, die schon existieren. Es gibt keine Probleme hier, denn wir werden ganz gut durchkommen. Es gibt keinen Grund Angst zu haben, denn eigentlich sollten wir sehr glücklich und dankbar sein, daß wir bereits bis hierher durchgekommen sind.

Diese beiden Kornkreise könnten für die „Auflösung der Polarität“ stehen
Bild oben: Kornkreis vom 20. Juli 2003 beim Hackpen Hill, Wiltshire, England, ca. 100 m.
Bild unten: Kornkreis beim Steinkreis von Avebury am 28. Juli 2002 in Wiltshire, England, ca. 80 m.
Fotos: Steve Alexander.

Die Kräfte der Lichtwellen, die die neue Schöpfung gestalten: In der Heiligen Geometrie wird solch ein Muster auch Schöpfungsakt genannt. Erschienen 13. August 2000 bei Woodborough Hill, Wiltshire, England, mit 85 m im Durchmesser. Foto: Frank Laumen.

Auf den Nacaal-Tafeln aus Mexiko wurde ein ähnliches Zeichen entdeckt, mit der Bedeutung: Der Kreis in der Mitte repräsentiert die „schöpferische Urkraft, die leicht gebogenen Linien, die den Kreis des manifestierten Universums durchdringen, stehen für die Kraftlinien der Magnetkräfte. Sie sind gebogen, weil alle Körper des Universums in Kreisbahnen eingebunden sind.[5] Erschienen am 25. Juli 2000 bei North Down, Wiltshire, England. Foto: Frank Laumen.

Wir werden es schaffen – wir werden nach Hause gehen!
Die ganzen angstmachenden Voraussagen usw., die jetzt gemacht werden, sind in Ordnung. Wißt ihr, die ganzen Ängste, die wir auf allen Ebenen haben und die uns aufhalten, sind notwendig. Sie hindern uns daran, voraus zu gehen, bis die richtige Zeit gekommen ist. Aber irgendwann werdet ihr alle Ängste einfach loslassen, ihr werdet absolut angstlose Wesen werden.
Ihr werdet euch mit Daseinsebenen wiedervereinigen, die einfach unglaublich sind. Und wir sind dabei, wir sind hier und wir tun es wirklich. Wir tun es jetzt, obwohl wir uns noch sehr langsam darin bewegen aber ***bald werden wir uns sehr beschleunigen...*** [58] ■

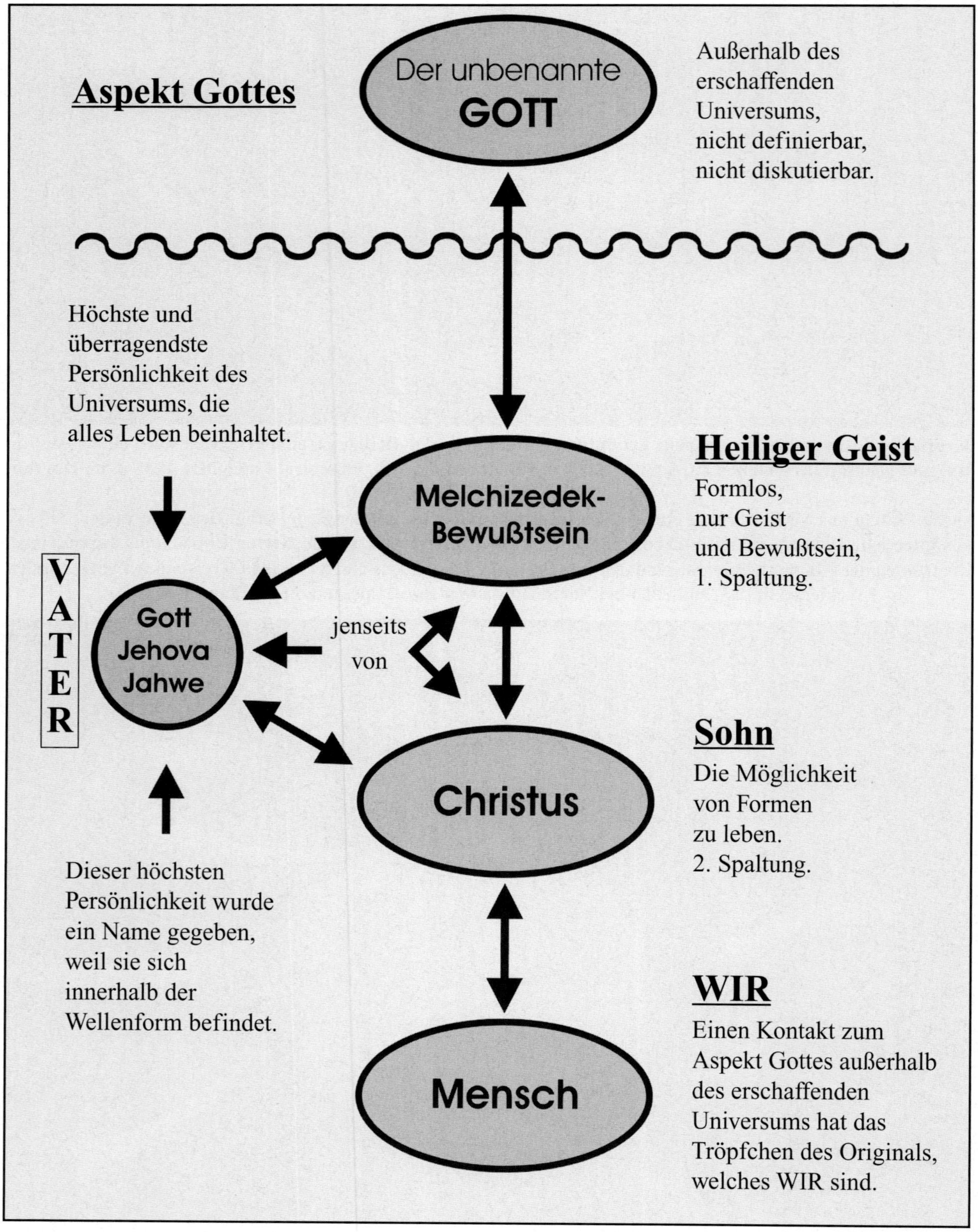

E.T. hat geantwortet – *die Botschaft von Chilbolton*

Im Sommer 2002 erschien im Weizenfeld neben dem britischen Radioteleskop von Chilbolton das bislang genialste Meisterwerk aller Kornzeichenkunst: Ein „grobkörniges" Paßfoto, so groß wie ein Fußballplatz, zusammengesetzt aus 412 riesigen Halmbüschel-Rasterpunkten.
Nur fünf Tage später erschien gleich daneben ein 81 Meter langes „Getreide-Fax" aus 136 rechteckigen Halm-Blöcken, die als binär gepixelte Antwort auf die 1974 von SETI an Aliens ausgestrahlte irdische Botschaft erkannt wurde.
Die Antwort wurde Monate später von dem Österreicher Jay Goldner via Internet vollständig dekodiert.
Im Internet ging es unter den Kornkreisfans rund, denn rasch war klar geworden, daß der längliche Pixel-Teppich neben dem fremdartigen Gesicht ein raffiniert gestaltetes Retour-Fax auf die 27 Jahre alte irdische SETI-Botschaft von Arecibo ist, die noch ca. 24.000 Jahre lang zum Sternbild Herkules unterwegs ist. Die SETI-Organisation hat natürlich umgehend – ohne die Korn-Antwort auch nur näher zu prüfen – jeden Zusammenhang mit der 1974er-Botschaft dementiert.
Die Urheber der Botschaft dürften einen extrem hohen IQ aufweisen.
Für seinen eigenen genetischen Bauplan gibt ET eine Dreifach-Helix mit 4.294.966.110 Nukleotid-Sequenzen an, mit dem zusätzlichen erstaunlichen Unterschied zum Erdenmenschen, daß die Phosphor-Positionen in deren DNS-Leiter durch Silizium-Moleküle ersetzt wurden! Das so zum Bio-Computer mutierte Wesen beschreibt sich weiter als durchschnittlich 101 cm klein und in einer Population von 12,7 Milliarden Außerirdischen lebend. Als Wohnort drängen sich in der Interpretation der Pixel stark die Jupitermonde auf, da das skizzierte Planetensystem unserem sehr ähnelt.
Sind uns die ETs näher, als wir bisher vermutet haben?
Da wir 1974 mit unserer Radiobotschaft in Richtung der ETs gefunkt haben, müßten die Empfänger uns örtlich relativ nahe sein, wenn wir bereits nach 27 Jahren eine Antwort erhalten. Das kommt den SETI-Leuten offensichtlich ungelegen. Diese Multimillionen-Dollar-Organisation hat schon seit langem ihr vorgegebenes Ziel aus den Augen verloren - oder verfolgt ganz andere Ziele, für die sie hunderttausende Computerbesitzer mit schönen Märchen vor ihren Karren spannt.
Einige Aussagen verantwortlicher Mitarbeiter zur Selbstentlarvung: ***„Es war ein rein symbolischer Akt, um zu zeigen, daß wir es können"***, meinte Donald Campbell, Prof. der Cornell University, welche das Arecibo-Teleskop verwaltet, ***„bis jetzt hat noch niemand zurückgerufen - aber das ist okay - wir haben nicht wirklich eine Antwort erwartet."*** Harold Craft, der damalige Direktor des Observatoriums gestand ein: ***„Der wirkliche Grund unserer Botschaft war es, Aufmerksamkeit auf die enorme Kraft des neu installierten Transmitters zu lenken. Aber viele haben das Ereignis zu ernst genommen, weil wir die Frequenz damals in Audio-Ton übersetzten und während der Zeremonie laut trillernd ausstrahlten."*** [16.1]

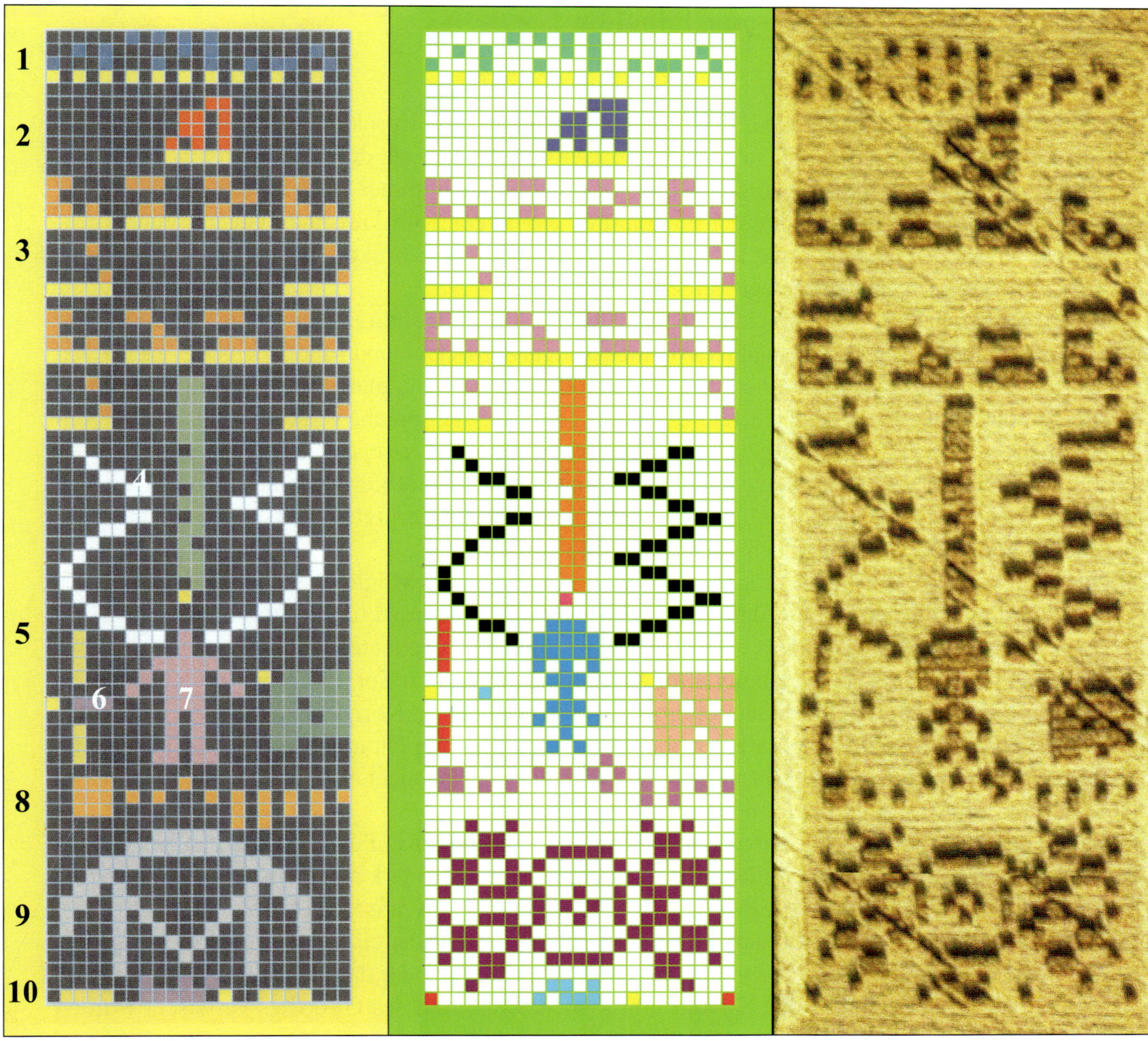

Die Botschaft von 1974 war nach dem oben links abgebildeten Muster abgefaßt.
Die Informationen waren wie folgt nach den oben eingetragenen Ziffern gestaltet:

1) Das Dezimalsystem mit den Zahlen 1 bis 10
2) Die Atomordnungszahlen 1,6,7,8 und 15 für biologische Schlüsselelemente
3) Formeln für Zucker und Basen in den Nukleotiden der menschlichen DNS
4) Anzahl der Basenpaare in der menschlichen DNS (4.294.441.822)
5) Doppelhelix-Anordnung der DNS-Stränge
6) Ein Mensch-Piktogramm mit durchschnittlicher Größe von 175 Zentimetern
7) Die Population der Erde mit 4,3 Milliarden Menschen (Stand 1974)
8) Unser Sonnensystem als Piktogramm
9) Das Teleskop von Arecibo als Piktogramm
10) Durchmesserangabe zum Teleskop mit 305 Metern

Die mittlere Grafik zeigt die umgesetzte Botschaft des Kornkreises und die Unterschiede. Danach verwenden die ETs ebenfalls das gleiche Dezimalsystem, haben jedoch einen anderen DNS-Aufbau und sind etwa einen Meter groß. Ihre Popolation geben sie mit fast 13 Milliarden an. Über die Planetenheimat kann nur spekuliert werden, doch gibt es verblüffende Ähnlichkeiten zu unserem Sonnensystem und die Sendeanlage scheint auch völlig anders konstruiert zu sein. [16.1]

Bild links: Sendeanlage von Chilbolton mit
Gesicht (44 m x 47 m) und Binärcode (27 m x 80 m) am 14. u. 19. August 2001, Foto: Steve Alexander.

Gedanken zum „Gesicht von Chilbolton“

Dirk Möller

Selten zuvor, ich möchte beinahe sagen: Nie zuvor hat es eine Kornkreisformation gegeben, die mir auf den ersten Blick einen solchen Schrecken versetzt hat wie die Formation am Radioteleskop von Chilbolton. Ich bitte vorab bei meinen Ausführungen immer zu bedenken, daß ich davon ausgehe, daß wir es weltweit immer noch mit einem echten Kornkreisphänomen zu tun haben, ebenso wie mir aber auch ganz klar bewußt ist, daß etliche Kornkreisformationen von Landschaftskünstlern manuell angelegt werden.

Was in diesem Fall im Getreidefeld am Radioteleskop von Chilbolton zunächst auf dem Boden wie ein unüberschaubares Durcheinander von niederliegender Fläche und runden Blöcken stehenden Getreides aussieht, bekommt einen ganz anderen Charakter, wenn man es aus der Luft betrachtet. Da wird das Bild aber so deutlich, daß es einem schon fast die Sprache verschlägt. Es handelt sich hier nicht wie bei fast allen übrigen Kornkreisformationen um Kreise, abstrakte Piktogramme oder sonstige geometrische Anordnungen niedergelegten und stehenden Kornes, sondern es handelt sich hier um eine Formation, die wirklich nicht viel Spielraum für Interpretationen zuläßt: Vor dem Betrachter liegt schlicht und einfach ein Gesicht im Kornfeld!

Nach Rücksprache mit Augenzeugen möchte ich einmal von der Möglichkeit ausgehen, daß wir es hier, bei dieser Formation, mit dem echten Kornkreisphänomen zu tun haben und die Fragen in den Raum stellen: was hat dieser offensichtliche Kornkreis zu bedeuten und könnte hier an dieser Stelle nicht einmal der Versuch unternommen werden, die wahren Kornkreismacher zu benennen?

Schon im ersten Moment der Betrachtung dieses Gesichtes im Kornfeld fällt die merkwürdige Ähnlichkeit der Kornkreisformation zum sogenannten Marsgesicht auf, jener riesigen Gesteinsformation in der Cydonia-Region auf dem Mars, in welcher sich nicht nur das Marsgesicht sondern auch offensichtlich einige Pyramiden befinden.

Mir ist bekannt, daß Veröffentlichungen von Bildern jener Region auf dem Mars in den letzten Jahren diese Gesteinsformationen nicht mehr zeigen, jedoch kann stark an der Authentizität der Bilder gezweifelt werden, welche die NASA der Weltöffentlichkeit präsentiert hatte.

Es dängt sich der Verdacht auf, daß die Bilder der NASA entweder eine völlig andere Gegend des Mars zeigen (denn wer kann das von uns schon nachprüfen?); oder daß die Bilder einfach soweit am PC nachbearbeitet sind, daß die klar umrissenen Strukturen des Gesichtes verwischt wurden und somit nicht mehr zu erkennen sind.

Es schließt sich hier unmittelbar die Frage an, ob die NASA überhaupt ein Interesse daran haben kann, Bilder des Marsgesichtes und der Marspyramiden einer breiten Öffentlichkeit nahe zu bringen? Wie auch immer, die ganze Geschichte rund um die Veröffentlichung dieser jüngsten Fotos umgibt ein Hauch des Seltsamen und Merkwürdigen, und irgend etwas scheint hier unstimmig zu sein.

Das ganze Szenario rund um die Fotos des Marsgesichtes und der Marspyramiden erinnert deutlich an die Geschichten rund um die Kornkreise, wo wir auf der einen Seite auch ein echtes Phänomen haben und wo auf der anderen Seite, von wem auch immer, versucht wird, alles herunterzuspielen, ins Lächerliche zu ziehen und der Öffentlichkeit suggeriert werden soll, daß an dieser Thematik nichts Ernstes dran ist.

Was hat es denn nun wirklich mit dem Marsgesicht und den Pyramiden auf sich?

Meine folgenden Ausführungen sind nicht beweisbar, und schon gar nicht wissenschaftlich fundiert. Hier ist ein intuitives Erkennen erforderlich, dann werden bestimmte Zusammenhänge leichter deutlich. Es existiert auf der Erde eine Stätte, die derjenigen der Cydonia - Region auf dem Mars sehr ähnlich ist. Gemeint ist natürlich das Hochplateau von Gizeh bei Kairo, wo wir auch Pyramiden und ähnliche Tempelbauten vorfinden.

In unmittelbarer Nähe zu den Pyramiden in Gizeh steht eine merkwürdige riesige Steinfigur im

Wüstensand, die sogenannte Sphinx. Es handelt sich dabei um eine steinerne Figur mit einen Tierkörper eines Löwen, der aber anstatt eines Löwenkopfes das Haupt eines Menschen trägt.
Es ist relativ schwer, wenn man aus der Sicht eines in der Gegenwart lebenden, zudem in der westlichen und sogenannten aufgeklärten Welt lebenden Menschen verstehen möchte, was uns dieses Bild der Sphinx sagen möchte. Um zu verstehen, was dieses Bild aussagt, muß man sich die Mühe machen und sich in die Gemüts- und Geisteswelt der alten Ägypter zurückversetzen.
Wir wissen, daß die alten Ägypter ein Volk von hoher Weisheit waren, und das bereits vor Jahrtausenden, als in Mitteleuropa die entsprechende kulturelle Entwicklung noch weit, weit hinterherhinkte. Die Anfänge des Ägyptischen Volkes bzw. der Ägyptischen Kultur verschwinden von uns aus gesehen aber in den Nebeln der Zeit, je weiter man in die Vergangenheit zurückschaut. Das seltsame ist, je weiter man in die Vergangenheit zurück schaut, um so perfekter und höher scheint uns die Ägyptische Kultur. Wir können heute gar nicht mehr genau nachvollziehen, wann die Ägyptische Kultur ihren Anfang nahm. Je weiter die Zeit aber voranschreitet, umso mehr scheint die Ägyptische Kultur zu degenerieren. Ein recht sonderbarer und interessanter Umstand, der aber hier und jetzt nicht Gegendstand der Betrachtung ist und nicht weiter erläutert werden soll. Die alten Ägypter haben über die Jahrtausende hin die Sterne des Himmels beobachtet. Sie wußten Dinge über die Astronomie, die sich der heutige Mensch erst wieder seit dem Mittelalter erarbeitet hat. Für die alten Ägypter war der gestirnte Himmel, also alle Lichter, die dort oben zu sehen sind, ein Ausdruck der den Sternen und Planeten innewohnenden Götterwesen. Einen ganz elementaren Teil ihrer damaligen Einweihungswissenschaft stellte das Wissen um den Tierkreis dar, welches als das älteste Menschheitswissen, vielleicht sogar als das älteste Menschheitsgeheimwissen überhaupt, bezeichnet werden kann.
Um die Götterwesen des Himmels zu ehren, errichteten die Ägypter einen Bau, der für sie all das repräsentierte, was sie mit der Weisheit des Sternenhimmels verbanden. Es konnte nur ein alles überragender Bau werden, in welchen sie zudem noch alle Gesetzmäßigkeiten des Himmels und der Erde mit hineinarbeiten bzw. verbauen wollten: die großen Pyramiden.
Die Pyramiden sind nun nicht, wie landläufig immer behauptet wird, eine Grabanlage im klassischen Sinne. Was wir hier haben, ist eine Tempelanlage; man kann nun auch einen Schritt weiter gehen und sagen, daß es sich hier um eine Einweihungsstätte aus vorchristlicher Zeit handelt.
In alten Zeiten wurden die einzuweihenden Schüler in die Grabeskammer der großen Pyramide geführt, wenn für sie die Zeit gekommen war, die Einweihung in die (alten) Mysterien zu erfahren. Hierbei mußten sie sich in das Grab legen und den dreitägigen Tempelschlaf durchleben. Dies war eine Zeit, in der sie sich seelisch und geistig von ihrer Körperlichkeit lösen mußten, um in drei Tagen und drei Nächten in der Geistigen Welt 12 Prüfungen abzulegen, die sehr eng mit dem Tierkreis verknüpft waren. Wenn sie diese Prüfungen bestanden hatten, waren sie sogenannte Eingeweihte oder Adepten. Ein jeder Pharao war ein Adept oder Eingeweihter.
In diesem Sinne muß die Grabkammer oder auch das Grab verstanden werden: Niemals hat eine Leiche darin gelegen, wohl aber wurde darin im übertragenen Sinne etwas Altes abgelegt, nämlich alte seelische und geistige Zustände.
Nach dem Erwachen aus dem dreitägigen Tempelschlaf waren sie von neuem geboren, neu erwacht in Körper, Seele und Geist, Herren über sich selbst und ihre Kräfte, Herren über Mikrokosmos und Makrokosmos im weitesten Sinne.

Was kann nun über das Bild der Sphinx gesagt werden?

Die Sphinx ist, wie bereits erwähnt, zunächst eine große, steinerne Darstellung eines Löwenkörpers mit einem Menschenkopf. Dieses ist ein Einweihungsbild der damaligen Zeit. Anfügen möchte ich noch, und das ist ein ganz wichtiger Hinweis, daß die Sphinx von den Pyramiden hinweg blickt in eine andere Richtung. Das ist eine ganz deutliche Warnung. Heute, in der Gegenwart, könnte man vielleicht sagen, daß sie eine Funktion wie ein Hinweisschild hatte. Es will sagen, daß

Das Gesicht im Kornfeld am Radioteleskop von Chilbolton, August 2001. Foto: Steve Alexander.

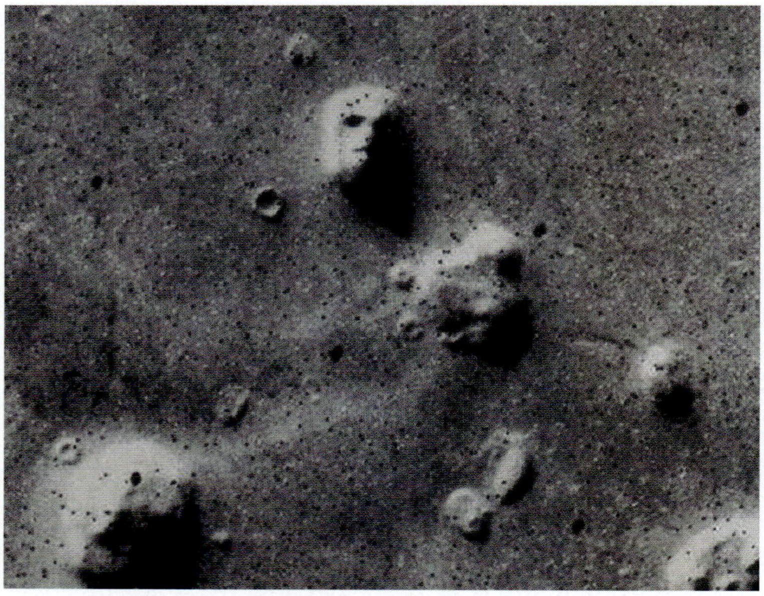

Das Marsgesicht auf dem Mars, Cydonia - Region. Foto: NASA.

diejenigen, die in sich selbst immer noch nicht das Niedere und Triebhafte, mit anderen Worten, das Tierhafte in der Seele noch nicht umgewandelt hatten, diejenigen sollten sich von diesem heiligen Tempelbezirk fernhalten. Bevor ein Mysterienschüler nicht durch lange Zeiträume hindurch an sich und seinen Fähigkeiten gearbeitet und diese in echte Tugenden umgewandelt hat, wäre es sinnlos gewesen, die Prüfungen im Tempel anzutreten.

Die Tatsache, daß die Sphinx einen tierischen Leib und einen Menschenkopf trägt, deutet auch schon auf den Inhalt der dreitägigen Prüfungen. Es galt in den alten Mysterienschulen nicht den Kopf, also den Verstand im übertragenen Sinne zu verwandeln, denn das logische Denken war zu dieser Zeit bereits weitestgehend ausgebildet (Das zeigt der Menschenkopf der Sphinx). Es ging darum, die seelischen Eigenschaften des Menschen in höhere zu verwandeln. Und genau diese Fähigkeiten oder auch Tugenden waren Inhalt der dreitägigen Prüfungen in der Geistigen Welt. Die Größe der Sphinx-Statue unterstreicht im Verhältnis die Schwere des Inhalts der Mysterienschulen und der Prüfungen im Tempel. Wären diese Inhalte vergleichbar mit Inhalten gewöhnlicher Schulen, so würde eine entsprechende Sphinx viel kleiner ausfallen, vielleicht wäre sie in diesem Fall nur so groß wie ein echter, lebender Löwe.

Was hat das alles nun mit dem Marsgesicht zu tun?

Zunächst möchte ich sagen, daß ich an dieser Stelle nicht auf die Frage eingehe, wie das Marsgesicht und die Pyramiden überhaupt dorthin gekommen sind und wer ihre Erbauer waren. Ich möchte es einfach so stehen lassen, daß sie da sind, wo sie sind und, daß sie uns wohl etwas zu vermitteln haben, genau wie die entsprechenden Tempelanlagen hier auf der Erde.

ET's Sendeanlage vom 14. August 2000, Chilbolton, Hampshire, England, mit über 90 m Länge. Ein Jahr vor dem Erscheinen des Gesichtes tauchte dieses Kornkreis-Piktogramm auf dem selben Feld vor dem Radioteleskop auf. Im Jahr danach erschien das gleiche Symbol stilisiert innerhalb des Binär-Codes, am 19. August 2001 auf dem selben Feld (siehe Seite 199). Foto: Steve Alexander.

Das Marsgesicht, so wie es sich uns auf den Fotos aus den 70er Jahren zeigt, ist ein ungeheuerliches Dokument von monumentaler Bedeutung!

Das unglaubliche am Marsgesicht ist die Tatsache, daß es aus zwei verschiedenen Gesichtshälften besteht. Das ist in verschiedenen Publikationen näher erläutert worden, ist also keine Interpretation von mir. Zieht man, theoretisch gesehen, einen Strich vom Scheitel bis zum Kinn des Marsgesichtes, nimmt eine Gesichtshälfte weg und spiegelt die andere so hinüber, daß man wieder ein komplettes Gesicht bekommt, so wird man feststellen, daß man zwei verschiedene Bilder bekommt, wenn man den eben genannten Vorgang einmal für beide Gesichtshälften vornimmt. Man erhält das unglaubliche Ergebnis zweier verschiedener Bilder: Man bekommt einmal das Gesicht eines Menschenkopfes und einmal das Gesicht eines Löwenkopfes!

Wir haben es bei dem Marsgesicht also auch mit der Darstellung einer Sphinx zu tun, wie sie uns auf dem Hochplateau von Gizeh begegnet, zumindest einer interessanten Variation derselben. Es gilt hier noch einen kleinen, aber wesentlichen Unterschied festzuhalten: Das Marsgesicht, oder man könnte auch sagen: Die Marssphinx, schaut nicht horizontal in irgendeine der Himmelsrichtungen, sondern sie schaut nach oben, direkt in den Himmel hinein. Dieses Bild möchte ich

aufgrund obiger Ausführungen so interpretieren, daß, wer auch immer von außerhalb des Mars dieses Bild sieht, denn es spricht offenbar nur Betrachter von oben direkt an, soll sich diesem Tempelbezirk auf dem Mars fernhalten, oder erweitert möchte ich sogar sagen, daß es überhaupt verboten ist, den Mars zu betreten. Anstatt sich aber an die Warnhinweise der Erbauer zu halten, haben die großen Industrienationen der Erde nichts Dringenderes zu tun, als Missionen auf den Mars vorzubereiten, die wohl innerhalb der nächsten 20 Jahre durchgeführt werden sollen. Also noch ein weiterer Planet, der kolonialisiert und ausgebeutet werden soll; es scheint, als reiche es den Mächtigen nicht, einen Planeten auszubeuten.
An dieser Stelle eine Brücke zu schlagen zum Gesicht im Kornfeld am Radioteleskop von Chilbolton ist nicht gerade einfach; ich versuche es aber dennoch.
Wenn ich recht informiert bin, haben die Wissenschaftler bereits in den 70er Jahren die Informationen, die in dem zweiten Piktogramm am Radioteleskop von Chilbolton in ähnlicher Form wieder erschienen sind, in die Weiten des Weltalls geschickt. Wenn tatsächlich eine Zivilisation diese unsere ursprüngliche Nachricht erhalten hat, dann kann sie eigentlich gar nicht so weit gekommen sein, denn die Antwort ist ja bereits wieder hier.
Die Nachrichten, welche die Wissenschaftler 1974 verschickt hatten, ist im Jahr 2001, als scheinbare Antwort zu uns zurückgekommen. Die Antwort hat also etwa 27 Jahre auf sich warten lassen. Wenn man bedenkt, daß eine Antwort von irgend einer Zivilisation dort draußen genauso lange zu uns zurück unterwegs ist, wie unsere erste Sendung im Jahre 1974 zu einer fremden Zivilisation, dann hatte unsere erste Sendung ungefähr 13 bis 13,5 Jahre Zeit, um irgendwo anzukommen.
Das unserem Sonnensystem am nächsten gelegene Sonnensystem ist nach meinem Wissen das System Alpha Centauri, welches sich ca. 6 Lichtjahre von uns entfernt befindet. In diesen Radius von ungefähr 13 bis 13,5 Lichtjahren um unser Sonnensystem herum fallen noch einige weitere kleine Sonnensysteme, aber rein astronomisch gesprochen, ist der Radius von 13 bis 13,5 Lichtjahren Umgebung um die Erde herum keine echte Distanz.
Viele Sonnensysteme finden sich dort nicht, höchstens ein halbes Dutzend. Ich möchte damit nur ausdrücken, daß ich es für relativ unwahrscheinlich halte, daß eine Zivilisation sozusagen aus unserer astronomischen Nachbarschaft unsere Nachricht von 1974 zufällig aufgefangen und sie beantwortet an uns zurückgeschickt hat, und diese Antwort zudem noch in einer Kornkreisformation ausdrückt.
Die Nachricht, welche die Wissenschaftler 1974 losgeschickt hatten war eine Datenmenge, die von einem Computer erzeugt wurde. Allerlei technisches Gerät war notwenig, um die Nachricht zu erstellen und dann überhaupt erst zu verschicken; damit meine ich z. B. das Radioteleskop als solches. Das sind alles rein mechanische Geräte und rein technische Vorgänge, die sich da abgespielt haben. Die Antwort auf unsere erste Sendung von 1974 kann also nach dem Gesetz der Resonanz (Ursache und Wirkung) auch nur wiederum eine rein technisch/mechanische sein, also auch wiederum nur eine Antwort auf Radiowellenbasis, und die Empfänger können logischerweise auch nur entsprechende Radiogerätschaften sein.
Was sich im Kornfeld neben dem Radioteleskop von Chilbolton gezeigt hat, ist aber etwas völlig anderes. Das Medium, auf dem sich die Kornkreisformation zeigt, ist eben wie der Name schon sagt, ein Kornfeld.
Das Kornfeld ist aber im Gegensatz zu den rein mechanisch/technischen Anlagen der Sendestation etwas Lebendiges, etwas was lebt und wächst, wo sich lebendige Prozesse darin abspielen!
Wie bereits gesagt, kann eine Antwort auf die erste Sendung vom Radioteleskop aus den 70er Jahren nach dem Gesetz der Resonanz auch wiederum nur eine rein technisch/mechanische sein. Der wahre Absender dieser Kornkreisformation muß also demnach jemand völlig anderes sein.
Es drängt sich also die Frage auf, ob diese Botschaft nicht von jemand völlig anderen kommen könnte, von jemandem, der uns viel näher ist, als alle Zivilisationen aus unserer astronomischen Nachbarschaft?

Schaut man sich das Gesicht im Feld einmal genauer an, so wird man feststellen, daß uns entgegen aller vorschnellen Euphorie über diese außergewöhnliche Kornkreisformation dieses Gesicht trotzdem sehr leblos oder auch lieblos anschaut. Tiefliegende, nicht zu erkennende Augen, fast wie von einer Sonnenbrille versteckt, schauen uns da an. Zudem ein Mund, der in einer reglosen und scheinbar stummen Haltung verharrt. Wenn uns da tatsächlich eine fremde, menschenartige Zivilisation eine Grußbotschaft schicken wollte, müßte diese Antwort nicht grundverschieden aussehen ? Wenn wir Postkarten verschicken, so schicken wir doch auch Motive wie etwa Palmenstrände, Sonnenuntergänge oder andere schöne Impressionen. Das hier ist aber etwas völlig anderes. Da schaut uns etwas Stummes und meiner Meinung nach Kaltes entgegen.
Der Kosmos ist nicht nur übersät von Sternen bzw. anderen Sternensystemen, in denen sich selbstverständlich andere Zivilisationen entwickeln; diese Frage steht auch gar nicht zur Diskussion. Ich spreche von den Wesenheiten der höheren Hierarchien, wie sie seit alters her in den verschiedensten Religionsströmungen auf der Erde unabhängig von einander bekannt waren und immer noch bekannt sind. Ich meine da z.B. Engel, Erzengel, Archai und noch höhere Hierarchien von Wesen, die ich hier aber im einzelnen auch nicht nennen brauche. Neben der gesunden Evolution im Kosmos weiß man in den Mysterienströmungen aber auch von Wesenheiten zu berichten, die von der normalen oder gesunden Evolution im Kosmos abgefallen sind und sich seitdem aller Fortentwicklung entgegen stellen. Man kennt diese gefallen Wesen auch unter ihrem Namen der Ahrimanischen, Luziferischen und der Asurischen Wesenheiten. Auch diese haben schöpferische Kräfte aus sich selbst heraus entwickelt, setzen diese aber nur ein, um andere Wesenheiten, z.B. die Menschen hier auf der Erde zu verführen, in ihrer Entwicklung zu bremsen oder auch fehlzuleiten. Es stellt sich hier die bedeutende Frage, ob uns hier im Feld etwa eine gefallene Wesenheit anschaut? Was uns hier als Gesicht im Kornfeld am Radioteleskop von Chilbolton entgegenschaut, könnte aber auch durchaus den Charakter einer Sphinx haben, ähnlich dem Marsgesicht, wie bereits ausgeführt.
Werden die Menschen der Gegenwart hier vielleicht von einer Sphinx vor etwas Bestimmten gewarnt?
Legen sich die Menschen der Erde mit Kräften an, die sie überhaupt noch nicht verstehen und daher meiden sollten ? Der nahe Bezug zum Radioteleskop verdeutlicht einen zunehmenden mechanisch/technischen Materialismus, den die Menschen inzwischen schon in den Kosmos hinaustragen, wo er eigentlich nicht hingehören sollte.
In den alten Mysterien begegneten die Schüler dem sogenannten „Hüter der Schwelle“, der allen Einzuweihenden entgegentritt, wenn diese sich aufmachen, erste eigenständige Erfahrungen in der Geistigen Welt zu machen. Dieser Hüter hält den Schülern einen Spiegel entgegen, damit diese erkennen, wo sie wirklich stehen, wie es um sie wirklich steht, wieweit sie an sich selbst gearbeitet haben und ob sie überhaupt bereit dazu sind, gefahrlos die ersten Schritte in die Geistige Welt zu unternehmen.
Wird uns hier vielleicht selbst nur ein Spiegel vorgehalten, um uns zu zeigen, wie kalt und lieblos wir mittlerweile geworden sind ?
Wieder einmal wirft eine Kornkreisformation mehr Fragen auf, als sie uns Antworten gibt. Auf jeden Fall mutet die Kornkreisformation an wie eine Warnung.
Die Wahrheit liegt wahrscheinlich wie immer irgendwo in der Mitte. ■

Binär-Code im Kornkreis entschlüsselt – ein Beitrag aus dem Magazin 2000plus

„There is GOOD out there.“

Waldemar Czarnetzki

Aliengesicht mit Binär-Code-CD bei Crabwood, England, 24. August 2002, mit über 120 m Länge. Foto: Steve Alexander.

Binärcode im Kornkreis entschlüsselt!

„Es warten viel Leiden/Schmerzen auf euch, habt acht vor falschen Versprechungen.“ Diese eindeutige Nachricht wurde aus dem „Aliengesicht-Kornkreis“, genauer gesagt aus der dem Gesicht beigefügten Scheibe, die mit vielen Erhebungen und Vertiefungen versehen ist, und die als Binärcode aus Einsern und Nullen besteht, am 24. August 2002 entschlüsselt. Wiederholt werden die Übermittlungen eindeutig: Stehen wir bereits mit einem Fuß auf der Schwelle zum offenen Kontakt mit anderen Zivilisationen?

Diese an die Menschheit gerichtete Nachricht wurde in dem „Aliengesicht“-Kornkreis vom 14. August 2002 in Crabwood, England, entdeckt und entschlüsselt. Die erstaunliche Formation, die gleichzeitig Skepsis und große Verwunderung hervorruft, zeigt ein Aliengesicht und eine Art optische Disk mit codierten Spuren, wie die heutige Digitaltechnik sie benutzt. Das zu erkennen bedarf keiner großen Interpretationskraft – es ist so eindeutig, wie es nicht eindeutiger sein kann! Es ist unglaublich, aber es ist gelungen, diese Nachricht zu entschlüsseln, und jeder, dem der Binärcode nicht fremd ist, kann es auch selbst versuchen. Dazu behandelt man die Kornkreisdisk wie eine normale CD, auf der eine Nachricht in ASCII-Code, dem internationalen Buchstaben-Standard-Code, digital gespeichert wurde. Nachdem man ein gutes Foto der Disk eingescannt hat, werden die einzelnen Spuren entwickelt und in eine lange Reihe von Nullen und Einsern gebracht. Wichtig: Der Anfang ist in der Mitte, und die Codierung besteht aus 8 Bit, die Pausen zwischen den einzelnen Zeichen sind deutlich zu erkennen. Der letzte Schritt besteht darin, die auf diese Weise erhaltenen Werte der Einser und Nullen im Binärcode in das 8-Bit-System der ASCII-Norm (weltweiter Standard) umzuwandeln. Nun offenbart sich die Nachricht als Buchstabenreihe. Die Pausen sind mit „Space“ (Leerraum) gekennzeichnet. Nach diesem Schritt erhalten wir folgende Matrix:

42 **B** 65 **e** 77 **w** 61 **a** 72 **r** 65 **e** 20 SPACE 74 **t** 68 **h** 65 **e** 20 SPACE 62 **b** 65 **e** 61 **a** 72 **r** 65 **e** 72 **r** 73 **s** 20 SPACE 6F **o** 66 **f** 20 SPACE 46 **F** 41 **A** 4C **L** 53 **S** 45 **E** 20 SPACE 67 **g** 69 **i** 66 **f** 74 **t** 73 **s** 20 SPACE 26 **&** 20 SPACE 74 **t** 68 **h** 65 **B** 69 **i** 72 **r** 20 SPACE 42 **B** 52 **R** 4F **O** 4B **K** 45 **E** 4E **N** 20 SPACE 50 **P** 52 **R** 4F **O** 4D **M** 49 **I** 53 **S** 45 **E** 53 **S** 2E **.** 4D **M** 75 **u** 63 **c** 68 **h** 20 SPACE 50 **P** 41 **B** 49 **I** 4E **B** 20 SPACE 62 **b** 75 **B** 74 **t** 20 SPACE 53 **s** 74 **t** 69 **i** 6C **l** 6C **l** 20 SPACE 74 **t** 69 **i** 6D **m** 65 **e** 2E **.** 45 **E** 45 **E** 4C **L** 52 **R** 49 **I** 4A **J** 56 **U** 45 **E** 2E **.** 54 **T** 68 **h** 65 **e** 72 **r** 65 **e** 20 SPACE 69 **i** 73 **s** 20 SPACE 47 **G** 4F **O** 4F **O** 44 **D** 20 SPACE 6F **o** 75 **u** 74 **t** 20 SPACE 74 **t** 68 **h** 65 **e** 72 **r** 65 **e** 2e **.** 57 **W** 65 **e** 20 SPACE 4F **O** 50 **P** 70 **p** 6F **o** 73 **s** 65 **e** 20 space 44 **D** 45 **E** 43 **C** 45 **E** 50 **P** 54 **T** 49 **I** 4f **O** 4E **N** 2E **.** 43 **C** 4F **O** 6E **n** 64 **d** 75 **u** 69 **i** 74 **t** 20 SPACE 43 **C** 4C **L** 4F **O** 53 **S** 49 **I** 4E **N** 47 **G** 07

Nachdem wir nun den ASCII-Code entfernen, erhalten wir den Text, dessen Übersetzung zu lesen ist. EELRIJUE, so wird vermutet, ist entweder der Name eines Planeten oder einer Zivilisation. Die Warnung vor falschen Geschenken oder falschen Propheten wird schon in der Bibel erwähnt und bezieht sich möglicherweise auf einige mächtige Politiker oder religiöse Fanatiker. Es sollte jedem eigentlich klar sein, daß in unserer Zeit die Welt leider voll solcher Menschen ist – das erfahren wir täglich in den Nachrichten. Scheinheilige Gesetze, Normen und Vorgaben in der Industrie und Politik, die nicht eingehalten werden, oder Skandale und geheime Programme der Regierungen, bei denen es um die Manipulation einzelner Menschen oder von Teilen der Bevölkerung geht. Die Welt gerät immer mehr aus den Fugen, politisch, klimatisch und moralisch. Während ein Teil der Erdbevölkerung sich auf das Vergnügen konzentriert, kämpfen andere um das nackte Überleben. Beunruhigend ist besonders der Teil der Nachricht, in dem vom Leiden die Rede ist. Bezieht sich

Beware the bearers of FALSE gifts & their BROKEN PROMISES. Much PAIN but still time. EELRIJUE. There is GOOD out there. We OPpose DECEPTION. Conduit CLOSING

„Habt acht vor den Überbringern falscher Geschenke und ihren nicht gehaltenen Versprechungen. Viele Leiden (großer Schmerz), aber es ist noch Zeit. Das Gute (dort außerhalb) existiert. Wir sind gegen den Betrug (Lügen). Ende der Übermittlung."

das auf die gesamte Menschheit? Steht uns eine radikale globale Veränderung bevor: Der Polsprung, ein Meteoriteneinschlag oder ein Krieg, der noch nie dagewesene Ausmaße annimmt? „Aber es ist noch Zeit"! Sollten wir uns vorbereiten und versuchen, neue Wege und neues Denken durchzusetzen? Es ist auf jeden Fall eine Warnung – nur leider erreicht diese Nachricht dank der Desinformationskampagne Anfang der Neunziger nicht mehr viele Menschen; denn für viele ist die Sache mit den Kornkreisen doch vermeintlich längst geklärt und ein Spaß von Studenten und Rentnern. Doch in diesem Fall wurden bei der Erforschung des Piktogramms keine Fuß- oder Werkzeugspuren gefunden. Jetzt bleibt zu hoffen, daß dieses Piktogramm einen so großen Berühmtheitsgrad erlangt, daß die übermittelte Nachricht viele Bewohner dieses Planeten aufrüttelt und einen Wechsel in den mangelhaften Bereichen unseres Lebens bewirkt.[8] ■

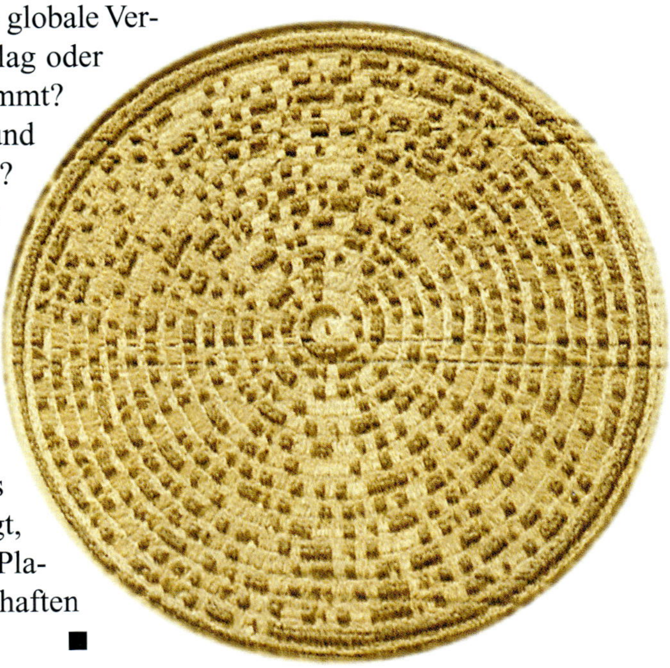

Quelle: www.x-nautilus.com

Lage der planetaren Chakren auf dem menschlichen Körper dargestellt [21]

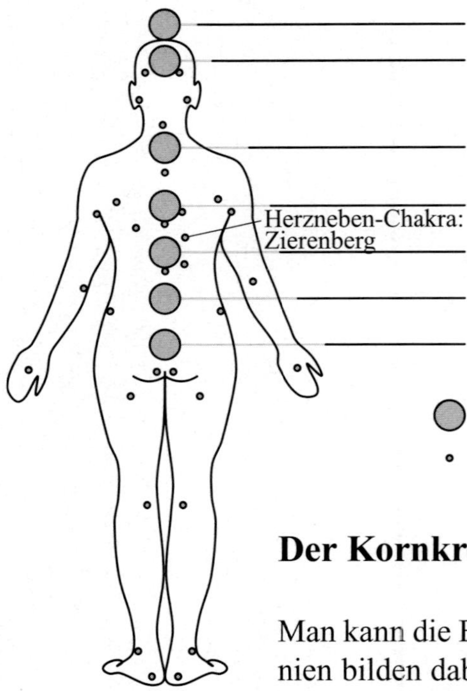

Der Kornkreis-Code beginnt!

Man kann die Erde als riesigen lebendigen Organismus betrachten, Kraftlinien bilden dabei seine „Nervenbahnen", vergleichbar den Meridianen im menschlichen Körper.

Wie der Mensch hat die Erde ihre Chakren und Nebenchakren. Aufgrund alter Überlieferungen wird davon ausgegangen, daß sich die Hauptchakren am Mount Shasta in Kalifornien (Wurzelchakra), in Machu Picchu, Peru (Sakralchakra), am Ayers Rock, Australien (Nabelchakra, bzw. Solarplexus), in Avebury, England (Inneres Herzchakra) und Glastonbury, England (Äußeres Herzchakra), bei der Großen Pyramide von Gizeh, Ägypten (Kehlkopfchakra), an einem beweglichen Punkt zwischen Kunlun Gebirge und der Wüste Gobi in China bzw. der Mongolei (Stirnchakra, „Drittes Auge") und am Mount Cook, Neuseeland (Scheitelchakra) befinden. Ein Herz-Neben-Chakra soll in Burghasungen, Nordhessen, liegen. Verbunden sind diese Punkte durch starke Kraftlinien. Allen alten Kulturen waren diese Kraftorte und -linien bekannt. Das Wissen um ihre Energien diente zur Planung und Ortsbestimmung für den Bau von Tempeln, Pyramiden, Kultstätten, Siedlungen und sogar kompletter Städte, denn auch viele weltliche Herrscher wollten diese Energien für ihre Interessen nutzen.

So leiteten die chinesischen Kaiser z.B. gewundene Energieströme durch eigens angelegte Kanäle, Wege und Straßen in gerade Bahnen um und zentrierten sie auf ihre Hauptstadt Peking. Unterwegs wurde der Fluss der Energien durch Bauwerke geregelt und verstärkt. Einerseits konnten die Kaiser somit zur Stärkung ihrer Macht Kraft aus irdischen Energien beziehen, andererseits konnten sie durch das System in umgekehrter Richtung kosmische Energie, die sie rituell aus dem Himmel bezogen und die der Fruchtbarkeit diente, in ihr Hoheitsgebiet fließen lassen, sowie alle Untertanen spirituell ihre Macht spüren lassen und unter Kontrolle halten. Dieses Prinzip nutzten viele weltliche und geistliche Herrscher aller Kulturen bis in die jüngste Vergangenheit hinein und vielleicht heute noch. Betrachten wir die Grundrisse einiger ehemaliger und heutiger Hauptstädte oder Kultbauten, springen überall die geradlinigen Alleen und Prachtboulevards ins Auge oder die ursprünglichen, sternförmigen Straßennetze, die die jeweiligen Herrschaftsgebiete durchzogen. Sozusagen vor unserer eigenen Haustür befindet sich mit der Stadt Karlsruhe ein sehr interessantes Beispiel. Markgraf Karl Wilhelm gründete die Stadt 1715 nach okkulten, geomantischen, geographischen und daraus resultierenden Gesichtspunkten. Das Zentrum, das Karlsruher Schloss, ist durch 32 Linien mit alten Kultstätten, christlichen Bauwerken (die meist auf ehemaligen Kultstätten bzw. Kraftorten errichtet wurden) und Bergspitzen in der weiteren Umgebung verbunden.

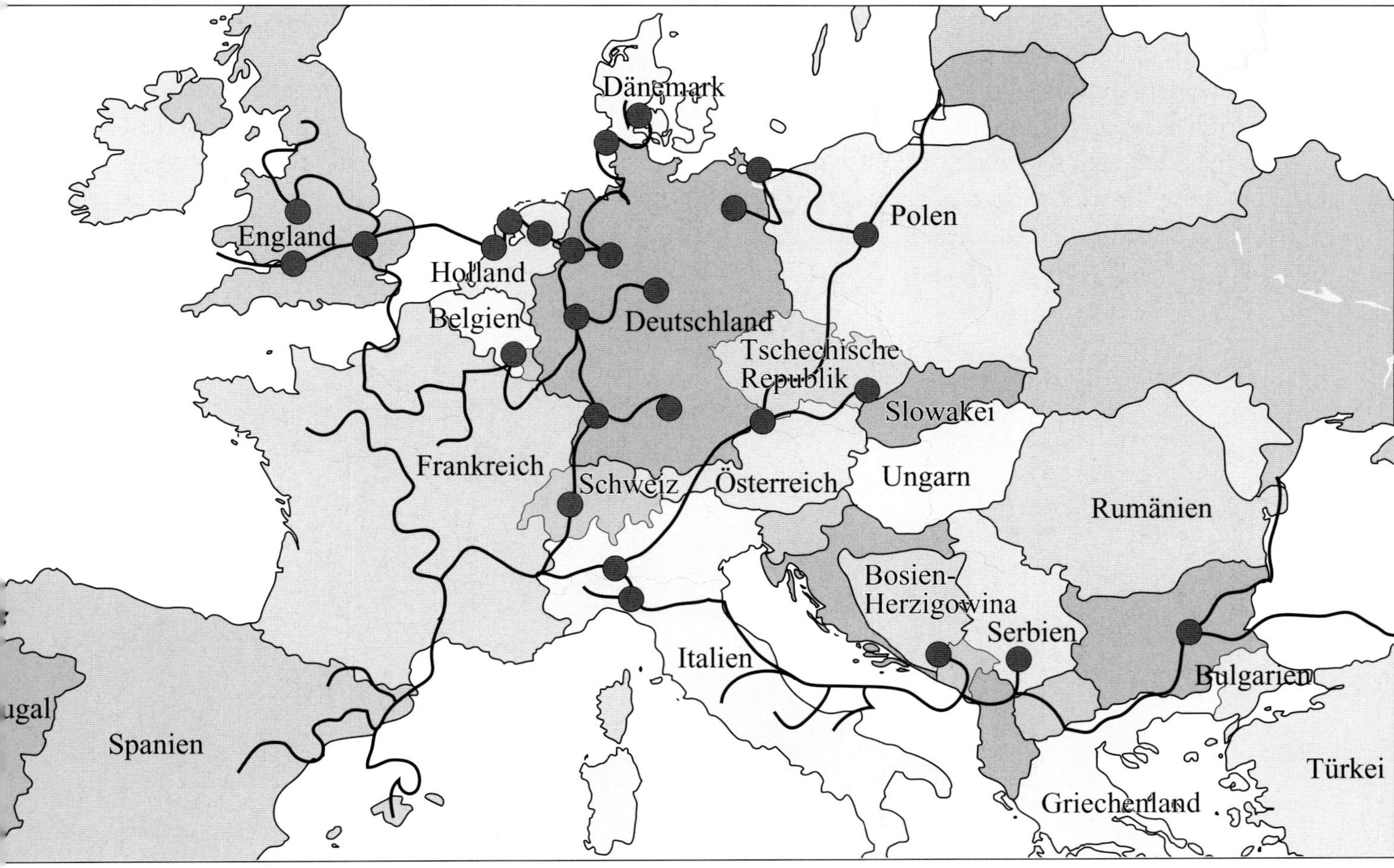

Die Lebensgemeinschaft Damanhur in Italien hat eine Karte entwickelt, auf der die feinstofflichen Energielinien in Europa ersichtlich sind (Abb. oben).
Die meisten Kornkreise treten entlang dieser Kraftlinien oder auf ihren Kreuzungs- oder Endpunkten auf. Man kann davon ausgehen, daß auch hier nach einem übergeordneten Plan gearbeitet wird und die Formationen nicht zufällig an einem Ort entstehen, sondern hier gezielt die Erdenergielinien akupunktiert werden.

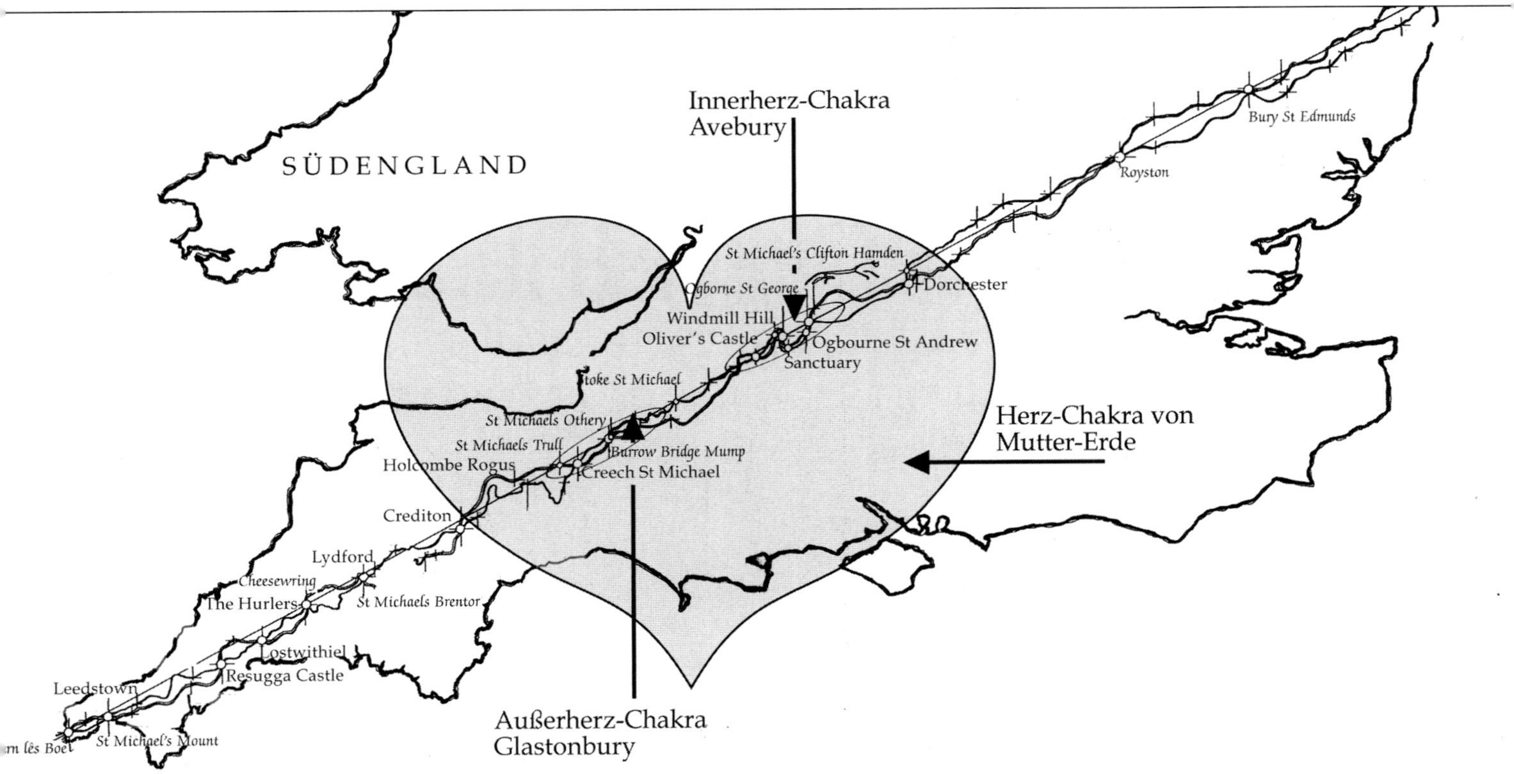

In Südengland kreuzen sich die sogenannten Mary- und Michael-Energie-Linien im Bereich um Avebury sechs mal und bei Glastonbury noch drei mal. Die Region gilt als das Herzchakra der Erde, wobei Avebury als Inneres Herzchakra und Glastonbury als Äußeres Herzchakra betrachtet wird. Die Menschheit als fünfte Wurzelrasse ist gerade dabei, ihr Herzchakra zu entwickeln. Entstehen vielleicht so viele Kornkreise in diesen Gebieten und im Herznebenchakra bei Zierenberg, um diese Entwicklung zu unterstützen? (siehe Abb. Seite 209 unten)

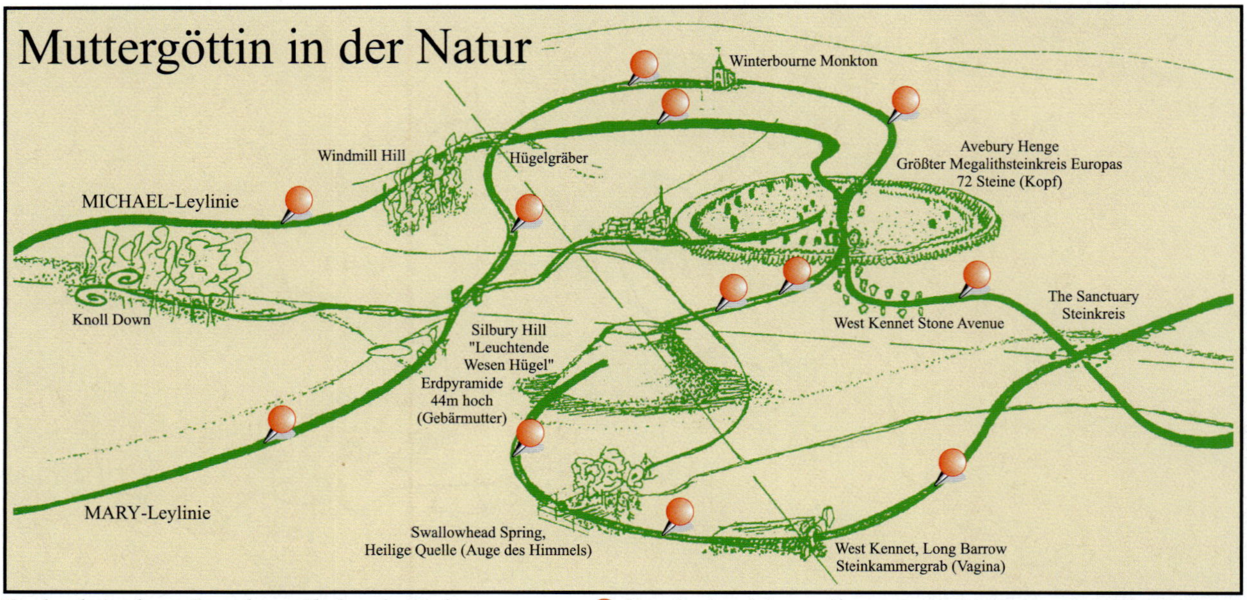

England, Avebury, Innerherz-Chakra der Erde;
Mikrokosmos für die Erde

Kornkreiszeichen; sie treten seit 14 Jahren verstärkt in dieser Region auf und liegen immer genau über den Energielinien.

Detaillierte Darstellung der Mary- und Michael-Linie bei Avebury, Silbury Hill mit den Fundorten der Kornkreise der letzten 14 Jahre, die exakt auf diesen Linien plaziert waren.

1991 erschien am Milk Hill, in der Nähe von Alton Barnes, Wiltshire, England, diese Formation aus Buchstabensymbolen. Der Archäologe Michael Green sah die Symbole als phoenizische, hebräische Schriftzeichen an und übersetzte sie als: "Der Schöpfer, weise und liebevoll." Green fand heraus, daß die Schriftzeichen von der uralten Schrift „Senzar" waren, in der das „Buch des Dzyan" geschrieben ist. [23]

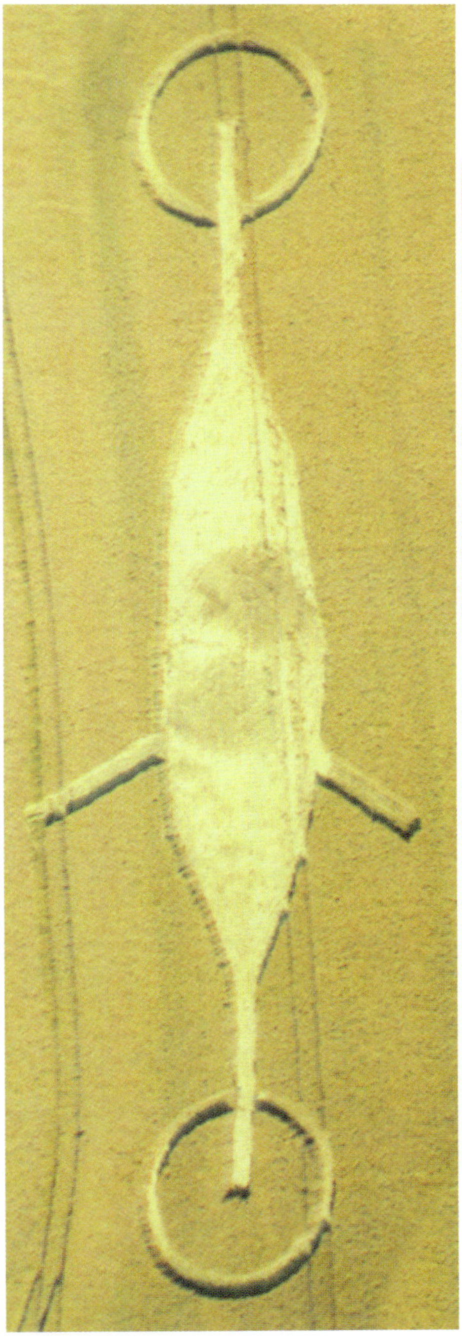

Delphinogramm von Juni 1991 bei Lockerigde, Wiltshire, England. Foto: Magazin 2000plus.

Gemälde aus dem 8. Jahrhundert, entnommen aus dem Buch „Engel – eine bedrohte Art" von Malcolm Godwin, Verlag Zweitausendeins[14].

Engel und Kabbala – ein Schlüssel zum Kornkreis-Phänomen?

Diese Formation lädt ein zum Vergleich mit Gemälden aus dem Spanien des 8. Jahrhunderts, auf denen Engel oder Seraphime in dieser Form dargestellt wurden, wobei die Flossen beim Kornkreis als die „helfende Hände" des Gemäldes betrachtet werden können. (Da die Abbildung des Gemäldes oben und unten abgeschnitten wurde, sind hier die Enden nachgezeichnet.)

Seraphime sind die höchsten Engel in der Engelhierarchie.

War es immer diesselbe Wesenheit, die in jeder Kultur nur einen anderen Namen hatte?

In Ägypten der Gott **Thot**, in Griechenland der Götterbote **Hermes**, im Römischen Reich der Gott **Merkur** und in unserer Zeit der Erzengel **Michael.**

Die Kabbala – als jüdisch-christlicher Einweihungsweg

Kabbalistischer Lebensbaum

Diese Formation erschien am 3. Mai 1997 in einem Rapsfeld bei Barbury Castle, Wiltshire, England. Foto: Steve Alexander.

Der Lebensbaum symbolisiert die zehn Sephiroth als Sinnbilder der zehn Erscheinungen der Gottheit sowie der zehn grundsätzlichen Gesichtspunkte der Gesamtschöpfung und der zehn Komponenten der menschlichen Bewußtseinslehre. Da die oberen Sephiroth den unteren vorausgehen, wird ersichtlich, daß dieser Baum von oben nach unten wächst und nicht von unten nach oben. Im Buch Bahir wird dieser Grundsatz mit der Mer-Ka-Ba-Mystik verbunden, nach der Gott beim Schöpfungsakt als erste Realität das Pleroma, die Fülle, mit dem Weltenbaum, der die Gesamtschöpfung darstellt, erschaffen hat. Einer der Grundbegriffe der Kabbala ist Sephiroth, der die zehn Qualitäten des Absoluten (Ain Soph) oder des unsichtbaren Gottes kennzeichnet. Diese zehn Qualitäten sind die zehn Stufen des göttlichen Seins, durch das die unsichtbare Welt des Absoluten sichtbar wird. Gott bewegt sich über diese zehn Stufen aus sich selbst heraus und kehrt wieder zu sich selbst zurück. Der Neuplatonismus geht davon aus, daß es sich hierbei um Mittelwesen handelt. Tatsächlich handelt es sich aber um die auseinander und aufeinander folgenden verschiedenen Stufen der Manifestationen Gottes. Die auf dem Baum des Lebens geometrisch angeordneten einzelnen Stufen (Sephirah), haben von oben nach unten, folgende Namen und Bedeutung: 1. Kether (Krone der Gottheit); 2. Chokmah (Weisheit oder Uridee Gottes); 3. Binah (Einsicht Gottes); 4. Chesed (Barmherzigkeit/Gnade Gottes); 5. Geburah (Macht Gottes); 6. Tifereth (Pracht/Schönheit Gottes); 7. Netzach (Sieg Gottes); 8. Hod (Macht/Majestät Gottes); 9. Jesod (Fundament Gottes); 10. Malkuth (Herrschaft Gottes). Diese zehn Sephiroth stellen die zehn Namen Gottes dar. Die Kräfte der Sephiroth leben auch im einzelnen Menschen.

Quelle: 12

Der Lebensbaum als exaktes Abbild des göttlichen Schöpfungsplanes auf Erden zeigt die verschiedenen Ebenen, die die menschliche Seele in ihrer Entwicklung von unten nach oben durchläuft. Die Qualitäten und Tugenden, die die Seelen durch die Reinkarnationen an die göttliche Ausstrahlung, also die Urbilder, anpassen müssen, sind die Grundpfeiler des Lebensbaumes. Der Lebensbaum kann aber auch als Vorbild für andere Gestaltungsmodelle Verwendung finden, wie zum Beispiel zum Bau eines Kirchengebäudes. Alte Kirchenschiffe sind meist nach dem Modell des Lebensbaumes gebaut worden. Die sich von unten nach oben durch den Baum des Lebens windende Schlange symbolisiert das geheime Wissen um dessen Mysterium.

Die vier Welten des Baum des Lebens als Engelhierarchie mit Planetenzuordnung

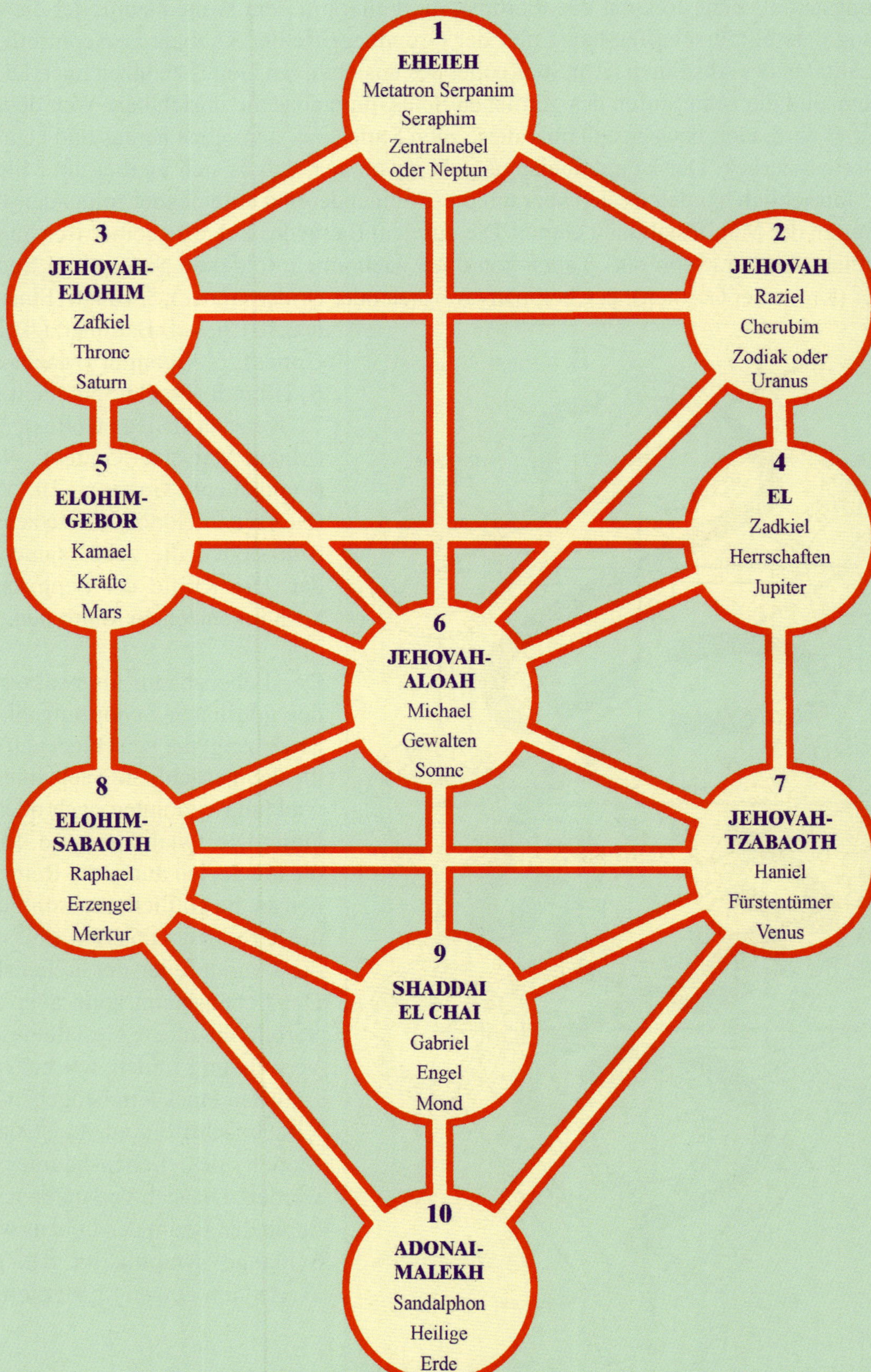

Quelle: 45

Die Stufen im Innern des Menschen

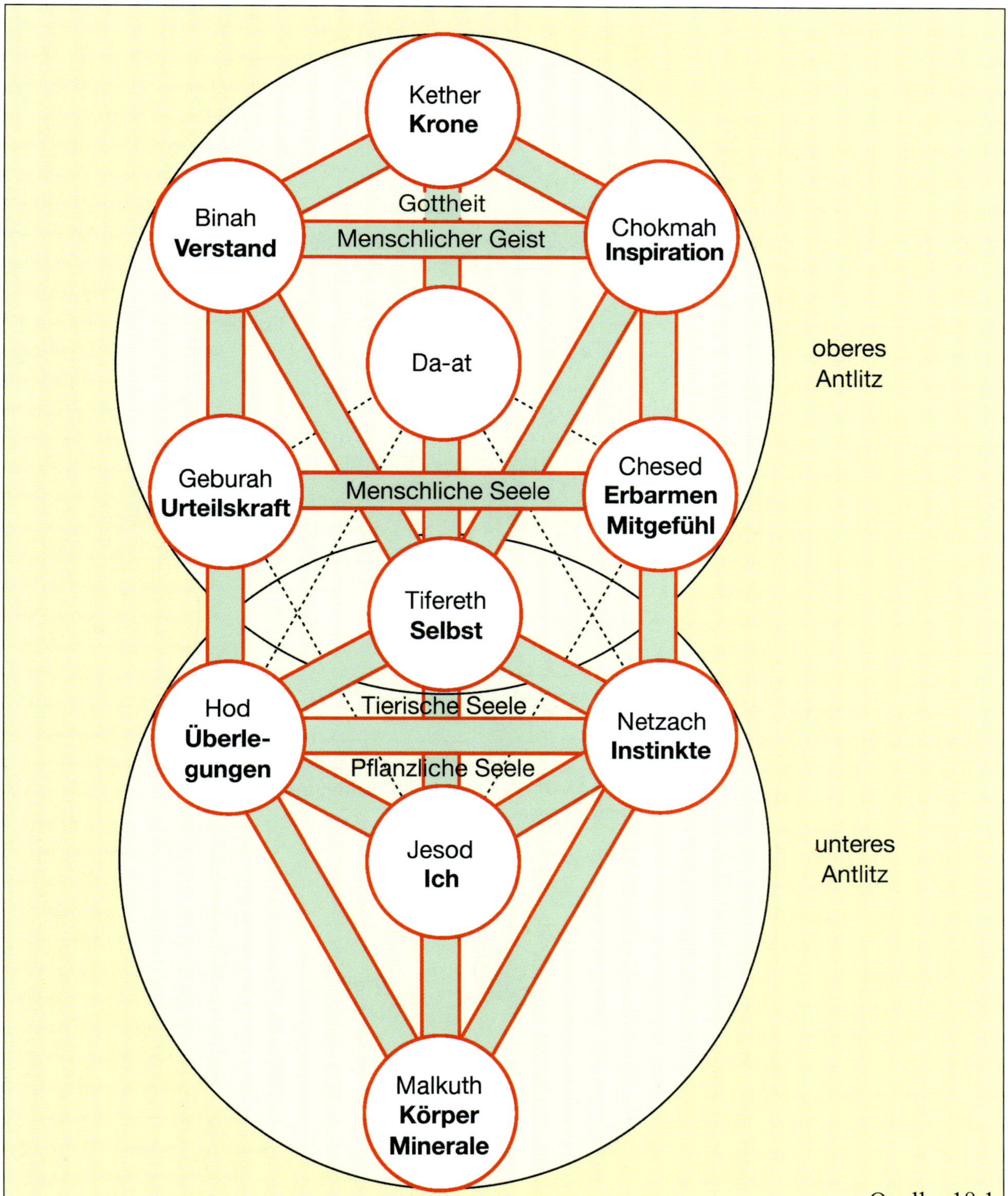

Quelle: 18.1

Die Menschen sind als Abbild des Göttlichen geschaffen. Sind mit einem Körper versehen und sie stehen in Kontakt mit allen Welten. Der Körper besitzt eine pflanzliche und tierische Intelligenz und besteht aus den vier Grundelementen. Die oberen Stufen dieses Körpers bezeichnen wir mit Geist und Seele und diese stehen in Beziehung zu den Welten der Form und Schöpfung. Die Verbindung zum Göttlichen wird durch das Kronenzentrum aufrecht erhalten. Durch die Verbindung der gestrichelten Linien, die den nicht-manifestierten Da-at-Aspekt, den göttlichen Aspekt darstellen, ergeben sich der Davidstern sowie das Hexagon, welche ebenfalls in vielen Kornkreisen zum Ausdruck gebracht werden.

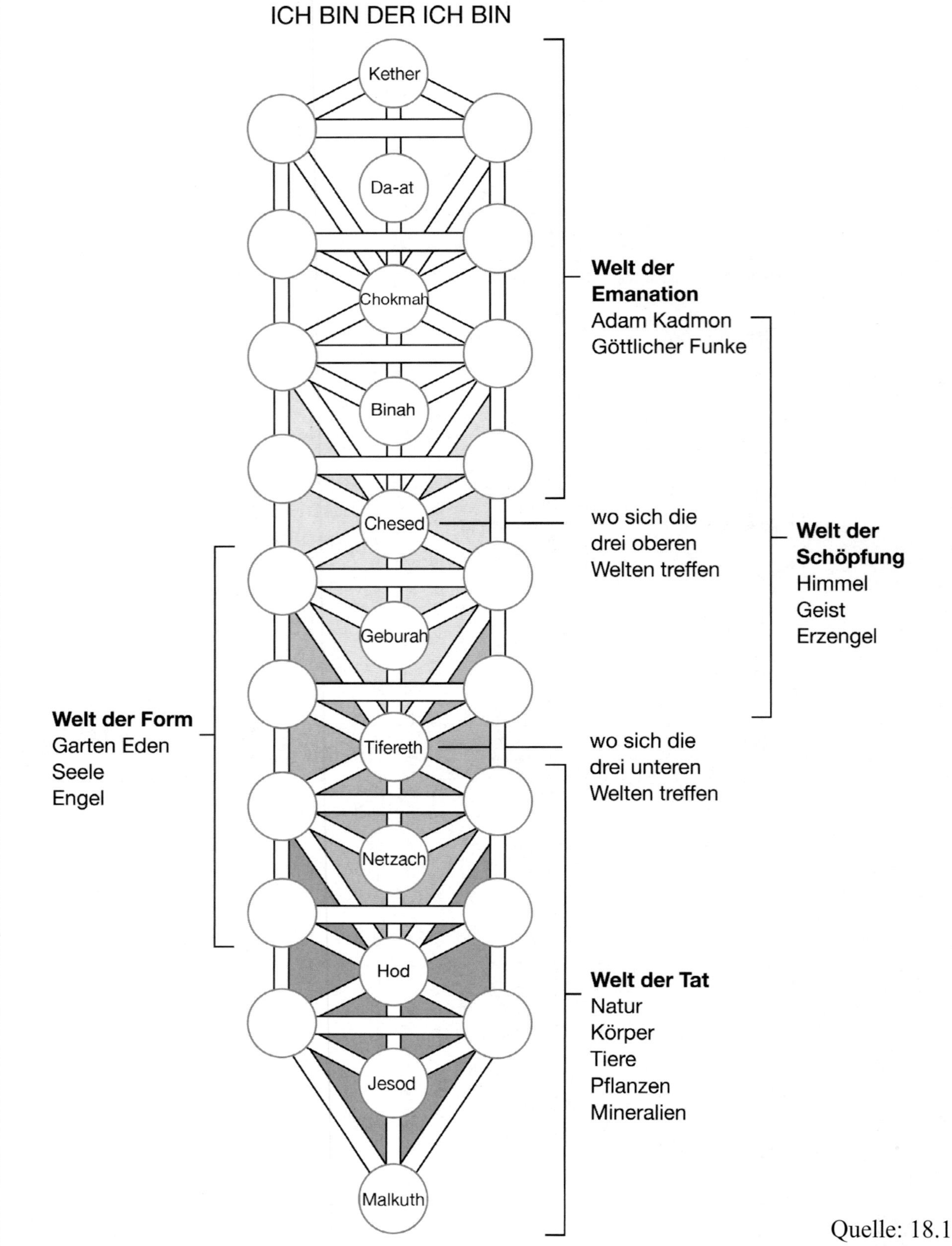

Quelle: 18.1

Die Leiter der Existenz

Alle vier Welten entstehen, indem die Göttlichen Attribute die mittlere Säule hinabsteigen. Während die erste Welt aus reinem Licht besteht, manifestieren die unteren Welten Energie, Form und Stoff. Das Erscheinen von Zeit und Raum ermöglicht das Entfalten der Schöpfung auf ihren verschiedenen Ebenen der Stofflichkeit und das ihrer Bewohner. Zugang zu jeder der Welten hat von allen Geschöpfen nur der Mensch.

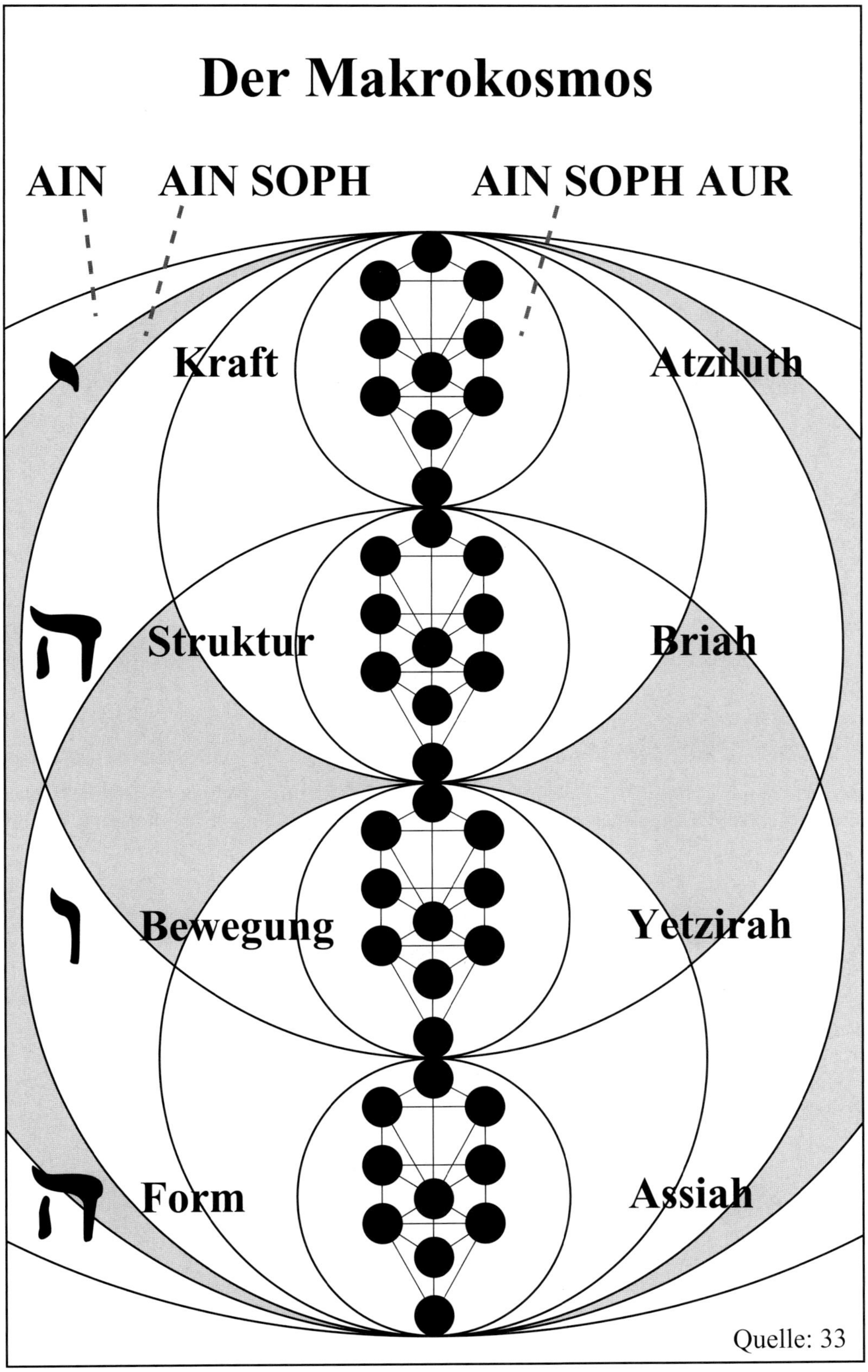

Diese kabbalistische Darstellung des Makrokosmos stellt eine weitere Deutungsmöglichkeit des Kornkreises vom 2. August 1996 bei Chiseldon, Wiltshire, England dem Sonne-Mond-Symbol, dar. (siehe Seite 186) Diese Darstellung versinnbildlicht die Welt der Form, der Bewegung, der Struktur, der Kraft und die göttlichen Sphären des Lichts.

„Der Harlekin" vom 1. Juni 1997 bei Winterbourne Basset, Wiltshire, England. Foto: Steve Alexander. Diese Formation ist deckungsgleich mit der kabbalistischen Darstellung „Vom Ich zum Wachstum", wie die untere Grafik zeigt.

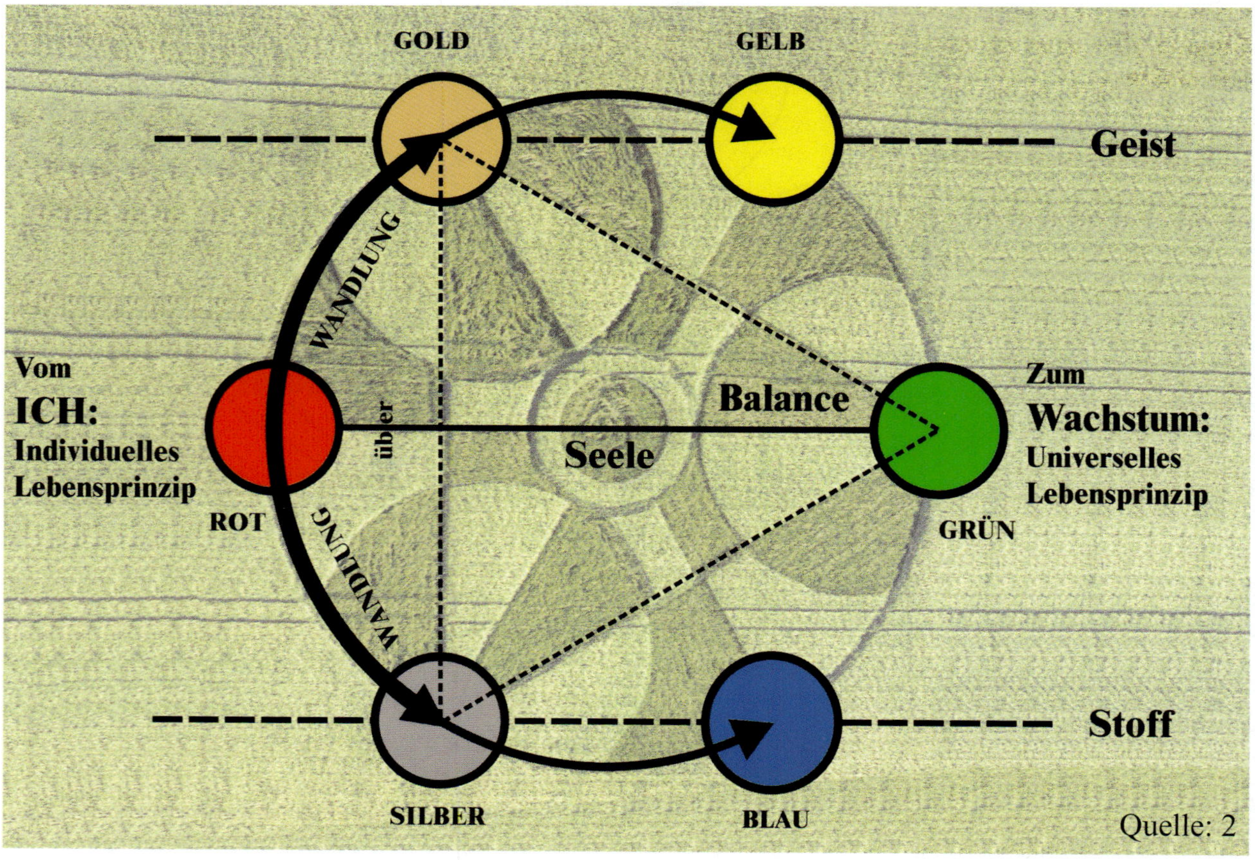

Das Neue Jerusalem

Auf dem Gemälde, das dem Buch „Engel – eine bedrohte Art“ entnommen wurde, kann man die vier Erzengel sehen, die die Erde halten, sowie im Innern des Kreises 12 Engel und außerhalb des Kreises ebenfalls 12 Engel. 12 x 12 = 144, 144 steht in der Offenbarung des Johannes für das Neue Jerusalem.

Der erste Tag der Schöpfung: Am 26. Juli 1999 bei Ashbury, Wiltshire, England. Foto: Steve Alexander.

„Das Malteserkreuz“ vom 21. Juli 1997 bei Morested, Hampshire, England. Foto: Lucy Pringle.

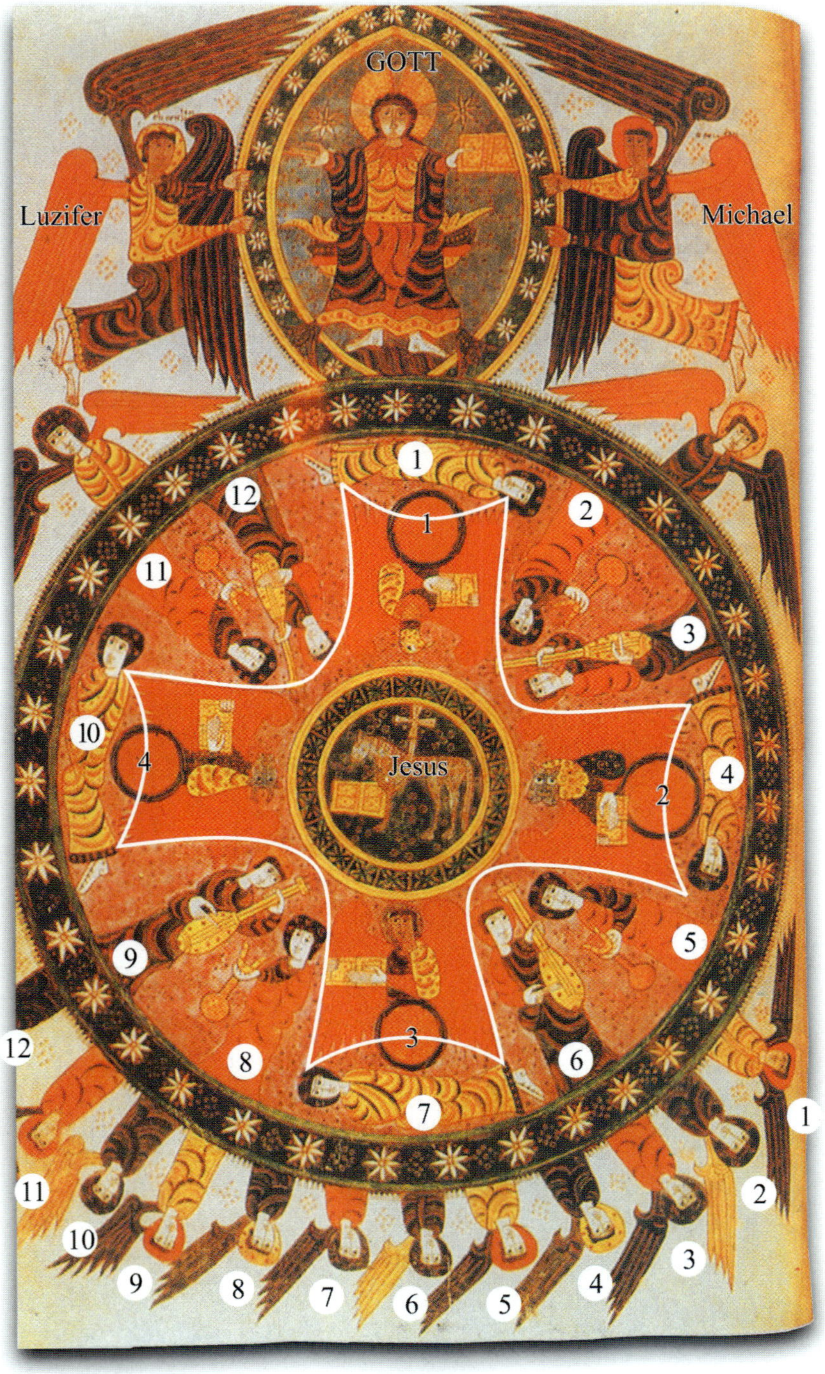

Illuminiertes Manuskript, 1109 n. Chr. Britisches Museum, MS 11695.

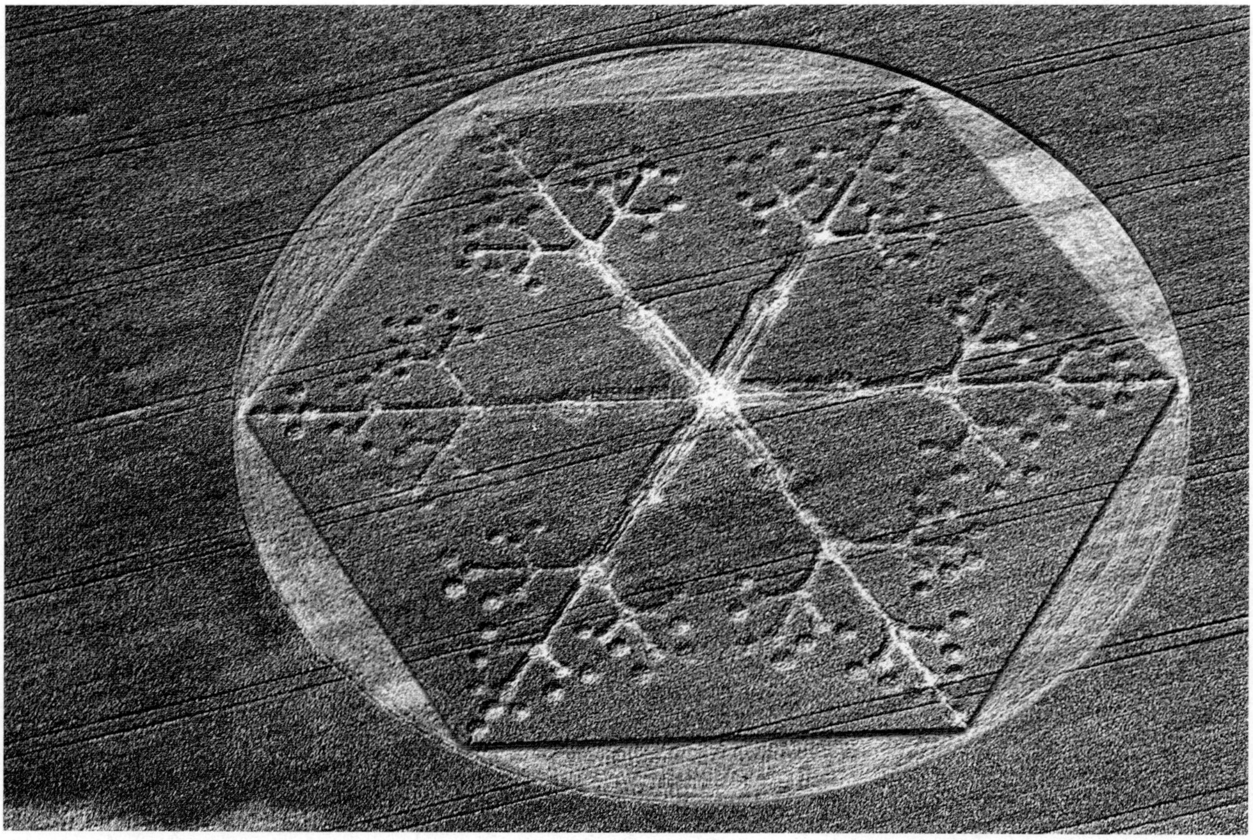

„Fraktale Schneeflocke" vom 9. Juni 1997, ca. 80 m, bei Stonehenge, Wiltshire, England. Foto: Lucy Pringle. Die hexagonale Form innerhalb des Kreises beschreibt den inneren Teil des Grund- und Ordnungsschemas des Neuen Jerusalem (siehe Seite 222).

„Fraktaler Davidstern" am 23. Juli 1997 ca. 80 m, bei Silbury Hill, Wiltshire, England. Foto: Steve Alexander.

„Fraktaler Davidstern“ im 23. Juli 1997 bei Silbury Hill, Wiltshire, England. Foto: Steve Alexander.

Diese Formation besteht aus 18 Spitzen und 126 kleinen Kreisen außen herum.
1 + 8 = 9; 1 + 2 + 6 = 9

Bemerkenswert ist bei diesem Kornkreis die dreidimensionale Wirkung der Kornlage, die man nur bei der Betrachtung aus der Luft erkennen kann. Es ist wohl kaum menschenmöglich, das Getreide so zu „kämmen“, daß diese Wirkung erzielt wird. Auch dieser Davidstern stellt einen Hinweis auf das Grund- und Ordnungsschema des Neuen Jerusalem dar.

DAS NEUE JERUSALEM
Grund- und Ordnungsschema

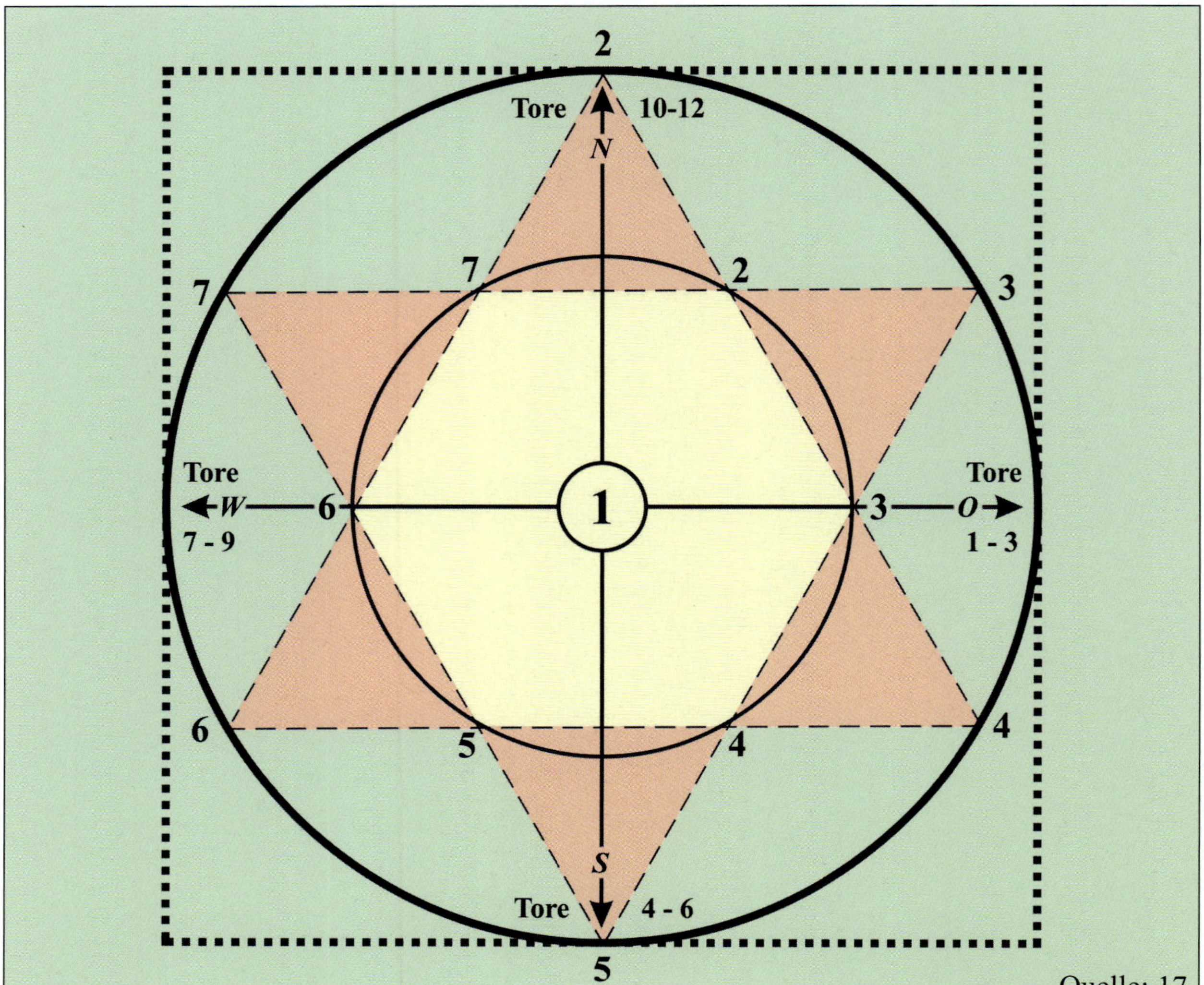

Quelle: 17

In einem Vers der Johannesoffenbarung steht zu lesen, daß die Zahl 12 eine überragende Rolle spielt und auch deren Vervielfältigung um ihre eigene Größe: 12 x 12 = 144.
Offenbarung des Johannes, 21/12-21:
„Und hatte große und hohe Mauern und hatte **zwölf Tore** und auf den Toren **zwölf Engel** und Namen geschrieben, welche sind die **zwölf Geschlechter** der Kinder Israel.
Vom **Morgen drei Tore**, **von Mitternacht drei Tore**, **vom Mittag drei Tore**, **vom Abend drei Tore**.
Und die Mauer der Stadt hatte **zwölf Gründe** und in denselbigen die Namen der **zwölf Apostel** des Lammes.
Und der mit mir redete, hatte ein goldenes Rohr, daß er die Stadt messen sollte und ihre Tore und Mauern.
Und die Stadt liegt viereckig und ihre Länge ist so groß als die Breite. Und er maß die Stadt mit dem Rohr auf **zwölftausend Feldwege**. **Die Länge und die Breite und die Höhe der Stadt sind gleich**.
Und er maß ihre Mauern, hundert und vier und vierzig Ellen, nach dem Maß eines Menschen, das der Engel hat.
Und der Bau ihrer Mauern war von Jaspis und die Stadt von lauterem Golde, gleich dem reinen Glase.
Und die Gründe der Mauern und der Stadt waren geschmückt mit allerlei Edelsteinen. Der erste

Grund war ein Jaspis, der andere ein Saphir, der dritte ein Chalcedonier, der vierte ein Smaragd.
Der fünfte ein Sardonich, der sechste ein Sardis, der siebente ein Chrysolith, der achte ein Beryll, der neunte ein Topasier, der zehnte ein Chrysopras, der elfte ein Hyacinth, der zwölfte ein Amethyst. Und die **zwölf Tore** waren **zwölf Perlen** und ein jegliches Tor war von einer Perle; und die Gassen der Stadt waren lauter Gold als ein durchscheinendes Glas."

„Koch´s Fraktale Schneeflocke" vom 8. August 1997 am Milk Hill bei Alton Barnes, Wiltshire, England. Foto: Lucy Pringle.
Diese Formation läßt sich auch mit der kabbalistischen Darstellung der drei Spannungsachsen vergleichen (siehe Seite 224). In Koch´s Fraktale Schneeflocke kann man das Grund- und Ordnungsschema des Neuen Jerusalem einzeichnen.

Der nachfolgende Text ist aus dem Buch „Die Neue Bibel – das Buch der Liebe" entnommen:
Die Zwölf ist also in diesem Neuen Jerusalem eine immer wiederkehrende Zahlengröße und das Maß der Mauern sei gleich dem Maße eines Menschen und Engels, gleich einhundertvierundvierzig Ellen; aber auch die Zahl der Stämme Israels und Meiner Apostel war „12", deren Namen in den Mauern festgehalten waren und auch die Anzahl der Tore war „12", mit zwölf Engeln auf diesen Toren.
Ihr werdet fragen, wo ist in diesem Neuen Jerusalem etwas bezogen auf die „7", die Zahl MEINER HEILIGEN GRUNDEIGENSCHAFTEN.
Auch sie, diese heilige „7" ist in dem Neuen Jerusalem sichtbar und erkennbar! ICH werde euch das sogleich entschlüsseln.
So setzen wir sozusagen MICH, GOTT DEN HERREN, als die Zahl aller Zahlen, als die ewig heilige Grund- und Ordnungszahl „1" in die Mitte und Meine anderen sechs Haupteigenschaften ordnen wie gleichmäßig auf dem Symbolzeichen MEINES HEILIGEN GEISTES, dem Kreise, an. So haben wir vor uns den in der gleichmäßigen Ordnung Meiner zur EWIGEN LIEBE, der „1", durch die sechs übrigen Haupteigenschaften geteilten Kreisumfang. Das sieht bildlich genauso aus, als wenn ihr mit der Zirkelspanne des Halbmessers eines Kreises seinen Umfang in sechs gleiche Teile gliedert.
Verbinden wir dann die Ordnungspunkte MEINER um MICH, die „1", geordneten übrigen sechs Haupteigenschaften so, daß zuerst die der geraden, dann diejenigen der ungeraden Zahlen verbunden werden, so erhalten wir zwei um MICH, den Mittelpunkt, geordnete gleichseitige Dreiecke in der Symbolik jenes Sternes, den sich schon einstens Mein „Auserwähltes Volk" als den Symbolstern MEINER HEILIGKEIT, IHRES GOTTES JEHOVA, wählte. Und ziehen wir nun von der „1", MEINEM MITTELPUNKT, einen Kreis mit einem solchen Radius, daß dieser durch die Schnittpunkte der beiden gleichseitigen Dreiecke läuft, so ergibt sich ein innerer Kreis mit den sechs Ordnungspunkten Meiner aus der „1" hervorgehenden sechs Haupteigenschaften.
Damit haben wir eine allerwichtigste Schlüsselstellung MEINES HEILIGEN GEISTES enthüllt. [17]

Die drei Spannungsachsen in der kabbalistischen Darstellung

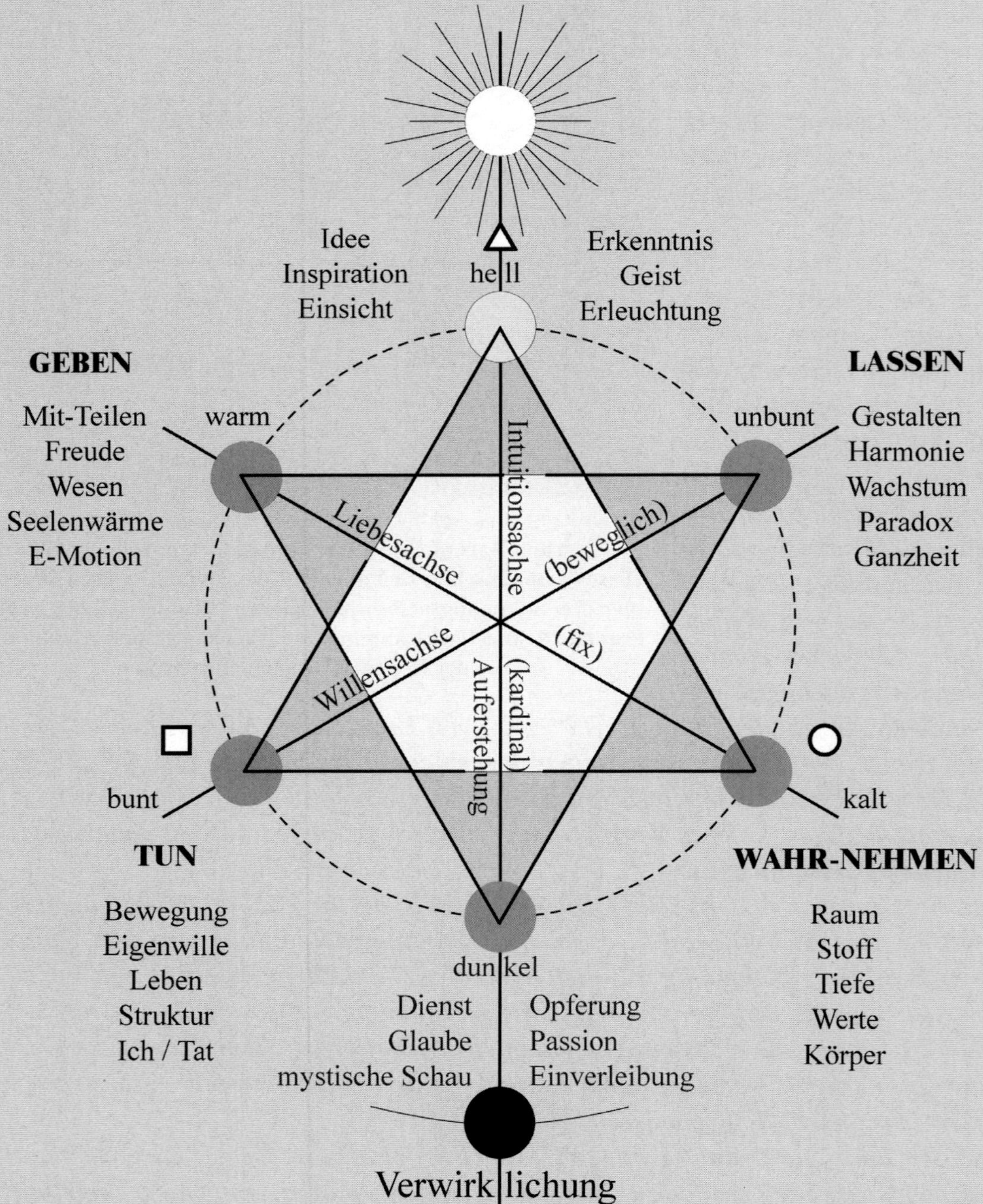

Siegel Salomons
(Clavicula Salomonis)

Quelle: 2

Weltharmonietag 23. Januar 1997

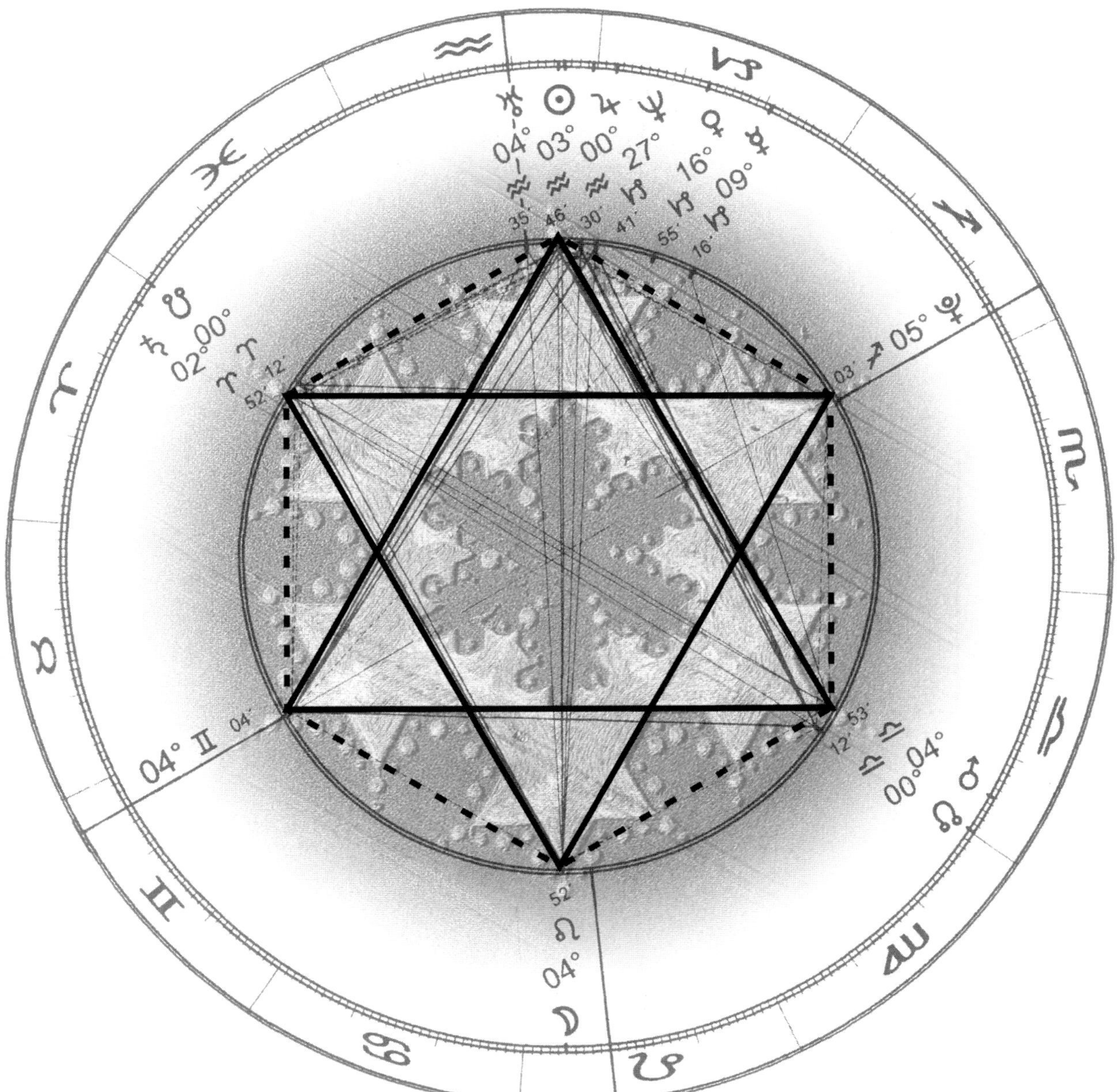

Horoskop für die Erde
Komet Hale-Bopp

Für den 23. Januar 1997, dem sogenannten „Weltharmonietag“ wurde das hier abgebildete Horoskop für die Erde erstellt. Auch tauchen wieder der Davidstern und die hexagonale Form auf, die im Juli und August des Jahres so oft als Kornkreis erschien.
Außerdem war im Januar 1997 der Komet „Hale-Bopp“ am Himmel zu sehen, den viele mit dem „Stern von Betlehem“ von vor 2000 Jahren vergleichen. Brachte uns dieser Komet vielleicht schon die Umpolung zum Geistigen?

„Drehender Davidstern“

„Drehender Davidstern“ vom 30. Juli 1997 bei Etchilhampton, Wiltshire, England. Foto: Steve Alexander

Das Quadrat im Innern des Kreises kann wieder als Hinweis auf das Neue Jerusalem verstanden werden.

Im Kreisinneren der unteren Formation ist ein sich drehender Sterntetraeder dargestellt. Drei sternförmige Tetraeder existieren um jeden menschlichen Körper, ebenso wie um jeden Planeten, Sonnen und sogar größere Körper oder Galaxien, aber auch um jedes Tier und jede Pflanze. Die Erde und die Menschheit sind gerade dabei, diesen Energie- oder Lichtkörper, auch Mer-Ka-Ba genannt, zu reaktivieren. Dies geschieht, indem die Sterntetraeder anfangen zu rotieren und die Rotation schrittweise beschleunigen. Der drehende Davidstern könnte ein Symbol für die erste Stufe der Rotation sein. Das uns umgebende Sterntetraeder setzt sich aus zwei Einzelpyramiden zusammen, wobei das mit der Spitze gegen oben, zur Sonne weisende Tetraeder den männlichen Aspekt verkörpert, das mit der Spitze zur Erde reichende hingegen den weiblichen Aspekt. Diese Aufteilung ist auf Männer und Frauen stets in gleicher weise anwendbar. Es gibt demnach also nur zwei Möglichkeiten, den männlichen bzw. den weiblichen Körper in das jeweilige Sterntetraeder einzupassen. Wenn die Spitze des männlichen oder Sonnen-Tetraeders nach vorne weist, handelt es sich um die Mer-Ka-Ba eines Mannes. Wenn der Sonnentetraeder mit der flachen Seite nach vorne weist, ist es die Mer-Ka-Ba einer Frau. Da der Sterntetraeder mit dem zentralen Punkt des Körpers am Ende der Wirbelsäule verbunden ist, folgt er den Bewegungen.

Sterntetraeder Mer-Ka-Ba Lichtkörper

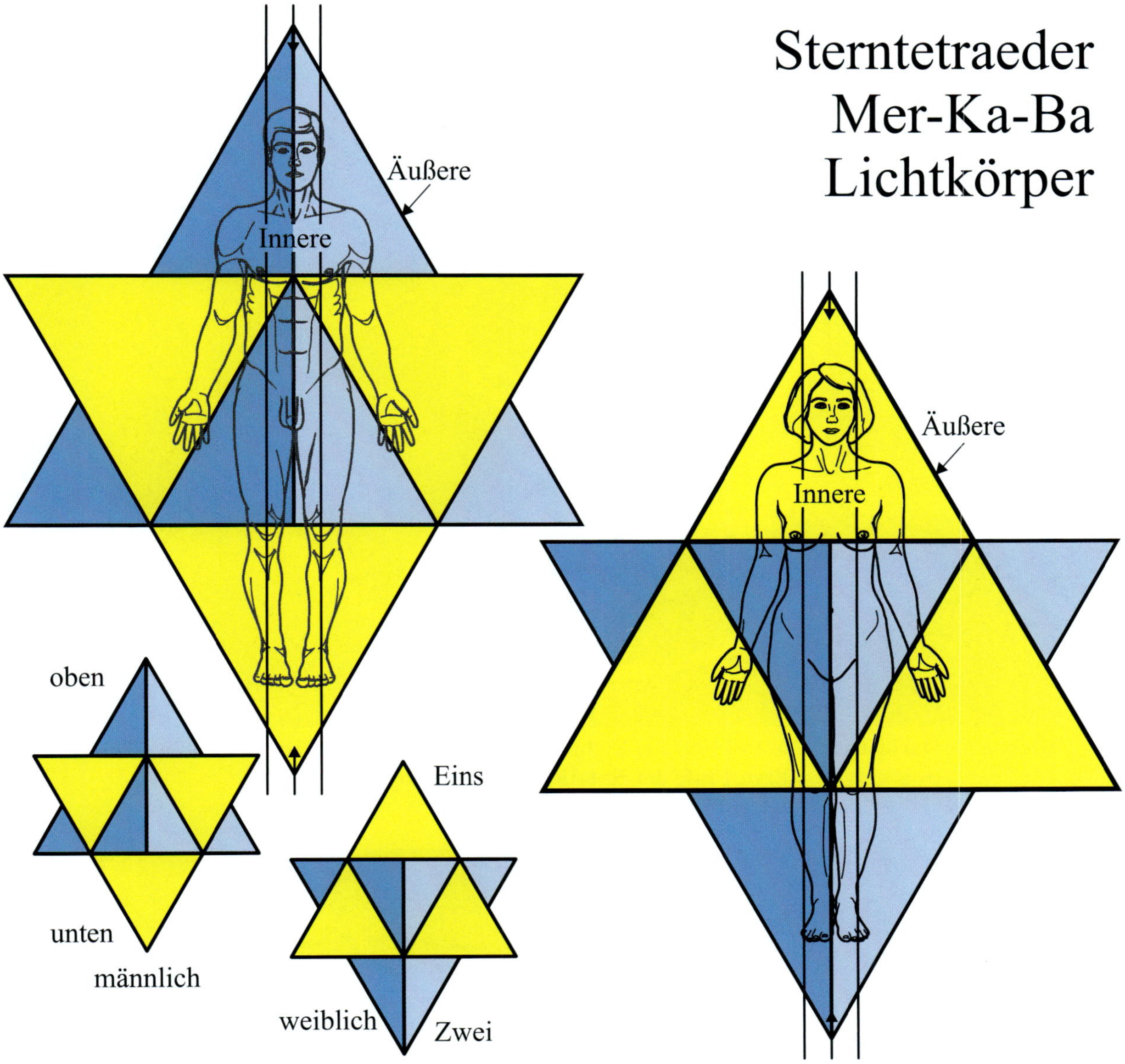

Jesus sprach: ***„Wenn du aus den Zweien Eins machst und wenn du das Innere wie das Äußere und das Äußere wie das Innere machst und das Oben wie das Unten und wenn du aus dem Männlichen und dem Weiblichen ein und dasselbe machst... dann wirst du eingehen in das Königreich Gottes.“*** (Thomasevangelium, Kapitel 22, Spruch 21) [52]

Mit dieser Aussage hat er genau die Sterntetraeder der Mer-Ka-Ba beschrieben, die den menschlichen Körper umgeben, das Aufstiegs-Gefährt in das Neue Jerusalem und in höherdimensionale Welten (siehe Abb. oben).

Weil es als nichtbiblisch, verborgen und geheim (apokryph) bezeichnet wird, wurde das Thomasevangelium von der gottesdienstlichen Lesung ausgeschlossen. Aber gerade diese nicht biblischen Christus-Worte, die den ersten Christengemeinden wohl bekannt und heilig waren, gaben ihnen Mut und Zuversicht angesichts der ständigen Gefahren an Leib und Leben, mit denen sie konfrontiert waren. Ebenso schöpften sie daraus immer wieder neue Glaubenskraft und Erleuchtung. Bisher war nichts Näheres über den Inhalt und auch den Umfang des Thomasevangeliums bekannt. Erst durch die Auffindung des bislang nur dem Namen nach bekannten Evangeliums in der Nähe von Nag Hammâdi, einem Ort in Oberägypten, nördlich von Luxor, wurde mit einem Schlag das Jahrtausende währende Geheimnis gelöst. Ägyptische Bauern fanden 1945 auf einem antiken Friedhof in einem Grab einen Krug mit alten koptischen Handschriften. Die Erkenntnis über ihre Bedeutung gewann man erst elf Jahre später, als mit der wissenschaftlichen Untersuchung begonnen wurde.

„Drehender Davidstern", 30. Juli 1997 bei Etchilhampton, Wiltshire, England. Foto: Lucy Pringle. Erste Stufe der Rotation der Sterntetraeder.

„Sonnenrad" vom 20. April 1997 bei Barbury Castle, Wiltshire, England. Foto: Lucy Pringle. Hier ist die zweite Stufe der Rotation der Sterntetraeder dargestellt.

„The Sanctuary“ vom 19. August 1998 bei Silbury Hill, Wiltshire, England. Foto: Lucy Pringle.
Diese Formationen kann als Darstellung der Beschleunigung der Sterntetraeder kurz vor der Expansion betrachtet werden. Wenn die Sterntetraeder zu rotieren beginnen, dehnt sich das Energiefeld auf ca. 9 m nach rechts und 9 m nach links aus (bei einer durchschnittlichen Körpergröße von 1,80 m) und erhält eine UFO-ähnliche Form, die dem Hitzeschutzschild einer Galaxie gleicht.

Die Mer-Ka-Ba

Mer = Licht, Ka = Geist, Ba = Körper - dieser Name wird im Hebräischen wie auch im Ägyptischen benutzt.

Damit ist ein Licht-Geist-Körper gemeint. Als ein Fahrzeug aus Licht kann man sich die Mer-Ka-Ba vorstellen (auch Gotteswagen genannt). Durch die Beherrschung dessen kann man Zeit, Raum und Dimensionen transformieren. Dieses Lichtgefährt (Lichtkörper) ist in jeder Zelle als eine holographische Resonanz enthalten. Es ist nicht vom Organismus getrennt und ist stellt sogar einen wichtigen Bestandteil des Körpers dar. Im Ruhezustand erscheint das Feld der Mer-Ka-Ba in Form eines Stern-Tetraeders bzw. zweidimensional als Davidstern, während sich die dynamische Phase der Mer-Ka-Ba ganz wesentlich davon unterscheidet. Durch die Rotation erhält die geometrische Form des Energiefeldes ein untertassenförmiges UFO-Aussehen. „Einheit“ ist die beste Bezeichnung für diesen Zustand. Die dynamische Form der Mer-Ka-Ba ist ein starkes Resonanzsymbol. Es ist tief in die Matrix der Menschheit eingraviert als Spiralnebel mit Rotationsarmen und als UFO.

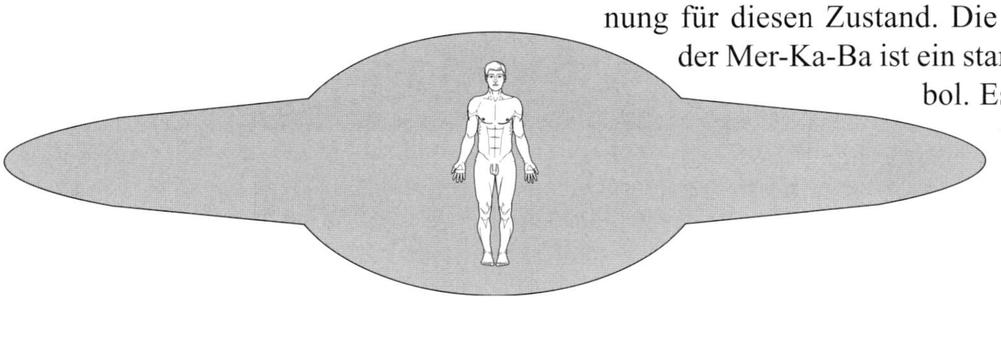

Delphinogramm 1991

Die Geometrie dieses Kornkreises beschreibt die Mer-Ka-Ba, die alle Formen des Lebens umgibt.
Foto: Magazin 2000plus

Sombrero-Galaxie

Bei der 14 Millionen Lichtjahre entfernten Sombrero-Galaxie im Sternbild Jungfrau sehen wir genau auf das Hitzeschutzschild dieser Galaxie von der Seite aus betrachtet. Der Zentralteil ist bei ihr ungewöhnlich ausgedehnt. Man kann erkennen, daß der obere Teil größer als der untere ist, was durch die unterschiedlichen Drehgeschwindigkeiten der Sterntetraeder zustande kommt. Wenn es UFOs gibt, haben ihre Konstrukteure genau diese lebendige Form kopiert.

Spiralgalaxie

So sieht eine Galaxie von oben betrachtet aus. Es existieren zwei- bis sechsarmige Galaxien.

„Dreiarmige Spiralgalaxie“ vom 29. Juli 1996, 260 m, 194 Kreise, am Windmill Hill, Avebury, Wiltshire, England. Foto: Steve Alexander. Dieser Kornkreis zeigt uns eine dreiarmige Spiralgalaxie, von oben betrachtet. Im Laufe der Jahre gab es etliche Kornkreise, die Galaxien mit zwei, drei, vier, fünf und sogar sechs Armen darstellten.

„Das Haus der vielen Wohnungen öffnet sich“

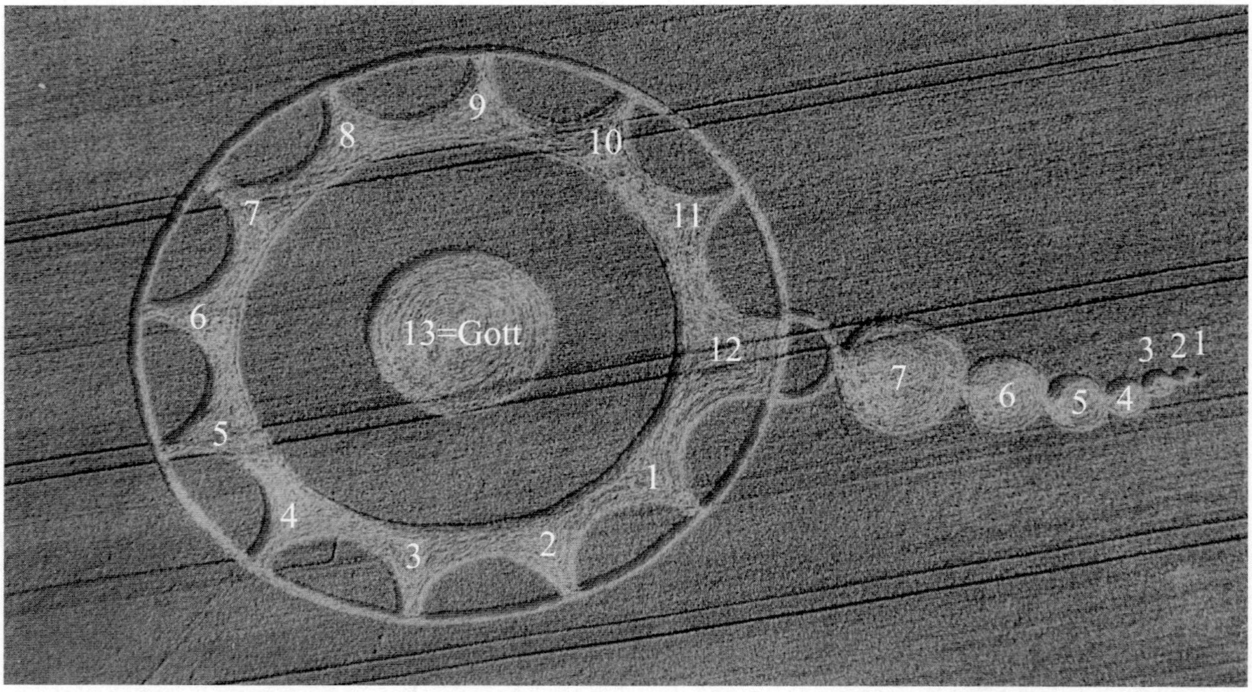

**16. Juni 1995 bei Danesbury, Hampshire, England. Foto: Lucy Pringle.
Die Formation besteht aus einem Umkreis mit 11 geschlossenen und 1 geöffneten Zacke mit einem Kreis in der Mitte und 7 verschiedenen großen Kreisen, die von außen auf die geöffnete Zacke zukommen. Das „Rad“ steht hier für die 12 Dimensionen, der Kreis in der Mitte für den dreizehnten, den göttlichen Aspekt. Die 7 Kreise außerhalb des Rades stellen ein aufgereihtes Planetensystem dar, das in das Rad an der geöffneten Stelle eintritt. Man kann diesen Kornkreis als Symbol für die Rückverbindung mit den höheren Dimensionsebenen betrachten.**

„Der Eintritt in das Haus der vielen Wohnungen“

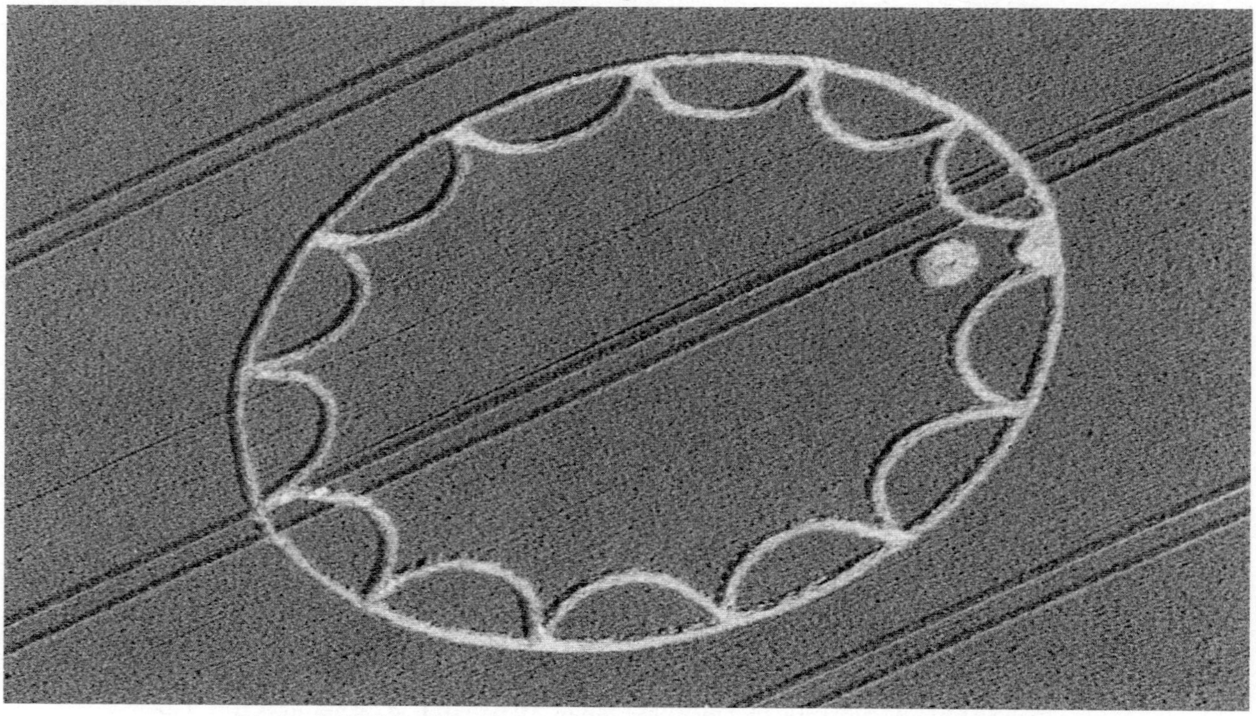

**29. Juni 1997 bei West Meon, Wiltshire, England. Foto: Lucy Pringle.
Hier ist ein Umkreis mit 13, an einer Stelle offenen Zacken dargestellt, in den ein kleiner Kreis – die Erde? – eingetreten ist.**

Energiefluß im 13er-Chakrensystem

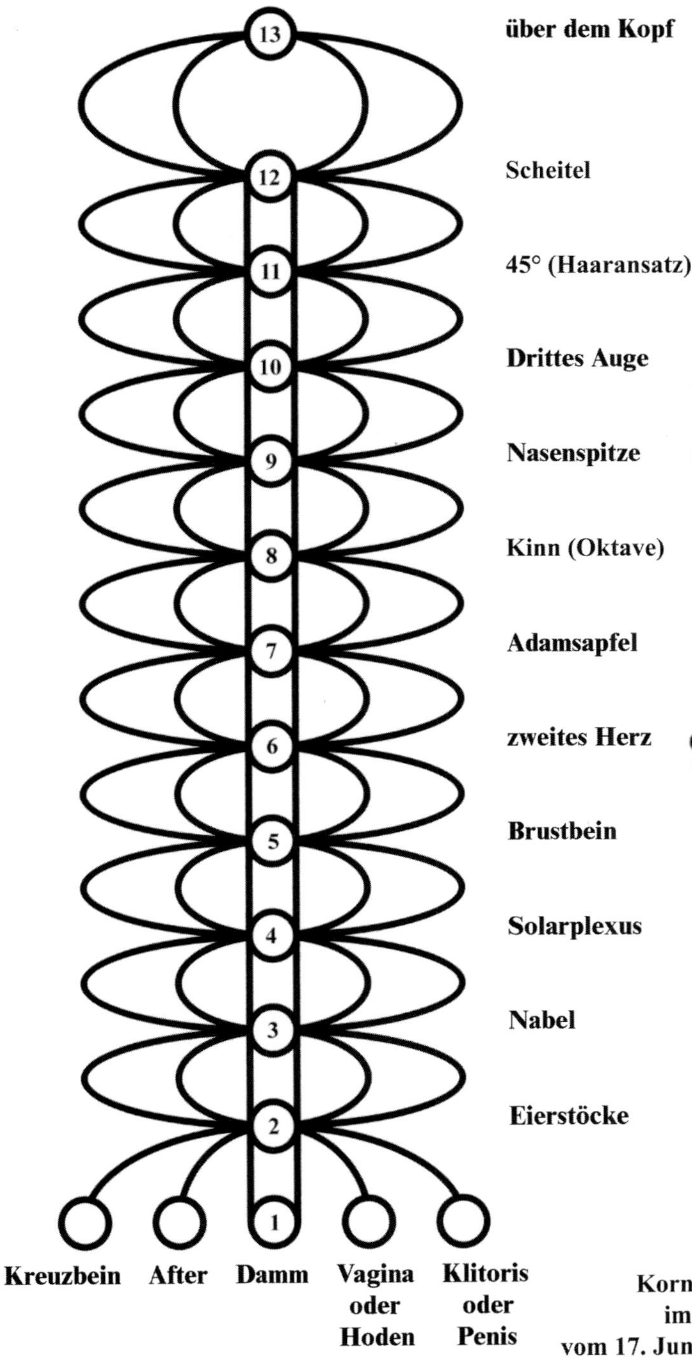

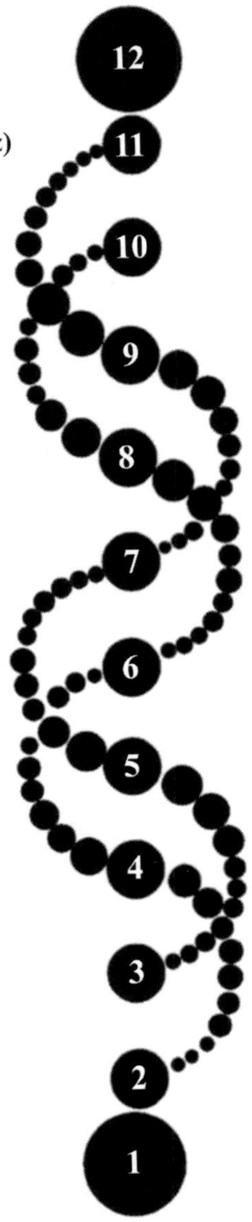

Kornkreis die “Doppel-Helix”
im 12er Chakren-System
vom 17. Juni 1996 bei Alton Priors/England

Die Energie wirbelt spiralförmig im Chakra-System nach oben und dreht sich jeweils um 90°, während sie einen Chakra-Punkt nach dem anderen durchläuft. Am Wurzel-Chakra weisen alle fünf Kanäle in einer Reihe nach vorne. Die Öffnung der Vagina und die kleine Öffnung des Penis haben beide die Form der Fischblase (Vesica piscis). Die gesamte Energie fließt innerhalb dieser fünf Punkte von vorne nach hinten, und während sie die 7,23 cm hinauf zum zweiten Chakra, also zu den Eierstöcken steigt, wechselt sie die Richtung mit einer 90°-Drehung.
Das 13. Chakra befindet sich über dem Kopf und stellt die Verbindung zur 13., der göttlichen Dimension dar.[13]

„Doppel-Helix“ vom 17. Juni 1996, 220 m, bei Alton Barnes, Wiltshire, England. Foto: Steve Alexander.
Der Kornkreis stellt eine Doppel-Helix mit 12 Mittelkreisen dar, die für die 12 Dimensionen oder 12 Chakren stehen. Zum Vergleich hierzu das Chakren-System auf Seite 233.

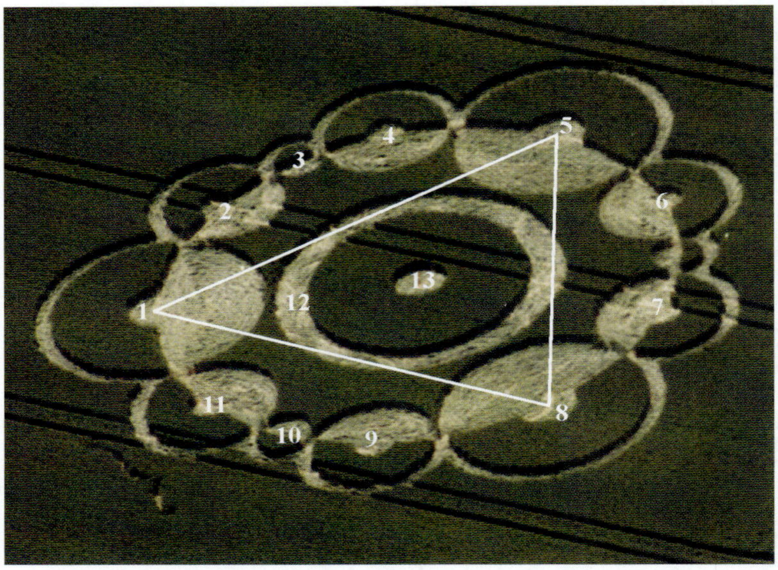

„Kreisformation“ vom 22. Juni 1998 bei Clanfield, Hants, England. Foto: Lucy Pringle.
Bei dieser Formation aus 13 kreisförmig angeordneten Kreisen mit jeweils einem Punkt in der Mitte handelt es sich um eine weitere Darstellung der 12. und der 13. Dimension.

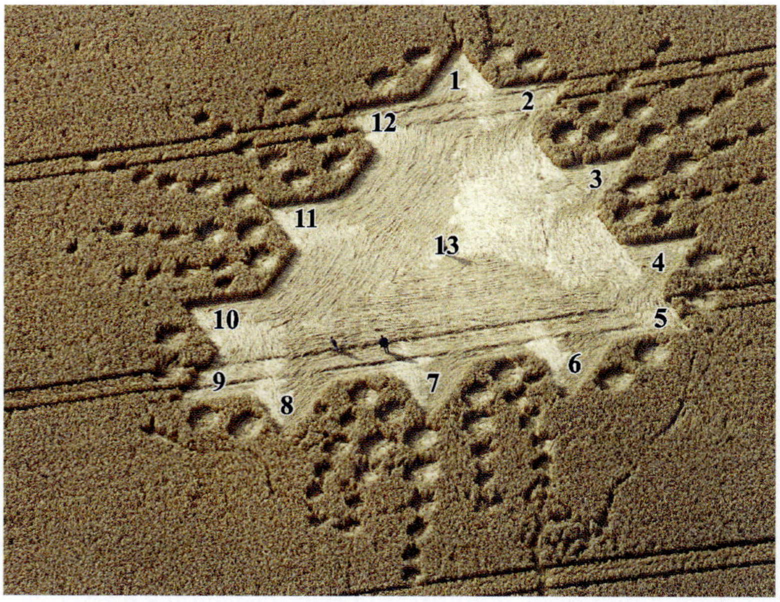

„Fraktales Dreieck mit 12 Dimensionen“ vom 18. August 1997 am Hackpen Hill, Wiltshire, England. Foto: Lucy Pringle.
Die 12 kleinen Dreiecke außen stehen für die 12 Dimensionen, das große Dreieck in der Mitte steht für die 13., die göttliche Dimension. Ringsum befinden sich 94 kleine Kreise, 9 + 4 = 13. Oft haben Kornkreise eine symbolische und numerologische Gleichheit.

Symbolische und numerologische Betrachtung des Dreiecks in der Kabbala

Auch nur in kurzen Auszügen wiedergegebene Betrachtungen des dritten Namens Gottes bedürften eines eigenen Buches. In allen Werken von Eliphas Levi erhalten wir ausgezeichnete Darlegungen über diesen Gegenstand und auch Kircher schreibt ausführliche Betrachtungen darüber.
Der Name der 72 Buchstaben. - Die 72 Genien. Den Kabbalistischen Namen der 72 Buchstaben gewinnt man durch das folgende Verfahren aus diesem dritten Namen Gottes.
Das Wort J E V E schreibt man in einem Dreieck wie folgt:

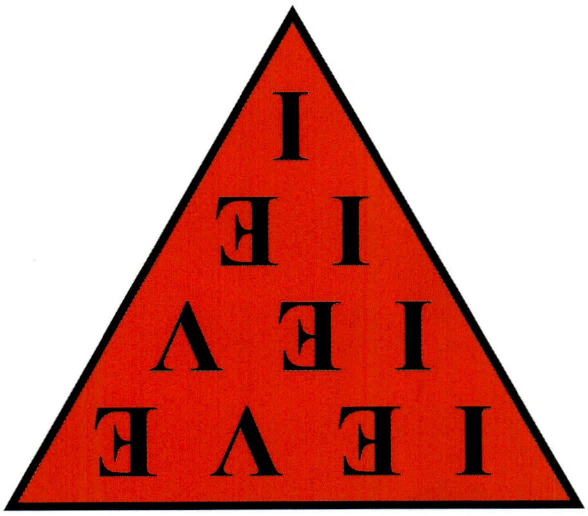

Das ist die erste Art, das heilige Wort zu schreiben: Das man dadurch den Namen der 72 Buchstaben erhält, ergibt sich durch folgende Erklärung: Addiert man die Zahlen, die den hebräischen Buchstaben in jeder Reihe entsprechen, so haben wir:

יהוה - 10 + 5 + 6 + 5 = 26
יהו - 10 + 5 + 6 = 21
יה - 10 + 5 = 15
י - 10 = 10
Summe = 72

Diese Zahlen findet man in vielen Kornkreisen.

Die zweite Schreibart des dritten Namen Gottes ist die folgende:

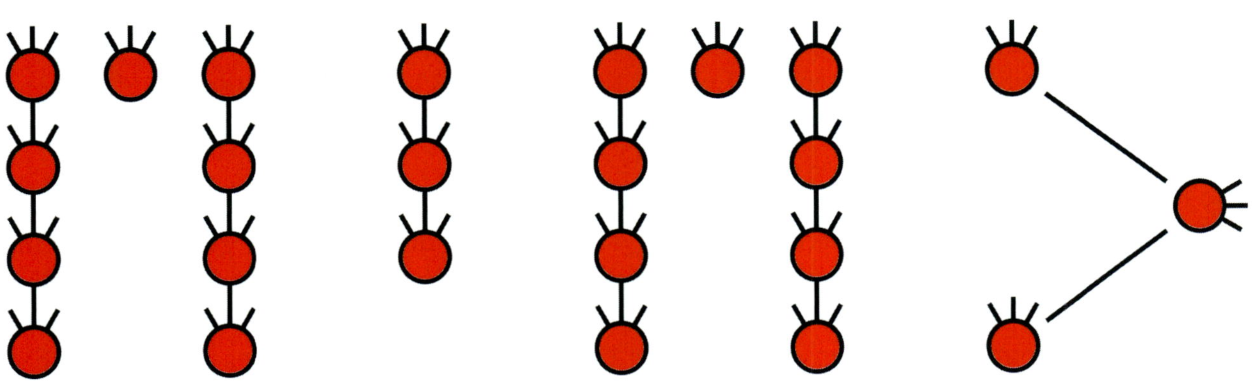

Diese Darstellungen entsprechen vielen Kornkreismustern von 1991. (siehe Seite 15) [46]

10 Haupt-Zentren und 22 Energetische Pfade

Die zweiundzwanzig Energie-Pfade, numeriert von 11 bis 32, die den 22 hebräischen Flammen-Buchstaben entsprechen

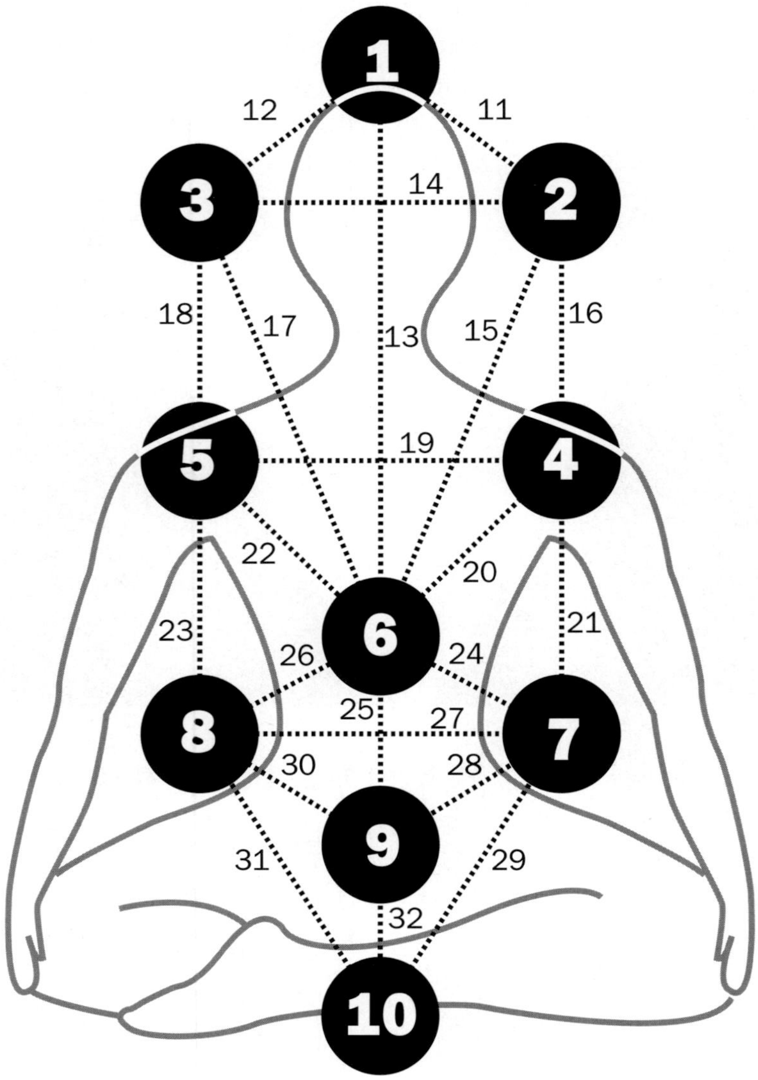

10 Zentren und 22 Energie-Pfade des kabbalistischen Lebensbaumes am menschlichen Körper dargestellt.

Die 22 energetischen Pfade, von 11 bis 32 numeriert, die den 22 hebräischen Buchstaben entsprechen: 10 + 22 = 32, oder den 22 Chromosomen des lebendigen Universums.

In der Kabbala gibt es noch einen 33. Energie-Pfad, der die 33 Lichtblitze oder 33 Flammenschwerter der Cherubime genannt wird und auch als Neue Evolution oder Rückkehr zu Gott bezeichnet wird.

Die Manifestation des Göttlichen Ausspruchs ICH BIN DER ICH BIN ist der erste Grundsatz praktischer Arbeit in der Kabbala. Bei jeglicher Tätigkeit muß dieser „Name“ gegenwärtig sein, denn in ihm liegt die Essenz all dessen, was BaHaSchem, d.h. „Im Namen“ getan wird. Durch ihn wird der Zyklus des aus dem Nichts Kommen und zu Etwas Werden beschrieben. Dies erfolgt durch den Brennpunkt des Wortes DER, denn im DER wurde alles erfahren, was existiert und dadurch erfolgt die Rückkehr des manifesten Bewußtseins zurück zu seinem Ursprung, von wo es herkam. In der ersten Zeichnung wird der Vorgang als Abstieg und Aufstieg dargestellt, das Wort DER am zentralen Punkt. (s. Abb. 1 Seite 237) In der zweiten Zeichnung wird der Mittelpunkt als Brennpunkt einer Linse gezeigt in der das Licht des Bewußtseins, das von oben einströmt in einen Punkt inmitten der Existenz reduziert wird, während sie zeitgleich das reflektierte Licht von unten

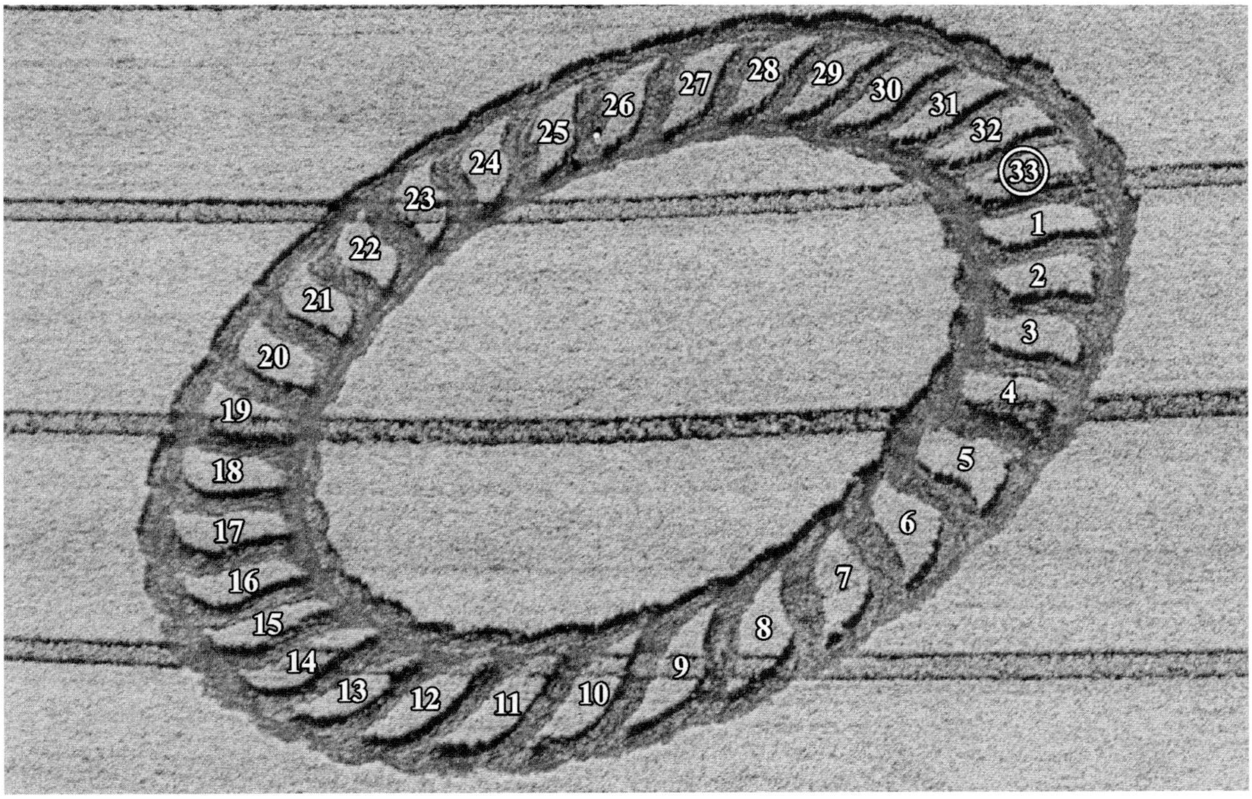

Die Entsprechung zu der Grafik auf Seite 236 erschien in gesteigerter Form am 4. Mai 1998 als „Feuerflammenrad" in einem Rapsfeld bei Silbury Hill, Wiltshire, England, 72 m. Foto: Lucy Pringle.

in derselben, alles enthaltenden Leere konzentriert, bevor jeder Strahl sich wieder öffnet und in den Fluß des Lebens in beide Richtungen weiter fließt. Die Position Adams im Zustand der Unschuld wird durch diesen Brennpunkt gezeigt, wobei die dritte Zeichnung, der integrierte Stern, der sich aus dem oberen und unteren Dreieck zusammensetzt, die nun vereinigt sind, den Adam der Erfahrung und Vervollkommnung darstellt. Das Universum und das Individuum verschmelzen hier als Abbild Gottes (siehe Abb. 2 u. 3).

Auf halbem Weg zwischen Himmel und Erde liegt der Schnittpunkt an dem die Menschheit steht. Wir sind als einzige Geschöpfe imstande, gleichzeitig sowohl die oberen als auch die unteren Welten zu erfahren. Wie wir aus der Überlieferung wissen, können Engelwesen nicht auf der Erde wandeln und weder essen noch sich fortpflanzen; ebenso wenig ist es den Geschöpfen der elementaren und natürlichen Welten bewußt möglich, in die himmlischen Gefilde einzutreten und direkt an den himmlischen Aktivitäten teilzunehmen.

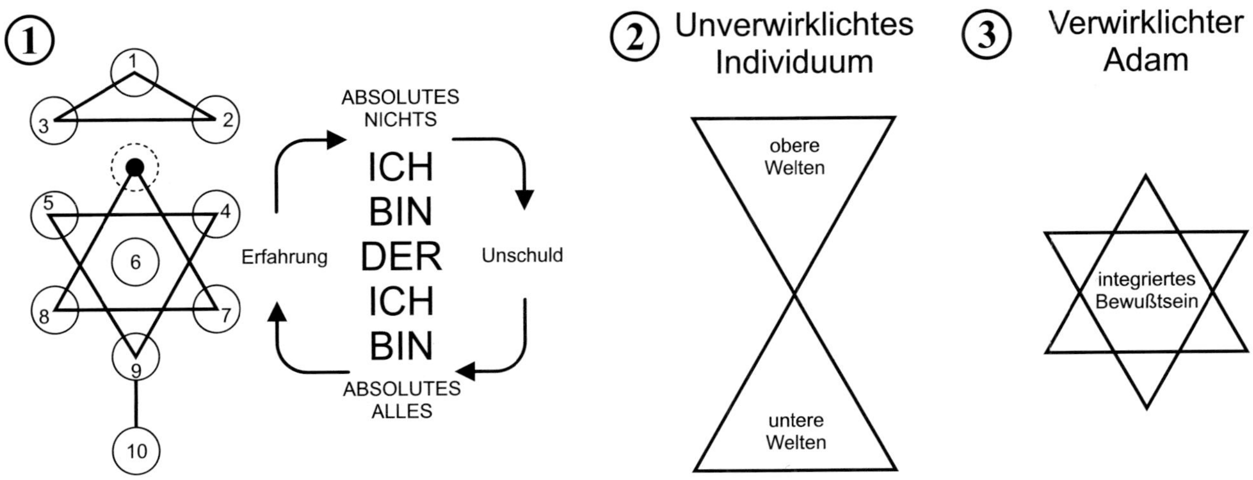

Quelle: 18.1

Computer-Chaos-Theorie

Das mysteriöse „Mandelbrot-Set“, in der Nähe von Cambridge wurde am 13. August 1991 entdeckt und markiert einen Quantensprung des Phänomens. Es ist unmöglich, ein solches Muster ohne Computer zu erzeugen, geschweige denn, es 56m lang ins Kornfeld zu „zeichnen“. Es kann als ein Symbol für den „Chaos-Übergang“ zwischen einer mathematischen Regel und der nächst höheren interpretiert werden.

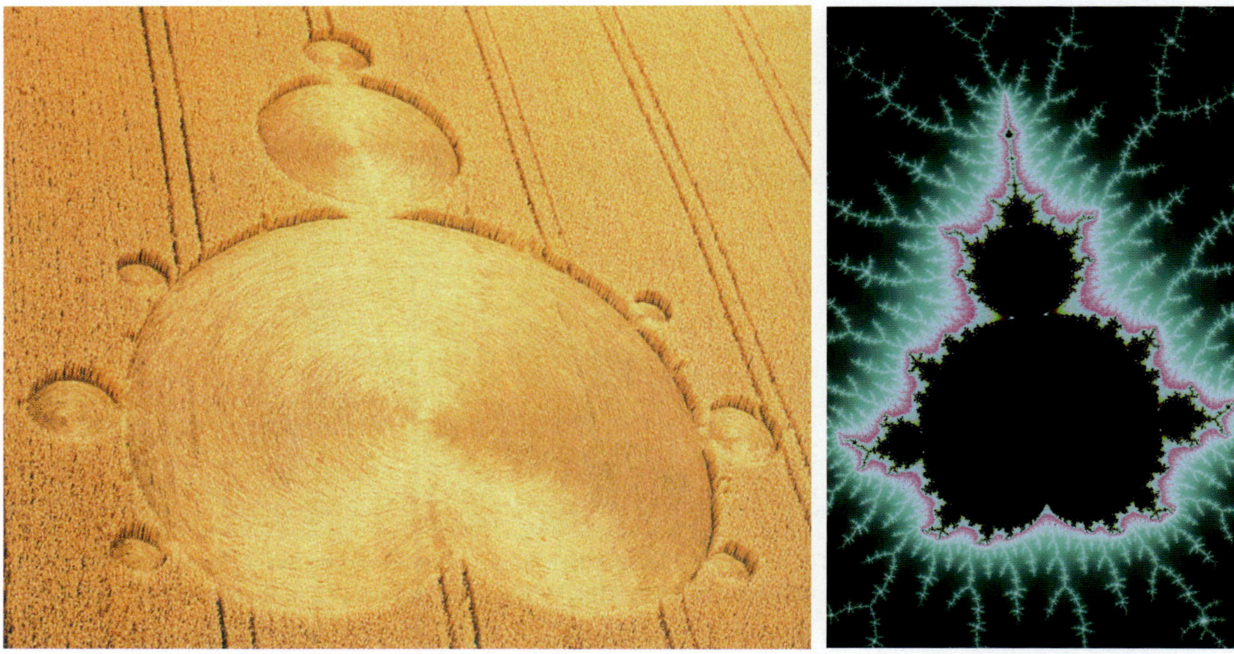

„Mandelbrot Set“ bei Ickleton, Cambridgeshire, England, 12. August 1991. Foto: Magazin 2000plus.

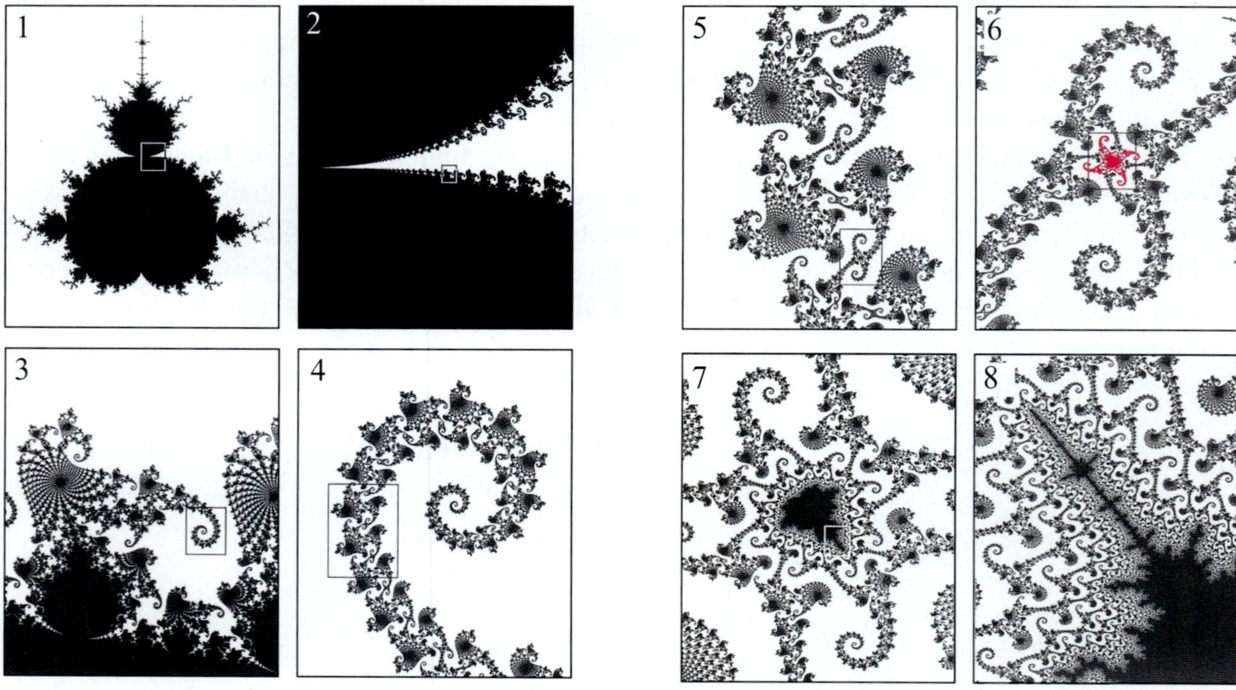

Grafiken aus „Die fraktale Geometrie der Natur“, Birkenhäuser Verlag

Vergrößerungsserie am Rande der Mandelbrot-Menge. Bei dieser Reise ins Seepferdchental – so benannt, weil immer wieder Strukturen auftauchen, die an einen Seepferdchenschwanz erinnern – kommt – außer Strukturen von faszinierender Vielfalt und Regelmäßigkeit – schließlich auch eine verkleinerte Kopie der Mandelbrot-Menge zutage.[34.1, 55]

Das einfache Julia-Set ist eine Vergrößerung der Mandelbrot-Menge aus der Chaos-Theorie. Es erschien als Kornkreis, der „Julia-Set" genannt wurde, am 8. Juli 1996 bei Stonehenge, Wiltshire, England, Foto: Steve Alexander (siehe hierzu auch Seite 101 – 104)

Eine weitere Vergrößerung der Mandelbrot-Menge wird als vierfaches Julia-Set bezeichnet. Der passende Kornkreis mit 85 m Durchmesser erschien am 23. Juli 1998 bei Silbury Hill, Wiltshire, England. Foto: Frank Laumen. Diese Formation könnte auch die Bewegung zur vierten Dimension hin bedeuten. Die 144 Kreise, die den Kornkreis umgeben, könnten für die 144 gesamtdimensionalen Ebenen stehen.

Symbole der Seele

Schon seit Urzeiten hat die sich endlos windende und sich entrollende Spirale die Menschheit fasziniert. Vom alten Ägypten und Europa über Südamerika bis zu den Inseln im südlichen Pazifik taucht das Symbol der Spirale auf der ganzen Welt bei den unterschiedlichsten Kulturen auf. In Kathedralen und Tempeln, als Mosaik und Felsrelief, als Schürfzeichnung, auf Töpferwaren, Münzen und Siegeln erscheint immer wieder die Spirale, sogar als Tätowierung. Sie ist allgegenwärtig in ihrer leicht abgewandelten Form als Irrgarten oder Labyrinth.
An den Innenwänden und Steinen in Grabhügeln in Irland und Großbritannien wurden Spiralen entdeckt. Bei der Freilegung der Überreste eines ägyptischen Königsgrabes aus der Zeit um 3400 v. Chr. fanden Archäologen einen labyrinthartigen Grundriß. Die Fußböden römischer Tempel und frühchristlicher Kirchen wurden oft mit einem Labyrinthmuster gestaltet. In England und Skandinavien findet man jahrhunderte alte Rasen- und Steinlabyrinthe.
Was dieses Symbol für die Menschen in der Vorzeit bedeutete, wird wohl letztlich ein Geheimnis bleiben, doch glauben manche Historiker, daß die ununterbrochenen Windungen der Spirale in einen mystischen Bezug zum Schicksal der Seele standen.
Damit sich diese in der Unterwelt zurechtfinden konnte, mögen die verschlungenen Wege eines Labyrinths eine Art Landkarte dargestellt haben. Während der Weg ins Zentrum etwa den Tod symbolisierte, bedeutet die Rückkehr nach draußen die Auferstehung zu neuem Leben. Anscheinend fanden in den skandinavischen und englischen Labyrinthen rituelle Frühlingstänze und andere Zeremonien statt um die alljährliche Wiedergeburt der Natur zu feiern. Als eine Art Eintrittskarte der Seele für das Jenseits galt die Spirale in den Mythen der neuseeländischen Maori. Nach Expertenmeinung wird im frühen Christentum der kurvenreiche Gang durch das verschlungene Labyrinth mit dem beschwerlichen Weg zur Erlösung gleichgesetzt - diese Vorstellung existierte in ähnlicher Form auch im alten Griechenland.
Der Mythos vom Helden Theseus, der den Minotaurus in seiner labyrinthischen Behausung überlistet und besiegt, wird von einigen Wissenschaftlern als eine Metapher für die Überwindung des Todes gesehen.

„Doppelspirale" (Kornkreis siehe S. 59)

„Trojaburg Labyrinth" (Kornkreis siehe S. 58)

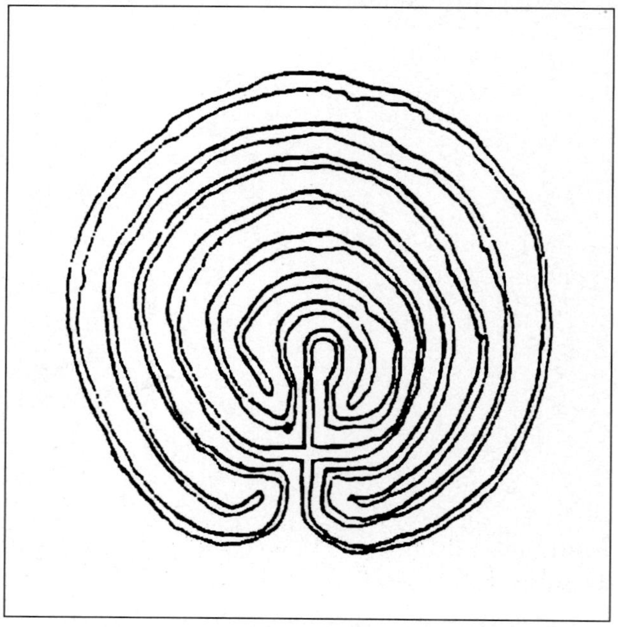

Ähnliche Symbole fanden sich als Steinmalereien an einer Stele der Megalithgräber von Morbihan in der Bretagne.

Theorie der sich wiederholenden spirituellen Erlösung

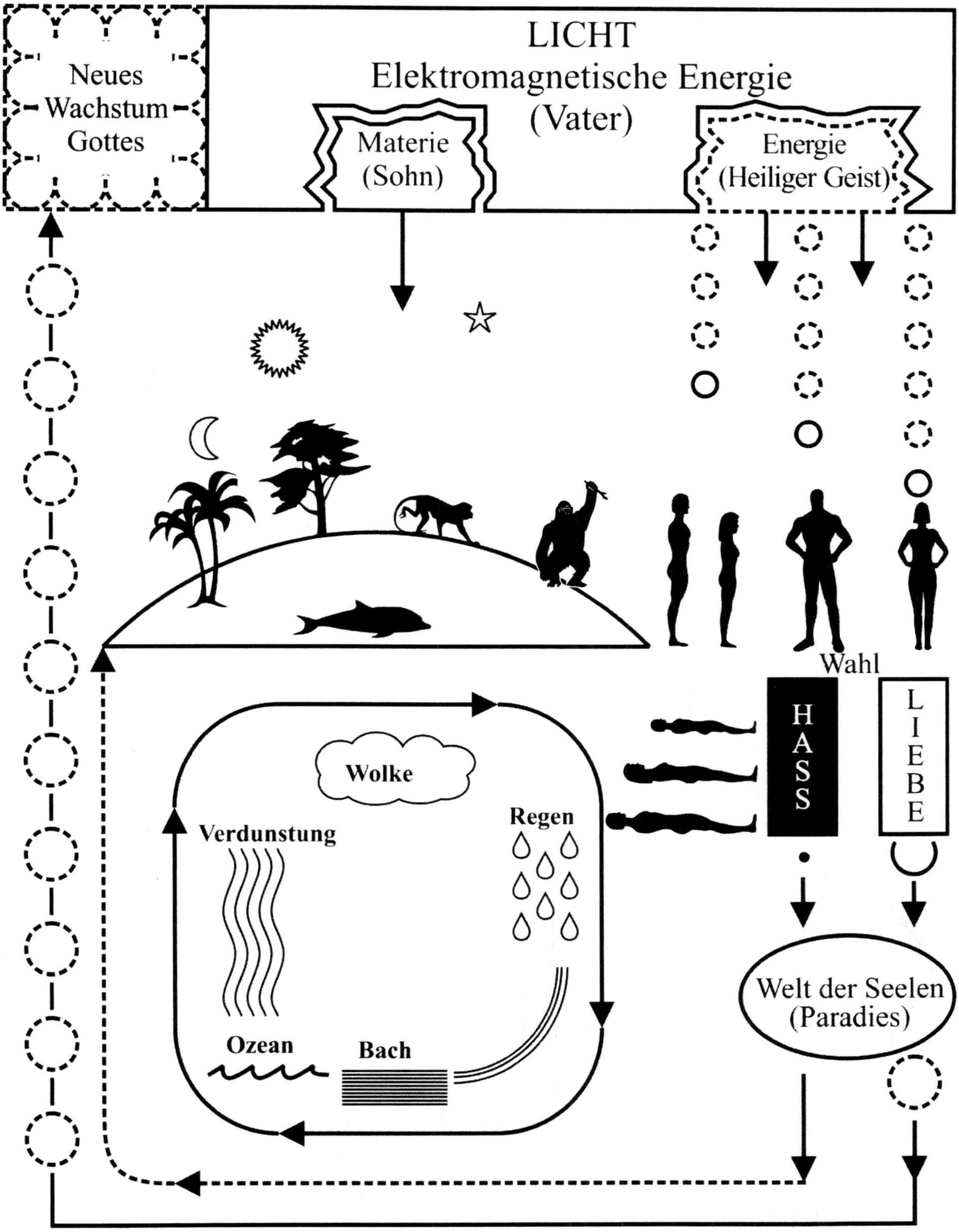

Man kann die Reise der Seele mit der eines Regentropfens vergleichen, der immer wieder Form annimmt. Danach wird aus vielen Tropfen ein Gewässer, verdunstet wieder, Wolken bilden sich und er fällt wieder als Regentropfen. Reinigung geschieht durch Liebe und Opfer. Gereinigte Seelen kehren heim zum Schöpfer. Dadurch wächst der Schöpfer. Seelen, die noch nicht vollständig gereinigt sind, kehren auf die Erde zurück und versuchen erneut, sich zu reinigen.

„So wie die verkörperte Seele im gegenwärtigen Leben verschiedene Körperformen durchläuft – von der Kindheit zur Jugend und dann zum Alter -, geht die Seele auch nach dem Tode in einen anderen Körper ein". (Bhagavad-gita 2.13) [47]

„Kosmische Vereinigungsblüte", 87 m, vom 9. Juli 1998 im East Field bei Alton Barnes, Wiltshire, England. Foto: Steve Alexander.
Diese fraktale Formation mit 21 Zacken und 7 Blütenblättern ist von 144 kleinen Kreisen umgeben. Die 144 steht für die 12 Haupt- und 132 Unterdimensionen, die 7 für die 7 Göttlichen Aspekte und die 21 = 2 + 1 = 3 steht für die Dreieinigkeit. Erst bei der Betrachtung aus der Vogelperspektive kam dieser Kornkreis mit seiner dreidimensionalen Kornlage richtig zur Geltung.

„Vereinigung der Dimensionen", 125 m mit 175 Kreisen, vom 9. August 1998 bei Tawesmead Copse, Wiltshire, England. Foto: Lucy Pringle.
Der Kornkreis besteht aus 84 inneren und 84 äußeren Kreisen. 8 + 4 = 12 und 8 + 4 = 12, 12 steht für die 12 Haupt-Dimensionen. 12 x 12 = 144 – wieder ein Hinweis auf die 144 Gesamtdimensionen. Außerdem gibt es 21 Zacken außen, sowie 7 große und 7 kleine Zacken im Inneren und 7 große Flächen oder Blätter. 2 + 1 = 3 (Dreieinigkeit); 7 + 7+ 7 = 21 ergibt auch wieder 2 + 1 = 3 für die Dreieinigkeit. Wie man sieht hat dieser Kornkreis eine bedeutende symbolische, numerologische und sogar eine quantenphysikalische Bedeutung.

„Pentagonale Rosette“ vom 9. Juli 1998 bei Fareham, Hants, England. Foto: Lucy Pringle.

In der Verehrung der Rose stimmen die christliche Mystik, die vorangegangenen und dank anderer Religionen entstandenen Kulturkreise erstaunlich überein: In frommen Legenden oder auch im

Volkslied sowie auf mittelalterlichen Gemälden sitzt Maria, „die Mutter Gottes“ im „Rosental“ oder im „Rosengarten“. Durch die Verbindung mit der fünfblättrigen Rose wird das Kreuz der Welt zum Sinnbild für Freude und Auferstehung: Wenn drei Rosen über dem Querbalken des Kreuzes stehen und vier unterhalb, dann wird dies als das Glück der Vereinigung der geistigen (himmlischen, göttlichen) Welt gedeutet, deren Symbol die Dreiheit ist, mit der unteren, „sterblichen“ irdischen Welt, die gerne als Vierheit bezeichnet wird.

Ausrichtung der Mer-Ka-Ba auf das Christusbewußtseins-Gitternetz

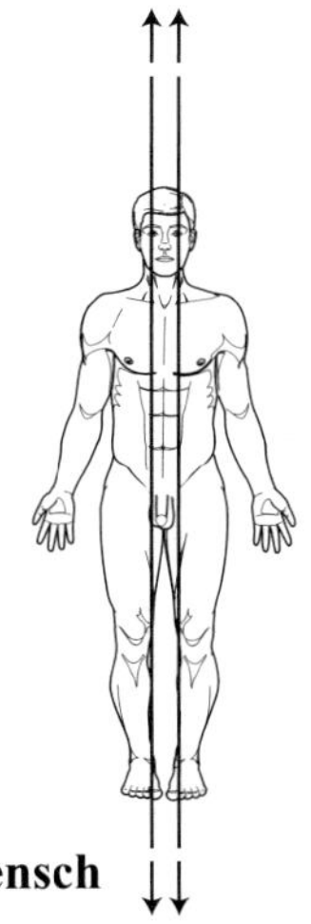

Der Mensch

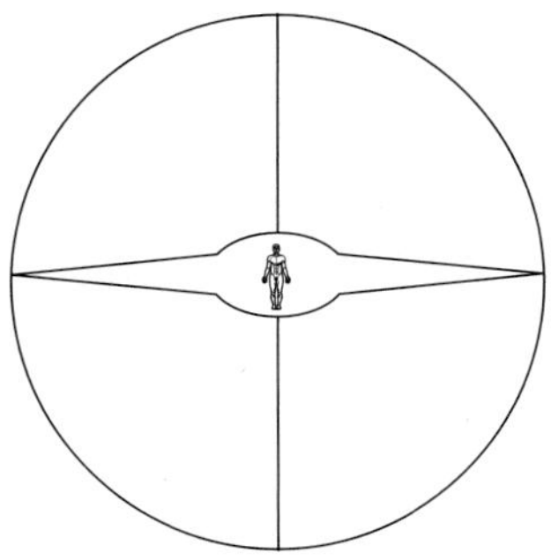

Die UFO-Form der Mer-Ka-Ba

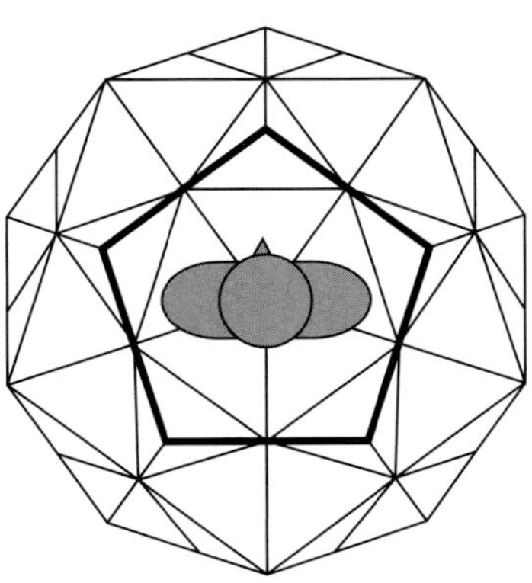

Mann

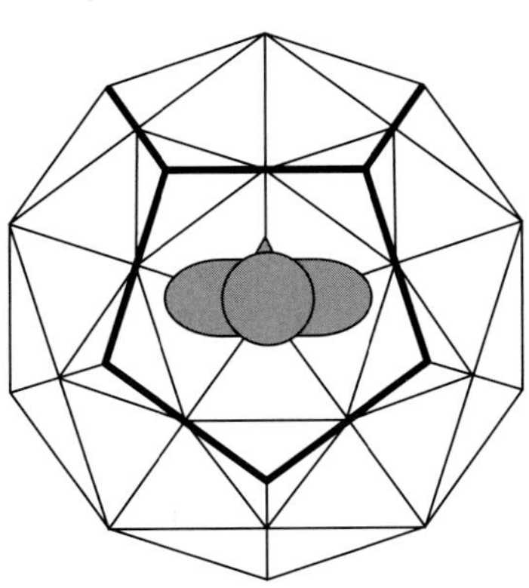

Frau

Die männliche und weibliche Ausrichtung der Mer-Ka-Ba auf das Christusbewußtsein-Gitternetz **(siehe hierzu S.346 u. 347)**

Gewöhnlich ist in der Alchemie nur von Feuer, Erde, Luft und Wasser die Rede; von Äther bzw. Prana wird darin selten gesprochen. Der Grund dafür ist, daß dieser so heilig ist. Das Wort „Dodekaeder" war in der Schule des Pythagoras so heilig, daß man sofort umgebracht worden wäre, hätte man es außerhalb der Schule ausgesprochen. Religiöse Debatten darüber waren unmöglich. Zu Lebzeiten Platos, also zweihundert Jahre später, sprach dieser darüber, wenn auch nur sehr verhalten.

Der Grund dafür ist, weil sich das Dodekaeder in der Nähe der äußeren Grenze unseres Energiefeldes befindet und die höchste Form des Bewußtseins darstellt. Es bildet eine Kugel, wenn man außerhalb der 16,5 - Meter-Grenze unseres Energiefeldes kommt. Die allernächste Form innerhalb der Kugel ist das Dodekaeder (besser ausgedrückt, die Beziehung zwischen Ikosaeder und Dodekaeder). Desweiteren leben wir in einem riesigen Dodekaeder, das unser Universum enthält.

Sollte sich unser Geist so weit dehnen, daß er das Ende des Alls erreicht - und es hat ein Ende - findet er ein von einer Kugel umschlossenes Dodekaeder. Der menschliche Körper enthält die gleichen Prinzipien des Universums und man kann ihn als Hologramm dessen bezeichnen. Die zwölf Tierkreiszeichen passen hier hinein und ebenso die dazugehörenden Konstellationen. Da das Dodekaeder der Endpunkt der geometrischen Formen ist, ist es sehr wichtig. Dodekaeder und Ikosaeder sind auf der mikroskopischen Ebene die Beziehungsparameter der DNA, der Blaupause allen Lebens. Wenn man bestimmte Energiepunkte der Erde miteinander verbindet, erhält man das Dodekaeder, die Grundform des Christusbewußseins-Gitters, welches sich um die ganze Erde spannt. Die Kreuzungspunkte dieses Gitternetzes wurden zu den Zeiten des kalten Krieges aus taktischen Gründen von den beiden Großmächten besetzt.

Pentagonale Energiestruktur der Erde:

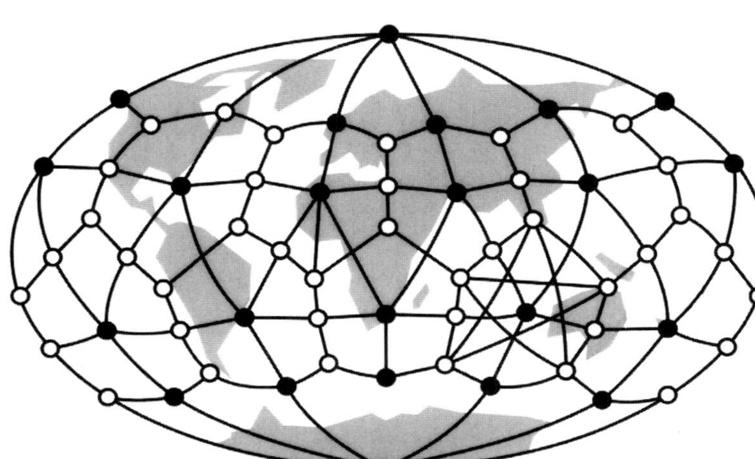

**„Die Queen“ vom 6. August 1998, West Woods, Lockerigde, Wiltshire, England.
Foto: Lucy Pringle.**

Der Thronwagen Gottes

Diesen Kornkreis möchte ich den Thronwagen Gottes nennen, denn in der Vision von Hesekiel wird bei dem Thronwagen eine Engelsgestalt mit vier Gesichtern beschrieben, die ein Menschengesicht, ein Löwengesicht, ein Stiergesicht und ein Adlergesicht hat.

Mensch

Löwe

Stier

Adler

Wenn man die schwarz-weiße Grafik des Kornkreises dreht und einige Attribute hinzufügt, entstehen diese vier Gesichter.
Der Thronwagen Gottes nach einer Vision von Hesekiel, auch als „Räder in den Rädern" (Mer-Ka-Ba oder Gotteswagen) bezeichnet.

„Der Stachelrochen" vom 21. Juli 1998 bei Beckhampton, Wiltshire, England. Foto: Lucy Pringle. Diese Formation kann als Sinnbild für den Aufstieg von Mutter Erde in die 5. Dimension verstanden werden. Die Erde als Kreis in der Mitte erhebt sich aus dem Trichter oder der Schale in den Mittelpunkt der sie umgebenden 5 Kreise, die das neue Energiefeld zeigen. Der Schwanz aus 51 kleinen Kreisen deutet auf die Sonnenfinsternis ein Jahr bzw. genau 51 Wochen später, am 11. August 1999 hin.

Einführung in die Heilige Geometrie

Die Matrix der Schöpfung

Ein weiterer Themenkomplex, den uns die Kornkreise nahe bringen wollen, ist das noch in vielen alten Kulturen vorhandene und bei uns längst vergessene Wissen über die Heilige Geometrie. Die Heilige Geometrie ist die morphogenetische Struktur der Realität, sie ist Symbol und Sinnbild der Realität im gesamten Kosmos und wird auch die „Sprache der Stille" oder die „Sprache des Lichts" genannt (Abb.1).

Abbildung 1: Die „Blume des Lebens" in der Form, wie sie in vielen Ländern gefunden worden ist.

Der inhärente Schlüssel der Heiligen Geometrie ist in einem einzigartigen Symbol erhalten, das die „Blume des Lebens" genannt wird. Alles, was jemals erschaffen wurde basiert auf diesem Grundmuster. In Abydos, das etwa 140 km von Luxor und dem Tal der Könige entfernt liegt, befindet sich am Westufer des Nils ein einzigartiger Tempel. Der geheimnisvolle Bau wird der „Tempel der Auferstehung" oder „Osiron" genannt und ist dem Gott Osiris gewidmet. Archäologen schätzen das Alter des Tempels auf mindestens 6000 Jahre. In diesem Tempel wurde in erster Linie ein sehr spezielles hochentwickeltes und umfassendes Wissen aufbewahrt und vermittelt. An den Wänden der Tempelanlage befindet sich ein Abbild der „Blume des Lebens". Die „Blume des Lebens" wurde jedoch nicht nur in Ägypten gefunden. Sie taucht auch in Irland, in der Türkei, in England, in Israel, in China, in Tibet, in Indien, in Griechenland, in Japan, in Yukatan, in Lappland, in Grönland und noch in einigen anderen Ländern auf. Beinahe überall auf der Welt trägt sie denselben Namen – die „Blume des Lebens".

Eine vollständige „Blume des Lebens" besteht aus 19 ineinander verschlungenen Kreisen, die von zwei größeren konzentrischen Ringen umschlossen sind.
Alle Kreise haben den gleichen Durchmesser. Der Bogen jedes Kreises verläuft durch den Mittelpunkt des nächsten Kreises und teilt diesen so in zwei Abschnitte auf. Die „Blume des Lebens" ist ein sehr bedeutsames Zeichen der Heiligen Geometrie. Innerhalb ihrer Proportionen enthält sie jeden einzelnen Aspekt des irdischen Lebens. Sie enthält jede mathematische Formel, jedes physikalische Gesetz, jede Harmonie in der Musik, jede biologische Lebensform, jedes Atom, jede Dimensionsebene. Sie ist eine Metapher für schlichtweg alles, was im Universum existiert. Eine vereinfachte Darstellungsweise der „Blume des Lebens" ist die Darstellung der in der Mitte befindlichen sieben Kreise, die miteinander verbunden sind. (Abb. 2)

Abbildung 2. Die sieben miteinander verbundenen Kreise der „Blume des Lebens"

Die Bezeichnung „Blume des Lebens" trägt dieses Muster nicht nur, weil es wie eine Blume aussieht. In seiner tieferen Bedeutung ist es ein Sinnbild für den Zyklus, den ein Obstbaum durchläuft. Der Baum erzeugt Blüten, die durch eine Metamorphose gehen und sich in Früchte verwandeln. In den Früchten ist der Samen enthalten und da jeder Samen das Bild des ganzen Baumes in sich trägt, wachsen aus den zu Boden gefallenen Samen neue Obstbäume.

Die Struktur der „Blume des Lebens" enthält aber auch zahlreiche geometrische Formen wie die der platonischen Körper, die räumlichen Codes der Schöpfung und mathematische Sequenzen. Über die menschlichen Gene ist diese „Geometrie des Lichts" auch in jeder Zelle wirksam.
Die Anordnung des Moleküls der „DNS" = Desoxyribonukleinsäure, als materieller Träger der Erbinformation, wird von der „Blume des Lebens" bestimmt. Die Proportionen innerhalb dieser Struktur, die Anzahl und die Winkel der Verzweigungen sowie die Länge in den Aminosäuren der DNS haben innerhalb der „Blume des Lebens" ihre genaue Entsprechung.

Die „Blume des Lebens" enthält die Codes für die Anordnung der essentiellen Aminosäuren im DNS-Molekül, für die geometrischen Strukturen der fünf platonischen Körper, für die biologischen Programme des Wachstums und seiner Richtung, für die Verzweigungsmuster von Pflanzen und ihren Wurzeln. Weiterhin sind in ihr die Codes enthalten für die Proportionen des menschlichen Körpers, für das Mengenverhältnis von Frauen und Männern in der Bevölkerung, für die Energien der menschlichen Wahrnehmung der dreidimensionalen Welt, für die Form elektrischer Entladungen in der Atmosphäre und für die Proportionen geometrischer Felder und ihrer Energiestrahlung. Da sie aber tatsächlich alles enthält, was in unserem Universum auf den einzelnen Dimensionsebenen existiert, kann diese Aufzählung nur ein kurzer Ausschnitt der Codes der dreidimensionalen Realität sein und auch das keineswegs vollständig.

Die „Genesis-Muster" in einem Kreis um 30 Grad gedreht, erschien als Kornkreis im August 1994 in Foxfield, Wiltshire, England, 85 m. Foto: Werner Anderhub.

Alle Lehren der großen Weltreligionen wie Christentum, Buddhismus, Judentum, Hinduismus und Taoismus und auch die Lehren der mystischen Vereinigungen der Rosenkreuzer, der Golden Dawn, der Freimaurer und der Kabbala basieren auf dem uralten Wissen der Heiligen Geometrie. Die Zusammenhänge zwischen Mensch, Welt und Schöpfer, die die Heilige Geometrie uns eindeutig offenbart, sind die wahren Wurzeln aller religiösen und mystischen Lehren. In der Heiligen Geometrie geht es nicht nur um Zahlen und um auf Papier gezeichnete Linien. Die Beschäftigung mit ihr stellt ein Angebot dar, eine Balance zwischen dem logisch-männlichen und dem intuitiv-weiblichen Wissen herzustellen. Erst wenn die analytische männliche Gehirnhälfte begreift, daß es nur ein Bewußtsein, daß es nur einen Gott, daß es nur den Einen alles durchdringenden Geist gibt und daß wir alle Teil dieser Einheit sind, können sich die Gehirnhälften ausbalancieren. Erst wenn die linke Gehirnhälfte die Einheit der Schöpfung begriffen hat, können wir unser Polaritätsbewußtsein zum Ganzheitsbewußtsein transzendieren.

Materie ist ihrer Struktur nach bestimmten energetischen Gesetzen unterworfen und nur aufgrund dieser Tatsache kann die Schöpfung und der Mensch als Teil dieser Schöpfung existieren. Die Form der Materie wird durch verschiedene Energienetze und Matrizen bestimmt. Um zunächst das grundlegende Prinzip deutlich zu machen, wurden diese Matrizen bisher vereinfacht als Verflechtung aus Würfeln und Rechtecken dargestellt. Die Matrix der Schöpfung jedoch ist ein weit komplexeres System und besteht aus ineinander verschachtelten Energienetzen. Diese Energienetze sind weder würfelförmig noch rechteckig, sondern basieren auf der Kugelform. Sie basieren auf den miteinander „verwobenen" Kugeln der „Blume des Lebens". Energie, Licht und Information können an den Schnittpunkten der verschiedenen Kugeln weitergeleitet und umgeformt werden. Die „Blume des Lebens" erweist sich als ein fassbares Modell der an sich unbegrenzten Schöpfungsmatrix.

Auch die Smaragdtafeln von Thoth beschreiben dieses „blumenförmige Gitternetz", das von einem Punkt tief in der Erde ausgeht. Diese geometrische Informationsstrahlung erzeugt laut Smaragdtafeln Formen und Leben und ist für die Strukturen der Schöpfung maßgeblich.

> ***Tief in den Hallen des Lebens wuchs eine Blume, flammend, sich immer mehr ausdehnend und die Nacht verdrängend. Im Zentrum befand sich ein Strahl von großer Macht, Leben spendend, Licht spendend und alles mit Energie speisend, was in seine Nähe kam.***
> ***Die Smaragdtafeln von Thoth, Tafel 2*** [3]

„Blume des Lebens" im Rama-Tempel bei Hampi, Indien. Foto: Reiner Rosenfeld.

Der Same des Lebens

Mitten in der „Blume des Lebens“ befinden sich sieben miteinander verbundene Kreise. Werden diese herausgenommenen und wird ein Kreis um das Muster gezeichnet, so entsteht ein Bild, das in der Heiligen Geometrie der „Same des Lebens“ genannt wird.
(Abb. 3) Analog dem Samen des Obstbaumes, der das Bild des ganzen Baumes in sich trägt, trägt auch der „Same des Lebens“ ein Bild in sich – den „Baum des Lebens“.
(Abb. 4+5) Das Symbol des „Baums des Lebens“ dürfte vielen als der Lebensbaum der Kabbala bekannt sein. Jedoch wäre es falsch seinen Ursprung in den mystischen Schulen des Judentums zu vermuten. Sein Ursprung sind auch nicht die mystischen Schulen Ägyptens, obwohl sowohl in Luxor als auch in Karnak das Symbol des „Baums des Lebens“ gefunden worden ist. Der „Baum des Lebens gehört zum Wesenskern der Natur, ist ein Teil des Schöpfungsmusters selbst. Die mystischen Schulen des Judentums haben anhand dieses Symbols ihre Sicht der Wirklichkeit erklärt. (Siehe Kapitel „Die Kabbala – als jüdisch-christlicher Einweihungsweg“, Seite 211)

Abbildung 3:
Der „Same des Lebens“

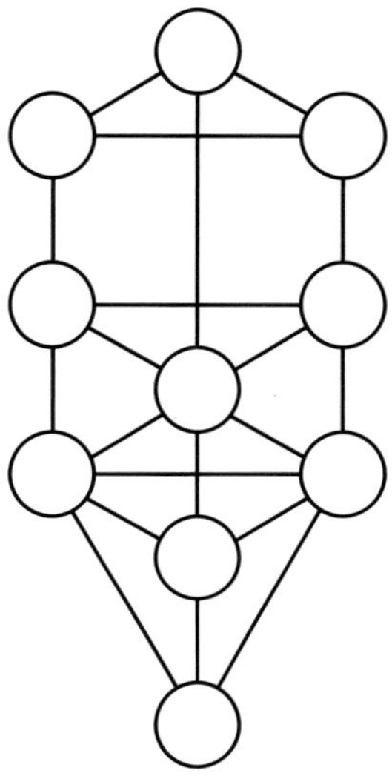

Abbildung 4:
Der „Baum des Lebens“

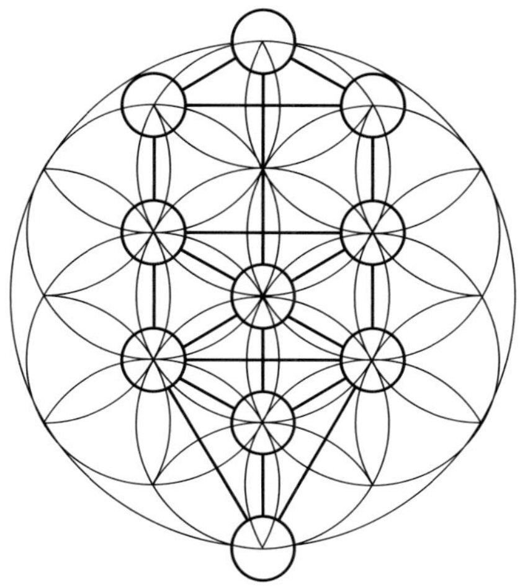

Abbildung 5:
Der „Same des Lebens“
und der „Baum des Lebens“
übereinandergelegt

Die sieben Kreise, der „Same des Lebens“, auch „Saat des Lebens“ genannt, stehen für die sieben Tage der Schöpfung. Die Schöpfungsgeschichte beginnt folgendermaßen:

> **Am Anfang schuf Gott die Himmel und die Erde. Und die Erde war wüst und leer, und Finsternis war über der Tiefe; und der Geist Gottes schwebte über den Wassern. Und Gott sprach: Es werde Licht! Und es ward Licht.**

Viele Religionen gehen davon aus, daß alles, was benötigt wird um einen Schöpfungsprozeß zu beginnen, der Geist und das Nichts sind. Treffen diese zwei Konzepte aufeinander, so wird es möglich, alles zu erschaffen. Zudem glauben die Religionen, daß Schöpfung mit der Bewegung des Geistes beginnt. Auch die in unserem Kulturkreis verbreitete christliche Religion beruht auf diesen Grundannahmen.

„Abgewandelter Same des Lebens“ entdeckt bei Barbury Castle, Wiltshire, England, mit 200 m Durchmesser, am 28. Juli 2003. Foto: Steve Alexander

„Der Baum des Lebens“ entdeckt bei Barbury Castle, Wiltshire, England, am 3. Mai 1997. Foto: Steve Alexander.

Die Sprache der Schöpfung

Entwicklung des Genesismuster

Was in der christlichen Bibel unerwähnt bleibt, ist, wie es zu einer Bewegung kommen konnte, denn Bewegung gibt es nur in Relation zu etwas anderem. Angenommen, wir stehen in einem dunklen Raum, so haben wir alle die Möglichkeit, einen Bewußtseinsstrahl in diesen Raum zu projizieren, um so zu erfassen, ob sich in Richtung des Bewußtseinsstrahl etwas befindet oder nicht. Menschen, die das Augenlicht verloren haben, haben diese Fähigkeit sehr gut ausgebildet. Genau dasselbe tat der Geist Gottes in der großen Leere. Er projizierte einen Bewußtseinsstrahl in das Nichts. Zuerst nach vorne und nach hinten, dann nach links und nach rechts und nach oben und unten. Durch diese sechs Richtungen wurde der Raum definiert.

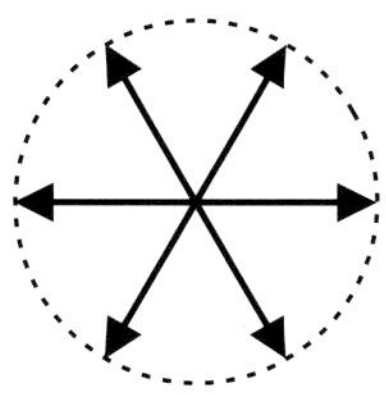

Abbildung 6:
Die Projektion des Geistes in sechs Richtungen und die Rotation um die Achsen

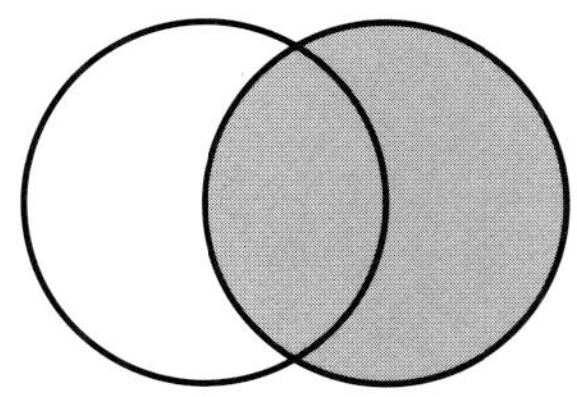

Abbildung 7:
Der erste Tag der Schöpfung: Die Fischblase

Dann begann der Geist, um diese drei Achsen zu rotieren und schuf sich so ein kugelförmiges Erfahrungsfeld seiner selbst (Abb. 6). Diese Kugel ist gemeint, wenn uns die biblische Schöpfungsgeschichte berichtet, daß der Geist Gottes über den Wassern schwebte. Zu diesem Zeitpunkt wußte der Geist, wie es möglich ist, eine kugelförmige Sphäre zu erschaffen und sich in die Leere auszudehnen und so begab er sich an irgendeine Stelle an den Rand der Kugel und projizierte sich selbst noch mal ins Unbekannte hinaus. Durch diese Projektion überlagern sich die beiden Kugeln in einem bestimmten Bereich. Dieser Bereich wird in der Heiligen Geometrie die Fischblase (lateinisch vesica piscis) genannt (Abb. 7). Die Fischblase enthält die metaphysiche Struktur des Lichtes. Sie entspricht dem ersten Tag der Schöpfung. „Und Gott sprach: Es werde Licht!". Am ersten Tag der Schöpfung war in Form eines elektromagnetischen Feldes das Licht geboren. Und auch das Auge, das dieses Licht empfängt, trägt die Form der Fischblase.

Alles war in bester Ordnung, als das Bewußtsein die Leere wahrnahm und die wahrgenommene Welt stand in Übereinstimmung mit der Kugel. Diese Energie war uneingeschränkt homogen und es herrschte Harmonie und Balance, wenn auch ohne irgendwelche Ereignisse. Dieser perfekte Zustand der Kugel war nicht mehr stimmig, als die zweite Kugel erschaffen war. Dann geschah „Magisches" in der Zone der „Vesica Piscis". Da die beiden Kugeln die Tendenz haben, sich gegenseitig auszubalancieren, entsteht in diesen Überlappungsbereichen immer eine Spannung. Da jede Spannung der Unordnung nach Ordnung strebt, wurde das Bewußtsein durch diese Spannung dazu veranlasst, die Ordnung zu suchen.
So entstand plötzlich – beim Versuch, die Spannungen aufzulösen und wieder Einheit und Harmonie herzustellen – Bewegung in Form von Energie, was die Dynamik in den Kugeln weiter antrieb, eine Balance zu erreichen. Das Bewußtsein entschied, sich an diesem Punkt, weiter auszudehnen. Vom Rand seiner bekannten Welt aus, an den es sich erneut begab, bewegte und projizierte es in die Leere der unbekannten Welt hinein seine Erfahrungen. Ausgehend von einem Schnittpunkt der beiden Kugeln geschah dieses Mal die Projektion.

Diese erneute Projektion des Geistes in das Unbekannte hinaus bringt uns zum zweiten Tag der Schöpfung. Weitere Projektionen läuten den dritten, den vierten, den fünften und den sechsten Tag der Schöpfung ein (Abb. 8-13).

Am sechsten Tag der Schöpfung ist das Muster vollständig und der Geist hat die Stelle erreicht, an dem seine „Reise" begonnen hatte. Am siebten Tag aber ruhte der Geist, denn das Schöpfungsmuster war vollendet. Und so stellen die sieben ineinander verschachtelten Kugeln der „Samen des Lebens" das Schöpfungsmuster des Universums dar. (Auf Seite 257 sieht man die entsprechenden Kornkreise zu den sechs Tagen der Schöpfung.)

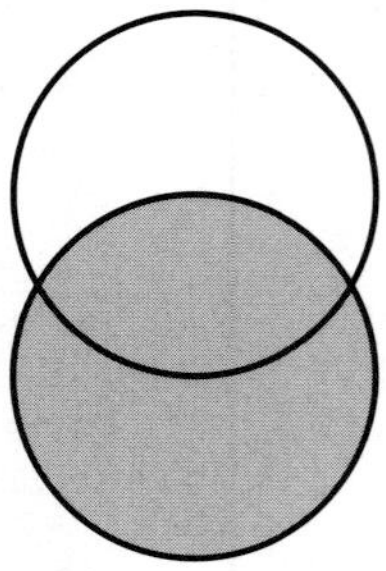

Abbildung 8:
Der erste Tag der Schöpfung.

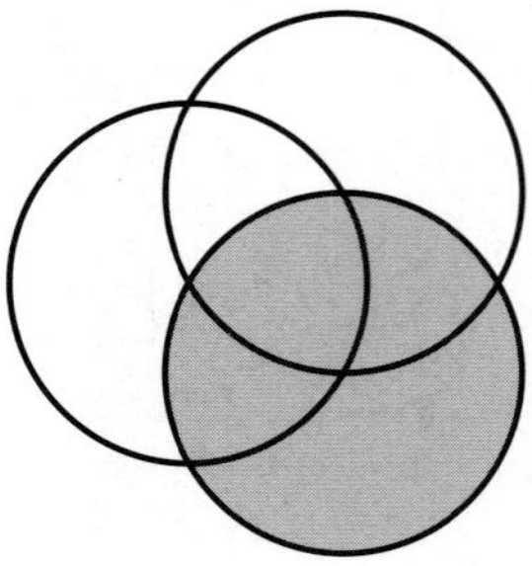

Abbildung 9:
Der zweite Tag der Schöpfung.

Abbildung 10:
Der dritte Tag der Schöpfung.

Abbildung 11:
Der vierte Tag der Schöpfung.

Abbildung 12:
Der fünfte Tag der Schöpfung.

Abbildung 13:
Der sechste Tag der Schöpfung.

Der erste Tag der Schöpfung:
am 26. Juli 1996 bei Ashbury, Wiltshire, England.
Foto: Steve Alexander.

Der zweite Tag der Schöpfung:
am 24. Juni 2001 bei Liddington Castle, Wiltshire, England. Foto: Steve Alexander.

Der dritte Tag der Schöpfung:
am 22. Juni 1998 bei Clatford, Wiltshire, England.
Foto: Lucy Pringle.

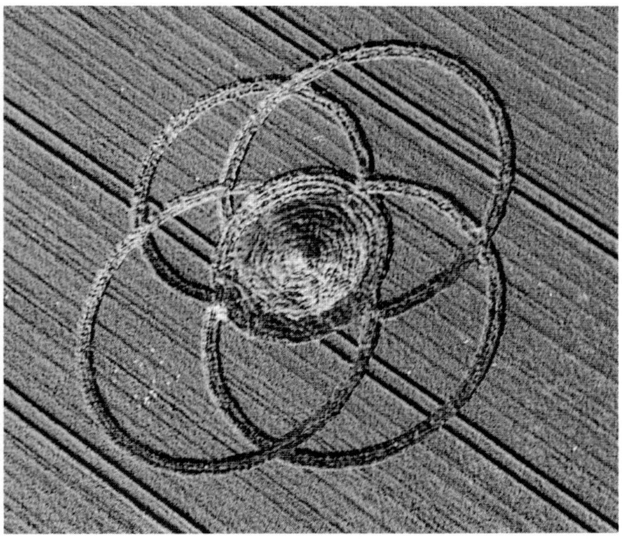

Der vierte Tag der Schöpfung:
am 19. Juni 1998 bei Chiseldon, Wiltshire, England.
Foto: Lucy Pringle.

Der fünfte Tag der Schöpfung:
am 21. Juli 1998 bei Backhampton, Wiltshire, England. Foto: Lucy Pringle.

Der sechste Tag der Schöpfung:
am 4. August 1994 bei Foxfield, Wiltshire, England.
Foto: Werner Anderhub.

Der Torus

Dreht man das Schöpfungsmuster, den „Samen des Lebens“ um seine zentrale Achse, entsteht ein schneckenförmiger Ring mit einem unendlich kleinen Loch in der Mitte – das Bild des Torus (Abb. 14+15). Der Torus ist die erste Form, die dem Schöpfungsmuster entspringt und er ist einzigartig unter allen Formen der Existenz. Der Torus ist die einzige Form im Universum, welche sich um sich und in sich zu drehen vermag.
Der US-Forscher Stan Tenen setzte diese Schneckenspirale in einen dreidimensionalen Tetraeder und beleuchtete diese aus allen möglichen Perspektiven (Abb. 16). Er fand heraus, daß diese universelle Figur eigentümliche Schatten warf – es waren die Buchstaben des hebräischen Alphabets in alphabetischer Reihenfolge und in richtiger Schreibweise.
Jede Neupositionierung der Spirale förderte die Buchstaben anderer Sprachen zutage, der arabischen und griechischen zum Beispiel. Durch Drehen und Wenden des Spiralsegments innerhalb des Tetraeders konnten so 27 verschiedene symmetrische Positionen erreicht werden. Die Sprache war also das erste, was die Schöpfung hervorbrachte. Alle Sprachen der Erde entspringen dieser einzigen Quelle und sind in den ersten sieben Tagen der Schöpfung erschaffen worden.

Abbildung 14 (© Stan Tenen): Der Torus, die erste Form, die dem Schöpfungsmuster entspringt.

Abbildung 15 (© Stan Tenen): Draufsicht auf den schneckenförmigen Ring-Torus.

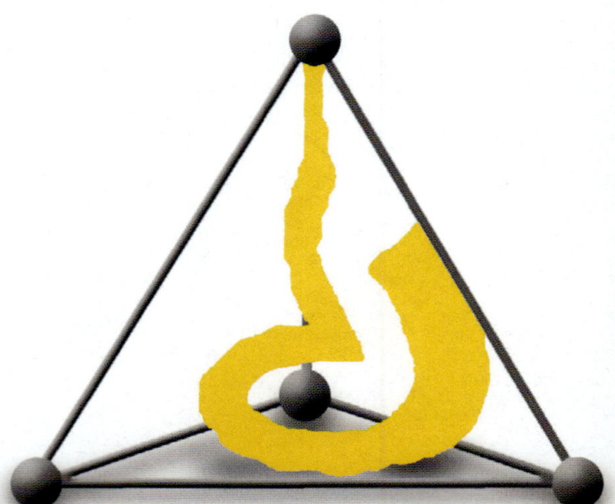

Abbildung 16 (© 1986 Stan Tenen): Der Torus innerhalb eines dreidimensionalen Tetraeders.

Abbildung 14-1: Der schneckenförmige Ring-Torus, erschien am 17. Juli 2002 als Kornkreis bei Pewsey. Foto: Steve Alexander.

Das Ei des Lebens

Durch den „Samen des Lebens" wird ein rotierendes Energiemuster in Gang gesetzt, das durch jede weitere Rotation neue Formen erschafft. Durch die nächste Rotation (Abb. 16) entsteht eine Form, die das „Ei des Lebens" genannt wird. Das „Ei des Lebens" besteht aus acht Kugeln, wobei die achte Kugel genau hinter der zentralen Kugel liegt und in der Grafik unsichtbar bleibt (Abb. 17).

Abbildung 16: Das „Ei des Lebens" entsteht durch die zweite Rotation.

Die Befruchtung der menschlichen Eizelle zeigt uns deutlich, wie sich die Heilige Geometrie auch im Mikrokosmos widerspiegelt. In der kugelförmigen Eizelle befindet sich eine weitere Kugel, der weibliche Vorkern, der die Chromosomen enthält. Der Kopf des eindringenden Spermiums, der männliche Vorkern, ist eine Kugel gleicher Größe. Vereinigen sich die Vorkerne, entsteht die Fischblase, das Symbol des ersten Tages der Schöpfung, das Symbol der metaphysischen Struktur des Lichts; das Licht des neuen Menschen ist angegangen.

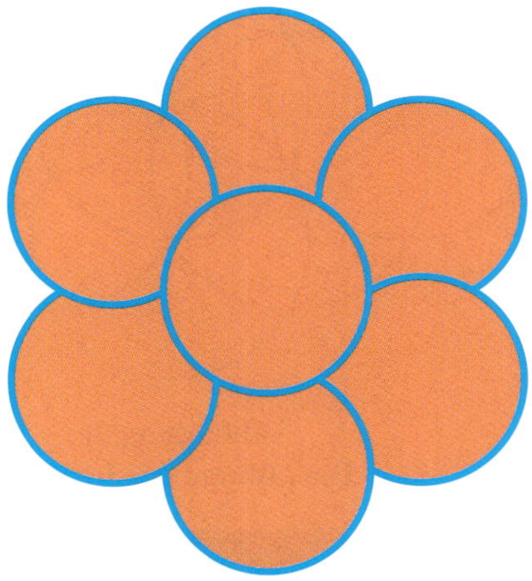

Abbildung 17: Die acht Kugeln des „Ei des Lebens".

Jetzt beginnt die Zellteilung, die erste Zelle teilt sich in zwei weitere Zellen auf. Da die Zellteilung der binären Sequenz (1,1,2,3,5,8,13,21,34,55,89,144...) folgt, entstehen bei der nächsten Zellteilung bereits vier Zellen. Diese ersten vier Zellen ordnen sich stets in einer bestimmten Struktur an. Sie formen den einfachsten platonischen Körper, den Tetraeder (Abb. 18). Bei der nächsten Zellteilung entstehen acht Zellen und das „Ei des Lebens" wird erkennbar. Diese acht Zellen sind völlig identisch und bilden zwei einander durchdringende Tetraeder, eine Form, die in der Heiligen Geometrie „Stern-Tetraeder" genannt wird (Abb.19). Sie liegen später beim ausgewachsenen Menschen im geographischen Zentrum unterhalb des Steißbeins, in der Nähe des Damms. Sie werden im Laufe des Lebens nicht, wie alle anderen Zellen unseres Körpers erneuert, sondern bleiben bis zu unserem Lebensende immer dieselben. Alle Energiefelder und Gitternetze unseres Körpers haben ihren Ursprung in diesen acht Zellen, von denen aus wir kreisförmig wachsen. Laut Chakrenlehre entspricht das geographische Körperzentrum dem Basischakra, dem Sitz der Kundalinienergie. Sowohl der Stern-Tetraeder wie auch der Davidstern als seine zweidimensionale Darstellung sind Resonanzsymbole für Schlüsselinformationen, die tief ins Unterbewußtsein jedes Menschen eingeprägt sind.

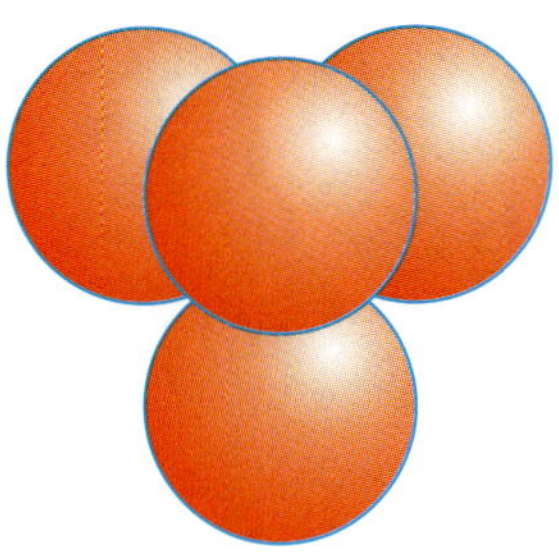

Abbildung 18: Die ersten vier Zellen formen einen Tetraeder.

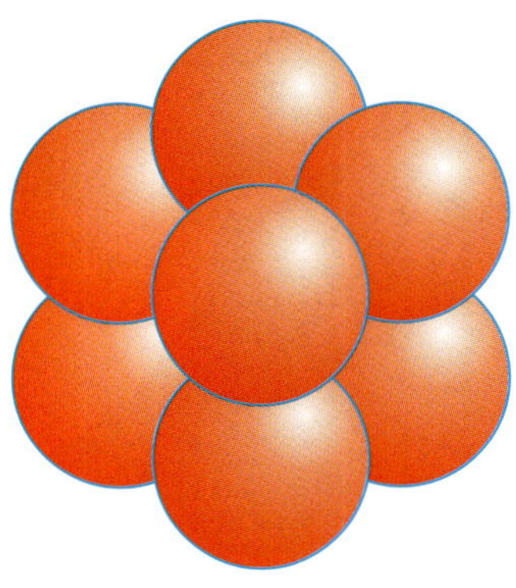

Abbildung 19: Die ersten acht Zellen formen einen Stern-Tetraeder.

Die nächste Rotation erzeugt den Umriß der „Blume des Leben“, das heißt, die korrekte Anzahl ihrer Kreise (Abb. 20). Wie wir in Abbildung 21 sehen können, handelt es sich dabei um sieben Kreise, und Abbildung 24 ist schließlich die allgemein übliche Darstellung der „Blume des Lebens“.

Abbildung 20:
Die „Blume des Lebens“.

Abbildung 21:
Die sieben Kreise der „Blume des Lebens“.

12. Juli 1996 bei Littlebury Green, Essex, England erschien ein Kornkreis mit der Geometrie der ersten acht Zellen, die einen Stern-Tetraeder formen (siehe Seite 259). Foto: Steve Alexander.

Die Frucht des Lebens

Eine erneute dritte Rotation bringt uns zu einer Form, die die „Frucht des Lebens" genannt wird. Die „Blume des Lebens" in ihrer gewöhnlichen Darstellung besteht aus 18 ineinander verschlungenen Kreisen, die von zwei größeren konzentrischen Ringen umschlossen sind. Diese Darstellung der „Blume des Lebens" ist in vielen Kulturen der Erde gefunden worden (siehe Abb. 24, S. 262). Das Gitternetz der „Blume des Lebens" ließe sich unendlich weit fortführen und es erhebt sich die Frage, warum alle gefundenen Darstellungen mit 19 Kreisen enden. Werden die Kreise der „Blume des Lebens" vervollständigt, so ergibt sich ein Muster, das den Namen die „Frucht des Lebens" trägt. Dieses Muster war so heilig und so wichtig, daß es zum damaligen Zeitpunkt nicht zum allgemeinen Wissen werden durfte. In der Form, in der uns die „Blume des Lebens" übermittelt wurde, wurde das geheimgehaltene Wissen der „Frucht des Lebens" aufbewahrt. Werden aber die unvollständigen Kreise der „Blume des Lebens" zu vollständigen ergänzt und wird die gesamte Matrix gedreht, so erhält man ein Muster aus 13 Kreisen, die die „Frucht des Lebens" darstellt (Abb. 22 + 23).

Abbildung 22:
Die „Frucht des Lebens"
Entsteht durch die dritte Rotation.

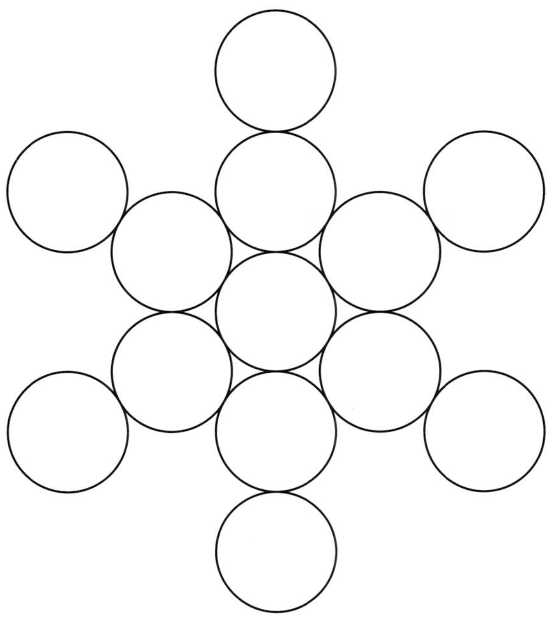

Abbildung 23:
Die 13 Kugeln der „Frucht des Lebens".

In der „Blume des Lebens" befinden sich sieben Kreise in einem größeren Kreis – eine andere Art die „Blume des Lebens" darzustellen. Um zu der „Frucht des Lebens" zu gelangen, besteht auch die Möglichkeit, mit dem halben Radius des zentralen Kreises einen neuen Kreis in ihm zu ziehen und dann auf den drei Kreisachsen neue Kreise mit dem halbem Radius aufzuziehen. So wird ersichtlich, daß die „Frucht des Lebens" in der „Blume des Lebens" proportional enthalten ist (siehe Abb. 25, S. 263). Werden die 13 Kreise wiederum mit 13 Kreisen verbunden, so erhält man die „Frucht des Lebens" verbunden mit sich selbst (siehe Abb. 26, S. 263). Die „Frucht des Lebens" enthält 13 Informationssysteme, die zusammen mit dem „Ei des Lebens" und dem Torus, ohne Ausnahme alles erschaffen was jemals existiert hat und existieren wird. Die Lebensblume ist also eine ganz besondere, wirklich heilige Form, denn sie entschlüsselt den Sinn und Zweck der Schöpfung.

Abb. 24: Die „Blume des Lebens“, wie sie normalerweise dargestellt wird.

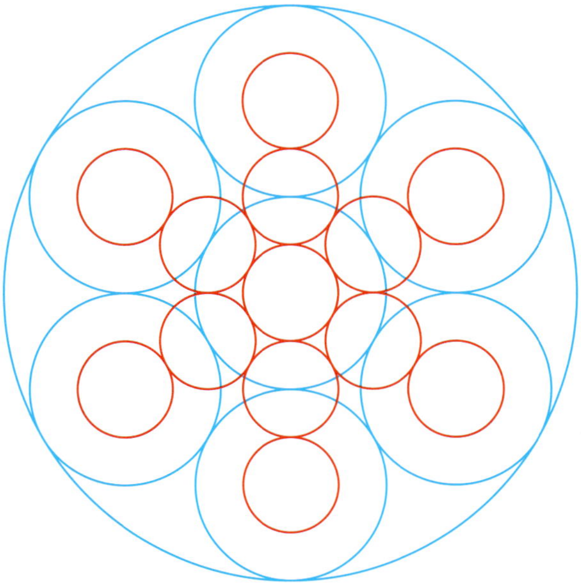

Abbildung 25:
Die „Frucht des Lebens".

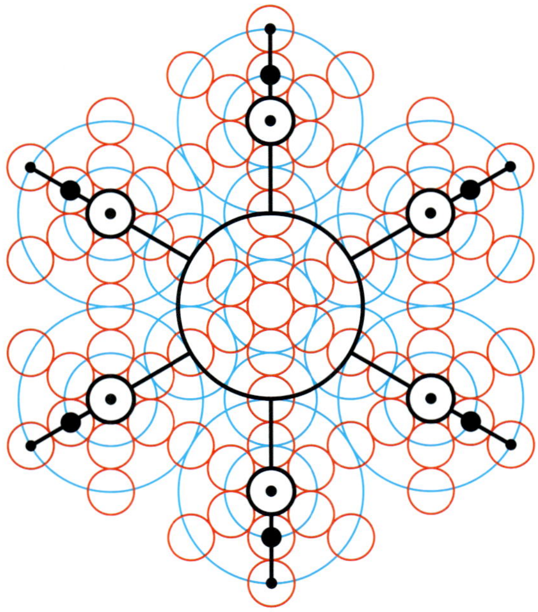

Abbildung 26:
13 Kreise mit 13 weiteren verbunden, oder die „Frucht des Lebens" verbunden mit sich selbst.

Die „Frucht des Lebens" verbunden mit sich selbst als Kornkreis (siehe hierzu auch Seite 320). Erschienen in Oliver's Castle am 11. August 1996, Wiltshire, England. Foto: Lucy Pringle.

Unsere externen Chakra-Punkte

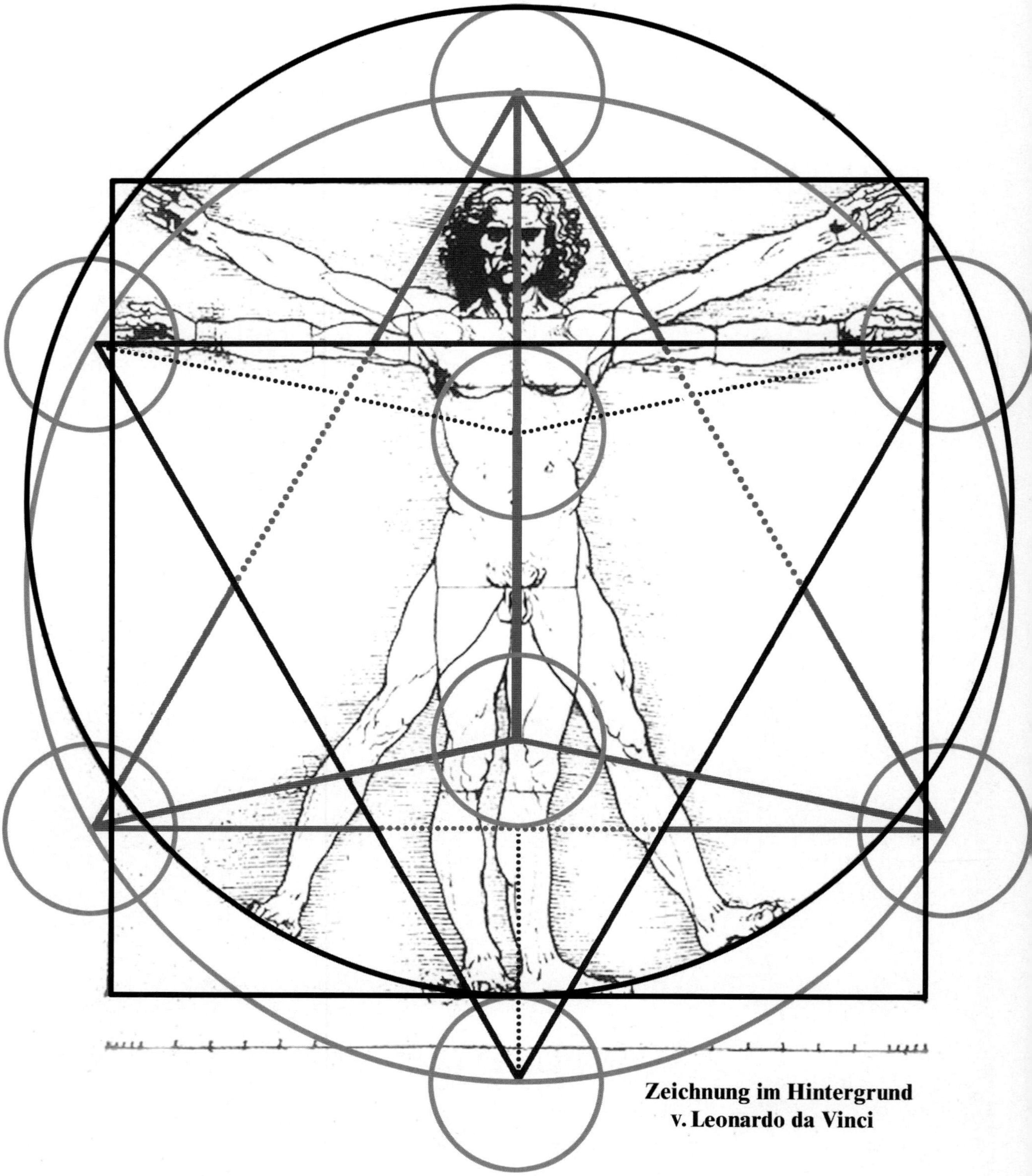

Zeichnung im Hintergrund v. Leonardo da Vinci

Wir besitzen auch externe Chakra-Punkte, die, wie der Name schon sagt, außerhalb unseres physischen Körpers liegen. Wir sind von einem Stern-Tetraeder mit acht externen Chakra-Punkten umgeben (siehe Abb. oben). Dabei stimmen die äußeren Chakra-Punkte nicht nur von der Lage her mit den inneren überein, sie pulsieren auch in harmonischem Einklang. Unser Chakra-System hat also einen internen und einen externen Aspekt (Erläuterungen zum Stern-Tetraeder siehe Seite 227)[13]**.**

Die morphogenetische Struktur des Auges

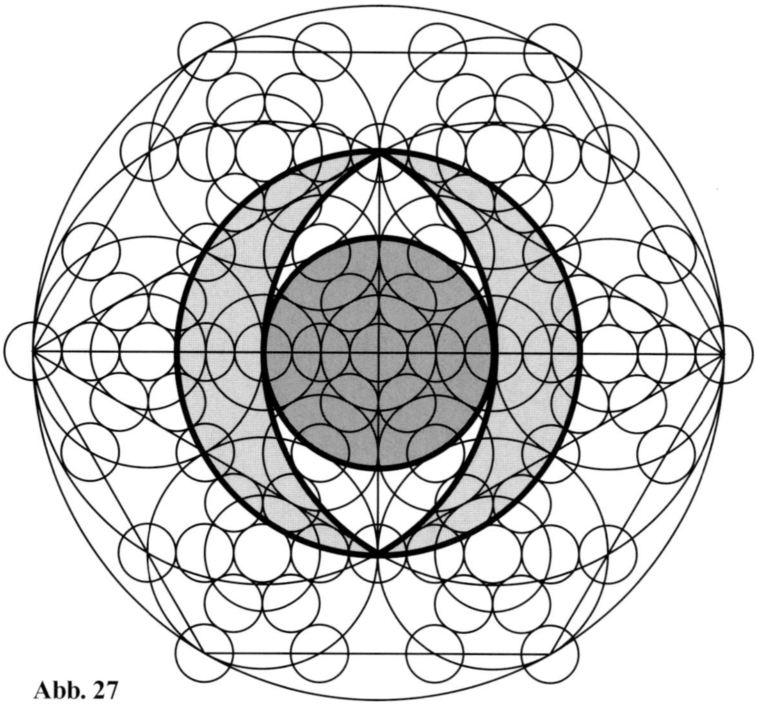

Abb. 27

Drunvalo hat die morphogenetische Struktur des Auges, sei es nun menschlich oder tierisch, gezeichnet. Er sieht dieses Bild als sein wichtigstes an. Der Aufbau von Auge und Licht sind absolut identisch, die gesamte elektromagnetische Struktur, die auch die Geometrie der „Fischblase" in sich trägt, ist darin enthalten.

Die Heilige Geometrie lehrt uns, daß gerade Linien männlich und runde Linien weiblich sind. So sind bezüglich der Geometrie des Quadrat und der Quader die männlichsten und der Kreis oder die Kugel die weiblichsten Formen. Die 13 Kreise der „Frucht des Lebens" werden von ausschließlich weiblichen Formen gebildet. Werden diese weiblichen Formen mit den männlichen Formen – den geraden Linien – verbunden, so erhält man die 13 Informationssysteme der „Frucht des Lebens". Die einfachste Möglichkeit dieser Verbindung ist, die Mittelpunkte der Kreise miteinander zu verbinden. Solcherart entsteht eine Form, die „Metatron´s Würfel" genannt wird (Abb. 28). In „Metatron´s Würfel" verbirgt sich ein wichtiges informatorisches System, eines der grundlegenden Schöpfungsmuster der Existenz – die Platonischen Körper.

„Das Auge des Horus" vom 21. Juli 1994 bei Alton Barnes, Wiltshire, England, als Vergleich zu der morphogenetischen Struktur des Auges. Foto: Lucy Pringle.

Die Platonischen Körper

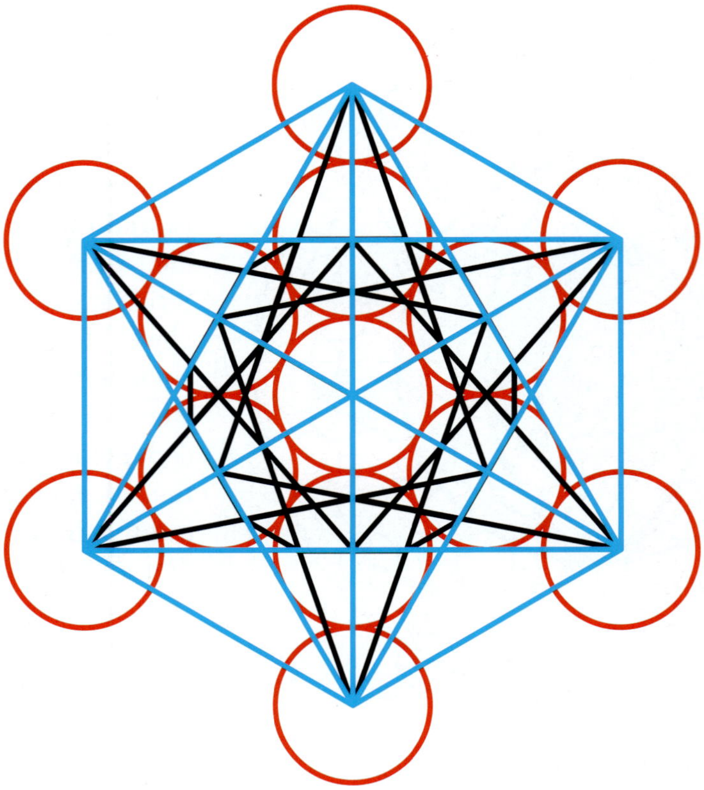

Abbildung 28:
Die Verbindung der Kreismittelpunkte der „Frucht des Lebens" bringt uns zu „Metatron´s Würfel"

Für das Studium nicht nur der Heiligen Geometrie, sondern Geometrie überhaupt, ist es unerlässlich, sich mit den fünf einzigartigen Formen zu befassen, die die Platonischen Körper genannt werden. Die fünf Platonischen Körper bilden die Grundformen, aus denen alle Strukturen der dreidimensionalen Schöpfung resultieren. Alle Formen unserer sichtbaren Welt bestehen aus einer dieser Formen oder der Verbindung mehrerer dieser Formen miteinander. Sie werden platonische Körper genannt, da sie auf den griechischen Philosophen Plato zurückgehen. Dieser beschreibt in seinem Werk Timaeus eine universale Kosmologie, die auf miteinander verbundenen geometrischen Strukturen basiert. Tatsächlich war das Wissen, daß die Platonischen Körper die Bausteine des Universums sind, lange vor Plato bekannt. Am Ashmolean Museum in Oxford befinden sich Modelle dieser Formen, deren Alter auf 3400 Jahre geschätzt wird. Sie sind also ca. 1000 Jahre vor Plato entstanden. Und auch im Museum von Kairo finden sich sorgfältig gearbeitete Modelle, die ca. 3000 Jahre alt sind.
Ein Platonischer Körper weist laut Definition folgende Merkmale auf:

- Er wird von Flächen gleicher Größe begrenzt,
- er hat gleiche Kantenlängen,
- er hat die gleiche innere Winkelgröße zwischen den Flächen, und
- wird ein Platonischer Körper in eine Kugel entsprechender Größe gesetzt, so berühren alle Eckpunkte die Oberfläche der Kugel.

Der bekannteste der Platonischen Körper ist der Würfel. Die Flächen des Würfels – auf griechisch Hexaeder – sind gleichgroße Quadrate, die Kantenlängen sind gleich, der innere Winkel der Flächen zueinander ist stets 90°. Setzt man einen Würfel in eine Kugel, so berühren alle Eckpunkte die Kugeloberfläche.

„Metatrons Würfel" vom 14. Juli 1997 Cley Hill bei Warminster, Wiltshire, England. Foto: Lucy Pringle.

Aus den 6 Spitzen des Davidsterns verlaufen jeweils 3 Strahlen zur äußeren hexagonalen Form. Aus den Ecken des Davidsterns kommen ebenfalls jeweils 3 Strahlen, die kleinere Dreiecke ergeben. Alle Strahlen zusammen zählen 36. In der Engelmythologie wird Metratron, der Engelfürst, häufig mit 36 Flügeln dargestellt. Aus Metatrons Würfel lassen sich alle 5 Platonischen Körper herleiten.

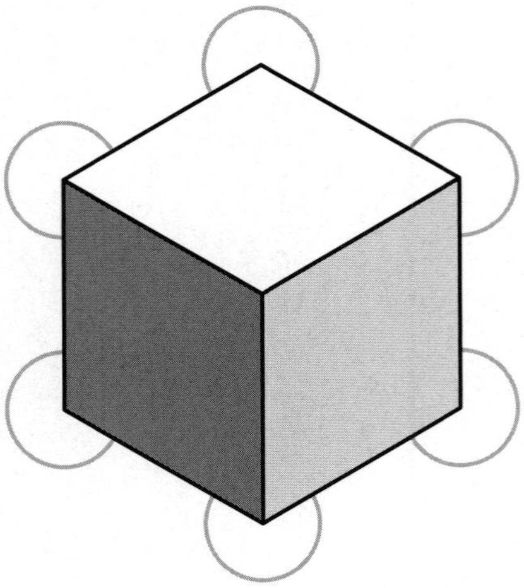

Abbildung 29: Der Würfel innerhalb „Metatrons Würfel".

Abbildung 30: Der Stern-Tetraeder innerhalb „Metatrons Würfel".

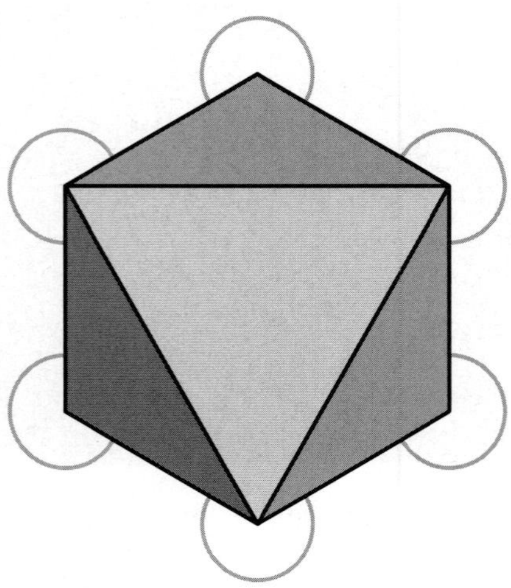

Abbildung 31: Der Oktaeder innerhalb „Metatrons Würfel".

Anhand dieser Definition gibt es nur fünf geometrische Körper, die diese Charakteristika aufweisen. Außer dem Hexaeder sind es der Tetraeder, der Oktaeder, der Ikosaeder und der Dodekaeder, wobei die Zahlen Tetra=4, Hexa=6, Okta=8, Dodeka=12 und Ikosa=20 für die Anzahl der Flächen stehen (Die entsprechenden deutschen Bezeichnungen müssen demnach Vierfach, Sechsfach, Achtfach, Zwölffach und Zwanzigfach lauten).

Die Flächen der Platonischen Körper bestehen entweder aus Dreiecken oder Quadraten oder Fünfecken. Diese fünf Körper sind die einzigen Formen, die aus einer Art regelmäßiger Flächen zusammengesetzt werden können. Aus anderen Flächen, wie Sechsecken oder Siebenecken zum Beispiel, können keine Körper mehr geformt werden.

Aber wo kommen diese Platonischen Körper her, welcher Quelle entspringen sie? Die fünf Platonischen Körper sind im ersten informatorischen System der „Frucht des Lebens" enthalten. Alle fünf Formen sind innerhalb der Linien von „Metatrons Würfel" versteckt und betrachtet man „Metratons Würfel", so schaut man gleichzeitig auf alle fünf. Um die Platonischen Körper aus „Metatrons Würfel" zu erhalten, müssen jeweils einige Linien entfernt werden. Bei Entfernung bestimmter Linien erhält man einen Würfel, genauer gesagt einen Würfel innerhalb eines Würfels. Werden andere Linien entfernt, so enstehen zwei sich überlagernde Tetraeder, eine Form namens Stern-Tetraeder. Auch hier enstehen zwei Stern-Tetraeder, einer innerhalb des anderen. Auf die gleiche Weise, durch Entfernen wieder anderer Linien, erscheinen ein Oktaeder, ein Ikosaeder und ein Dodekaeder, jeweils innerhalb eines Oktaeders, eines Ikosaeders und eines Dodekaeders (Abb. 29-33).

In den alten Mysterienschulen Ägyptens und bei Pythagoras, der schon zweihundert Jahre vor Plato die sogenannten Platonischen Körper kannte und sie als regelmäßige Körper bezeichnete, sind diese fünf Körper die Repräsentanten der Elemente. Das Tetraeder steht für das Feuer, das Hexaeder für die Erde, das Oktaeder für die Luft, das Ikosaeder für das Wasser, und das Dodekaeder für den Äther oder Prana. Jedoch enthält „Metatrons Würfel" noch eine sechste Form, die zentrale Sphäre der Kugel, die der Ausgangspunkt darstellt. Diese Kugel repräsentiert das Große Nichts, aus dem alle Erscheinungen hervorgingen.

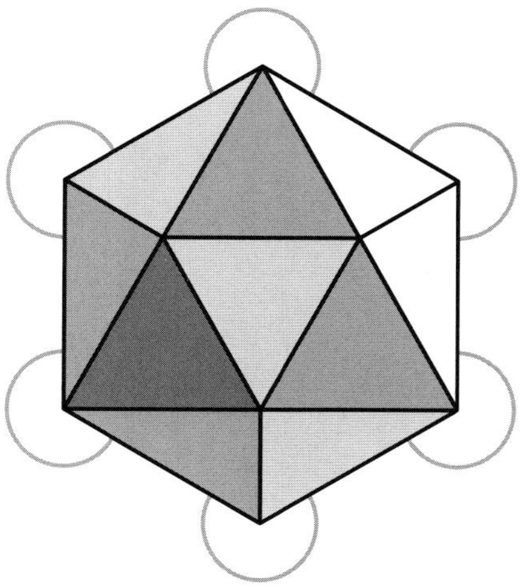

Abbildung 32: Der Ikosaeder innerhalb „Metatrons Würfel".

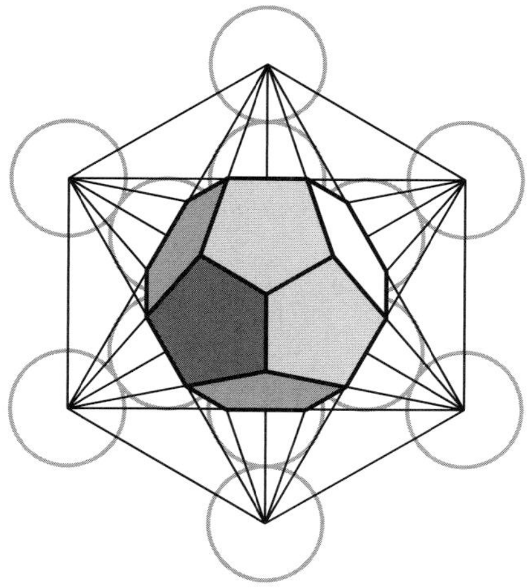

Abbildung 33: Der Dodekaeder innerhalb „Metatrons Würfel".

Das Mineralreich bietet unübersehbare Beispiele für das Vorhandensein der Grundformen der Platonischen Körper als Codes der Schöpfung. Selbstverständlich finden sich in anderen Bereichen der Natur die gleichen Grundformen, wie zum Beispiel bei Viren oder Kiselgur, jedoch bietet das Mineralreich das offensichtlichste Anschauungsmaterial. Die Grundform kristalliner Atomstrukturen ist stets eines der Platonischen Körper oder die Verbindung mehrerer Platonischer Körper miteinander.

Hexaeder bei Allington Down, Wiltshire, England, 23. Juni 1999. Foto: Frank Laumen.

Stern-Tetraeder bei Liddington Castle, Wiltshire, England, am 21. Juni 1999. Foto: Frank Laumen.

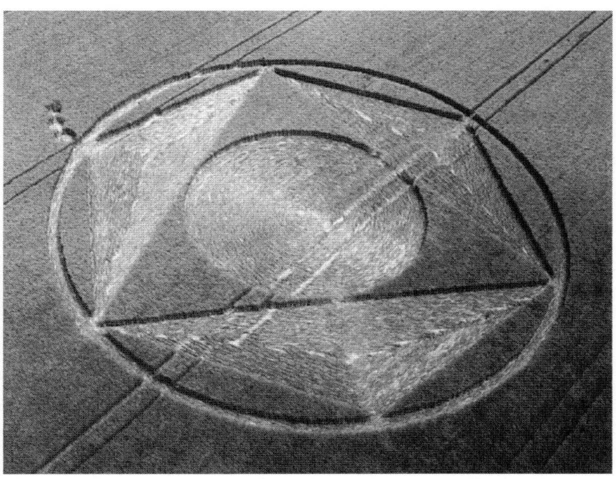

Oktaeder bei Beckhampton, Wiltshire, England, 11. Juni 2000. Foto: Steve Alexander.

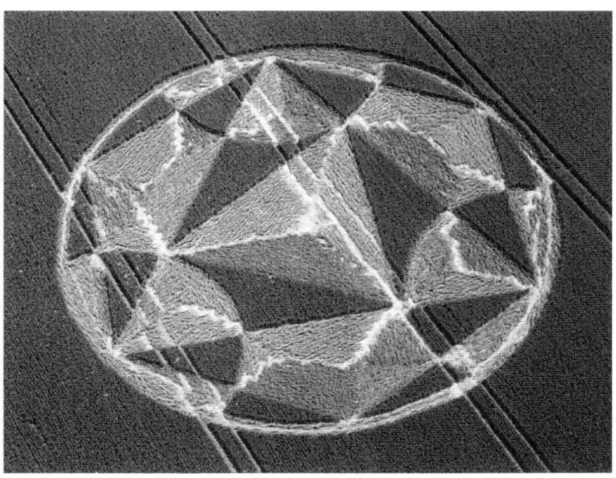

Ikosaeder-Dodekaeder-Struktur bei Bishops Canning Down, Wiltshire, 18. Juni 2000, Foto: S. Alexander.

Die platonischen Festkörper als Bausteine des Universums

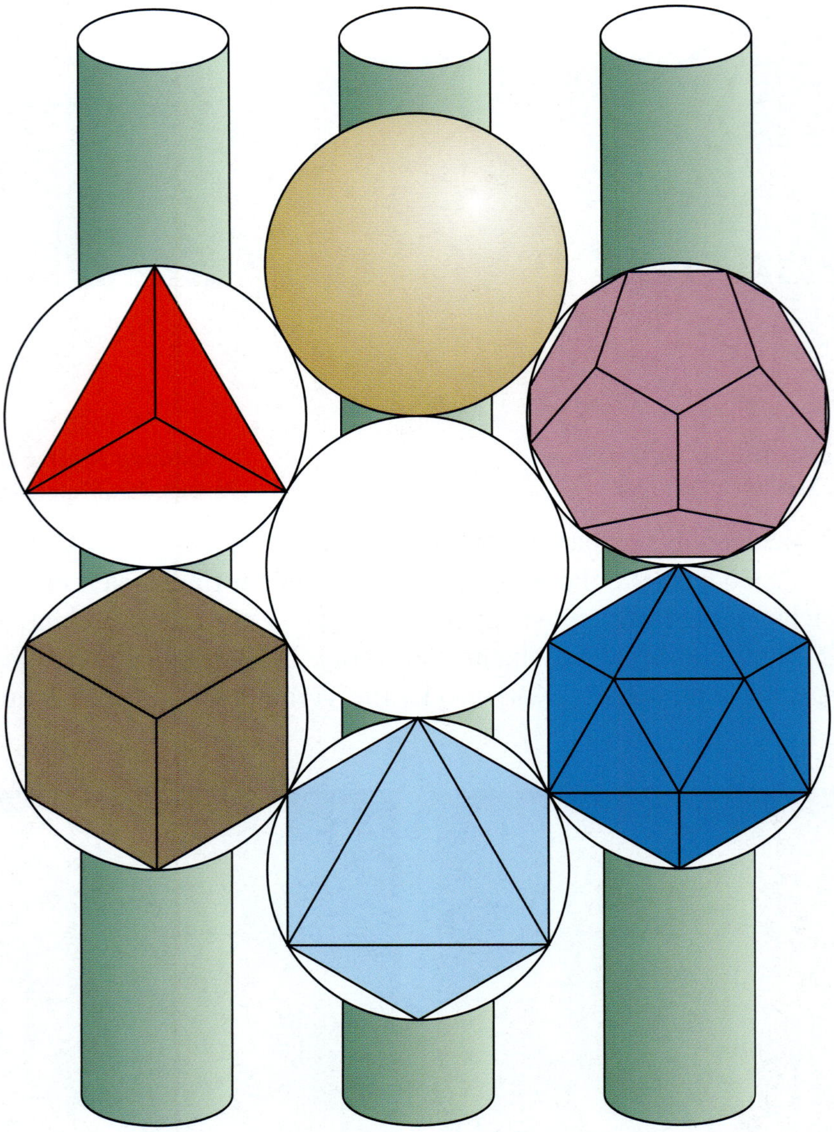

Diesen 6 geometrischen Formen wurde von den Alchemisten der Antike und von großen Seelen wie Pythagoras, dem Vater Griechenlands, jeweils ein bestimmter Elementaspekt zugeschrieben. Das Tetraeder wurde mit dem Feuer in Verbindung gebracht, der Würfel mit der Erde, das Oktaeder mit der Luft, das Ikosaeder mit Wasser und das Dodekaeder mit dem Äther. Die Äther-, Prana- und Tachyonenenergie sind ein und dasselbe; sie finden sich überall und sind an jedem Punkt in der Raum-Zeit-Dimension zugänglich. Darin besteht das große Geheimnis der Nullpunkt-Technologie. Und die Kugel ist die Leere. Diese 6 Elemente sind die Bausteine des Universums. Sie erzeugen die Eigenschaften des Universums. Die obige Grafik zeigt die Beziehung der 6 Elemente zu den Urformen, aufgezeigt in drei Säulen, die für die Trinität der Polarität stehen. Die linke (männliche) Säule steht für die linke Gehirnhälfte und das Proton und umfaßt 3- und 4-seitige Flächen; die mittlere Säule (Kind) stellt das Corpus callosum und das Neutron dar. Die rechte (weibliche) Säule repräsentiert die rechte Gehirnhälfte und das Elektron und weist 3- und 5-seitige Flächen auf. Der Äther ist die Ausgangsform des Christusbewußtseins-Gitternetzes.

i Möchten Sie noch mehr über die Heilige Geometrie erfahren, so empfehlen wir Ihnen die Bücher von Drunvalo Melchizedek „Die Blume des Lebens", Band I u. II, erschienen im KOHA-Verlag.

Die Platonischen Körper in der Koch'schen Schneeflocke

Indem man die 5 Platonischen Körper in die „Koch´sche Schneeflocke" vom 8. August 1997 (Milk Hill, Alton Barnes, Wiltshire, England. Foto: Lucy Pringle.) einzeichnet, erhält man eine weitere Deutungsmöglichkeit für diese Formation. An dieser Stelle muß man sich fragen, mit was für einer superintelligenten Wesenheit wir es hier zu tun haben, die mit einem Kornkreiszeichen alle 5 Platonischen Körper manifestieren kann, welche auch als der Code der Schöpfung bezeichnet werden. Spricht vielleicht der Schöpfer selbst zu uns durch einige der Kornkreise?

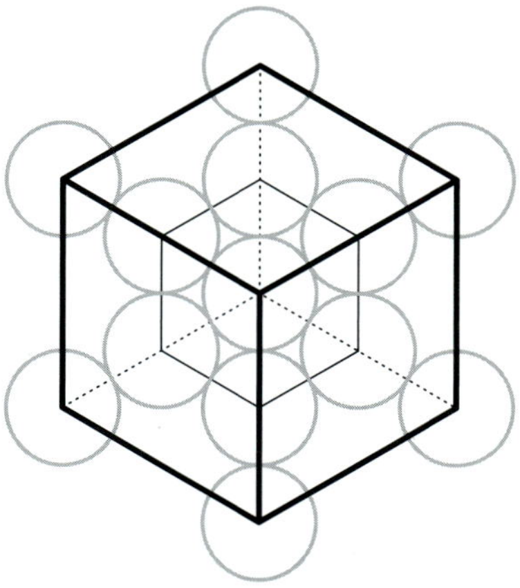

Die beiden aus Metatrons Würfel abgeleiteten Hexaeder.

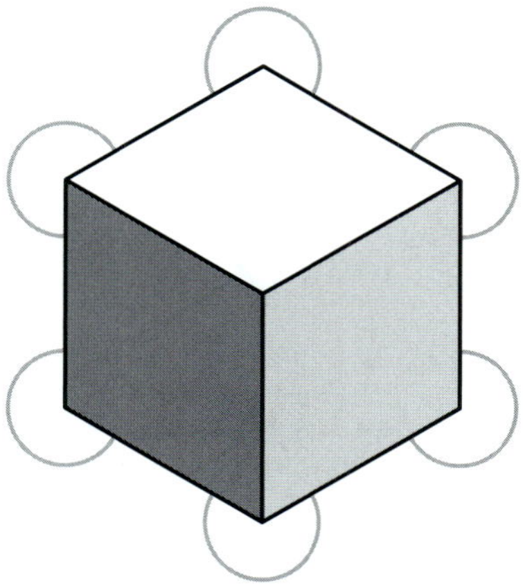

Festes größeres Hexaeder innerhalb „Metatrons Würfel".

Hexaeder innerhalb der „Koch'schen Schneeflocke".

Die beiden aus Metatrons Würfel abgeleiteten Stern-Tetraeder.

Festes größeres Stern-Tetraeder innerhalb „Metatrons Würfel".

Stern-Tetraeder innerhalb der „Koch'schen Schneeflocke".

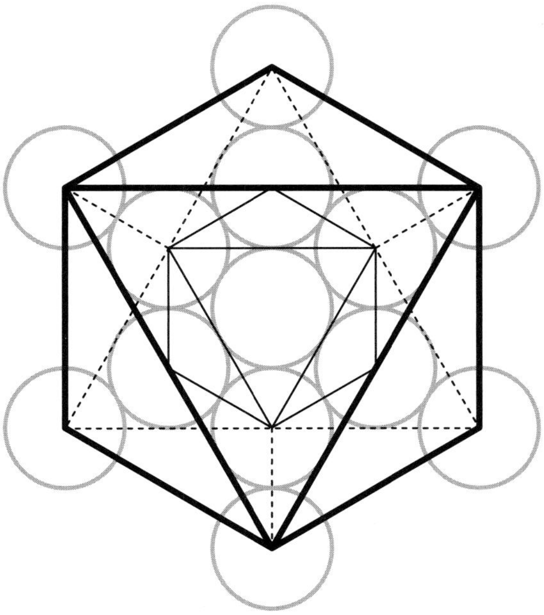

Die beiden aus Metatrons Würfel abgeleiteten Oktaeder.

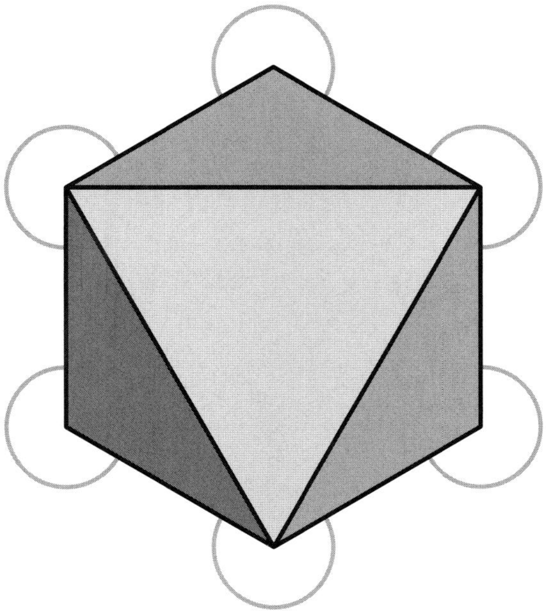

Festes größeres Oktaeder innerhalb „Metatrons Würfel".

Oktaeder innerhalb der „Koch'schen Schneeflocke".

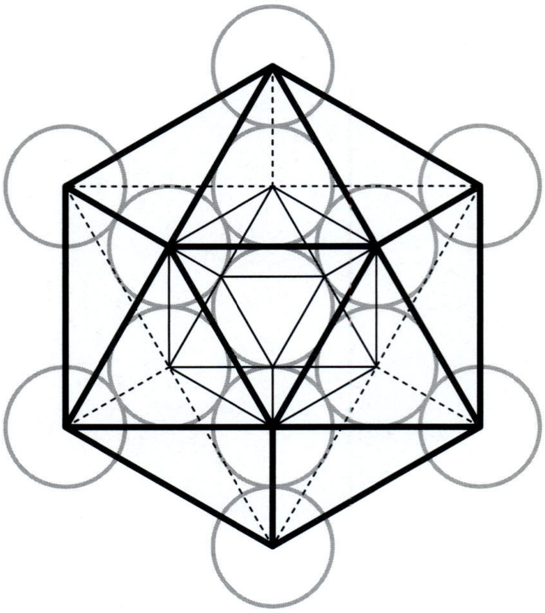

Die beiden aus Metatrons Würfel abgeleiteten Ikosaeder.

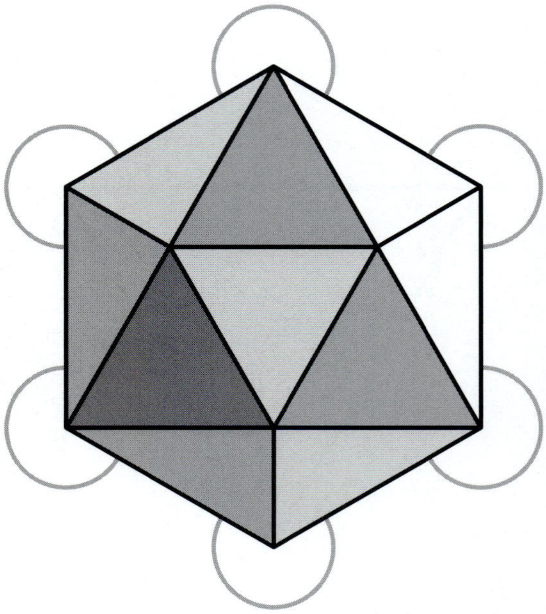

Festes Ikosaeder innerhalb „Metatrons Würfel".

Ikoskaeder innerhalb der „Koch'schen Schneeflocke".

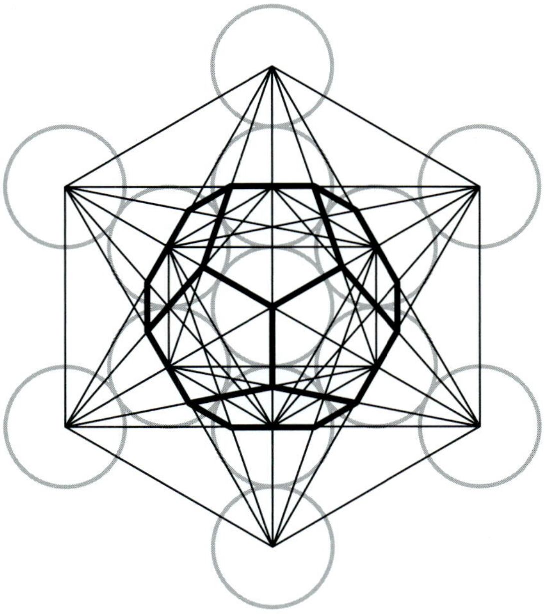

Fünfeckiges Dodekaeder in Metatrons Würfel.

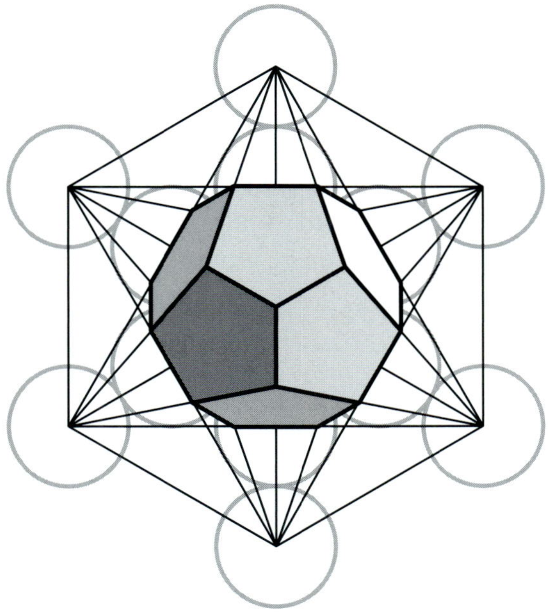

Festes Dodekaeder innerhalb „Metatrons Würfel“.

Dodekaeder innerhalb der „Koch'schen Schneeflocke“.

Insektogramme

In den Prophezeiungen der amerikanischen Ureinwohner heißt es, daß die Menschen durch das Auftreten bestimmter Zeichen wissen werden, wann die Zeit der großen Reinigung gekommen ist. Vieles spricht dafür, daß die Kornkreise zu diesen Hinweisen gehören. Andere Ureinwohner sprechen von einer Zeit, „in der man den Mond auf Erden und im Himmel sehen kann", oder wenn „die großen Tiere" auftreten. Mondsymbole sind schon in vielen Kornkreisen aufgetreten (s. S. 186).

Stellvertretend für die großen Tier-Kornkreiszeichen stehen hier die Ameise, erschienen am 17. Juli 1997, bei Hen Wood, der Skorpion, erschienen am 14. Juli 1994 bei Devizes, Wiltshire, England. Fotos: Lucy Pringle. und die Spinne, erschienen am 7. Juli 1994, bei Barbury Castle, Wiltshire, England. Foto: Werner Anderhub.

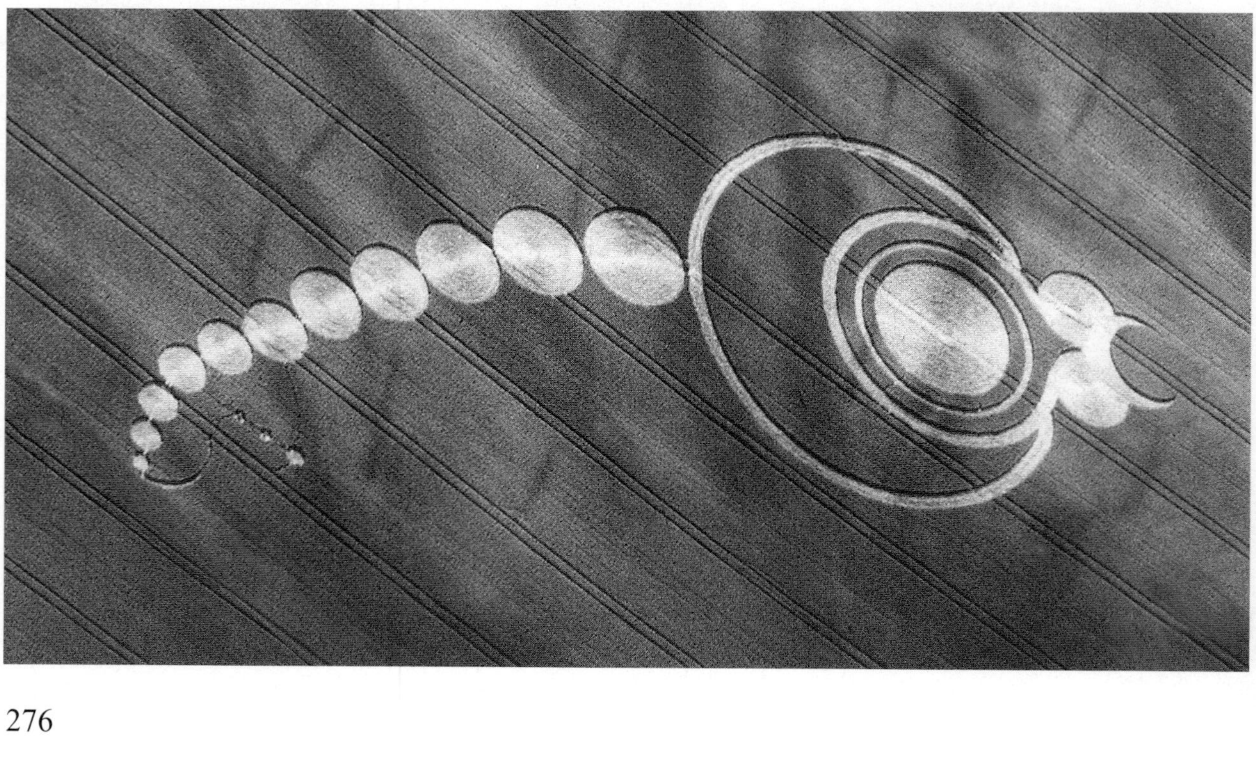

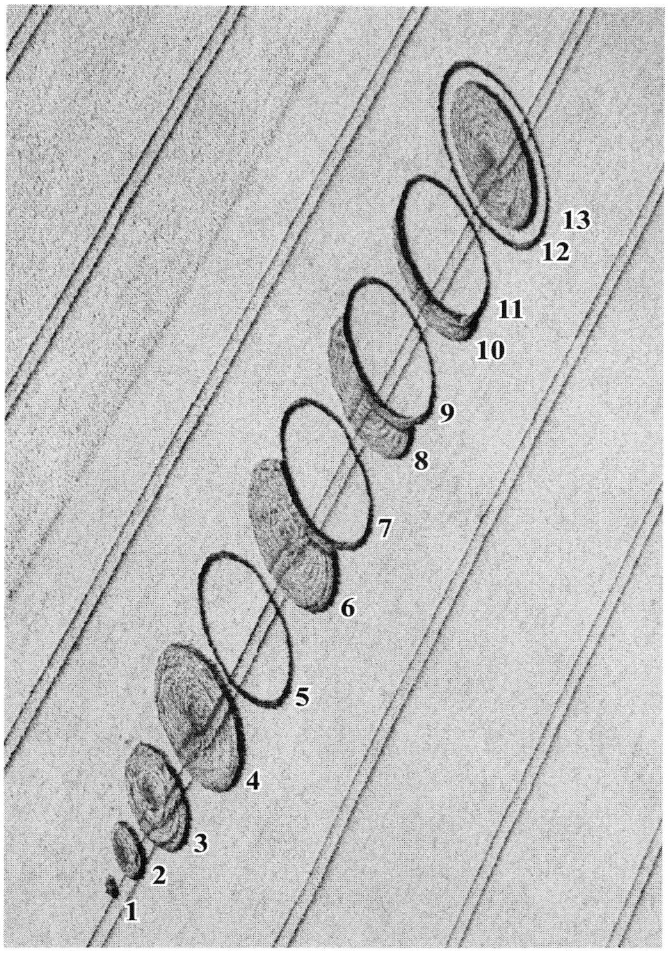

Rechts: Am 3. Mai 1999 entstand das erste Kornkreiszeichen des Jahres in einem Rapsfeld bei Middle Wallop, Hants, England.
Foto: Lucy Pringle.

Diese Formation stellt die große Sonnenfinsternis sowie den energetischen Eintritt in das Haus der vielen Wohnungen dar. Die 13 Kreise stehen wieder für die 13 Dimensionen.

Unten: Formation in Raps vom 3. Mai 1999 am Milk Hill, Wiltshire, England. Foto: Lucy Pringle.

Dieser Kornkreis besteht aus 15 „Neunen" um den Kreis im Mittelpunkt, sowie 14 Kreisen um die „Neunen". 15 = 1 + 5 = 6; 6 entsteht aus 33 (im 33igsten Lebensjahr wurde Jesus Christus gekreuzigt), 6 steht für Alpha – 9 steht für Omega (Anfang und Ende). 14 = 1 + 4 = 5, die 5 steht unter anderem auch für Christus und das Christusbewußtsein oder die ultimative Auflösung (s. Pentagramme – Kornkreisdeutungen auf Seite 107 u. 111).

Die beiden mit dem Bogen verbundenen Kreise unterhalb stehen für Dualität und Polarität oder „die große Trennung" von Herz und Geist. Der Dreizack am oberen Ende steht für die Verbindung mit dem Schöpfer und der Kreis ganz oben stellt die Göttliche Sphäre, die Einheit, dar. Insgesamt enthält der Kornkreis 35 Zeichen. 3 + 5 = 8; 8 ist die Unendlichkeit. Wenn mehrere Kornkreissymbole auf einem Feld auftreten, erzählen sie in der Regel eine ganz besondere Botschaft oder eine kleine Geschichte.

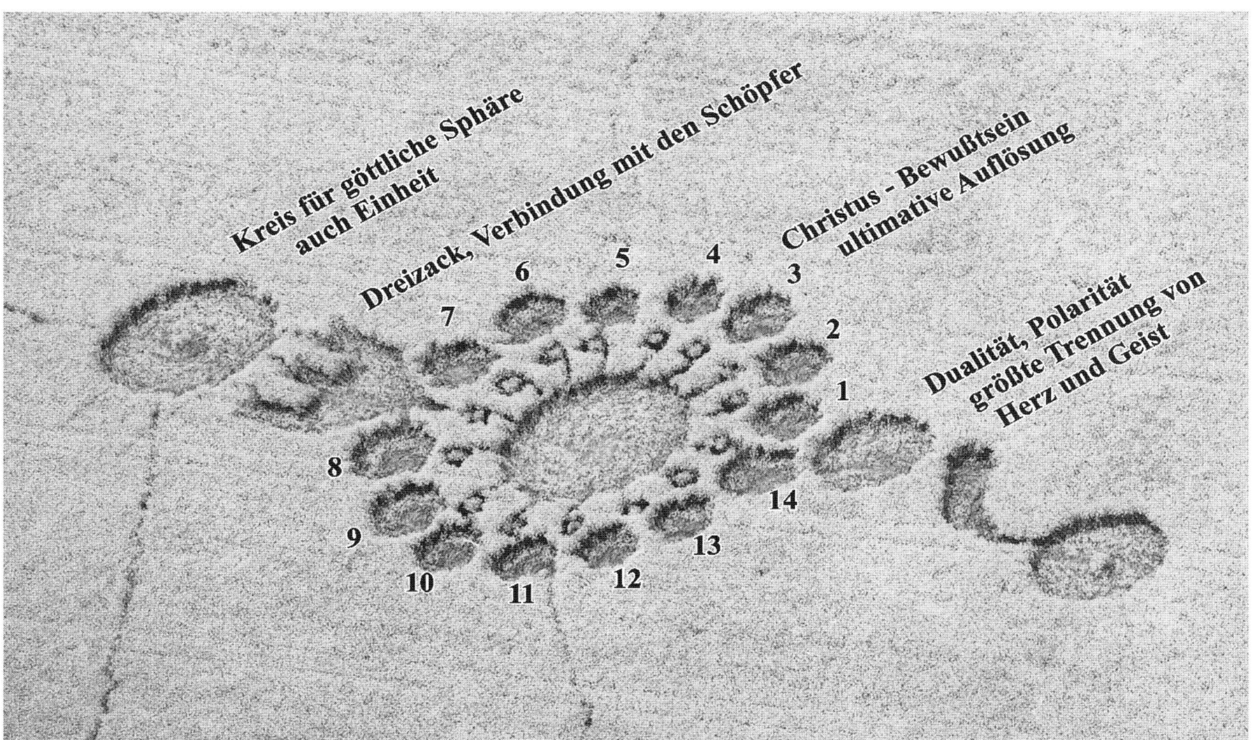

Das Schlangenpiktogramm im East Field

Die Schlange hier symbolisiert den Aufstieg von Mutter Erde in eine höhere Schwingungsebene. Der Kreis hinter dem „Schlangenkopf stellt die Erde dar, die Fischblase steht für die Neue Schöpfung. Die Schlange hat 9 Windungen. Die 9 steht für Alpha und Omega, für Anfang und Ende.

Eine mediale Person, die mich ins East Field begleitet hatte, interpretierte das Langpiktogramm als eher „straighten" Aufstiegsplan der Engel und der Aufgestiegenen Meister für die Erde. Die Schlange ist die Antwort von Mutter Erde, die sich den Aufstieg wesentlich sanfter und für möglichst viele Erdenbewohner erlebbar vorstellt.

Wir wohnten in einer Pension in der Nähe des East Fields und in der Nacht der Entstehung dieser beiden Formationen hörte ich summende Geräusche (Töne), aber weder ich noch meine Frau waren fähig, aufzustehen obwohl wir beide halbwach waren. Am nächsten Morgen gingen wir gezielt zuerst zum East Field, was allein vom Parkplatz ins Feld fast eine dreiviertel Stunde Fußmarsch bedeutete. Wir trafen dort einen Kornkreisforscher, der das Feld die ganze Nacht beobachtet und nichts bemerkt hatte. Trotzdem waren beide Kornkreise in den 1,5 Stunden, die er zwischen 3.00 und 4.30 Uhr doch eingeschlafen war, entstanden und er entdeckte sie im ersten Morgengrauen. Schon ein einfaches Durchlaufen der Formationen und der Weg dazwischen nahm 1,5 Stunden in Anspruch! Das Langpiktogramm hatte eine Länge von 340 m und die Schlange war 170 m lang. Daß es Fälschern möglich sein sollte, Formationen solcher Ausmaße in 1,5 Stunden zu schaffen, halte ich für ausgeschlossen.

Schlange und Langpiktogramm (rechte Seite) vom 12. Juni 1999 im East Field, bei Alton Barnes, Wiltshire, England. Foto: Lucy Pringle.

Multidimensionaler Aufstiegsplan für die Erde und die Menschheit, übermittelt durch die piktographische Lichtsprache.

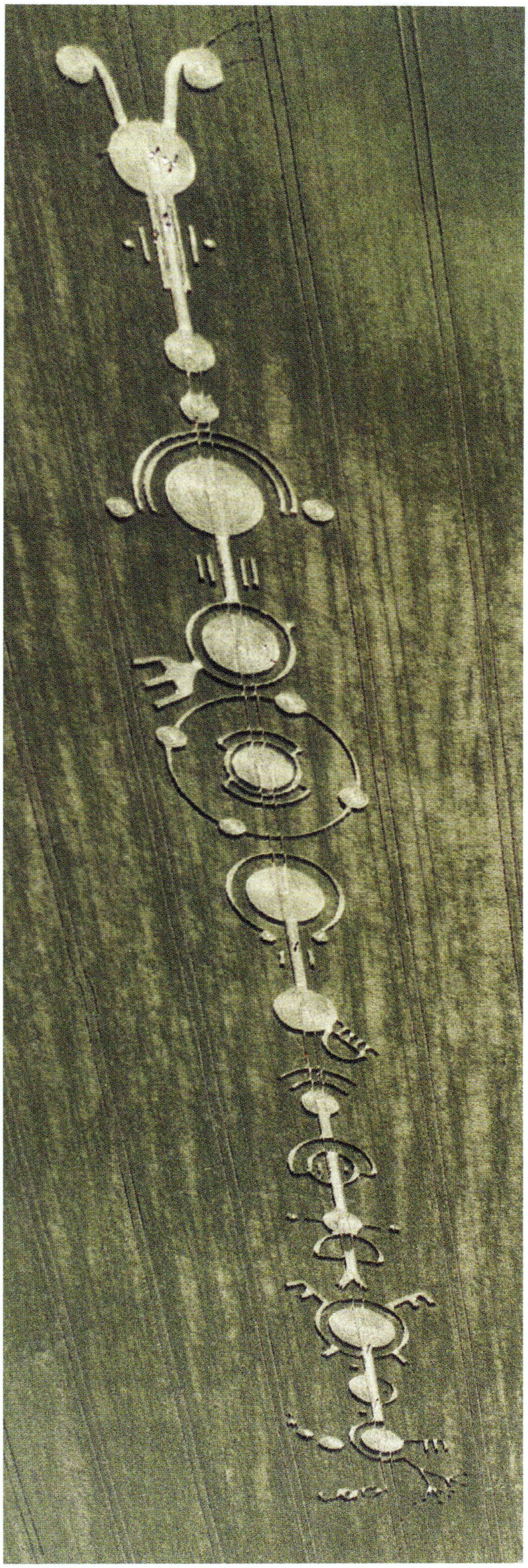

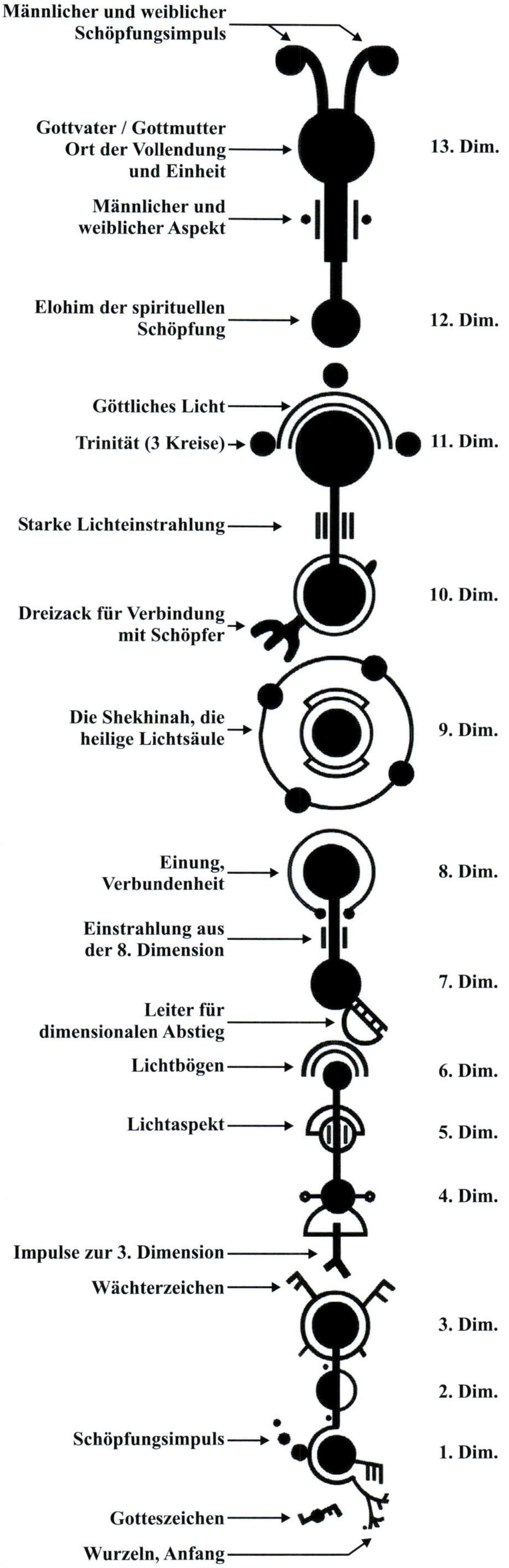

Dimensionen

Dimensionen sind Bewußtseinssphären, gekennzeichnet durch bestimmte Schwingungs-Frequenzbereiche sowie die Art darin vorkommender Formen oder eben nicht vorhandener Formen.

Die **Erste Dimension** ist die Sphäre der reinen Mineralien, die hier die Gefäße für das Bewußtsein bilden, dabei jedoch ohne jedes eigene Bewußtsein oder Selbstgewahren bleiben. Vor dem Symbol der ersten Dimension steht ein Gotteszeichen am Anfang des Langpiktogramms, bestehend aus einem „J", einem „Kreis" und einem „F", dem Zeichen für den Urschöpfer allen Seins, der die multidimensionale göttliche Schöpfung einleitet. Man sieht deutliche Wurzeln, die für den Anfang des Wachstums stehen. Die drei Kreise stehen für den Schöpfungsimpuls, der von außen auf die 1. Dimension einwirkt. Der Vollkreis mit dem dreibärtigen Schlüssel steht für die 1. Dimension und die Wächter (Hüter) aus dem Engelreich, die die interdimensionalen Pforten bewachen.

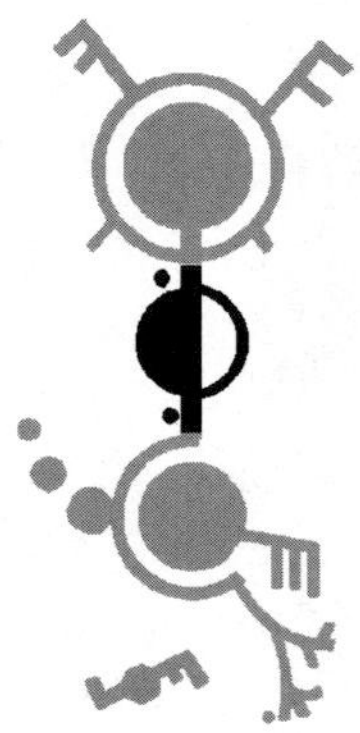

In der **Zweiten Dimension** findet man die niederen Astralebenen, auf denen sich Bewußtsein als das einzige Seiende empfindet, wobei es noch keinerlei Wahrnehmung des reinen Geistes besitzt, auch keine Seele hat und ausschließlich in sich selbst aufgeht. Hier befindet sich außerdem die Sphäre von bestimmten Elementalen, deren eigenes Bewußtsein von einer externen kontrollierenden Kraft abhängig ist. In der 2. Dimension befindet sich auch der Sitz dessen, was im Buddhismus als Bardo bzw. im Christentum als Hölle bezeichnet wird, sowie die Sphäre der pflanzlichen Erscheinungsformen. Für die 2. Dimension stehen der helle und dunkle Kreis.

Die **Dritte Dimension** stellt die physische Welt und ihre Astralebenen in einer linearen, auf Zeit und Raum aufgebauten Realität dar. In der 3. Dimension existiert das menschliche Bewußtsein. Der Kreis mit dem Umkreis und den beiden kreuzenden „Fs" steht für die 3. Dimension. Die „Fs" stehen wieder für die Wächter aus dem Engelreich. Jede Dimension hat ihre eigene Hierarchie von Engeln und Erzengeln. Wie man sieht, sind die ersten drei Dimensionen miteinander verbunden, weil sie in ständiger Interaktion stehen.

In der **Vierten Dimension** behalten alle Wesen ihr Bewußtsein als Gefühle oder auf Gefühlen basierenden Gedanken bei. Der Halbkreis und der Vollkreis symbolisieren die in der 3. Dimension vorhandene helle und dunkle Polarität. Während Wesen in der 3. Dimension mit einer Höchstfrequenz von 9000 Schwingungen vibrieren, erhöht sich die Frequenz der in der 4. Dimension existierenden Lichtsphären auf 9000 bis 12000 Schwingungen pro Sekunde. Das Bewußtsein hat hier die erste Stufe des Christusbewußtseins nach dem Aufstieg erreicht. Viele Führer, Engel und aufgestiegene Meister senden Impulse an dreidimensionale Menschen, die empfangsbereit und offen für spirituelles Wachstum und Entwicklung sind. Dafür steht das „Y", das nach unten zur 3. Dimension hin zeigt. Es kommt aus dem Halbkreis, auch als Kelch oder Schale zu bezeichnen. Auch von den in dieser Form existierenden dunklen astralen Gegenspielern werden Impulse an

Menschen gesandt. Die Querstriche mit den Punkten an den Enden, die vom Vollkreis ausgehen, stellen die Impulse dar, die die dunklen astralen Gegenspieler an die Menschen senden. Die dunklen Kräfte sind in der Lage, sich den niedrigen Schwingungsfrequenzen von negativen Gedanken, Sünden, unterdrückten Emotionen und unverheilten oder verleugneten menschlichen Schattenseiten anzupassen und können die Menschen damit auf die dunkle Seite ziehen, um sie dort unter Kontrolle zu halten und sich von ihren Schmerzen, Ängsten und anderen Energieverdichtungen zu nähren. Sowie Menschen beginnen, ihre Schwingung im Denken, Fühlen und Handeln zu erhöhen und so ihre Schattenseiten und ihr Karma zu transzendieren, ziehen sie vierdimensionale Lichtimpulse an und befreien sich so aus der Kontrolle der dunklen Wesenheiten. Alpträume und astraler Mißbrauch sind Ereignisse, die der dunklen Polarität der 4. Dimension entsprechen.

Auch die **Fünfte Dimension** besitzt noch eine dunkle und eine helle Polarität, die wieder durch den Vollkreis und den Halbkreis, welche jetzt ineinander übergehen, dargestellt sind. Die ätherischen Formen aus der 3. und der 4. Dimension werden mit einigen Verfeinerungen beibehalten, hier besteht aber die Möglichkeit der willentlichen Veränderung dieser Formen. Viele der aufgestiegenen Meister und Mitglieder der Großen Weißen Bruderschaft, persönliche Führer der Menschen, Initiationsschulen der mittleren Ebene sowie Devas, Schutzengel und dienende Engel gehören dem Lichtaspekt der 5. Dimension an. Die beiden Striche im Vollkreis zeigen den starken Lichtaspekt, der in die helle Polarität dieser Sphäre jetzt schon einstrahlt. Viele Kornkreise kommen aus dieser Sphäre der Großen Weißen Bruderschaft. Auch die Dunkle Bruderschaft könnte von dieser Ebene aus Kornkreise erschaffen, was sie aber nicht tut, weil sie nicht will, daß die Menschen sich entwickeln. Aber sie beeinflusst menschliche Wesen, Kornkreise zu fälschen, um in der Bevölkerung und bei den Kornkreisforschern Zweifel, Zwietracht und Desinteresse zu erzeugen. Viele Kornkreisfälscher berichten, sie täten es wie aus einem inneren Zwang heraus, oder als wären sie von „einer höheren" (dunklen) Macht geführt worden. Die 5. Dimension befindet sich jenseits der Begrenzung von Zeit und Raum, läßt jedoch Interaktionen mit der Realität im Raum- Zeit-Gefüge zu. Sobald eine Inkarnation beendet ist, steigt das verwirklichte Christusbewußtsein nach einem vorübergehenden Aufenthalt in den Lichtmetropolen der 4. Dimension in diese Dimension auf. Hier befindet sich die Ebene, auf der sich Menschen aus den niederen Bereichen während ihrer Träume aufhalten, d.h. von hier aus wird die menschliche Realität in Raum und Zeit hineingeträumt, damit die Träume nach dem Erwachen erlebt werden können. Auch Träume vom Fliegen oder luzides Träumen, Weiße Magie, höheres Bewußtsein und Unterweisungen, höhere Erfahrungen und Heilungen entstammen der 5. Dimension. Dunkle Engel, Meister, Hexer und Herrscher der niederen Astralebenen und Unterwelten sowie Schwarze Magie bilden die dunkle Polarität dieser Sphäre. Hierher kommen Menschen in ihren Träume oder nach Beendigung ihrer Inkarnation, wenn sie sich ohne sich spirituelle Entwicklung bzw. Herzöffnung mit parapsychologischen Fähigkeiten beschäftigen und dadurch von der dunklen Polarität der 5. Dimension beherrscht werden.

In der **Sechsten Dimension** sind die Mitglieder des hohen Rates, der mit der Erde in Verbindung stehenden Erzengel und des Ältestenrates beheimatet; hier beginnt das kollektive Bewußtsein. Auch das Melchizedek-Bewußtsein ist hier zuhause. Die beiden Lichtbögen, die wie ein Heiligenschein über dem Kreis liegen, symbolisieren, daß ab dieser Ebene nur noch Dimensionen des Lichtes existieren. Die 4., 5. und 6. Dimension sind durch die starke Lichteinstrahlung in ständiger Interaktion und dadurch miteinander verbunden. Entschließt sich unsere Seele nach einer irdischen Existenz in einem Körper aus Schmerz oder dem Wunsch nach vielfältigeren Erfahrungen, sich in zwei oder mehr Teile zu spalten, verweilen die einzelnen Seelenanteile in der 6. Dimension so lange in einem gemeinsamen höheren Selbst, bis sie wieder in einem Körper vereint sind. Aus diesem Grunde bilden die abgespaltenen Seelen das kollektive Bewußtsein dieser Dimension. Von dieser Sphäre aus werden unsere höheren Ziele bestimmt und verbindet sich bzw. kommuniziert das höhere Selbst mit uns auf der seelischen und spirituellen Ebene. Die Wesen der 6. Dimension existieren in den hier typischen rein geometrischen Formen, sie können bei Bedarf, d.h. wenn es für einen bestimmten Zweck notwendig ist, auch menschliche Formen annehmen. Aus dieser Sphäre der geometrischen Formen werden auch viele Kornkreise auf der Erde installiert. Die 6. Dimension ist der Ort innerhalb der Schöpfung, wo Gedanken, Farben und Klänge geometrische Formen annehmen. Hier lassen die Wesen ihre Energiefelder sowie ihr Bewußtsein ineinanderfließen, wenn sie miteinander kommunizieren. So lernen sie den anderen kennen, ohne das Gefühl haben zu müssen, der andere geworden zu sein, indem die beteiligten Wesen die essentielle Natur des anderen durch den Vergleich und die Feststellung dessen, was der andere bietet, erfahren und auf diese Weise ein einzigartiges Netzwerk bilden.

Die **Siebte Dimension** stellt die Sphäre der göttlichen Klänge und Harmonien dar. Direkte Projektionen von Form sind hier nur noch über einen dimensionalen Abstieg möglich, da sämtlich Wesen dieser Ebene sich durch die Harmonie der Klänge als individuelle oder kollektive Ausdrucksformen der Essenz manifestieren. Der Vollkreis im Piktogramm steht für die 7. Dimension, die Leiter mit den Sprossen und dem Halbkreis stellt den dimensionalen Abstieg dar, durch den die Wesen dieser Ebene Form in einer anderen Dimension annehmen möchten. Die einzigen beschreibbaren Formen dieser Ebene bilden changierende Spiralmuster. Durch die Klänge entstehen Muster aus einem nebulösen Fluß von Farben und Bewegungen. Die Wesen der 7. Dimension vermischen bzw. kombinieren ihre Farben und Klänge und lassen auf diese Weise neue Muster entstehen, wenn sie miteinander kommunizieren. Das bewirkt ein vollkommenes gegenseitiges Verstehen und die Energetisierung des Bewußtseins beider Seiten sowie ein umfassenderes Verständnis. An dieser nächsthöheren Stufe des kollektiven Bewußtseins haben andere Seelen genauso wie verschiedene Aspekte von uns selbst teil. Von der 7. Dimension an stellen Klangfrequenzen die einzige gemeinsame Sprache dar. Dieser Klang, der Frequenzen beinhaltet und Fließmuster erzeugt, stellt die Möglichkeit der Umwandlung aller Erfahrung und allen Bewußtseins der Wesen aus dieser Sphäre dar. Die beiden kleinen Striche rechts und links des mittleren Balkens stehen für die Klangfrequenzen, die von der 7. Dimension aufwärts die gemeinsame Sprache bilden. So wie die 5. Dimension der Sitz des Christus-Bewußtseins ist, ist die 7. Dimension die Sphäre des reinen Melchizedek-Bewußtseins. Die Mitglieder derselben Seelenfamilie können sich hier als das gleiche Wesen erfahren, jedoch auch die Fähigkeit zur Individuation beibehalten.

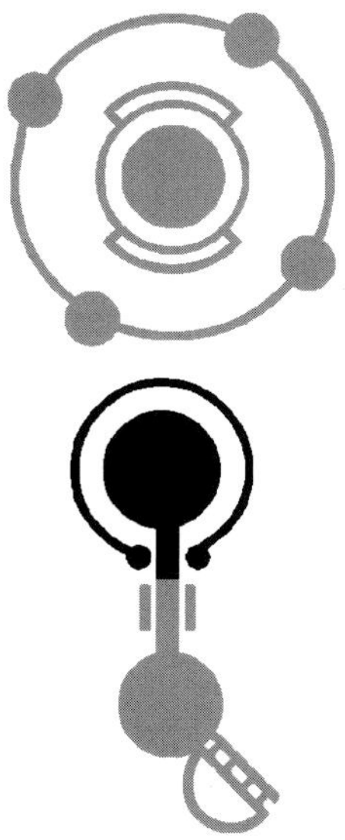

Reine Farbe und Fließmuster findet man in der **Achten Dimension**. Hier erfahren sich die Wesen als sich selbst wahrnehmendes, Farbe, Licht und Bewegung ausstrahlendes Bewußtsein. Die große Liebe, Eins-Sein und innere Verbundenheit sind hier zu finden. Eine Art synergetischer Erfahrung, bei der kein Unterschied zwischen den beteiligten Wesen mehr wahrnehmbar ist, bildet die Kommunikationsform dieser Ebene. Der Vollkreis mit fast geschlossenen Umkreis und den kleinen Kreisen an den Enden bedeutet Einung, Verbundenheit und Ganzheit. Die 8. Dimension kann ein Ort der tiefen Ruhe und der Zuflucht sein, sofern keine Angst vorhanden ist. An diesem Ort der Leere kann man seine Ganzheit und Einzigartigkeit als pure Essenz und reines Bewußtsein erfahren, da hier auch kein Klang mehr als individuelles Ausdrucksmittel dient. Reines Melchizedek-Bewußtsein, die Ganzheit und reines Bewußtsein verbinden die 7. und 8. Dimension.

Der Ursprung der heiligen Feuer- oder Lichtsäule (der ehrwürdigen Shekhinah) befindet sich in der **Neunten Dimension** und stellt eine außergewöhnlich einzigartige Sphäre dar. Hier wirkt alles wie reines, kristallweißes Licht, das trotzdem prismatisch ist und Farben in die 8. Dimension hineinstrahlt. Außer einer Säule bzw. paralleler Strahlen von extrem feinem Licht existiert hier keine Form. Das symbolisiert der innere Umkreis mit den zwei Viertel-Umkreisen.
Die Neunte Dimension ist die Sphäre des Metatron-Bewußtseins und die höchste Dimension, in die ein menschliches Wesen eingehen kann, ohne daß der Körper verdampft.
Außerdem stellt sie die letzte Dimension dar, in der Lichtwesen sich als getrennt von der Überseele wahrnehmen können, aus der sie hervorgegangen sind und gleichzeitig aus freiem Willen die Erfahrung des kollektiven Bewußtseins dieser Überseele machen können. Das Getrenntsein wird durch den Kreis in der Mitte dargestellt, die gesamte Überseele durch den großen Umkreis mit den vier Satelliten.

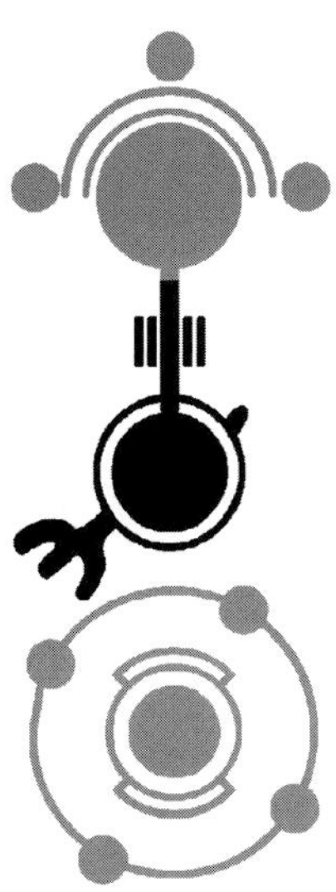

In der **Zehnten Dimension** erleben sich alle Mitglieder der ursprünglichen Überseelenfamilien als vollkommen in einem Bewußtsein verschmolzen und haben keine Wahrnehmung ihrer Individuation mehr. (Weiteres ist dem Autor zu dieser Dimension momentan nicht bekannt.) Der Kreis mit dem Umkreis und dem Dreizack symbolisiert die vollständige Verschmelzung der Überseelenfamilien mit dem Schöpfer, der Dreizack stellt die Verbindung zum Schöpfer dar.

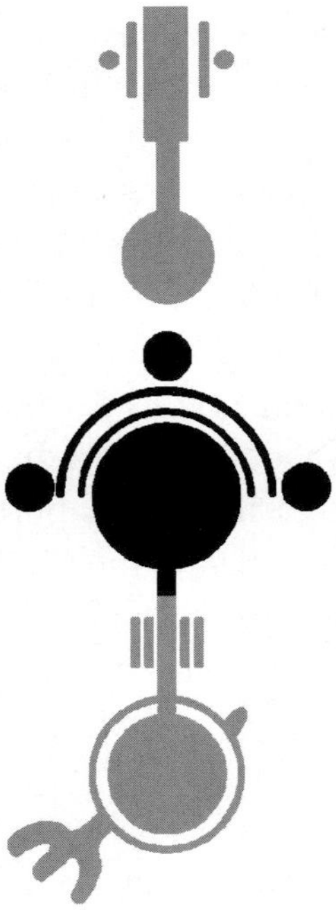

Die **Elfte Dimension** ist die Sphäre der Schöpfergötter und -göttinnen, eine Gruppe von Lichtwesen, die für die physische Schöpfung verantwortlich sind, auch Elohim genannt. Hier geschieht die Verschmelzung des einzigen Bewußtseins mit dem göttlichen Licht der Trinität, dafür stehen die beiden Halbkreise als Lichtbögen und die drei kleineren Kreise darüber. Die 10. und die 11. Dimension sind auch miteinander verbunden und die zwei Striche rechts und links des mittleren Balkens stellen die besonders starke Lichteinstrahlung von der 11. in die 10. Dimension dar.

Die **Zwölfte Dimension** wird schon maßgeblich von der 13. Dimension beeinflußt. Das sieht man an dem dicken Balken und den Strichen mit den Punkten, wobei eine Linie den männlichen Aspekt und ein Kreis den weiblichen Aspekt der Schöpfung darstellt. Es ist auch die Sphäre der Elohim, die für die spirituelle Schöpfung verantwortlich sind. Außerdem ist die 12. Dimension eine Art Vorstufe vor dem Ort der Vollendung und der Einheit.

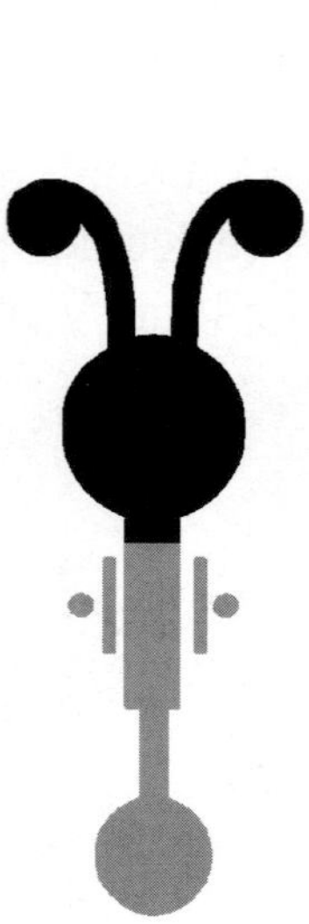

Die **Dreizehnte Dimension** ist der Ort der Vollendung und der Einheit , an dem das SELBST in ALLES, WAS IST eingeht und es keine Trennung mehr gibt. Es ist die göttliche Dimension von Gottvater /Gottmutter, die Gesamtheit alles Seienden in ihrer reinsten Integrität, die androgyn ist und somit beide Geschlechter enthält. Das symbolisiert der große Kreis mit den beiden Rundungen und jeweils einem Punkt am Ende. Das Göttliche in allen Dingen, das Licht der göttlichen Wahrheit, höchste Schöpferkraft. (Weitere Informationen zur 11., 12. und 13. Dimension sind dem Autor zur Zeit nicht bekannt.)

Die Menorah

Für viele Juden ist es ein großer Kummer, daß der „Große Leuchter", der, wenn die Dunkelheit der Nacht kam, im Heiligtum Gottes in Jerusalem entzündet wurde, verschwunden ist. Er sollte die Menschen daran erinnern: **„Euer Leben mag manchmal dunkel aussehen. Starrt nicht auf die Dunkelheit, sondern erinnert euch daran, daß der Leuchter brennt, daß es das Licht um Gott gibt, das nie verlöscht. Euer Leben soll von daher Licht bekommen."**

Replikat der Menorah auf dem Titus Bogen

Der Kornkreis „Die Menorah" bei Barbury Castle erschien auf dem selben Feld, wo am 3. Mai 1997 der Kabbalistische Lebensbaum entdeckt worden war (siehe S. 212). Der Lebensbaum stellt die Emanation der Gottheit und die zehn manifesten Aspekte des Universums dar. Der Lebensbaum, die Menorah und die drei Ölschalen stehen symbolisch miteinander in Verbindung. Die drei Ölschalen werden oft über der Menorah dargestellt, von dort läuft das Öl in den siebenarmigen Leuchter, damit er brennen kann und die Menschen daran erinnert, daß das Licht von Gott nie erlöscht. Die drei Ölschalen und der siebenarmige Leuchter ergeben zusammen wieder die zehn manifesten Aspekte des Universums. Die drei Ölschalen erschienen am 23. Juli 1999 bei Barbury Castle in der Nähe der Menorah (siehe S. 286).

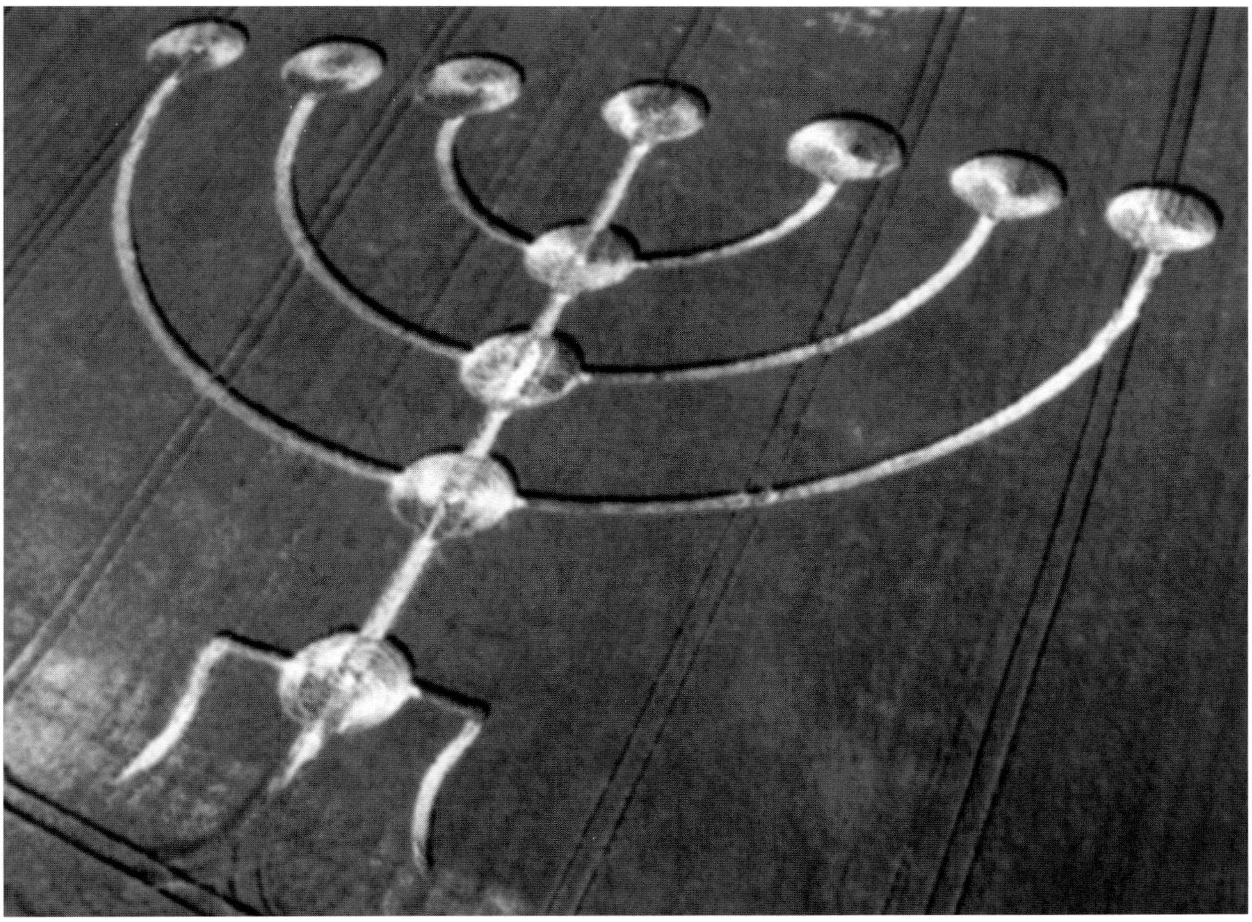

Der Kornkreis „Die Menorah", erschienen im Juni 1999 in Barbury Castle, Wiltshire. Foto: Lucy Pringle.

Ein Zeichen des Christus, welcher noch über den bekannten neun Stufen der Hierarchien steht. Die Formation hat neun rechtsdrehende Dreiecke und sechs linksdrehende Sicheln und ein „F", einen Kreis und ein „J" als Unterschrift-Symbol. Dieses Zeichen hat somit auch wieder drei verschiedene Symboliken und den Code von 3, 6, 9, was wiederum der numerologische Code für Jesus Christus ist. Erschienen am 18. Juli 1999 bei Cherhill, Wiltshire, England, 80 m. Foto: Frank Laumen.

„Die drei Fische" oder „Die drei Schalen" vom 23. Juli 1999 bei Barbury Castle, Wiltshire, England, 80 m. Foto: Frank Laumen. Hierbei handelt es sich um ein christliches Symbol für die Dreieinigkeit und für Jesus Christus. Man kann die Formation aber auch als die drei Ölschalen, die über der Menorah ausgegossen werden, betrachten, denn im Feld auf der gegenüberliegenden Straßenseite gab es einen Kornkreis, der die hebräische Menorah, den siebenarmigen Leuchter, darstellte.

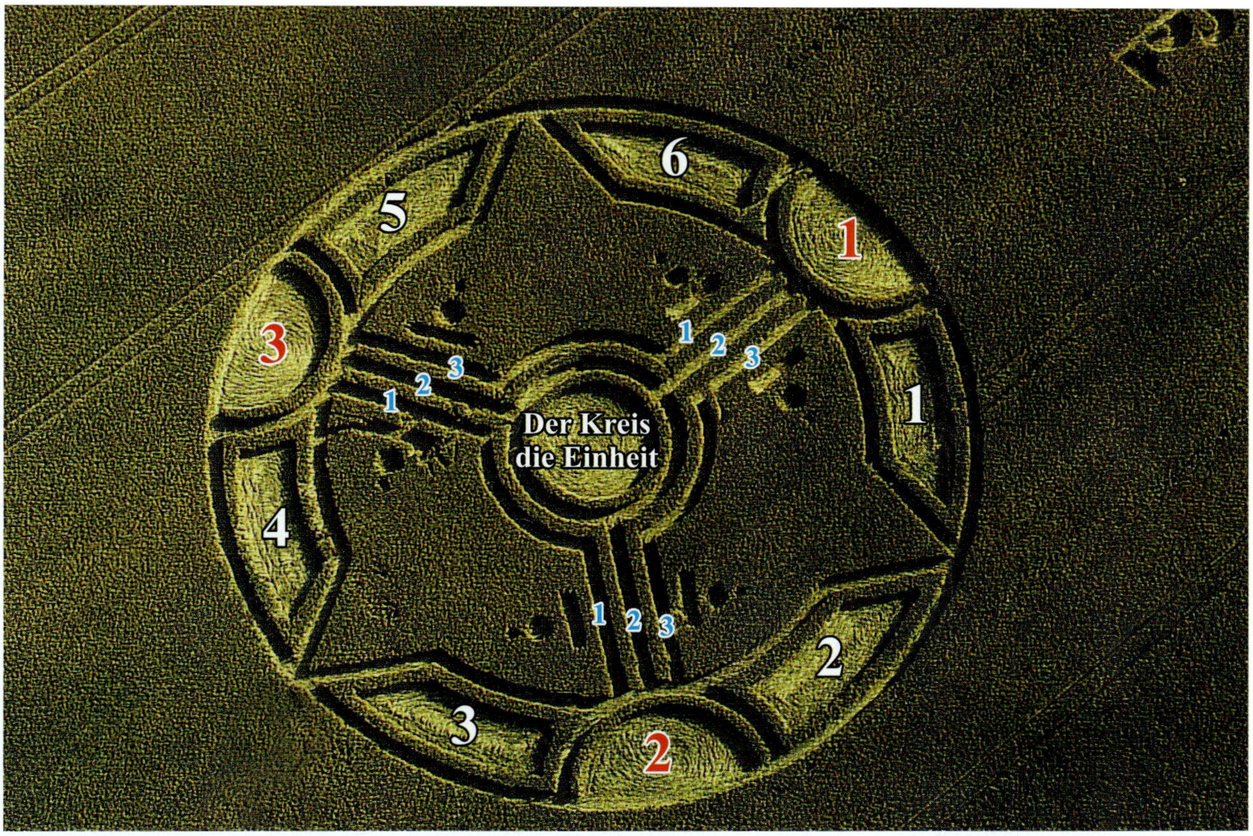

„Numerologischer Code von Jesus Christus mit seiner Unterschrift“ vom 21. Juli 1999 bei Liddington Castle, Wiltshire, England, Foto: Frank Laumen. Diese Formation setzt sich aus 3 Halbkreisen, 6 Trapezen und 3 mal 3 großen Strichen zusammen. 3 x 3 = 9. Desweiteren sieht man 3x6 kleine Punkte und Striche, was wieder 18=1+8=9 ergibt.

Die geheimnisvolle Verbindung zwischen den Zahlen 3, 6 und 9

Im Alter von 12 Jahren wurde Jesus im Tempel mit Rabbis über tiefgründige spirituelle Inhalte diskutierend entdeckt. Die Quersumme von 12 = 1+2 = **3**.
Als er 30 Jahre alt war, begann er seine Mission als Wanderprediger. 30 = 3+0 = **3**!
Mit 33 Jahren wurde Jesus gekreuzigt. 33 = 3+3 = **6**. 6 entspricht einer umgekehrten **9**.
3 Stunden litt Jesus am Kreuz, er wurde um die **9**. Stunde für tot erklärt und ist am **3**. Tag auferstanden. Die 18 „fehlenden Jahre“, über die es keine Aufzeichnungen in der heutigen Heiligen Schrift gibt, weisen wieder auf die **9**. 18 = 1+8 = **9**.
Das Geheimnis der Zahlen **3**, **6**, und **9** spielte in Jesus´ Leben immer wieder eine Rolle. Außerdem ergeben 3+6+9 = 18, 1+8 = 9. Die Zahl **9** steht für Anfang und Ende, Alpha und Omega. Wenn man zudem die Schlüsselzahlen für den Namen Jesus Christus berechnet, ergibt sich:

J E S U S **C H R I S T U S**
1 5 3 6 3 **3 5 2 1 3 4 6 3**
Summe:18=1+8=9 Summe:27=2+7=9 Summe:9+9=18=1+8=9

Bemerkenswert ist, daß der Name Jesus 18 und der Beiname Christus 27 und damit **9** ergibt, und daß der Name Jesus of Nazareth, der so häufig international gebraucht wird,

J E S U S **O F** **N A Z A R E T H**
1 5 3 6 3 **7 8** **5 1 7 1 2 5 4 5**
Summe:18=1+8=9 Summe:15=1+5=6 Summe:30=3+0=3 Summe:9+6+3=18=1+8=9

auch wieder die Schlüsselzahl **9** enthält. Diese Zahlen bilden auch den Code für viele spätere Kornkreiszeichen.
Für die Entschlüsselung wurde die chaldäische Numerologie benutzt.

„Der Escher-Würfel" vom 23. Juni 1999, Allington Down, Wiltshire, England, 60 m. Foto: Frank Laumen, steht für die 3. Dimensionsebene, auf der die Menschheit sich gerade befindet, und wir können mit unserer Wahrnehmungskraft keine 4-dimensionalen Objekte erkennen.

„Der 4-dimensionale Hyper-Würfel" vom 16. Juli 1999, Honey Street, Alton Barnes, Wiltshire. Foto: F. Laumen. Der Kreis im Würfel bedeutet die göttliche Sphäre oder eine höhere Dimensionsebene, die wir nicht sehen können. Hier sieht man aber einen Halbkreis im großen Kreis, der Verbindung mit dem 3-dimensionalen Würfel (als Sinnbild für unsere Ebene) aufnimmt. Können wir bald 4-dimensionale Objekte wahrnehmen?

Der vollkommene Davidstern

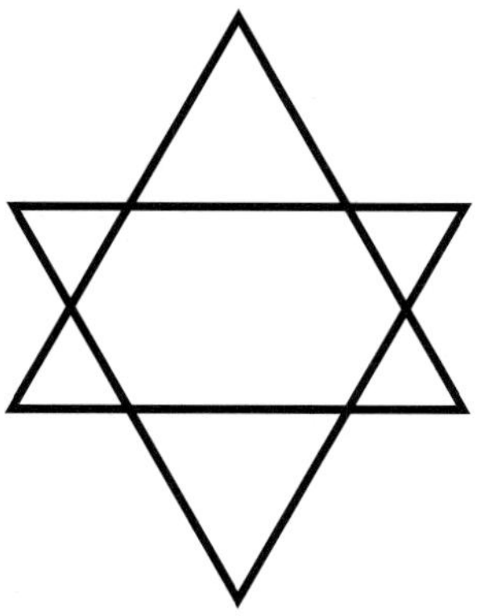

Beim Zeichnen findet jeder heraus, daß es viele Möglichkeiten der Formgebung des Davidsterns gibt, aber nur eine Lösung, die als „richtig“ empfunden wird.
Bei dieser Lösung sind die 6 Zacken gleich groß, und in die Mitte läßt sich ein Kreis einzeichnen. So ist das Symbol des Judentums gemeint: Wenn Gott und sein Volk „richtig“ miteinander sind, dann ist die Welt oder das Leben heil, und dafür steht der Kreis als Symbol. Alle Menschen sind das Volk Gottes.

Dieser Stern hat 12 Ecken, 6 an den Zackenspitzen, 6 in den Zackennischen. Man kann sich vielleicht denken, was einem Juden bei der Zahl 12 einfällt. Wenn man den Stern so sieht, gilt die kreisartige Mitte als Symbol für Gott und seine Gegenwart, wie sie beschrieben wird während der Wüstenwanderung.

Um diese Gegenwart Gottes herum lagerten die 12 Stämme, manche näher, manche ferner. In dem Bild des Sterns mit den unterschiedlich weit entfernten Ecken spricht sich eine Erfahrung aus für Juden und andere Menschen: Daß es für die meisten Menschen Zeiten gibt, in denen sie Gott nah und andere, in denen er ihnen sehr fern erscheint.

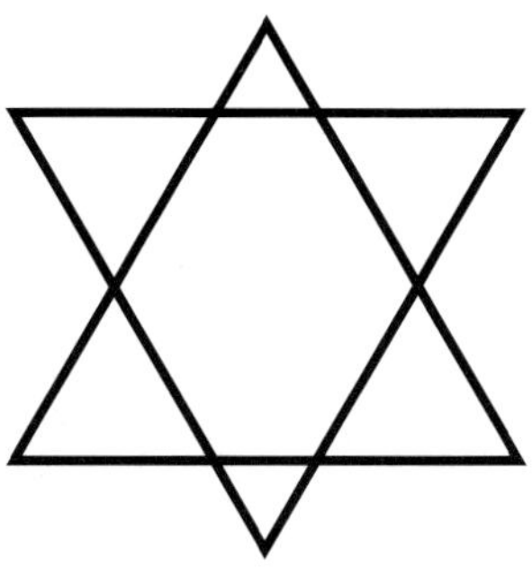

Zu den Kornkreis-Abbildungen auf Seite 290
“Der vollkommenen Davidstern”, Kornkreis vom 19. Juli 1999 am Devils Den bei Clatford, Wiltshire, England.Foto: Frank Laumen.

Hier befinden sich 6 Rauten in den Ecken des Davidsterns sowie 6 mal 5 Kreise von den Spitzen zur Kreismitte und 6 mal 9 kleine Kreise, die großen Kreise umgebend. 6 x 5 = 30 = 3, 6 x 9 = 54 = 5 + 4 = 9, 3 + 9 = 12, 1 + 2 = 3, die 3 steht für die heilige Trinität.
Wenn Gott und sein Volk „richtig“ miteinander sind, dann ist die Welt oder das Leben heil und dafür stehen der oder die Kreise im Mittelpunkt des Davidsterns. Alle Menschen bilden das Volk Gottes.

„Das Siegel Salomons“ oder „Der keltische Knoten“, Kornkreis vom 28. Juli 1999 bei Beckhampton, Wiltshire, England. Foto: Frank Laumen

In der Nähe dieses Feldes meditierte eine japanische Gruppe und bat um ein Zeichen und kurz darauf erschien diese Formation. Sie interpretierten den Kornkreis als ein Origami-Zeichen.

"Der vollkommene Davidstern" vom 19. Juli 1999 am Devils Den bei Clatford, Wiltshire, England, 62 m. Foto: Frank Laumen.

„Das Siegel Salomons" oder „Der keltische Knoten" vom 28. Juli 1999 bei Beckhampton, Wiltshire, England, 72 m. Foto: Frank Laumen

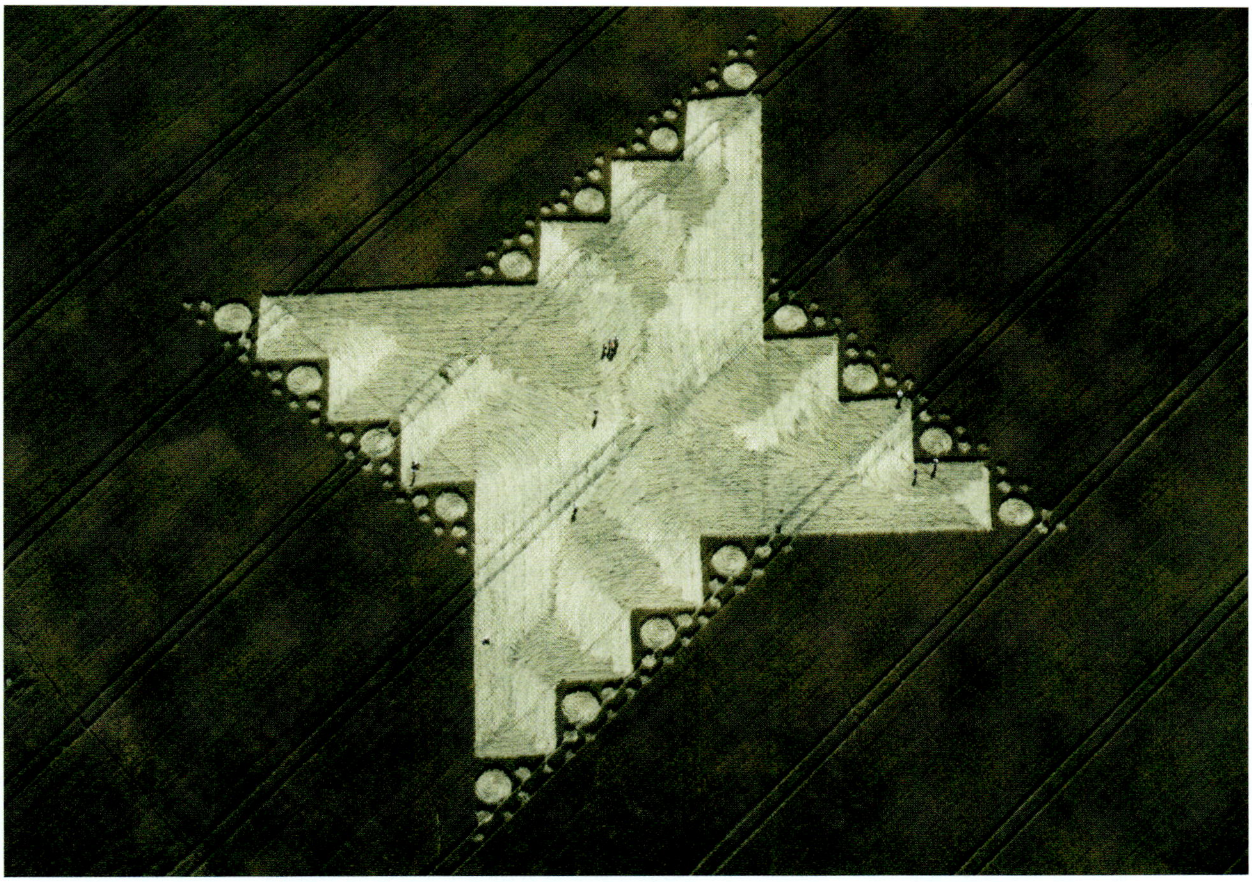

„Fraktalgeometrischer Stern oder Kreuz" vom 24. Juli 1999 bei Silbury Hill, Wiltshire, England, 84 m. Foto: Frank Laumen. Die Planetenkonstellation am 11. August 1999 wurde von den Astrologen auch als „Das große Kreuz" bezeichnet. Ist diese Formation eine symbolische Darstellung dieser astrologischen Gegebenheiten?

„Saros-Zyklus" vom 04. Juli 1999, Hackpen Hill bei Broad Hinton, Wiltshire, England, 125 m. Foto: Frank Laumen. Dieser Kornkreis hat dasselbe Muster wie eine am Computer konstruierte Darstellung sämtlicher Kernschatten der Sonnenfinsternisse über 1370 Jahre (siehe Seite 292). Dieses Muster nennt man den Saros-Zyklus.

Der Saros-Zyklus

Die Anziehungskraft der Sonne bewirkt eine langsame westwärts gerichtete Verlagerung der Knoten der Mondbahn (siehe auch Finsternisjahr). Ein voller Umlauf um 360° erfolgt in 6585 1/3 Tagen (18 Jahren und 11 1/3 bzw. 10 1/3 Tagen bei vier bzw. fünf Schaltjahren in dieser Periode), nach dessen Ablauf der Mond wieder die gleiche Stellung zu Sonne, Erde und Knotenlinie einnimmt, so daß sich Sonnen- und Mondfinsternisse mit der gleichen Periode wiederholen. Die Sarosperiode war schon den Chaldäern bekannt. Sie benutzten diesen Zyklus zur Vorausberechnung von Finsternissen.

Die Sarosperiode (chaldäische Periode) entspricht in guter Näherung 223 synodischen Monaten (= 6585,32 Tage) und 242 drakonischen Monaten (= 6585,36 Tage). Wegen der kleinen Abweichung zwischen diesen beiden Perioden bleiben Mondfinsternisse nur rund 900 Jahre, Sonnenfinsternisse nur rund 1370 Jahre im Saros-Zyklus.

Die Sonnenfinsternis vom 11. August1999 gehört zum Saros-Zyklus 145, der 77 Finsternisse umfaßt und 1370 Jahre dauert. Die erste Sonnenfinsternis dieses Zyklus fand am 4. Januar 1639 statt, die letzte wird sich am 17. April 3009 ereignen.

Im Vergleich: Grafik des Hackpen-Hill-Kornkreises und eine Darstellung des Saros-Zyklus der Sonnenfinsternisse.

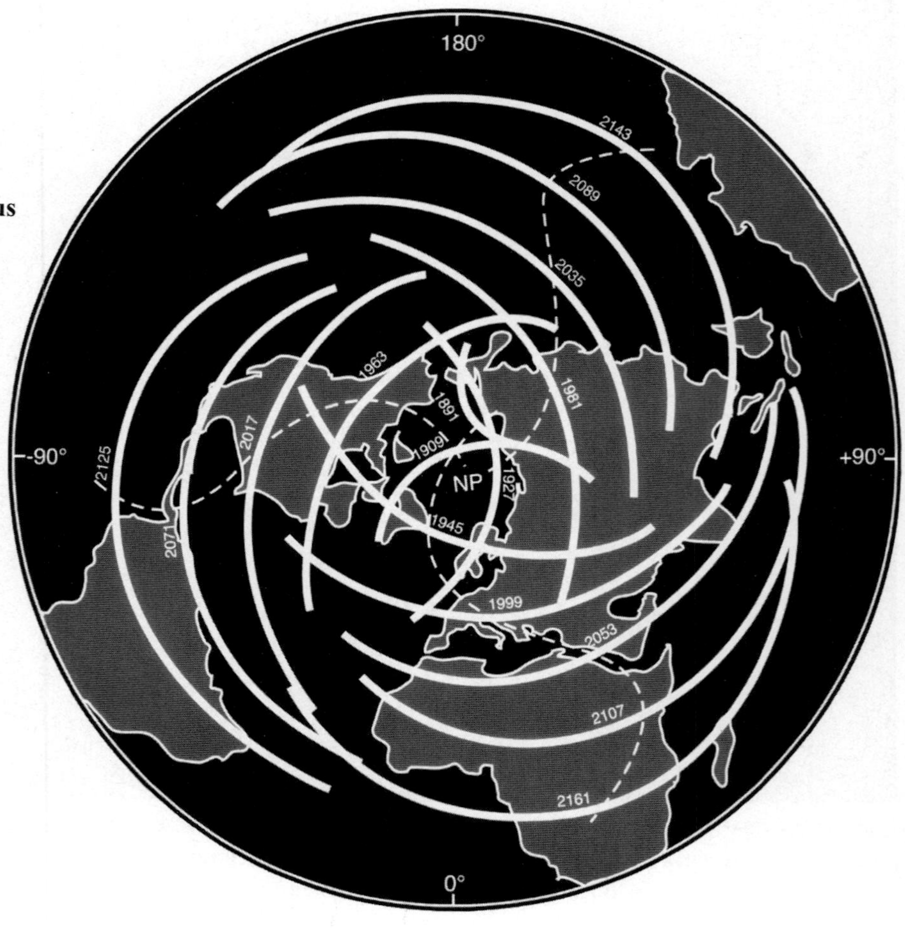

Die Sonnenfinsternis am 11. August 1999

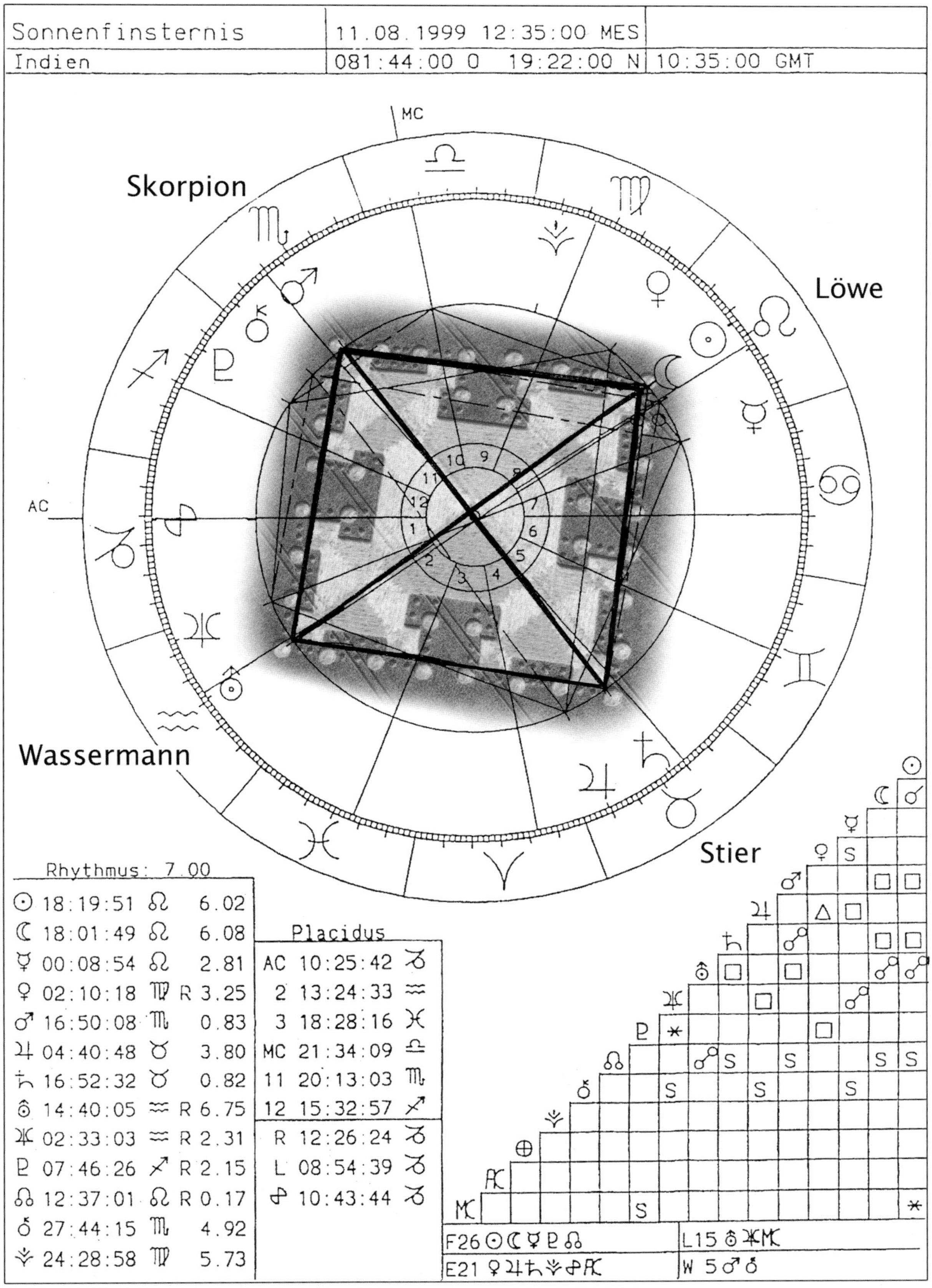

Horoskop der Sonnenfinsternis, Indien 1999

Für den 11. August 1999 wurde das hier abgebildete Horoskop erstellt. Man sieht das „Große Quadrat“ oder das „Große Kreuz“, die im Juli und August 1999 auch als Kornkreise aufgetreten sind.

„Das Neue Jerusalem“ vom 4. August 1999, West Kennet Long Barrow, Wiltshire, England, 190 m, 156 Kreise. Foto: F. Laumen. Ein helleuchtender Kornkreis mit dreidimensionaler Wirkung: In der Offenbarung des Johannes wird das Neue Jerusalem als Quadrat oder Viereck beschrieben. Ihre Länge ist so groß wie die Breite. Johannes spricht von 12 Toren, 12 Engeln, 12 Gründen und 12 Aposteln. Diese Formation sowie auch die vom Windmill Hill hatten jeweils 12 kleine Quadrate im äußeren Rand. (Die Planetenkonstellation am 11. August 1999 nannten Astrologen auch „Das große Quadrat“.)

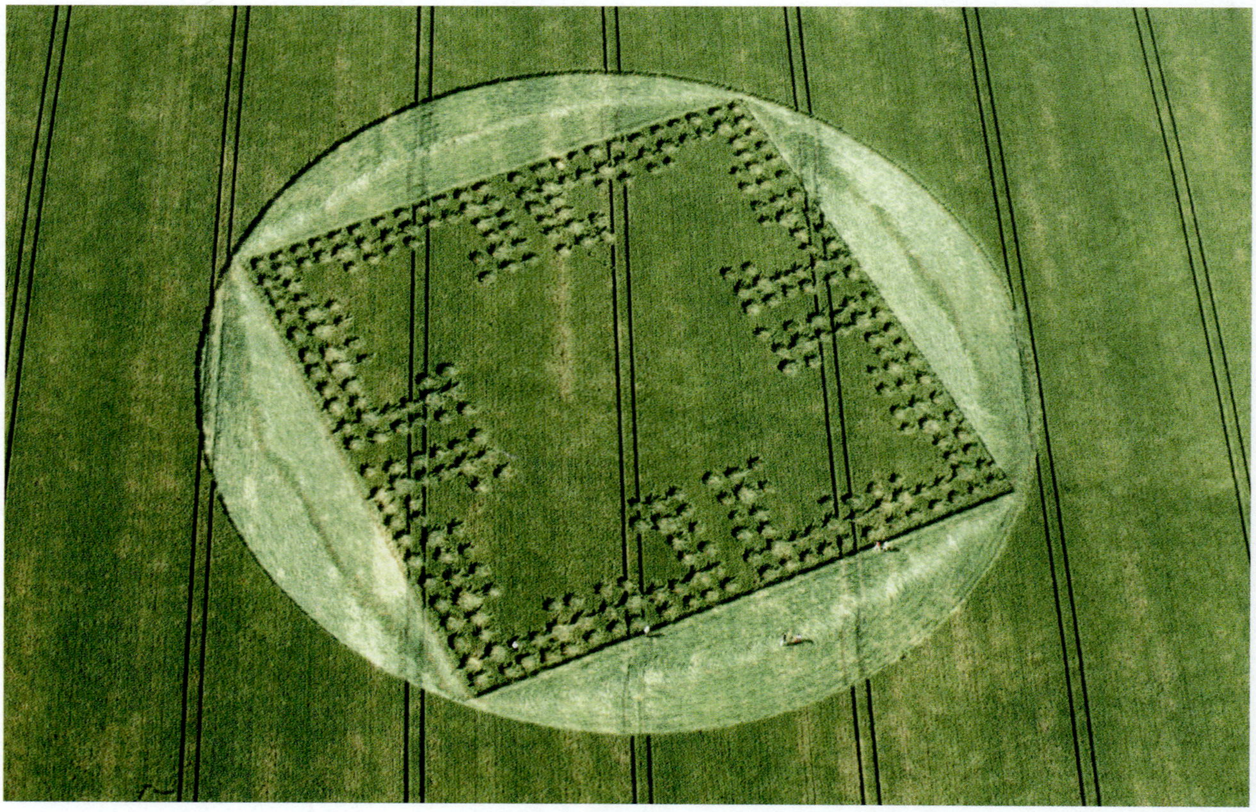

Noch ein „Neues Jerusalem“ vom 16. Juli 1999 am Windmill Hill, Wiltshire, England, ca. 100 m, 288 Kreise. Foto: Frank Laumen. Eine Formation mit dunkler zweidimensionaler Wirkung, aber derselben Form und der gleichen Aussage. Man könnte beide Kornkreise entweder als Quadrat oder als Kreuz ansehen.

„Die Herrscherkrone der Allmacht" vom 31. Juli 1999, Roundway bei Devizes, Wiltshire, 125 m. Foto: F. Laumen. Die „Krone" hat 7 kleine und 7 große Spitzen oder Kugeln. 7 + 7 = 14, 1 + 4 = 5 Die 5 bedeutet kabbalistisch betrachtet „Gerechtigkeit oder Strenge", sowie „Gott der Mächtige".

„Fraktaler aufgeklappter Oktaeder mit 10 Hexagrammen" vom 23. Juni 1999 bei West Overton, Wiltshire, England, 113 m. Foto: Steve Alexander. Das Oktaeder ist einer der Platonischen Körper, die wiederum den Code der Schöpfung symbolisieren. Diese fünf Körper repräsentieren die fünf Elemente, das Oktaeder steht für die Luft. Zählt man alle Kreise auf den Verbindungslinien zwischen den 10 Hexagrammen, so ergibt das 17x4=68. In den 8 Dreiecken zwischen den Hexagrammen sind jeweils 6 Kreise, die auch ein Hexagramm bilden, 8x6=48. Nimmt man nun die Summe aller niedergelegten Elemente 68+48+10=126=1+2+6=9. Die Zahl 9 symbolisiert von altersher Alpha und Omega, Anfang und Ende. Die Zahl 8 (Dreiecke) steht für die Unendlichkeit, und die Zahl 10 (Hexagramme) steht für die Vollendung und die Vollkommenheit. Das Hexagramm kennzeichnet den Davidstern und bedeutet die Einheit der oberen und unteren Welten.

Die Veränderung der Grundresonanz-Frequenz der Erde

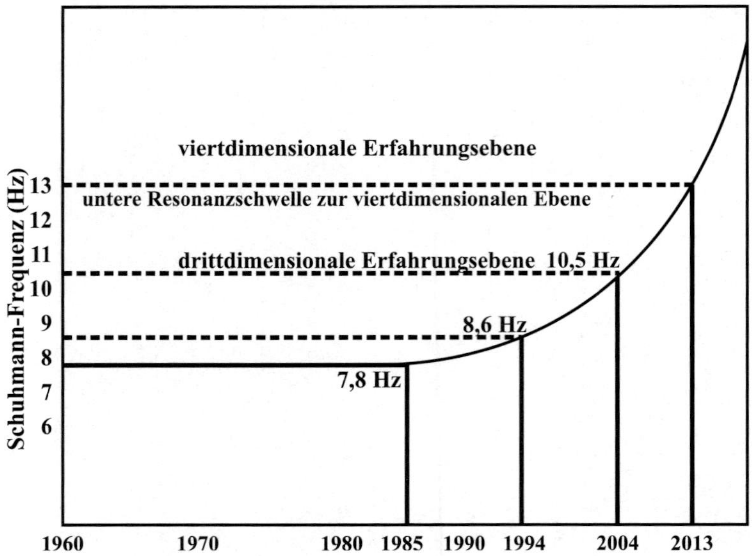

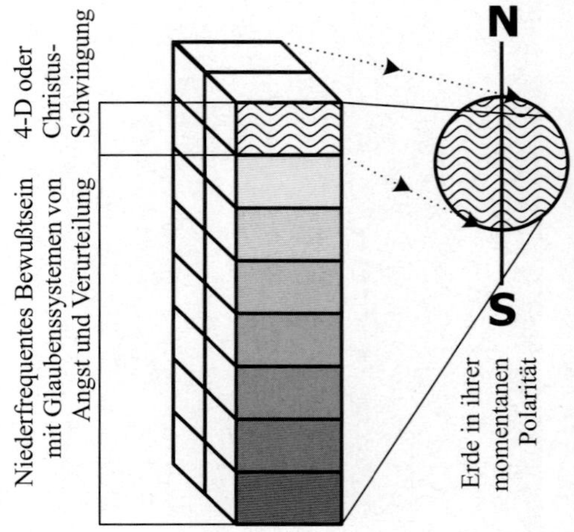

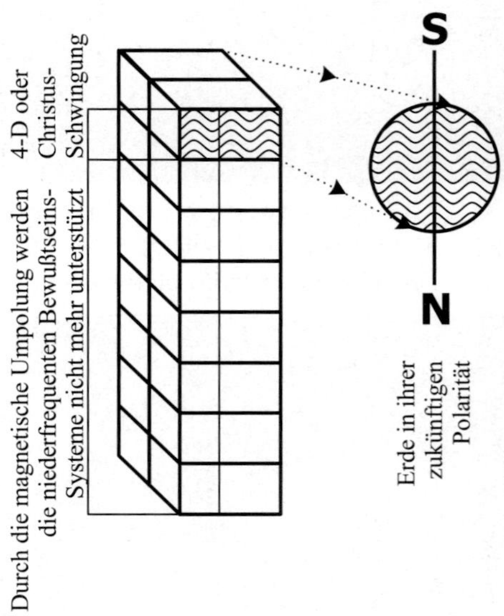

Spürbare Zeichen der Frequenzveränderung

Die Zeit läuft merklich schneller, die Ereignisse sind beschleunigt, Phantomschmerzen und Müdigkeit treten auf. Von einem westlichen Physiker würde eine solche Resonanzverschiebung zur Christus-Schwingung hin als „Dimensionswechsel" bezeichnet werden. Genau dieser Prozeß der bewußt erlebten Resonanzverschiebung wird in der Bibel als „Auferstehung" beschrieben. Für diesen hochentwickelten Ausdruck der Lebensessenz steht symbolisch der Ausdruck „das Ewige Leben".

Die Umpolung der Magnetfelder

Eine beschleunigte Evolution der Erde wird durch den bevorstehenden Wandel bewirkt. Unausweichlich sind die körperlichen Veränderungen, die die Menschen erfahren werden, denn sie sind mit den sich verändernden Magnetfeldern und Frequenzen der Erde verbunden (siehe dazu die 3 Grafiken rechts). Wenn sich der Mensch das Wissen der alten Lehren, in denen die Zusammenhänge von Körper, Geist und Seele erklärt werden, wieder aneignet, kann er sich die Transformation erleichtern. Mit dieser Aufrüstung kann auch er - vergleichbar mit Jesus - seinen freien Willen leichter und richtig einsetzen. Dieser Wandel hat den Zweck, Heilung zu bringen, für alle, die diese Energie ertragen können und zur Balance der Erde beizutragen. Das „Erwachen am Null-Punkt" ist der Wandel zu einem neuen Menschen mit einer höheren Frequenz, der „Christus-Energie".

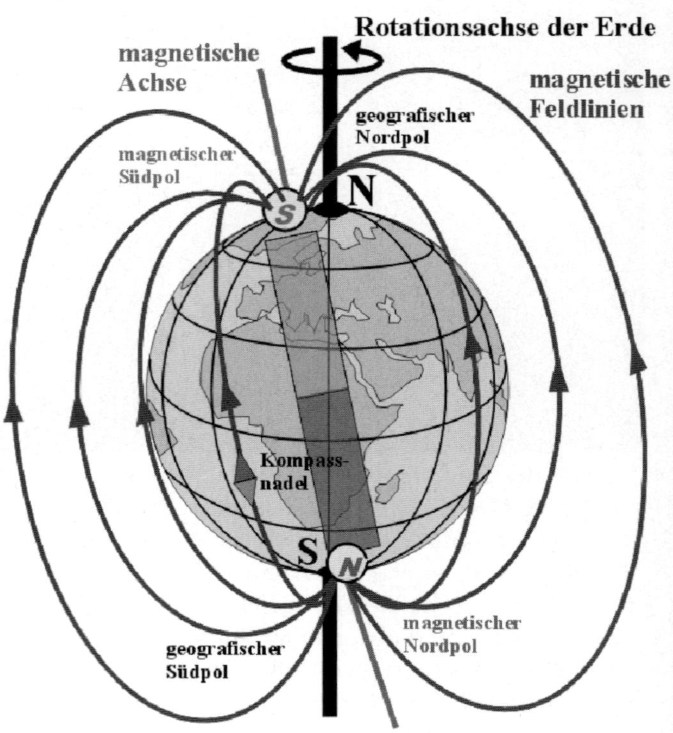

Die verborgene Botschaft der Bibel

Persönlichkeiten aus der Geschichte

Alle Menschen haben ihren Platz in der Thora mit ihren Geburts- und Todesdaten und Ereignissen. Von gewissen historischen Persönlichkeiten sind diese Eckdaten, die ihr Leben bestimmt haben, inzwischen gefunden worden. Es wird sicher noch viele Entdeckungen dieser Art geben, da die Untersuchungen in dieser Hinsicht erst begonnen haben.

Ein wichtiger Kabbalist (**Louria**), genannt Maharshal, aus dem 16. Jahrhundert ist im Kapitel 20 Vers 9 der Genesis durch eine Dekodierung mit Sprüngen von 27 Buchstaben entdeckt worden. Die von Louria entwickelte Theorie „Tsimtsoum" findet sich dort auch.

Auf diese Art sind vierunddreißig weitere Biographien von mystischen Juden erschlossen worden - unter anderem sind Pasteur, Zola und Dreyfus dort genannt.

Geschichtliche Ereignisse

Im Kapitel 6 der Genesis wird der **Golfkrieg** von 1990/1991 sogar mit den Hauptakteuren dieses Geschehens genannt:

Durch Sprünge von 48 Buchstaben zwischen den Versen 11 und 13 ergab sich „**Sadam**", der Name „**Hussein**" nach dem letzten Buchstaben von Vers 9 durch Sprünge von 30 Buchstaben – durch Sprünge über 4 Buchstagen in Vers 16 „**Bush**" und das Datum des Kriegsendes, der 1. März, findet sich in Vers 6 = „**15 Adar**"

Durch Sprünge von 7 Buchstaben in Vers 17 findet man dort ebenfalls den Namen „**Babel**"

In Vers 9, Kapitel 41 ist der zweite Weltkrieg aufgeführt und den Namen „**Adolf**" findet man durch Sprünge von 39 Buchstaben - den Ausdruck „**Anführer der Scharfrichter**" bei zweimaliger Wiederholung.

Hier ist das Schriftfeld zum zweiten Weltkrieg

„**Adolf**": ארולף

„**Anführer der Scharfrichter**": שׂד המבּתימ

Die Worte „**Ashkenaze**" (Deutsche), „**Nazi**", „**Blutbad**", „**Hitler**" findet man in der Genesis, Kapitel 8 Vers 21. Weitere Entdeckungen, die den zweiten Weltkrieg betreffen sind auch in anderen Feldern gemacht worden. 10.1, 45

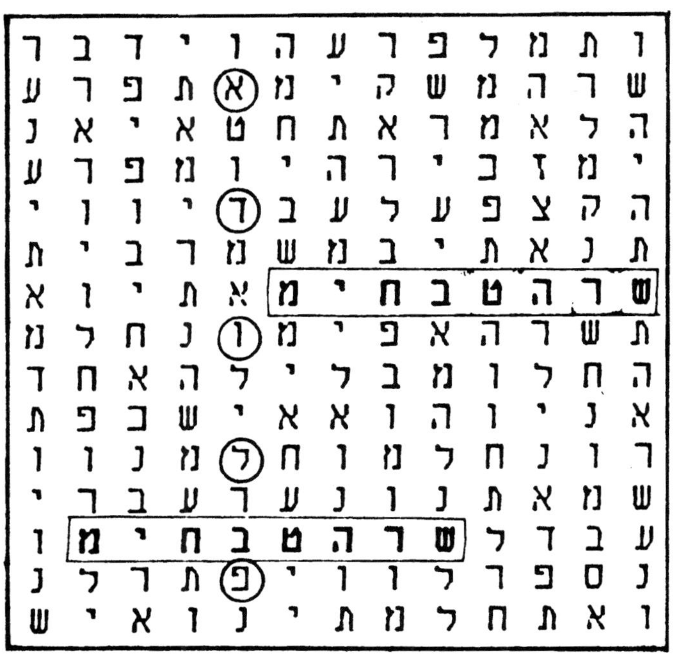

In der Thora befinden sich ebenfalls viele Passagen, die einen Bezug auf die französische Revolution haben, davon die wichtigste in der Genesis, Kapitel 44 und 46. Den Ausdruck **„In Frankreich“** entdeckt man durch Sprünge mit 647 Buchstaben und die Worte **„Der König“** und **„Louis“** findet man sogar in direkter Leseweise. **„Festung, Ort der Inhaftnahme der Gefangenen des König“** liest man in Kapitel 39 Vers 2. Die **„Bastille“** findet sich wiederum durch Sprünge und der Tag der Enthauptung Ludwigs XVI., der 21. Januar, wird durch Sprünge von 10 Buchstaben erschlossen als **„8 shevath“**. **„Enthaupteter König“** erhält man durch Sprünge von 408 Buchstaben; desweiteren entdecken wir im Text die Worte **„Revolution“** und **„Marsellaise“**. Es gibt sicher noch weitere Enträtselungen wenn man die Untersuchungen fortsetzt. Außerdem sind einige andere Ereignisse, wie z. B. die russische Revolution, aufgeschlüsselt worden.

Wissenschaftliche Endeckungen
In zahlreichen Feldern wurde bei den wissenschaftlichen Entdeckungen die Buchstabenkombination **AIDS** gefunden. **„AIDS“** findet sich in der Genesis durch Sprünge von 6 Buchstaben in Kapitel 5 Vers 1. **„H.I.V.“** entschlüsselt man in Sprüngen von 14 Buchstaben und entdeckt auch die Worte **„Blut“** und **„Tod“**, sowie den Begriff **„homosexuell“**.
Durch die ermutigenden Untersuchungen über andere Krankheiten, die fortgesetzt werden, besteht die berechtigte Hoffnung auf weitere Entdeckungen, die vielleicht von entscheidender Bedeutung für die wissenschaftlichen Untersuchungen sind.

„AIDS“: אידס
in I3, H3, G3, F3

„Bedam“ (im Blut): בדם
in J1, J3, J5 und J1, K6, K5

„Moth“ (Tod): מות
in K5, K4, K3

„H.I.V“: היו
in N2, Q6, S4

„Min“ (Geschlecht): מין
in J5, L5, N5

	1	2	3	4	5	6
A	א	א	ר	ק	י	ו
B	נ	א	ו	ם	ש	ת
C	ו	ה	ז	א	ש	ו
D	א	ר	ק	ל	ל	ח
E	ו	ה	י	ם	ש	ב
F	ר	פ	ם	ה	ז	ה
G	א	ת	ד	ל	ו	ת
H	ם	ו	י	ב	ם	ד
I	ה	ל	א	א	ר	ב
J	ב	ם	ד	א	מ	י
K	ל	א	ת	ו	מ	ד
L	ה	ש	ע	ם	י	ה
M	ר	כ	ז	ו	ת	א
N	כ	ה	ב	ק	נ	ו
O	ב	י	ו	ם	א	ר
P	ו	ם	ת	א	כ	ר
Q	ת	א	א	ר	ק	י
R	ם	ד	א	ם	ם	ש
S	ב	ה	ם	ו	י	כ

Es sieht so aus, als gäbe es für die Menschheitsentwicklung einen vorherbestimmten göttlichen Plan. In Jahrhunderte alten Überlieferungen wurde immer von einem Buch im Buch (Bibel) gesprochen. Aber wie sollte das Buch entschlüsselt werden? Natürlich erst im Computerzeitalter wurde es möglich. Ein israelischer Mathematik-Professor hatte für die 304.000 Buchstaben der Thora ein bestimmtes Computerprogramm entwickelt; dadurch konnte er Geschehnisse der Vergangenheit und der Zukunft entdecken.
Ich will nicht weiter auf die Zukunftsereignisse eingehen; wen es interessiert, der kann das im Bibel-Code Band I und II von Michael Drosnin nachlesen. Im Bibel-Code wurde darauf hingewiesen, daß wir, die Menschheit, nicht ganz machtlos sind. Es wurden Passagen entdeckt, in denen stand „Ihr könnt es ändern“.
Wenn also Millionen von Menschen spirituell aufwachen und sich gemeinsam für den Weltfrieden einsetzen würden (was ja dank TV und Internet möglich wäre), könnten die globalen Ereignisse abgeschwächt werden und dann der vorherbestimmte Bibel-Code und die Zukunft verändert werden.

„Das Magnetfeld“ vom 27. Juni 2000, Avebury Trusloe, Wiltshire, England, ca. 75 m. Foto: Frank Laumen. Stellt dieser Kornkreis einen Hinweis auf bevorstehende Veränderungen des Erdmagnetfeldes dar? Streut man Eisenspäne auf einen Tisch und hält einen Hufeisenmagneten unter diesen Tisch, bekommt man ein ähnliches Muster wie dieser Kornkreis.

„6 Pentagramme im Pentagon“ vom 24. Juli 2000, Silbury Hill, Wiltshire, England, ca. 60 m. Foto: Frank Laumen. Bei einem der Pentagramme ist ein Zacken „aus dem Rahmen gefallen“ (unten rechts). Dies könnte darauf hinweisen, daß die pentagonale Struktur der Mer-Ka-Ba (Lichtkörper) noch nicht ganz stabil ist.

Das letzte Kornkreiszeichen des Milleniumjahres 1999

Kornkreis am 1. September 1999 Avebury, Manor, Wiltshire, England.

Diese Formation, von der wir leider nur eine Grafik haben, war die letzte der Kornkreis-Saison 1999. Sie besteht aus 8 großen Kreisen um den Mittelpunkt, bzw. insgesamt aus 8 Kombinationen aus je 11 kleinen und großen Kreisen.
8 x 11 = 88 = 8 + 8 = 16 = 1 + 6 = 7 7 + 1 = 8 ; 88 + 1 = 89 = 8 + 9 = 17 = 1 + 7 = 8
Der numerologische Wert dieses Kornkreises ergibt immer wieder 8. Außerhalb der Hauptformation lag noch ein Zeichen im Feld, das den spiegelverkehrten 8. hebräischen Flammenbuchstaben Chet darstellt.

ח

Der 8. hebräische Flammenbuchstabe „Chet" hat den Wert 8 und steht symbolisch für die achte Tarotkarte „Die Gerechtigkeit", Psalm 119, Vers 57-64. Chet entspricht dem Symbol eines Altars, der Neuen Welt, dem himmlischen Jerusalem oder auch der Intuition und dem weiblichen Element. Chet steht auch für das Harmonie-Prinzip. Der Kreislauf in Form einer 8 verbindet die oberen und die unteren Ebenen miteinander.

Der Stern von Nibiru. Kornkreis vom 6. August 2001, Alton Priors, Wiltshire, ca. 60 m. Foto: Frank Laumen

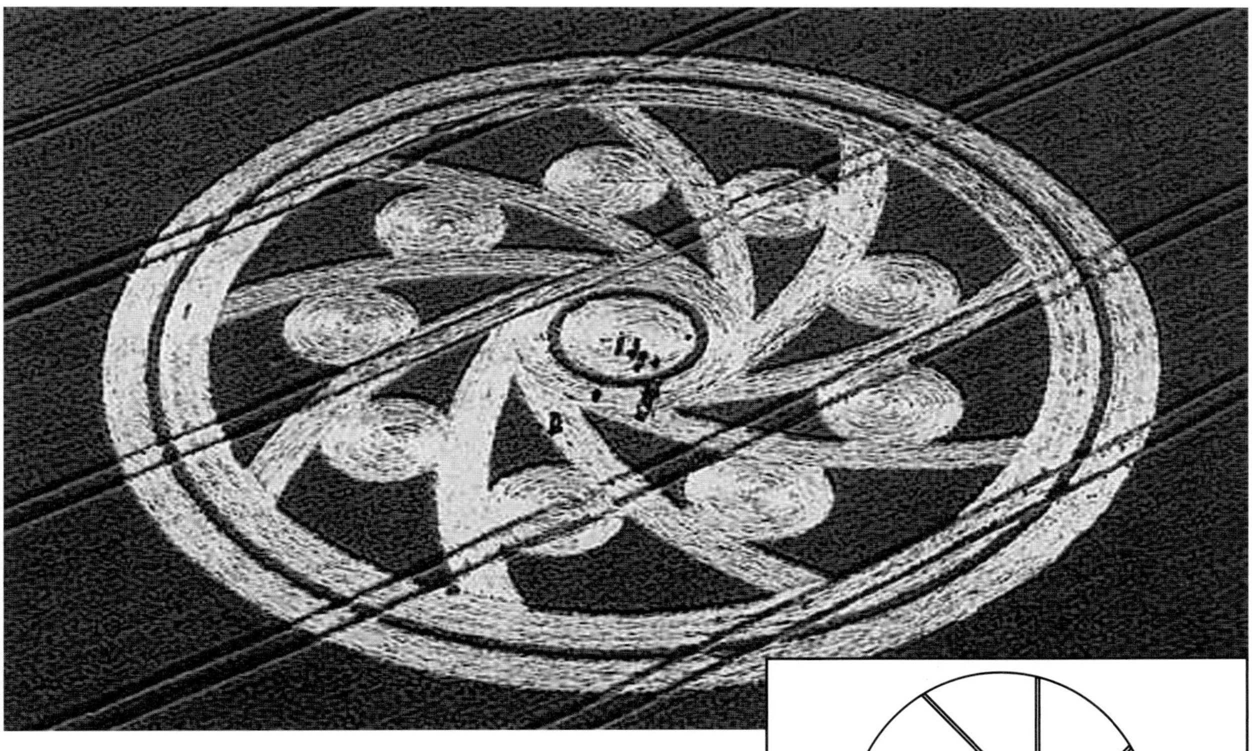

Neun Spiralen mit neun Kreisen vom 10. August 2001, Woodborough, Wiltshire, England, ca. 65 m. Foto: Steve Alexander. Dieser Kornkreis erinnert an das Bessler Rad, ein Perpetuum Mobile (siehe Abb. rechts). Ist es eine Anleitung für den Bau einer freien Energiemaschine?

Die Blume des Lebens aus weiblicher Sicht

Nun untersuchen wir noch einen weiteren Aspekt der ägyptischen Philosophie aus rein weiblicher Sicht, und zwar so, wie die Mysterienschule „Linkes Auge des Horus" ihn sehen würde. Das nachfolgende kann außerdem als Beweis dafür betrachtet werden, daß die Ägypter von der Blume des Lebens wußten und danach lebten.

Wir werden nun an die Blume des Lebens auf eine völlig andere Weise herangehen als zuvor. Wir betrachten sie ausgehend von der rechten Gehirnhälfte, also aus weiblicher Sicht, statt aus der männlichen, vorzugsweise die linke Gehirnhälfte beanspruchenden Sicht wie zuvor. Das Ganze wird keiner männlichen Logik folgen sondern einer weiblichen.

Wir beginnen mit der Blume des Lebens. Innerhalb der Blume des Lebens findet sich ein bestimmtes Bild, das wir hier herausarbeiten werden. Greift man das Schöpfungsmuster heraus und zieht einen Kreis herum, so erhält man dieses Bild hier (Abb. 1).

Nachdem man dann die vier Kreise ober- und unterhalb des mittleren Kreises herausgenommen hat, erhält man dieses Bild (Abb. 2). Wie man sehen kann, ist es von der Blume des Lebens abgeleitet. Wo wir nun dieses neue Bild haben, werden wir es immer wieder verwenden. Wir nehmen die Darstellung der beiden Kreise und zeichnen in die mittelgroßen Kreise wiederum Kreise, die halb so groß sind, wie diese (Abb. 3). Immer wieder zeichnen wir halb so große Kreise in die jeweils Kleinsten, bis wir Abbildung 4 vor uns haben.

Abbildung 1: Genesismuster in einem Kreis um 30° gedreht.

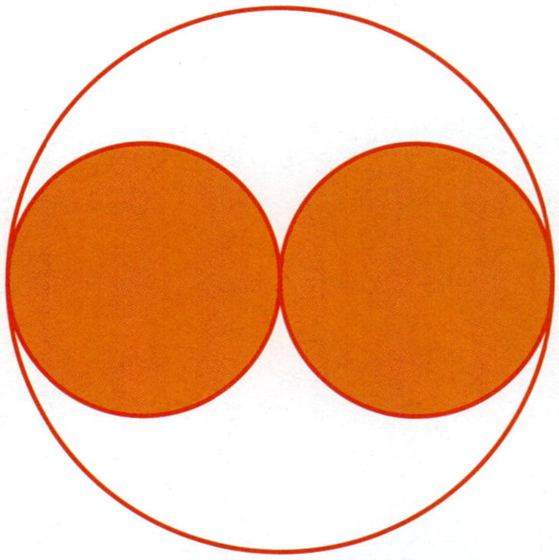

Abbildung 2: Zwei in einen Kreis eingeschriebene Kreise.

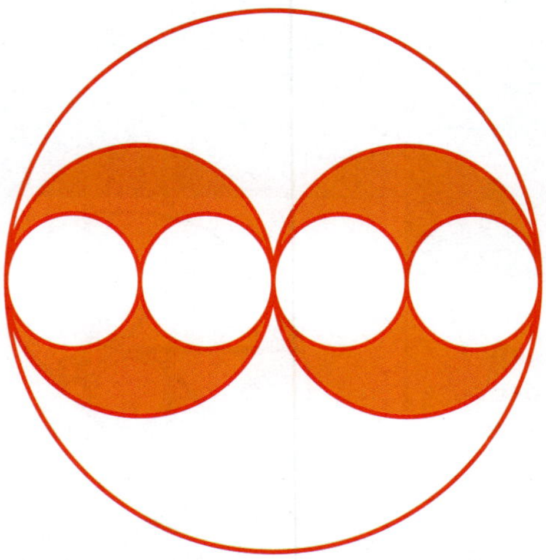

Abbildung 3: Verdopplung der Kreise.

Abbildung 4: Aneinander gereihte Kreise.

Das Genesismuster in einem Kreis um 30 Grad gedreht erschien am 12. August 2001 Englishcombe, Sommerset, England, ca. 125 m. Foto: Steve Alexander.

Die Blume des Lebens aus weiblicher Sicht erschien 28. Juli 2001 in Stanton St. Bernard, Wiltshire, England, ca. 47 m. Foto: Frank Laumen.

Die Entschlüsselung des Grasdorf Piktogramms

„Das Grasdorf-Piktogramm“ vom 23. Juli 1991 bei Hildesheim (Bild Seite 306)
In der Nacht zum 23. Juli 1991 hörte ein Anwohner ein lautes Geräusch, dessen Ursache er aber nicht herausfand. Am Tag wurde dann die rund hundert Meter lange und dreißig Meter breite Formation entdeckt. Sie bestand aus 7 Symbolen mit 13 Kreisen, in der Mitte ein Kreuz im Kreis, an das uralte Sonnensymbol erinnernd. Das Piktogramm fand weit über Deutschland hinaus Beachtung!
Unter drei der zur Formation gehörenden Kreise, die mit einer Sichel umgeben waren, fand ein Schatzsucher mit einem Metallsuchgerät drei massive Platten aus Gold, Silber und Bronze, die reliefartig dasselbe Zeichen trugen, das im Getreide abgebildet war. Untersuchungen ergaben eine metallurgische Reinheit, wie sie auf der Erde nicht vorkommt. Heute sollen sich zwei der Platten in Privatbesitz befinden, die goldene Platte wurde zur Hälfte geschmolzen und das Gold verkauft.
Nachfolgend das entsprechende Zitat aus der Edda über die goldenen Tafeln im Gras in der Nähe von Gras-Dorf:

Auf dem Idafelde die Asen sich finden und reden dort vom riesigen Wurme, und denken da der großen Dinge, und alter Runen des Raterfürsten.

Wieder werden die ***wundersamen goldenen Tafeln*** *im Gras sich finden, die vor Urtagen ihr eigen waren.*

Unbesät werden Äcker tragen.

Böses wird besser. Baldur kehrt heim. Hödur und Baldur hausen im Sighof, froh die Wal-Götter – wißt ihr noch mehr?

Der Acker, auf dem die Tafeln gefunden wurden, heißt im Volksmund „Thibergfeld“, weil es am Fuße des Thiberges liegt. Nach alten Sagen befand sich hier ein Thingplatz, ein germanischer Versammlungs- und Gerichtsplatz. Der Thiberg war Tiu, dem Gott der Versammlung und obersten Richter geweiht. Tui (auch der nordische Kriegsgott Tyr) ist der in der Edda, einem germanischen Götterepos, erwähnte Raterfürst der Asen (germanische Gottheiten).

Das Thibergfeld ist auch das „Idafeld der Götter“. Gegenüber dem Thiberg befindet sich der Donnerberg (dem germanischen Gott Donar geweiht) bei Derneburg. Zwei Kilometer entfernt liegt der Ort Holle (Frau Holle – oder Hild – soll der Sage nach in einem unterirdischen Reich gewohnt haben.). Wiederum zwei Kilometer weiter finden wir die Wodansklippe. Somit befand sich das

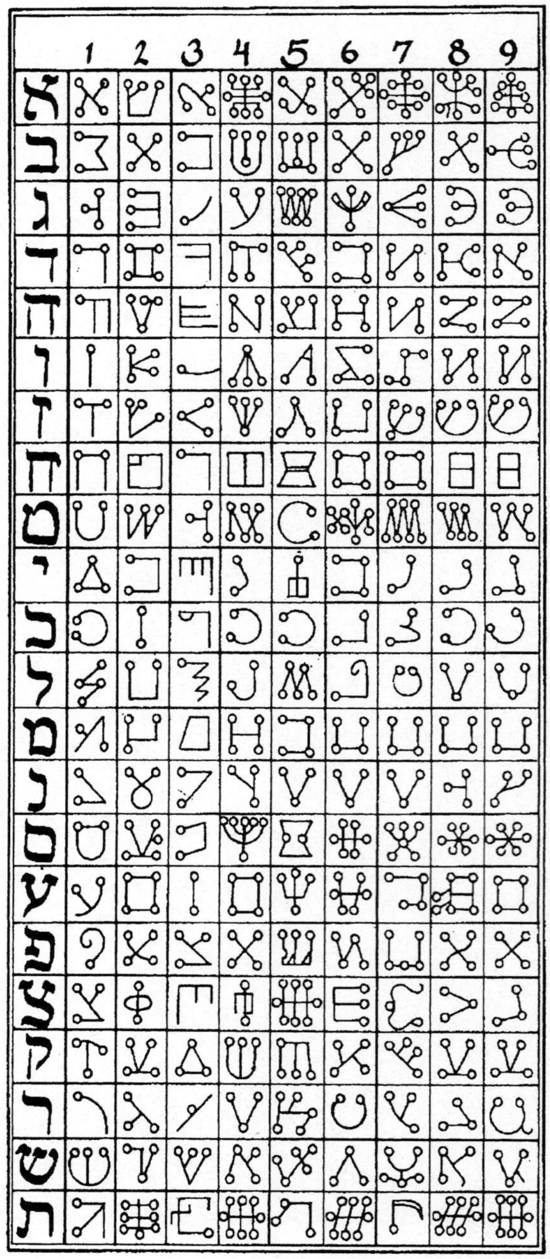

Europäisch-hebräisches magisches Alphabet [26]

Die Engelschrift aus dem Buch Raziel, Niederlande. 17. Jhd.

Grasdorfer Piktogramm auf einem Thingplatz, umgeben von vier heiligen Plätzen, die den vier höchsten germanischen Gottheiten geweiht waren.
Zu diesem Piktogramm habe ich mir viele Gedanken gemacht, da es aufgrund seiner Lage und den vielen einzelnen Symbolen wohl eine wichtige, vielleicht sogar eine Schlüssel-Botschaft für das gesamte Kornkreisphänomen enthalten mußte.
Nach langen Recherchen bin ich in dem Buch „Engelszauber“ auf ein magisch-hebräisches Alphabet, einer Art Geheimschrift aus 22 hebräischen Flammenbuchstaben in 9 Spalten, gestoßen. Ebenso findet man in dem Buch „Engel – eine bedrohte Art“ eine Engelschrift aus dem Buch Raziel. ***Raziel gilt als der „Engel der geheimen Regionen und der höchsten Mysterien“, er soll der Autor des legendären Buches sein, „in dem alles irdische und himmlische Wissen niedergelegt ist.“ Hier ein Zitat aus dem Buche Raziel: „Weil er Mitleid mit Adam hatte, ließ Gott ihm durch Raziel ein Buch bringen, damit er in den Spiegel des Seins schauen könne und darin das Göttliche Gesicht sehe und sich selbst so erleuchtet als ein Ebenbild Gottes.“*** [14]
In beiden Alphabeten kann man Segmente des Piktogramms in den verschiedenen Symbolen und Flammenbuchstaben erkennen – aber was ist ihre Bedeutung? Anläßlich eines Kornkreisvortrages in Korbach, Hessen, bemerkte ich, das ich auf der Suche nach jemandem sei, der diese Botschaft aus dem Hebräischen übersetzen könne. Einige Tage später kam eine der Teilnehmerinnen auf mich zu, begleitet von einem Südafrikaner, der 8 Sprachen beherrscht und u.a. über Kenntnisse der hebräischen Schriftzeichen verfügt. Seine Übersetzung, bei der er die Kornkreissymbole von oben rechts nach unten links den entsprechenden hebräischen Buchstaben zuordnete, ergab zwei Kombinationen: **Im althebräischen lautet die Übersetzung: „Der Knecht Gottes“. Die neuhebräische Übersetzung lautet: „Der Diener der Gerechtigkeit und des Herzens“.**
Als „Diener der Gerechtigkeit“ oder Überbringer der „Botschaft des Herzens“ gilt seit 2000 Jahren Jesus Christus.

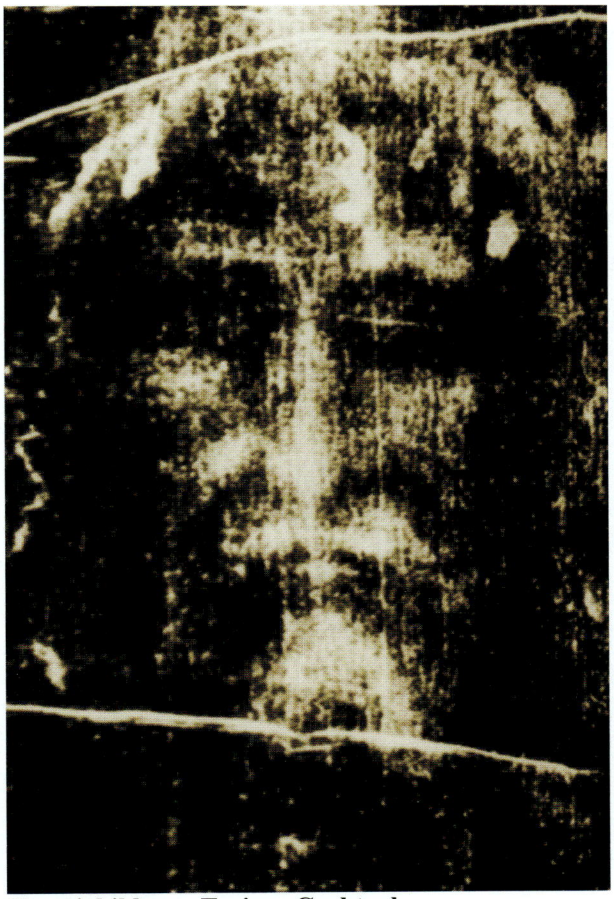

Negativbild vom Turiner Grabtuch

Materilisationsbild während einer Marienprozession

Gemälde nach dem Turiner Grabtuch

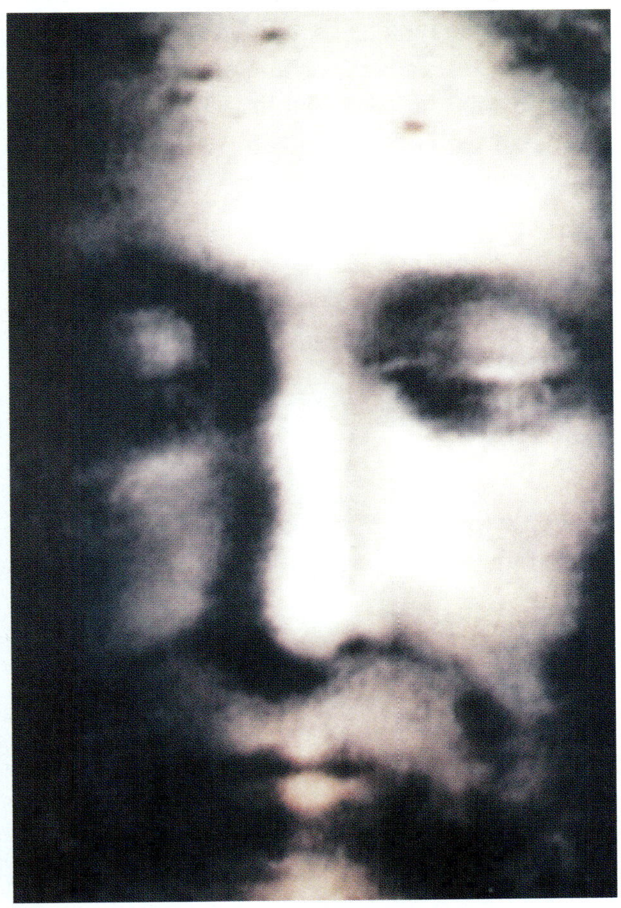

Materilisation auf Fotografie des Grabtuchs

Fotos © Magazin 2000*plus*

Mutter Erde spricht zur Menschheit

Wißt ihr denn nicht, daß ich lebe und genau so wie ihr einen Körper, einen Geist und eine Seele habe?

Die Erde ist ein lebendiger Organismus, der alles von den Menschen gesuchte Wissen besitzt und dieses Wissen dem Bewußtsein der Menschen entsprechend freigibt. Diese Informationen sind in Steinen und Knochen gespeichert. Früher brauchte jeder, der sich entwickeln wollte und die Mysterien studierte, einen Lehrer, da Wissen ausschließlich vom Lehrer an seinen Schüler weitergegeben wurde. Lichtöffnungen und genetische Veränderungen ermöglichen es heute, daß die gesuchten Informationen aus den inneren Speichern verfügbar werden. Durch klare Absicht wird dieses innere Wissen aktiviert und wer seinen Impulsen und dem Wissen folgt, die diesen Prozeß begleiten, wird sein eigener Lehrer. Jeder, der auf unbekanntem und mystischem Gebiet forscht, erfährt Einzigartiges und erhält seine eigenen Deutungen der Wirklichkeit. Spirituell entwickelte Menschen gibt es überall, eine Person aus Tibet muß im Bewußtsein nicht höher entwickelt sein als jemand aus den Slums von Rio. Unser Charakter und unsere Glaubensvorstellungen entwickeln sich, indem unser individuelles Bewußtsein durch die gerade gewählten Erfahrungen geht. Auf diese Weise lernen und lehren wir und sind alle gleichwertige Teile dieses Wachstumsprozesses. Unser eigener spiritueller Prozeß hängt vom Fortschritt des globalen Bewußtseins sowie des individuellen Grundmusters unseres Daseins ab. Durch Energieansammlung wird das kollektive Bewußtsein angeregt und aufgefordert, neue Stufen der Erfahrung zu erreichen. Wenn wir diese Erfahrungen und unser Wissen teilen, strahlt dies auf die ganze Welt aus. So werden Codierungen ausgelöst und größere Gruppen von Menschen können sich weiterentwickeln. Da wir alle bewußtseinsmäßig miteinander verbunden sind, kann ein einzelner erst weiter vorankommen, sobald eine ausreichend große Gruppe sich auf einer Bewußtseinsstufe versammelt hat. Wir Menschen sind zeitlich codiert und unsere Entwicklung folgt einem Muster, wonach dem Bewußtsein neues Wissen eröffnet wird, wenn genug Menschen ihrer Blaupause folgen und darauf reagieren können. Es heißt, die Schöpfergötter hätten sogenannte Chronometer auf der Erde installiert, die dazu geschaffen sind, den Stand der Bewußtseinsentwicklung der Menschheit zu messen und die, wenn sie ausgelöst werden, dem Planeten neues Wissen eröffnen. Vor Tausenden von Jahren wurde Wissen in Steinen und Knochen gespeichert, indem die Zauberer und Führer bestimmter Stämme und Kulturen Steine an besonderen Orten sammelten, diese reinigten und darauf vorbereiteten, Daten und Informationen aufzunehmen, die dann auf telepathischem Wege in die Steinstruktur übertragen und dort gespei-

Stonehenge, weltbekannte Megalithanlage, „Gebeine der Erde“. Foto: Eckhard Weber.

chert wurden. Steine sind sozusagen die Gebeine der Erde. Dann wurde die Form eines Bauwerkes wie z. B. ein Tempel geplant, bei dem die Beschaffenheit und der Energiefluß des Ortes dazu genutzt wurden, das gesamte Wissen im Stein des Bauwerks einzuspeichern. Beim Besuch von heiligen Orten oder Kraftplätzen nehmen Menschen oft Schwingungen von höherem Bewußtsein auf, die sie selber vor Tausenden von Jahren dort für sich hinterlassen haben. So erhält der Körper dann die Energien und Informationen, die diese Person braucht, um sich weiterentwickeln zu können.

Der Steinkreis von Avebury als Dimensionstor für verschiedene Sternensysteme.

Tempel und megalithische Strukturen wurden an besondere Orte gesetzt, wo die vorhandene Energiekonzentration genutzt werden konnte. So wurde beispielsweise der große Steinkreis in Avebury als Dimensionstor installiert, indem die Steine in einer bestimmten Art und Weise aufgestellt wurden, die es ermöglichte, daß mittels Licht als Schlüssel Sternenenergien angezogen wurden. Der Steinkreis von Avebury wurde von verschiedenen Sternensystemen, u.a. Sirius, Plejaden und Arcturus genutzt, um über diese Mensch-Erde-Sterne-Verbindung Informationen auszutauschen. Wegen der Fruchtbarkeitsenergie, die an solchen Kraftorten zu finden war, suchten viele Paare diese Plätze auf, um dort von der vorherrschenden Energie aufgeladenes Leben zu zeugen. Fast alle Kulturen haben ihre Informationen in Stein gespeichert und die heiligen Plätze auch als Kalender, Orakel oder Sendestationen angelegt.

Von jedem Menschen, der inkarniert ist, kennt die Erde den jeweiligen Stand der Entwicklung und des Bewußtseins. Durch diese Resonanz aktivieren Menschen Kraftorte, wenn sie sie besuchen und sich an das dort gespeicherte Wissen und die Erfahrungen erinnern und sie freisetzen. Dies geschieht, indem man sich beim Betreten eines Kraftplatzes die eigenen Chakren als Energietore vorstellt, durch die die persönlichen Erinnerungen zugänglich werden. Schon unsere Vorfahren nutzten die Energie dieser besonderen Plätze, an denen sich häufig Energielinien, sogenannte Leylinien, kreuzen. Da sie fähig waren, die Energien dort zu spüren, konnten sie mittels der mächtigsten Kraft, die wir Menschen haben – der Imagination – mit anderen Dimensionen und Welten in Verbindung treten und damit verschmelzen. Deshalb bewirkt jeder Besuch eines Kraftortes dessen Aktivierung und eine Beschleunigung. Dies trägt dann auch zur Auslösung bestimmter Ereignisse bei, durch die überall Menschen als spirituelle Wesen erwachen oder aber große Katastrophen erzeugen. Dies wird sich in den kommenden Jahrzehnten verstärken. Die Menschheit befindet sich jetzt in einem Evolutionszyklus, der bewirken soll,

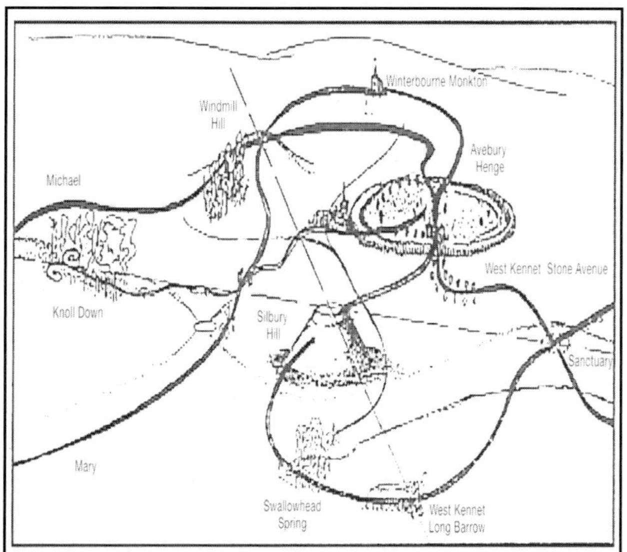

Die Michael-und Mary-Energielinien um Avebury, auf welchen alljährlich die Kornkreise auftreten.

„Das Spinnennetz“ oder „Der Traumfänger“, ca. 110 m, vom 11. August 1994 bei Avebury, Wiltshire, England. Foto: Lucy Pringle.

daß jeder sich als spirituelles Wesen erkennt. Damit dies geschehen kann, übt eine mächtige Beschleunigung Druck auf unseren Geist aus. Es fühlt sich an, als wäre die Zeit verkürzt und der Takt unserer Welt beginnt zu rasen. Doch auch, wer niemals einen Kraftort aufgesucht hat, kann allein durch seine Absicht sein Erinnerungsvermögen und das kollektive Gedächtnis aktivieren. Um dann das Erwachen von Energien erfahren zu können, genügt oft schon der Kontakt mit Gegenständen oder anderen Menschen, die die Informationen solcher Orte tragen, z.B. weil sie schon einmal dort waren. Die Steinbauten haben Wissen nicht nur über Schriftzeichen gespeichert. Häufig wurden ganze Geschichten über Töne und Frequenzen in die Steine eingespeist und sind noch heute vorhanden. Zahllose heilige Orte befinden sich auch unter der Erde. Die Reste unzähliger untergegangener Zivilisationen wurden so geschickt vergraben und bedeckt und warten heute auf die Verschmelzung der Dimensionen. Zahlreiche solcher Entdeckungen stehen uns in den nächsten zwei Jahrzehnten bevor. Die Erde als lebendiger Organismus gibt ihren wirklichen Kern

Die Kornkreisglyphen beschleunigen den Evolutionsprozess und die Entwicklung der DNS, indem sie euren Geist zum Aufwachen anregen. „Die Doppel-Helix“ erschien am 17. Juni 1996 bei Alton Barnes, Wiltshire, England, ca. 220 m lang. Foto: Steve Alexander.

preis und eröffnet uns unter Verschluß gehaltene Erinnerungen, wenn wir als Besucher von Kraftplätzen durch unsere Empfangsbereitschaft mit bestimmten Schlüsseln unseres Bewußtseins Zeitschlösser und Energiekombinationen auslösen. Die bewußte Arbeit an heiligen Orten und die Hingabe an die dort vorhandenen Energien erzeugen große Energiewellen der Veränderung rund um die Erde. Dadurch zerbröckelt unsere Realität, was für diejenigen, die sich der stattfindenden spirituellen Evolution nicht bewußt sind, sehr verwirrend und beängstigend sein kann. Jedoch hat jeder Mensch in jedem Augenblick die Möglichkeit zu entscheiden, und diejenigen, die nicht bereit sind, Mutter Erde zu achten, werden für sich selber die größten Herausforderungen auf der materiellen Ebene manifestieren.

Vorsichtige Einführung von Kommunikation zwischen den Lebensformen. Alienface mit Binärcode-CD bei Crapwood Farmhouse, Winchester, England, 15. August 2002, 120 m lang. Foto: Steve Alexander.

Wir sollten auf unsere innere Führung vertrauen und uns auf dem Weg der Selbsterkenntnis führen lassen, um den Sinn des Lebens zu erkennen. Mit unserer inneren Führung haben wir ein sehr wertvolles Werkzeug für uns selbst geschaffen und sollten uns darin üben, es auch anzuwenden um die Vorteile zu nutzen. Nicht alle Menschen verspüren diese Impulse, aber es gibt Millionen von Menschen auf dieser Erde, die einen neuen Daseinszweck und eine neue Sicht der Wirklichkeit still in sich tragen. Es ist ein großes Geschenk, in dieser Zeit auf der Erde zu sein in der die alten Glaubenssysteme aufhören zu existieren und alle Menschen zumindest symbolisch einen Prozeß des Loslassens von allem, was nicht mehr zu ihnen gehört, durchleben.

Die Galaxie: Der Paradigmenwechsel steht bevor: 6-fach-Julia-Set am 13. August 2001 beim Milk Hill, Wiltshire, England, ca. 270 m. Foto: Steve Alexander.

Um uns in dieser Zeit zu unterstützen, können wir mit Mutter Erde kommunizieren und Wissen mit ihr teilen und die unbekannten Mysterien, die sie bietet, erfahren. In England gibt es in Wiltshire und Salisbury noch zahlreiche Megalithstrukturen wie Stonehenge und den Steinkreis von Avebury. Dort erscheinen seit ca. 1980 auffällig viele geheimnisvolle Zeichen, Kornkreise genannt, wie von Zauberhand geschaffen in den Getreide- und Rapsfeldern.

In recht spielerischer Weise werden die Kornkreise als geometrische Formen ausgerichtet vor allem auf die heiligen Plätze von Avebury, Silbury Hill und Stonehenge in die Felder gesetzt. Geometrie ist weit mehr als das, was in der Schule unterrichtet wird. Geometrie besitzt eine Art Intelligenz und alles Leben auf unserem Planeten beruht auf geometrischen Formen. Die höhere Intelligenz, die die Kornkreise mit Tönen und durch Impulse erzeugt, spricht durch diese Formen

„Die geteilte Erde“
In welcher Welt wollt ihr leben?
Im Licht oder in der Dunkelheit?
vom 24. Juni 2000, Escheberg, Hessen, Deutschland, ca. 40 m. Foto: Eckhard Weber.

zum Massenbewußtsein und öffnet so Energietore und schafft Zugänge für Energien, die Veränderungen auf der Erde ermöglichen und sie auch heilen.

Jeder Kornkreis hat einen tieferen Sinn und läßt den wunderbaren Humor der Intelligenz, die ihn geschaffen hat erkennen. Außerdem wirken die Symbole der Kornkreise wie Nachschlagewerke, deren Botschaften unser Körper zu erkennen und begreifen vermag. Der rationale Verstand ist dazu meistens nicht fähig. Die Kornkreise vermitteln ein großes Wissen, von dem was kommen wird und von der Entscheidung, die jeder zu treffen hat – in welcher Welt wir leben wollen – und bereiten die Menschen so auf die Ereignisse vor.

Fast alle Kulturen haben ihre Informationen in Steinen gespeichert. Von jedem Menschen, der inkarniert, kennt die Erde den jeweiligen Stand der Entwicklung und des Bewußtseins. Durch diese Resonanz aktivieren Menschen Kraftorte, wenn sie sie besuchen und sich an das dort gespeicherte Wissen und die Erfahrungen erinnern und sie freisetzen. Die Kornkreis-Zeichen sollen dem Massenbewußtsein helfen, ein Verständnis für das zu entwickeln, was das menschliche Fassungsvermögen jetzt noch übersteigt. Sie werden komplexer werden, die Existenz anderer Lebensformen verstärkt ins Bewußtsein rücken und die Erkenntnis schaffen, daß wir nicht allein sind im Universum (Nach alten Prophezeiungen wird es Zeichen auf der Erde und am Himmel geben).

Dort gibt es Wesenheiten, die der Menschheit helfen, in dem sie Energie senden, die unsere Entwicklung unterstützen und beschleunigen. Die Kornkreise bringen Energien auf die Erde, die den Menschen den Zugang zu verborgenem Wissen ermöglichen. Innerhalb der Formationen wirken Kräfte, die als Lichtbälle oder ähnliche Formen sichtbar werden. Das alles fordert von uns, dieses neue Wissen zu erfaßen und zu verarbeiten, dabei die Erde unter den Füßen nicht zu verlieren und trotzdem geistig auf das Universum ausgerichtet zu sein.

Der Mensch ist in der Lage, sich mit dem fernsten Kosmos zu verbinden und ihn auf der Erde zu verankern. Wie schon an anderer Stelle ausgeführt, sind Kornkreise kein neues Phänomen dieses Jahrhunderts. Solche Zeichen aus Tönen, Geometrie und Licht haben die Entwicklung auf der Erde schon oft begleitet und sind als Heranführung an die Kommunikation mit anderen Existenzarten, Welten und Wesenheiten zu verstehen.

Die Kornkreise geben unseren Wissenschaftlern unlösbare Rätsel auf und werfen durch ihre Veränderung in den Erscheinungsformen schnellstens jede wissenschaftliche Entstehungstheorie über den Haufen. Mit viel Humor wird so die Wissenschaft vorgeführt,

„Hallo, da sind wir und bringen euch eine Menge Neues“ Binärcode, Chilbolton, Aug. 2001, 27 m x 80 m. Foto: Steve Alexander.

Die Blume des Lebens aus weiblicher Sicht: Beschleunigung des Evolutionsprozesses und die Entwicklung der DNS, alle 32 Pfade des kabbalistischen Lebensbaums stehen uns offen. 28. Juli 2001 in Stanton St. Bernard, Wiltshire, England, ca. 47 m. Foto: Frank Laumen.

damit die Menschen lernen, alles und jeden zu hinterfragen.
Auf diese Weise bewirken Kornkreise mehr Bewußtseinserweiterungen, als ein gelandetes UFO mit Wesen, die uns ihr Wissen vermitteln wollen. Die Dimensionen beginnen zu verschmelzen und auf der Erde ereignen sich ungewöhnliche Dinge durch das was uns alte Heiligtümer, Kalender und Bibliotheken aus Stein offenbaren. Der Dimensionswechsel steht bevor und die Kornkreise kündigen dies an. Viele heilige Orte, wie Machu Picchu, die großen Pyramiden von Gizeh, Delphi, Knossos auf Kreta, die Akropolis und Stonehenge stehen in Verbindung mit anderen Dimensionen.
Die Grundlage für die Konstruktion solcher Dimensionstore bilden Mathematik und Geometrie sowie planetarisches und universelles Wissen. Auch für derartige Bauwerke haben unsere Wissenschaftler keine Erklärungen, da mit einer Verbindung von Licht und Geometrie gearbeitet wurde. Licht hat Einfluß auf dreidimensionale Formen und kann Verzerrungen der Wirklichkeit verursachen. Unsere heutigen Gebäude können einstürzen, verfallen oder anderweitig zerstört werden, weil uns das Wissen fehlt, wie man durch Beugung der Geometrie mit Licht arbeiten kann. Wegen einer Veränderung der menschlichen DNS, die eine mentale Verzerrung bewirkt, fehlt uns die Fähigkeit, geometrische Strukturen auf die Dauer zu erhalten. Menschliche Gedankenkraft ist sozusagen das 5. Element neben den Elementen Wasser, Feuer, Erde und Luft. Ein weiterer Einfluß, der berücksichtigt werden muß, ist die Geometrie. Wenn sie als physische Form manifestiert wird, besitzt sie die Kraft, sofort die Energie dieser geometrischen Formen in den Körper zu übertragen und so ihre Lehren zu vermitteln. In den Kornkreisen wird die Geometrie der Schöpfergötter in dreidimensionale Geometrie übertragen, deren Form und Größe die Essenz der heiligen Geometrie ausstrahlen und so ein Wissen erschaffen, welches von einer Dimension zur nächsten weitergegeben werden kann.

22. Juli 2000, Avebury, Trusloe, Wiltshire: Das Magnetfeld.

13. August 2000, Woodborough Hill, Wiltshire: Draufsicht auf einen Ring-Torus.

18. Juli 2002, Windmill Hill, Wiltshire: Doppelt gedrehtes Genesis-Muster.

Genesismuster vom 24. Juli 2002 bei Barbury Castle, Wiltshire, England, ca. 65 m. Foto: Steve Alexander.

Die nächste Stufe der gedrehten Genesismuster erschien am 11. August 2002 bei Etchilhampton, Wiltshire, England, ca. 160 m. Foto: Steve Alexander.

„Drehendes Genesismuster mit neuem DNS-Code", Crooked Soley, Nähe Hungerford, Berkshire, England, ca. 95 m. Foto: Steve Alexander. Diese Formation erschien am 27. Juli 2002.

„Doppelt gedrehtes Genesismuster" vom 18. Juli 2002 am Windmill Hill, Wiltshire, England, ca. 100 m. Foto: Steve Alexander.

Seite 314 oben:

Hier sieht man zwei Genesismuster übereinander, von denen eines unbeweglich bleibt und das andere um 15 Grad verdreht ist. So erhält man ein unvollständiges Genesismuster, bei dem man deutlich im Inneren und im Äußeren die 6-armigen Spiralen in Rotation erkennen kann. Ich sehe darin ein Symbol für die in Bewegung kommende Schöpfung.

Seite 314 unten:

Man kann hier zwei Genesismuster übereinander sehen, von denen eins unbeweglich bleibt, während das andere um 30 Grad gedreht ist. So erhält man zwölf Kugeln. Zweidimensional betrachtet sieht das so aus wie dieser Kornkreis, dreidimensional betrachtet wirkt es wie ein Röhrentorus oder ein Donut mit einem kleinen Loch in der Mitte.

Seite 315 oben:

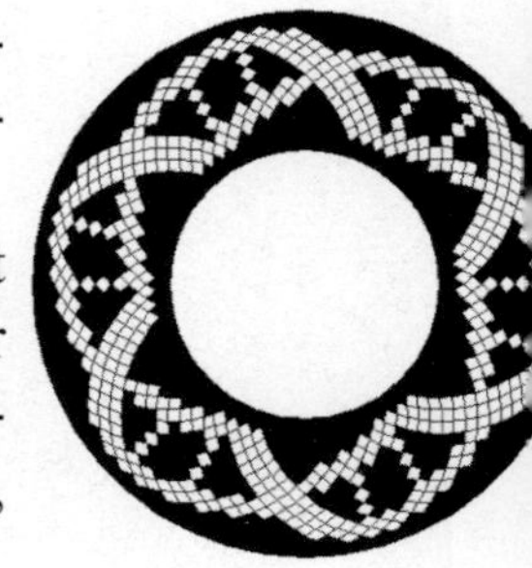

Diese Formation zeigt eine Abwandlung des Kornkreises vom 11. August 2002 bei Etchilhampton, bei dem der mittlere Kreis offen bleibt und nur ein Randmuster entstanden ist, was aussieht wie ein im Kreis drehender DNS-Strang mit einer Art Trippl-Helix-Code.
Durch die kosmische Einstrahlung verändern sich die Magnetfelder und somit die Resonanzschwingung der Erde. Das führt zu einer Erweiterung unserer DNS-Stränge, wodurch sich ein höheres Bewußtsein mit erweiterter Wahrnehmung und neuen Fähigkeiten, die multidimensionale Schöpfung zu erfassen, entwickelt.
Ich halte dies für ein sehr wichtiges, bedeutendes Zeichen, weshalb ich es auch als Titelbild für dieses Buch ausgewählt habe.
Der Kornkreis hatte zudem eine vollkommen außergewöhnliche Kornlage, selbst das niedergelegte Korn wies ein Raster, ähnlich dem des stehenden Korns, auf.

Seite 315 unten:

Die Formation besteht vorwiegend aus geraden Linien, die zu sechs Zentren führen, woraus sich ein Symbol für die neue Schöpfung ergibt. Man kann zwölf Kugeln erkennen, die um 15° gedreht sind. Hieraus ergeben sich 24 Kugeln und es entsteht ein transzendentes Genesismuster aus einer höheren Dimension. Das menschliche Herz hat 7 Muskeln, die einen Torus bilden. Der Torus umgibt alle Formen von Leben, alle Atome und alle Himmelskörper. Es steht an erster Stelle von allen existierenden Formen. „Am Anfang war das Wort.“ Sprache wird im Torus offenbar.
Drunvalo Melchizedek beschreibt in seinem Buch „Die Blume des Lebens“ seine trotz jahrelangem Studiums schwierigen und fast vergeblichen Bemühungen, dieses heilige Symbol zu konstruieren. Die Bedeutung dieses wichtigen Zeichens ist bis heute nur wenigen Menschen bekannt. Wenn man die Grafik betrachtet, bekommt die hexagonale Form in der Mitte eine drei-dimensionale Wirkung. Legt man seinen Fokus entweder auf die weißen oder auf die schwarzen Felder, kann man entweder eine sechsblättrige Blume oder einen drei-dimensionalen Davidstern erkennen. Im Foto von Steve Alexander wurden in einem Bereich nachträglich Veränderungen von Menschenhand vorgenommen, Colin Andrews besitzt ein Foto, daß die Formation so vollkommen zeigt wie die Grafik.

Werbung für den Disney-Film SIGNS vom 12. Juli 2002 Alton Barnes, Wiltshire, England.

Im Sommer 2002 kam der Film „Signs“ mit Mel Gibson in die Kinos. Durch diesen Film wurde das Interesse der Medien am Kornkreisphänomen wieder geweckt. Etliche Fernsehsender und Zeitungen griffen das Thema in verschiedenster Weise auf. Allerdings kamen in erster Linie dubiose „Kornkreis-Experten“ zu Wort. Für einige Sendungen wurden sogar gezielt Fälschungen angelegt, um dann Kornkreis-Forscher, Autoren, Rutengänger und medial arbeitende Interessierte zu befragen und als Scharlatane vorzuführen. So wie es in 1991 durch die Verbreitung der Meldung, Doug und Dave seien für die Kornkreise verantwortlich, gelungen war, das Phänomen aus dem Bewußtsein der Masse zu verdrängen, zielte diese letzte Medienkampagne darauf ab, das Phänomen und seine Erforscher unglaubwürdig zu machen und das Interesse an möglichen anderen Erklärungen vollends erlöschen zu lassen. Dabei hatte der Film eigentlich gar nichts mit Kornkreisen zu tun, außer, daß sie angebliche Navigationspunkte negativer Aliens, die die Erde okkupieren wollten und mit Wasser zu vertreiben waren. (Wie dumm mußten die Film-Aliens sein, einen Planeten zu erobern, der zu 70% mit Wasser bedeckt ist, wenn Wasser unverträglich für sie ist.)

„Der schneckenförmige Ring-Torus" vom 17. Juli 2002 bei Pewsey, Wiltshire, England, ca. 60 m. Foto: Steve Alexander.

Durch die Drehung des Genesismusters vom 18. Juli 2002 am Windmill Hill, das an sich schon ein höheres Schöpfungsmuster darstellt als der Same des Lebens, entsteht der Torus. Der Torus ist die erste Form, die dem Schöpfungsmuster entspringt und die sich ergibt, wenn das Genesismuster vollendet ist. Er ist absolut einzigartig unter allen existierenden Formen, weil sich in sich und um sich selbst zu drehen vermag (siehe Kapitel „Heilige Geometrie", Seite 258ff).

Diese Formation steht auch in Verbindung mit den Kornkreisen vom 28. Mai 2001 bei Pegsdon in der Nähe von Hitchin, Hertfordshire und vom 12. Juli 2001 bei Barton-le-Clay in der Nähe von Luton, Bedfordshire.
Schon 2001 wurde uns das Torusfeld im Innern des Sterntetraeders und der vollständige Lichtkörper, der sämtliche Lebensformen umgibt, angezeigt. Dieses Torusfeld muß man sich wie einen Donut vorstellen, das auf jeder Mer-Ka-Ba zentriert ist, die der beseelende Geist benutzt. Mitunter lassen die beseelenden Geister viele Mer-Ka-Bas gleichzeitig laufen, was gewöhnlich zu den „Rädern in den Rädern" führt. Dieses Bild haben viele biblische Propheten in Erscheinung höherer Wesen gesehen und beschrieben, u.a. Hesekiel.
Wie schon beschrieben, fand der US-Forscher Stan Tenen heraus, daß die verschiedensten Sprachen sich abbilden, wenn man eine Schneckenringspirale in einen dreidimensionalen Tetraeder setzt und aus unterschiedlichen Positionen beleuchtet. Die Sprache war also das erste, was die Schöpfung hervorbrachte. Werden wir in einer neuen Schöpfung zu Mitschöpfern, die durch Sprache, Töne, Klänge und Frequenzen eigenständige Schöpfungen oder Universen kreieren können? War es das, was Jesus Christus meinte, als er sagte: „Ihr werdet mir nachfolgen und größere Dinge tun als ich."? Die Draufsicht auf Torusfelder wurde uns schon am 11. Juli 1997 mit dem Torus-Zeichen bei Alton Barnes (Wiltshire, Foto: Steve Alexander) und am 13. August 2000 mit der „Geometrischen Sonnenblume" am Woodborough Hill (Wiltshire, Foto: Frank Laumen) geboten.

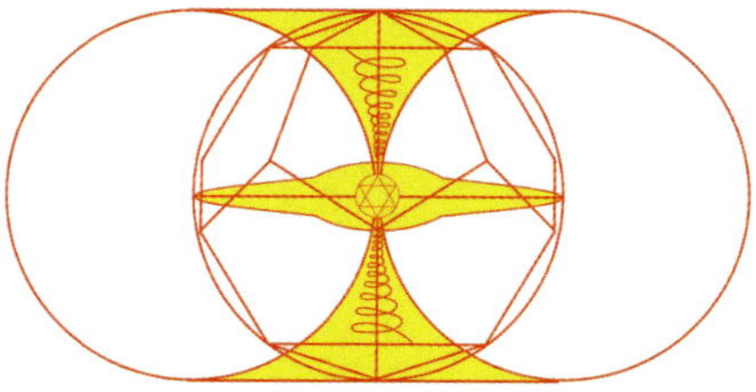

Torusfeld vom inneren Sterntetraeder.

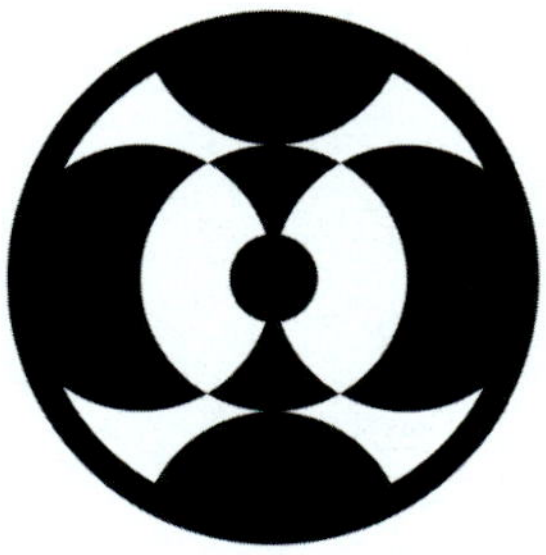

Entsprechender Kornkreis bei Pegsdon vom 28. Mai 2001.

Schneckenförmiger Ring-Torus.

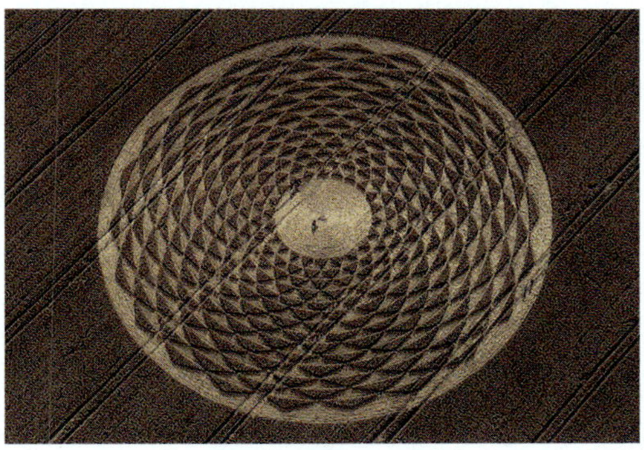

Geometr. Sonnenblume vom 13. August 2000, Draufsicht auf einen Ring-Torus.

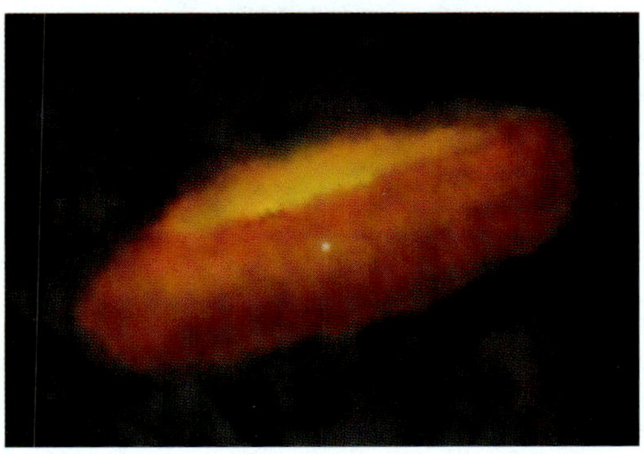

Der Torus in Rotation, die Mer-Ka-Ba, die Räder in den Rädern.

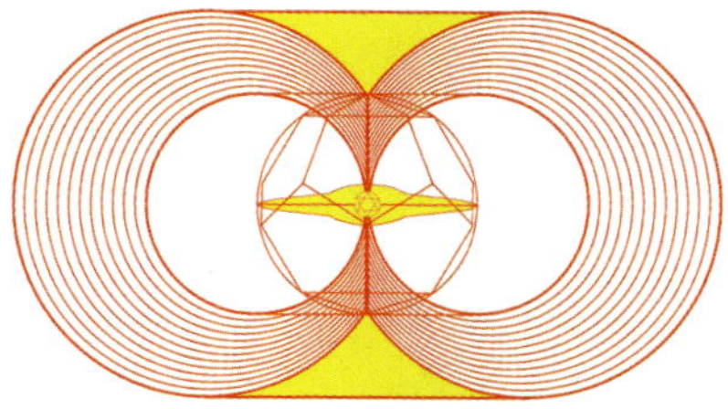

Das vollständige Energiefeld vom Lichtkörper des Menschen.

Entsprechender Kornkreis bei Barton-Le-Clay vom 12. Juli 2001.

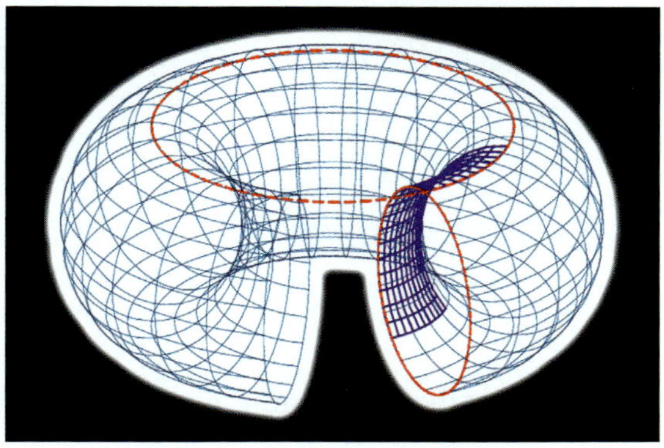

Dreidimensionaler Ring-Torus.

Als Draufsicht auf den Ring-Torus, erschienen als Kornkreis am 11. Juli 1997.

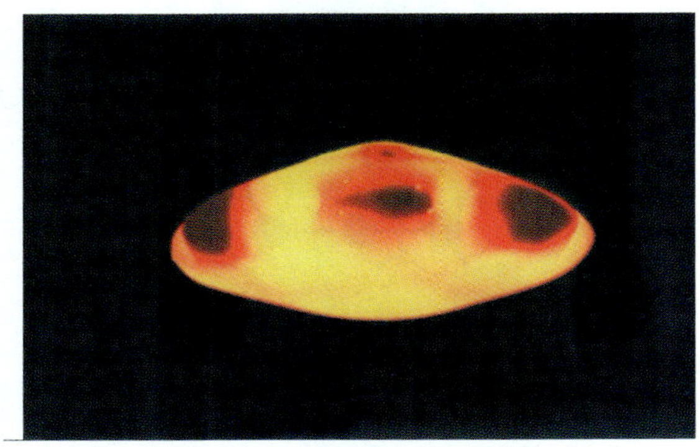

Lichtschiffe über Mexiko (die Räder in den Rädern zur heutigen Zeit). Foto: Carlos Diaz.

„Erweiterte Frucht des Lebens" vom 22. Juli 2003 bei Chisbury, Wiltshire, England, ca. 60 m. Foto: Steve Alexander.

Werden die Kreise der Blume des Lebens vervollständigt, ergibt sich ein Muster, das den Namen „Frucht des Lebens" trägt. Dieses Muster war so heilig und so bedeutend, daß es früher nicht zum Allgemeinwissen werden durfte. In der Blume des Lebens wurde dieses geheimgehaltene Wissen um die Frucht des Lebens aufbewahrt. Dieser Kornkreis zeigt ein erweitertes Muster der Frucht des Lebens, wobei die sechs Kreise sich jetzt überlappen und die innere hexagonale Form verbunden wird. Für mich sieht es so aus, als erhebe uns Gott zu einer höheren Ebene des Bewußtseins und des Lebens.

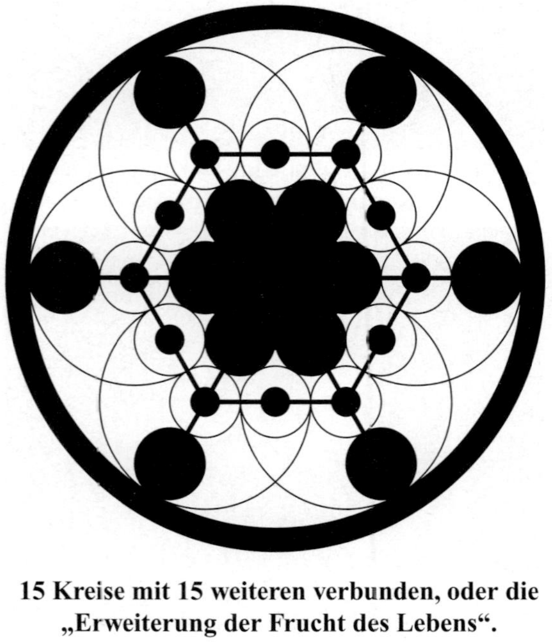

15 Kreise mit 15 weiteren verbunden, oder die „Erweiterung der Frucht des Lebens".

Diesen Kornkreis kann man exakt in die ursprüngliche „Frucht des Lebens" einzeichnen.

Die Kornkreisformation von Stonehenge 2002

Dirk Möller

Für gewöhnlich erscheint die schönste und größte Kornkreisformation einer Saison in den Kornfeldern Südenglands ab dem 10. oder 11. August eines jeden Jahres, welche man dann als das Grande Finale der Saison bezeichnet. Ich erinnere da nur an das Highlight aus dem Jahre 2001, die riesige Formation vom Milk Hill mit ihren 409 Einzelkreisen. Schauen wir auf das Jahr davor zurück, so kommt sofort wieder die große Formation von Woodborough Hill in Erinnerung, welche an die Geometrie einer Sonnenblume erinnerte. So können wir eine Reihe von außergewöhnlichen Kornkreisformationen der letzten Jahre immer in diesen Tagen, gegen Ende einer jeden Saison, dokumentieren.

Die Kornkreissaison 2002 verlief aber nicht in diesem Sinne. Auch hier hat es zwar gegen Ende der Saison drei sehr schöne Formationen gegeben, welche aber gemessen an ihrer Größe und Geometrie nach einhelliger Meinung nicht die Höhepunkte der Kornkreissaison 2002 darstellen. Als eigentlichen Höhepunkt der Kornkreissaison 2002 kann man wohl mit gutem Gewissen die riesige Formation in der Nähe der prähistorischen Anlage von Stonehenge von Anfang Juli 2002 bezeichnen.

Eine bestimmte Fragestellung soll bei der folgenden Betrachtung im Vordergrund stehen. Es soll dies nicht die Frage sein, ob diese Kornkreisformation eine echte ist oder von Menschenhand angelegt wurde. Diese Frage stellt sich angesichts dieser äußeren Erscheinung gar nicht. Das Können menschlicher Kornkreisfälscher hat seine Grenzen, und diese Formation liegt bereits weit jenseits dessen, was Kornkreisfälschern mit ihren Werkzeugen möglich ist. Dieser Eindruck wird auch bestärkt durch Rücksprachen mit Augenzeugen die vor Ort waren, die Formation persönlich in Augenschein nehmen konnten und welche diese Formation mit hoher Wahrscheinlichkeit als echt einstufen. Die Frage, die sich hier stellt, ist also nicht die Frage, ob diese Kornkreisformation echt ist oder nicht. Es ist eher die Frage, was uns hier in dieser sehr außergewöhnlichen Formation mitgeteilt werden soll, was also die Kernaussage der Formation ist.

Zunächst einmal muß aber deutlich gesagt werden, daß auch diese Interpretation keinen Anspruch auf Vollständigkeit oder gar auf Absolutheit erhebt. Das wäre vermessen und egoistisch. Es soll wieder einmal gewissermaßen ein Anstoß sein, die anderen Forschern zu eigenen, vielleicht sogar zu weiterführenden Interpretationen inspiriert. Wenn das erreicht wird, dann haben die folgenden Betrachtungen ihren Zweck erfüllt.

Was haben wir hier vor uns ?

Die Kornkreisformation stellt sich uns dar als ein abstraktes Sonnensymbol mit sechs sehr dynamisch wirkenden, wellenartigen oder wellenförmigen Armen. Die Formation wird aus drei verschiedenen Himmelsrichtungen umschlossen von drei alten Grabhügelanlagen. Der Gesamtdurchmesser der Formation beträgt ca. 230 Meter.

Der Eindruck, daß es sich bei dieser Darstellung um ein Sonnensymbol handelt, wird in mehrerer Hinsicht deutlich, zunächst durch den Gesamteindruck der Formation selbst. Die Formation macht den Eindruck, als handele es sich hier um eine Sonne, von welcher flammenartige Strahlen ausgehen.

Die sechs einzelnen Arme der Formation deuten ebenfalls eindeutig auf die Sonne hin: Die Zahl „6“ ist in nach alter kabbalistischer Lehre der Sonne zugeordnet, sie ist die Zahl oder die Kennzahl der Sonne.

Die ganze Erscheinung wirkt sehr dynamisch und sehr lebendig, sie scheint in einer Drehbewegung zu sein und sich im Tanz zu befinden. Dieser interessante Umstand weist uns auf eine Verbindung zu alten Überlieferungen hin:

Nach alter indischer Lehre ist das ganze Universum mit all seiner Schöpfungsvielfalt entstanden

„Feuerflammen-Sonnenzeichen mit Möbius-Schleifen“ vom 4. Juli 2002 bei Stonehenge, Wiltshire, England, ca. 230 m. Fotos: Steve Alexander.

durch die beiden polaren Kräfte „SHIVA“ und „PARVATI“. Diese beiden Urkräfte, ein männlicher und ein weiblicher Aspekt der Gottheit, verbinden sich und mittels ihrer daraus resultierenden schöpferischen Kraft „SHAKTI“ ist das Weltall in all seiner Vielfalt entstanden.

SHIVA und PARVATI haben zusammen getanzt, und das ganze Universum, die ganze Schöpfung ist aus diesem Tanz entstanden und wird durch sie aufrechterhalten. Hier handelt es sich um den dritten Aspekt der göttlichen Trinität, es ist „Gott in Tätigkeit“, das in der westlichen Tradition als der „Heilige Geist“ bezeichnet wird.

In einer wunderbaren Art und Weise werden uns durch dieses Bild in einer sehr deutlichen Symbolsprache die ewig gültigen Gesetzmäßigkeiten von „Werden, Sein und Vergehen“ deutlich gemacht: Die Göttliche Urkraft schöpft unentwegt aus sich selbst heraus neues Leben und neue Formen (das zeigt das Bild der tanzenden, sonnenähnlichen Kornkreisformation), die Geschöpfe Gottes leben (das symbolisiert das frische, wachsende, grüne Kornfeld) und am Ende dieser Prozesse steht der Tod (die drei alten Grabhügel).

Es wird in diesem Bild aber auch ganz deutlich darauf hingewiesen, daß der Tod, so wir ihn kennen, nicht das Ende allen Seins ist: Die Kornkreisformation ist nur an drei Seiten von den Grabhügeln umgeben; eine Seite aber bleibt offen, es existiert also ein Ausweg, ein Durchgang bleibt offen. Es wird angedeutet, daß der in dem Gesamtbild angedeutete Prozess nicht mit dem Tod endet, sondern daß der Tod auch nur eine Übergangsphase oder Durchgangsphase zu etwas Neuem ist. In welcher Form es nach dem Tod oder im Tod weitergeht, das ist in diesem Bild aber nicht ganz deutlich dargestellt. Durch diese drei Grabhügel wird nur ausgesagt, daß hier zunächst etwas „Dreifaches“, vielleicht aber auch „dreimal“ etwas sterben muß, oder möglicherweise einfach drei Ebenen sterben oder abgelegt werden müssen, bevor der Prozess durch die ewigen kosmischen

Kreisläufe danach wieder von neuem beginnt.
Bei längerer Betrachtung der Kornkreisformation könnte man den Eindruck gewinnen, daß es nicht nur strahlenartige oder flammenartige Arme sind, die sich vom mittleren Teil der Formation nach außen bewegen, sondern daß es sich hierbei noch um etwas ganz anderem handelt. Es scheint so, als entrolle sich hier etwas, als werden hier Rollen geöffnet. Um was für Rollen kann es sich hierbei nur handeln?
Wenn die wahren Schöpfer der Kornkreise eine Kornkreisformation in einer solchen Größenordnung erschaffen, dann kann es sich hierbei nicht nur um eine Rolle Papier mit einer untergeordneten Bedeutung handeln. Die Gesamtgröße der Formation unterstreicht, daß es sich bei der eigentlichen Aussage um etwas enorm Wichtiges handeln muß; etwas, wo mit Nachdruck drauf hingewiesen wird. Es kann sich hier eigentlich nur um „Gesetzesrollen" handeln, ähnlich den bekannten Qumram-Rollen vom Toten Meer oder der Thora-Rollen der Hebräer im allgemeinen. Sechs Gesetzesrollen werden hier vor dem Betrachter geöffnet; sechs Rollen, die uns auf etwas ganz Wesentliches aufmerksam machen wollen. Kombiniert man nun das bereits Erkannte, daß man auf der einen Seite zunächst durch die äußere Erscheinung der Formation und dann durch die Zahl sechs überdeutliche Hinweise auf die Sonne hat und auf der anderen Seite einen Hinweis auf die Gesetzesrollen, so liegt die Kernaussage dieser Kornkreisformation schon greifbar nahe, welche ich im folgenden kurz sinngemäß interpretieren möchte:
Von der Sonne aus strahlen in alle Weiten des Weltalls schöpferische, lebensspendende Ätherkräfte oder Pranakräfte, also natürlich auch auf die Erde. In den lebensspendenden Ätherkräften der Sonne ist aber noch etwas Zusätzliches, etwas Unsichtbares enthalten. Es ist etwas Neues; es ist ein neues Gesetz, was in den Sonnenstrahlen mitschwingt und nun auch auf der Erde angekommen ist und wirksam wird.
Alle sechs in der Kornkreisformation angedeuteten Gesetzesrollen sind unbeschrieben, d.h. mit anderen Worten, daß das „Alte Gesetz", welches wir bisher kannten, heute nicht mehr gültig ist. Durch etwas Neues, was von der Sonne auf die Erde gekommen ist, ist eine alte Ordnung abgelöst, und alle Menschen sind nun frei von den „Alten Gesetzen". Der Mensch ist nun nicht mehr an das „Alte Gesetz" gebunden.
Das bedeutet nun aber nicht, daß alle Menschen der Erde einen kosmischen Freibrief bekommen haben und nun nicht mehr unter irgend einem Gesetz stehen. Das ist nicht gemeint und das wird aus der Kornkreisformation auch recht deutlich ersichtlich: Ständen die Menschen der Gegenwart nicht mehr unter irgend einem Gesetz, so würde die Kornkreisformation auch keine „Gesetzesrollen" zeigen. Die Kornkreisformation zeigt aber, daß ein Gesetz nach wie vor da ist, es befindet sich nur auf einer anderen Ebene.
Durch die hellseherische Forschung von Rudolf Steiner wissen wir heute, daß tatsächlich vor 2.000 Jahren der Christus, ein höchstes kosmisches Wesen, von der Sonne herabgestiegen ist, um für drei Jahre den vorbereiteten Leib des Jesus von Nazareth anzunehmen, um so unter die Menschen zu treten und unter ihnen zu wirken. Er war gekommen, um die Schrift zu erfüllen. Er löste durch sein Erscheinen die alten mosaischen Gesetze von „Auge um Auge, Zahn um Zahn" ab und gab uns ein neues Gesetz „...liebe deinen Nächsten wie dich selbst...".
Jetzt in der Gegenwart erscheint der Christus erneut, nun aber in einer neuen Form. Er hat nur ein einziges Mal in der Evolution einen physischen Leib angenommen und er erscheint nun vor uns in ätherischer Gestalt.
So wie er vor 2.000 Jahren zu uns herabgestiegen ist, so müssen wir uns nun zu ihm erheben und ihm nachfolgen.
Es ist ein Aufruf an uns, so zu werden, wie sich das Bild des Kornkreises darstellt: Zu werden wie die Sonne, immer harmonisch, immer dynamisch, immer strahlend, immer schöpferisch zu sein, immer Liebe und Nächstenliebe schenkend, ohne zu unterscheiden oder zu selektieren.

Die Kornkreisformation von Avebury Trusloe 2002

Dirk Möller

„Die Sechs Kelche“ vom 2. Juni 2002 bei Avebury, Trusloe, England. Foto: Steve Alexander.

Eine recht eigenartige Kornkreisformation erschien Anfang Juni 2002 nahe der prähistorischen Stätte von Avebury Trusloe in junger und noch grüner Gerste. Sie war bei weitem nicht die größte und komplizierteste Formation der Saison 2002, und dennoch bestach sie durch ihre Schlichtheit, Prägnanz und ihre Aussagekraft.
Man könnte nun meinen, wenn man die Formation etwas oberflächlich betrachtet, daß sie einem Knoten ähnelt.
Man könnte nun auch noch einen Schritt weiter gehen und meinen, darin vielleicht einen keltischen Knoten zu erkennen. Aber auch das ist tatsächlich nur ein erster Eindruck, und manch einer kommt hier bereits am Ende seiner Auslegungen an und wendet sich munter den nächsten Formationen zu.
Hinter dieser Formation verbirgt sich aber noch viel mehr als man auf Anhieb glauben mag und viel mehr als man auf Anhieb darin sehen kann.
Allen natürlichen Kornkreisformationen ist es gemein, daß sie in einer bestimmten Beziehung zum Menschen stehen. Sie sollen auf etwas Bestimmtes aufmerksam machen, und darüber hinaus kann man darin durchaus auch Aufforderungen zu bestimmten Handlungen oder Verhaltensweisen sehen. Diese Aufforderungen zu bestimmten Handlungen können dann bei richtiger Anwendung zu bestimmten, positiven Ergebnissen führen.
Das klingt in der Tat zunächst etwas abstrakt, soll aber im Folgenden am oben gezeigten Kornkreis näher erläutert werden.
Diese Formation besteht nun aus verschiedenen verknüpften Elementen. Diese Elemente kann man jeweils einzeln betrachten und auch im Kontext. D.h. also, daß jedes Element dieses Kornkreiszeichens einzeln betrachtet interpretiert werden kann sowie auch das Gesamtbild als solches. Alles hat hier seine bestimmte Bedeutung, im Kleinen wie im Großen, einzeln betrachtet genauso wie im Zusammenhang. Da ist zunächst einmal folgendes Element:

Abbildung 1

Was haben wir hier genau vor uns ? Es ist eine Schale!
Wenn uns die wahren Kornkreisschöpfer etwas in Form einer solchen Kornkreisformation mitteilen, so ist das von außerordentlicher Wichtigkeit und weit davon entfernt, nur purer Zufall zu sein.
Der Archetyp der Schale ist in der Abendländischen Religionsströmung nichts anderes als der Heilige Gral, jene Schale, die von Christus selbst beim Heiligen Abendmahl gereicht wurde und in der

Johannes bei der Kreuzigung das Blut des Herrn auffing und sie somit zu einem Gegenstand mit magischen Kräften machte.
So wie eine Heilige Schale auf der Erde, also im Mikrokosmos, existiert, so hat das auch seine natürliche Entsprechung im Makrokosmos. Das Urbild der Schale, nach der alle Schalen auf der Erde gebildet sind, ist natürlich die Mondschale, es ist die Sichel des zunehmenden oder abnehmenden Mondes.
Was ist nun das Elementare an der Schale ?
Eine Schale, ein Kelch oder ein Gral ist immer ein passives, empfangendes oder aufnehmendes Element. Das gilt für alle Ebenen des Kosmos. Dieses Urbild der Schale zeigt uns, daß ein Gefäß immer etwas höheres aufnehmen kann. So kann auch der Mensch zur Schale, zum Gefäß und somit zum Träger Höherer Kräfte werden, wenn das Gefäß richtig bereitet wurde. Und wie das geschieht, das zeigt der Kornkreis !
Das Neue Testament erzählt uns, daß der Heilige Gral bei der Kreuzigung das Blut Christi auffing. Danach tritt er in den Hintergrund und die Legende erzählt, daß Joseph von Arimathea, der Onkel Jesu, den Gral auf seinen Handlungsreisen nach Südengland mitnahm, wo er zunächst verblieb. Dort in Südengland, im heutigen Glastonbury (dem ehemaligen Avalon) entstand im 1. Jahrhundert n. Chr. die erste urchristliche Gemeinde und die erste Kirche in England.
Erst ca. 500 Jahre später taucht der Gral wieder auf. Wir hören erst in der Geschichte um König Artus und der Tafelrunde wieder vom Gral. Er erscheint dort wie in einer Offenbarung, wie in einer ätherischen Vision vor den Teilnehmern der Tafelrunde und entrückt von diesem Zeitpunkt an der physischen Welt. Alle Gralssucher suchten den Gral seit jener Zeit vergebens. Das gilt selbstverständlich nur dahingehend, wenn man den Gral in der äußeren Welt als äußeren Gegenstand sucht.
Der Gral kann aber nun in einer anderen Form wieder neu gebildet werden, und zwar vom Menschen selbst !
Zum einen kann der einzelne Mensch sich selbst zum Gefäß, zum Gral bereiten. Das geschieht durch eine bewußte Arbeit an sich selbst, durch die Arbeit mit den Tugenden und der damit verbundenen Herausbildung von höheren Seelenkräften. Zum anderen, und das zeigt uns das Kornkreiszeichen, kann aber auch eine Gruppe bereiter Menschen ebenfalls zum Gral, also zum Träger höherer Kräfte werden.
Betrachten wir hierzu weitere Teilbereiche der Kornkreisformation:

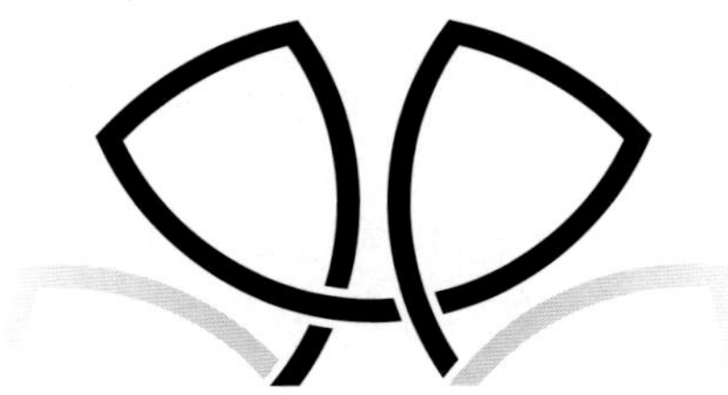

Abbildung 2

Was sich uns hier zeigt ist wieder eine Variation der Kelchform. Man kann in dieser Darstellung sogar drei Kelche finden: Der eine ist die große Schale aus Abbildung 1, und hinzu kommen zwei angedeutete Becher, die an ihrer Basis verbunden sind.
Wir finden hier also in der gesamten Formation überdeutliche Hinweise auf den Heiligen Gral, egal ob man nur ein einziges Element oder ob man zusammenhängende Elemente der Kornkreisformation betrachtet. Sehr deutlich tritt uns hier die Symbolik des Grals entgegen.
Wie bereits erwähnt wurde, steht jede echte Kornkreisformation in einer bestimmten Beziehung zum Menschen. In jeder Formation steckt ein bestimmter Hinweis auf bestimmte Verhaltensweisen.

„Die sechs Kelche“ vom 2. Juni 2002 bei Avebury, Trusloe, England, ca. 60 m. Foto: Steve Alexander.

In dieser Kornkreisformation ist ein Schlüssel gegeben worden, wie man als Gruppe oder in einer Gruppe die Gralsschale neu bilden kann, damit in diese bereite Gruppe von Menschen höhere Kräfte einfließen können. Dazu sind laut diesem Kornkreispiktogramms mindestens sechs Personen notwendig!

Wenn man Abbildung 2 genau anschaut, so ist darin eine stilisierte Darstellung zweier Menschen zu erkennen. Der Querbalken kann jeweils als die Schulter eines Menschen angesehen werden, und wenn das tatsächlich der Fall ist, dann können die sich kreuzenden Bögen nur die Arme der beteiligten Menschen darstellen.

In Abbildung 2 stehen also zwei Personen, die ihre Arme überkreuzen und die jeweilige Hand des Nächsten halten. Wenn das nicht nur zwei, sondern mindestens sechs Personen tun, so wie es die Kornkreisformation darstellt, und wenn diese sechs Personen einen abgeschlossenen Kreis bilden, so kann auf diese Art und Weise der Heilige Gral neu erstehen.

Um das tatsächlich zu verwirklichen, bedarf es natürlich nicht nur sechs Personen, die sich überkreuzt die Hände halten. Das wäre auch etwas zu einfach. Dazu gehört auch die Rezitation mantrischer Gesänge und Gebete, die in einer bestimmten Art und Weise, in bestimmten Rhythmen und Reihenfolgen vorgetragen werden müssen. Auch darauf gibt es einen verborgenen Hinweis in dieser Kornkreisformation: Das sind die 39 Einzelkreise am äußeren Rand der Formation!

Wir finden hier 39 kleine Kreise, die sehr leicht aufgrund der großen Elemente im inneren Teil der Formation in den Hintergrund treten und übersehen werden können.

Was sagen diese 39 Kreise nun aus ?

Diese Formation von sechs Personen, so wie es sich hier als Anleitung darstellt, muß, wenn man tatsächlich Anschluss an höhere Kräfte bekommen möchte, entweder 39 Gebete sprechen oder ein Gebet oder einen entsprechenden Gesang 39 mal wiederholen. Darüber hinaus müssen sich die sechs Personen als geschlossener Kreis 39 mal um sich selbst drehen, vielleicht auch 39 mal in beide Richtungen. So kann man in gewisser Weise nicht nur an die Gralskräfte Anschluss finden, sondern vielleicht auch an die Kräfte der Mer-Ka-Ba. ■

Formation vom 3. August 2002 am Windmill Hill, Wiltshire, England, ca. 50 m. Foto: Steve Alexander.

In diesem Kornkreis sieht man 4 x 37 Dreiecke, die sich im Uhrzeigersinn drehen.
4 x 37 = 148, 148 = 1 + 4 + 8 = 13
Die 13 steht für die göttliche 13. Dimension:
13 = 1 + 3 = 4
Die 4 Ringe aus Dreieckskreisen stehen für den Übergang in die 4. Dimension, sie weisen sehr bestimmend in eine bestimmte Richtung, die kompromisslos auf uns zukommt. Vielleicht fand der Übergang schon im Jahre 2003 statt!? Wenn man den Hitzerekord und die weltweiten Stromausfälle oder andere Vorkommnisse betrachtet, könnte man meinen, das der Übergang in eine andere Bewußtseinsebene damit stattgefunden hat. Die amerikanischen Ureinwohner haben Ende 2003 ebenfalls von solchen Wahrnehmungen berichtet.

Diese Formation zeigt das Allsehende Auge Gottes in einem Dreieck von 33 Strahlen umgeben. Der 33. Grad ist in der Freimaurerei der höchste Einweihungsgrad. Auch in der Kabbala ist der höchste Pfad der 33. Pfad, auch die 33 Lichtblitze oder die Rückkehr zu Gott genannt.

Das Geheimnis dieses Kornkreiszeichens scheint in dem Auge verborgen zu sein. Der Rand des Auges windet sich schlangenförmig um eine innere hexagonale Form. Diese Schlangenlinie besteht aus 98 einzelnen Dreiecken. 98 = 9 + 8 =17, 17 = 1 + 7 = 8, die 8 steht für die Unendlichkeit. In der linken Ecke der Schlangenlinie sieht man eine kleine hexagonale Form, sozusagen eine Widerspiegelung des größeren Elementes in der Mitte – der hermetischen Regel: Wie im Großen, so im Kleinen, wie im Kleinen, so im Großen, entsprechend. Das Sechseck im Inneren des Auges besteht aus 48 Dreiecken mit stehendem Getreide

„Allsehendes Auge Gottes" vom 21. Juli 2002 bei High Clere, Hampshire, England, ca. 75 m. Foto: Steve Alexander.

und 4 Dreiecken mit liegendem. 48 = 4 + 8 = 12, die 12 steht für die 12 Dimensionen, wobei die 4 für die vierte Dimension innerhalb dieser 12 Dimensionen steht.
4 + 8 + 4 = 16,
16 = 1 + 6 = 7 (die 7 göttlichen Aspekte). Viele Kornkreisforscher hielten diese Formation für eine Fälschung, weil sie ein allgemein bekanntes Freimaurer-Symbol mit eher negativem Hintergrund darstellt. Aber aufgrund der intelligenten numerologischen Botschaft, die im Auge des Kornkreises enthalten ist, halte ich diese Theorie für ausgeschlossen.

„Die Stadt der Schlange" vom 22. Juli 2002, Southfield bei Alton Priors, Wiltshire, England, ca. 105 m. Foto: Steve Alexander.

Ich sehe in diesem Kornkreis einen Hinweis auf die irdische Stadt der Schlange.
Die Formation zeigt 3 viereckige Zöpfe, von einem Kreis umschlossen, der Zopf in der Mitte besteht aus 8 Schwingen, der zweite Zopf aus 12 und der äußere Zopf besteht aus 16 Schwingen.
8 + 12 + 16 = 8 + 1 + 2 + 1 + 6 = 18, 18 = 1 + 8 = 9
Die 9 ist die Zahl der Vollendung.

Die irdische Stadt der Schlange, Bild aus der Apokalypse von Liebana, 11. Jhdt., Paris, Nationalbibliothek.
Die großen Stützpfeiler der mittelalterlichen Kirche ruhten auf dem Dogma der beiden Städte Gottes. Die eine ist die Heilige Stadt, das Neue Jerusalem und das Himmelreich der Engel (s. Seite 380 ff), die andere ist die Irdische Stadt. In dieser unteren irdischen Stadt leben die Sterblichen, in der es die Mutter Kirche gibt. Aber diese formt sich nach der Heiligen Stadt droben und nach deren heiligen Einwohnern, den Engeln. Die Hierarchie der Kirche will ein Spiegelbild diesen himmlischen Überbaus sein.

„Pentagramm mit fraktalen Fischschuppen" vom 26. August 2002 bei Beckhampton, Wiltshire, England, ca. 60 m. Foto: Steve Alexander.

In einem Kreis ist hier ein großes Pentagramm zu sehen, das ein Pentagon umschließt, in dessen Mitte wiederum ein kleineres Pentagramm enthalten ist. Um das große, äußere Pentagramm sind 5 x 13 fraktale Fischschuppen angeordnet.
5 x 13 = 65, 65 = 6 + 5 = 11, bei der 11 handelt es sich um eine Meisterzahl.

Das Pentagramm symbolisiert alchemistisch betrachtet die 5 Elemente und gleichzeitig den Menschen. Es sind in der Formation auch Dodekaeder-Strukturen angedeutet. Der Dodekaeder stellt die Grundform des Christus-Bewußtseins-Gitternetzes dar. Die Fischschuppen im Hintergrund des Pentagramms könnten die Erde symbolisieren, über die dieses Bewußtsein sich jetzt auszubreiten beginnt (siehe auch Erläuterungen zur Ausrichtung der Mer-Ka-Ba auf das Christusbewußtseins-Gitternetz, Seite 245).

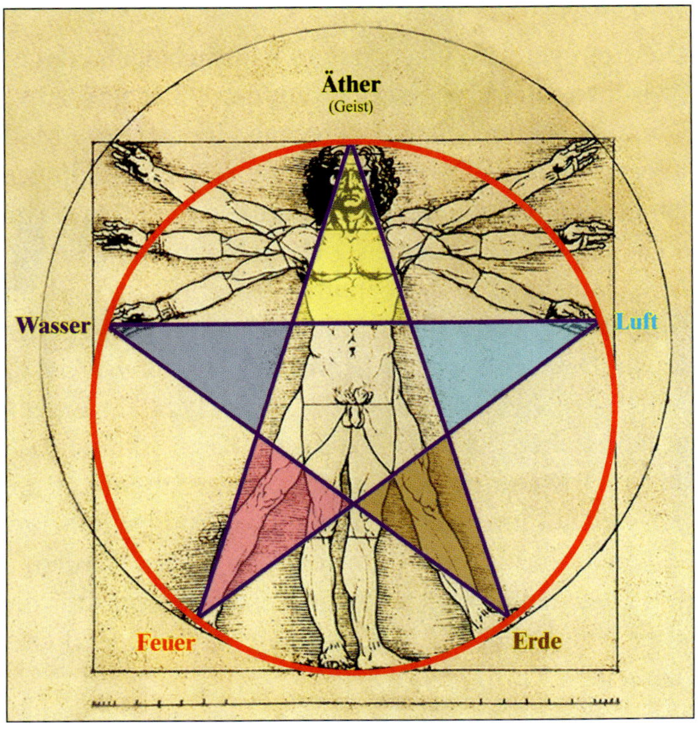

Die wahre Bedeutung der Kornkreise

Das Phänomen der Kornkreise und der UFOs steht in direktem Zusammenhang zu dem Externalisieren, dem Sichtbarwerden der Arbeit der Hierarchie der aufgestiegenen Meister und zur Wiederkehr des Christus und wir stehen tief in ihrer Schuld. Sie überwachen unsere Erde in vollkommener Weise und diese Arbeit ist energetisch von enormen Nutzen für die Welt. Von den aufgestiegenen Meistern wird durch die Kornkreise vor allem das „Gitter" unseres erdmagnetischen Feldes bis zu einem gewissen Grad wieder hergestellt. Jeder einzelne Kornkreis ist ein Wirbel magnetischer Energie, ein Chakra, und nachdem die ersten Kornkreise in England erschienen sind, breiten sie sich nun über die ganze Welt aus.
Am Anfang wurden sie, wie das oft der Fall ist, von Skeptikern als Fälschungen bezeichnet. Es wäre einerlei, wenn das Phänomen „Kornkreise" als unlösbares Mysterium abgetan würde, aber sie als ein „Resultat eines außergewöhnlichen Windes" zu bezeichnen ist einfach geistlos und der menschlichen Intelligenz nicht würdig. Man muß sich die Kreise nur genau anschauen um die oben genannte Behauptung zu widerlegen. Doch, wie um zu beweisen, daß es diese außergewöhnlichen Winde nicht geben kann, fingen die Kornkreise an, in rechteckigen Formen zu aufzutreten, denn es gibt keinen Wind, der in eckigen oder ähnlich komplexen Figuren weht. Kornkreise sind „Ideogramme" und wer Kenntnis über die Ideographie und Piktographie des geheimnisvollen Atlantis hat (auf megalitischen Stelen finden sich viele dieser Piktogramme), erkennt sicher einige wieder. Es kommt nicht darauf an, die Bedeutung zu erkennen, sondern, daß sie grundsätzlich eine Bedeutung haben. Das werden viele Menschen ganz intuitiv verstehen. Sie sollen uns an die alten Beziehungen zu den kosmischen Lehrmeistern erinnern. Vor allem weisen sie uns mit den Kornkreisen ständig auf ihre Anwesenheit hin. Eine größere Bedeutung hat die Tatsache, daß jeder Kornkreis stark magnetisch ist und einen bestimmten Platz auf den magnetischen Kraftlinien unseres erdmagnetischen Feldes einnimmt. Da jeder Kreis ein Wirbel ist, wird Energie angezogen und weitflächig an die Umgebung abgeben. Auch sind sie nicht wahllos plaziert, sondern bilden ein zusammenhängendes Energiesystem zum Nutzen für Menschheit und Erde für ihre weitere evolutionäre Entwicklung. Dieses Energiegittersystem ist wissenschaftlich aufgebaut und daher ist es sehr unwahrscheinlich, daß man den genauen Punkt findet, von dem aus die Entstehung weiterer Kreise zu verfolgen wären, auch für eine sehr gut informierte Gruppe. Die aufgestiegenen Meister wissen sehr wohl um die Bedeutung von Energie und würden sie sicher nicht vergeuden und keinen Kreis einzig und allein zur Unterhaltung formen.
Die Betrügereien, von denen es natürlich auch einige gab und gibt, waren sehr plump, obwohl inzwischen eine Verbesserung bei den Fälschern zu verzeichnen ist. Zwei bekannte Fälscher, als Doug und Dave bekannt, schienen eine perfekte Methode entwickelt zu haben, mit der sie einen Kreis zustande brachten, der nicht nach menschlichem Wirken aussah. Da jedoch Kreise mit vielen großen, komplexen und komplizierten Mustern gleichzeitig in England auftauchten, ist es absolut unmöglich, daß diese beiden Männer und ihre jetzigen Erben dafür verantwortlich sein können. Doug und Dave gaben ihre „Streiche" zu, weil eine Vielzahl von Leuten, viel Geld mit „ihren" Kornkreisen verdienen würden. Aber die Vielzahl der Kreise in anderen Ländern, wie z.B. USA, Japan, Deutschland, Niederlanden, Belgien usw. ist durch ihre Behauptung nicht zu erklären. Die Frage, wie viel die Zeitschrift „Today" und ihr Eigentümer Rupert Murdoch den beiden Männern gezahlt haben, ist nicht beantwortet. Sie erklärten allerdings nicht, sich gleichzeitig an verschiedenen Orten aufgehalten zu haben, was allerdings notwendig gewesen wäre, denn die Kreise liegen weit auseinender. Abgesehen von einigen Scherzen ist es für mich eine Tatsache, daß die Kreise von aufgestiegenen Meistern geschaffen werden, und wie uns die Zeit sicher zeigen wird, als Teil eines langfristigen energetischen Dienstes für die Welt. Den Beweis für den hohen Standard ihrer Wissenschaft sehen wir an der außerordentlichen Struktur und der geometrischen Präzision der echten Kornkreise.

Das Buch „Kornkreise - Die Geschichte eines Phänomens" berichtet über ein britisches Medium, namens Isabelle Kingston, die sich 1987 in eine längere Meditation begab und sehr gute mediale Durchgaben für die Lösung des Kornkreis-Rätsels aus den geistigen Welten bekommen hat. Sie nannten sich „Wächter" und stammten, so das Medium, von einer „Intelligenz außerhalb dieses Planeten". Sie hätten bisher im Verborgenen gewirkt, lenkten aber seit Urzeiten die Geschicke der Menschheit. Auch teilten sie ihr mit, daß sie die Errichtung des Silbury Hill vor Jahrtausenden angeleitet hätten. Die Bedeutung der Silbe „Sil" wäre „leuchtende Wesen". Die Aufgabe eines Tempels wie Silbury war, in der Zukunft der Menschheit zu helfen. „Die Wächter" wiesen darauf hin, daß Avebury selbst energetisch mit „Orten der Kraft" rund um den Globus verbunden wäre. In der Gegenwart sei es die Aufgabe „der Wächter" auf Erden das „Neue Jerusalem", das Neue Zeitalter vorzubereiten. Zu diesem Zweck würden sie an verschiedenen Punkten der Erde die „Leylines", die Energieadern der Erde „aufladen". Wir könnten dies auch sehen: Denn von diesen Aufladungen blieben große, spiralige Kreise auf den Feldern, Kreise im Korn, zurück. Sie berichteten, daß England sich im Zentrum einer großen Pyramide des Lichts, die sie errichtet hätten, befände.
„Das Gleichgewicht wird durch dieses alte Land gehalten und es ist der Schlüssel zur Welt. Um zu Kanälen der neuen Energie werden zu können, werden viele dieser Plätze gereinigt, erklärten die „Wächter".
„Die dieses Land umgebende Pyramide der Kraft ist der Schlüssel - oder wie in Euren Worten: ein Knopf, der zur Aktivierung gedrückt werden muß. Das Immunsystem und Heilsystem Eures Planeten, das den Wechsel bewirken wird, seid ihr. Es gibt allerdings noch ein paar andere Schlüssel, die auf die Aktivierung warten. Dieses Land dient als Testgelände und bevor das Ganze mit der anderen Dimension verbunden werden kann, muß es vorbereitet sein. In Stonehenge liegt ein Energiefeld über den Steinen und Dinge verändern sich. Um bestimmte Orte der Kraft zu markieren, entstehen Kreise als Blaupause, die der gleichen Dimension wie Stonehenge entsprechen, für die Menschheit. Es ist, als würden diese Orte durch sie aufgeschlossen. Teil des Planes ist es, Zentren zu erwecken".
Diese Energien existierten in früherer Zeit als Männer und Frauen auf diesem Planeten. Sie entwickelten sich zu geometrischen Symbolen und in ihrer Aktivitätssphäre existieren sie genauso, wie wir in unseren Körpern. Diese Wesenheiten bestehen in einem geometrischen System; es gibt ganze Universen dieser Formen, die zurzeit eben unser Universum besuchen. Für uns unerklärbare Kreise und andere geometrische Figuren werden auf die Getreidefelder unseres Planeten aufgebracht. Es handelt sich bei diesen Abdrücken nicht um einen Prozeß oder eine Handlung, sondern um eine Frequenz.
Wir befinden uns in einer Zeit, in der für die dreidimensionale Welt viele Tore geöffnet werden, um Entwicklungen auf die Erde zu bringen. Licht erscheint, um wieder auf die Erde zu gelangen und täglich nimmt es zu. Diese Energie muß auf unserem Planeten Fuß fassen, damit sie sich durch unser Bewußtsein durcharbeiten kann. Durch das Eindringen von Intelligenz - meist in Form von Wellen - werden geometrische Formen auf der Erde erzeugt. Intelligenz kann wohl jede gewünschte Gestalt annehmen, aber sehr oft kommt sie in Form einer Welle.
Tatsächlich ist ab Mai 2000 die Zeit gekommen, daß eine Welle des Lichts über die Erde hinwegfegt. Da es sich bei Intelligenz um eine Frequenz handelt, geht sie über das geschriebene und gesprochene Wort hinaus und tritt manchmal in geometrischen Formen auf. Geometrie kann riesige Mengen von Informationen mitteilen, denn sie ist entweder Intelligenz oder eine Ansammlung von Erfahrung. Es ist ziemlich wahrscheinlich, daß die Kornkreise auf dem gesamten Planeten Erde durch eine Art Ultraschall erzeugt werden, um die Sprachfiguren zu gestalten. Während am Anfang viele dieser Figuren Kreise waren, entwickelten sie sich dann zu Linien und anderen geometrischen Figuren, u. a. zu Dreiecken und Spiralen.
In England und auf dem europäischen Kontinent sind Kornkreise am häufigsten aufgetreten. Es gibt jedoch Sichtungen von Kornkreisen in Südamerika, Indien und Rußland.

Windmill Hill, 6. Juni 2003, Wiltshire, ca. 60 m: Bei diesem Kornkreis sieht man in der Mitte ein gleichschenkliges Malteserkreuz mit 12 Ecken und 12 Kreisen, oder auch kosmisches Kreuz genannt. Außen herum ist ein 12fach gewundener Zopf mit 12 Elementen und 12 kleinen Kreisen zu sehen. Hier wird also 4 mal die Zahl 12 angezeigt. Die Zahl 12 steht in der Offenbarung des Johannes für die viereckige Stadt, das neue Jerusalem. 12x12 = 144 (und er maß ihre Mauern, hundertvierundvierzig Ellen, nach dem Maß eines Menschen, das der Engel hat). Der gewundene Zopf könnte für erweiterte DNS-Stränge stehen, die erforderlich sind, um höhere dimensionale Welten (das Haus der vielen Wohnungen) erfahren zu können. Foto: Steve Alexander. Sechzehn Tage später erschien am Windmill Hill ein weiteres Zeichen, das mit dem kosmischen Kreuz in Beziehung steht, nämlich ein Hinweis auf die 5. Dimension, siehe Seite 335.

Sie erscheinen sogar in den Vereinigten Staaten, obwohl dort von einigen Leuten ihre Existenz sehr effektiv verleugnet wird und selbst oder durch bezahlte Gruppen Fälschungen angelegt werden, die dann sogar noch von Fernsehteams dokumentiert werden.

Die geometrischen Figuren sind gleichbedeutend den Hieroglyphen. Diese und die in Stein gemeißelten Piktogramme auf unserem Planeten sind durch eine ähnliche Intelligenz entstanden und sie würden uns ihre geheime Sprache mitteilen, wenn wir sie nur entziffern könnten. Die Kreise und Figuren, die jetzt auf die Erde gebracht wurden, sollen uns unterstützen, unsere Frequenz zu erhalten und mit ihr umzugehen aber vor allem sollen sie uns Mut machen, unser Licht zu leben. Auf eine sehr subtile Weise machen sie uns Informationsfrequenz verfügbar, aber noch kaum jemand kann eine schlüssige Erklärung dazu finden.

Diese Figuren sind alle miteinander verbunden, so wie alle Menschen miteinander verbunden sind. Jesus sagte einmal: „Was ihr dem Geringsten getan habt, das habt ihr mir getan".

Da die Muster weit voneinander auf verschiedenen Kontinenten auftreten, legen sie auf diese Weise ein Frequenzband um unseren Planeten, als Unterstützung, um das Gitternetz der Erde zu aktivieren. Sie werden ihren Beitrag dazu leisten, daß ihr, die spirituell erwachten Menschen euch nicht mehr so sonderbar vorkommt mit eurem Wissen und daß ihr die auftretenden Frequenzveränderungen, die die Erde und die Menschheit schon seit Sommer 1987 durchmachen (harmoni-

sche Konvergenz - die dritte und die vierte Dimension wurden miteinander verwoben), durch bestimmte Planetenkonstellationen angenehmer empfindet.
Bis jetzt wurde nur ein kleiner Teil dessen beschrieben, was Kornkreise bewirken. Viele sind von unseren älteren Brüdern, den so genannten Aufgestiegenen Meistern gestaltet, die schon vor langer Zeit den Weg, den wir jetzt vor uns haben, gemeistert haben. Sie stehen uns helfend zur Seite und warten darauf, daß wir uns entwickeln, denn dann können sie sich auch weiterentwickeln.
Die Träger von Intelligenz sind modellier- und veränderbare Frequenzwellen von geometrischer Figur. Die Formen, die auf die Erde kommen, wirken wie Energietore oder Energieglyphen. Diese intelligenten Muster werden gerade aufgestellt, um sich schließlich miteinander zu verbinden und um den ganzen Planeten ein intelligentes Gitternetz zu bilden. Es wird eine Frequenz von 13 Hertz aufweisen, und die Menschheit kann diese zu ihrer evolutionären Entwicklung nutzen.
Fast die gesamten Kornkreissprachfiguren sind zur Zeit auf der Erde vertreten, was eine intelligente Botschaft darstellt; die Menschen müßten nur in der Lage sein, diese zu entschlüsseln.
Am einfachsten ist es, wenn man sich das Phänomen der Kornkreise dort anschaut, wo es am häufigsten auftritt, z.B. in England (Engelland? - Angelsachsen - Angel = Engel?) wo in den letzten dreizehn Jahren über 3000 Kornkreise gezählt wurden.
Um eine Botschaft in den Zeichen zu sehen, muß man sich alle Zeichen hintereinander ansehen (alle sind miteinander verbunden) und sie nicht getrennt betrachten, wie manche Kornkreisforscher und Naturwissenschaftler es machen. Somit ist man sofort wieder in der Illusion des Getrenntseins - alles ist doch eins. Jesus Christus sagte einmal: „Der Vater und ich sind eins".

Windmill Hill, 22. Juni 2003, ca. 65 m: 5 kleine und 5 große Sicheln, dieses Zeichen könnte ein Hinweis auf die 5. Dimension sein. Es sieht aus wie eine Fotoblende, die sich öffnet und eine andere Welt wird sichtbar. Foto: Steve Alexander.

Wir suchen Gott immer außerhalb von uns, dabei ist er doch in unserem Inneren. Man braucht sich auch nur ein paar Highlights von jedem Kornkreisjahr herauszupicken, um eine kontinuierliche Botschaft zu erkennen. Alles andere würde zu weit führen und für das menschliche Bewußtsein zu gigantisch werden, es würde eine unendliche Enzyklopädie.

Als Ergebnis einer bestimmten Bewußtseinsentwicklung kommen die Kornkreiszeichen auf die Erde. Auch arbeiten diese mit den Orten der Kraft, die schon bestehen und Energiewirbel sind und diese jetzt anziehen (z.B. keltische Kultplätze, Steinkreise, Megalithanlagen wie Stonehenge, Avebury, Silbury Hill sind geomantische Akupunkturpunkte der Erde).

Die Zentren sind in den Milliarden Jahren, in denen sich die Erde in ihrer Umlaufbahn befindet, begraben und verdeckt gewesen und zum Teil in einen Zustand der Latenz verfallen. Die um unseren Planeten gelegte Abschirmung ist jetzt durch die kosmische Einstrahlung aufgebrochen, dadurch werden einige Zentren wiedererweckt. Die Kornkreise stellen einen äußeren Ausdruck von Bewußtsein dar. Sie werden für uns Wirklichkeit, um uns darauf hinzuweisen, daß der rationelle Verstand - so sehr er es auch möchte - nicht alle Daten kontrollieren kann. Diese Begebenheiten treten auf, um eine Überschneidung mit der Bewußtseinskodierung aller menschlichen Wesen zu bewirken. Unser Bewußtsein öffnet eine bestimmte Nische, wenn es die Wirklichkeit nicht erklären kann. Da die Kornkreise den logischen Verstand völlig übersteigen, zwingen sie die herkömmliche Sicht zur Erweiterung, da sie für das Denken im üblichen Rahmen gar nicht möglich sind. Als Auslöser zwingen sie die Wirklichkeit, ihre eigenen Begrenzungen zu überwinden.

Es können eine Reihe von Gründen für das Entstehen der Kornkreise angeführt werden. Grundlegend existieren sie, um uns vom Denken zum Fühlen zu bringen und unsere Wirklichkeit in Bewegung zu bringen. Die meisten Erforscher der Kornkreise versuchen sich ihren Reim aus den Kornkreisen eher über das Denken statt dem Fühlen zu machen. In England treten zur Zeit sehr viele Kornkreise auf, wie ein Hautausschlag, die Bauern werden fast verrückt wegen der Touristen aus aller Welt, die ungefragt in ihren Feldern alles flach treten. Manche Bauern mähen sie aus Wut über das immer wiederkehrende Phänomen einfach ab, obwohl das Korn noch gar nicht reif ist. Denn die Engländer haben im Allgemeinen ein sehr logisch orientiertes Bewußtsein.

Die intuitiven Fähigkeiten der Bewohner sind jedoch intensiv von den megalithischen Spiralen und Steinformen, die wir auf den Britischen Inseln finden, beeinflußt. Außerdem ist in Avebury (größte Megalithanlage Europas) das innere Herzchakra der Erde und in Glastonbury, dem sagenumwobenen Avalon, das äußere Herzchakra. Deswegen erhält die Erde an diesen wichtigen Punkten auch die größte Lichtakupunktur. Unter anderem entwickelt sich die Menschheit gerade ihr Herzchakra. Man sieht: Alles ist miteinander verbunden, alles ist eins!

Die logisch orientierte Gesellschaft wird durch das Kornkreis-Phänomen gezwungen, etwas anzuerkennen, das keinen Sinn ergibt und das passiert auf eine sehr offensichtliche und spielerische Art, ohne die Sicht der Wirklichkeit von jemanden zu bedrohen. Niemand regt sich zu sehr auf, wenn das Korn sich in konzentrischen Kreisen und verschiedenen geometrischen Formen hinlegt und dabei nicht bricht oder abstirbt. Versteht ihr, auf welche Weise die Energien mit euch spielen? Aus der Notwendigkeit heraus, unsere eigene Frequenz zu halten, führen die aufgestiegenen Meister oder andere Intelligenzformen diese Dinge herbei und wir sollten dies erkennen, ohne unsere Schaltkreise zu überlasten. Als ein Informationsglyph, der eben diese Frequenz besitzt, werden diese Sprachfiguren als mehrere Geschichten auf die Erde gebracht. Wenn wir aufwachen, dann wird es auch für andere leicht sein zu erkennen und zu verstehen.

In Jesu Worten finden wir: „Die Letzten werden die Ersten sein". Zur Zeit erfolgt eine Auslese der Auserwählten. Ein Auserwählter zu sein, was bedeutet dies? Diejenigen sind auserwählt, die den Klang ihres inneren Liedes hören und diejenigen, die sich versammeln, wenn ihr sprecht. (Und niemand konnte das Lied lernen, als nur die 144000, die aus der Erde erkauft sind. Johannes Offenbarung 14,3). Ein Auserwählter zu sein, heißt nicht, daß man automatisch aufsteigt und die Aufgabe erfüllt, die erfüllt werden muß. Auf die Frage, wer euch auserwählt hat gibt es nur eine Antwort: ihr habt euch selbst auserwählt! Der innere Gott in euch hat euch zu diesem Buch geführt, denn es ist an der Zeit, euch auf den Weg zu machen. Es ist nicht unbedingt bereits zu spät für euch, aber die Zeit drängt langsam und die Dinge können sehr ungemütlich werden, wenn ihr nicht handelt. Die Zeit kann in gewisser Weise knapp werden, wenn ihr euch nicht an die Arbeit macht, den Plan zu verwirklichen, den ihr für euch selbst entwickelt habt. Es sind nur noch wenige Jahre, bevor die Dinge so hektisch und turbulent werden, daß, wenn ihr euer Leben nicht in der wahren Bedeutung des Lichts lebt, es dann zu spät für euch sein könnte. Anders formuliert: Wenn ihr es immer wieder hinaus schiebt, geratet ihr in den Sog der Flutwelle des Lichts. Entwickelt euch, denn in dem Maße, wie ihr euch entwickelt, tragt ihr zur Evolution der Erde bei.

Obwohl ihr gewillt seid, jeden wissen zu lassen, was euer tiefster Glaube ist, führen viele von euch ein Leben im Verborgenen. Im kleinen Kreis fühlt ihr euch sicher, verschiedene, zum Teil sehr abgefahrene Themen zu diskutieren, aber am Arbeitsplatz und sogar in der eigenen Familie oder anderswo wagt ihr nicht über eure Wahrheit zu reden. Dabei gibt es eine Menge Menschen, die so codiert sind, daß sie nur darauf warten, eure Stimme zu hören. Ihr, die Auserwählten, werdet jetzt auserlesen. Das letzte Jahrzehnt der Veränderung ist bereits angebrochen und das Leben eines jeden von euch wird sich verwandeln, wenn ihr erkennt, was diese Veränderungen bedeuten und ihr euch vervollkommnet. Das bedeutet, von vielem wegzukommen und mit anderen Dingen zusammenzukommen, auch viele Dinge aufzugeben, weil ihr vertraut. Vertrauen, was bedeutet das? Dies bedeutet, daß ihr ein tiefes inneres Wissen darüber habt, daß es eure Gedanken sind, die eure Welt erschaffen, sich ganz sicher sein, mit innerem Wissen und göttlicher Leichtigkeit. Was ihr denkt, das ist auch so. Seid euch immer darüber im Klaren, nur mit der Frequenz der Liebe und des Lichts zu arbeiten.

Der Bibel entnehmen wir die Aussage, daß jeweils 12000 Planetensamen (Menschen) sich in den zwölf Stämmen Israels inkarniert haben und unterschiedliche Familien, Gebräuche und Sitten hervorgerufen haben, um sie hinauszutragen an verschiedene Orte dieser Welt. Es handelt sich dabei um 144000 Menschen, einer gemeinsamen Informationsebene, von der wieder jeder ein einzigartiger Ausdruck ist. Indem ein erleuchteter, vollendeter Christus-Mensch als helfende Brücke dient für den Dimensionswechsel, so sind diese 144000 gewissermaßen die Pfeiler für diese Brücke. Sie bilden die bestmögliche Voraussetzung für das „Andocken“ der Christus-Frequenzen an der Bewußtseins-Matrix. Durch diese Menschen soll am Ende des Zeitzyklus die holographische Bewußtseinsmatrix mit den Schwingungen eventuell fehlender spiritueller Entwicklungsmöglichkeiten ergänzt werden. Menschen hingegen, die im dichten Gewühl der irdischen Erfahrungen ihre Verbindung zu ihrem Selbst verloren haben, entwickeln nun eine neue Identität. Je mehr sie sich auf ihr wirkliches Selbst besinnen, in dem Maße verliert das Muster ihres bisherigen Lebens an Sinn. Die früheren weltlichen Verpflichtungen erscheinen höchst disharmonisch, weil sie nicht mehr zu ihrer neu aktivierten Struktur passen. Ängste und Emotionen lösen sich auf der Ebene auf, zu dem ihr neuer Lebensweg sie führt, auch solche, die durch das Bewußtwerden der bevorstehenden Ereignisse entstanden. Was ist nun die Moral von der Geschichte? Du brauchst gar kein Auserwählter von diesen 144000 Menschen zu sein, auch dein innerer Gott hat sich von den schönen Kornkreisbildern in diesem Buch angezogen gefühlt. Wenn du die Informationen liest und die Kornkreisbilder schaust, wird sich dein Bewußtsein automatisch erweitern: „Die letzten werden die ersten sein“

Also waren die 144000 auserwählten Menschen nur Wegbereiter, und hielten die Schwingungsfrequenz aufrecht, damit du dich entwickeln konntest. Jeder Erdenbürger hat durch seinen freien Willen (den Gott den Menschen gegeben hat - das bedeutet: alles ist möglich, ob erlaubt, ist eine andere Frage) sich seiner Bewußtseinsstufe entsprechend zu entwickeln. Bis zur allerletzten Phase des Wandels wird die Erde eine Zone des freien Willens bleiben.

Ogborne St. George, Wiltshire, vom 15. Juni 2003 ca. 140 m. 6 fraktale Torusringe mit 6 x 9 Monden und Sonnen außen herum und einen Kreis in der Mitte, 6 x 9 = 54 = 5 + 4 = 9, die 9 steht wiederum für die Vollendung des Torusfeldes um die Mer-Ka-Ba, siehe zum Vergleich die Grafik mit den drei rotierenden Torusringen. Foto: Steve Alexander.

Der sichtbare Prozeß des Wandels

Folgende Phänomene werden wahrscheinlich den Prozeß des Zeitenwandels kennzeichnen:

1. Als Folge verlangsamter Erdrotation mit längeren Tagen und Nächten wird der Erdmagnetismus stufenweise vermindert. Während die Gravitation unverändert bestehen bleibt, wird als Höhepunkt dieser Entwicklung die Erde 72 Stunden still stehen und kein Magnetfeld bilden.
2. Anschließend beginnt die Erde wieder langsam zu rotieren und nach und nach stabilisieren sich die neuen Magnetfelder mit umgekehrter Polung. Damit erreicht die Resonanzfrequenz der Erde (Schumann-Frequenz) dann einen neuen Wert von 13 Hz (Hertz-Schwingungen pro Sekunde).
3. Es treten auch auf anderen Himmelskörpern unseres Sonnensystems ungewöhnliche Aktivitäten auf, besonders Sonneneruptionen und Sonnenflecken mit Höchstwerten wie am 8. April 1989, März 1997 und im Oktober 2001.
4. Durch die Quantenmechanik wissen wir, daß auch in einem energetischen Vakuum die kosmische Bewegungsenergie ohne elektrische und magnetische Felder erhalten bleibt.

Die alten Schriften weisen darauf hin, daß in dem Zeitraum der vollkommenen Stille in Wirklichkeit eine gigantische „Justierung“ stattfindet. Es werden die Energiestrukturen unseres Planeten an neue Frequenzen angepaßt.

Die innere Erfahrung des Wandels

1. Dadurch, daß die Zeit merklich schneller läuft, scheint es so, als würden die Ereignisse beschleunigt ablaufen. Der Grund dafür ist, daß sich unser Körper an die höhere Resonanzfrequenz unserer Erde anpassen will.
2. Es stellen sich merkwürdige Schlafrhythmen ein, auch mit längeren Perioden ohne Schlaf.
Auf der anderen Seite fühlt man sich nach genügend Schlaf körperlich total verbraucht, müde und die Muskeln sind verspannt. Es folgen danach Nächte mit bedeutungsvollen, ausgedehnten und lebhaften Träumen.
3. Die Zeit des eigentlichen Umwandlungsprozesses (72 Stunden) werden die meisten Menschen in einem unbewußten Zustand erleben, ähnlich dem Bardo-Zustand, wie er in den tibetischen Lehren beschrieben wird. Vereinfacht kann dieser als einer Form außerkörperlicher Erfahrung erklärt werden. Dieser Prozeß wird jedoch von denjenigen, die bereits gelernt haben, innerhalb der neuen Frequenz zu leben, in vollem Bewußtsein erlebt werden. Sie können dann ihren Mitmenschen unterstützend zur Seite stehen. Von einem Ereignis allein wird noch kein Wandel signalisiert. Zur Zeit geschehen jedoch immer wieder Dinge, die als Zeichen des Wandels gewertet werden können. Wann wird dann die so genannte „heiße Phase“ des Null-Punkt-Prozesses beginnen? Meines Wissens nach ist dieser Zeitpunkt des Wandels niemandem bekannt, auch nicht den Kräften „da oben“. Jedoch deuten die Intensität der Signale und der Kornkreiszeichen auf ein sehr nahes Geschehnis hin.
Für die Entwicklung des menschlichen Bewußtseins ist diese Null-Punkt-Erfahrung immens wichtig, gesund und vitalisierend - sie ist ein sehr seltenes Ereignis und stellt einen Teil des natürlichen Prozesses dar. Die letzte magnetische Umpolung der Erde liegt ungefähr 11000 bis 13000 Jahre zurück und unsere Zeit gleicht der etwa 9500 vor Christus - Platos Beschreibung vom Untergang Atlantis.

Drei rotierende Torusringe, dreidimensional dargestellt.
Aus der Mitte heraus beginnt die neue Lichtschöpfung.

Ereignisse nach dem Wandel

Die Erde beginnt nun, sich in entgegengesetzter Richtung zu drehen. Von dem Zeitpunkt an wird auch die Sonne am entgegen gesetzten Horizont auf- und untergehen. Durch den Wechsel der magnetischen Pole ist jetzt was Nordpol war, Südpol und umgekehrt. Von der Umpolung ist jedoch nur das Erdmagnetfeld betroffen und bedeutet kein Kippen der Erde um 180 Grad.
Die Erde beginnt mit einem neuen „Ton“ in Resonanz zu treten. Dies ist nun die Gelegenheit für alle Materie, einschließlich jener der lebenden Zellen, mit den neuen Schwingungen in Resonanz zu treten und sich ihnen anzugleichen.
Dies wird das menschliche Bewußtsein wieder befähigen, auf mehreren Ebenen gleichzeitig Erfahrungen zu sammeln. Dieser neue Zustand des Bewußtseins kann nicht allein mit den bereits bekannten Alpha-, Beta- oder Deltafrequenzen erklärt werden. Der Mensch wird endlich befähigt werden, sein gesamtes Wesen zu erfassen, indem all diese Frequenzen in vereinter Form zusammenarbeiten. Dies ist der Beginn der Zeit, die als „die Erfahrung der vierten Dimension“ oder als das „neue Zeitalter“ bezeichnet wird. Durch den Wiederbeginn der Erdrotation wird das Einsetzen neuer Bewußtseinsstrukturen signalisiert, die zur Wahrnehmung der vierten Dimension führen. Diese Periode des Übergangs wird bis 2012 dauern. Diese Zeit ist gegeben, damit das menschliche Bewußtsein die geschehenen Ereignisse verarbeiten kann. (Diese Zeitphase von 1992 bis 2012 stimmt mit dem angegebenen letzten Abschnitt des Maya-Zyklus aus dem Buch „Der Maya-Faktor“ von Jose Arguelles weitgehend überein.) Die Erde funktioniert in dieser Zeit noch in der dreidimensionalen Form, beginnt aber gleichzeitig, in Resonanz mit der vierten Dimension zu treten. Dies ist der Punkt, an dem die Erde mit dem Aufstiegsprozeß anfängt, der sowohl in den Überlieferungen der Mayas als auch in der Bibel beschrieben wird. Nun bewegt sich die gesamte Erde in die stabilere vierte Dimension, und wird in dieser ca. 1000 Jahre verweilen.
In der gesamten Erdgeschichte sind bereits mehrere Polsprünge erfolgt. Es fand jedoch kein Übergang in eine andere Dimension statt. Die Ursache des Dimensionswechsels ist nun Anstieg der Resonanzfrequenz aber nicht die Umpolung des Magnetfeldes. Das auf uns zukommende Zusammentreffen von Dimensionswechsel und Polsprung ist als ein besonders Geschenk zu betrachten. Wir werden fähig, den Zugang zu uns selbst zu finden, um erfolgreich den Übergang in eine höhere Dimension zu meistern.
Das ist die Auferstehung. Selig und heilig diejenigen, die an der ersten Auferstehung teilhaben. Der zweite Tod wird über sie keine Macht haben, sondern sie werden Priester Gottes und Christi sein und mit ihm herrschen die tausend Jahre. (Offenbarung 20,5)
Erde und Mensch werden so durch Grundfrequenz und Magnetfeld der Erde miteinander verbunden. Durch das sich erhöhende Frequenzspektrum wird eine hoch entwickelte Bewußtseinsebene repräsentiert, es ist diese Ebene, die bereits von Christus in den 33 Jahren seines Lebens verwirklicht wurde. Christus bezeichnete die höhere Bewußtseinsebene, mit der er fähig war, in Resonanz zu treten, als „Vater“. Die Auferstehung Christi ist im Grunde ein bewußter Wechsel der Dimension.

Die Botschaft im Korn

Um erfaßen zu können, welche Botschaft die Kornkreise für uns haben, müssen wir zuerst ihre Ausdrucksweise und ihre „Sprache“ besser verstehen. Die faszinierenden Piktogramme erschienen anfangs vielen einfach als schöne, symmetrische Zeichen von immenser Genauigkeit, riesigen Ausmaßen und voll geheimnisvoller Mystik. Sie dachten, daß eine sinnvolle Deutung nicht entdeckt werden könnte. Einige aber fühlten intuitiv, daß sich eine Botschaft hinter den Zeichen verbirgt: Eine Warnung an die Menschheit, sich besser um ihren Planeten zu kümmern und vor allem umeinander. Handelt es sich dabei schon um die ganze Botschaft? Ist es möglich, die „Sprache“ der Kornkreise präziser zu entschlüsseln?

Wie meine Untersuchungen hierzu ergeben haben, sind in den Zeichen nicht nur eine einzige, sondern fünf verschiedene, voneinander unabhängige Symbolsprachen verschlüsselt. Es handelt sich dabei um Sprachen, die nicht aus Buchstabenkombinationen gebildet werden. Sie sind vielmehr ein lebendiger Ausdruck der Resonanzenergie und wir sprechen auf deren sinnvolle Informationsstrukturen bewußt oder unbewußt, physisch oder emotional an. Folgende Symbolsprachen können wir unterscheiden:

1. die Heilige Geometrie (die Matrix der Schöpfung, von Erde, Geist und Herz)
2. die Kabbala (als jüdisch-christlicher Einweihungsweg)
3. die Quantentheorie (Entstehung des Universums)
4. die Mer-Ka-Ba (Lichtkörperlehre des Menschen)
5. Symbole (graphisch) unserer Vorfahren

Obwohl sich die „Sprachen" beträchtlich voneinander unterscheiden, ist es einer der faszinierenden Aspekte des Kornkreis-Phänomens, daß die Zeichen alle eine sehr ähnliche Botschaft in sich tragen.

Die Botschaft:

Die Welt geht durch einen Wandel, der alle Bereiche eures Lebens umfaßt und von allem was ihr in der Welt seht, seid ihr ein Teil.
Auf ihrem Kreislauf um die Sonne und das Zentrum der Galaxis hat die Erde und ihre Menschheit einen Punkt erreicht, der als Schwelle zum Wandel beschrieben werden kann.

Wie bereits in den uralten Schriften vorhergesagt, verändern sich die Menschen und die Erde jetzt sehr schnell, wobei diese Veränderungen die genetischen Strukturen der Körperzellen betreffen wie auch im elektromagnetischen Feld der Erde geschehen.
Um unsere Welt und uns selbst verstehen zu können, haben wir spezielle Symbolsprachen entwickelt. Die Kornkreise vermitteln in ihrer verschlüsselten Ausdrucksweise die „universale Botschaft des Lebens". Ihr Code ist bereits in unseren Körpern und in der Materie der Erde enthalten. Manche finden ihren Ausdruck auch in unserer Technologie. Die Botschaft der Kornkreise ist daher nicht wirklich völlig überraschend für uns, jedoch in welcher „Sprache" drückt sie sich aus? Der Stand ihres Bewußtseins, sowie auch der Einsatz ihres Verstandes im alltäglichen Leben ist bei den Völkern auf der Erde zweifellos sehr verschiedenartig. Jedes Individuum als integrierter Teil des Ganzen trägt in seiner Verschiedenheit bei zur Schönheit des holographischen Universums. Der Zweck der Kornkreiserzeuger wäre sicherlich verfehlt, wenn sie ihre große, umfaßende Botschaft nur auf eine bestimmte Sprach- oder Bevölkerungsgruppe zugeschnitten hätten. Bei der Entschlüsselung der Kornkreise hat sich jedes bekannte Alphabet als untauglich erwiesen, deshalb brauchen wir einen anderen Referenzrahmen um die Zeichen zu verstehen.
Die Kornkreise richten ihre Botschaft an die eingestimmten Energiekreisläufe des Menschen.
Sie sind die physischen Ausdrücke unserer Gedanken und Gefühle, die wir nicht in Worten ausdrücken können. Im Bewußtsein der Menschheit sind wir jetzt am Ende eines großen Entwicklungszyklus angelangt.
Die verschlüsselten Zeichen haben unter anderem folgende Bedeutung:

- Zum Inhalt des Wandels der Erde gehört die Errichtung neuer „Erdungspunkte" der Energiezirkulation unseres Sonnensystems und der Matrix von Mensch und Erde.
- Die bereits bestehenden genetischen Codes werden um spezielle neue Codone ausgebaut.
- Dinge, die die amerikanischen Ureinwohner prophezeit haben, erfüllen sich.
- Es steht das Ende der „Fünften Welt" des Bewußtseins bevor.
- Im menschlichen DNS-Molekül werden bestimmte Basispunkte aktiviert.

Dieser Kornkreis vom 21. Juni 2003, Waden Hill, Wiltshire, ca. 60 m. (Foto: Steve Alexander) erinnert an Echnatons einzigen Gott, mit 15 Strahlen, die von einer hellen Sonnenscheibe ausgehen, auf der ein aufgelöstes Ying und Yang Zeichen zu sehen ist. Und nur noch ein Element (mit einem Kreis innen) von diesem Dualitätszeichen schwebt über den lebensspendenden Strahlen. Soll dieses Zeichen sagen, daß wir von unserem Dualitätsbewußtsein erlöst werden und zum Einheits- oder Christusbewußtsein wechseln werden?

Da jeder Mensch auf der Grundlage seiner individuellen Bewußtseinsfilter die Kornkreise interpretiert und die Strukturen dieser auf jeden Menschen eine direkte Wirkung haben, finden sich die unterschiedlichsten persönlichen Erklärungen und Bewertungen darüber. Wann die Zeit der großen Reinigung gekommen ist - so heißt es in den Prophezeiungen der amerikanischen Ureinwohner - werden die Menschen durch das Auftreten bestimmter Zeichen erfahren. Vieles weist darauf hin, daß zu diesen Anzeichen die Kornkreise gehören. Von einer Zeit, „ in der man den Mond im Himmel und auf Erden sehen kann" sprechen wiederum andere Ureinwohner. Es gibt Aussagen, daß die Mitglieder dieses Stammes Tränen in den Augen hatten, als man ihnen Bilder von Kornkreisen zeigte, die wie Monde gestaltet waren.

Die Zeichen treten immer zahlreicher und komplexer auf und die Botschaft kristallisiert sich immer mehr heraus: Es ist ein Hinweis auf einen Wandel. Diese „Inschriften der Erde" haben ein Gutes: sie werden nicht durch irgendein Glaubenssystem eingeschränkt. Um sie zu verstehen, sind keine speziellen Theorien nötig. Es gibt Menschen, denen es möglich ist, diese Strukturen zu „erkennen" und sie wissen ganz klar, bzw. fühlen die Bedeutung. Es ist ganz wichtig, daß es für alle Menschen möglich ist, direkt teilzuhaben am Kornkreis-Phänomen. Dadurch, daß die Zeichen so großflächig auf der Erde verteilt sind, können sie von allen gesehen werden, ohne daß ihnen eine Erklärung durch die Einmischung einer höheren Autorität aufgedrängt werden könnte. Sie sprechen durch ihre symbolische „Sprache" uns direkt an.

Was sind Kornkreise? - ein Erkenntnisproblem

Peter Möller

Seit vielen Jahren gibt es das beachtete Problem der Kornkreise überall in der Welt und ebenso teilt sich das Interesse in Zustimmung und Ablehnung. Das Phänomen der Kornkreise zieht die Menschen an und läßt eine innere Anteilnahme entstehen, die viele nicht mehr losläßt. Da ich selbst aus einer Gegend komme, wo in den letzten Jahren etliche Kornkreise erschienen sind, weiß ich um die Faszination dieses Themas. Bei all der Begeisterung der vielen Menschen, einen Kornkreis hautnah zu erleben, habe ich neben dem großen Respekt und der stillen Anerkennung einer höheren Macht auch die vielen Fragen bemerkt und oftmals die ratlose Hilflosigkeit angesichts dieses scheinbar unbegreifbaren Phänomens.

Und genau diese Hilflosigkeit, dieses Nichteinordnenkönnen ist für etliche der stillen Beobachter und auch der eifrigen Forscher vor Ort zu viel des Guten. Viele dieser Menschen, die sich mit dem Phänomen der Kornkreise beschäftigen, stoßen bei der Erklärung dieses Phänomens ganz schnell an bestimmte Grenzen, wo es nicht mehr weiter geht.

Gewiß: Die Kornkreise erscheinen irgendwo und sie haben bestimmte Muster oder Strukturen und man gibt ihnen irgendwelche Namen, die aus Assoziationen entstanden sind von Dingen oder Formen, die man in ihnen zu erkennen glaubt.

Tell-el-Amarna, Neues Reich, 18 Dynastien, um 1340 v. Christus, Kalkstein, Berlin, Ägyptisches Museum. Unter den lebensspendenden Strahlen des Aton Echnatons einzigem Gott spielen der König und seine Frau Nofretete mit ihren drei jungen Töchtern.

Dann vermißt man die Kornkreisformationen und versucht sonstige irdisch-materiellen Spuren oder Merkmale in ihnen zu finden.
Das ist das eine und das ist soweit normal, denn die Aufzeichnungen sind wohl auch notwendig für eine sorgfältige Dokumentation. Die Frage ist nur, ob damit diesem Phänomen genüge getan ist, oder ob die wahre Forschung jetzt erst beginnt?
Es ist bei der sachlichen Betrachtung des Kornkreisphänomens offensichtlich, daß es sich hierbei um eine Kräfteeinwirkung handelt, die nicht von dieser Welt ist!
Und genau an diesem Punkt scheiden sich die Geister. Diejenigen, die das Kornkreisphänomen als spirituelles Ereignis ablehnen und nur eine irdisch-physikalische Erklärung suchen oder zulassen, werden einen wirklichen Sinngehalt darin nicht finden. Im Gegenteil: Sie versteigen sich fast fanatisch so in ihre Ansicht, daß sie anfangen, selbst Kornkreise anzulegen, nur um andere zu täuschen und um ihre Weltsicht einer rein physikalischen Erklärung dieses Phänomens zu untermauern. Sie glauben ernsthaft, daß sie in Kontakt treten könnten mit vermuteten anderen Fälschern, die jene Kornkreise anlegen, deren Komplexität und höhere Symbolik sie nicht verstehen. Da sie die Realität von höheren Welten und uns Menschen überlegenen Intelligenzen nicht anerkennen, glauben diese Ignoranten tatsächlich, sie könnten einen Kontakt herstellen mit anderen Fälschergruppen, die in ähnlich nichtsnutziger Art nichts Besseres zu tun haben, als andere zu veralbern.
Das ist wohl diesbezüglich das größte aller Mißverständnisse!
Da muß man einfach sagen: Dort offenbart sich Unverständnis und Unkenntnis in einer Art, die dem wirklich tieferen Sinn dieses Phänomens diametral entgegengesetzt ist.
Wie also kommt man vorwärts? Wie kommt man dem Wahrheitsgehalt der Kornkreise nahe? Indem man sich die nötigen Sachkenntnisse erarbeitet auf dem Gebiet der Esoterik oder den Geheimwissenschaften!
Glücklicherweise gibt es hier im mitteleuropäischen Raum jede Menge Möglichkeiten, sich ein umfassendes Wissen über den geistigen Aufbau des Kosmos anzueignen.
Wer noch nie etwas von der Existenz des Äthers gehört hat, von den Ätherkräften, von den Bildekräften, von den Ätherarten, der wird dem Phänomen der Kornkreise nicht nahe kommen können. Die ganze irdische Erscheinungswelt ist sozusagen in die Ätherwelt eingebettet. Die Ätherkräfte sind es, die das Leben, die alle Lebenskraftprozesse hier auf der Erde lenken, durchdringen, leiten und aufrecht erhalten. Keine Lebensform auf der Erde – und auch nicht der Mensch, könnte hier leben und existieren, wenn es nicht die ätherischen Kräfte gäbe, die alles lebendige Geschehen in Gang hielten. Die meisten Menschen sind sich dessen nicht bewußt, aber doch ist es so!
Auch ohne das bewußte Wissen der Menschen um diese verborgenen Dinge und diese unbekannten Kräftekreisläufe im Erdgeschehen existieren hier viele verschiedene Lebensformen und alles geht seinen Gang. Alle Menschen registrieren das pulsierende Leben, aber nur wenige denken über die eigentlichen Gesetzmäßigkeiten dieser Dinge nach, die nur in einem nicht-physischen Bereich gefunden werden können. Dieser nicht-physische Bereich ist zunächst die Ätherwelt, als die nächsthöhere Schwingungsebene über der physischen Welt. Bestimmte Erscheinungsformen der Ätherwelt in ihrer untersten Form benutzt der Mensch z.B. beim Telefonieren mit dem Handy. Höhere Ätherkräfte greifen da schon in die lebendigen Strukturen des Menschen ein. Dies alles geschieht ohne Lärm und ohne Aufsehen und darum beachtet man es nicht. Daß alle diese Dinge, alle diese Prozesse voller Lebenskräfte trotzdem vonstatten gehen, ohne daß die Menschen dafür etwas tun, ohne daß sie es verstehen und ohne daß sie da wirklich eingreifen können, setzt eigentlich bei genauem Hinsehen ein konsequentes Überdenken dieser Dinge voraus. Konsequent in dem Sinne, daß es eine höhere Intelligenz geben muß, die alle diese Prozesse, die wir als Menschen noch nicht verstehen leitet, sie in Gang setzt, sie kontrolliert und sie offensichtlich in alle Ewigkeit fortführt. Wer ist das, welche für uns unsichtbaren Kräfte sind da am Werk? Welche Intelligenz, bzw. Intelligenzen setzen diese Ätherkräfte in Gang, kontrollieren ihre Ordnung und statten alles Leben reichlich mit diesen Lebenskräften aus?

Es sind jene Wesen, die man die himmlischen Hierarchien nennt!
Das sind mächtige Wesenheiten, die irgendwann einmal vor Äonen auf anderen Welten das durchgemacht haben, was wir Menschen hier und jetzt auf der Erde durchmachen. Sie haben auch einmal die Menschheitsstufe durchschritten und arbeiten nun von höheren Welten aus an der Evolution, wie z.B. an der des Menschen.
So ist also die Frage nach dem Geheimnis der Kornkreise auch eine Frage, die nicht so sehr aus der Sicht des Menschen gestellt werden sollte, sondern man muß den Ausgangspunkt höher ansetzten, sozusagen in den höchsten planetarischen oder auch solaren Seinsebenen.
Ist das zu abstrakt? Ist das zu unglaubwürdig? Mir scheint es aber die sinnvollste aller Erklärungen zu sein!
Wenn man also nochmals die Fragen durchdenkt:
Warum gibt es Kornkreise?
Was sind Kornkreise und wo kommen sie her?
Wer macht die Kornkreise?
Wo erscheinen Kornkreise und gibt es auch einen wichtigen Zeitpunkt dafür?
Nach welchen Strukturen sind die Kornkreise aufgebaut?
Was bedeuten die Kornkreise, die ja auch Symbole sind?
Welche Prozesse irgendwelcher Art werden uns durch die Kornkreise aufgezeigt?
Welche Himmelsschriften oder Ur-Hieroglyphen übermitteln uns die Kornkreise?
Sind es Botschaften aus uralten Zeiten?
Oder sind es Botschaften, die für uns Menschen wichtig sind in der Gegenwart?
Sind es Botschaften, die in die Zukunft weisen?
Sind durch die Erscheinung der Kornkreise vielleicht schon ganze kosmische Bibliotheken hineingeprägt worden in die Erde, in den Erdenäther, die wir Menschen nun aufschlüsseln müssen?
Haben wir Menschen die Aufgabe, den Sinn, den Inhalt oder einfach den qualitativen Gehalt der Kornkreise zu eröffnen, um sie einer gereiften Menschheit zugänglich zu machen?
Welche Kräfte höherer Art sind durch die Einprägungen der Kornkreise in Bewegung gesetzt worden?
Das sind viele Fragen auf einmal und sie sollen mit Sicherheit von uns Menschen gelöst werden, denn nur der Mensch kann das auf der Erde.
Die Kornkreise können sehr wohl eine multidimensionale Funktion haben, also auf mehreren Seinsebenen existieren und wirken.
Wenn man nun davon ausgeht, daß für diese heutige Zeit die Wiederkunft des Christus angekündigt ist, dann scheint es plötzlich nicht mehr so abwegig, die Erscheinung der Kornkreise mit diesem höchsten geistigen Ereignis in Verbindung zu bringen.
Wo und wie könnte es denn eine Verbindung geben zwischen den Kornkreisen und der Wiederkunft des Christuswesens?
Da muß zunächst einmal das Wesen des Christus näher definiert werden. Die Menschen verstehen ja unter dem Christus einen Menschen, einen Heiligen vielleicht, oder einen Gottesmenschen, einen besonders Privilegierten, der nun möglicherweise wieder kommt, um eine neue Religion zu gründen. Viele Esoteriker akzeptieren, daß es den großen Meister Jesus gibt und glauben, dieser würde nun zurück kommen, um die Menschheit neu zu belehren.
Der Meister Jesus war aber damals vor 2000 Jahren nur der Träger eines hohen Wesens, welches der eigentliche Christus ist!
Das Christuswesen selbst ist ein allerhöchstes Wesen, welches noch über den bekannten 9 Stufen der Hierarchien steht, die uns Menschen bisher bekannt sind. Es ist einst herab gekommen von galaktischen Höhen, um von unserer Sonne, also dem höchsten geistigen Bereich der Sonne, seine Wirkung zu entfalten auf der Erde. Im Laufe von Äonen hat sich das kosmische Christuswesen langsam der Erden-Evolution genähert und durch bestimmte Opfertaten, jeweils in Verbindung mit

Avebury, Wiltshire, vom 6. Juli 2003, ca. 90 m. Foto: Steve Alexander.
Das Mer-Ka-Ba-Feld und das Christusbewußtseins-Gitternetz ist fertiggestellt. Könnte dieser Kornkreis bedeuten, ein ähnlicher Kornkreis trat bereits am 24. Juli 2000 bei Silbury Hill auf, da sah man noch einen Zacken aus dem Rahmen fallen. Damals war die pentagonale Struktur der Mer-Ka-Ba (Lichtkörper) noch nicht ganz stabil. Hier sieht man ein vollkommenes Pentagramm, mit 7 kleinen Pentagrammen. Diese Zeichen sind von einem Pentagon umschloßen, das wiederum von einem verdrehten Pentagon umschlossen ist. Genau so wird die Ausrichtung der Mer-Ka-Ba auf das Christusbewußtseins-Gitternetz in den Mer-Ka-Ba-Lehren dargestellt (zum Vergleich Kornkreis vom 24. Juli 2000, S. 299, und Grafik von S. 245).

einem Wesen auf der Menschheitsstufe die Menschheits-Entwicklung beschleunigt.
Vor 2000 Jahren trat das Christuswesen bei der Jordantaufe in den vorbereiteten Menschheits-Meister Jesus ein. So wirkte das Christuswesen über drei Jahre durch den Meister Jesus in der Menschheit, um seine geistige Qualität der Liebe in das Erdenwesen und die Menschheit einfließen zu lassen!
Bei dem Mysterium von Golgatha hat sich das Christuswesen wieder von dem Meister Jesus getrennt, ist aber wesenhaft durch sein vergossenes Blut in die Erde und in den Erdenäther eingedrungen. Seit diesem Moment besteht eine bleibende Verbindung zwischen dem Christuswesen und dem Erdenwesen.
Nun hat sich die Menschheit zunächst einmal weiter entwickelt und das Christuswesen beobachtet, wie die Menschheit mit dem von ihm gegebenen Liebesimpuls umgeht. So kann man also sagen, daß es bei der Tat des Jesus von Nazareth nicht darum ging, einer bestimmten Rasse, einem bestimmten Volk oder einer bestimmten Gruppe von Menschen mit aller sanften Gewalt oder aus Gründen der Kontrollierbarkeit eine neue Religion zu bringen, sondern es ging um einen kosmischen Akt der Liebe, wobei die geistigen Hierarchien der göttlichen Seinsebenen die Notwendigkeit gekommen sahen, hier auf der Erde einen neuen Impuls zu setzen. Damit wollte man der Menschheit die Möglichkeit eröffnen, endlich auf eine höhere Stufe des Lebens zu gelangen, auf der sie schon längst sein sollte.

Der vollkommene kosmische Mensch mit neuem DNS-Code und dem pentagonalen Mer-Ka-Ba-Gefährt.

Der Christus in Jesus war somit nicht nur für einige wenige Menschen gekommen, sondern er kam für die ganze Menschheit. Die ganze Menschheit sollte seinen Impuls der Liebe annehmen und ihn im täglichen Leben umsetzen. Leider ist sein Impuls zunächst nur im europäischen Raum angenommen worden – und das nur mit den bekannten Einschränkungen. Die Christen in Europa haben den Impuls der Liebe leider all zu oft mit dem Schwert in die Welt getragen, was dann natürlich zu allerlei Widerständen und Ablehnungen geführt hat.
Selbst hier in Mitteleuropa kommen immer mehr alte Germanenreligionen empor, weil man selbst heute noch die einstige Gewalt des Christentums nicht akzeptiert – und weil man leider den eigentlichen Impuls des Christentums immer noch nicht erkannt hat!
Was ist so schwer daran, den Impuls der Liebe nicht zu erkennen, die Nächstenliebe endlich einzusetzen, so wie es im Mittelalter die Rosenkreuzer, die Freimaurer und in neuerer Zeit die theosophischen Gruppen versucht haben?
Leider sind auch in Europa diese spirituellen Bemühungen bisher an dem menschlichen Unvermögen gescheitert. Auch die Meister und hohen Eingeweihten, die in den letzten 2000 Jahren in Europa im Sinne des Christuswesens gewirkt haben, konnten bisher keinen endgültigen Erfolg verbuchen. Es wird aber weiter konsequent in dieser Richtung gearbeitet und deshalb wird auch der Erfolg nicht ausbleiben.
Damit sind wir schon in der Jetztzeit, in der Gegenwart angelangt. Das Christuswesen ist im Moment wieder dabei, sich der Erde und der Menschheit zu nähern. Nach dem fortlaufenden Zyklus der Evolution wird es aber so sein, daß es für das Christuswesen nicht mehr eine spezielle Zentrierung auf einen Menschen geben wird, wie damals bei dem Jesus von Nazareth, sondern jetzt wird es so sein, daß viele Menschen das Christuswesen erkennen und erfahren werden. Dies geschieht, weil der Christus nun im Ätherischen wiederkommt!
Der Ätherleib der Erde ist ja bereits seit dem Mysterium von Golgatha durchdrungen von dem Christuswesen, aber nun nähert sich der Christus auch den Ätherleibern der Menschen. Wie nähert sich denn das Christuswesen den Ätherleibern der Menschen?
Es schaut, wo Korrespondenzen da sind! Diese Entsprechungen ergeben sich dann, wenn der Mensch in dieser Richtung gearbeitet hat! Ob das so ist, muß nun jeder für sich selbst beantworten.

Was wäre also eine Möglichkeit für das Christuswesen in der ätherischen und physischen Welt ein sichtbares Zeichen zu setzen? Genau – durch einen Kornkreis!
Die Kornkreise bilden ein hervorragendes Medium, die ätherischen Botschaften des Christuswesens der Menschenwelt näher zu bringen. Wenn man einen echten Kornkreis sieht oder betritt, spürt man fast greifbar die Gegenwart einer intensiven Kraft, die uns Menschen helfen möchte, uns höher zu polen, uns empfänglicher oder durchlässiger werden zu lassen für das, was da an höheren Energien und Inspirationen durchkommen möchte und könnte. Wer einen Kornkreis betritt und sich dem Geheimnis der Kornkreisenergien hingibt, bemerkt eine Veränderung in sich. Es kann eine Belebung, eine Erfrischung, eine Erkraftung sein, es kann aber auch körperliche Schmerzen bei Menschen verursachen. Manchen wird es schlecht und manche sind nahe einer Ohnmacht. Alles kann geschehen, aber es kommt auf jeden einzelnen Menschen an, inwieweit er sich schon eingestimmt hat in eine höhere Form der Lebenskräftequalität. Dort in den Kornkreisen kommt den Menschen das entgegen, wovon viele träumen oder was sich viele erhoffen. Es ist eigentlich ein Kontakt mit den höheren Welten, mit einer höheren Form des Seins. Es werden Kräfte spürbar, die wir zunächst nicht benennen können, aber wer die Kräfte aushält, kann sich einschwingen in die kosmische Harmonie.
Für den Menschen, der sich in eine Kornkreisformation begibt, wäre es optimal, wenn seine vielen, ineinander greifenden Wesensglieder wie eine kosmische Symphonie im Einklang schwingen würden. Dies möchte der Christus aber mit Hilfe der Meister bei den Menschen erreichen. Für solch eine gute Abstimmung auf vielen Ebenen ist aber eine wirklich konzentrierte Eigenarbeit Voraussetzung.
Bei den Menschen, die die Kornkreise ablehnen oder die sogar einen schlimmen Feldzug dagegen führen ist es leider so, daß sie nicht den göttlichen Einklang suchen. Sie wollen den Christus nicht haben, sie suchen nicht die Liebe und nicht das Licht. Sie suchen die Finsternis und wollen lieber in ihr bleiben. Selbst wenn diese Menschen nicht grundsätzlich bösartig sind, so besitzen sie doch oft eine intellektuelle Arroganz, die alle Geheimnisse des Lebens nur auf physikalische Gesetze und chemische Reaktionen begrenzen wollen. Diese Menschen sind völlig verhärtet in ihren Herzenskräften und leider für die Botschaft des Christus ungeeignet.
So wird nun die Spreu von dem Weizen geschieden – sprichwörtlich durch das Korn!
Man könnte jetzt denken, daß nun alle gewöhnlichen Menschen, alle Materialisten und Nicht-Esoteriker ungeeignet sind für die neue Einstrahlung des Christus und alle gelehrten Geistesforscher und alle Mitglieder von okkulten Orden und spirituellen Vereinigungen nun automatisch in den Genuß einer reichen Christuskraft-Ausgießung kommen können.
So wird bestimmt das Wunschdenken von vielen aussehen, aber so wird es nicht ablaufen. Gerade viele Geistessucher und Geistesforscher sind entgegen ihrer eigenen Meinung nicht in der Lage, die Zeichen der Zeit zu erkennen und nun im Sinne des Christus zu arbeiten. Sie versuchen lieber eifersüchtig ihre vermeintlichen Schätze und Besitzstände zu hüten und enthalten sie den anderen suchenden Menschen vor, - natürlich im Sinne des Christus. Solche Verhaltensweisen registriert auch der Christus und er gibt lieber seine Kraft dort hinein, wo er mit Herz und Tat angenommen wird - und er schaut sich sicher auch bei den Menschen um, die sich bisher nicht um spirituelle Dinge gekümmert haben, die sich aber durch das Phänomen der Kornkreise angesprochen fühlen. In ihrem Herzen spüren diese Menschen das große Geheimnis, welches die Kornkreise umwebt. Sie öffnen sich einfach und sind bereit, das Neue herein zu lassen.
Bei den Geistesforschern gibt es solche, die sich schon lange mit der Wiederkunft des Christus im Ätherischen beschäftigen, aber nicht in der Lage sind, ihre Verstandeskräfte mit den Herzenskräften und den Willenskräften so in Einklang zu bringen, daß eine entscheidende Öffnung und eine wirkliche Empfangsbereitschaft für den Christus entsteht. Diese durchaus gutmeinenden Geistesforscher sind nicht stark genug in ihrer **ICH-Kraft** und können einfach nicht die Tatsachen so akzeptieren, wie der Christus sie bereitet!

Viele dieser eigentlich wissenden Geistesforscher glauben, daß es ausreicht, sich mit dem Christus im Ätherischen intellektuell zu beschäftigen. Sie haben aber weder ihren Ätherleib, noch haben sie ihre Herzenskräfte bereitet und sind dann erstaunt, wenn der Christus womöglich zu denen kommt, die rein intellektuell teilweise weniger wissen als sie.
Darum besteht die Kreuzigung des Christus in der heutigen Zeit darin, daß er von denen am meisten abgelehnt wird, die ihn doch scheinbar am lautesten herbeirufen!
Der Christus kommt eben nicht so, wie die religiösen Menschen, wie seine scheinbaren Anhänger und viele Geistesforscher es gerne hätten, sondern er kommt so, wie er es will und wie er es für richtig hält! Ein sichtbares Zeichen seiner Erscheinung für alle Menschen auf der Welt sind dann eben die Kornkreise!
So ist es naheliegend, daß die Kornkreise nicht nur Prägepunkte für höhere Lichteinstrahlungen im Erdenäther sind, sondern, daß die den Kornkreisen innewohnende Ätherkraft und auch die darin befindlichen Ätherarten in diejenigen Menschen eingeprägt werden, welche die Kornkreise aufsuchen und betreten.
Diese Menschen werden in einer besonderen Weise durch ihre innere Entsprechung mit dem Christuswesen in Verbindung gebracht. Und dies geschieht um so intensiver, wenn diese Menschen schon bewußt mit den Christuskräften arbeiten!
Auch diejenigen, die ganz intensiv in einer positiven Art die Bilder der Kornkreise studieren und sich meditativ darin vertiefen, können sich einstimmen auf das Christuswesen. Sie werden am Geheimnis der Christuskraft ebenso teilhaben können, weil sie offen sind dafür.
So bereitet der Christus durch die Einsetzung der Kornkreise in der heutigen Zeit etwas vor, das auch zu einer Höherentwicklung der Menschheit führt, wie sie in dieser Art aber von den meisten nicht unbedingt vorhergesehen werden konnte. Der Christus strahlt durch die Kornkreise eine bestimmte Ätherkraft in das Erdenwesen und in die Menschen, welche sich ganz stark zu den Kornkreisen hingezogen fühlen. Es ist eine besondere Ätherart, die nun durch die grundsätzliche Offenbarung des Christus im Ätherischen auch für die Menschheit eine bestimmende Rolle spielen wird. Es handelt sich um den **ICH-Äther**!
Der **ICH-Äther** ist eine kosmische Strahlungskraft der höheren Welten, die es schon immer gegeben hat, die der Menschheit aber erst jetzt als Wissen freigegeben wurde. Diese Kraft benutzt der Christus, um z.B. durch die Kornkreise die nötigen Prägungen in den Erdenäther hinein zu geben, um die Erde zu heilen, um die Menschen zu heilen und um alles wieder in eine göttliche Ordnung zu bringen. Dafür sollen die Menschen sich nun öffnen und vorbereiten. Durch den ICH-Äther fließt der göttliche Wille, die göttliche Liebe und die göttliche Weisheit in das Erdenwesen und in jene Menschen hinein, die offen dafür sind.
Die Kornkreise bilden also einen Vorbereitungsprozeß für das kommende Goldene Zeitalter. Hier wird vorbereitet für etwas, das unweigerlich kommt!
Wer sich dieser Entwicklung entgegenstellt, wird diesen nächsten Schritt in eine höhere Ordnung nicht mitmachen können!
Egal, ob die Kornkreise und das Wissen von diesem Geheimnis von bestimmten Menschen und Gruppen unterdrückt werden, egal, ob es dreiste Kornkreisfälscher gibt oder nicht, sie werden den Lauf der Dinge nicht aufhalten können und sie haben sich schließlich den Weg gewählt, den sie dann auch gehen müssen. Jetzt ist die Zeit der Entscheidung!
Das Menschheitsbewußtsein wird geöffnet durch die Christuskraft, die nun in einer Vielzahl von Kornkreisformation an vielen Orten gebündelt erscheint. Es ist ein Segen für jene Gebiete der Erde, wo der Christus seine Kraft, seine Intentionen in den Formen eines oder mehrerer Kornkreise manifestiert. Für manche Gebiete reichen schon drei oder vier Kornkreise, um diesen Kräftestrom von der geistigen Welt in die physische Welt dauerhaft anzuregen. In anderen Gebieten sind viele Kornkreise nötig, um eine erfolgreiche Aktivierung höherer Geisteskräfte durch diese Form der ‚Akupunktur' zu erreichen.

13. Juli 2003 bei Beckhampton, Wiltshire, ca. 60 m. Dieser Kornkreis könnte dafür stehen, daß der jetzige Mensch (Pentagramm) energetisch mit der 5. Dimension verbunden wird, dafür stehen die Kreise an den Ecken des Pentagramms, die sich nach außen ber den Kreisrand hin bewegen. Das könnte heißen, daß die Menschheit jetzt langsam anfängt, die größeren Zusammenhänge des Universums zu begreifen und ein kosmisches Bewußtsein bekommt. Foto: Steve Alexander.

Das Korn, der Weizen ist ja verdichtetes Sonnenlicht. Im Korn ist das Mysterium des Christus verborgen. Nicht umsonst reichte der Christus-Jesus seinen Jüngern beim Abendmahl Brot und Wein. Es war das Bild für das Wort Gottes und seine Liebe. Und im Johannes-Evangelium steht, daß das Korn erst in die Erde gebracht werden muß, um zu sterben. Erst dann wird es eine große Ernte bringen. Das ist das Bild der Rosenkreuzer von der Kornähre in der Brust des Christus. Das Alte, die noch nicht verwandelten Kräfte in uns müssen absterben, ehe das Neue, die Christuskraft erwachsen und erblühen kann.

Nun hat es immer Menschen gegeben, die nach diesen Gesetzmäßigkeiten gearbeitet haben und ihre volle **ICH BIN-Kraft** verwirklichen konnten, weil sie ihre niedere Natur verwandelt haben. Nach dem Gesetz des Korns haben sie sich selbst besiegt, weil sie das Alte hingegeben haben. Sie sind auferstanden in einem neuen Reichtum und in einem neuen Licht.

Darum ist in dieser Erden-Evolution jeder Mensch, jedes Wesen, jede Individualität, welche diesen Verwandlungsprozeß erfolgreich vollzogen hat, ein Christusträger durch die **ICH BIN-Kraft**!

Die Vollkommenheit Gottes, das Jüngste, also die Einheit mit der **ICH BIN-Gegenwart,** ist dann erreicht, wenn sich der Mensch vollständig verwandelt hat im höchsten Sinne.

Dann ist der Mensch vollkommen und hat Anteil an dem Christuswesen, so wie es der Jesus damals ausdrückte, als er sagte: ICH und der Vater sind eins!

Die Meister der Menschheit haben das Christuswesen schon lange angenommen und sie arbeiten nun mit dem Christuswesen an dieser Aufgabe, daß die Menschen dieses nun auch richtig in Angriff nehmen sollen.

Vor 2000 Jahren war der Jesus von Nazareth der Christusträger. Er hat diese Aufgabe im Sinne des Christus erfolgreich beendet und hat den Christusimpuls weitergegeben. Dies geschah Pfingsten beim Ausgießen des Heiligen Geistes, als er den Jüngern den Christusimpuls übertrug.

Diese Jünger wurden nun in den letzten 2000 Jahren die Impulsträger für die Christuskräfte. Sie haben die Kornähre des Christus immer wieder übernommen und haben das Korn durch viele schmerzhafte Verwandlungen hindurch vermehrt.

Sie schauen immer regelmäßig nach auf der Erde, wie das Korn des Christus gedeiht. Sie schauen, ob das Korn noch grün ist oder ob es schon reif und golden ist bei den Menschen.
In der heutigen Zeit ist das Korn gerade dabei, langsam golden und reif zu werden. Aber noch ist es nicht ganz soweit. Viele Menschen müssen sich noch öffnen, damit ein wirklicher Reifeprozeß einsetzen kann!
Es ist ja kein Widerspruch, wenn plötzlich große Meister-Individualitäten auftreten, die im Sinne des Christus wirken, weil sie eben durch ihren geistigen Stand vollständige Christusträger sind! Wenn es heißt, daß der Christus im Ätherischen erscheint, dann ist es so, daß sich dies auf das Ätherische bezieht. Es bezieht sich auf den Ätherleib der Erde und auf die Ätherleiber all jener Individualitäten, die auf der Erde verkörpert sind, bzw. die sich in einem physischen Körper befinden, um auf der Erde zu wirken. Darum kann der Ätherleib eines wahren Meisters, eines hohen Eingeweihten oder eines entsprechend hochstehenden Menschen durchaus die Christuskräfte tragen. Und dadurch, daß eine solche Individualität einen physischen Leib hat und hier in der Erden-

Milk Hill, Alton Barnes, Wiltshire, ca. 60 m. Foto: Steve Alexander. Kornkreis vom 17. Juli 2003 mit mit 13 Atom-Ikosaeder. In der Metaphysik sind die Zahlen 12 und 7 sehr bedeutungsvolle Zahlen. Von der Wissenschaft wird immer mehr erkannt, daß ein Prozeß von 12 Strukturen existiert, der in sich ein Gleichgewicht schafft. Hier handelt es sich um eine spezielle Atomstruktur auf diesem Bild ein 13-atomisches Ikosaeder (12 Ecken) und gleichzeitig eine 7-atomische, hexagonale Bipyramide. Dies ist die Zwölf und in der Mitte die Eins. Aus der Mitte von Mikroclusterstrukturen heraus kann die Lichtschöpfung beginnen und dies kann auch mit dem Kornkreis vom 17. Juli 2003 am Milk Hill durchgeführt werden. In dieser Weise kann sich jenseits der Fermentation auch Leben entwickeln. Die Mikro- und Makroevolution kommen zusammen. Die Information der Aminosäuren bzw. die genetischen Codes ist im Samen für die Mikroevolution enthalten. Das Absortion- und Denkvermögen (Mind) wird im Bereich der Nerven- und Stoffwechselprozesse und der Prozesse beim geistigen Wachstum von der mikrozellulären Evolution beeinflußt. Die Evolution wird in eine Beschleunigung treten, einhergehend mit dem Christusbewußtsein. In unserem Körper wird ein wunderbarer Wandel vollzogen, wenn die Mikro- und Makroevolution mit der richtigen Chemie zusammenkommen, dies zeigt sich auch in den Kornkreisen, in denen die DNS des Samens verändert wurde.

wirklichkeit lebt, hat der Christus die Möglichkeit, selbstverständlich auch in der physischen Welt zu wirken!
Das ist der wesentliche Faktor, den viele bei diesem Geschehen übersehen haben!
So hat der Christus in der heutigen Zeit die Möglichkeit, über den Ätherleib eines echten Meisters und über die vorbereiteten Ätherleiber von vielen Menschen in der physischen Welt zu wirken!
Es wird nicht mehr ein Mensch sein, wie vor 2000 Jahren, durch den der Christus wirkt, sondern es werden sehr viele Menschen sein, die durchlässig sein werden für seine Kräfte.
Das Korn bildet nur die Möglichkeit, Mittel zum Zweck zu sein, damit die Menschen aufmerksam werden und damit sie die Symbolik des Christus darin verstehen. Auch die beobachteten Lichtkugeln, die schon gefilmt wurden bei der Erschaffung von Kornkreisen, sind nichts anderes, als verdichtete Ätherkräfte des Christuswillens. Was nicht heißen muß, daß alle Kornkreise durch **Lichtkugeln** erschaffen wurden. Das Christuswesen wird auch für den Bereich der Kornkreise stets im Einklang mit den großen Meistern so handeln, wie es richtig ist.
Man sollte daher bei dem Phänomen der Kornkreise nicht mit UFOs spekulieren oder irgendwelche außerirdischen Intelligenzen vermuten. Das wäre einfach zu abstrakt, denn diese haben mit der irdischen Evolution nichts zu tun und dürfen auch gar nicht eingreifen!
Alle Spekulationen in diese Richtung werden sich daher als Illusionen entpuppen.
Viel mehr ist es wichtig, das Augenmerk auf die wirkliche spirituelle Entwicklung zu richten – und das ist der Mensch selbst und die Erde! Hierfür sollte alles getan werden und daher scheint es notwendig, weiterhin dahin zu wirken, um die Botschaften der Kornkreise zu entschlüsseln.
Vielleicht sind sie wie die Apokalypse des Johannes siebenfach verschlüsselt und daher sollten sich nicht nur Christen mit diesem Phänomen beschäftigen, sondern auch Hindus, Moslems, Juden, Chinesen und auch sonst alle Rassen und Völker. Alle sollen mithelfen, durch das Mysterium der Kornkreise dem Christuswesen näher zu kommen. Möglicherweise läßt sich nur in einer großen Zusammenarbeit das Rätsel der Kornkreise lösen, denn wie gesagt:
Der Christus ist in der Gegenwart nicht für Einzelne oder sonstige elitäre Rassen, Völker oder Gruppen gekommen, sondern als kosmisches Wesen für alle Menschen!
Er wird keine neue Religion gründen, denn diese Zeit ist vorbei. Er wird ein kosmisches Christentum lehren, das aber ganz anders aussehen kann als die Christen sich das vorstellen, weil er aus allen Geistesströmungen der Völker, Kulturen und Rassen das Beste und Vollkommenste herausnehmen wird, um es in einer neuen Interpretation darzubieten, der Zeit und den Menschen entsprechend! ■

Eine Interpretation der Vergangenheit und eine Zukunftsvision

Für euch, die Ihr euch selbst erwählt habt, den großen Dienst an der Menschheit zu tun, ist es Zeit, aufzuwachen.
Mit dem „Erzengel Michael" wurde ein gemeinsamer Plan entworfen - nach Absprache mit den kosmischen Intelligenzen und den geistigen Hierarchien, Erzengel genannt - auf die Erde seine Legionen von Lichtarbeitern zu inkarnieren. Er wird unterstützt von Freiwilligen höher entwickelten Wesenheiten von allen Planeten-Hierarchien unserer Milchstraße, um die Erde durch Freisetzung von neuem Bewußtsein zu heilen und zurückzuführen in die erweiterte Bewußtheit des planetarischen Christus- oder Buddha-Bewußtseins.
Aufgestiegene Meister, die einst Atlantis verlassen haben, beschloßen erstmals wieder zu inkarnieren und mit ihnen entschlossen sich von höheren Planeten-Hierarchien unzählige Freiwillige zur Rückkehr der „weißen Bruderschaft" auf der Erde. Von der „letzten Schlacht auf Erden", in der der „Erzengel Michael" mit seinen Legionen den Kampf gegen die Unbewußtheit austrägt, spricht die Bibel in einer alten Prophezeiung.

Um das Kommen der Legionen vorzubereiten, begannen 1960 die höher entwickelten Wesenheiten mit Hilfe der geistigen Welten die ersten Freiwilligen auf Erden zu inkarnieren.
Um die Welt von innen her zu verändern, sollten sich diese Legionen (Indigo-Kinder) ab ca. 1970, wenn die Schwingung schon ein wenig angehoben ist, inkarnieren. Von den Millionen Freiwilligen, die hier geboren werden, ist jeder ein Experte in den verschiedenen Lebenskünsten und Wissenschaften. Als unbewußte Träger höheren Wissens und Vibrationen erhielten diese Menschen in der Zeit, ca. 1991 bis 1992, über ihr Unterbewußtsein einen Erweckungsruf. Hier finden wir die Menschen, die das Konzept der „freien Energie" mit sich haben - Heiler, Therapeuten, Wissenschaftler, Künstler und die Lichtarbeiter, die die Erde in ihrer Frequenz anheben und sie als lebende Quantenbeschleuniger reinigen, spirituelle Lehrer und Kämpfer für die unterdrückte Wahrheit und Spezialisten, die Lebensfreude, Kunst und Meditation verbreiten. Ob bewußt oder unbewußt leiten sie alle das „New Age" mit der Schwingungserhöhung unserer Erde ein. Daß ein Teil von ihnen anders ist, haben viele dieser Menschen gefühlt. Alle verloren gegangenen Geheimwissenschaften kehren mit der „Rückkehr der Lichtmeister aus Atlantis" auch wieder zu uns zurück. Das alte Wissen über Geometrie und Elektromagnetismus sowie die Kenntnis über Heilung, über die Farben und Töne, Biostrahler, Kräuter- und Blütenessenzen wird dann wiederkehren. Es sind jedoch nur vorübergehende Konzepte, die dieses Wissen beinhaltet, bis die Vollendung des Menschen selbst erreicht ist (Lichtkörper, Mer-Ka-Ba und der Aufstieg in die 4. Dimension).
Für einen viel schwierigeren Weg hat sich eine andere Sternensaat entschieden. Seit Atlantis inkarnierten sie viele Male bis zum heutigen Jahrhundert. Das waren im Abstieg befindliche Wesenheiten und die „Schüler der Lichtmeister aus Atlantis". Diese Seelen verbargen sich in den Jahrhunderten hinter den Hohepriestern und Eingeweihten, Magiern, Hexen und Schamanen. Um der Menschheit ein Licht auf ihrem Weg in der Dunkelheit zu sein, stiegen sie schon damals herab. Weil sie wie Fische waren, die gegen den Strom der Menschheit schwammen, wurden sie wegen ihrer höheren Wahrheit oft verfolgt, ermordet, mundtot gemacht und belächelt. Sogar im letzten Jahrhundert wurden große Denker der ganzheitlichen Technologie wie „Viktor Schauberger", „Wilhelm Reich", „Nicola Tesla", und viele andere von den Lobbies aufgrund ihrer Erfindungen mit der freien Energie totgeschwiegen und verfolgt. In ihrem Bemühen, die Menschheit langsam emporzuheben aus ihrer geistigen Umnachtung hat sich diese erste Welle der Sternensaat viele Wunden zugezogen. In der Vorphase des Aufstiegs der Menschheit halfen sie Durchbrüche im Denken zu schaffen. Sie waren in unseren Jahrhunderten die Genies. Um die Menschen bei ihrer nun letzten Phase des Aufstiegs in die 4. Dimension zu begleiten, sind auch sie heute alle in ihrem letzten Leben inkarniert. Um jetzt allen Menschen gemeinsam zu helfen, ihre Meisterschaft zu erlangen, wurden sie in den vielen Leben auf diese Zeit vorbereitet. Die Schwingung des Planeten wird allein durch die Anwesenheit von Millionen Wesen, die die bedingungslose Liebe kennen und verbreiten, so angehoben werden, daß der Reinigungsprozeß beginnt und von geistiger Sicht aus kein Stein auf dem anderen verbleibt. Woher ihre Seele wirklich kommt, sind sich nur wenige dieser Menschen mit höherem Verständnis bewußt, weil sie mit dem Eintritt in Raum und Zeit ihre Bewußtheit verlieren.
Sie werden sich jedoch alle mit dem Anstieg der Schwingung an ihre wirkliche Identität erinnern. Die Kataklysmen werden stärker einsetzen und die normale Welt wird von Stürmen mit Geschwindigkeiten von bis zu 500 km/h, mit Vulkanausbrüchen, Erdbeben und Überschwemmungen sowie mit Terroranschlägen, kriegerischen Auseinandersetzungen und anderen Geschehnissen in Atem gehalten. In dieser Zeit werden die Wesenheiten und Erwählten, die sich im Abstieg befinden, ihren Aufstieg (geistig und körperlich) in die 5. Dimension vollziehen. In den nächsten 10 Jahren werden einige Menschengruppen aufsteigen, entrückt und vergeistigt werden. Tod und Krankheit werden nicht mehr zu ihren Erfahrungen gehören, denn ihre subatomare Schwingung wird entsprechend erhöht und ihr universeller Körper aktiviert.

Hackpen Hill, Juli, 2003. Wiltshire, ca. 60 m. Foto: Steve Alexander. Fraktales Ying-Yang Zeichen, ein Kreis mit 32 Kreisen und 32 Speichen die zum Zentrum konzentriert sind. Die 32 steht für die 32 Energie-Pfade des kabalistischen Lebensbaumes (S. 236). Gegen den Uhrzeigersinn scheint sich dieses Zeichen zu drehen und das große Ying-Yang Zeichen geht danach in ein halb so großes Ying-Yang Zeichen über, das danach wieder um die Hälfte kleiner wird und fast zu verschwinden scheint. Also wieder ein Zeichen für die Auflösung der Dual- oder Polarität.

Alter, Krankheit und Tod gehören zu den Erfahrungen der Dualität der 3. Dimension. Synchron mit dieser körperlichen und geistigen Auferstehung verläuft auch der Kontakt mit den Lichtschiffen von kosmischen höher entwickelten Rassen. Der Aufstiegsprozeß der 6. Wurzelrasse - „der Samen für die Christus- oder Boddhisadvarasse „- wird von den Wächtern von Eden beobachtet. Zusammen mit vielen im Bewußtsein aufgestiegenen Menschen hat 1987 die Vorhut der „Sternenkinder" rund um den Planeten die erste Reinigungsphase aktiviert, indem sie an unzähligen Plätzen der Erde an einem festgelegten Datum zusammen für den Weltfrieden meditierten. Das Ergebnis dieser „Harmonischen Konvergenz" in diesem Jahr kann nur als unbeschreiblich bezeichnet werden. Zwischen Ost und West begannen die großen Veränderungen: Der Fall der Mauer in Deutschland, der Zusammenbruch der UdSSR und anderer Diktaturen weltweit. Die Sehnsucht der Menschen nach dem Weltfrieden und harmonischer Veränderung war der Spiegel der gigantischen Energie, die auf die Erde einwirkte. Als Menschen inkarniert halfen die Kinder des Lichts, auch Regenbogenkinder genannt, durch Meditation diese Energien in das kollektive Unterbewußtsein zu integrieren.

Als eine der ersten Strahlen, die die Erde von der großen Zentralsonne empfing, die unsere geistige Quelle ist, kann man diese Energie bezeichnen. Das Magnetgitternetz der 4. Dimension der Erde wurde im Jahre 1991, am 11.1. um 11.11 Uhr aktiviert. Zu Tausenden sammelten sich die „Kinder des Lichts" an den geomantischen Hauptenergieplätzen der Erde - auch Chakras der Erde

genannt. Dies sind die Hauptverankerungspunkte der Erde mit höheren Dimensionen. Das kosmische Licht kann durch diese Verankerungspunkte wieder mehr auf die Erde einstrahlen. Mit den Sonnentänzen begannen die Kinder des Lichts die Erde zu akupunktieren. Rund um den Planeten wurden in Ritualen die Chakras der Erde aktiviert - in Glastonbury (England), an der großen Pyramide von Gizeh in Ägypten, Arizona (USA), Argentinien, Neuseeland und in Tibet. Durch die bewußte Aktivierung des Christus-Gitternetzes steigt die Erde - mit oder ohne Passagiere - unwiderruflich in die 4. Dimension auf. Um Informationen der Weisheit und des Aufstiegs in das Unterbewußtsein des lebenden Planeten einzugeben, haben nicht nur die Kinder des Lichts mit der Akupunktur der geomantischen Kraftplätze der Erde begonnen. In den 80er Jahren begannen die „Wächter von Eden" in Verbindung mit den „aufgestiegenen Meistern" die Akupunkturpunkte der Erde aufzusuchen und Informationen der magnetischen Umpolung, der Mer-Ka-Ba und des Aufstiegs in Form von geometrischen Kornkreispiktogrammen einzugeben, bzw. zu bestrahlen. Holistische Codes werden in das Unterbewußtsein der Menschen von den „Wächtern" und „Meistern" gegeben um die Lichtkörper zu aktivieren und in jedem Organismus müssen sich jetzt die Zellen rasch den erhöhten Schwingungen anpassen. Wenn sie jedoch das Spiel des Getrenntseins von Gott weiterspielen wollen, müssen sie sich einen anderen Spielplatz im Universum suchen.
Im planetarischen Lebewesen Erde kommen nicht nur Ost und West als zwei Gehirnhälften zusammen, sondern auch die Gehirnhälften im Menschen. Die Gegensätze werden letztendlich alle zusammenarbeiten und auf einer höheren Ebene werden Licht und Dunkelheit sich ergänzen. Seit dem Untergang von Atlantis war der Mensch Jahrtausende lang im „dunklen Zeitalter" - er war, von sich selbst getrennt - auf der Suche nach dem „Heiligen Gral". Das „heilige Gefäß" ist jedoch der Mensch selbst, in das sich Gottes Geist ergießt.

Dieser Kornkreis vom 12. August 2003, ca. 180 m, der in Nähe von North Down, Wiltshire, entstand, sieht wie ein räumlich dargestelltes hexagonales Molekül aus. Die Formation besteht aus 60 Halbmonden und einem Kreis in der Mitte. Ist es ein Hinweis dafür, daß die Moleküle im menschlichen Körper anfangen sich zu verändern und eine neue Lichtschöpfung ihren Anfang nimmt? Ist es ein Hinweis auf die Veränderungen des genetischen Codes, die gleichzeitig geistiges Wachstum beschleunigen? Foto: Steve Alexander.

Im Abstieg des Bewußtseins hat die in Menschwerdung befindliche Seele Tausende von Leben lang nach sich selbst gesucht.
Bis wir wieder in ein „Goldenes Zeitalter" gehen und Gott und Mensch wieder eins sind, waren die Völker und Nationen Schulklassen, um sich bis zu diesem Zeitpunkt weiterzuentwickeln. Die Menschwerdung war also nur ein Zyklus, um mit Freude und Leid neue Werte für den kosmischen Ursprung zu sammeln. Wie eine Raupe, die keine Ahnung davon hat, daß sie sich in einen Schmetterling verwandelt, ist der künftige Mensch in einer Umwandlung begriffen.
Die gesamte Schöpfung, das Universum, unser Sonnensystem, die Erde und wir Menschen werden im göttlichen Plan in Kürze eine Stufe weiter in ihrer Entwicklung steigen, bis zu dem Moment, an dem „das Ausatmen des Schöpfers", die kosmische Nacht seiner Schöpfung zu Ende ist. Vor diesen Veränderungen brauchen wir auch keine Angst zu haben, denn, wie am Ende eines Schuljahres, wird jeder, entsprechend seinem Entwicklungsstand, in eine neue Schulklasse versetzt oder wird die Klasse wiederholen müssen. Unser begrenzter Verstand ängstigt sich vor jeder Veränderung und seine Furcht ist der „Tod", die Wand, hinter die er nicht zu sehen vermag. Auf der „Heimreise in das Licht" verwandeln sich alle Dinge lediglich in andere, verfeinerte Zustände. Die Menschheit steht also vor einer globalen Metamorphose, einer gewaltigen Veränderung dieses Planetenzyklusses. Durch diese Veränderungen wird nicht nur das gesellschaftliche Leben weltweit tangiert, sondern es werden alle im Denken und Handeln der Menschen existierenden Grenzen jeglicher Art überschritten. Die größere Wirklichkeit, daß das gesamte Weltall in verschiedenen geistigen und materiellen Dimensionen belebt ist, wird erkannt werden, wenn die Menschheit langsam aus ihrem Jahrtausende währenden Schlaf erwacht. Wenn wir unser Universum als Blumenwiese betrachten, ist es unvorstellbar, daß Gott nur unsere Erde als einzige Blume darauf als Saat aufgehen lassen würde.
Durch die Reinkarnation hat die Seele, der „herabgestiegene Sonnengeist" in den „Tiermenschen" eingebunden, die Kreuzigung erfahren. Der Mensch wird nach dem physischen Tod des Tiermenschen, der symbolisch die tierischen Seiten des menschlichen Egos darstellt, im Geist neu geboren durch die Vervollkommnung seines Egos. Bevor unsere Urväter diesen Planeten verließen, haben sie uns dieses Mysterium in Form der „Sphinx" zurückgelassen. Bis der Planet als Ganzes die „Auferstehung" erlebt, werden viele Menschen individuell in der kommenden Zeit der Apokalypse (Offenbarung) die „Kreuzigung" und „Auferstehung" erfahren. Die Wiederkehr der himmlischen Lehrmeister, der Weltenlehrer, und die des Christus sind alle mit dem Ereignis - die planetarische Geburt des Christusbewußtseins - verbunden, welches die neuronale Vernetzung der Menschheit zu einem gemeinsamen Bewußtsein bedeutet. Daß sie durch einen immer schneller werdenden Lernprozeß - den Spielplatz des Lebens - gehen, empfinden die Menschen, die sich für die Öffnung zu den höheren Dimensionen entschieden haben.
Keine größeren Veränderungen an sich selbst bemerken diejenigen Menschen, die sich - unbewußt - dafür entschieden haben, mit ihrem Bewußtsein in der dritten Dimension zu verbleiben. Den großen Reinigungs- und Erneuerungsprozeß auf unserem Planeten werden aber alle Menschen zusammen erleben. Denn die magnetischen Polachsen, das „Rückgrat" der Erde, verschieben sich erneut und damit auch die Klimazonen (siehe El Nino-Phänomen). Die magnetische Polverschiebung hat bereits begonnen, wie man an kollektiven Massenstrandungen von Walen und Delphinen beobachten kann, die nicht mehr ihre natürlichen Jahrtausende alten Magnetfeldlinien, die sie zur Orientierung brauchen, finden können oder sie folgen ihnen wie früher und stranden dadurch, weil diese Magnetfeldlinien jetzt über Land gehen. Über die Polachsen, das „Rückgrat" der Erde, fließen die neuen kosmischen Energien und verteilen sich in ihrem elektromagnetischen Aurafeld. Der Weizen wird von der Spreu getrennt, wie es Jesus schon vorhersagte. Um sich der immer schneller fließenden Energie anpassen zu können, ist die Erweiterung des Bewußtseins unumgänglich.
Es ist schwierig für die Menschen, die gewaltsam an der alten Realität festhalten, ihren Körper an die schnellere Frequenz anzupassen. Die Menschheit wird durch die große Reinigung in zwei La-

ger aufgeteilt. Zum einen diejenigen, die weiterhin nur an das glauben, was sie sehen und beweisen können. Sie schließen sich dadurch unbewußt von der Öffnung ihrer Bewußtseinsdimension, oder wie Jesus sagte, dem Haus der vielen Wohnungen, aus. Zum anderen die, welche ganz bewußt den Geist der Erkenntnis ganzheitlich integrieren wollen. Im Kosmos ist alles einer universellen Ordnung unterworfen. Die Schöpfung bringt alles nach der Regel der Dualität hervor. Es existiert eine kosmische Schöpfungsnacht und ein kosmischer Schöpfungstag (entspricht Tag und Nacht) auch im Evolutionsplan der Menschheitsentwicklung, dem „Schöpfungsplan". Die Dauer der letzten Schöpfungsnacht betrug 26.000 Jahre. Der Mensch war während dieser Zeit von seinem göttlichen Selbst getrennt. In den 80er Jahren begann die so genannte Endzeit der kosmischen Nacht. Jeder wird aus der geistigen Welt geprüft, wie weit die Entwicklung seines Herzens gediehen ist. Jesus Christus sagte einmal: „Ich werde bei jedem im Herzen anklopfen, ob er offen ist, mit mir das Abendmahl zu halten". Er gibt uns sogar Zeichen am Himmel und auf der Erde (manchmal sogar mit seiner Unterschrift oder mit seinem numerologischen Erkennungscode) damit wir aufwachen aus unserer Selbstgefälligkeit und Arroganz. Die Zeichen, das sind die Lichtphänomene und Kornkreise. Der Kampf der göttlichen und dämonischen Mächte in der Endzeit um die Seelen hat begonnen. Prophezeiungen älteren oder neueren Datums sollten wir sinnbildlich verstehen. Auch das jüngste Gericht ist bereits im Gange und jeder wird dieses Erleben anders erfahren. Bis zum Jahr 2012 verkürzt sich in diesen letzten Jahren der Faktor Zeit immer mehr und jeder vollstreckt sein Karma, indem er das, was er sät, immer schneller zurück erhält. Alle Lebensbereiche werden sich durch einen Reinigungsprozeß nie gekannten Ausmaßes verändern. In der Wahrheit des so genannten „braven Bürgers" wird es neben dem äußeren Chaos einen gewaltigen Rutsch geben. Keiner wird mehr etwas haben, um sich daran festzuhalten. Daß dies exakt die Zeit ist, in der „die Geister geschieden werden", auf diese Idee kommen nur wenige.

Um der Same für die neue Menschheit zu sein, sind viele gerufen, aber nur wenige auserwählt. Zwei Lager werden sich bilden: Die Menschen, die im dreidimensionalen Bereich verbleiben und die fünfdimensionalen Menschen, die ihren Lichtkörper integriert haben. Die kommenden Jahre sind entscheidend dafür, wie stark wir die äußeren Veränderungen spüren werden. Es liegt an uns, wie wir diese Reinigung betrachten, ob wir ihr mit Angst begegnen oder ob wir die kataklysmischen Zustände apokalyptischer Prophezeiungen als eine Erneuerung der Menschheit sehen, die notwendig ist. Wenn für Mutter Erde selbst die Wehen für die planetarische Geburt einer bewußt werdenden Menschheit einsetzen, wird sie uns so sanft wie möglich erwecken.

Viele Warnungen und Zeichen (Kornkreise, Marienerscheinungen) von Heiligen und Propheten sind an die Welt ergangen. Jeder wird jedoch am Ende der Zeit erkennen, was er nicht sehen wollte. Um einen sanften Übergang zu erreichen, müßten die „Kinder des Lichts" und die bewußt werdenden Menschen die göttliche Gnade anrufen und ihre innige Liebe global freisetzen. Außerdem müßten Millionen von Menschen bereit sein, energetisch und emotional an sich zu arbeiten, um einen Massenaufstieg zu ermöglichen, durch den die globalen Ereignisse abgeschwächt und das karmische Entladen mehr auf die einzelnen Menschen gelenkt würde. Die Worte von Jesus könnte man dann folgendermaßen ändern: „Viele sind gerufen und viele sind auserwählt".

Ohne das Wachrütteln der Mutter Erde ist die momentane Bereitschaft dazu nur begrenzt vorhanden. Da verschiedene Prophezeiungen ganz oder in einer abgeschwächten Form bereits eingetreten sind und noch eintreten werden, muß wohl jeder sensible Mensch durch die stattfindenden Ereignisse auf der Erde wach werden und sich darüber klar sein, daß wir uns in der Endzeit befinden. Ich hoffe, daß meine Darlegungen noch viele Menschen erreichen, damit sie erwachen und an dem vorher Beschriebenen mitwirken können, damit uns noch schlimmere Sachen erspart bleiben.

Auch werden die Kornkreise immer größer und komplexer, aber zur Zeit wird von den Medien (TV) und verschiedenen Fälschergruppen der Anschein in der Bevölkerung erzeugt, daß alles erklärbar und von Menschenhand gemacht ist. Es scheint, als würden wir in unseren Müll- und Gifthalden ersticken. Millionen von Menschen werden von neuen, vermeintlich unheilbaren Krank-

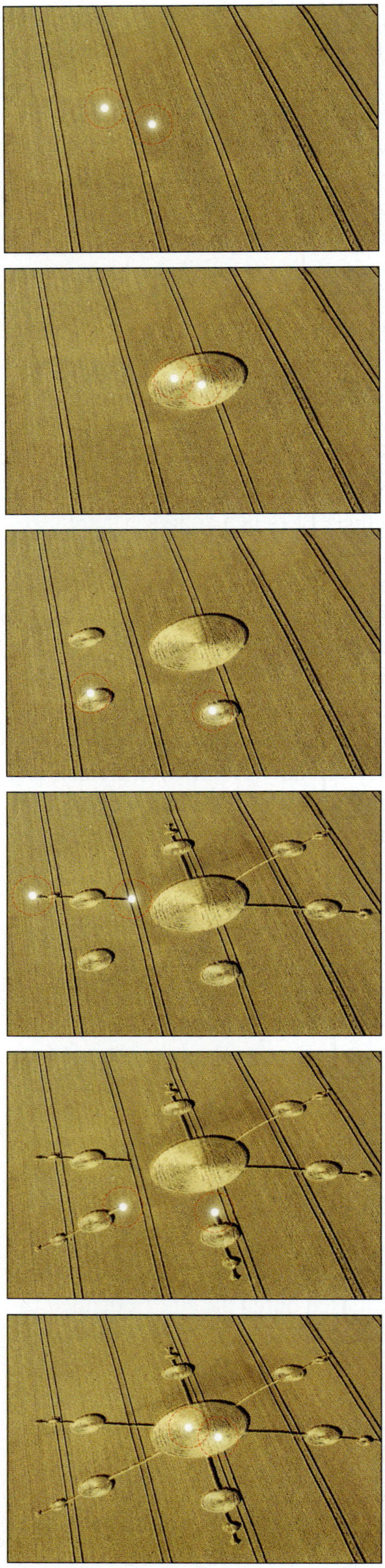

heiten infiziert. Es sieht so aus, als würden die Rohstoffe zu Ende gehen und die Erde erlebt eine scheinbare Bevölkerungsexplosion. Alles geht nur noch ums Überleben in einer immer hektischer werdenden Welt und Geld, Macht, Genußsucht und Ablenkung sind die Begleiter des Menschen. Angst scheint die Urmotivation im gesellschaftlichen Leben zu sein, Angst vor Verbrechen, vor Krankheit, um den Arbeitsplatz, um Versorgung und die Angst verlassen zu werden. Die Meinung, daß es für die Menschheit und die Erde 5 vor 12 ist, bzw. der Zug bereits abgefahren ist, verbreitet sich unter den Insidern der Wissenschaftler. Alles sieht sehr negativ aus.

Die Absicht der Menschheit, jetzt erwachsen zu werden hat das Gleichgewicht des Planeten scheinbar zum Kippen gebracht. Sie befindet sich also schon in der Evolutionskrise - was für die einen die große Verwandlung, der Aufstieg der Menschheit ist. Für die anderen hat der Untergang der Menschheit bereits eingesetzt.

Es haben also die Veränderungen im Inneren und im Äußeren begonnen. Und doch ist mitten in dieser Dunkelheit, kaum wahrnehmbar, ein kleines Licht entzündet worden, – die Ankunft der „Kinder des Lichts“ – die den Menschen den Weg zeigen sollen. Dies sind höher entwickelte Bewußtseinsinhalte, die den Samen für die neue Menschheit vorbereiten. Das bedeutet auch, daß die Umpolung zum Geistigen, einem neuen „goldenen Zeitalter“ bereits begonnen hat und diese neue Generation soll anstatt aus „Urangst“, aus „Urvertrauen“ bestehen. Im kosmischen Plan des Schöpfers hat auch alles noch so Negative, was passiert, seine Berechtigung, auch wenn wir es mit dem Verstand nicht begreifen können. Selbst im Chaos ist die neue Ordnung, denn es existiert nichts außerhalb des göttlichen Plans.

Wie entsteht ein Kornkreis?

Diese sechs Bilder (links) zeigen eine Computerrekonstruktion der Entstehung des Kornkreises bei Oliver's Castle am 11. August 1996. Mit einer Videokamera wurde in den frühen Morgenstunden des 11. August 1996 erstmals die Entstehung eines Kornkreises gefilmt. Auf diesem Video sieht man wie zwei kleine weiße Lichtkugeln, ca. 30-40 cm im Durchmesser, angeflogen kommen und wie von Geisterhand in Sekundenschnelle das Getreide in konzentrische Kreise fällt. Zunächst kann man die Entstehung eines großen Kreises in der Mitte beobachten, danach entstehen drei kleine Kreise außen herum, die sich auf sechs Kreise erweitern. Nachdem sich dann die Bildung der Verbindungslinien zwischen den Kreisen beobachten läßt, erscheinen dann weitere kleinere Kreise an den Enden der sechsarmigen Formation.

Meines Erachtens sieht man hier die Entstehung eines Kornkreises, den unsere Mutter Erde in Verbindung mit den Naturwesenheiten, oder wie Peter Möller in dem vorherigen Beitrag so schön beschrieben hat, als verdichtete Ätherkräfte des Christusbewußtseins, selbst hervorbringt (sofern das Video echt ist).

Auf dem oberen Bild sieht man die Computerrekonstruktion eines weißen Lichtstrahls oder Lichtkegels, der aus dem Himmel kommt, einige kreisförmige Bewegungen vollzieht und in sekundenschnelle einen Kornkreis hinterlässt. Ich würde sagen, daß dies die Entstehung eines Kornkreises aus göttlichen Welten darstellt, manche Menschen würden sich eher in der UFO-Theorie bestätigt sehen. Dieses Phänomen konnte schon von vielen Menschen beobachtet und darüber berichtet werden, wobei hier die Aussagen der verschiedensten Personen stets identisch waren. Der Kornkreis, der für diese Rekonstruktion verwendet wurde, ist am 18. Juli 1999 bei Cherhill, Wiltshire, entstanden (Foto Frank Laumen, siehe auch Seite 286). Das kleine Bild zeigt einen Kornkreis-Fälscher oder Hoaxer, wie die Engländer sagen, mit Brett und Seil bei der Arbeit. Dieses Bild wurde für uns innerhalb eines echten Kornkreises nachgestellt. Es stellt die einzige für unsere Augen sichtbare Methode dar. Ich vermute, daß auch 95% der Erdbevölkerung an diese Entstehungsmethode glauben, aber glauben heißt nicht wissen. Dafür haben die Medien mit ihren unobjektiven Berichterstattungen hinreichend gesorgt und werden dies auch weiterhin tun.

Aber soll es wirklich möglich sein, daß vielleicht sogar 15 bis 25 Personen in einer einzigen Nacht mit so primitiven Werkzeugen Kornkreisformationen von über 60000 qm erschaffen, wie z. B. das 6-fach-Julia-Set vom 13. August 2001 beim Milk Hill mit 409 einzelnen Kreisen (siehe Seite 102)? Ich halte das für ausgeschlossen.

Zitate von Jesus Christus für unsere Zeit

Das Reich Gottes kommt nicht auf Wegen, die vorausgesehen werden von den Menschen. Das **Himmelreich (andere Dimension)** seht, ganz plötzlich ist es über Euch. (Lukas, Kap. 17, 20-21)
Die **frohe Botschaft,** die ich bringe ist diese: Eure Gefangenschaft ist vorüber. Die Gefangenschaft in der Sünde. Gott löst das Versprechen, das er uns gegeben hat ein, und er versöhnt sich mit den Menschen. Gott kommt zu euch, zu euch allen. Selbst zu den Elendsten, verschließt Eure **Tür (Herzchakra)** nicht vor dem **Herrn**.
Es ist eine Zeit der Freude, der Freude über das, was Gott so reichlich gegeben hat, aber **eines Tages wird Gott Rechenschaft von euch verlangen für das Geschenk, das er gegeben hat. Seid bereit, das Königreich des Himmels ist nahe.** (ITC-Video, Jesus v. Nazareth, Teil 1- 4)[59]
Er sprach zu einer Menschenmenge:
„Wenn ihr eine Wolke aufsteigen seht vom Westen her, so sagt ihr gleich: Es gibt Regen. Und es geschieht so. Und wenn der Südwind weht, so sagt ihr: Es wird heiß werden. Und es geschieht so. Über das Aussehen der **Erde** und des **Himmels** könnt ihr urteilen; warum aber könnt ihr über **Diese Zeit** nicht urteilen?“ (Lukas Kap. 12, 54-56)
Glaubt nicht, ich sei gekommen, um **Frieden auf Erden zu bringen**. Ich bin nicht gekommen, um Frieden zu bringen. **Ich bringe das Schwert**. Ich bin gekommen, um den Sohn mit seinem Vater zu entzweien, die Tochter mit ihrer Mutter. Die Feinde eines Menschen werden seine eigenen Hausgenossen sein (Matthäus, Kap. 10, 34-36). (Und ist es heute in manchen Familien nicht auch so? Anmerkung des Autors).
Ihr mögt sagen, wir haben alles verlassen um dir zu folgen, ich sage euch: Jeder der sein Haus verlassen hat oder Vater, Mutter, Frau, Kinder, Land um des Reichs Gottes Willen, **der wird hundertfach belohnt werden auf Erden und das Königreich Gottes erben.** Wer auf die Erhaltung seines Lebens aus ist, wird es verlieren. Aber wer sein Leben um meinetwillen aufgibt und für das Evangelium, das ich euch bringe, **wird es (das Königreich Gottes) finden**. Denn viele, die die **Ersten** (Priester) sind, werden die **Letzten** sein und die **Letzten** (Unwissende) die **Ersten.** (Markus, Kap. 10, 28-31 und Matthäus, Kap. 16, 25)
Ihr sollt euch nicht Schätze auf Erden sammeln, wo Motten und Rost sie fressen, wo Diebe nach ihnen graben und sie stehlen, **sammelt euch aber Schätze im Himmel, denn wo euer Schatz ist, da wird auch euer Herz sein.** (Matthäus, Kap. 6, 19-21)
Zu Thomas sagte er:
Kannst du nicht glauben ohne zu sehen? Wenn du so viel zweifelst mußt du wünschen sicher zu sein. Öffne dein Herz nicht deinen Verstand. (ITC-Video, Jesus v. Nazareth, Teil 1- 4)[59]
Wieviel Zeichen (Kornkreise) brauchen wir denn noch, um glauben zu können, obwohl wir doch schon soviele Zeichen haben? (Anmerkung des Autors)
(Einige Zitate sind der heutigen Sprache angpaßt worden).

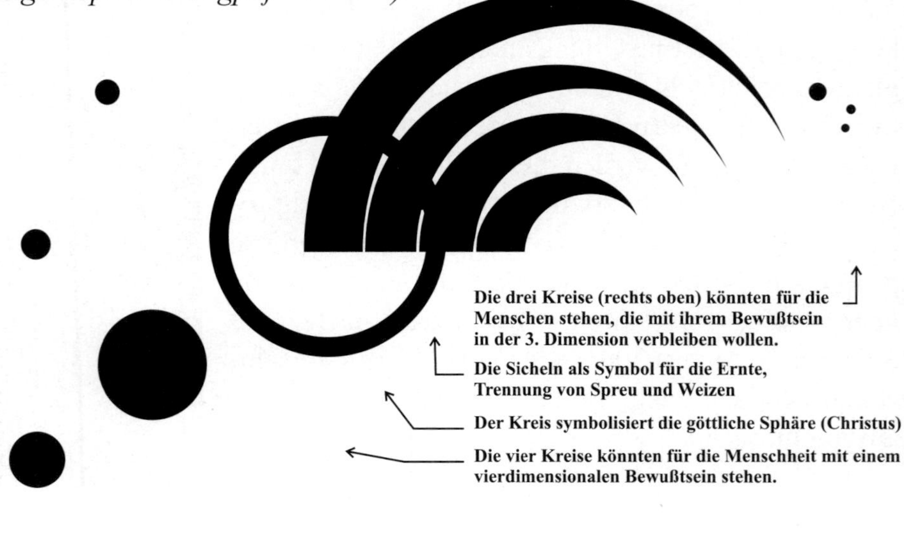

Kornkreis „Die Sicheln“, Zierenberg-Burghasungen vom 26. Juni 1999.

Beweis für die Wiedergeburt

Meister Nikodemus sagt zu Jesus:
Rabbi, in Kürze findet eine Versammlung der Hohen Priester statt. du hast dort viele Feinde, aber auch Freunde, die wissen, daß du der Lehrer bist, der von Gott gekommen ist. **Denn niemand kann die Zeichen tun, die du tust und in deinen Worten sprechen, wenn Gott nicht mit ihm ist.** Und dennoch ist Unruhe in meinem Herzen und mein Verstand ist verwirrt. Du mußt mir helfen die Wahrheit zu sehen.
Jesus antwortet: **Wenn ein Mensch nicht wiedergeboren wird, Nikodemus, kann er das Königreich Gottes nicht sehen.** Nikodemus fragt: Wiedergeboren? Kann ein Mensch ein zweites mal in den Schoß einer Mutter eingehen?
Jesus antwortet: **Was aus Fleisch geboren worden ist, ist Fleisch und was aus dem Geist geboren worden ist, das ist Geist.**
Wundere dich nicht, wenn ich gesagt habe, ihr müßt wiedergeboren werden. **Der Wind bläst wo er will, du hörst zwar sein Geräusch, aber du weißt nicht, woher er kommt und wohin er geht. So ist es mit jedem der aus dem Geist geboren wird. Gott liebte die Welt so sehr, daß er seinen eigenen Sohn sandte, damit jeder der an ihn glaubt, nicht vernichtet wird, sondern das ewige Leben hat. Gott hat seinen Sohn nicht in die Welt gesandt, um sie zu verurteilen. Er hat ihn gesandt, um die Welt durch ihn zu retten.** (Johannes, Kap. 3, 1-16)

Christus mit Sichel (Off. 14, 14-16). Die Stunde der Ernte: Der Weizen wird vom Unkraut getrennt. Gemälde von Jakob Häne.

Jesus predigte im Tempel von Jerusalem.
Segnet die euch fluchen, tut Gutes denen, die euch hassen. Bittet für die, die euch verfolgen. Wenn ihr nur die liebt, die euch lieben, was ist daran so Besonderes, das tun selbst die Steuereinnehmer. Wenn einer dich auf die rechte Backe schlägt, halte ihm die andere auch hin. Wenn einer dir deinen Rock wegnehmen will, gib ihm auch deinen Mantel. Gib jedem, der dich um etwas bittet und wenn jemand von dir borgen will, wende dich nicht ab von ihm. Tut keinem anderen etwas an, was ihr nicht wollt, das er euch antut. Richtet nicht und ihr werdet nicht gerichtet werden. Verurteilt nicht und ihr werdet nicht verurteilt werden. Vergebt und euch wird vergeben werden. **Ihr sollt vollkommen sein, so wie auch unser himmlischer Vater vollkommen ist. Bittet um diese Gabe und die wird euch gegeben werden. Sucht (die Zeichen?) und ihr werdet finden.** Klopfet an und es wird euch geöffnet werden. Welcher Vater weist sein Kind zurück, wenn ihr nun, die ihr unvollkommen seid, euren Kindern geben könnt, was gut für die ist. **Wie viel mehr wird euer Vater im Himmel Gutes denen geben, die ihn bitten.** (Lukas, Kap. 6, 27-38 und Matthäus, Kap. 7, 7-12)

Bild links: In diesem Kornkreis vom 25. Juni 2004, Milk Hill, Alton Barnes, Wiltshire, England, ca. 180 m, werden drei sehr wichtige Schöpfungsmuster miteinander verbunden. Der „Same des Lebens“, der „Baum des Lebens“ und die „Frucht des Lebens“. Erläuterungen auf Seite 364.

Foto: Lucy Pringle.

Bild unten: Dieser Kornkreis vom 19. Juni 2004, im East Field bei Alton Barnes, Wiltshire, ca. 120 m, könnte den Dimensionswechsel symbolisieren. Laut Drunvalo Melchizedek sind alle Dimensionen ineinander verschachtelt und durch einen 90° Winkel getrennt. Wird diese 90° Wende vollzogen, gelangt man in eine höhere Dimension. Die drei unteren Kreise könnten für die 3. Dimension, der lange Strich für die verbindung mit höheren Dimensionen stehen. Der linke, kurze Strich führt im 90°-Winkel (Dimensionswechsel?) in die 4 kleiner werdenden Kreise, die die 4. Dimension darstellen könnte. Die goldene Schnittspirale könnte für den Schöpfungsimpuls (der die 90°-Wende einleitet) stehen, der aus höheren Dimensionen in die 4. Dimension einstrahlt.

Foto: Lucy Pringle.

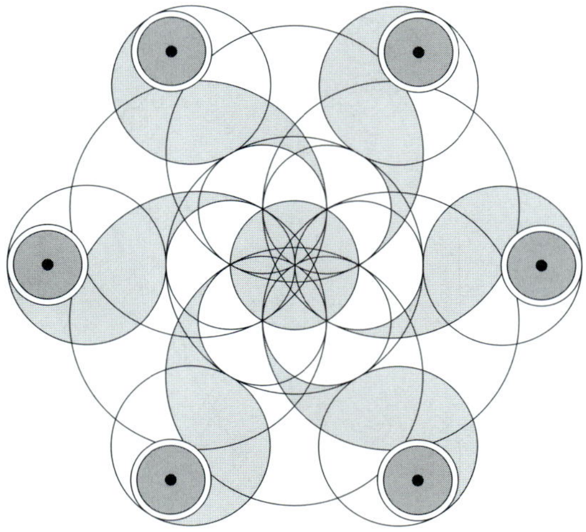

Bild oben: Zum Vergleich das „Feuerflammen-Sonnenzeichen" (Kornkreis vom 4. Juli 2002, Stonehenge, Wiltshire, England. Foto: Steve Alexander.) und die graphische Darstellung des Kornkreises von Honey Street (siehe unten). Es wurden 32 Kreise benötigt, um ihn zu konstruieren.

Bild rechts: Dieser Kornkreis vom 4. Juli 2004 bei Coombe Abbey, Nähe Coventry, Warwickshire, England, ca. 60 m, stellt eine erweiterte Form der morphogenetischen Struktur des Auges dar. Nähere Erläuterungen auf Seite 365.
Foto: Steve Alexander.

Bild unten: Dieser Kornkreis vom 15. Juni 2004, Honey Street, Wiltshire, England, ca. 60 m, steht im Bezug zum Feuerflammen-Sonnenzeichen (siehe S. 322-324). Damals waren die Feuerflammen am inneren Kreis noch nicht direkt angesetzt, wie es jetzt der Fall ist (siehe S.363 ob.li. und S. 365).
Foto: Lucy Pringle.

Grafische Darstellung des Milk Hill Piktogramms vom 25. Juni 2004.

In der unteren Grafik sieht man den „Same des Lebens“ und den „Baum des Lebens“ übereinandergelegt. Die sieben Kreise des „Same des Lebens“ symbolisieren die sieben Tage der Schöpfung. Der „Baum des Lebens“ gehört zum Wesenskern der Natur und ist ein Teil des Schöpfungsmusters selbst. Der „Baum des Lebens“ symbolisiert die zehn Sepiroth (die zehn Namen Gottes) als Sinnbilder der zehn Erscheinungen der Gottheit, sowie der zehn Komponenten der menschlichen Bewußtseinslehre. In der oberen Grafik ist die „Frucht des Lebens“ verbunden mit sich selbst (13 Kreise mit 13 weiteren verbunden). Den unteren Teil des Kornkreises vom Milk Hill, der wie ein Bienenkörper aussieht, kann unter Berücksichtigung von verschiedenen Radien, Schnittpunkten, Tangenten und bestimmten Koordinaten eingezeichnet werden. Dasselbe kann mit dem oberen Teil des Kornkreises vollzogen werden, der eine geflügelte Götterscheibe darstellt, die nicht wie sonst nach unten, sondern nach oben geöffnet ist. Diese geflügelte Götterscheibe verbindet den „Same des Lebens“ und den „Baum des Lebens“ mit der „Frucht des Lebens“.

Desweiteren sieht man drei kleine Punkte über der Scheibe, die den Schnittpunkt des fünften und sechsten kleinen Kreises, sowie das Zentrum des siebten und elften kleinen Kreises markieren. Die „Frucht des Lebens“ enthält 13 Informationssysteme, die zusammen mit dem „Ei des Lebens“ und dem „Torus“ alles erschaffen, was jemals existiert hat und existieren wird.

Die Heilige Geometrie der „Blume des Lebens“ entschlüsselt somit den Sinn und Zweck der Schöpfung. Dieses Zeichen sieht aus wie eine Aufwärtsentwicklung der Menschheit, dargestellt durch die immer größer werdenden Kreise und die geöffnete Götterscheibe. Gleichzeitig sieht man aber auch eine Abwärts-Tendenz auf dem Rücken des Bienenkörpers. Das könnte das Herunterkommen der göttlichen Macht, die sich im Abstiegszyklus befindet, symbolisieren. Dadurch werden wir alle mit der Wahrheit konfrontiert. Die göttliche Macht, die jetzt von oben nach unten auf unseren Planeten kommt, und durch alle sieben Chakren (dafür stehen die sieben immer größer werdenden Kreise) im Menschen Einzug hält. Gott kommt auf die Erde, um im menschlichen Körper (Tempel) Einzug zu halten. Er öffnet die sieben Siegel, indem er vom siebten bis zum ersten Chakra eintritt (siehe hierzu auch das Kapitel über die Einführung in die Heilige Geometrie).

Der Kornkreis vom 15. Juni 2004, Honey Street, ist eine Vervollkommnung des Feuerflammenrades vom 4. Juli 2002 bei Stonehenge. Die Feuerflammen gehen jetzt direkt vom inneren Kreis aus und die offenen Möbius-Schleifen sind jetzt zu sechs Rollen geworden. Sind es neue „Gesetzesrollen“, wird die „Schrift“ nun erfüllt (siehe Seite 324)?
Für die Konstruktion der Formation vom 15. Juni 2004 wurden 32 Kreise benötigt. In dem kabbalistischen Lebensbaum gibt es 32 energetische Pfade die am menschlichen Körper dargestellt werden.
Außerdem kann man zwei komplette Genesismuster mit je sieben Kreisen erkennen, wobei das kleine Genesismuster eine der bekannten Geometrien enthält. Das große Genesismuster besteht aus einer etwas unbekannten Geometrie, enthält aber das kleine Muster in sich (siehe Grafik auf Seite 363). Desweiteren ist auch die Geometrie des Kornkreises vom 22. Juli 2003 bei Chisbury enthalten (siehe Grafik rechts). Dieses Muster ist ein erweiterter Teil der „Frucht des Lebens“ (siehe Seite 320) und ein erweitertes Muster des „Ei des Lebens“ (siehe Seite 259). Die „Frucht des Lebens“, das „Ei des Lebens“ und der „Torus“ (siehe Seite 258, 318 u. 319) erschaffen somit den Samen für die sprituelle und genetische Weiterentwicklung der Menschen und die neue Realität.
Laut der Entschlüsselung des Maya-Kalenders von José Argüelles befinden wir uns seit 1997 in der neuen Genesis, der zweiten Schöpfung. Dieser Transformationsprozeß, der im Jahre 2005 (Beginn des neuen Himmels und der neuen Erde) seinen Höhepunkt erreicht und bis zum Jahr 2013 (Aufstieg der Menschheit ins Licht) abgeschlossen sein soll. Ich weiß wirklich nicht, wohin dieses alles führt, aber ich und viele andere Menschen spüren, daß etwas sehr Großes im Gange ist. Die Zeit wird es zeigen und die Kornkreise werden uns bis 2013 begleiten.

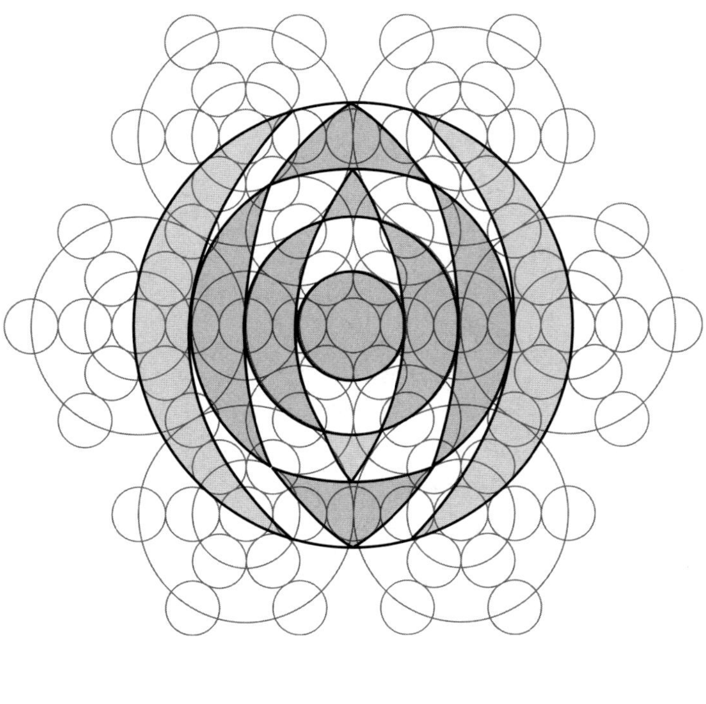

Die Fischblase enthält die metaphysische Struktur des Lichtes. Sie entspricht dem ersten Tag der Schöpfung. Und Gott sprach: „Es werde Licht!“ Am ersten Tag der Schöpfung war in Form eines elektromagnetischen Feldes das Licht geboren. Und auch das Auge, das dieses Licht empfängt, trägt die Geometrie der Fischblase in sich. Bei diesem Kornkreis von Coombe Abbey ist eine erweiterte morphogenetische Struktur des Auges zu erkennen (siehe auch Seite 265). Man sieht drei sich überschneidende Fischblasen, die im Muster der „Frucht des Lebens“ eine neue Position bekommen haben. Dadurch können wir, die Menschheit, eine neue Sichtweise der Dinge und ein erweitertes Bewußtsein erlangen.

Diesen Kornkreis vom 5. Juni 2004 bei Fort Nelson in der Nähe von Portsdown Hill, Hampshire, möchte ich mit einem Gemälde von Berthold Missal (Deutschland, 13. Jahrhundert) vergleichen. Auf dem dem Gemälde krönt Christus die Axis Mundi (Weltachse), die vertikale Verbindung zum Himmel, im Gleichgewicht gehalten durch das horizontale physikalische Prinzip und die Spiralen der Offenbarung des Lebens. Dieses Tau-Kreuz, der „Baum der Erkenntnis" zeigt das Fließen der Energien im Körper und seinen feinen Energiezentren, als eine zweifache Achse mit entgegengesetzten Spiralen, das allumfassende Herz, das sich ausdehnt wie die Wellen des Ozeans, um das Universum zu umarmen.

In dem Kornkreis von Fort Nelson sieht man zwei „linksdrehende Spiralen" innerhalb einer liegenden Acht, umgeben von 4 x 2 Kreisen = 8. Die Acht gilt als die Zahl der Unendlichkeit. Bei den Pythagoräern ist sie die „Zahl der Gerechtigkeit". Die Acht ist auch die „Zahl der Glückseligkeit", denn laut Matthäus (Kap.5, 3-10) lehrt uns Christus die acht Stufen der Glückseligkeit. Sie ist auch die Zahl der Erhaltung und des Heils. Die Acht schließt sowohl die äußersten Punkte des Kosmos als auch die äußersten Gegensätze des Menschen in sich ein. Die Acht öffnet uns die Tore zu den „Hallen der Weisheit" und zu den „Mysterien des Lebens". Dadurch erwachen im Menschen die übernatürlichen Kräfte und Fähigkeiten, wie z.B. Telepathie, Hellsehen u.s.w. und auch die höheren „acht Wunderkräfte", die bei den Indern „Siddhis" genannt werden. Zusammen mit höherem Wissen erschließen diese Kräfte neue Möglichkeiten und höhere Dimensionen.

Die Spirale läßt sich hinter allem erkennen, sie ist das grundlegende Prinzip aller Naturgesetze, was man bei vielen Pflanzen erkennen kann. *„Alle Spiralen von lebender Materien drehen in der selben Richtung, allerdings würde alles genausogut auch in entgegengesetzter Richtung funktionieren."* (Linus Pauling) [16].

Die Spirale scheint spezifische mysteriöse Eigenschaften zu besitzen. Wird ein Kupferdraht spiralförmig aufgewickelt, zeigt er auf magische Weise Eigenschaften, die er vorher nicht hatte. *„Da mit Hilfe der Spirale Radiowellen in elektrische Impulse verwandelt werden, ist es offenbar möglich, von einer Ebene zu einer anderen zu gelangen – oder von einer niederen Schwingung zu einer höheren."* (John Nelson) [16] Es ist durchaus möglich, daß sich alle Geschöpfe der Erde, wie von einer unsichtbaren Kraft getrieben, spiralförmig fortbewegen. Dreht die Spirale entgegengesetzt, wie bei dem Kornkreis von Fort Nelson (linksdrehend), wird ein Zellregenerations-Prozeß von ungeahntem Ausmaß in Gang gesetzt. Die Körper bekommen dadurch eine höhere Schwingung und können von einer Ebene (Dimension) zu einer anderen Ebene gelangen. Ist das die Botschaft dieses Kornkreises? Wenn ich die anderen Kornkreise von 2004 im Zusammenhang mit der Doppelspirale sehe, würde ich „ja" sagen.

Foto: Lucy Pringle.

Das Langpiktogramm von Windmill Hill 17. Juli 2004

Kornkreis-Formation vom Windmill Hill, Avebury Trusloe, Wiltshire, England, erschienen am 17. Juli 2004, ca. 240 m. Foto: Lucy Pringle.

Bei diesen Piktogramm fallen mir die Worte von Drunvalo Melchizedek aus dem Kapitel „Die ultimative Liebesgeschichte“ ein, ich zitiere: ***„Es erscheint uns jetzt, als ob Gott außerhalb des erschaffenen Experiments*** (dafür könnte dieses engelartige Wesen mit der dreifachen Sichel (Heilige Dreieinigkeit) stehen)***, uns zu einer anderen Ebene der Existenz bringt*** (dafür könnte der große Kreis in der Mitte des Piktogramms stehen und die immer kleiner werdenden Kreise, die durch einen Umkreis (göttliche Sphäre) schon mit diesem engelartigen Wesen verbunden sind) ***die jenseits unserer Vorstellung liegt. Jenseits dessen, was wir uns überhaupt erträumen können. Entweder dieses oder es ist ein totaler Rückruf.***

Wir kehren nach Hause zurück, nicht nur zurück zum Ursprung der Zyklen aller Dinge (dafür könnte wieder dieses engelartige Wesen stehen, da aus dem Umkreis wieder vier kleiner werdende Kreise kommen)***, sondern noch weiter zurück, vor das was jemals erschaffen wurde*** (dafür könnten die kleinen Striche und Punkte am Ende des Piktogramms stehen)***. Etwas sehr Großes ist im Gange, etwas Riesiges passiert. Deswegen und wegen der Art der außergewöhnlichen Ereignisse, die momentan stattfinden, ist es für uns hier auf der Erde erforderlich, daß wir einen anderen Standpunkt einnehmen, als jenen, den wir lange Zeit vertreten haben.***

Eine Einheit, die wir längst kannten, vor langer Zeit, wir können uns alle daran erinnern, wir kennen sie, wir können sie spüren, wir haben sie im Herzen gespeichert, wir wissen was sie ist. Diese Einheit wird bald die Ebenen der Erde erreichen. Sie hat schon die höherdimensionalen Ebenen erreicht, dort ist es schon geschehen. Wir sind immer die letzten, die so etwas mitbekommen, so ist es einfach. Alles sickert durch die kausalen Ebenen, ereignet sich dann auf den höheren Ebenen und wird erst zum Schluß manifestiert und das passiert bereits .(Dafür könnten die von klein nach groß werdenden Kreise stehen, die von dem engelartigen Wesen wie Tröpfchenimpulse von oben nach unten gesandt werden. Wir, die Menschheit, sind ja die Tröpfchen des Originals, die Kontakt zum Aspekt Gottes außerhalb des erschaffenen Universums haben, siehe Grafik auf Seite 196.) ***Ihr seid jetzt die Führer der Welt, ihr seit diejenigen, an die sich andere Menschen wenden werden.*** (Jesus Christus sagte: ***„An ihren Früchten werdet ihr sie erkennen.“*** Mit den Früchten meinte er die Arbeit, die jemand hervorbringt. Sind es faule oder gute Früchte, ist es eine lebensvernichtende oder eine lebensbejahende Arbeit, die jemand hervorbringt. Daran wird man sie erkennen.) ***Ihr seid diejenigen, die anfangen müssen, diese neue Erfahrung zu leben.***

„Herzfraktal" Kornkreis vom 28. Juli 2004 (Seite 370 oben):
Nach Aussage eines Ultraleichtpiloten handelt es sich bei dieser Formation um die exakte Kopie eines Kornkreises, der kurze Zeit vorher am Windmill Hill erschienen war. Leider hat der Besitzer des Feldes diesen bereits einen Tag nach Erscheinen abgemäht. In der Fraktalgeometrie nennt man ein solches Muster mit neun gleichen, verschachtelten Feldern „Herzfraktal" (s. Grafik rechts). Wird hier die neue Herzensqualität, die in dieser Zeit manifestiert werden soll, über die heiligen Plätze in England für die Erde eingestrahlt? Wahrscheinlich ist die Botschaft der Formation so bedeutend, daß sie ein weiteres Mal erscheinen mußte, um ihre Aufgabe erfüllen zu können!

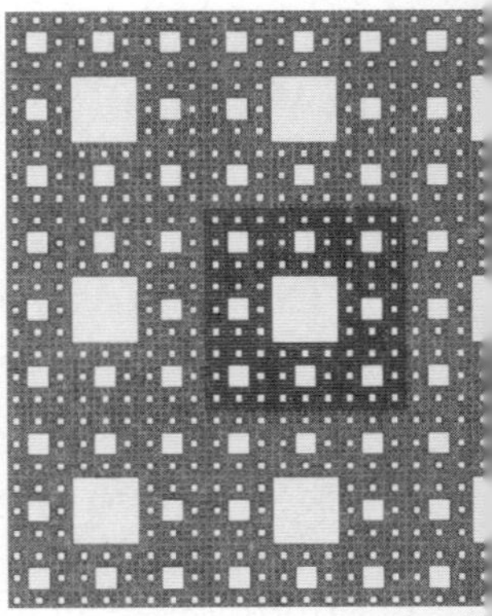

Quell

„Die vier Gesichter Gottes" Kornkreis vom 29. Juli 2004 (Seite 370 unten):
Bei dieser Formation handelt es sich um ein vierfaches Eckspiralen-Labyrinth, umgeben von einem Oktagramm. Alten Überlieferungen zufolge bedeutet die Darstellung des Doppelquadrates (Oktagramms) das Erkennen der Gesetzmäßigkeiten des Kosmos, z. B. die Wiedergeburt. Die auf den ersten Blick etwas holprige Konstruktion der Eckspiralen ist dennoch nicht disharmonisch. Genau genommen ist die Form so perfekt unregelmäßig, daß es schon sehr unwahrscheinlich ist, etwas so zu fälschen. Die Linienführung ergibt eine Schattierung, aus der man einen vierfachen Stern mit hellen und dunklen Elementen (in der Mitte) erkennen kann, der für die vier Gesichter Gottes stehen könnte. Das 1. Gesicht, das Nordgesicht, ist feurig. Das 2. Gesicht, das Westgesicht, ist luftig. Das 3. Gesicht, das Ostgesicht, ist feucht und das 4. Gesicht, das Südgesicht, ist kalt. Addiert man die acht Spitzen des Doppelquadrates und die 4 Spitzen des Sternes in der Mitte, erhält man 12. Das läßt sich als ein Hinweis auf die 12 Tierkreiszeichen verstehen, denn auf der 12-fachen Offenbarung Gottes ist das gesamte sichtbare Universum aufgebaut (siehe „Die Einweihung von Elisabeth Haisch, S. 281 – 302). Aufgrund der Ausstrahlungen des Tierkreises entstand eine Verdichtung, Materialisation, die die Existenz unserer Erde begründete. So durchläuft alles, was sich auf materieller Ebene verdichtet, seine Lebensbahn im Rad des Zodiaks in verschiedenen Perioden. Jede Periode wiederum läuft im Rad des Tierkreises ab und besteht aus Anfang, Entfaltung, Kulmination und schließlich Abstieg und Auflösung. So entspricht die Geburt dem „Widder", der Mensch durchwandert alle Sternbilder, bis er im „Löwen" seine Reife erreicht und im Zeichen „Fische" stirbt, sich also aus der materiellen Ebene verabschiedet.

„Die Flügelräder der Cherubim" Kornkreis vom 2. August 2004 (Seite 371 oben):
Bei diesem Kornkreis handelt es sich wohl um die größte, schönste, aber auch umstrittenste Formation der Saison 2004. Hunderte von Besuchern aus aller Welt wurden magisch angezogen. Sie entstand in zwei aufeinander folgenden Nächten und weist diverse Ungenauigkeiten bei den Flügeln und den Mäanderlabyrinthen auf. Dennoch halte ich diesen Kornkreis aufgrund der umfassenden Botschaft für echt. Außerdem ist auch hier wieder der Ort des Erscheinens von Bedeutung. „Silbury Hill" bedeutet „Leuchtender Wesen Hügel"! Diese Formation besteht aus zwei konzentrisch ineinander gehenden Kreisen mit flügelartigen Elementen in der Mitte. Die beiden Kreise bestehen aus Quadraten, Vierecken, mäanderförmigen Labyrinthen und in Gruppen zu je zwölf angeordneten Strichen. Im Malerhandbuch des Klosters vom Berg Athos in Griechenland wird das Rad des Schicksals genau beschrieben. Demnach enthält es zwei konzentrische Kreise mit Untergliederungen, die zum Teil als allegorische Figuren und zum Teil als graphische Zeichen der Welt, der Jahreszeiten, der zwölf Monate und ihrer Tierkreiszeichen und der sieben Lebensalter dargestellt sind. Das Rad des Schicksals wird von Tag und Nacht als zwei Flügelwesen dargestellt, mit Stricken in Bewegung gesetzt. Das Rad selbst symbolisiert Wiederbeginn, Erneuerung und den Ablauf eines Zyklus, aber auch den Weg in die Zukunft, Ortsveränderung oder Befreiung von Festlegung. So gilt das Rad, da es die Bewegung darstellt, anders als der ruhende Kreis, der für die Vollkommenheit steht, als der Weg in die Vollkommenheit. Zugleich ist das Rad ein uraltes Sonnensymbol, z.B. als

Feuerräder zur Sonnenwende gefeiert. Als Sonnensymbol steht das Rad für das „Abrollen" des menschlichen Lebens den Bewegungen des Kosmos folgend, für Geburten und Tode und damit auch für eine gewisse Gerechtigkeit. Deuten die beiden Räder dieser Formation auf den Ablauf, das Entrollen der göttlichen Offenbarung hin? Auf Paradiesdarstellungen wird der Cherub, der die verschlossene Pforte bewacht, als Rad abgebildet. Auf Körpern und Flügeln von Cherubim zusammen mit den Augen gezeigte Räder zeigen die Allwissenheit und Allgegenwart Gottes. Das hebräische Wort „Kerub" läßt sich mit „Einer, der Fürsprache hält" oder mit „Wissen" übersetzen. Cherubim kommen in der himmlischen Hierarchie erst viel später als Engel vor, nehmen dann aber gleich den zweiten Platz rings um den Thron ein. Nach jüdischen sowohl als auch christlichen Überlieferungen wurden die Cherubim mit dem flammenden Schwert östlich von Eden von Gott aufgestellt, um den Zugang zum Baum des Lebens zu bewachen. In Ezechiel (1,4 ff.) wird beschrieben, wie dieser das Feuer an den Flügelrädern der Cherubim erblickte. Auch die Beschreibung von Daniels Vision der Aufrichtung des messianischen Reiches (7, 9 ff.), von dem Stuhl des „Alten" mit schneeweißem Haar und Kleidung, als Feuerflammen in Rädern, die von Feuer brannten, greift das Bild der Feuerräder auf. Die beiden Außenkreise werden geviertelt von jeweils zwei übereinander stehenden Rechtecken aus aufrecht stehendem Getreide. Die Rechtecke des äußeren Kreises stehen hier für die vier Gesichter Gottes mit den Himmelsrichtungen, während die Rechtecke des inneren Kreises für die vier Jahreszeiten, Frühling, Sommer, Herbst und Winter stehen. Insgesamt sieht man acht Elemente. Acht steht für die Unendlichkeit. Im äußeren Kreis sind die Rechtecke von jeweils vier Quadraten umgeben. Quadrate (Vierecke) gelten als Zeichen der materiellen, irdischen Welt. Sie symbolisieren aber auch die vier Jahreszeiten und die vier Elemente. Man kann insgesamt 16 Quadrate zählen. 16 = 1 + 6 = 7, die heilige Zahl. Die in beiden Umkreisen direkt übereinander angeordneten Mäanderlabyrinthe oder Eckspiralen sind jeweils als Einheit zu betrachten. Sie stehen für den männlichen und den weiblichen Aspekt oder für Mann und Frau in der Dualität ohne Anfang und ohne Ende. Es lassen sich so acht Einheiten mit je zwei Elementen zählen. 2 x 8 = 16, 16 = 1 + 6 = die heilige Zahl 7. Diese allegorischen Figuren sind graphische Zeichen der irdischen Welt und sollen den Lauf des menschlichen Lebens mit all seinen Prüfungen und Komplikationen darstellen. Im Mittelalter wurde häufig ein Glücksrad als Symbol für das Schicksal im menschlichen Dasein benutzt, an dessen Kranz Gestalten der Umdrehung des Rades entsprechend auf- und niedersteigen. Der innere der beiden Umkreise enthält acht Blöcke mit jeweils zwölf Strichen. Diese Blöcke stehen abwechselnd einmal für das Jahr mit seinen zwölf Monaten und einmal für den Tierkreis mit den zwölf Planeten, vielleicht auch für die zwölf Dimensionen. 8 x 12 = 96. 96 = 9 + 6 = 15. 15 = 1 + 5 = 6, die Zahl der Tage des Schöpfungswerkes. Der Kreis, der von den beiden Flügeln gebildet wird, stellt die Enge Pforte, den Zugang zum Himmelreich dar. Eine Tür oder Pforte repräsentiert den Übergang, eine Schwelle zwischen zwei Bereichen oder zwischen zwei Welten, z. B. Diesseits und Jenseits, Licht und Dunkelheit. Jede Dimension hat eine eigene Hierarchie von Engeln und Erzengeln als Wächter der interdimensionalen Pforten. Sie überprüfen die Entwicklung der Herzensqualitität eines jeden. So findet man Darstellungen auf Kirchenportalen, auf denen sich die Himmelspforte nur denen öffnet, die „gehorsam und wach" waren. Endgerichtsdarstellungen sollen ebenfalls daran erinnern und auf die Bedeutung dieser endgültigen Entscheidung für Himmel oder Hölle hinweisen. Die Völker verschiedener Erdteile und Zeitalter sehen den Weg der Erde zum Himmel als

Bild aus dem Buch „Engel, eine bedrohte Art". Dieses Bild zeigt Engel, die die Räder des Universums drehen. Das mittelalterliche Bewußtsein sah das Universum in festliegenden, kreisförmigen Grenzen mit einfachen Einteilungen wie den Himmelsrichtungen, dessen gesamter Ablauf von einer riesigen Welt von Engeln und Geistern bewirkt wurde. Solche Mandala-Bilder, wie sie auch in diesem Kornkreis enthalten sind, interpretierte Jung als psychologischen Ausdruck der Einheit des Selbst mit universeller Gültigkeit.

„Herzfraktal" vom 28. Juli 2004, Saversnake Forrest, Wiltshire, England. Foto: Lucy Pringle.

Vierfaches Eckspiralen-Labyrinth „Die vier Gesichter Gottes" vom 29. Juli 2004, West Kennett, Wiltshire, England. Foto: Lucy Pringle.

„Die Flügelräder der Cherubim" vom 2. August 2004, Silbury Hill, Wiltshire, England. Foto: Lucy Pringle.

„Lichtmanifestation" vom 6. August 2004, Hillwood bei Aldbourne, Wiltshire, England. Foto: Lucy Pringle.

Die Flügelräder der Cherubim
Die Cherubim drehen das Rad des Schicksals.
Kornkreis vom 2. August 2004, Silbury Hill, Wiltshire, England.

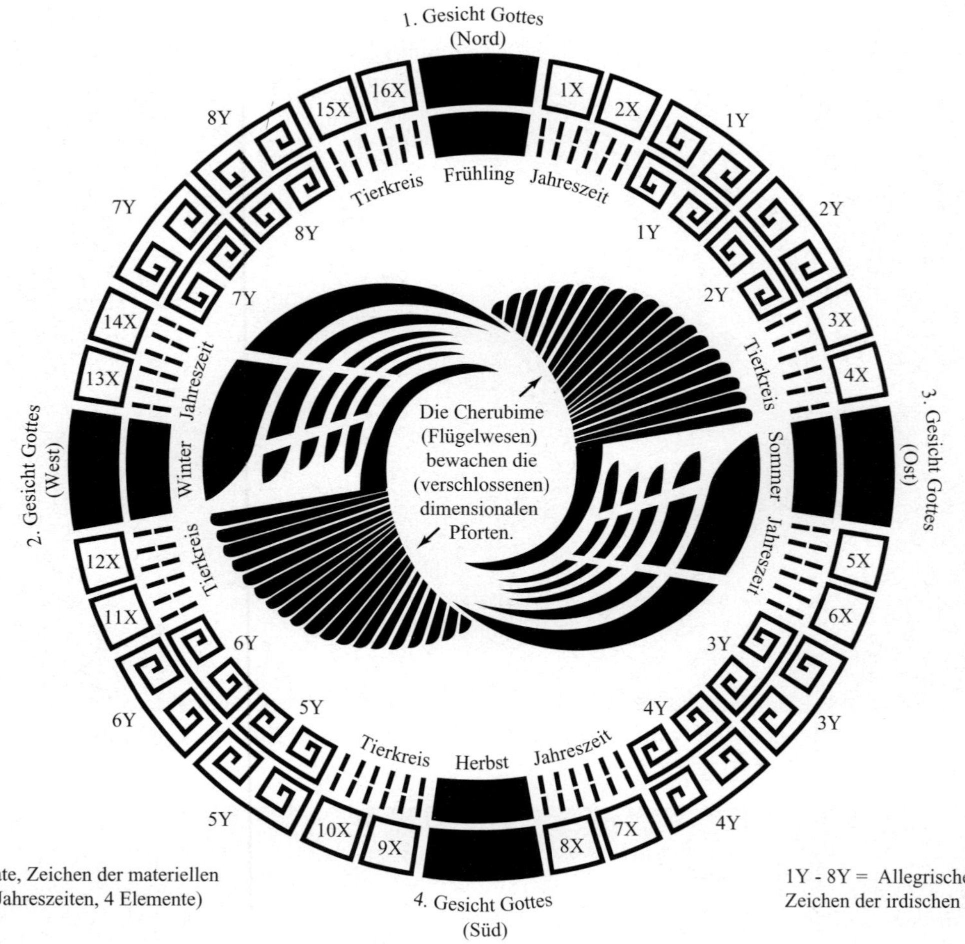

1X - 16X = Quadrate, Zeichen der materiellen irdischen Welt. (4 Jahreszeiten, 4 Elemente)

1Y - 8Y = Allegrische Figuren, graphische Zeichen der irdischen Welt, Mäanderlabyrinth

Sonnentor, bei dessen Durchschreiten man die Begrenzungen des Ego überwindet, um in eine kosmische Welt zu gelangen. Auch das Bildnis vom Kamel und dem Nadelöhr beruht auf dieser Vorstellung (Mark. 10, 25). Jesus sagt: "Ich bin die Tür." (Joh. 10,9). Auf diesen Ausspruch beziehen sich z. B. Christusdarstellungen auf mittelalterlichen Türflügeln. Die beiden Flügelelemente in der Mitte der Formation bestehen aus zwei Flügeln mit je sechs Sicheln und Viertelkreisen aus je 19 Strahlen. Die sechs Sicheln bestehen wiederum aus jeweils 15 Elementen. 15 = 1 + 5 = 6. 2 x 6 = 12, für die zwölf Dimensionen, die von den Cherubim bewacht werden. Die Zwölf wird in den Flügeln sogar doppelt bestätigt. 19 = 1 + 9 = 10. Die 10 steht für Vollendung, Ordnung und Absolutheit. Sie stellt den Anfang und das Ende aller Zahlen dar und galt deshalb schon sehr früh als magische Grenze. Zählt man die einzelnen Elementblöcke (Quadrate, Mäanderlabyrinthe, Gesichter Gottes) des äußeren Kreises zusammen, erhält man 28 Einheiten. Die Elemente des inneren Kreises (Jahreszeiten, Tierkreis, Mäanderlabyrinthe und Monate) ergeben 20 Einheiten. 28 + 20 = 48. 48 = 4 + 8 = 12. Zwölf repräsentiert wieder die zwölf Dimensionen und ergibt 1 + 2 = 3 für die Dreifaltigkeit. Mit Zahlen, z.B. als geometrische Figuren oder als Musik ausgedrückt, versuchte man schon in der Apsis der Basilika von Cluny eine kosmische Ordnung darzustellen, die auf die acht Töne und Platons Sphärenmusik abgestimmt sein sollte. So spielen heilige Zahlen und Zahlensymbolik überhaupt auch eine große Rolle in der Bibel, vorwiegend in der Johannesoffenbarung.

„Lichtmanifestation" Kornkreis vom 6. August 2004 (Seite 371 unten):
Man kann den Kornkreis auch mit der Darstellung der vier Evangelisten vergleichen: Die vier Evangelien des Neuen Testaments wurden von Matthäus, Markus, Lukas und Johannes verfaßt. Jeder von ihnen verkündet auf seine Weise die Wiedergeburt Gottes als Mensch in Jesus Christus. Die Inkarnation des Gottes als des allumfassenden Geistes, der sich in der irdischen Späre materialisiert hat, unterliegt den Gesetzen der vier Elemente: Feuer, Wasser, Luft und Erde. Jeder der vier Evangelisten repräsentiert deshalb eines dieser Elemente, die die Manifestation des Gottes ermöglichten (siehe Abb. rechts). Durch die Anordnung der fraktalen Geometrie ergibt sich in der Mitte ein gleichschenkliges kosmischen Kreuz, umschlossen von vier Dreiecken oder Stufenpyramiden. Durch die Quer- und Senkrechtlinien der hellen und dunklen Fünferblöcke ergeben sich neun mal neun Zeilen mit Quadratzeichen (9 x 9 = 81 = 9). Neun steht für die Vollendung. In dieser Formation kann man auch die Maya-Sternglyphe Etznab erkennen, die für den Entdecker, die Wahrheit und Aufklärung von Täuschungen steht. Betrachtet man die Ecken des Quadrates, drängt sich der Vergleich des fehlenden Abschlußsteines der Pyramiden auf. Die spirituelle Entwicklung der Menschheit wird auch als der lebende Abschlußstein bezeichnet.

„Die göttliche Kraftausstrahlung" Kornkreis vom 7. August 2004 (Seite 374 oben):
In der Mitte dieser Formation liegt eine rechtsdrehende zopfgeflochtene Kornspirale. In der Kabbala wird die Auffassung vertreten, daß die Seele den Baum des Lebens auf einem spiralförmigen Weg hinabsteigt oder umgekehrt ins geistige Reich heimkehrt. Dies ist gleichbedeutend mit der vollkommenen Erkenntnis. Desweiteren kann man einen Davidstern sehen, der für Gott und seine Gegenwart steht, mit einer sechseckigen Wabe im Inneren. Von den sechs Spitzen des Davidsterns ausgehend formen sich sechs Dreiecke mit Kugeln an zwei Ecken, so werden die sechs Dreiecke von einem Kreis umschlossen, auf dem zwölf kleine Kugeln angeordnet sind, die für die zwölf Tierkreiszeichen stehen. Das Dreieck ist ein Heiliges Dreifaltigkeitssymbol oder der Same allen Seins. Die Kugeln bestehen aus 12 mal $^3/_4$ und 12 mal $^1/_4$ Kreisen. 12 x $^3/_4$ = 9, 12 x $^1/_4$ = 3; 9 + 3 = 12 = 1 + 2 = 3 (Dreifaltigkeit von Vater, Sohn und Heiligem Geist). Konzentriert man sich auf die aufrechtstehenden Elemente der Formation, erkennt man sechs Schutzschilde oder die Hagal-Rune, die für die Vollendung steht. Man könnte diesen Kornkreis aber auch mit einem Satz beschreiben: ***„Die Erde empfängt die zwölffache Kraftausstrahlung der vier Gesichter Gottes aus dem Weltraum, aus der Richtung verschiedener Sternbilder, die uns zusammen wie ein Rad umringen."*** [18.1]

„Die göttliche Kraftausstrahlung" vom 7. August 2004, Wilton Windmill, Wiltshire, England.
Foto: Lucy Pringle.

„Die Rückkehr der Schwalben“ vom 12. Juni 2005, Devils Den, bei Marlborough, England.
Foto: Steve Alexander.

„Die Schlange“ vom 5. Juli 2005, Beckhampton, Wiltshire, England, 260 m. Foto: Steve Alexander.

„Die Rückkehr der Schwalben“ Kornkreis vom 12. Juni 2005 (Seite 375 oben):
Diese Formation, die am Devils Den, einem uralten Dolmen in der Nähe von Marlborough, erschien, wird umrahmt von einer Figur, die an drei Schwalben erinnert. Die Schwalbe als Frühlingsvogel symbolisiert die Wiedergeburt oder den Beginn einer neuen Wachstumsperiode. Das Zeichen hat große Ähnlichkeit mit einer Formation von 2003 bei Alton Barnes. Man kann diesen Kornkreis auch als ein Zeichen der Trinität oder als drei Tauben betrachten, die in die Welt hinausfliegen. Die Taube war schon bei den Griechen heilig und gilt in der christlichen Kirche als Symbol des Heiligen Geistes. Der göttliche Frieden, durch den Geist Gottes der Erde zugeführt, wurde am Ende der Sintflut durch die Taube, die den Ölzweig zu Noah brachte, angekündigt (1. Mose 8, 10.12). Bei der Taufe im Jordan schwebt eine Taube über Jesus (Matth. 3, 16). Auch auf Darstellungen der Ausgießung des Geistes an Pfingsten oder der göttlichen Dreifaltigkeit erscheint der Heilige Geist in Gestalt einer Taube. Als Tauben werden auch die „sieben Gaben des Heiligen Geistes“, u.a. Weisheit, Verstand, Rat, Stärke und Wissen abgebildet. Die Taube symbolisiert auch den himmlischen Frieden, bzw. die Seele eines Verstorbenen in der himmlischen Freude, weshalb sie auch als Seelenvogel gilt. Ebenso findet man Bilder mit einer Taube, die einen Lorbeerzweig oder eine Märtyrerkrone im Schnabel hält oder neben dem Baum des Lebens, bzw. auf dem Gefäß mit dem Wasser des ewigen Lebens sitzt. Betrachtet man die aufrecht stehenden Elemente des Kornkreises, erhält man zwölf Figuren. 12 = 1 + 2 = 3. Die 12 weist auf die zwölf Dimensionen hin, die 3 ist ein Dreifaltigkeitssymbol.

„Die Schlange“ Kornkreis vom 5. Juli 2005 (Seite 375 unten):
Die aufsteigenden Schlangenkräfte symbolisieren Schöpfer und Schöpfung. Als einer der ersten und mit über 260 m Länge auch größten Kornkreise dieses Sommers scheint dieses Zeichen, das die aufsteigenden Schlangenkräfte (Kundalini-Energie) symbolisiert, einen der Höhepunkte und ein Hauptthema der Saison 2005 darzustellen. Die aufsteigenden Schlangenkräfte bringt man auch mit der Öffnung oder Aktivierung der sieben Chakren (Räder oder Wirbel zur Aufnahme feinstofflicher Energie, Prana, usw, s. Seite 156, 2. Absatz) in Verbindung. Dieses Piktogramm setzt sich aus drei Vollkreisen und vier Halbkreisen zusammen. 3 + 4 = 7. Desweiteren sieht man vier Halbschalen, zwei Geraden (Längsstriche) und vier halbrunde Spitzen, also insgesamt 3 + 4 + 4 + 2 + 4 = 17. 17 = 1 + 7 = 8, die Zahl der Unendlichkeit, der Auferstehung ins ewige Leben und des achten Schöpfungstages. Wie aus Abb. Seite 377 ersichtlich, ist es auch möglich, den Baum des Lebens in dieses Schlangensymbol einzuzeichnen. Auf dieser Grafik sieht man drei Schnittstellen der beiden Symbole. Die erste Schnittstelle markiert durch eine drehende Möbiusschleife die „tierisch-pflanzliche Seele“. Die zweite Schnittstelle mit einem Vollkreis in der Mitte, markiert die „menschliche Seele“ und die dritte Schnittstelle, der „menschliche Geist“, wird durch eine weitere drehende Möbiusschleife angezeigt. Außerdem kann man im unteren wie im oberen Teil der Formation einen Längsstrich erkennen, der jeweils zwei Halbkreise verbindet. Der oberste Halbkreis stellt im Baum des Lebens die Krone der Gottheit, „Kether“ dar, die durch den Längsstrich mit dem nicht manifestierten „Daat-Aspekt“, dem göttlichen Aspekt verbunden wird. Der unterste Halbkreis symbolisiert „Jesod”, das „Fundament Gottes”, oder beim Menschen das „Ich”, der durch den Längsstrich mit “Tiphereth”, der „Schönheit Gottes“ oder beim Menschen dem „Selbst“ verbunden wird (s. auch Kabbala und Mer-Ka-Ba, Seite 212-231). Der Baum des Lebens symbolisiert mit der Darstellung der zehn Sephiroth u.a. die zehn Erscheinungen Gottes und der zehn Elemente der menschlichen Bewußtseinslehre. Das Buch „Bahir“ verbindet die Grundidee des Baumes des Lebens mit der Mer-Ka-Ba-Mystik, nach der Gott als erste Realität das Pleroma, die Fülle, mit dem Weltenbaum, der die Gesamtschöpfung darstellt, erschaffen hat. Die menschliche Seele muß in ihrer Entwicklung die verschiedenen Ebenen des Baumes des Lebens von unten nach oben durchlaufen. Die aufsteigende, sich windende Schlange symbolisiert das geheime Wissen um das Mysterium des Lebensbaumes. Sind wir also schon mittendrin in der neuen Schöpfung, der zweiten Genesis, ohne es bemerkt zu haben? Es sieht so aus, als würde die gesamte Schöpfung, das Universum, unser Son-

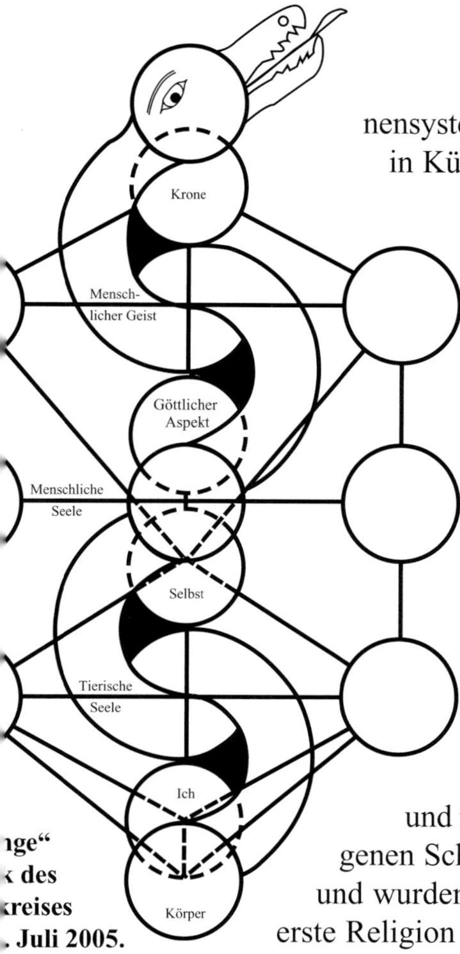

ıge“
‹ des
‹reises
. Juli 2005.

es
mit
nach
ndenden
e.

nensystem die Erde und mit ihr die Menschheit gemäß dem göttlichen Plan in Kürze eine Stufe weitergehen in ihrer Entwicklung, bis zu dem Moment des „Ausatmens des Schöpfers“, an dem die kosmische Nacht seiner Schöpfung zu Ende ist (s. hierzu Seite 352-358). Im Grunde hat von Anbeginn jede Kultur die Schlage als Sinnbild göttlicher Weisheit verehrt und es gibt hierzu mehr Überlieferungen, Mythen und Legenden, als man zählen kann. So war die Schlange z. B. bei den Ägyptern das Symbol des Schöpfers Kneph und damit der schöpferischen Urkraft, weshalb sie auch als heilig verehrt wurde. Auch von den Mayas sind Darstellungen von Schlangen als alles hervorbringender schöpferischer Urkraft, die ihre Schöpfung durch ihre Ringe beschützt, bekannt. In verschiedenen Hindu-Überlieferungen, bei den Quiché-Mayas sowie den mittelamerikanischen Mayas sind Schlangen als Symbole der Schöpferin vertreten. Danach stellt eine mit Federn, Schwingen oder mehreren Köpfen geschmückte Schlange die schöpferische Urkraft und ihre Schöpfung dar. Schmucklose Schlangen gelten als Sinnbild für Wasser und in kreisförmigen Ringen abgebildete Schlangen, die sich in den eigenen Schwanz beißen, symbolisieren den gesamten, unendlichen Kosmos und wurden in Ägypten im Kopfschmuck von Gottheiten eingearbeitet. Die erste Religion des Menschen basierte auf der Vorstellung eines einzigen, wirklichen Lebens auf der Erde, das der menschlichen Seele, auch „innerer Mensch“ genannt. Der menschliche Körper ebenso wie alle anderen Lebensformen galten als vergängliche Hüllen. Die ersten Menschen lebten auf dem untergegangenen Mutterkontinent, dem Land Mu, dessen Symbol der Baum des Lebens ist, während der Mensch in alten Geheimlehren als Frucht bezeichnet wird. Baum und Frucht ergeben, da sie zusammen gehören, das Sinnbild des Lebens überhaupt. Man findet Abbildungen von einer einen Baum umwindenden Schlange als Symbol für Wasser. Da das Land Mu als Insel ohne Verbindung zu anderen Landmassen existierte, wird so der von Wassermassen umgebene Mutterkontinent dargestellt. Richtig überliefert erzählt das Bildnis der Schlange und des Apfel, des sogenannten „Sündenfalls“ die Begleitumstände des Untergangs von Mu. Der Sündenfall ist somit eine grobe Fehlinterpretation! Aus dem Mutterland selbst stammen Darstellung von siebenköpfigen Schlangen als Urkraft und Schöpfung in einem Symbol für die ursprüngliche, namenlose Gottheit vereint, die selbst gestaltlos doch alles hervorbrachte (s. Skarabäus Seite 404). Sie soll an ein tiefes inneres Wissen erinnern und als Gefährt den Gedanken an die Gottheit nahe bringen. Eine Schlange ohne Ende wird dem Gott Vishnu und seiner Gemahlin Lakshmi als zweites Reittier zugeordnet. Auf den Ringen des Königs der Schlangen, wie auf einem Bett, wird der große Gott auf den Urwassern ruhen, wenn am Ende eines Zeitalters die ganze Welt verschwindet. Shsha Naga (der König der Schlange) wird manchmal mit zahllosen Köpfen, die die Welt bedeuten sollen, dargestellt, hat oft aber nur sieben Köpfe, die die Grundkräfte der Schöpfung symbolisieren.

„Der helle Morgenstern", vom 10. Juli 2005, Lane End Down, Hampshire, England. Foto: Steve Alexander.

„Das Neue Jerusalem" vom 5. Juli 2005, East Field, Alton Priors, Wiltshire, England. Foto: Steve Alexander.

„Das Fenster zur vierten Dimension" vom 20. Juni 2005 Monkton Down bei Winterbourne Monkton, Wiltshire, England. Foto: Steve Alexander.

„Die 24 Throne mit den 24 Ältesten um den Thron Gottes". Vom 16. Juli 2005 Waden Hill, Avebury, Wiltshire. Foto: Steve Alexander.

„Der helle Morgenstern" Kornkreis vom 10. Juli 2005 (Seite 378 oben)
Dieser Kornkreis sieht aus wie ein Morgenstern (altertümliche Waffe). Man kann ihn aber auch als eine gerundete Darstellung eines sich drehenden Sterntetraeders betrachten. In dem Vollkreis, der den Morgenstern umgibt, sowie außen um diesen Kreis herum liegen 30 bzw. 71 kleine Kreise, die wie Sternbilder angeordnet sind. Soll diese Formation das fertig gestellte, neue Energiefeld (Mer-Ka-Ba) der Erde darstellen (s. auch Seite 226 u. 227)? Zu beachten ist bei diesem Kornkreis auch der Ort seines Erscheinens: Lane End. Steht die am Ende des Weges (oder der Zeit) der in der Mer-Ka-Ba - Geheimlehre beschriebene Transformationsprozeß für Mensch und Erde bevor?
Die Sterne gelten als Bringer des Lichts. Sie durchdringen die Finsternis und sind am Kampf zwischen den Mächten des Lichts und der Finsternis, zwischen spirituellen und materiellen Kräften beteiligt. Darstellungen von Sternen deuten auf eine himmlische Bedeutung hin, als Gruppe zeigen sie die harmonisch zusammenwirkenden Mächte im Dienst Gottes. Sterne werden auch oft in Beziehung zu Engeln gebracht und abgebildet, z. B. geleitet auf mittelalterlichen Bildern ein Stern oder ein Engel die drei Weisen aus dem Morgenland nach Bethlehem. In der Johannesoffenbarung (Offb. Joh. 6, 12 f.) wird die Vision bei der Eröffnung des sechsten Siegels von einem Sternenregen begleitet. Die christliche Symbolik verbindet das Bild Luzifers mit dem Abendstern, der das Hereinbrechen der Nacht verkündet, während das Bild Christi mit dem Morgenstern gezeigt wird. („Ich bin der helle Morgenstern", Offb. Joh., 22,26). Die Kugel symbolisiert das ideale Universum, die Vollkommenheit und die absolute Allgegenwart Gottes, in der Hand Gottes abgebildet, stellt sie den Schöpfungsbereich von Himmel und Erde dar. Die Erde wird als Sinnbild der Macht betrachtet, z. B. als Reichsapfel oder auf Bildern von „Christus in Majestät" als Fußschemel. Die Erde gilt auch als ein Symbol der Schöpfung. Hier wird sie häufig grün dargestellt. Numerologisch betrachtet besteht die Formation aus einer Kugel mit sechs Spitzen. 1 + 6 = die heilige Zahl 7. 7 = 3 + 4, Gott und Welt vereint, verkörpert ein altes hebräisches Symbol der siebenarmige Leuchter. Die Sieben erscheint häufig in der Offbarung des Johannes, z.B.: Sieben Gemeinden, sieben Schalen des Zorns, Buch mit sieben Siegeln. Die sieben Gaben des Heiligen Geistes werden oft als Tauben abgebildet. 30 Planetenkreise sind um den Morgenstern herum angeordnet. 3 + 0 = 3, die Zahl der Vollkommenheit, Vollendung und der Dreifaltigkeit. Nach Augustinus gilt die Drei als die Zahl der Seele, während die Vier die Zahl des Körpers ist. Die Bibel enthält zahlreiche Beispiele für die Trinität (drei Tage war Jesus im Grab, Jona im Wal usw.). In Tibet, Persien, Babylonien, Ägypten, im Mithraskult sowie im Hinduismus gab es dreifache Gottheiten und Göttergruppen. Die Zahl Drei begrenzte für die Pythagoreer das All und alle Dinge (Ende, Mitte und Anfang).
71 Planetenkreise findet man außerhalb des Kreises um den Morgenstern. 71 = 7 + 1 = 8, die Zahl der Unendlichkeit.71 Kreise + 30 Kreise = 101 Kreise, 101 + 7 = 108. 108 = 1 + 0 + 8 = 9, die Zahl von Anfang und Ende. Auch die numerologische Entschlüsselung des Namens „Jesus Christus" (s. Seite 287) kann man auf diesen Kornkreis anwenden.

„Das Neue Jerusalem" Kornkreis vom 5. Juli 2005 (Seite 378 unten)
Wie schon seit vielen Jahren wurde das East Field bei Alton Priors auch in diesem Sommer mit außergewöhnlichen Formationen bedacht. Am 5. Juli erschien dieser doppelt sternförmige Kornkreis, von verschieden großen Quadraten umgeben. Der äußere, größere Stern besteht aus flachgelegtem Weizen, während der innere Stern aus vier aufrecht stehenden Dreiecken besteht, die ein Quadrat aus viereckigen Rahmenblöcken mit Streifen oder Quadraten umgeben. Diese verschieden großen Vierecke bilden in ihrer Mitte aus flachgelegtem Getreide eine Form, die an die Kornkreise vom 4. August 1999 am West Kennet Long Barrow und vom 16. Juli 1999 am Windmill Hill erinnert. Insgesamt betrachtet wirkt das innere Quadrat wie ein geschliffener Kristall. Im Gegensatz zu all den vergangenen Jahren, in denen das East Field ein gern und viel besuchtes Feld war, ließ der Eigentümer in diesem Jahr keine Besucher zu. Ungebetene oder ahnungslose Gäste wur-

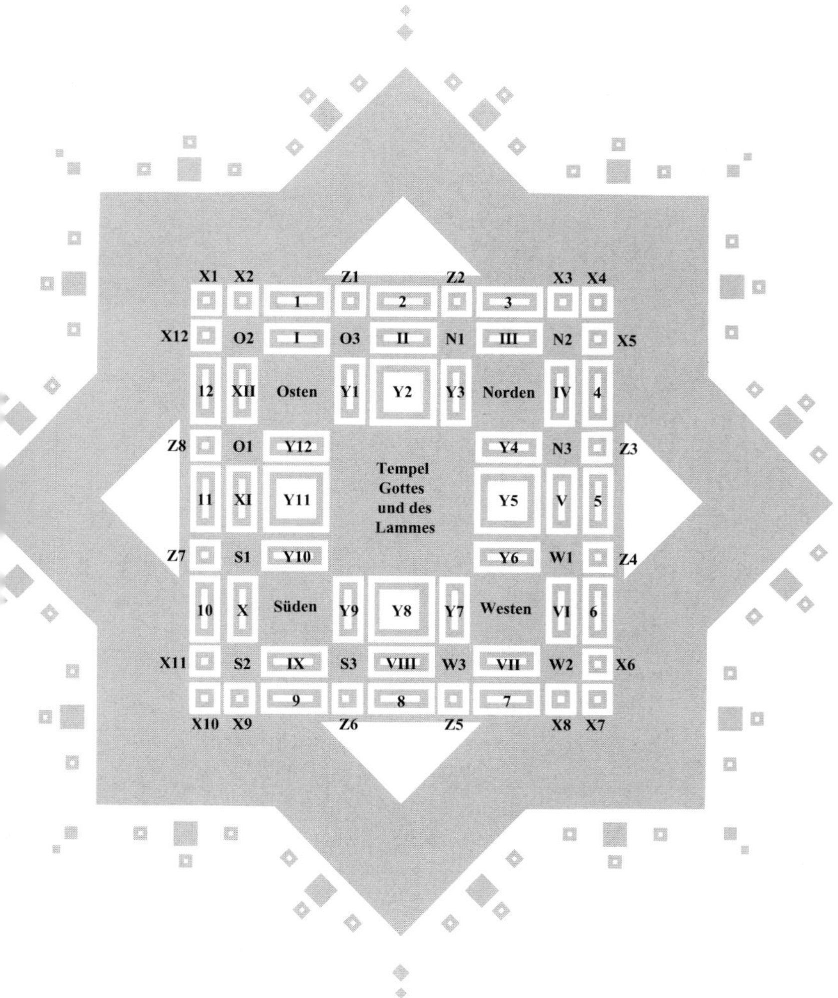

Die himmlische Stadt, das vollkommene Jerusalem, Kornkreis vom 5. Juli 2005, East Field, Alton Priors, Wiltshire, England.

Erläuterung des Piktogramms:
O1 - O3: Drei Tore im Osten.
N1 - N3: Drei Tore im Norden.
W1 - W3: Drei Tore im Westen.
S1 - S3: Drei Tore im Süden.
I - XII: Zwölf Engel über den Toren.
1 - 12: Zwölf Apostel des Lammes.
X1 - X12: Die Mauer der Stadt hat zwölf Grundsteine (oder Ecksteine).
Y1 - Y12: Die zwölf Stämme Israels.
Z1 - Z8: Die Zahl Acht steht für die Unendlichkeit und korrespondiert mit den 80 kleinen Quadraten rings umher.

den lautstark von ihm vertrieben und lange Zeit konnte man auf dem am meisten genutzten Parkplatz oberhalb des Feldes Polizisten antreffen, die das Feld bewachten und jeden Besucher hinderten. Die himmlische Stadt Jerusalem wird in der Johannesoffenbarung ausführlich beschrieben. Demnach ist sie wie fast alle antiken Städte im Grundriß quadratisch und nach Osten ausgerichtet: „Nun kam einer von den **sieben Engeln**, die die **sieben Schalen** trugen, gefüllt mit den **sieben letzten Plagen**, und redete mit mir also: Komm her, ich will dir die Braut, die Frau des Lammes zeigen. Und er entrückte mich im Geiste auf einen großen, hohen Berg und zeigte mir **die heilige Stadt Jerusalem**, wie sie aus dem Himmel von Gott herabstieg in der Herrlichkeit Gottes. Ihr Lichtglanz war gleich dem eines **kostbaren Edelsteins**, eines kristallhellen Jaspsissteins. Sie hat **eine Mauer**, groß und hoch, **mit zwölf Toren** und **über den Toren zwölf Engel**, und Namen sind darauf geschrieben; es sind **die der zwölf Stämme Israels. Im Osten sind drei Tore** und **im Norden drei Tore** und **im Süden drei Tore** und **im Westen drei Tore. Die Mauer der Stadt hat zwölf Grundsteine** und darauf standen **die Namen der zwölf Apostel des Lammes** geschrieben. Der mit mir redete, hatte einen Maßstab, ein goldenes Rohr, um die Stadt und ihre Tore zu messen. **Die Stadt bildet ein Viereck und ist ebenso lang wie breit.** Er maß die Stadt mit seinem Rohre: Es waren **zwölftausend Stadien.** Er maß auch ihre Mauer, **es waren hundertvierundvierzig Ellen**, gemessen **nach Menschenmaß**, das auch das **Maß der Engel ist** (Joh.Offb. 21,9-18). **Der Marktplatz** war lauteres Gold wie durchsichtiges Glas. Einen Tempel sah ich nicht in ihr, **denn der Herr Gott, der Allherrscher und das Lamm ist ihr Tempel.**“ (Joh.Off. 21,21-22 aus dem griechischen Urtext neu übersetzt von Prof. Peter Morant). Betrachtet man das mittlere Element aus flachgelegtem Weizen, sieht man in der Mitte ein Quadrat mit einem weiteren, kleineren Quadrat an jeder Spitze. Jedes dieser kleineren Quadrate hat wieder drei noch kleinere Quadrate an jeder nach außen zeigenden Spitze. Das ergibt drei Tore im Osten (O1 - O3), drei Tore im Norden (N1 - N3), drei Tore im Süden (S1 - S3) und drei Tore im Westen (W1 - W3). Die länglichen Vierecke zwischen den kleinsten Quadraten (I-XII) stellen die zwölf Engel über den Toren dar. Die länglichen Vierecke über diesen (1-12) sind die zwölf Apostel des Lammes. Die „Stadt“ bildet ein Viereck und ist

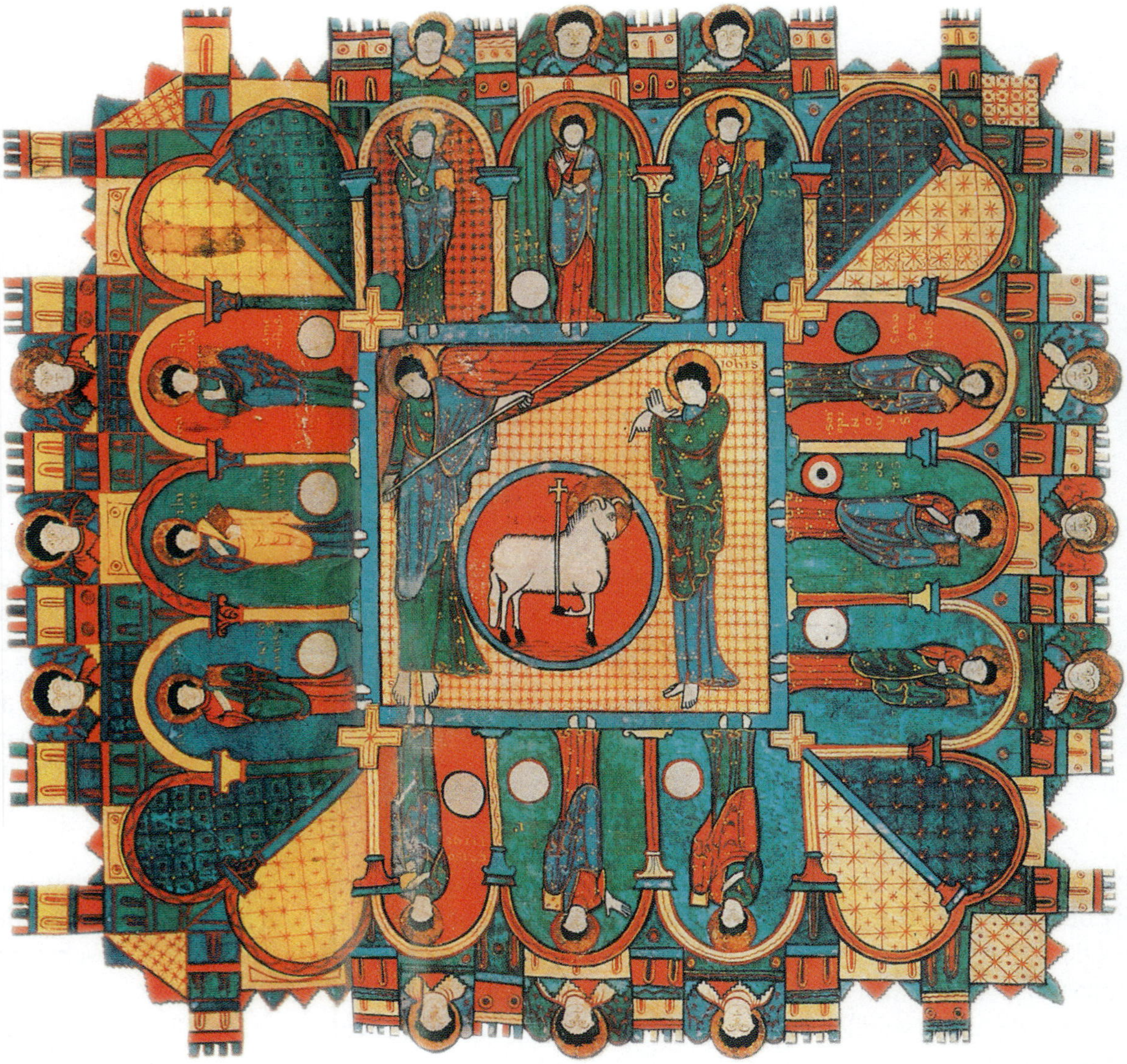

„Die heilige Stadt oder das Neue Jerusalem" aus der Apokalypse von Liebana, 11.Jh., Pariser Nationalbibliothek. Man findet hier die Darstellung einer Stadt, die als die Heimstatt der Engel anzusehen ist.

ebenso lang wie breit. Der äußere Rahmen der „Stadt" hat an jeder Ecke drei Quadrate (X1-X12), das sind die zwölf Grundsteine (Ecksteine) der Mauer der Stadt. Um das mittlere große Quadrat herum sind zwölf verschieden große Vierecke angeordnet (Y1-Y2), die die zwölf Stämme Israels repräsentieren. Das große Quadrat in der Mitte stellt den Tempel Gottes und des Lammes dar. Zählt man die „übrig gebliebenen" kleinen Quadrate in der Mitte der Seiten des äußeren Rahmens der „Stadt" (Z1-Z8), erhält man acht, die Zahl der Unendlichkeit. Diese Acht korrespondiert wiederum mit den Achtzig verschieden großen Quadraten, die ganz außen um die Formation herum liegen. Die Acht gilt außerdem als die Zahl der Wiedergeburt und der Auferstehung zum ewigen Leben, dessen Symbol auch das Doppelquadrat (Oktagramm) ist. Das Alte Testament beschreibt Städte häufig wie Personen, sie sammeln ihre Einwohner wie eine Mutter ihre Kinder im Schoß. Göttinnen werden deshalb oft mit einer Mauerkrone dargestellt. Das Neue Testament bezeichnet das himmlische Jerusalem als die „Freie" oder „unser aller Mutter". Der Mensch gilt nach mittelalterlichen Ansichten als Pilger zwischen zwei Städten, sein Leben als Weg von der unteren in die obere Stadt, der er als Erwählter Gottes bereits angehört. Der Kornkreis vom East Field sieht auch wie ein kostbares Juwel aus. Numerologisch betrachtet ergibt das Gesamtbild dieses Kornkreises 2 x 2 Doppelquadrate für die vier Gesichter Gottes, mit 16 Ecken. 1 + 6 = 7, für die sieben Geister Gottes. Zählt man alle Elemente zusammen, erhält man 152. 152 = 1 + 5 + 2 = 8, das Unendlichkeitssymbol.

In Off. 21.1 lesen wir: „Der erste Himmel und die erste Erde sind vergangen, auch das Meer ist nicht mehr.“ Das bedeutet, daß Raum und Zeit ihr Ende finden und ewiger Gegenwart Platz machen werden, die ausgefüllt sein wird von dem unaussprechlichen Glück der ewigen Anschauung Gottes. Ein neuer Himmel und eine neue Erde nimmt die Seligen auf, das himmlische Jerusalem schwebt hernieder.
Da dies unser Vorstellungsvermögen überschreitet, versucht Johannes, das von ihm Geschaute im Bilde eines prachtvollen und kostbaren Juwels wiederzugeben, das der Maler meisterhaft gestaltet. [18]

„Das Fenster zur vierten Dimension”
Kornkreis vom 26. Juni 2005

(Seite 379 oben)

Gemalte Fenster findet man in der christlichen Kunst erst seit dem Ende des 10. Jahrhunderts. Besonders die hohen, farbigen, gotischen Glasfenster besitzen starken Symbolgehalt und verweisen auf die himmlische Stadt Jerusalem. Auch die Symbolik des Kreuzes als Stab, der ein breites Fenster teilt und mit zwei Armen versehen ist, ist enthalten. Auch in diesem Kornkreis kann man einen Hinweis auf die himmlische, die viereckige Stadt Jerusalem sehen. In der Mitte sieht man das Fenster, durch ein Kreuz geteilt, durch das man in eine andere Welt schauen kann. Die vier leuchtenden Viertelkreise im Inneren des Fensters stellen ein Symbol für die vierte Dimension dar. Die gesamte Formation besteht aus 16 im Quadrat angeordneten Kreiselementen als Rahmen. 16 = 1 + 6 = 7, die heilige Zahl. Im Inneren befinden sich weitere neun Viertelkreiselemente. Neun steht für Anfang und Ende. Addiert man die 16 Elemente außen mit den neun Elementen im Inneren, 1 + 6 + 9 = 16. 16 = 1 + 6 = wieder die heilige Zahl 7 für die sieben Geister Gottes. Außerdem sieht man noch fünf Kreiselemente aus aufrechtstehendem Getreide als Ausblick auf die fünfte Dimension. Das Fenster zu vierten Dimension wird bald geöffnet. Drunvalo Melchizedek beschreibt die Gedanken und das Überleben in der vierten Dimension in seinem Buch „Die Blume des Lebens“. Danach kann jeder hindurch, wenn sich der Übergang öffnet. Allerdings sind viele noch gar nicht oder nicht ausreichend darauf vorbereitet, daß danach die gesamte Wirklichkeit von Gedankenkraft bestimmt wird. Die meisten Menschen brauchen einige Tage, um zu lernen, daß ihre Gedanken sofort Realität werden. So gibt es Menschen, die sich im Laufe ihres Lebens darauf vorbereitet haben, in die vierte Dimension aufzusteigen und auch dort zu bleiben. Dann gibt es jene, die überhaupt nicht vorbereitet sind und sofort zur Erde der dritten Dimension zurückkehren. Dann gibt es noch die dritte Gruppe derer, die nicht ausreichend vorbereitet sind. Sie können zwar den Übergang vollziehen, aber sind nicht in der Lage ihre Gedanken positiv zu beherrschen, was sie durch aufsteigende Ängste und Haß schnell in lebensbedrohliche Situationen bringen kann. Diejenigen sind gemeint, wenn Jesus spricht: ***„Denn viele sind berufen, aber wenige sind auserwählt.“*** Auch sein Gleichnis vom Bauern, der von seinen Knechten gefragt wird, was mit dem vielen Unkraut auf den Weizenfeldern geschehen solle und er

er antwortet, es solle zusammen mit dem Weizen wachsen und zur Erntezeit würde man die Spreu vom Weizen trennen, meint diejenigen, die es schaffen werden, in der vierten Dimension zu bleiben, bzw. diejenigen, die es nicht schaffen. Menschen, die noch nicht soweit sind, werden aus Unwissenheit anfangen, vertraute Bilder ihrer alten Welt und damit alte Verhaltensmuster und Ängste zu manifestieren. Allerdings wird ihr Geist Schwierigkeiten haben, eine Ordnung herzustellen, wenn sie Szenen aus der Vergangenheit oder längst Verstorbene sehen. Sie reagieren auf das, was sie sehen, aber nicht verstehen können mit Angst und suchen nach Möglichkeiten, sich zu schützen. So erschaffen sie mit ihren Gedanken Waffen und ganz schnell dann auch tatsächlich Feinde. Letzten Endes werden sie ihre größte Angst, nämlich umgebracht zu werden, materialisieren und sich damit aus dieser höheren Welt zurückbefördern in die Welt, aus der sie kamen. Das war gemeint, als Jesus sagte: ***„Wer das Schwert zur Hand nimmt, wird durch das Schwert sterben.“*** Er sagte aber auch: ***„Selig sind die Sanftmütigen, denn sie werden das Erdenreich besitzen.“*** Mit anderen Worten, wenn man in dieser neuen Welt in der Lage ist, Gedanken der Liebe, Harmonie und des Friedens zu denken und Gott- und Selbstvertrauen zu behalten, wird genau das erschaffen, und eine schöne, harmonische Welt wird Realität werden. Durch Sanftmütigkeit in Gedanken, Gefühlen und Handlungen kann man in dieser höheren Welt bleiben und überleben. Diese Schilderung klingt zwar ziemlich phantastisch, aber so oder so ähnlich wird es wohl kommen. Die Kornkreise kommen aus höheren Dimensionen und sind sozusagen ein Vorbereitungsprozess für die Menschheit. Allerdings gibt es immer noch Mächte und Menschen, die die Menschen am Aufwachen und am Aufstieg hindern wollen. Das könnte einer der Gründe sein, warum über Kornkreise nur sehr mäßig, meist abfällig, berichtet wird und diejenigen, die sich damit beschäftigen, immer noch und immer wieder in den Medien lächerlich gemacht werden. Wer sich wirklich dafür interessiert, kann sich aber über das Internet, über Videos (CDs, DVDs), Magazine und Bücher oder Vorträge informieren. Es kann keiner sagen „er hätte nichts gewußt“. Um wieder einmal Jesus Christus zu zitieren: ***„Wer Augen hat, der sehet, wer Ohren hat, der höret. Sucht (die Zeichen?) und ihr werdet finden – klopft an und euch wird aufgetan.“*** Abschließen will ich mit dem Vorwort von Bob Frissell aus dem Buch „Zurück in unsere Zukunft“: ***„Nichts in diesem Buch ist wahr, doch genau so sind die Dinge.“***

„Die 24 Throne mit den 24 Ältesten um den Thron Gottes” Kornkreis vom 16. Juli 2005
(Seite 379 unten)
Bei dem Kornkreis von Waden Hill sehen wir in der Mitte ein gleichseitiges Dreieck, bestehend aus drei gleichen Symbolen in der Form des Buchstaben „V”. Das Dreieck mit der Zahl Drei ist auch eng verknüpft mit dem Dreifaltigkeitssymbol und taucht später in der christlichen Kunst als Gottessymbol auf. Die Drei ist die Zahl der Vollendung und der Vollkommenheit, der Schlüssel des Weltganzen und damit das passende Symbol Gottes. Hiermit ist der Hinweis auf die unendliche Gemeinschaft innerhalb der Dreifaltigkeit gegeben. Die drei „Vs”, die gleichzeitig die verschiedenen Richtungen des Herausgangs aus der Gottheit andeuten, eine Zusammenstellung von Thron (Macht), Buch (Verstand, Logos) und Taube (Liebe). Im Abendland hat man den Typus von drei Symbolen auf gleicher Ebene entwickelt bei dem alle streng gleich sind. Als weiteres Symbol sieht man einen Kreis mit 24 gleichen Mäander-Eckspiralen oder Labyrinthen. Der Kreis ist ein Bild des Vollkommenen und in sich Gleichen. Die Mitte ist der „Vater des Kreises“. Das kann man auch in bezug auf Gott und seine Schöpfung verstehen. Die unendliche Wiederholung macht den Kreis zum Bild der Unendlichkeit. Zwei konzentrische Kreise, die man im Kornkreis von Waden

Hill sieht, symbolisieren die verschiedenen Grade der Wesen, die Hierarchien, besonders des Himmels. Durch die 24 Mäander-Eckspiralen werden die 24 Throne und die 24 Ältesten um den Thron Gottes dargestellt. Die Mäander-Eckspiralen sind wieder ein Veden-Symbol (slawisch-arische Veden), die Duchownaja Swastika, die geistige Swastika. Die geistige Swastika symbolisiert die Harmonie und Einheit von Körper, Geist und Seele, sowie des Gewissens und der geistigen Stärke und die Kraft über die Naturgewalten zu herrschen. Es handelt sich hier bei diesem Kornkreis um die Etimasie (Bereitung) - eigentlich: Die Bereitung des Thrones für die Wiederkunft und das Gericht Christi. Die frühchristliche Kunst hatte die Szene der Parusie, des erneuten Advents Christi zum Gericht über Lebende und Tote nicht abgebildet. In der Offenbarung des Johannes werden die 24 Ältesten dreimal erwähnt. Einmal bei den Vorereignissen der Parusie „Gott in geheimnisvoller Majestät“ Offb. 4, 1-6, einmal bei der „siebten Posaune“ Offb. 11, 15-18 und noch einmal bei „dem Jubel im Himmel“ Offb, 19. 1-7. Hier nun das Zitat aus Offb, 4. 1-6: „Danach schaute ich und siehe da, **eine Türe war geöffnet im Himmel** (hierzu siehe auch Kornkreis „die 12 Pforten zum Himmel“ vom 20. Juli 2005, Avebury) und die erste Stimme, die ich wie eine Posaune hatte reden hören, sprach: Steige hierher empor, und ich will dir zeigen, was nachher geschehen soll. Sofort ward ich im Geist (entrückt). Und siehe, **ein Thron war im Himmel aufgestellt**, und **auf dem Throne saß einer** (Kornkreis vom 16. Juli 2005, Waden Hill). Und der darauf saß, war seinem Aussehen nach gleich einem Japsis- und Sardisstein. Rings um den Thron war ein Regenbogen, seinem Aussehen nach gleich einem Smaragd. **Und rings um den Thron (sah ich) 24 Throne und auf den Thronen sitzend 24 Älteste** (Kornkreis vom 16. Juli 2005, Waden Hill), angetan mit weißen Kleidern, und auf ihren Häuptern trugen sie **goldene Kränze**. (Hierzu siehe auch Kornkreis „die Krone des Lebens“ vom 9. August 2005, Waylands Smithys). Von dem Throne gehen Blitze und Stimmen und Donnerschläge aus, und vor dem Throne brannten **sieben Feuerfackeln**, welche die **sieben Geister Gottes** sind“. Nimmt man nun das Entstehungsdatum des Kornkreises vom Waden Hill am 16. Juli 2005, bekommt man 1 + 6 = 7 für den Tag, 7 für den Monat und 2 + 0 + 0 + 5 = 7 für das Jahr. Somit bekommt man dreimal die heilige Zahl Sieben, die sieben Geister Gottes, die sieben göttlichen Eigenschaften, die sieben Gaben des Heiligen Geistes. Ein direkter Bezug zu Gott? 3 x 7 = 21, 2 + 1 = 3 wieder ein Bezug zur Dreifaltigkeit und zur Vollkommenheit. Noch eine kleine Geschichte am Rande: Der Bauer des Feldes, auf dem der Kornkreis entstanden war, hatte kurz nach der Entstehung wutentbrannt mit dem Mähdrescher eine Gasse durch den Kornkreis gemäht (das Foto ist eine Rekonstruktion). Obwohl der Bauer sich nach 20 Jahren Kornkreisen auf seinem Acker damit abgefunden haben müßte, wollte er das Feld für die Besucher aus aller Welt sperren. Erst als ihm seine Frau die Hölle heiß machte, weil er den Kornkreis zerstört hatte und sie sich deswegen von ihm scheiden lassen wollte, gab er den Kornkreis für die Besucher frei. Er stellte allerdings eine Kasse auf und verlangte von den Besuchern mindestens ein englisches Pfund (ca.1,50 Euro). Dem Bauer, der den Kornkreis mit dem Symbol vom Thron Gottes zerstörte (er hat etwas im Kornkreis hinzugefügt, was nicht dahin gehörte und er hat einen Teil des Symbols und ein Teil des Korns weggenommen) wäre es fast so ergangen wie Johannes zum Schluß des Buches der Offenbarung schreibt: 22.18-19 ***„Ich bezeuge jedem, der die Worte der Weissagung dieses Buches hört: Wer ihnen etwas hinzufügt, dem wird Gott die Plagen zufügen, die in diesem Buch beschrieben sind, und wer von diesen Worten des Buches dieser Weissagung etwas wegnimmt, dem wird Gott seinen Anteil wegnehmen am Baum des Lebens und an der heiligen Stadt, von denen in diesem geschrieben steht.“*** Man kann nur hoffen, daß den Kornkreisfälschern und den Menschen, die eine falsche Propaganda über die Kornkreise in die Welt setzen, solche Sachen erspart bleiben.

„Die 12 Pforten zum Himmel", vom 20. Juli 2005 in Avebury, Wiltshire, England. **Foto: Steve Alexander.**

„Die 12 Pforten zum Himmel" Kornkreis vom 20. Juli 2005 (Seite 386)
Dieser Kornkreis zeigt uns einen Umkreis, der eine Kette aus zwölf abwechselnd angeordneten rauten- und wabenförmigen Elementen bildet. Die Mitte der Formation besteht aus einem Davidstern, aus sechs gleichseitigen Dreiekken, die die Spitzen des Sternes bilden, und sechs gleichseitigen Dreiecken mit einem Punkt in der Mitte, die zusammen eine Wabe bilden, bzw. jeweils zusammen mit einem Dreieck der Spitzen eine Raute formen. In der Mitte der gesamten Formation liegt ein weiterer Punkt. Anfang des 20. Jahrhunderts hat William Niven die mexikanischen „Nacaal-Tafeln", die zwischen 12.000-35.000 Jahre alt sein sollen, ausgegraben. Sie berichten von dem untergegangenen Kontinent „Mu", dem eigentlichen Mutterland der Menschheit. Dieses Symbol (s. Abb. rechts) verkörpert sozusagen das erste „Buch" der Menschheit, obwohl es kein Buch im eigentlichen Sinne ist. Untersuchungen zufolge ist es über 35.000 Jahre alt und war uns noch wesentlich länger bekannt gewesen. Es wurde von allen alten Kulturen, z. B. den Babyloniern, den Assyrern, den Mayas von Yukatan und den indischen Naga-Mayas, den Ägyptern sowie den Pueblo-Indianern kopiert und weiterverwendet und versinnbildlichte ursprünglich die namenlose Gottheit und das unendliche Leben, das keinen Tod kennt. Allerdings wurde das kosmische Diagramm von Mu von fast allen Völkern, außer von den Mayas von Yukatan, verändert und verfälscht, zum Teil sogar mißbraucht. So wurden der Teufel als das personifizierte Böse und sein Reich, die Hölle, von machtbesessenen Priestern des alten Ägyptens vor 5000 Jahren überhaupt erst erfunden! Der ägyptische „Set" wurde in Indien zu „Shiva". Noch heute ziehen Priesterschaft und Kirchen verschiedener Religionen weltweit Nutzen aus der Erfindung des Bösen. Das kosmische Diagramm des Mutterlandes besteht aus einem Doppelkreis im Inneren, der Ra, die Sonne als Symbol der namenlosen, alle Eigenschaften in sich vereinigenden Gottheit sowie den Ra beherbergenden Himmel darstellt. So steht dieser Doppelkreis für „Gottheit und Himmel". Der Doppelkreis ist umgeben von einer einzigen Figur aus zwei sich senkrecht überschneidenden, gleichseitigen Dreiecken mit nur einer einzigen Bedeutung: Schiebt man die beiden Dreiecke übereinander, entsteht die Verbindung der schöpferischen, gebärenden Kräfte, das Zeichen für die Liebe der Gottheit zur Welt und der Welt zum Göttlichen, also die „Vereinigung, aus der in alle Ewigkeiten alles wird" (s. Seite 224). Der Davidstern ist umrahmt von einem weiteren Doppelkreis, der die Zwischenwelt, also das Jenseits repräsentieren soll. Das äußerste Element des Symbols ist eine aus zwölf Muscheln gebildete Krone. Die zwölf Muscheln symbolisieren die zwölf Versuchungen, die die Seele transzendieren können muß, damit sie die zwölf Pforten durchschreiten darf. Die zwölf Versuchungen sind Haß, Neid, Zorn, Geiz, Hochmut, Trägheit, Wollust, Völlerei, Unglaube, Verzweiflung, Feigheit und Ungerechtigkeit. Der äußere Ring der Formation in Avebury vom 24.7.2005 aus zwölf kristallartigen Elementen ist vergleichbar mit den zwölf Muscheln der Krone des kosmischen Diagramms des Mutterlandes Mu. Zwischen dem inneren und dem äußeren Doppelkreis liegen zwölf Felder, die durch die sich senkrecht überschneidenden Dreiecke gebildet werden. Diese zwölf Felder stehen für die zwölf Himmelspforten, die je eine bestimmte Eigenschaft symbolisieren, so daß eine Seele diese Eigenschaften besitzen muß, um diese Pforten durchschreiten zu können. Bei den zwölf Eigenschaften handelt es sich um Liebe, Mitgefühl, Sanftmut, Barmherzigkeit, Friedfertigkeit, Wahrhaftigkeit, Demut, Glaube, Hoffnung, Geduld, Vertrauen und Zufriedenheit. Laut Benedikt v. Nursia ist die Leiter des Jakobstraums mit zwölf Sprossen die Leiter der Tugenden. Die Zwölf erscheint in der Johannesoffenbarung ganze 22 mal. Auch das Neue Jerusalem ist ganz von der Zwölf bestimmt. 12 x 12 = 144, die Zahl der Mauer, des Menschen und der Engel. Die Zwölf stellt auch ein Leitmotiv der Bibel dar, sie ist vertreten bei den zwölf Apo-

Das über 35.000 Jahre alte kosmische Diagramm des Mutterlandes.

steln, den zwölf Stämmen Israels usw. Die Zwölf ist auch die Zahl der Stunden des Tages oder der Nacht, der Monate eines Jahres und der Tierkreiszeichen. Von dem gesamten Symbol des Mutterlandes geht ein achtfacher Strahlenschweif aus, der eine Himmelsleiter für den Aufstieg oder den achtfachen Pfad zum Himmel symbolisiert. Dieser Aufstieg steht für Transzendierung und das Erreichen einer höheren Ebene der Vollkommenheit. Das Thema um die acht Pfade zum Himmel wurde mit dem Kornkreis vom 25.6.2004 am Milk Hill, Wiltshire, aufgegriffen. Diese Formation verbindet drei sehr wichtige Schöpfungsmuster, den „Samen des Lebens", den „Baum des Lebens" und die „Frucht des Lebens". Man sieht dort acht aufsteigende Kreise mit nach oben geöffneten Flügeln (s. Seite 362, 364 und 400). Das kosmische Diagramm des Mutterlandes zeigt viel von der beeindruckenden Einfachheit der Glaubenssätze der Bewohner von Mu. Man findet heute wohl kaum einen vergleichbaren Ausdruck für ein reines und schönes Empfinden tiefer Werte. Es drückt das Wissen aus, daß acht Pfade zum Himmel führen, denen zu folgen jeder die freie Entscheidung hat. Diese acht Pfade stehen für die vollkommene Anschauung, vollkommmende Rede, vollkommene Lebensweise, vollkommenes Denken, vollkommenes Handeln, vollkommene Bemühung und vollkommene Meditation, sowie vollkommene Verehrung der Gottheit. Wer diese acht Pfade gegangen ist, erreicht die zwölf Pforten zum Jenseits und darf beweisen, daß er die zwölf Versuchungen überwunden hat.Wer durch das Jenseits gegangen ist, gelangt an die zwölf Himmelspforten und darf dort beweisen, daß er die zwölf besonderen Eigenschaften erlangt und im Leben umgesetzt hat. Dann öffnen sich die Pforten des Himmels und es erscheint der Thron der Herrlichkeit. An dieser Stelle möchte ich auf den Kornkreis vom 13.8.2005 am Woolstone Hill bei Uffington, Oxfordshire, mit dem Titel "Himmlischer Thron der Herrlichkeit" hinweisen (siehe Seite 395). Der Kornkreis vom 24.7.2005 in Avebury enthält ebenfalls die zwölf Dreiecke, die die zwölf Himmelspforten repräsentieren. Man kann die sechs Dreiecke in der Mitte (die mit dem Punkt) auch als Symbol für die sechs Schöpfungstage betrachten oder als Zeichen für das Christusmonogramm, ein sechsarmiges Symbol der Macht Christi. Es wird gebildet aus den griechisches Anfangsbuchstaben des Titels Christi, X und P (chi und rho), wobei schon das X als Zeichen der Ordnung und Beherrschung der Welt, einschließlich Zeit und Raum, ein Machtsymbol darstellt. Betrachtet man im Inneren des Kornkreises die Form, die das aufrecht stehende Getreide zwischen dem hexagonalförmigen Außenring und dem Davidstern in der Mitte bildet, sieht man einen sechsarmigen Schneekristall mit 36 Ecken oder eine Hagal-Rune. ***„Die Hagal-Rune ist die Feuerschutz-Rune und hilft uns mit den schöpferischen Kräften der Natur in Harmonie zu leben. Sie stellt eine Verbindung zum Hüter unserer Seele dar. Wir erkennen mit ihr, daß Materie von Geist durchwirkt und durch ihn somit beeinflussbar ist. Sie schützt vor negativen Einwirkungen. Sie ist die Rune der Dichter, Adepten, Philosophen und Sonnenpriester, denn all sie schöpfen ihre Weisheit aus dem unendlichen Wissen, das in Äonen von Zeitaltern angesammelt wurde.“*** (Zitat aus „Das Runen-Handbuch R. Florek, Windpferd-Verlag). Bemerkenswert bei der Formation in Avebury vom 24.7.2005 sind auch die konstant wiederkehrenden Muster. Man sieht sich immer wiederholende, kleine und große Rauten und Sechsecke. Sie repräsentieren wahrscheinlich die hermetische Formel „wie oben, so unten, wie innen, so außen, wie im Großen, so im Kleinen". Man kann den Kornkreis von jeder Seite betrachten und findet ihn immer spiegelgleich.

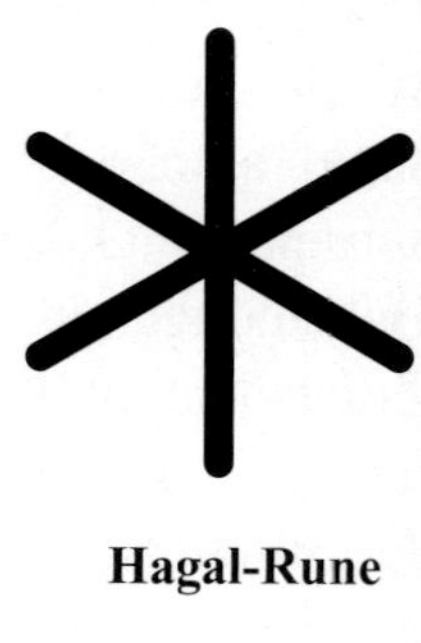

Hagal-Rune

„Die Krone des Lebens – die Siegeskrone" Kornkreis vom 9. August 2005 (Seite 390)
In der Mitte dieser Formation sieht man einen Halbmond, der die Sonne umschließt, umgeben von einem Halbkreis aus Strahlen und zwei Sicheln, die ein Ei bilden. Darum herum liegen vier Strahlenblöcke mit Querbalken, die wiederum von einem „mäandrierenden Strahlenkranz" und einem Vollkreis umschlossen sind. Das Ei in der Mitte des Kornkreises ist ein Auferstehungssymbol. Christus soll am Ostermorgen aus seinem Grab hervorgebrochen sein, wie ein Küken aus seinem Ei. Das Ei stellt auch ein Sinnbild für das Wiedererwachen der Natur im Frühjahr dar. In Indien sieht man das Ei als das Weltganze, Himmel und Erde gelten dabei als die beiden Hälften des Eies. Die Ägypter verwendeten das Bild des Welteies in ihrem Lebenszeichen, dem Ankh. Der Halbmond am unteren Ende des Eies wird immer in Verbindung mit der Sonne symbolisiert, deren Licht er reflektiert, weil er kein eigenes besitzt. Zudem wechselt er seine Gestalt beim Durchlaufen verschiedener Phasen. Der Mond gilt als Symbol des Weiblichen sowie der Wandlung und des Wachstums. In der Bibel ist der Mond das „kleine Licht zur Beherrschung der Nacht" (1. Mose 1,16), mit einem Dienst für bestimmte Zeiten (Psalm 104,19) und wird aufgefordert, gemeinsam mit der Sonne Gott zu loben (Ps. 148,3). Deshalb erscheinen Sonne und Mond auch auf mittelalterlichen Kreuzigungsdarstellungen rechts und links oberhalb des Kreuzes, oftmals umgeben von Strahlen. In der Antike wurden besondere Persönlichkeiten wie Kaiser und göttliche Wesen durch die Darstellung von Sonne und Mond geehrt. Die christliche Darstellung sollte zeigen, daß der gekreuzigte Christus würdig war, seinen Platz unter den höchsten göttlichen Wesen einzunehmen. In dem Kornkreis sind Sonne und Mond von 2 x 8 Strahlen im Halbkreis gekrönt (2 x 8 = 16, 1 + 6 = die heilige Zahl 7) und umgeben von einem halbkreisförmigen Strahlenkreuz. Fügt man die Sicheln, die den oberen Teil des Eies begrenzen, an den breiten Seiten zusammen, erhält man einen weiteren Halbmond. Gegenüber diesen Sicheln sieht man einen Halbkranz mit 16 Strahlenelementen. Der Kranz als Laub- oder Blumengewinde galt schon im Altertum als Schmuck bei Opfern oder für Sieger sowie als Zeichen von Ruhm und Ehre. Im Neuen Testament wird der Kranz als unvergängliche Krone (1. Kor. 9,25) oder Krone der Gerechtigkeit (2. Tim. 4,8) sowie als Krone des Lebens (Jak. 1,12) und als „unverwelklichen Kranz der Herrlichkeit" (1. Petr. 5,4) bezeichnet. Deshalb sind christliche Grabplatten und Sarkophage häufig mit Siegeskränzen, manchmal mit der Taube oder dem Christusmonogramm verbunden, verziert. Auf Katakombenfresken wird Christus abgebildet, einen Kranz über das Haupt von Märtyrern haltend. Die Krone ist vom Sprachgebrauch mit dem Kranz identisch. Sie ist ein königliches und hohepriesterliches Würdezeichen und Sinnbild für Ruhm, Freude und Ehre. Das Runde der Krone als Kreissymbol deutet auf Vollkommenheit, Teilhabe am himmlischen Reich und ewiges Leben hin. Die Hochzeitskrone gehört bei Trauungen der Ostkirche zum Ritual und symbolisiert die geistliche Ehe zwischen Christus und der Seele. Die Sonne, die sich jeden Morgen neu erhebt und am Abend wieder ins Totenreich hinabsteigt, gilt bei vielen Völkern als die Offenbarung der Gottheit. Sie symbolisiert die Unsterblichkeit, ist die Quelle von Licht und Wärme. In den Vatikanischen Grotten findet man ein Mosaik des 4. Jahrhunderts, das Jesus als Helios mit dem Sonnenwagen, vom Strahlenkranz umgeben, als christliches Bekenntnis zu Ostern als dem Beginn einer neuen Schöpfungsperiode darstellt. Die Häupter heiliger Personen werden oft von einer schimmernden Sonnenscheibe umgeben abgebildet. Dieser Nimbus repräsentiert die asiatische Darstellungsweise der Sonne oder der Königskrone. Seit dem 3. Jahrhundert wird das Haupt Christi regelmäßig vom Nimbus umgeben gezeigt. Seit dem 5. Jahrhundert gilt ein Kreuz, das sich deutlich aus der leuchtenden Scheibe abhebt, als der Nimbus Christi, der auch für die heilsgeschichtliche Darstellung des Gottvaters und des Heiligen Geistes benutzt wird. Auch in diesem Kornkreis vom 9. August 2005 kann man deutlich den Nimbus mit Kreuz erkennen. Sonne, Mond und das Ei sind in der Formation am Wayland Smithys umgeben von vier Strahlenblöcken, die ein gleichschenkliges Kreuz bilden. Die vier Strahlenblöcke zeigen die vier Gesichter Gottes. (4 x 4 = 16, 1 + 6 = 7). Jeder der Blöcke besteht aus 13 Querbalken, die sich dynamisch zum Rand des Kornkreises bewegen. (13 + 13 = 26. Die

„Die Krone des Lebens – die Siegeskrone", vom 9. August 2005, Wayland Smithys, Oxfordshire, England.
Foto: Steve Alexander.

Zahl 26 gilt in der Kabbala als die Zahl Gottes, die hier gleich zweimal vorkommt, einmal für Gott, den Vater und einmal für Christus, den Sohn. Addiert man die Zahl des Vaters und die Zahl des Sohnes erhält man 26 + 26 = 52, 5 + 2 = 7, die heilige Zahl 7. Die 16 Strahlenelemente des äußeren Strahlenkranzes ergießen sich in 19 Strahlenzacken mit jeweils vier Längsbalken und einem Strahlenzacken mit fünf Längsbalken. 19 x 4 = 76, 76 + 5 = 81, 8 + 1 = 9. Die 9 steht für Anfang und Ende, Alpha und Omega, sowie als 3 x 3 in Bezug zur Dreifaltigkeit und ist die Zahl der Engelchöre. Die 9 ist mit den Stufen der Erlösung verbunden, weil man durch neun Planetensphären zum zehnten Bereich, dem Ort der Erlösten, Empyreum gelangen kann. Das Quadrat der 9, 9 x 9 ist 81, die Zahl der Ewigkeit. Betrachtet man die Querbalken mit den Längsbalken am Rand der Krone als ein Element, sieht man eine Eckspirale oder ein Ecklabyrinth mit jeweils acht Teilen. 8 Teile x 20 Ecklabyrinthe = 160, 160 + 1 zusätzlicher Längsbalken = 161. 161 = 1 + 6 + 1 = 8. Alte, achteckige Taufbecken symbolisieren die mit der Auferstehung Christi beginnende neue Schöpfung, den achten Schöpfungstag. Deshalb gilt die Acht als die Zahl der Wiedergeburt durch die Taufe, der Auferstehung und des ewigen Lebens und kündigt die Seligkeit des kommenden Äons an. Labyrinthe wurden im Altertum, z.B. auf römischen Fußböden als von Mäanderwindungen gebildete Quadrate abgebildet. Die christliche Mythologie interpretierte diese Labyrinthe mit ihren unabsehbaren Mäanderlinien als das von Komplikationen, Verzögerungen und Prüfungen bestimmte menschliche Leben mit dem Ziel des himmlischen Jerusalems in der Mitte. Man beachte auch bei dieser Formation den Ort ihres Erscheinens. Waylands (Waelands) Smithys ist das über 5000 Jahre alte Langgrab von „Wieland dem Schmied", dessen Mythos Wagner aufgriff und als Drama inszenierte. Danach wurde Wieland, ein Königssohn, seiner geschmiedeten Schätze wegen gefangen genommen und verstümmelt, indem man seine Fußsehnen durchtrennte. In seinem Besitz befindet sich noch ein Ring mit dem „Siegerstein", der ihn befähigt, mit höherem Wissen und höherer Kraft in Verbindung zu treten. (Der Ring mit dem Siegerstein stellt sozusagen das Gegenstück zum Nibelungen-Ring, der das Verderben brachte, dar.) Mit der Macht des Rings und der Hilfe einer Walküre (Engel) schmiedete er sich Adlerflügel, mit deren Hilfe ihm schließlich die Flucht gelang. Der Name Wieland, häufig auch Wiland geschrieben, ist vom Wortstamm eng mit dem Sinn von „Willen, Willenskraft" als Urkraft, und Geist, verbunden. Wiland heißt übersetzt soviel wie Willens-Geist. Schmied, altnordisch „Smidr" bedeutet soviel wie Künstler, schöpferischer Mensch. Die Sage, ebenso wie Wagners Stück, sollen uns verdeutlichen, daß in uns eine Kraft wohnt, sozusagen erbrechtlich angeboren, aber im tiefsten Unbewußten vergraben, die uns befähigt, mit Hilfe einer ganz besonderen Willenskraft, einer Urkraft universeller Art, uns selber zu erlösen. Diese Kraft oder Fähigkeit tragen wir in unserem Blut und Wieland vermochte es sie zu aktivieren. Zur Aktivierung dieser Willens-Urkraft benötigt es den Seelenfunken, d.h. der Antrieb muß geistigen, nicht materiellen Ursprungs sein. Wieland war ein Held, der vom Ruf der Walküre erreicht wurde. ***„Wer kämpfen lernt wie für irdische auch für himmlische Dinge, wer „an sich arbeitet", sein Herz reinigt vom Drachenfeuer niederer Begierde, den Wurm erschlägt und doch Treue hält dem Engel in der Brust, der findet das leuchtende Gewand, das hilft der Mutter Erde in der Geburt eines neuen Geschlechts und abschütteln das alte."*** (Zitat von Peryt Shou)

„Das Ausdehnen der schöpferischen Urkraft – die Vollkommenheit der Gottheit“ Kornkreis vom 27. Juli 2005 (Seite 394 oben)

Dieser Kornkreis zeigt ein gleichseitiges Dreieck in der Mitte, das von drei rundlichen Elementen aus verschieden großen Rauten und Blöcken umgeben wird. Darum herum liegt ein Zackenkreis mit einem Umkreis aus niedergelegtem Getreide. Das gleichseitige Dreieck, sein Ursprung und seine Bedeutung sind für uns ungeheuer aufschlußreich, denn es ist das zweite der drei ersten Symbole der ersten Religion des Menschen vom versunkenen Kontinent „Mu“, dem Mutterland der Menschheit, so beschreibt es der Altertumsforscher James Churchward. Es ist mehr als 50.000 Jahre alt und symbolisiert die Dreieinigkeit ebenso wie den Himmel. Das gleichseitige Dreieck soll dem Menschen die dreieinige Gottheit versinnbildlichen und verständlich machen. So repräsentiert das gleichseitige Dreieck die dreieinige Gottheit und stellt automatisch die Wohnung Gottes, den Himmel dar. Es soll ebenfalls die Vollkommenheit Gottes symbolisieren, die aus der „schöpferischen Urkraft“ und den „vier großen Kräften“ besteht, die auf ihren Befehl hin das Chaos der sich entfaltenden Schöpfung ordneten. Da sie in ihr erschaffen sind, können sie auch nur auf ihrer Grundlage bestehen. Pythagoras´ Hauptlehrsatz erfordert die Annahme der Dualität, der Gegensätze als alle Dinge regierendes Weltprinzip. So suchten die Pythagoreer nach einer Möglichkeit, auf unkörperliche Weise alle Dinge erklären zu können. Sie fanden sie in Zahlen, die sowohl sinnlichen Bestimmungen wie auch abstrakte Denkbestimmungen ausdrücken. Den Ursprung der pythagoreischen Zahlensymbolik findet man in Ägypten. Dort bezeichnet „Monas“ die Eins sowie die Einheit und symbolisierte einen hermaphroditischen Gott und die Form aller Dinge. Für das Erzeugende, die Materie und das Weibliche sowie die Göttin Isis stand Dyas, die Zwei. Die Vereinigung von Monas und Dyas bildet Trias. Trias vereint Form und Materie, einen unendlichen Gott und die endliche Materie. Aristoteles sagt, das Körperliche habe außer der Drei keine Größe mehr. Der Raum besteht aus drei Dimensionen, man begreift Zeit in Vergangenheit, Gegenwart und Zukunft, alle Realität wird von der Trinität, von Anfang, Mitte und Ende bestimmt. Deshalb ist das All durch die Zahl Drei vollkommen bestimmt. Entsprechend der Richtung, in die die Spitze des Dreiecks zeigt, erhält es eine unterschiedliche Bedeutung. Die Spitze nach oben repräsentiert den Geist, männlich und göttliches Feuer, die Spitze nach unten bedeutet Materie, Wasser, weiblich. Den Freimaurern gilt das Dreieck als Sitz Gottes und versinnbildlicht die allgemeinsten Eigenschaften Gottes wie Stärke, Schönheit, Weisheit. Außerdem symbolisiert das Dreieck die drei Reiche der Natur oder Gottes. Betrachtet man den Zackenstern aus niedergelegtem Getreide (s. Schwarz-Weiß-Grafik) numerologisch, zählt der äußerste, der erste Zackenring 30 Elemente. 3 + 0 = 3; der zweite Ring besteht aus 27 Elementen, 27 = 2 + 7 = 9; der Dritte aus 21, 21 = 2 + 1 = 3, der Vierte aus 15, 15 = 1 + 5 = 6 und der Fünfte aus 9 Elementen. Betrachten wir zunächst 3 + 9 = 12, 1 + 2 = 3. Die Zwölf repräsentiert die zwölf Bewußtseins-Dimensionen. Die Zwölf stellt eine der bedeutendsten Zahlen, sozusagen ein Leitmotiv der Bibel dar (s. zwölf Stämme Israels, zwölf Apostel usw., die Johannesoffenbarung nimmt zweiundzwanzig mal bezug auf die Zwölf). Die Drei steht für die drei Seiten eines Dreiecks und für die Dreieinigkeit. Die ersten beiden Zahlen, 3 und 9, bezeichnen den Vateraspekt. Betrachten wir dann die Quersummen der dritten, vierten und fünften Zahl 3, 6, und 9, finden wir wieder den numerologischen Code für den Namen Jesus Christus (s. Seite 287) als Hinweis auf den Sohnaspekt. 3 + 6 + 9 = 18,

Symbol der ewigen Herrschaft des dreifaltigen Gottes über den Erdkreis.

Symbol des im christlichen Glauben dreieinigen Jehova.

18 = 1 + 8 = 9, Alpha und Omega. Addiert man die Quersumme der ersten beiden Zahlen und die der letzten drei Zahlen, 12 + 18, erhält man wieder die Zahl 30, die 3 für die Dreieinigkeit. Addiert man nun sämtliche Zackenelemente, also 30 + 27 + 21 + 15 + 9 = 102, 102 = 1 + 0 + 2 = wieder 3! Wie man sieht, ein numerologisch und zeichnerisch sehr intelligent aufgebauter Kornkreis.

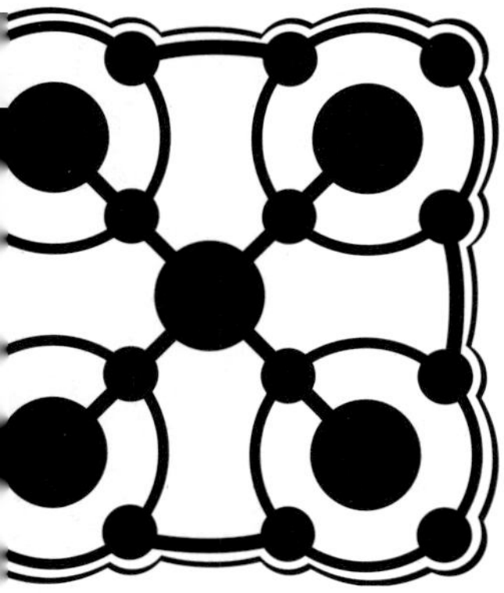

„Das Kreuz der Welt" Kornkreis vom 27. Juli 2005 (Seite 394 unten)
Bei diesem Kornkreis sieht man fünf als Kreuz angeordnete große Kreise, um die herum jeweils vier kleinere Kreise wie Eckpunkte gesetzt sind. Die gesamte Formation ist von einem schmalen Rahmen umgeben. Bemerkenswert ist bei diesem Kornkreis der Kreis, der den Mittelpunkt bildet. Im Inneren dieses Kreises steht ein Ring aus 19 kleinen Wirbeln, die jeweils ca. 1,20 m im Durchmesser sind. Von der Mitte des großen Kreises bis zu diesem Ring liegt das Getreide im Uhrzeigersinn, während es vom Ring bis zum äußeren Rand des Kreises gegenläufig, also entgegen dem Uhrzeigersinn liegt. In diesem Innenkreis ließ sich eine ziemlich starke Energie wahrnehmen, dort fand man auch die meisten Meditierenden. Numerologisch betrachtet zeigen sich in dieser Formation 16 kleine Kreise . 16 = 1 + 6 = 7, die heilige Zahl. Der siebenarmige Leuchter verkörpert als drei plus vier Gott und die Welt. Die fünf großen Kreise stehen für die vollkommene Zahl des Mikrokosmos Mensch. Das gleichschenklige Kreuz selbst besteht aus vier Elementen. Die Vier ist die Zahl des irdischen Universums. Zwischen den Kreiselementen sieht man vier Formen aus aufrecht stehendem Getreide, die wiederum ein Kreuz bilden. 4 + 4 = 8, die Unendlichkeit, Auferstehung und ewiges Leben. Das Kreuz ist eines der ältesten Symbole überhaupt. Es ist ebenso wie das Quadrat von der Vier geprägt und versinnbildlicht durch seine doppelte Vereinigung von Gegensätzen, die Einigkeit von Gegenpolen wie Himmel und Erde, die Verbindung von Zeit und Raum und damit die Überwindung der Dualität, dem Schicksal der Menschheit seit der Vertreibung aus dem Paradies. Das Kreuz ist eines der wichtigsten Symbole der neuen Schöpfung. Man findet es als Lebensbaum, Achse der Welt oder Himmelsleiter. Für das Christentum gilt das Kreuz als Sinnbild für die leben- und lichtbringende Herrschaft Christi über die Welt. Es diente als vorchristliches Licht- und Sonnensymbol sowie als Zeichen für den Jahres- oder Lebenslauf. Ebenso steht die horizontale Linie des Kreuzes für das Weibliche, die Erde, die Materie, während die vertikale Linie die schöpferische Kraft des Männlichen, den Himmel und den Geist symbolisiert. Man kann das Kreuz auch als Vereinigung von Zeit (die horizontale Linie des Kreuzes) und Ewigkeit (die vertikale Linie) betrachten, die sich in jedem beliebigen Punkt schneiden können. Hierbei bildet der Schnittpunkt dann den Kraftpunkt, aus dem die ganze Welt und die vier Himmelrichtungen sich entfalten. Das drückt sich auch in diesem Kornkreis aus. Vom Schnittpunkt des Kreuzes mit den 19 kleinen Wirbeln aus entstehen neue Linien und Kreise in alle vier Himmelsrichtungen. Auch Darstellungen von bewohnten Kreuzen, wie z. B. ein Kreuz inmitten von Sternen mit zwölf Betenden darauf oder der Erdkugel mit einem Kreuz, zeigen die Bedeutung des Kreuzes als Paradies für die Erwählten. Die Eckpunkte der großen Kreise des Kreuzes von Avebury werden von zwölf kleineren Kreisen gebildet. Die Kugel, wird sie als Kreis oder Bogen als Verbindung zu rechteckigen Formen dargestellt, symbolisiert die Inkarnation, die Brücke zwischen Himmel

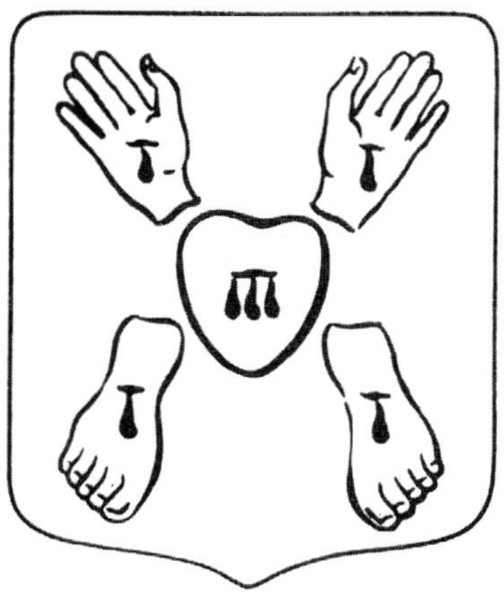

Die fünf Wunden Christi, ein Symbol der Herrschaft des Geistes über den Körper.

t für die Odjibwa-Indianer, ota, der Erdkreis im Anfang der Welt aus.

„Das Ausdehnen der schöpferischen Urkraft – die Vollkommenheit der Gottheit", vom 27. Juli 2005 bei Aldbourne, in der Nähe von Swindon, Wiltshire, England. **Foto: Steve Alexander.**

„Das Kreuz der Welt" vom 27. Juli 2005 in Avebury, Wiltshire, England. **Foto: Steve Alexander.**

„Himmlischer Thron der Herrlichkeit" vom 13. August 2005 am Woolstone Hill bei Uffington, Oxfordshire, England. Foto: Steve Alexander.

und Erde. Deshalb nutzt die kirchliche Architektur Kuppeln oder Gewölbe oder von Halbkugeln überwölbte Vierecke, um die Niederkunft des himmlischen Gottes Throns zur Erde darzustellen. Dem entgegen bedeutet die Darstellung der Verbindung vom Quadrat zum Kreis die Vollendung einer zyklischen Bewegung, die Rückkehr der Erde zum Himmel und damit die Fülle der Vollendung. Im Popol Vuh, dem heiligen Buch der Quiché-Mayas steht geschrieben: ***„…wie alles im Himmel und auf Erden geschaffen, wie es geformt und in vier Teile geteilt wurde, wie es angeordnet und der Himmel ausgemessen und die Meßschnur im Himmel und Erden in den vier Winkeln ausgespannt wurde nach den Weisungen Tzakols, Bitols, Aloms… Und als die Linien und Parallelen des Himmels und der Erde gezogen waren, hatte sich alles vollendet, und es war gut gemessen und viereckig."*** Die Mayas stellten das Universum und das gesamte Weltall mit vier Punkten, Kreisen, Ringen oder Kugeln, die im Quadrat um eine fünfte Kugel im Mittelpunkt angeordnet waren, dar. Dabei gilt jede Kugel als eine Sonne. In der mittleren Kugel zeigt sich die Einheit der vier Götter der Ecken. Abbildungen der „Fünf Wunden Christi" (s. Seite 393 rechts), die die Stigmata an beiden Händen und Füßen sowie in der Brust zeigen sollen, versinnbildlichen den Tod der fünf Sinne, die die menschliche Verbindung zur materiellen Welt herstellen. So muß der Mensch Jesus seine Illusion der Trennung von Gott sowie seine persönlichen Empfindungen und Egospiele, für die die fünf Sinne stehen, aufgeben, um wieder in Gott eingehen oder Gott werden zu können. Fünf miteinander verbundene Kreise sieht man auch in der Kreuzformation von Avebury. Die vier großen, im Quadrat angeordneten Kreise können für die Elemente Erde, Feuer, Wasser und Luft stehen, während der Mittelkreis das fünfte Element, Äther oder Prana darstellt. In der christlichen Mystik symbolisiert der Tod die innere Umkehr, das Sich-Abwenden von den Äußerlichkeiten unserer Welt als Voraussetzung für die Wiedergeburt der Göttlichkeit, Vollkommenheit. Allerdings wird die Welt des Geistes nicht allein durch den physischen Tod erreicht werden, Jesus lehrte seine Jünger: ***"Lauft nicht dahin und dorthin, das Reich Gottes ist in euch."***

„Himmlischer Thron der Herrlichkeit" Kornkreis vom 13. August 2005
(Seite 394 unten)

Dieser Kornkreis besteht aus einem Umkreis aus flachgelegtem Getreide mit einem aus 72 Strahlen gebildeten Kranz, in dessen Mitte ein Quadrat aus 16 mäandrierenden Ecklabyrinthen liegt. Die Mitte dieses Quadrates enthält einen Stern aus sechs Rauten, die von einem weiteren Strahlenkranz umgeben sind. Dieser Strahlenkranz wird von einem Ring begrenzt, um den herum vier Strahlenelemente, die in die Ecken des Quadrates zeigen, angeordnet sind. Die 72 Elemente des äußeren Strahlenkranzes stehen für die 72 Namen sowie die Ausstrahlung Gottes. Die vier Seiten des Quadrates aus Eckspiralen zeigen die vier Gesichter Gottes. Genau betrachtet erkennt man bei den Ecklabyrinthen vier verschiedene Eckspiralen, die sich in einer bestimmten Abfolge viermal um sich selber drehen und so geistige Swastikas bilden (s. Abb rechts unten). Diese Duchownaja Swastika, ein Veden-Symbol aus den slawisch-arischen Veden symbolisiert Harmonie und Einheit von Körper, Geist und Seele, des Gewissens und der geistigen Stärke. Sie wurde vorwiegend von Schamanen (Wolchwen) benutzt, um mit Hilfe ihrer Kraft über die Naturgewalten zu herrschen. Bei drei der Mäander-Ecklabyrinthe geht der Energiefluß nach innen zum Zentrum, bei neun Ecklabyrinthen folgt der Energiefluß dem Kreislauf des Labyrinthes weiter in das große Quadrat in der Mitte und bei den anderen vier Ecklabyrinthen geht der Energiefluß nach außen in den Strahlenkranz. Man kann die Mäander-Eckspiralen auch mit den Lichtstrahlen des Heiligen Geistes vergleichen, der in das Paradies einstrahlt, aus dem die Quelle des Lebens sprudelt und sich in die vier Paradiesflüsse, die die Schöpfung in Gang bringen, teilt. Man zählt 16 Ecklabyrinthe. 16 = 1 + 6 = 7, für die sieben Geister Gottes oder die sieben Feuerfackeln (s. Offb. 4.5), aber auch für die sieben Siegel.

Geistige Swa

Jedes Ecklabyrinth besteht aus 8 Elementen, 16 x 8 = 128. 128 = 1 + 2 + 8 = die Meisterzahl 11 (siehe Abb. oben rechts). Auch bei diesem Kornkreis, ebenso wie bei der Formation von Wayland Smithys, ist der Ort des Erscheinens von Bedeutung. Beide Formationen liegen in der Nähe des Weißen Pferdes von Uffington! Bei den Apokalyptischen Reitern, Öffnung der vier ersten Siegel in der Offenbarung des Johannes (6.1-3) steht geschrieben: „Ich sah zu, als das **Lamm (Christus)** eines von den **sieben Siegeln** (die Schlange, Kornkreis vom 5. Juni 2005 bei Beckhampton) öffnete, und ich hörte eines von den vier lebenden Wesen wie mit Donnerstimme rufen: „Komm!“ Und siehe, **ein weißes Pferd** (Uffington) erschien und **der darauf saß**, hatte einen Bogen, und es wurde ihm **ein Kranz** (Siegeskrone, Kornkreis vom 9. August 2005 bei Wayland Smithys) gegeben, und er zog aus **als Sieger, um zu siegen**…“. ***„Große Erwartung ist im Himmel und alles ist bereit zum Empfang. Der Erlöser, der Herr, der Sohn – der Menschensohn kommt heim. Johannes hört: Der Löwe von Juda hat gesiegt.“*** (Zitat von Michael Prader zur Offb. 5. 1-5) Der Davidstern in der Mitte der Formation wird aus sechs Rauten gebildet. Die Sechs steht für die sechs Tage des Schöpfungswerkes. Als Hinweis auf übermenschliche Kraft steht sie in besonderer Beziehung zu Christus. Das Christusmonogramm, gebildet aus den griechischen Anfangsbuchstaben X (chi) und P (rho), ist ein sechsarmiges Zeichen, das die Macht Christi symbolisiert. Gleichzeitig ist es ein Zeichen der Ordnung und Beherrschung der Welt einschließlich Zeit und Raum. Die sechs Rauten des Davidsterns sind umgeben von einem Strahlenkranz aus 60 Elementen. 6 + 6 + 0 = 12. 12 = 1 + 2 = 3, für die Dreieinigkeit. Die Raute enthält die Geometrie des Lichtes. Wenn zwei Kreise sich überlappen, entsteht eine Schnittmenge, die auch Vesica Piscis oder Fischblase genannt wird. In diese Fischblase kann man ein Kreuz einzeichnen. Verbindet man die vier äußeren Spitzen des Kreuzes, erhält man zwei gleichseitige Dreiecke, die zusammen eine Raute bilden. Dieses Kreuz ist die Grundlage der Geometrie des Lichts. Man findet diese Form u.a. in der Heiligen Geometrie bei der Beschreibung der morphogenetischen Struktur des Auges (s. Seite 265). Diese Geometrie beschreibt auch viele in der lebendigen Natur vorkommenden Dinge, wie z.B. die Entwicklung des Wachstums einer gewissen Zahl von Blättern eines Baumes. Die sechs Rauten in der Formation am Woolstone Hill bedeuten: „Es werde Licht!“. Der sechsrautige Davidstern symbolisiert die Bereitung des Thrones für die Wiederkunft und das Gericht Christi, wobei man die einzelnen Quadrate, die die Eckspiralen bilden, auch als viereckigen Thronsitz betrachten kann.

Die Rauten stehen für die Geometrie des Lichts.

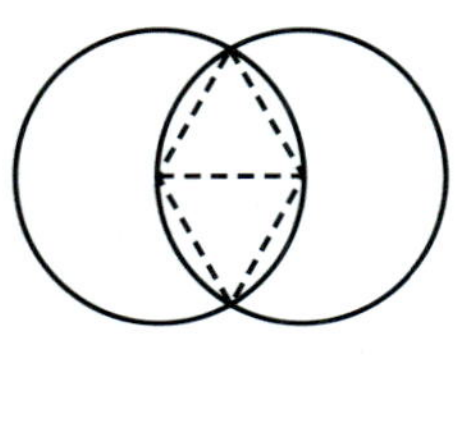

Vesica piscis, entstanden durch zwei Kreise.

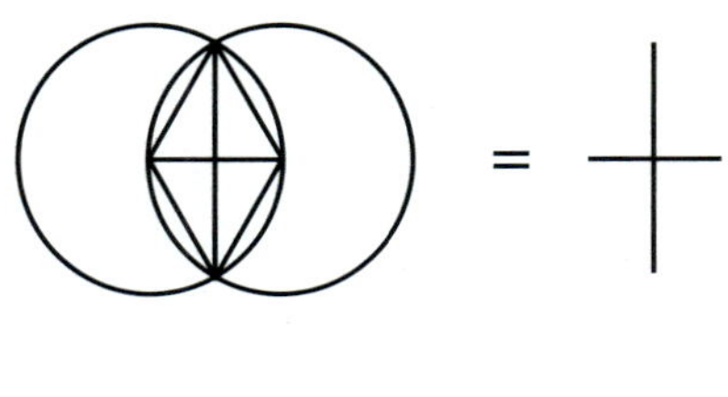

Zeichnung mit Raute und Kreuz (Grundlage des Lichts) in der Vesica piscis.

Die „Mandorla oder Vesica piscis“ – „Es werde Licht!“ vom 20. August 2005 bei Marden, Wiltshire, England.
Foto: Steve Alexander.

Gemälde von Jakob Häne, Christus Alpha und Omega, Offb. 1,7-8. ***„Alpha (A) ist der erste, Omega (O) der letzte Buchstabe des griechischen Alphabets. Alpha versinnbildlicht sonach den Anfang, Omega das Ende, das Ziel. Christus als Anfang und Ziel alles Geschaffenen, zugleich auch unseres Daseins, Wollens und Tuns: das zu glauben und zu bekennen werden viele in der Zeit ihres Erdenlebens zurückweisen. Darum wird es ihnen am Ende der Zeiten offenbar werden, wo Christus „auf den Wolken", das heißt für alle sichtbar, oder spürbar erscheinen und von den Wundmalen als der siegende und richtenden Erlöser bezeugt werden wird."*** [18]

Die „Mandorla oder Vesica piscis" – „Es werde Licht!" Kornkreis vom 20. August 2005

(Seite 398)

In diesem Kornkreis bei Marden, das in der Nähe von Chirton, Wiltshire, liegt, können wir als äußere Form eine Mandorla (Mandelform) oder eine Vesica piscis (Fischblase) erkennen. In der Mitte der Fischblase überschneiden sich zwei weitere kleinere Fischblasen, aus denen ein Rautenstern mit sieben Ringen mit je 18 Rauten aus abwechselnd aufrecht stehendem und niedergelegtem Getreide ausstrahlt. 4 x 18 Rauten aus stehengebliebenem Getreide = 72 für die 72 Namen Gottes. 72 = 7 + 2 = 9, und 3 x 18 Rauten aus niedergelegtem Korn = 54, 54 = 5 + 4 = 9. Insgesamt 7 x 18 = 126. 126 = 1 + 2 + 6 = 9. Nimmt man nun alle Ergebnisse von = 9 + 9 + 9 = 27. 27 = 2 + 7 = wieder 9! Die Zahl 999 steht in der Numerologie für das „Heilige Christ-Selbst". Dreht man die 999 um, bekommt man die Zahl 666, die für das gefallene (tierische) menschliche Ego steht. Johannes beschreibt die 666 als die Zahl des Menschen und

Die Fesselung Satans, Offb. 20, 1-3.
Gemälde von Jakob Häne.

Die Mandorla mit den vier Tieren, die für die vier Gesic[h]
Gottes stehen. Foto: Argo Verlag.

des Tieres. Betrachtet man die sieben Rautenringe und zählt die beiden Fischblasen-Spitzen oben und unten dazu, erhält man 7 + 2 = wieder 9. Die Neun gilt als Zahl für das Alpha und das Omega, den Anfang und das Ende und auch als numerologischer Code für den Namen Jesus Christus (s. Seite 287). Die Neun steht als Dreimaldrei auch in bezug zur Dreifaltigkeit und ist die Zahl der Engelchöre. Außerdem wird die Neun häufig mit den Stufen der Erlösung, dem Himmelsweg und der Seele verbunden. Die Mandelform symbolisiert das Geheimnis der inneren Erleuchtung, das im Äußerlichen verborgene wesentliche Innere. Sie versinnbildlicht die Verschleierung der Sicht auf die Emanation des göttlichen Lichtes und ist häufig als mandelförmiger Lichtschein, der „Christus in Majestät“ umgibt, auf mittelalterlichen Kunstwerken zu finden. Die Israeliten sehen im Mandelbaum das Zeichen neuen Lebens (Jer. 1,11 f.). Die beiden ineinander verschmelzenden Fischblasen im Inneren der Formation stellen die Vereinigung des göttlichen und des menschlichen Aspektes dar. Durch diese Vereinigung entsteht das durch den Rautenstern symbolisierte Christusbewußtsein, die Erleuchtung des „Tiermenschen“ und findet der Makrokosmos (Universum) seine Vollendung im Mikrokosmos (Mensch) sowie umgekehrt der Mikrokosmos seine Vollendung im Makrokosmos findet. Insgesamt betrachtet, kann man in dem Kornkreis bei Marden vom 20. August 2005 u.a. ein Auge erkennen. Diese Formation könnte eine Erweiterung des Zeichens vom 4. Juli 2004 bei Coombe Abbey, Warwickshire, sein (s. Seite 364 und 365). Die Fischblase enthält die metaphysische Struktur des Lichtes. Sie entspricht dem ersten Tag der Schöpfung. Und Gott sprach: „Es werde Licht!“ So wurde am ersten Tag der Schöpfung mit Hilfe eines elektromagnetischen Feldes das Licht geboren. Auch das Auge, das dieses Licht empfängt, trägt die Geometrie der Fischblase in sich. Die Geometrie des Kornkreises vom 20. August 2005 läßt sich als erweiterte morphogenetische Struktur des Auges in das Schöpfungsmuster „Frucht des Lebens“ (s. Abb. Seite 401 oben) übertragen. Sie beschreibt auch noch etliche andere in der lebendigen Natur vorkommende Zusammenhänge wie z.B. das geometrische Wachstumsmuster von Blättern (s. Abb. rechts, Blätter und Licht). Die Natur hat die Blätter so ausgelegt, daß sie das Licht empfangen können, das für die Fotosynthese benötigt wird. Bei den Blättern läßt sich die gleiche Geometrie beobachten wie bei dieser Formation. Am 9. August 2005 war auf dem gleichen Feld bei Marden ein Kornkreis mit ganz ungewöhnlichen Kornlagen, bzw. Gebilden aus den Halmen erschienen. In diesem Sommer gab es zum ersten Mal Formationen, mit derartigen Auffälligkeiten. Etwa 30 - 40 cm über dem Boden waren die Halme miteinander verwoben und verdreht, woraus dann so etwas wie Nester oder Zäunchen entstand. Dieser frühere Kornkreis auf dem Feld bei Marden bestand aus einem schmalen Ring aus niedergelegtem Getreide, der einen weiteren schmalen Ring mit vier Kugeln umrahmt. In der Mitte befand sich ein größerer Kreis mit einem zentralen Element, von dem sich tatsächlich

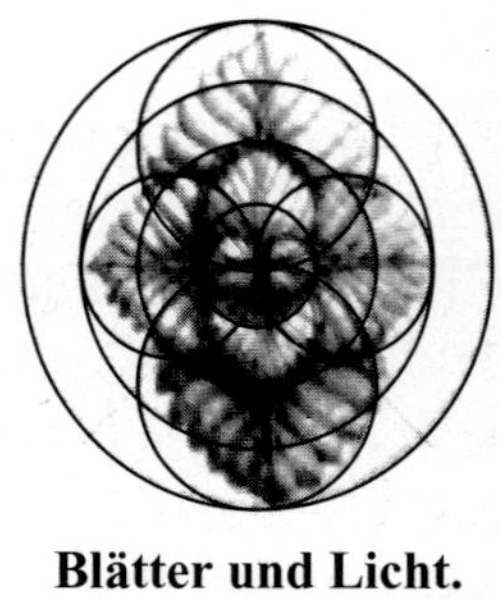

Blätter und Licht. Das Licht bewirkt ein Wachstum der Blätter, welche der Geometrie des Lichtes entspricht.

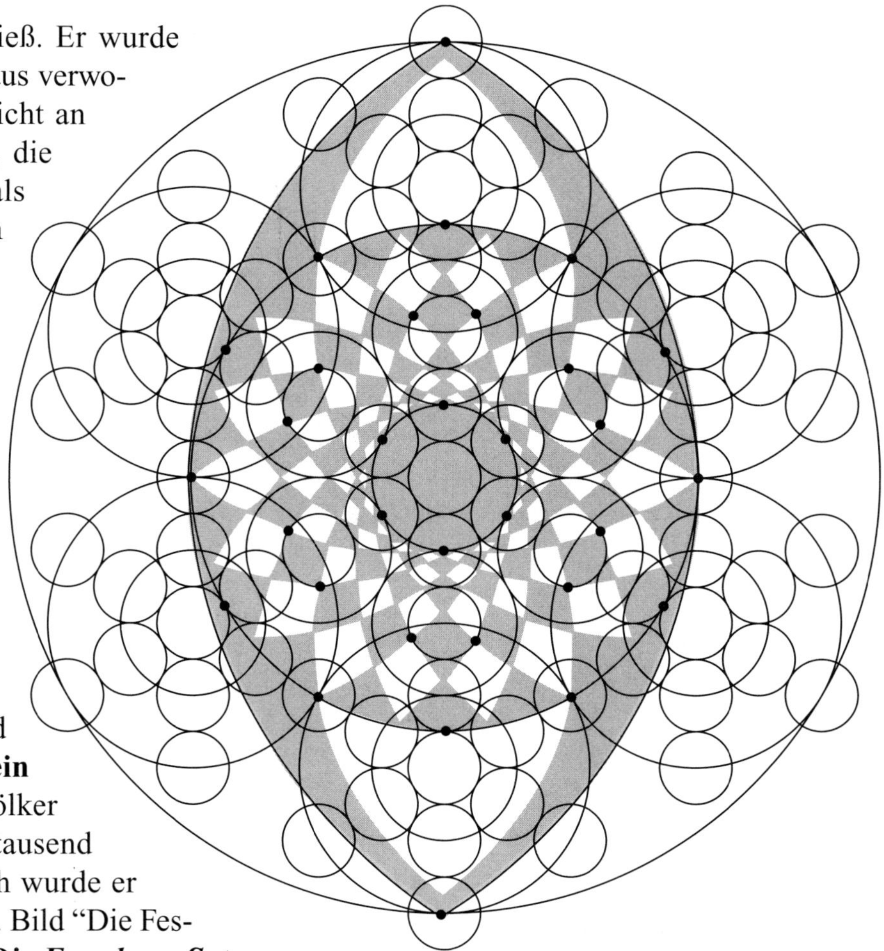

keine Zeichnung anfertigen ließ. Er wurde abgegrenzt von einem Kranz aus verwobenen Halmen und enthielt dicht an dicht verschiedenste Gebilde, die sich auf Luftbildaufnahmen als eine Art Drachenkopf erkennen lassen. In der Johannesoffenbarung (20.1-4) steht geschrieben: "Ich sah einen **Engel vom Himmel herabschweben**; er hielt den Schlüssel zum Abgrund und **eine große Kette** in der Hand. **Er überwältigte den Drachen**, die alte Schlange, welcher der Teufel und der Satan ist, **und fesselte ihn** auf tausend Jahre und warf ihn in den Abgrund und **verschloß ihn** und legte **ein Siegel** darauf, damit er die Völker nicht mehr verführte, bis die tausend Jahre vollendet wären. Danach wurde er auf kurze Zeit losgelassen." (S. Bild "Die Fesselung Satans", Seite 399). ***„Die Fesselung Satans zeigt, daß dem Bösen nur so viel Macht und Zeit belassen ist, als es Gott bestimmt und zuläßt. Prüfung ist alles. Die Worte des Herrn im Evangelium sind bekannt, welche zur Standhaftigkeit mahnen und auch Abkürzung der Prüfung verheißen, damit nicht die Kinder des Lichtes auch noch irre werden. Noch nie war die Größe Gottes so offenbar wie heute; souverän hält Er die Zügel in der Hand und wartet seine Stunde ab. Die schlichten Berichte des Evangeliums bekommen eine neue Wucht und Tiefe. Denken wir an den Sturm auf dem See. Wir dürfen auch heute nicht verzweifeln. Habt also Vertrauen. Der Herr hat seine Zeit. Ein Geheimnis der Zukunft liegt im Zusammenhang mit dieser Fesselung Satans vor uns. Der Künstler übergeht es und auch das Gericht streift er nur mit einem Bild. Er stellt uns gleich vor die letzte, ewige Herrlichkeit.“*** [18] Man kann den Kornkreis bei Marden vom 9. August 2005 auch so betrachten, als würde der Drachenkopf am Rande des tobenden Abgrundes von den zwei umliegenden Kreisen gefesselt und der Abgrund durch die beiden umliegenden Kreise versiegelt, wobei die vier kleineren Kreise Wächter darstellen könnten. Um den Hals des Drachenkopfes kann man spiralförmige Elemente erkennen, die für Fesseln oder Ketten stehen könnten. Zu beachten ist auch, daß die Fischblase mit dem Rautenstern direkt auf die Mitte des Drachenkopfes ausgerichtet ist und somit den „Engel, der vom Himmel herabschwebt" symbolisieren könnte. Man kann also diese wunderschöne Formation von verschiedenen Seiten betrachten und erhält doch immer die gleiche Botschaft. Ist das nicht faszinierend?

Erkennt die Zeichen der Zeit!
Maria Basilea Schlink, die Gründerin der evangelischen Marienschwestern in Darmstadt-Eberstadt, hat in ihren über 60 Büchern und Schriften immer wieder auf den apokalyptischen Charakter unserer Zeit hingewiesen. In ihrem Buch „Das Ende ist nahe" stellt Maria Basilea Schlink fünf Fragen, an denen kein Christ der Gegenwart vorbeigehen sollte: „Zeigen sich ernsthafte Zeichen, die ankündigen, daß das Ende nahe ist und Jesus wiederkommt? Ist etwas

von jenen Zeichen wahrnehmbar, die Jesus von der Endzeit aussagt, die nach der Schau der Offenbarung zur Endzeit gehören?

1. ***Kehrt das Volk Israel wieder in das Land seiner Väter heim, wie es beim Propheten Ezechiel (38,8) vorhergesagt ist?***
2. ***Sind Anzeichen da, daß das Evangelium in der ganzen Welt verkündet wird, wie bei Matthäus (24,14) steht?***
3. ***Zeigt es sich, daß Kriege und Verderben bald die ganze Welt umfassen, so daß „Friede von der Erde genommen wird" (Offb. 6,4)?***
4. ***Sind Voraussetzungen gegeben, daß sich erfüllen könnte, was in der Geheimen Offenbarung (6,8) geschrieben steht: „es wurde dem Tod Gewalt gegeben über den vierten Teil der Erde, zu morden durch das Schwert und Hunger, durch Pest und durch Tiere der Erde?"***
5. ***Ist es wahr, daß die Liebe zu Gott und dem Nächsten in den Herzen der vielen erkaltet, weil die Bosheit groß geworden ist? (Mt. 24,12)".***

Mutter Maria Basilea, der man das Charisma des Prophetenamtes nicht abstreiten kann, gibt uns auch die Antwort auf diese fünf Fragen und man kann sich dem Scharfsinn ihrer Argumentation nicht verschließen: „Wache Augen werden die Zeichen unserer Zeit nicht übersehen." Man kann leicht feststellen, daß sich eines um das andere immer mehr erfüllt."

1. ***Ein Teil der Juden ist bereits heimgekehrt in das Land der Väter. Der Staat Israel ist errichtet. Ben Gurion sagte 1948: „Wir haben zweitausend Jahre auf diese Stunde gewartet, nun ist es geschehen."***
2. ***Das Evangelium wird in der ganzen Welt, fast in jedem Land verkündet. Es heißt ja in der Schrift nur, daß es verkündet, nicht daß es angenommen und geglaubt werde. Somit ist auch dieses erfüllt.***
3. ***Kriege und Kriegsgefahren haben ungeheuer zugenommen. Irgendwo auf der Erde ist jetzt immer ein Krieg. Man spricht ängstlich von dem Dritten, vielleicht alles zerstörenden Weltkrieg, dem Atomkrieg. Die Welt ist buchstäblich voll Kriegsgeschrei.***
4. ***Die Möglichkeit des Todes der ganzen Erde, der Vernichtung des menschlichen und jeglichen anderen Lebens, ist durch die Atomkraft und jetzt noch die Umweltverschmutzung, auch durch die „biologische Zeitbombe" gegeben.***
5. ***Das Endzeichen der Lieblosigkeit ist weithin sichtbar. Mit der Entgöttlichung zeigt sich die Entmenschlichung. Das System der totalen Gottlosigkeit, wie sie uns im Kommunismus entgegentritt, bringt auch die totale Menschenverachtung und eine brutale Menschenvernichtung mit sich.***

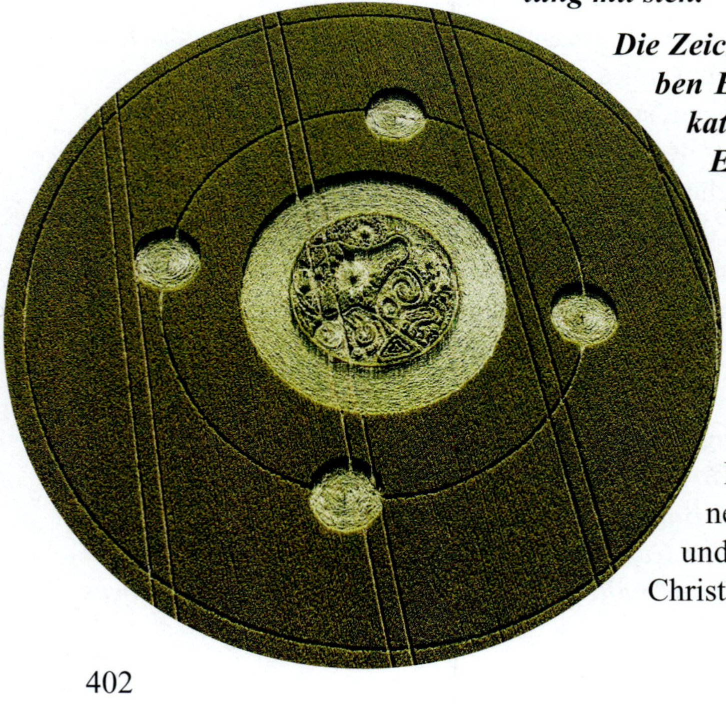

Die Zeichen der Zeit sind unmißverständlich. Wir haben Erdbeben-, Flut-, Sturm-, Feuer- und Dürrekatastrophen weltweit. Es drängt allmählich zur Ernte." Wie steht es mit uns? Können wir die Zeichen der Zeit deuten? Was muß noch alles geschehen, bis die Menschen die große Sturmwarnung erkennen? Auch Blinde und Taube müßten es heute merken, daß die Welt schon lange nicht mehr in Ordnung ist." (aus „Apokalypse - Geheime Offenbarung, aus dem griechischen Urtext übersetzt von Prof. Dr. Peter Morant. Bilder vom Maler Jakob Häne, Bildkommentare von Peter Michael Prader und Hans Baum, Herausgeber Arnold Guillet, Christiana-Verlag).

„Die Fesselung des Drachens mit Trinitätszeichen" vom 9. August 2005, bei Marden, Wiltshire, England.
Foto: Steve Alexander.

„Die Mandorla oder Vesica piscis" - „Es werde Licht" vom 20. August 2005, bei Marden, Wiltshire, England.
Foto: Steve Alexander.

Element der Auferstehungssymbole der Ägypter.

Wie wird sich die Wiederkunft Christi in unserer Zeit darstellen? Dazu schreibt Peter Möller in

Englische Kornkreise 2005

„Der Skarabäus – ein Auferstehungssymbol", vom 21. August 2005 im East Field bei Alton Priors, Wiltshire, England. Foto: Steve Alexander.
Oben rechts im Bild: Fotografie von einem ägyptischen Skarabäus aus dem Grab des Tut-anch-Amun. Ägyptisches Museum, Kairo.

„Das Neue Jerusalem“ vom 5. Juli 2005, East Field, Alton Priors, Wiltshire, England. Foto: Steve Alexander.
Dieser Kornkreis befand sich auf dem gleichen Feld wie der Skarabäus, wurde aber aber schon am 9. August 2005 abgemäht. Auf dem Bild auf Seite 406 sieht man im oberen Bildteil das abgemähte Feld.

Schlußwort

Ich habe mich nun seit mehr als 10 Jahren mit Kornkreisen beschäftigt und über hundert Formationen in Deutschland und England besichtigt und bin immer noch und immer wieder von der Schönheit beeindruckt. Es würde mich freuen, wenn ich meinen Lesern die Faszination, die mich bis heute begleitet, vermitteln konnte und sie vielleicht sogar angesteckt habe. Sollte unter die beschriebenen und interpretierten Kornkreise auch die eine oder andere Fälschung geraten sein, und sollten von all den Formationen in all den Jahren nur 10 wirklich echt sein, bleibt es für mich trotzdem ein Phänomen, durch das sich der Schöpfer uns mitteilt und das zeigt, wie die Schöpfung sich entfaltet. Dieses Buch ist mein Versuch, dies ein wenig näher zu bringen.
Ich habe dieses Buch in erster Linie nicht für diejenigen geschrieben, die sich sowieso schon mit Kornkreisen beschäftigen, sondern hoffe damit Menschen zu berühren, die erstmalig auf das Phänomen aufmerksam geworden sind.
Obwohl ich über all die Jahre recherchiert und Material gesammelt habe, war ich auf den Umfang der Arbeit, die dieses Projekt noch mit sich brachte, nicht vorbereitet. Und wenn ich gewußt hätte, was auf mich zukommt, hätte ich mich wahrscheinlich nicht daran gewagt. Um so stolzer bin ich heute, dieses Buch trotz aller Widrigkeiten in die Welt gebracht zu haben, wobei eine Schwierigkeit schon allein darin bestand, zu entscheiden, was den Weg ins Buch findet und welches Material aussortiert werden muß, da es auf Anhieb für zwei Bände gereicht hätte.
Ich kenne viele Bücher zu diesem Thema, doch keines, das außer Bildern und Dokumentationen zur Entstehung einen Deutungsansatz enthalten würde, wobei ich nicht meine, daß meine Interpretationen der Weisheit letzter Schluß seien.
Vielleicht ist das, was ich sagen will, für viele jetzt auch noch unverständlich, doch wir werden sehen, ob die Zeit und die Evolution meine Theorien bestätigen.
Bei der zu beobachtenden Entwicklung des Kornkreis-Phänomens handelt es sich um einen planmäßigen Versuch, das menschliche Bewußtsein zu erweitern. Es gibt noch viel zu erfahren, was jenseits der orthodoxen Schulwissenschaft liegt, und wer sich aufmerksam mit Kornkreisen auseinandersetzt, wird sich dieser Erkenntnis bald öffnen.
Es gilt zu erkennen, daß sich die Probleme unserer Zeit mit unseren alten Denkmustern und Vorstellungen von der Realität nicht lösen lassen. Den Luxus der Ignoranz kann die Menschheit sich nicht länger leisten. Es bedarf dringender denn je eines neuen Bewußtseins in Bezug auf unsere Stellung im Universum und unser Verhältnis zur Schöpfung. Wir sind aufgefordert, uns zu entscheiden, ob wir unser Leben in den Dienst des Lichts und der Hoffnung stellen oder in innerer und äußerer Dunkelheit verweilen wollen.

Herzlichst,
Ihr

Eckhard Weber

Chronologische Entwicklung der Kornkreis-Formationen von 1872 - 2004

Ein Großteil der folgenden Grafiken wurde mir von Peter Sørensen zur Verfügung gestellt. Anhand der 500 Grafiken können wir nicht nur feststellen, daß Kornkreise bereits seit über 100 Jahren dokumentiert werden, sondern daß die Entwicklung der Formen und Muster ab dem Jahr 1990 spektakulär zugenommen hat. Auch wenn die Fälschergruppen (aus der Vogelperspektive betrachtet) mittlerweile recht erstaunliche Ergebnisse erzeugen können, so steht es sicherlich auch für den kritischen Leser außer Zweifel, daß die mittlerweile Tausende erschienenen Formationen nur zu einem geringen Prozentsatz gefälscht sein können. Vermutliche und offensichtliche Fälschungen habe ich ebenfalls am Ende angefügt. Insbesondere für die letzten Jahre mußte ich wegen der großen Anzahl eine Auswahl treffen, bei der ich auf ähnliche Formationen der Vorjahre verzichtet habe.

Erläuterung zu der „Mutter aller Kornkreis-Piktograme“

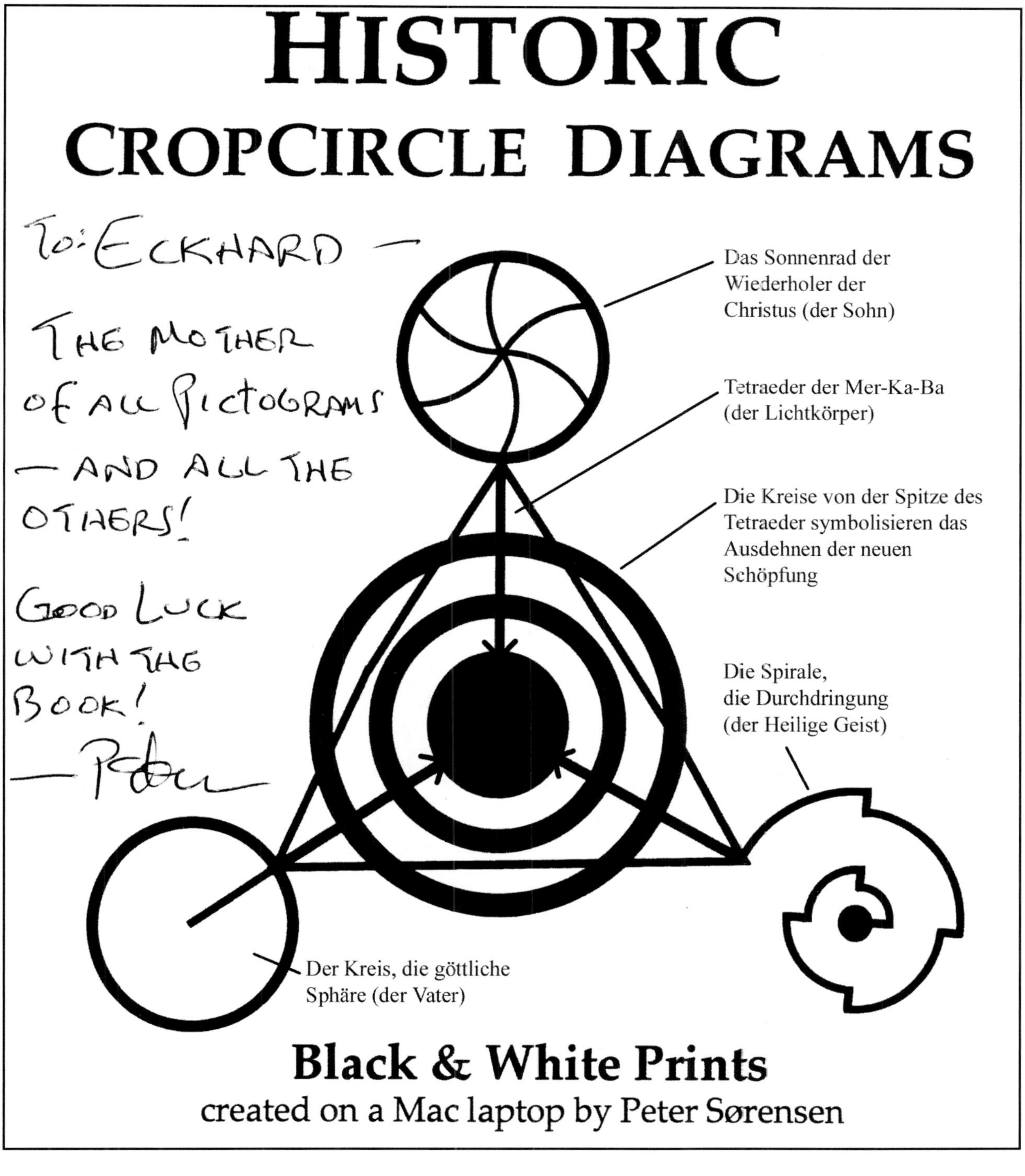

Dokumentierte Formationen von 1872 bis 1982 (Auswahl)

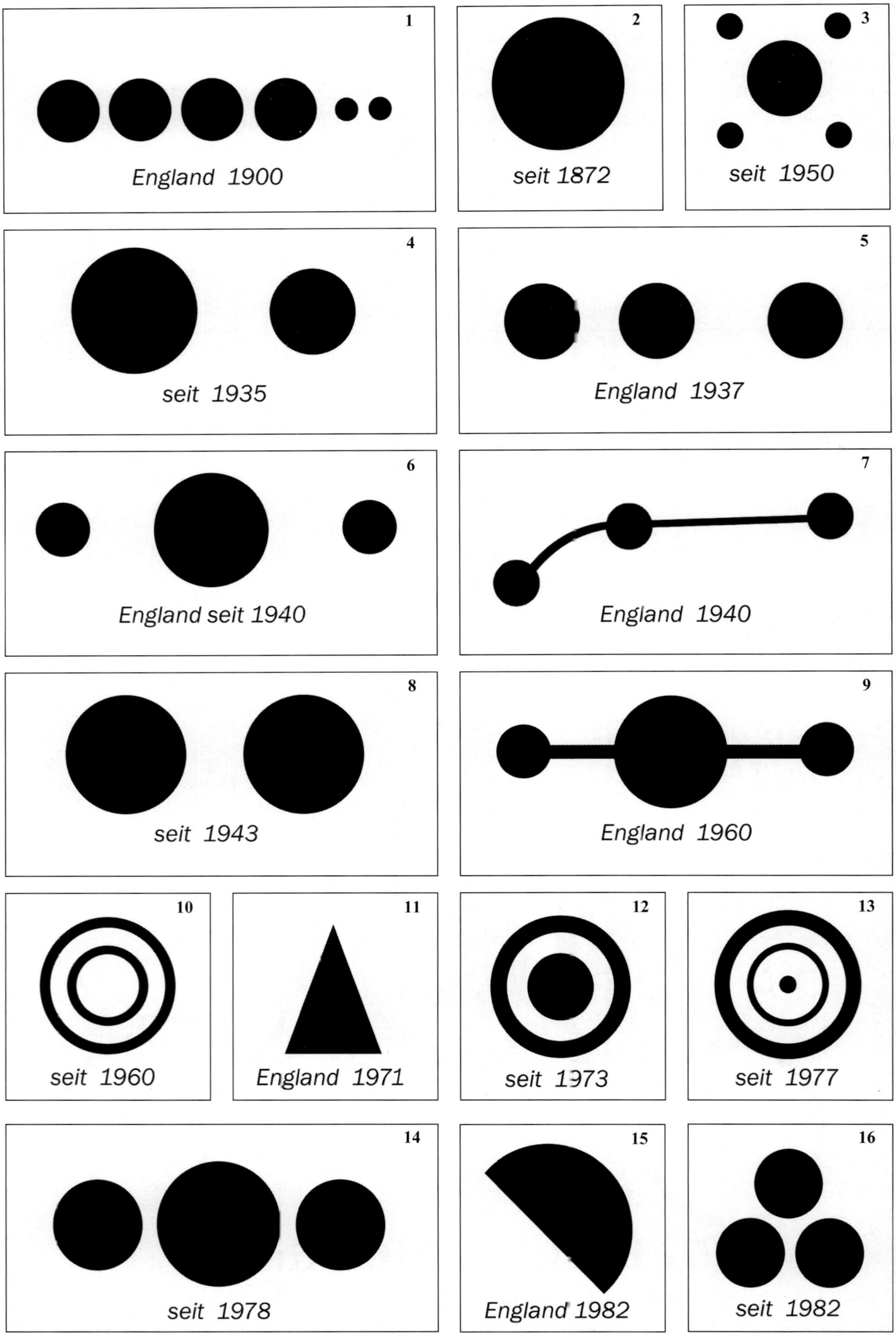

Dokumentierte Formationen von 1985 bis 1989 (Auswahl)

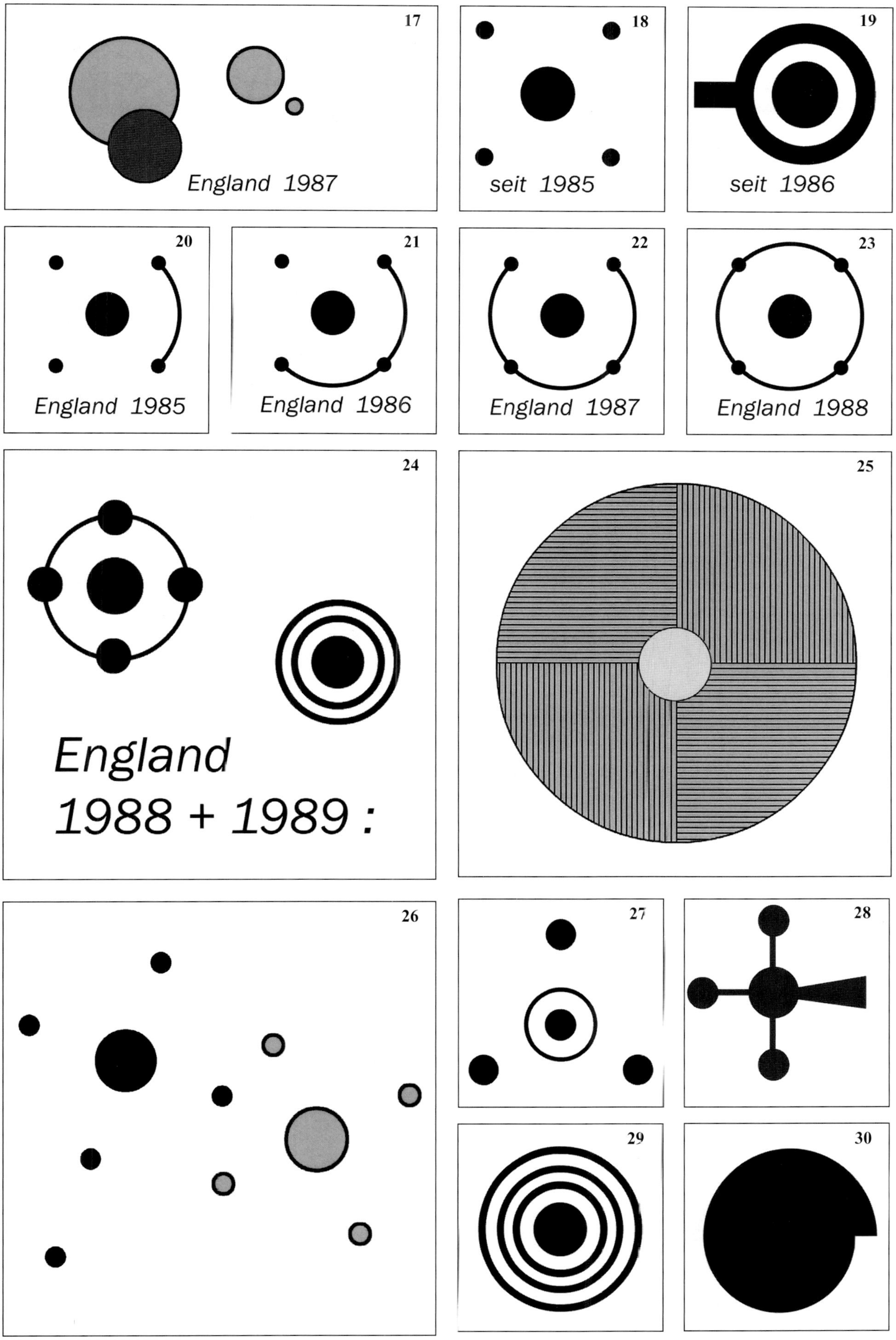

Dokumentierte Formationen von 1990 (Auswahl)

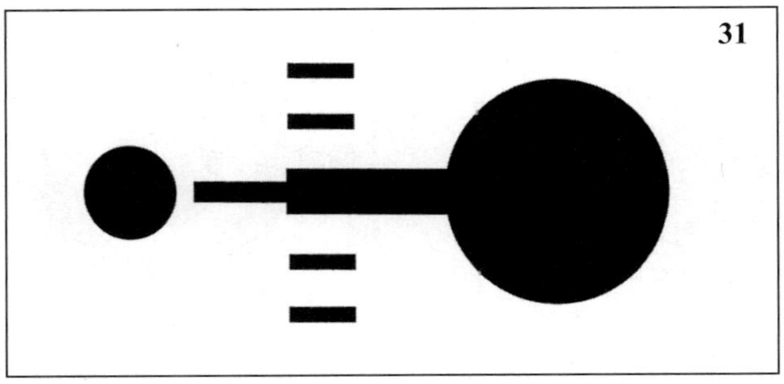
31

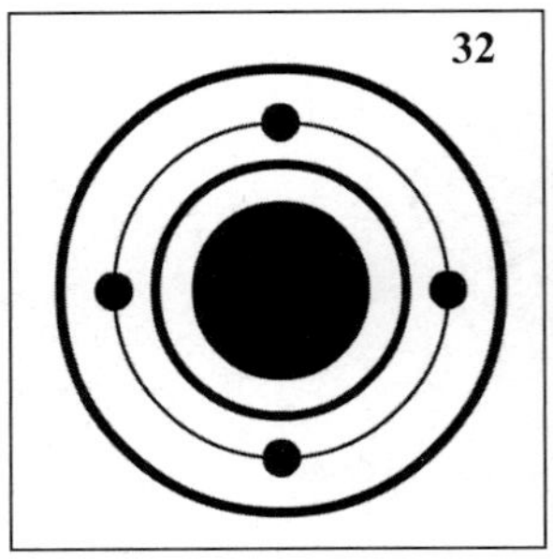
32

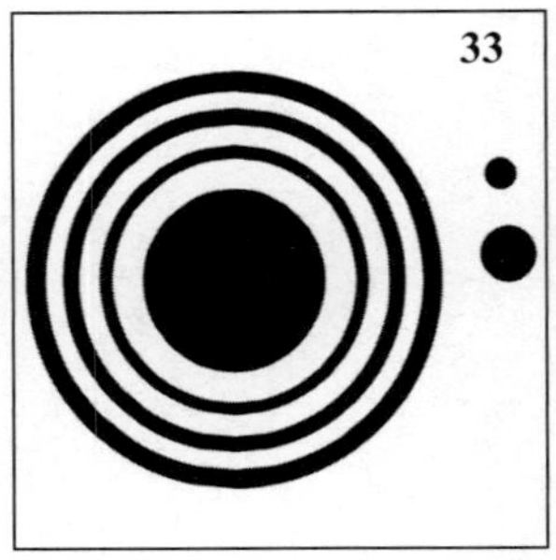
33

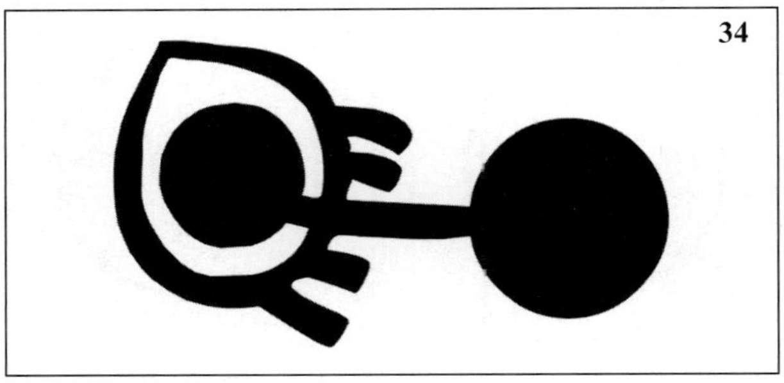
34

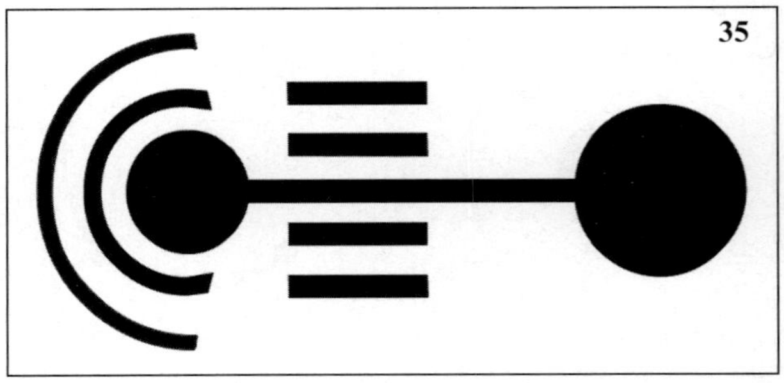
35

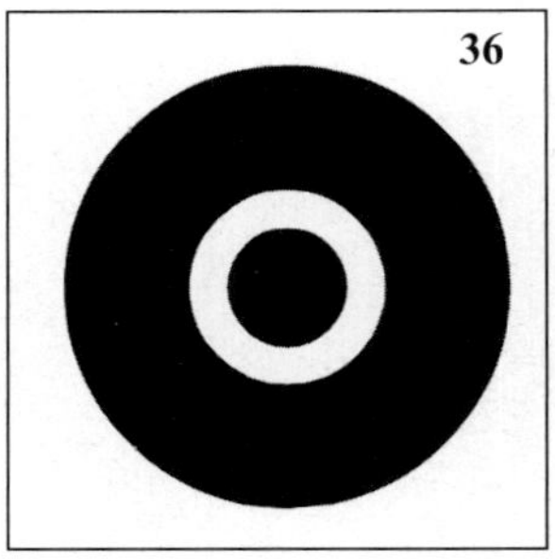
36

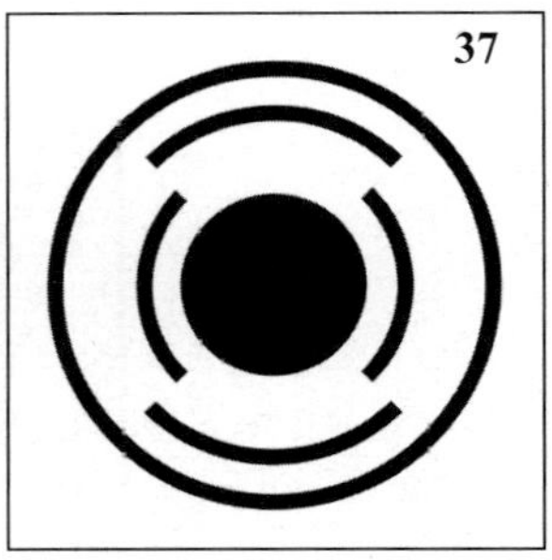
37

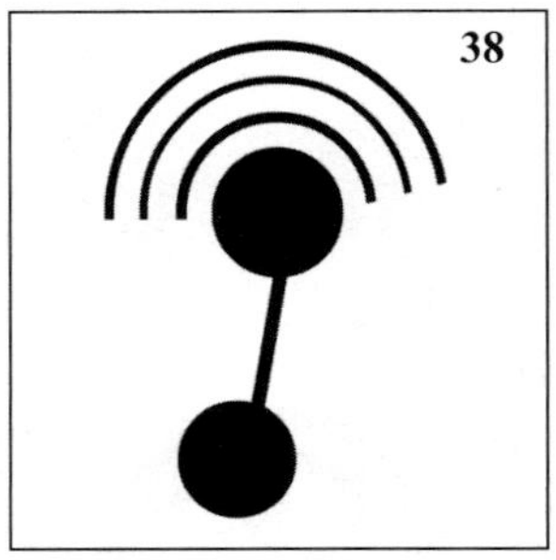
38

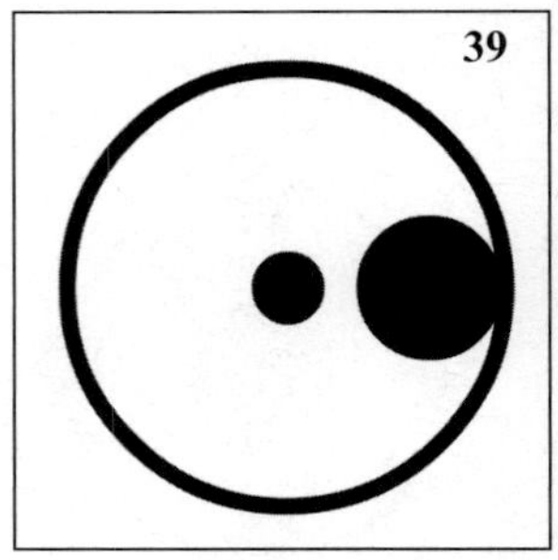
39

40

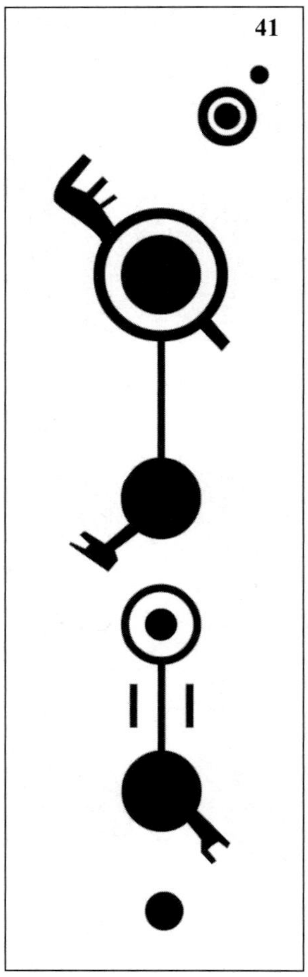
41

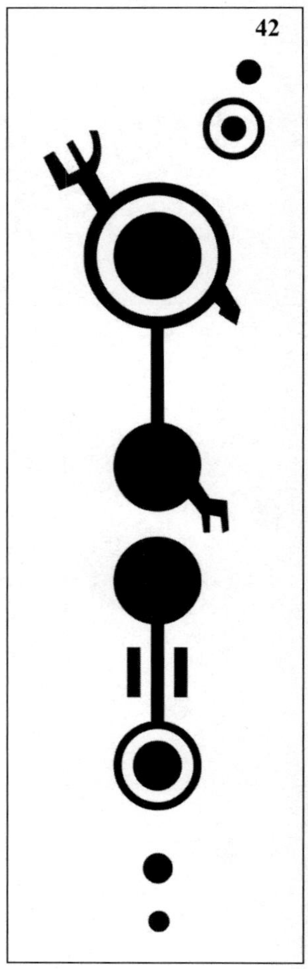
42

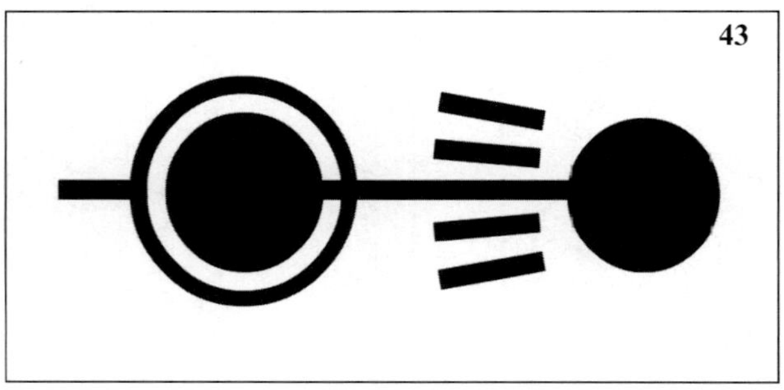
43

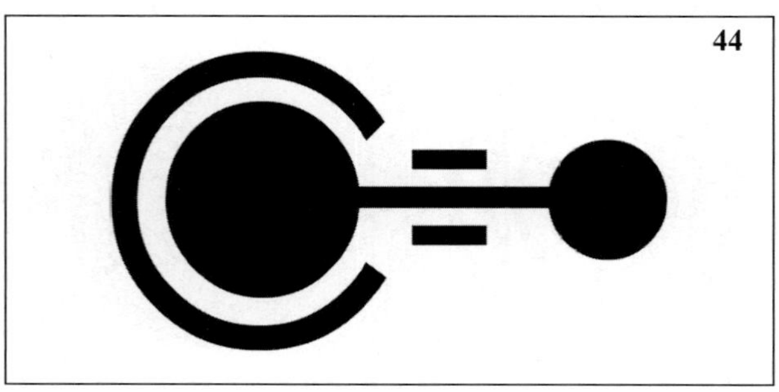
44

Dokumentierte Formationen von 1990 (Auswahl)

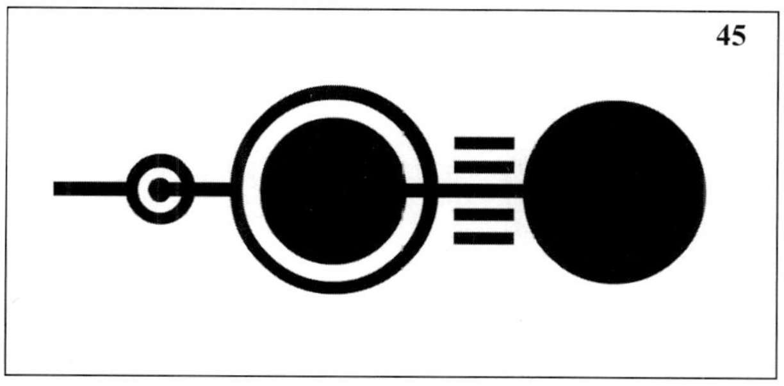
45

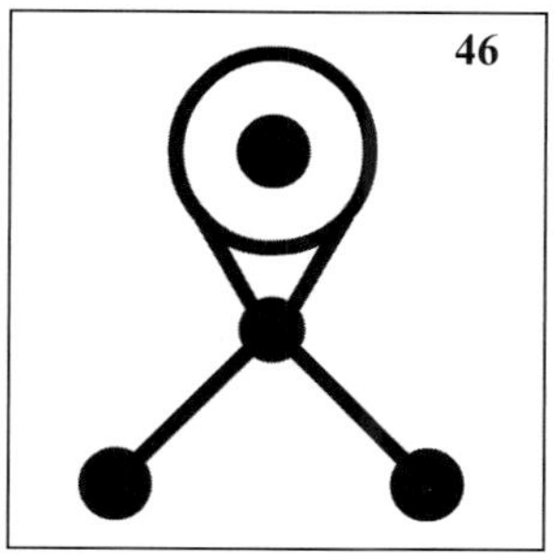
46

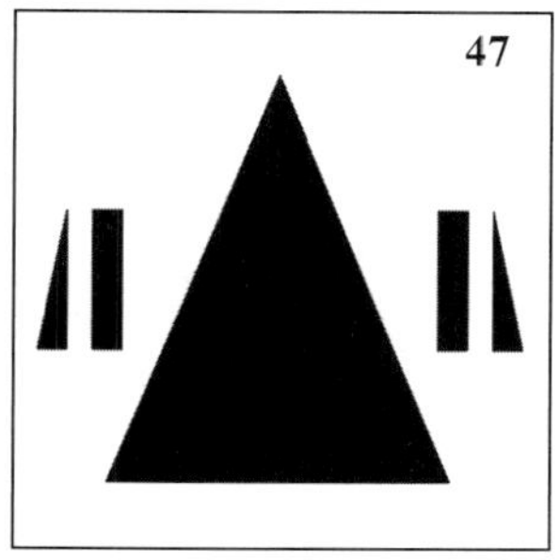
47

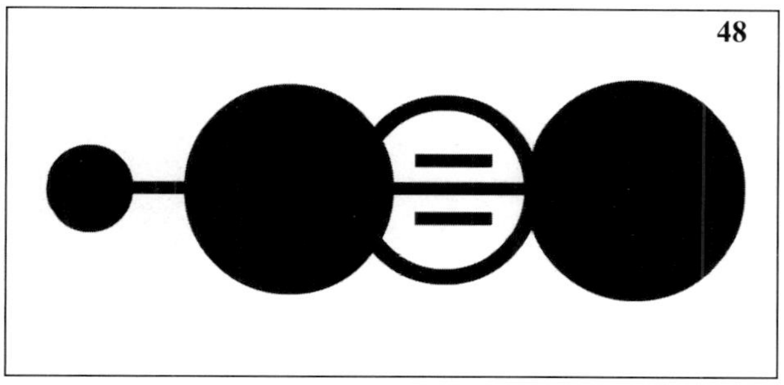
48

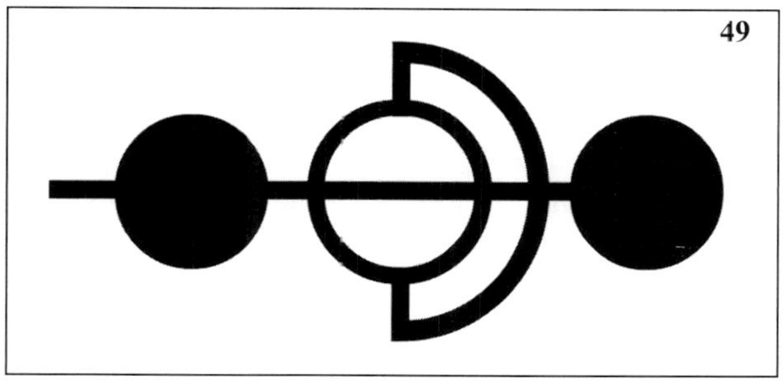
49

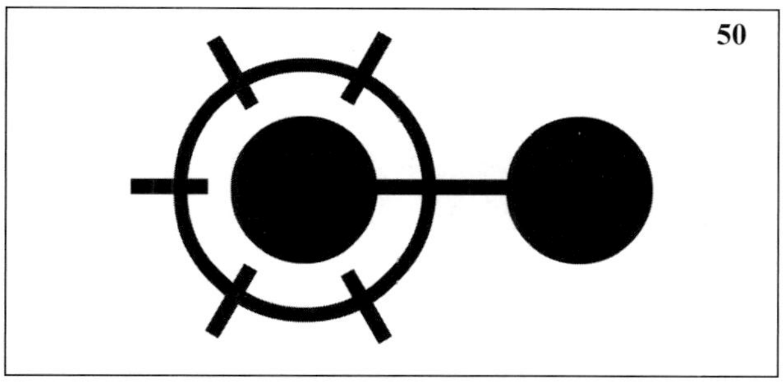
50

51

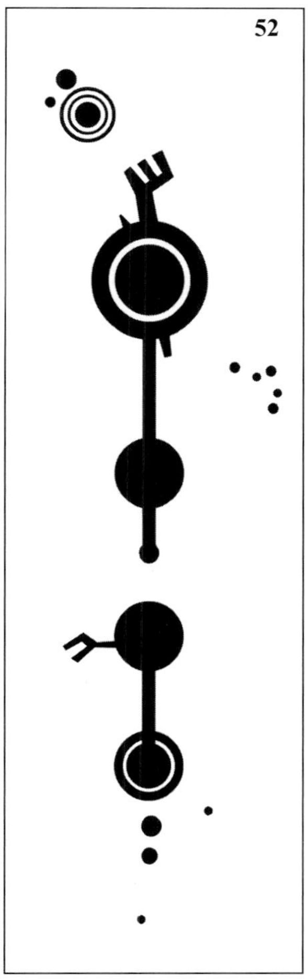
52

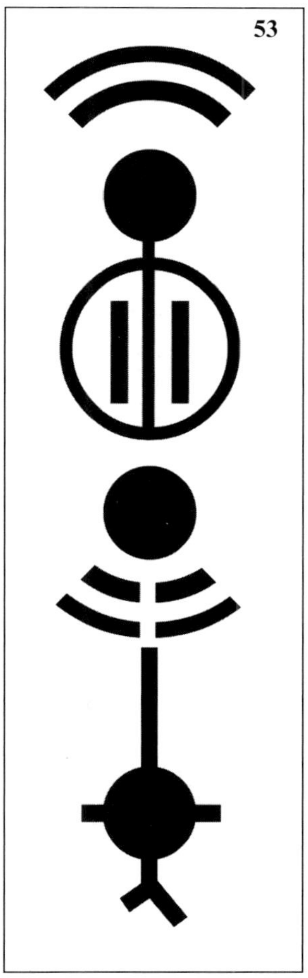
53

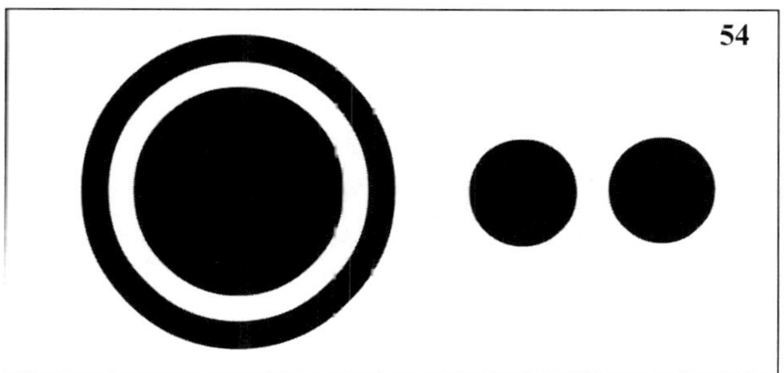
54

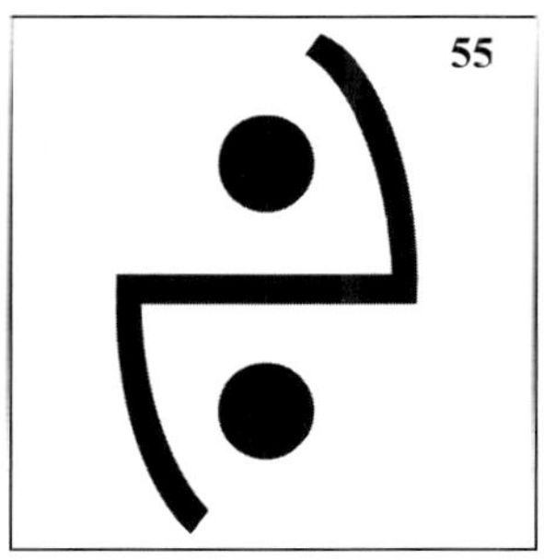
55

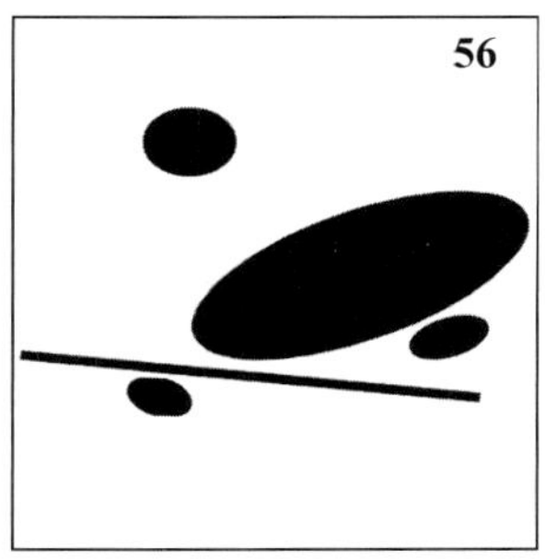
56

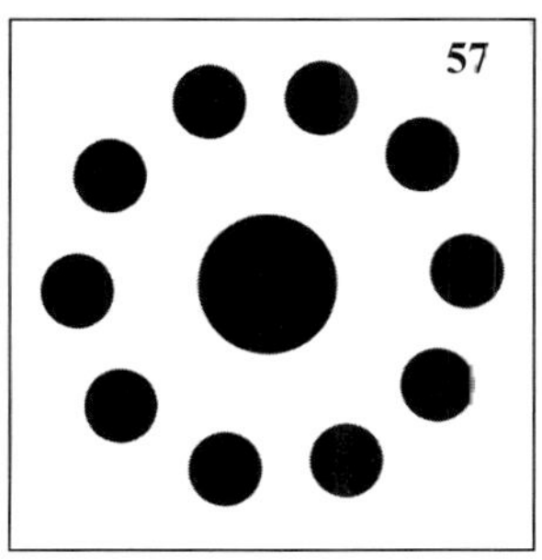
57

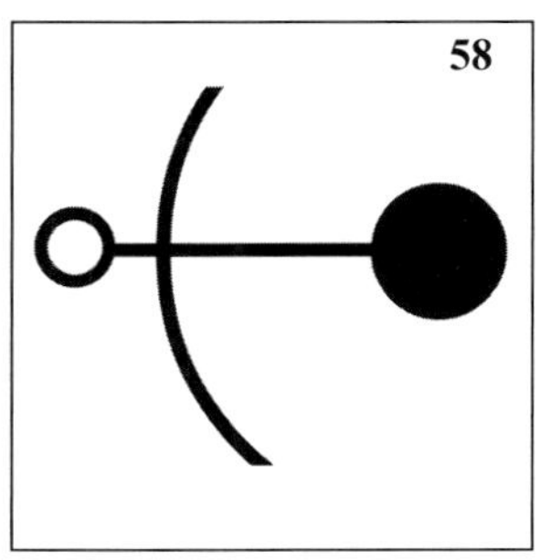
58

Dokumentierte Formationen von 1991 (Auswahl)

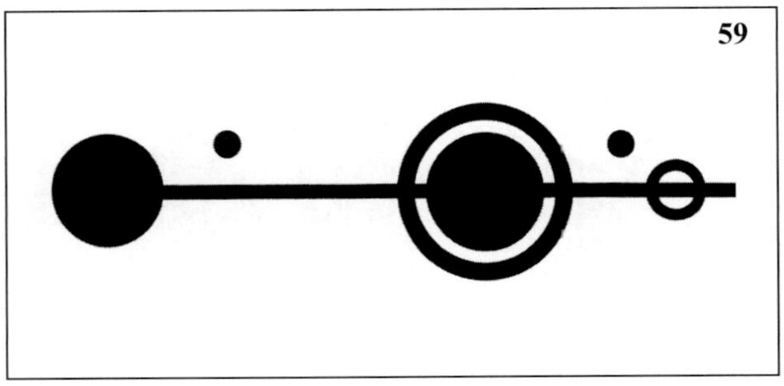
59

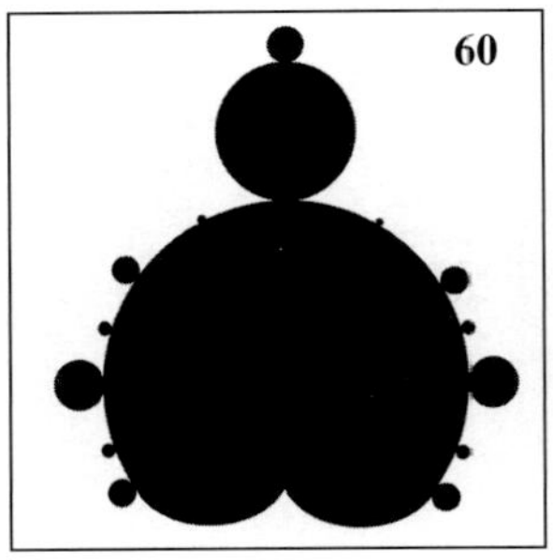
60

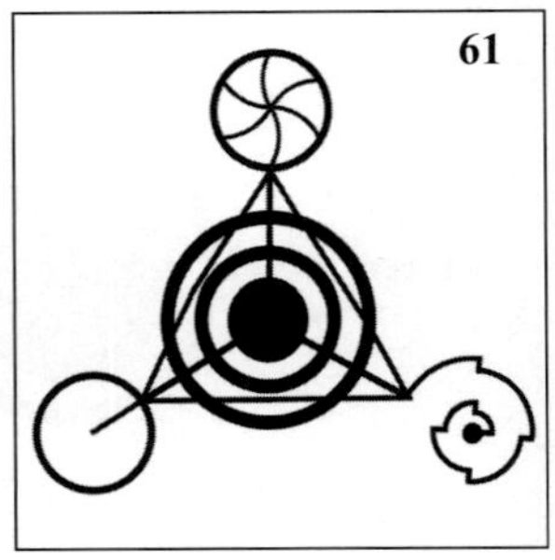
61

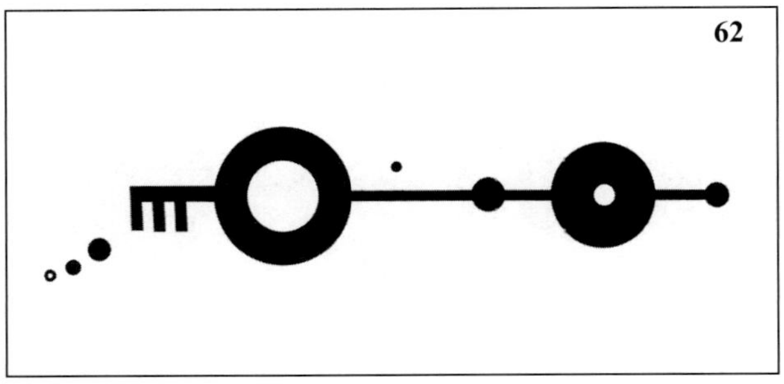
62

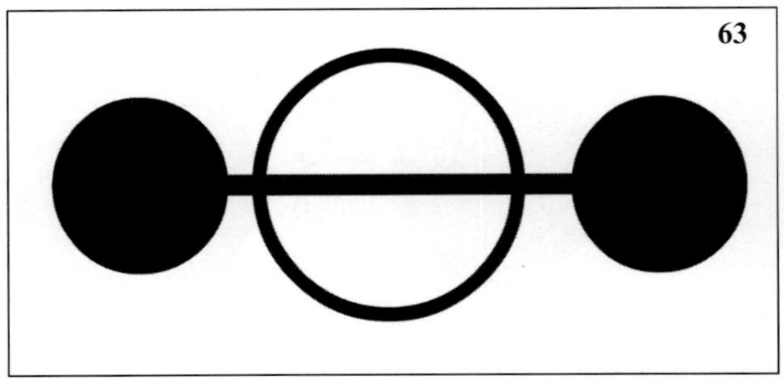
63

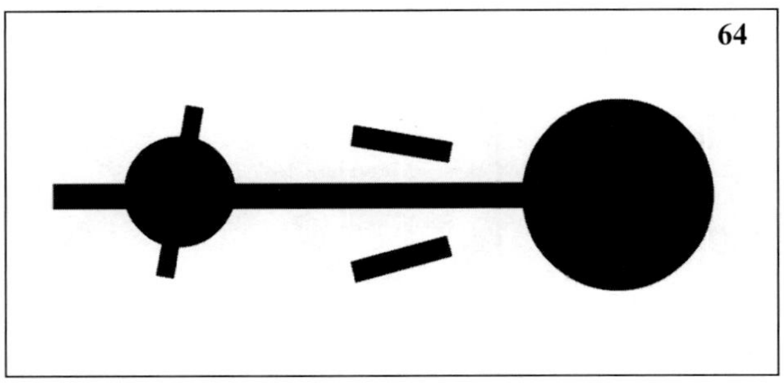
64

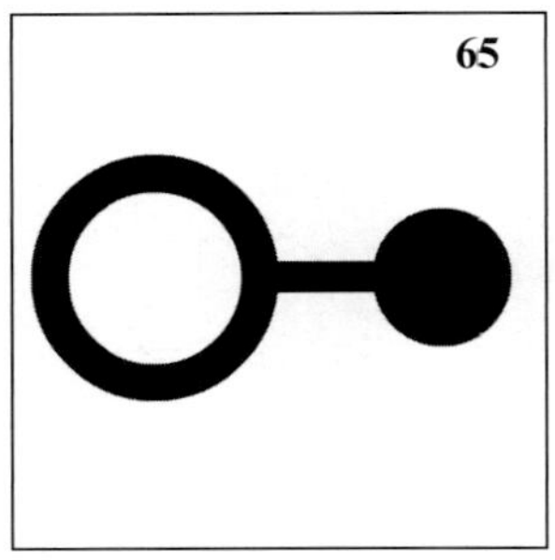
65

66

67

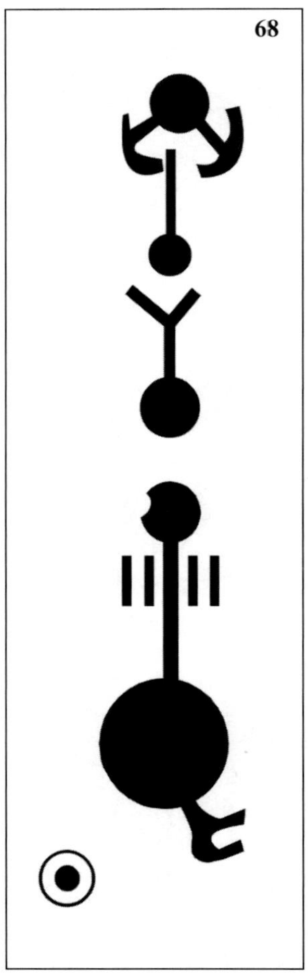
68

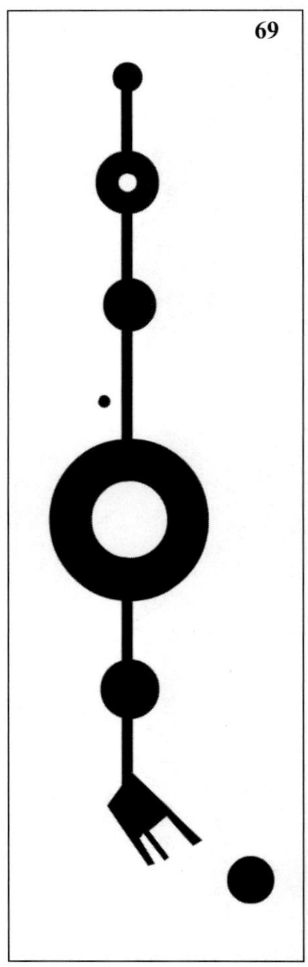
69

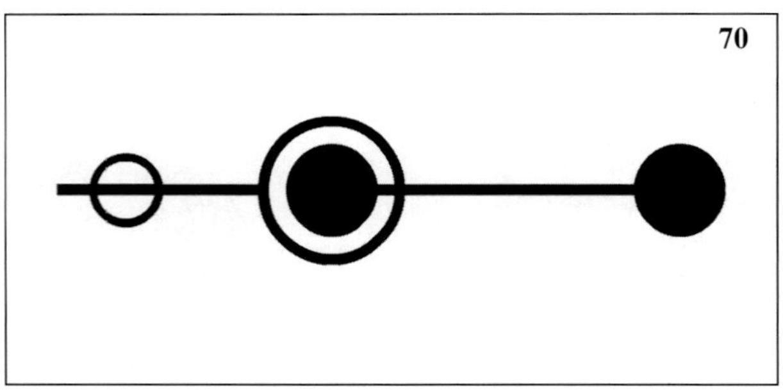
70

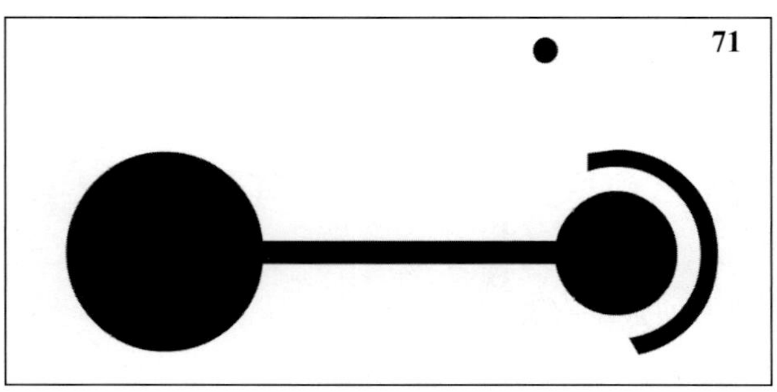
71

Dokumentierte Formationen von 1991 (Auswahl)

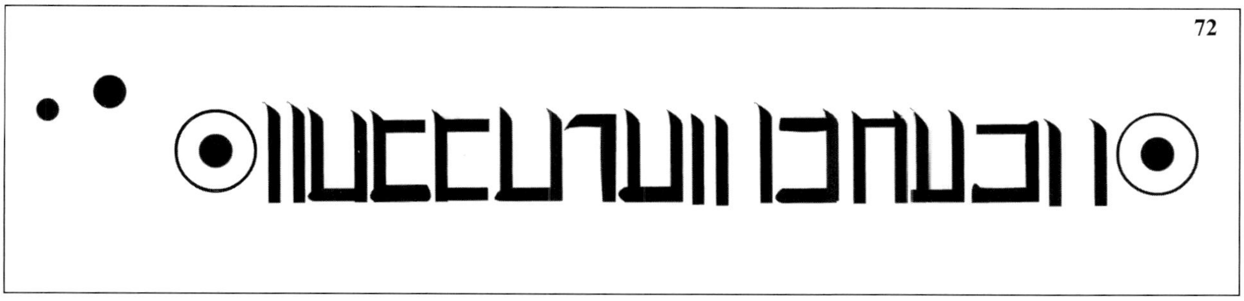

72

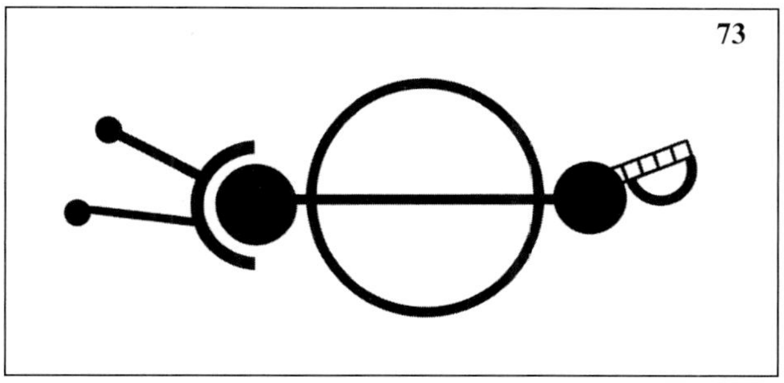

73

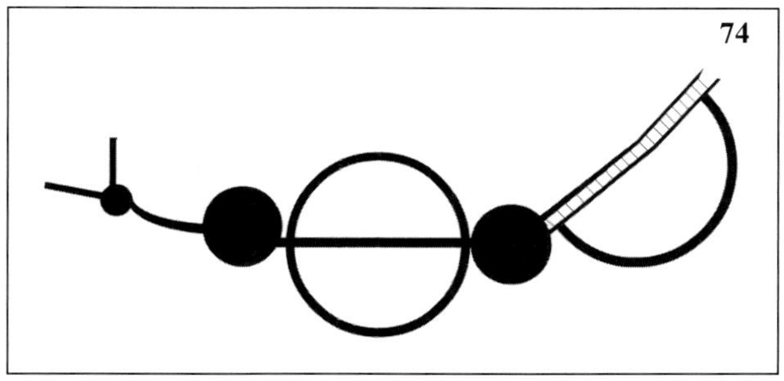

74

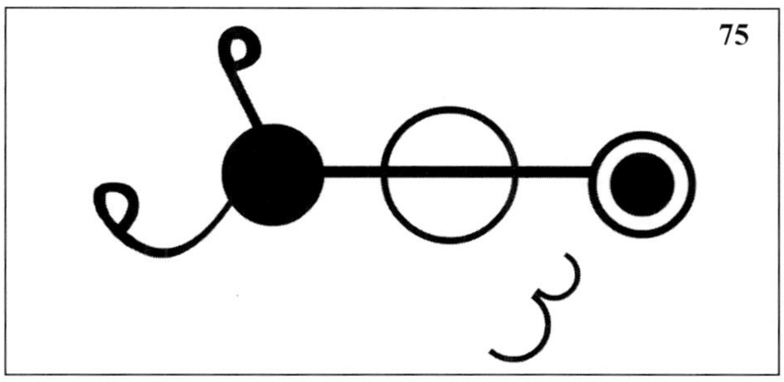

75

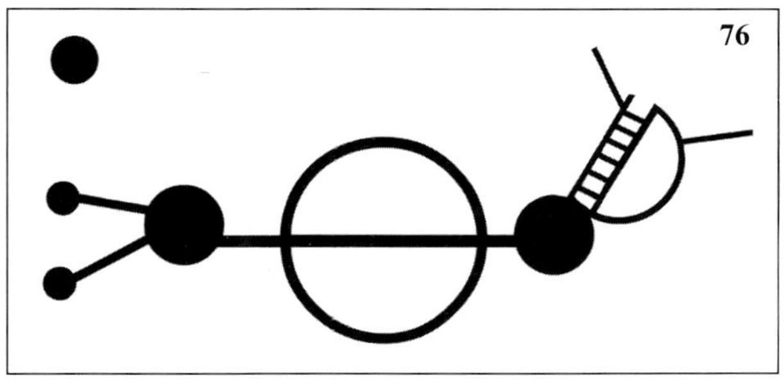

76

77

78

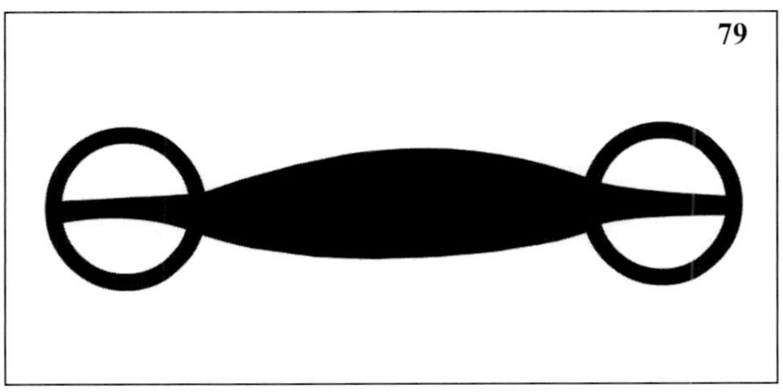

79

80

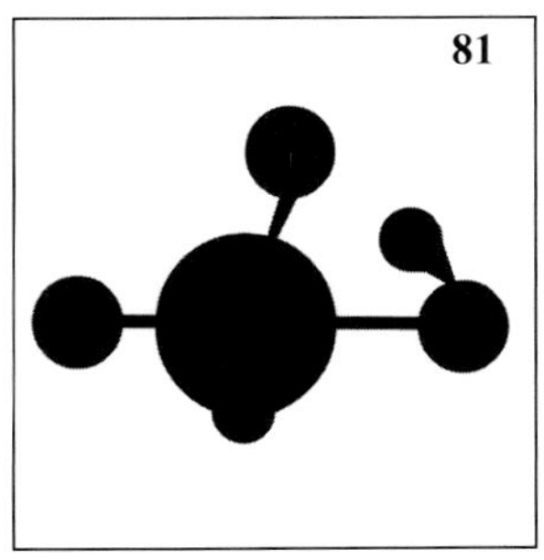

81

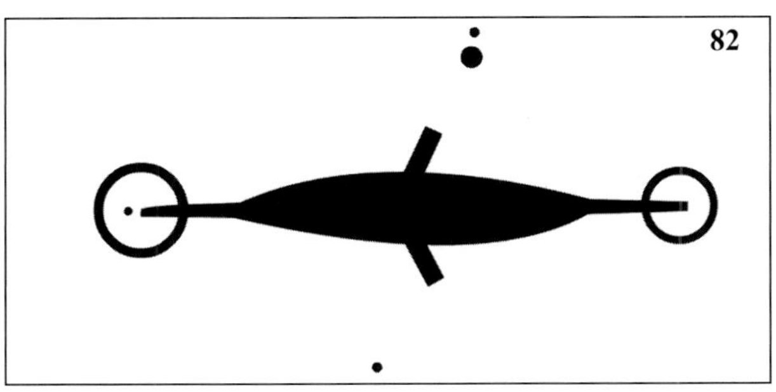

82

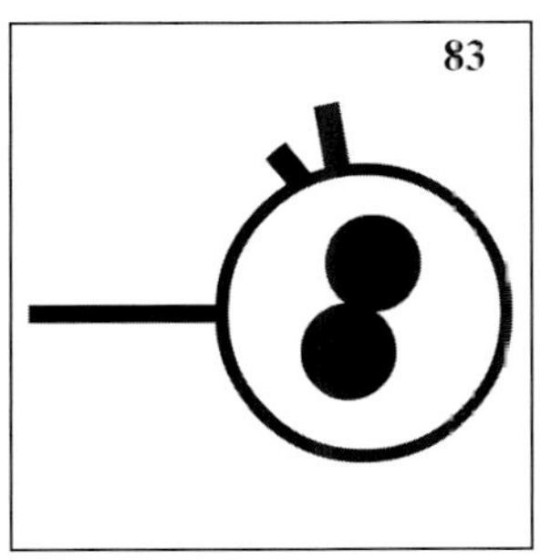

83

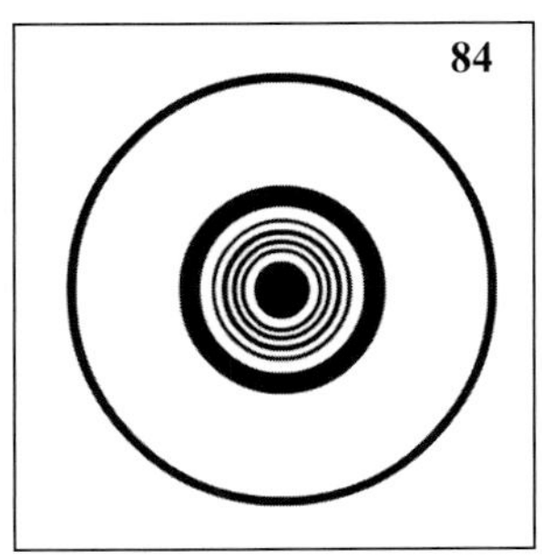

84

Dokumentierte Formationen von 1992 (Auswahl)

85

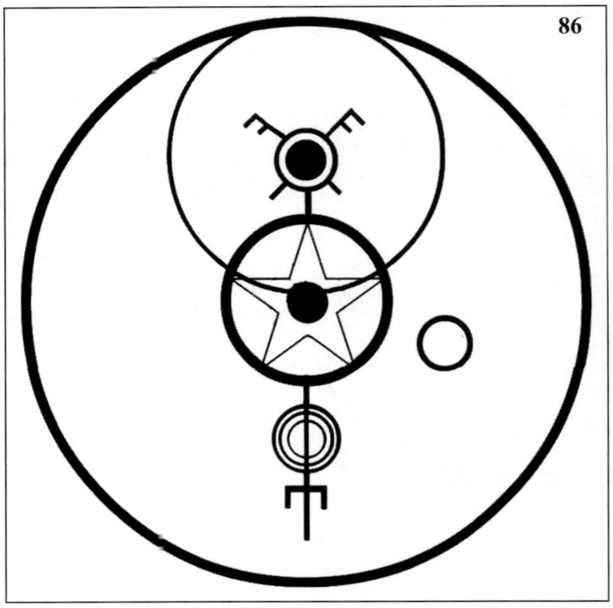
86

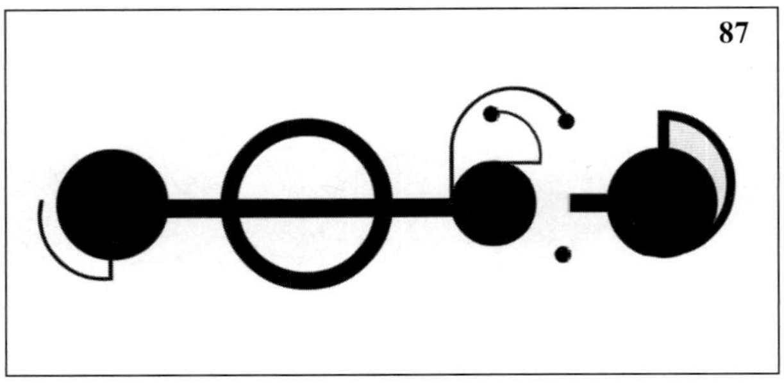
87

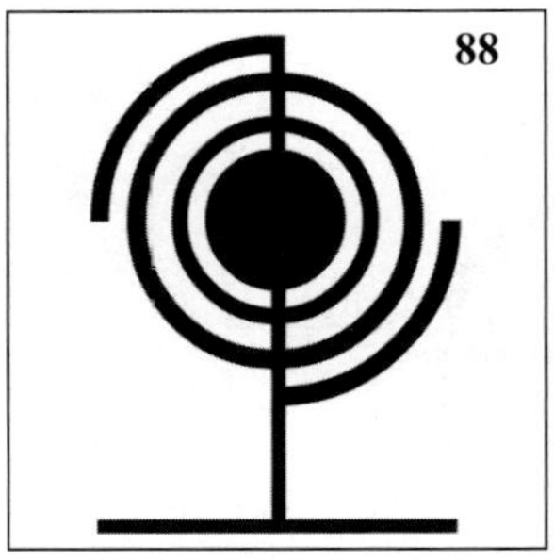
88

89

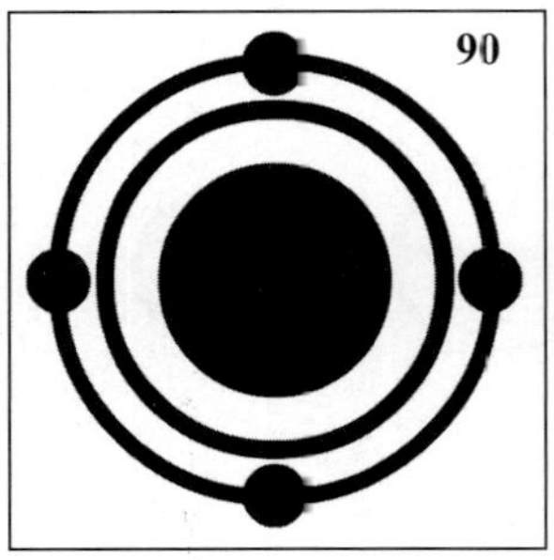
90

91

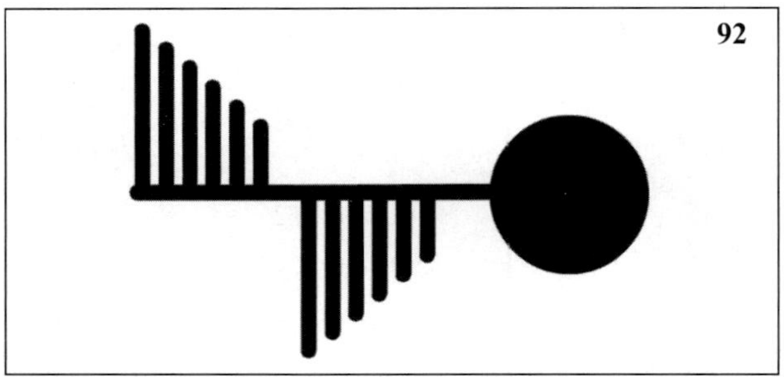
92

93

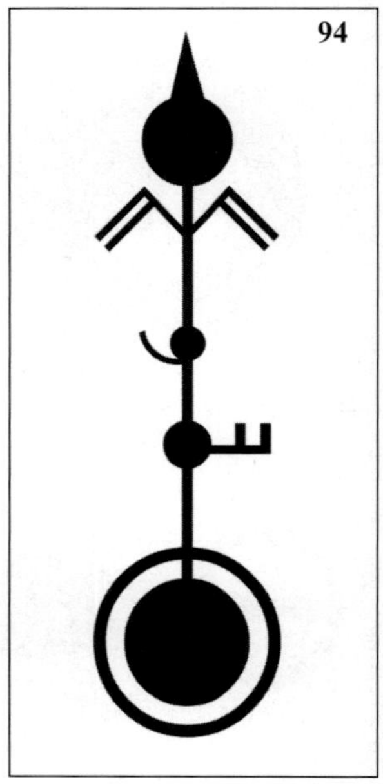
94

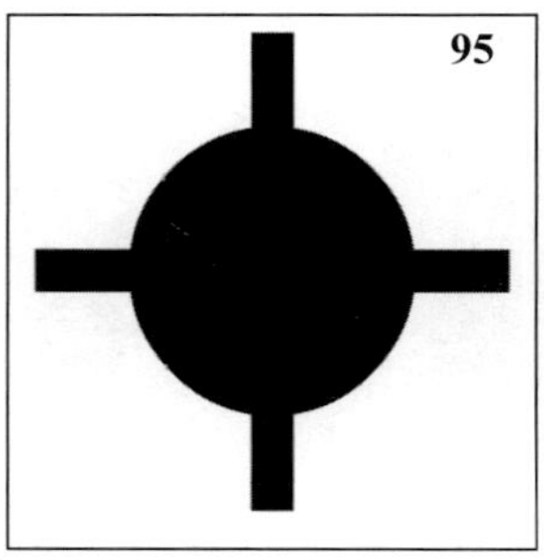
95

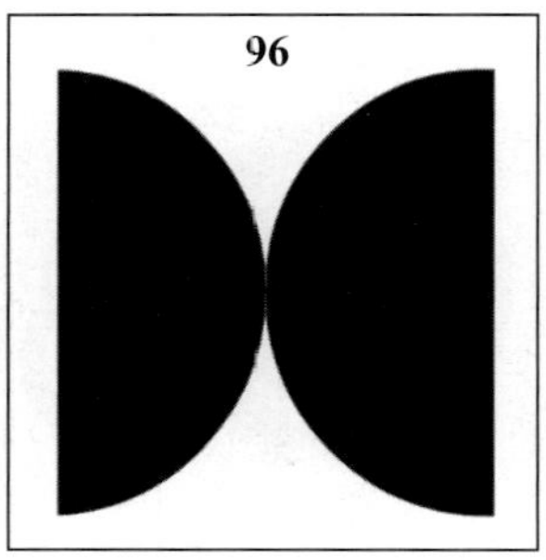
96

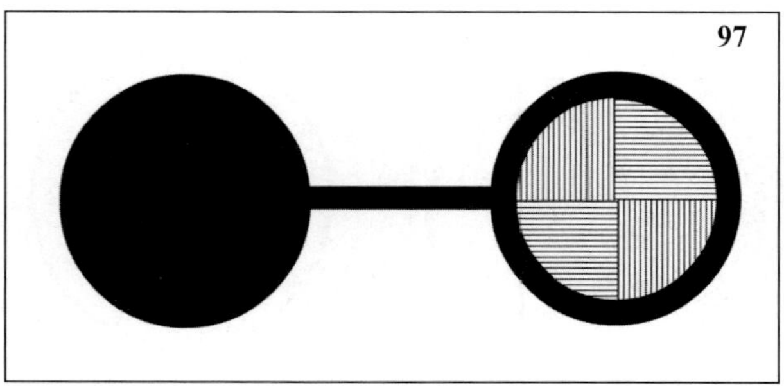
97

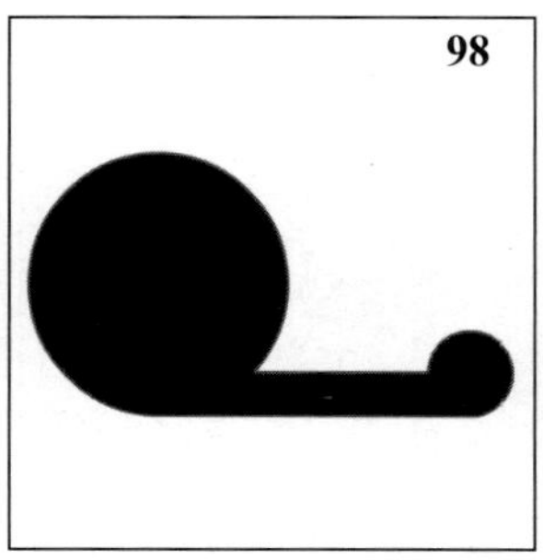
98

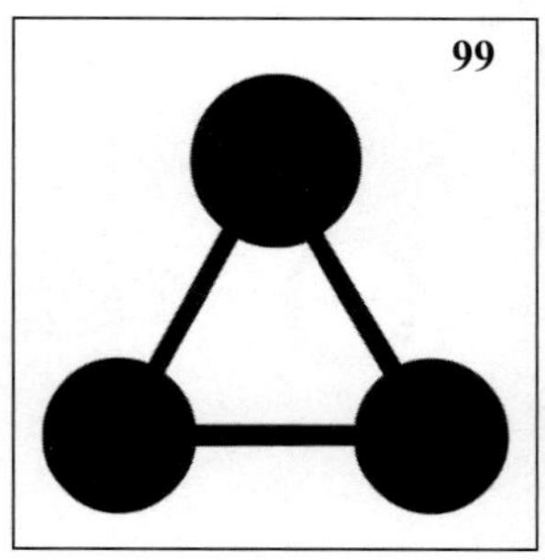
99

Dokumentierte Formationen von 1993 (Auswahl)

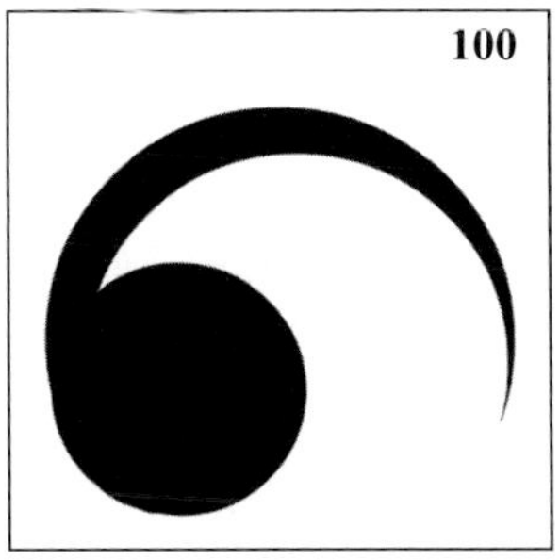
100

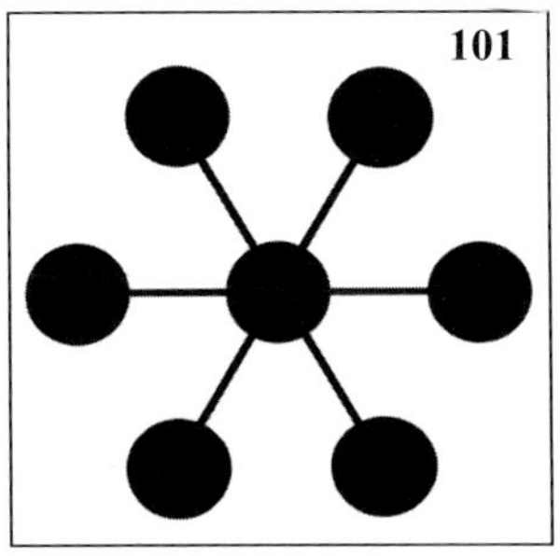
101

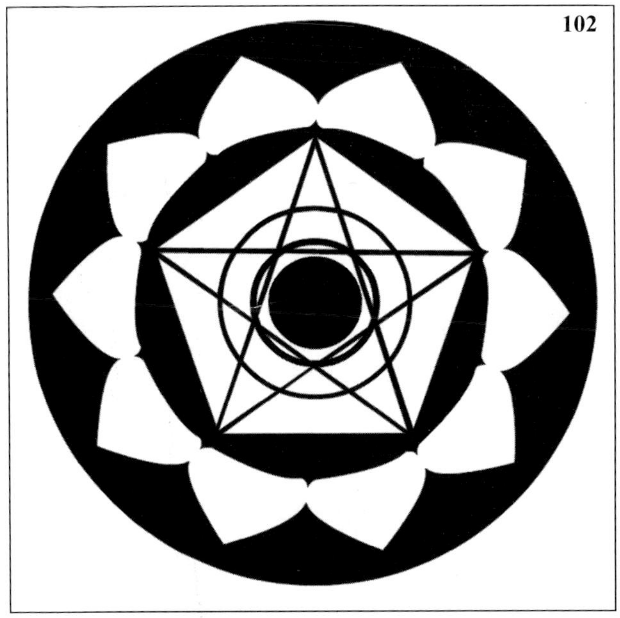
102

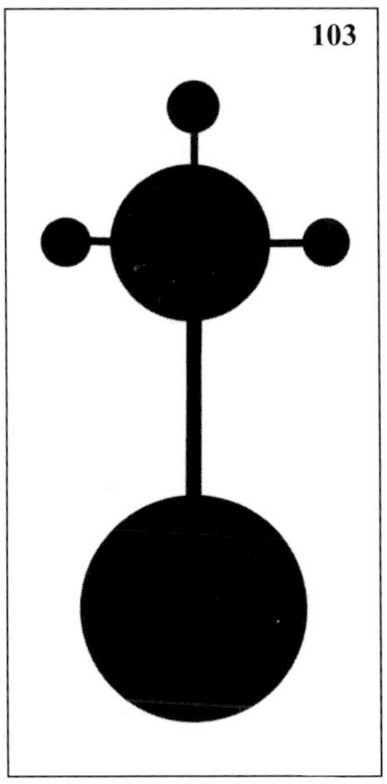
103

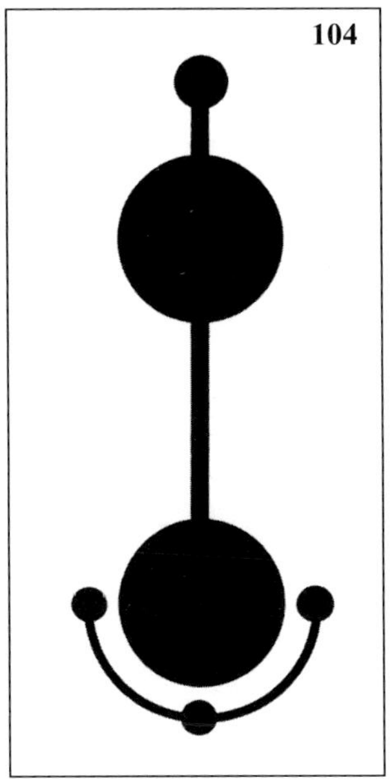
104

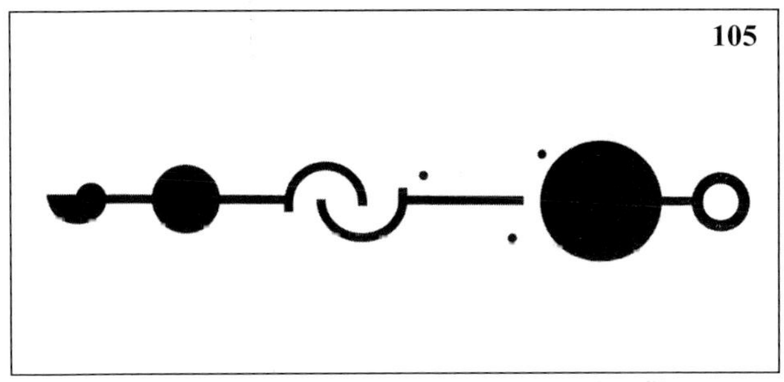
105

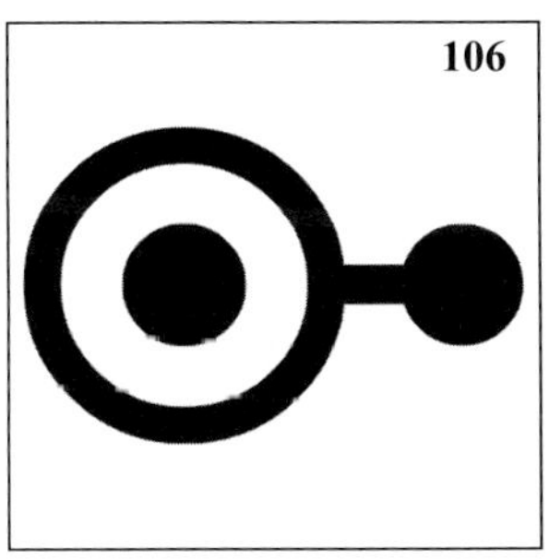
106

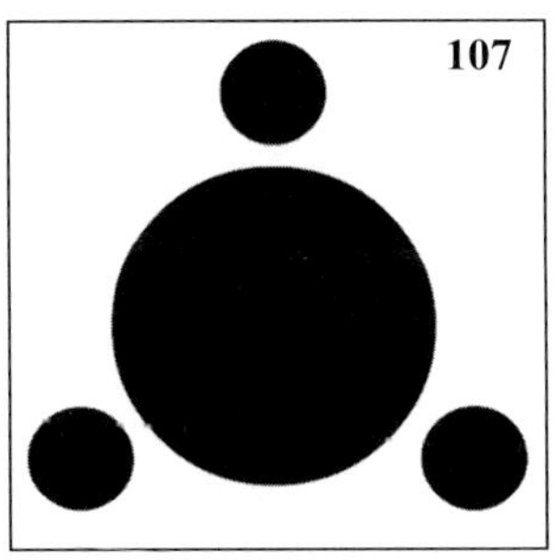
107

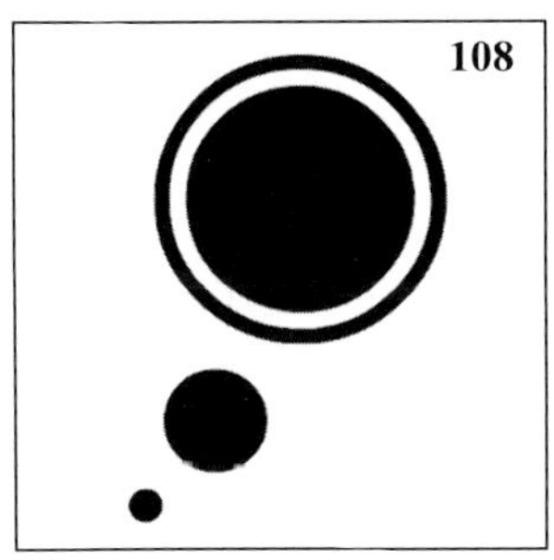
108

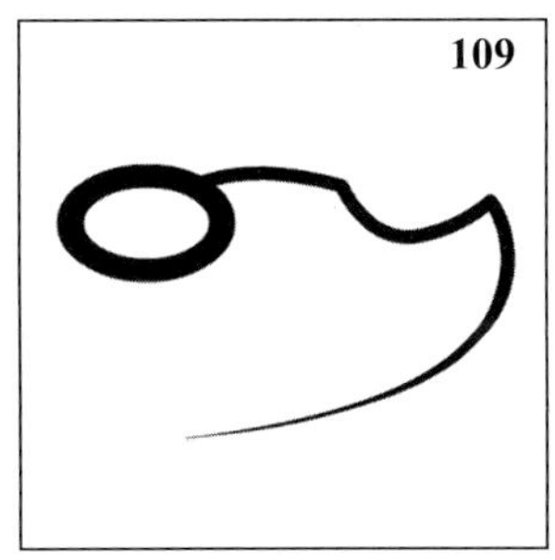
109

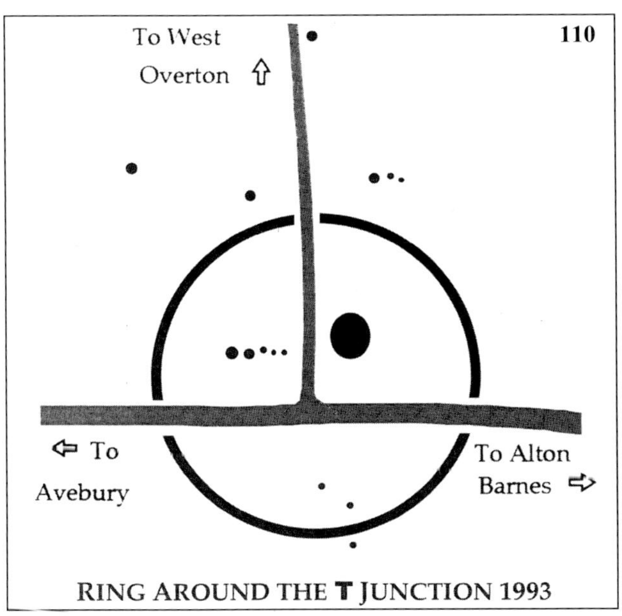

110

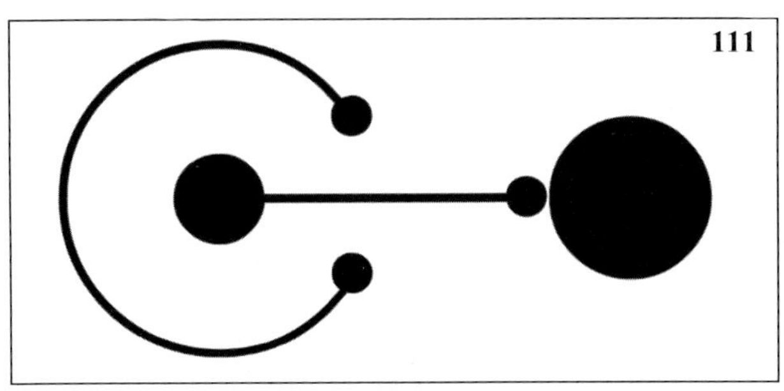
111

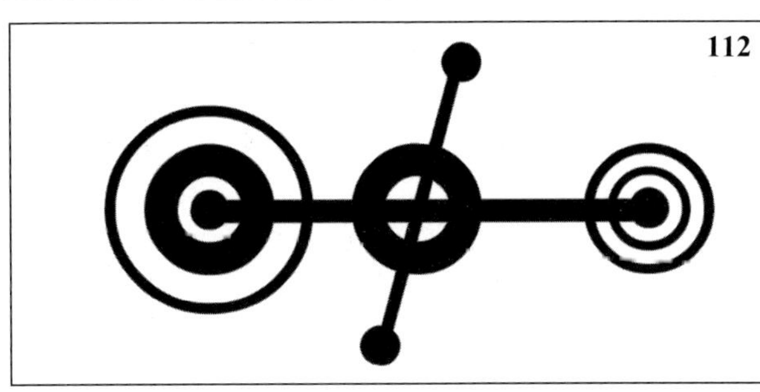
112

Dokumentierte Formationen von 1994 (Auswahl)

113

114

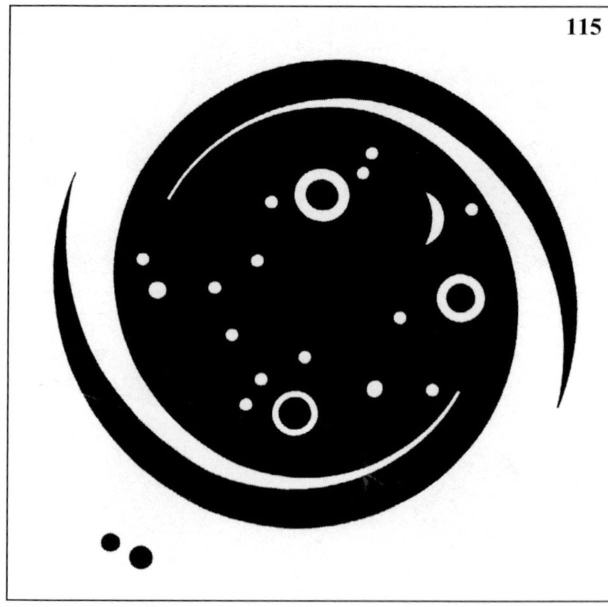

115

116

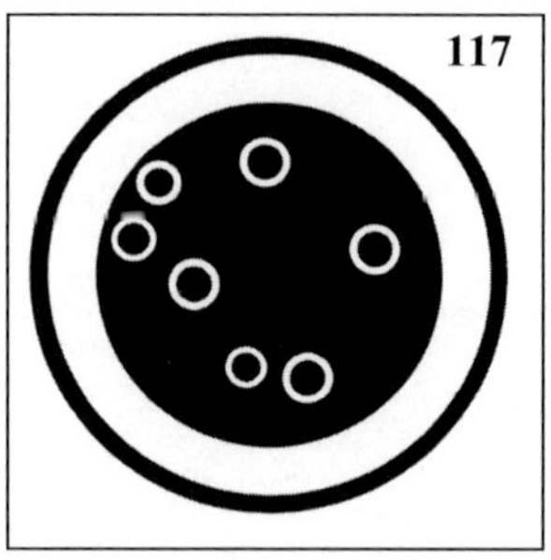

117

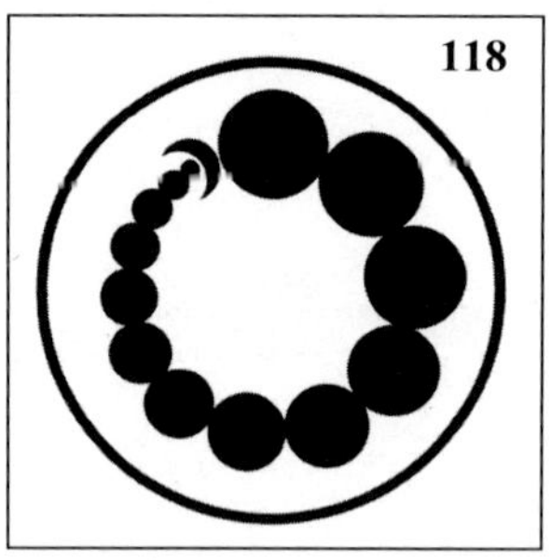

118

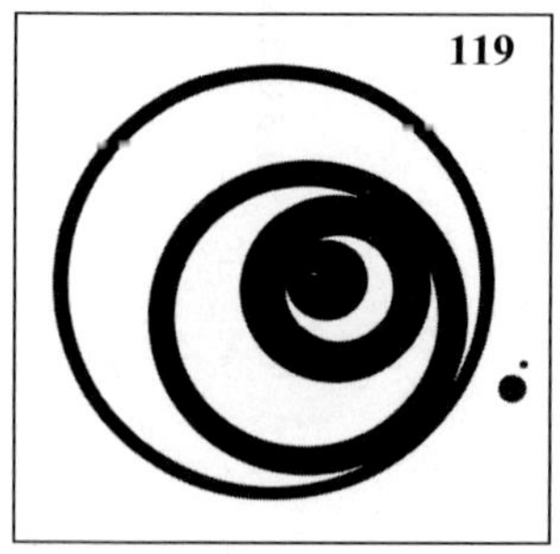

119

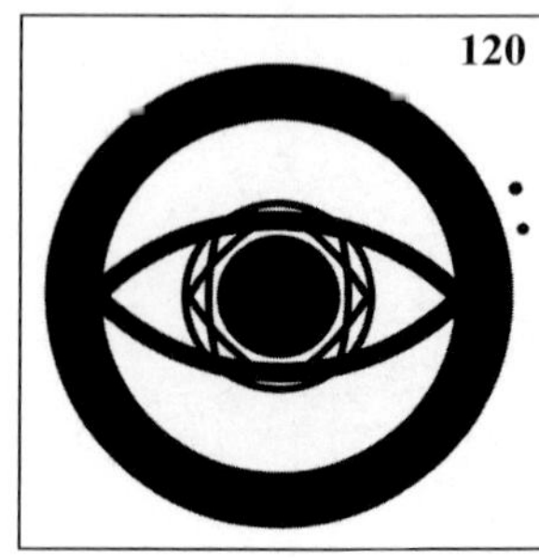

120

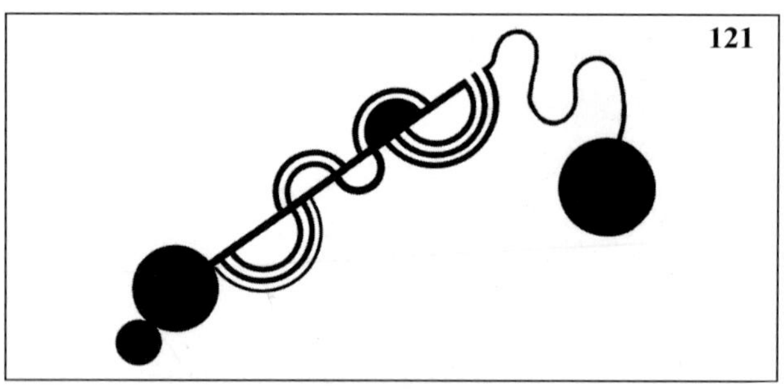

121

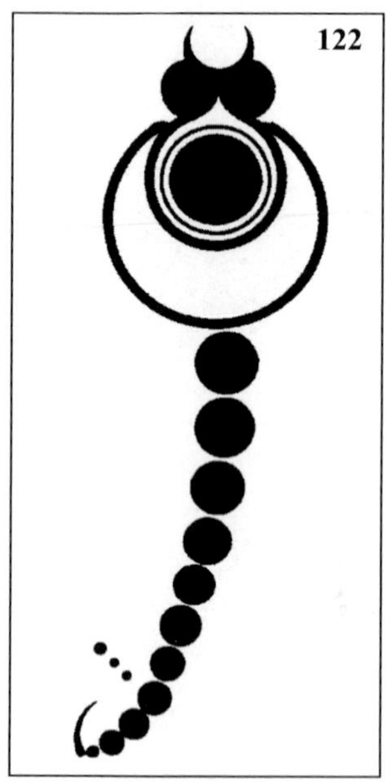

122

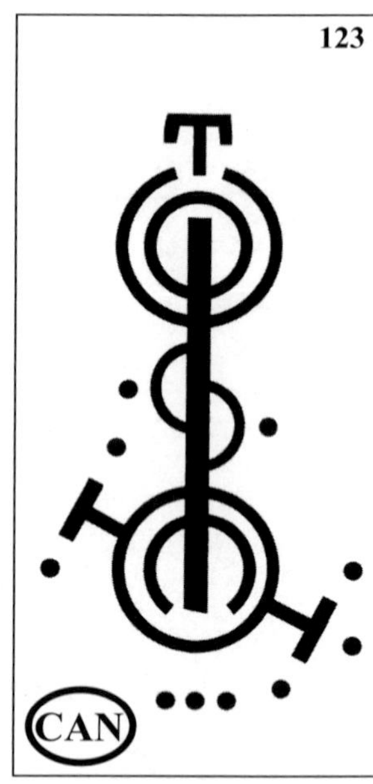

123

124

125

126

Dokumentierte Formationen von 1995 (Auswahl)

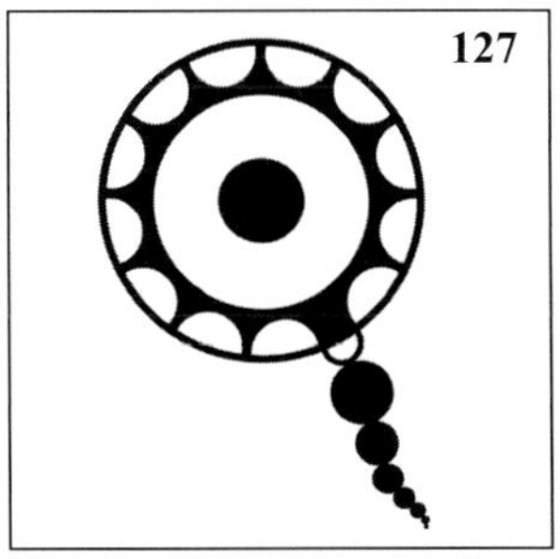

127

128

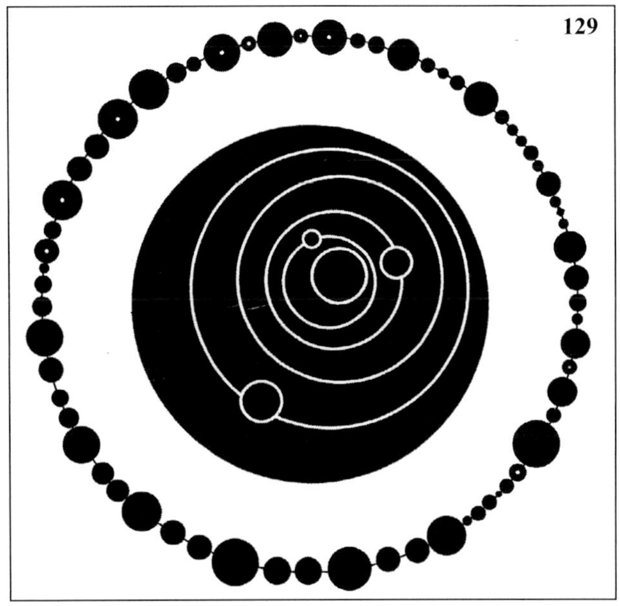

129

130

131

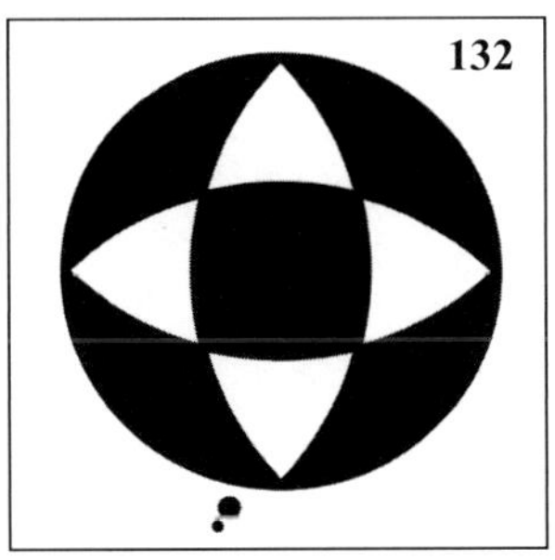

132

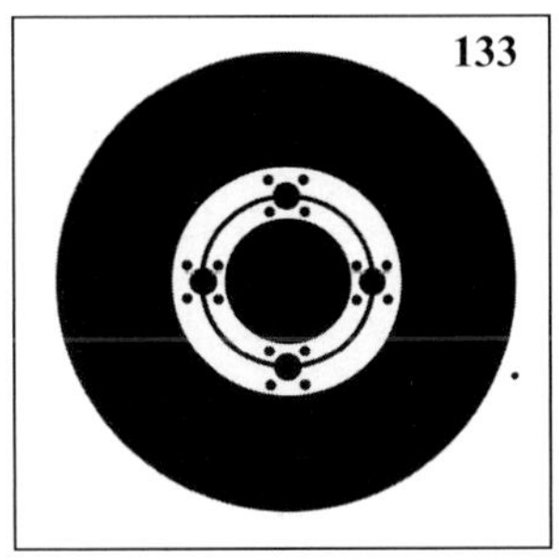

133

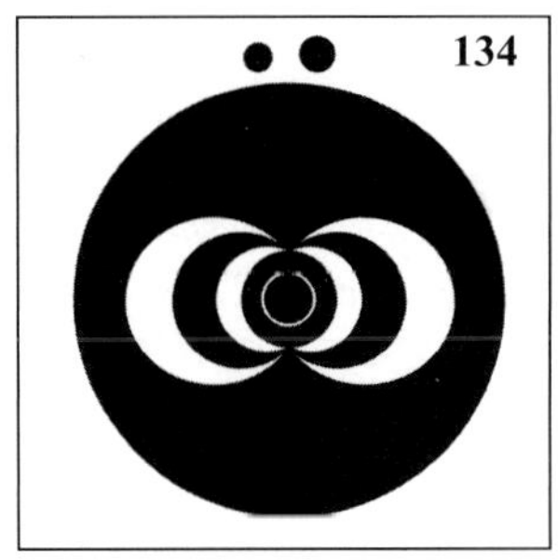

134

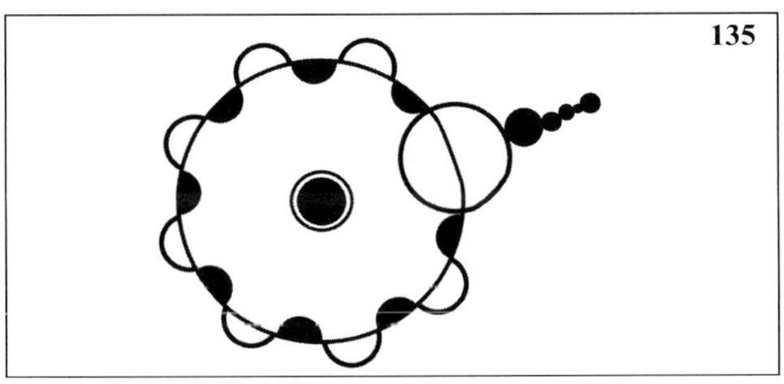

135

136

137

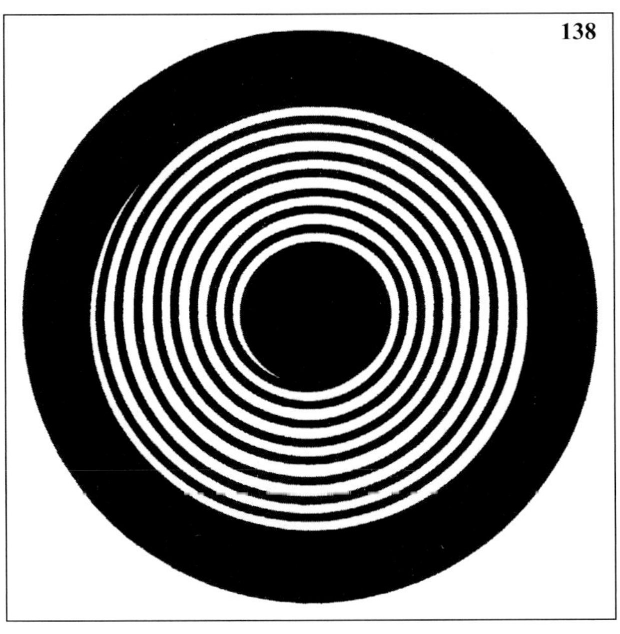

138

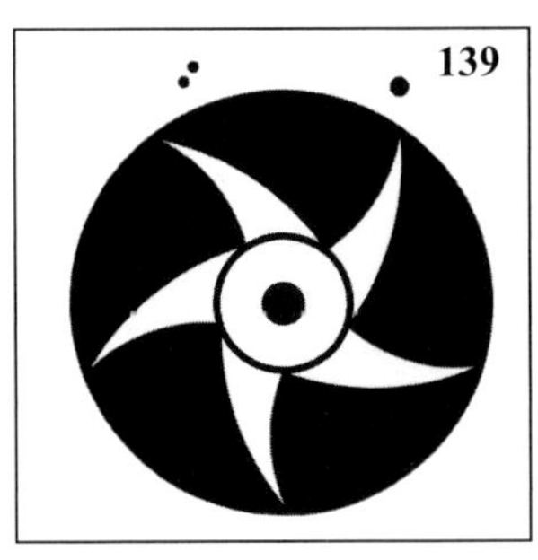

139

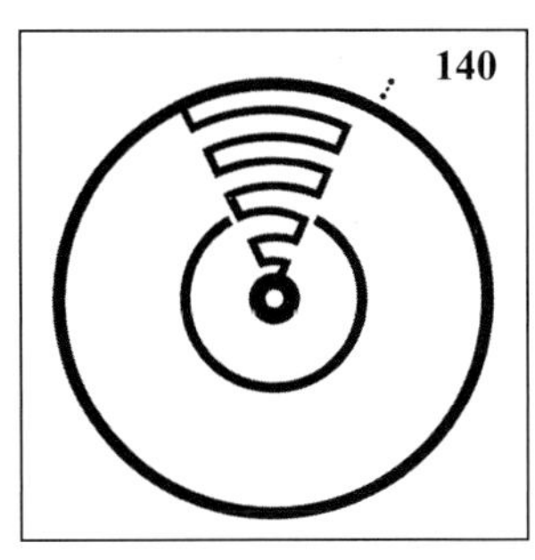

140

Dokumentierte Formationen von 1996 (Auswahl)

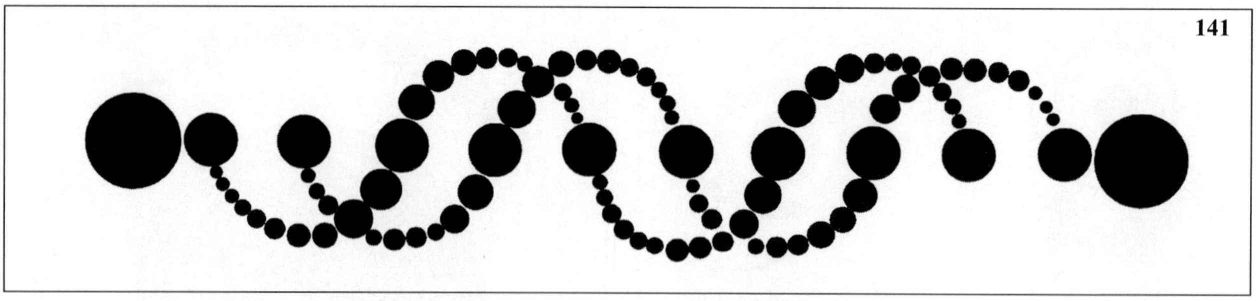
141

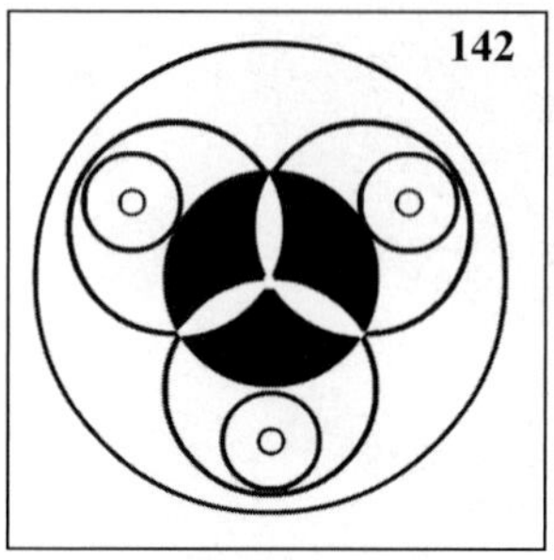
142

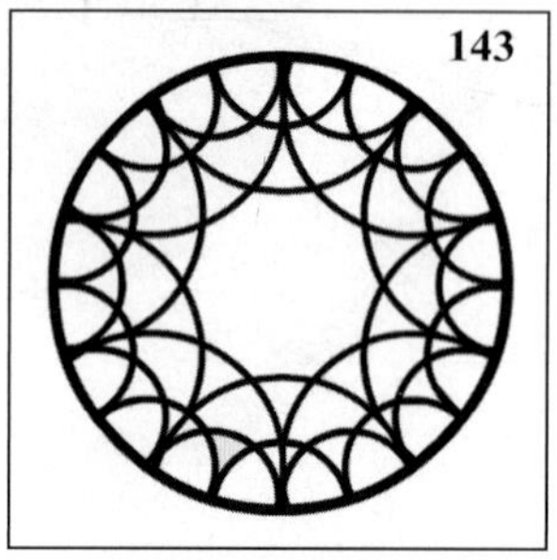
143

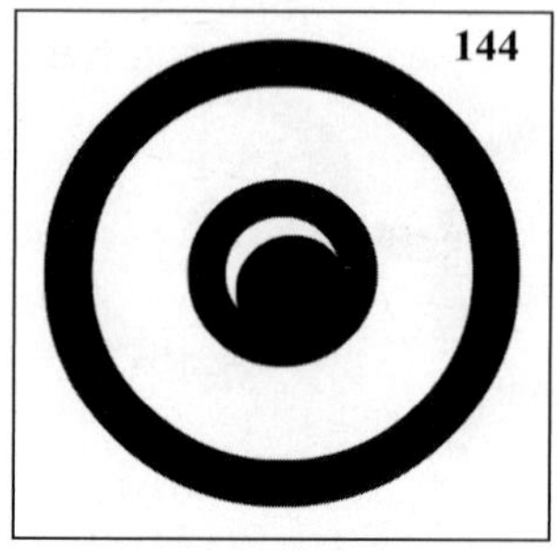
144

145

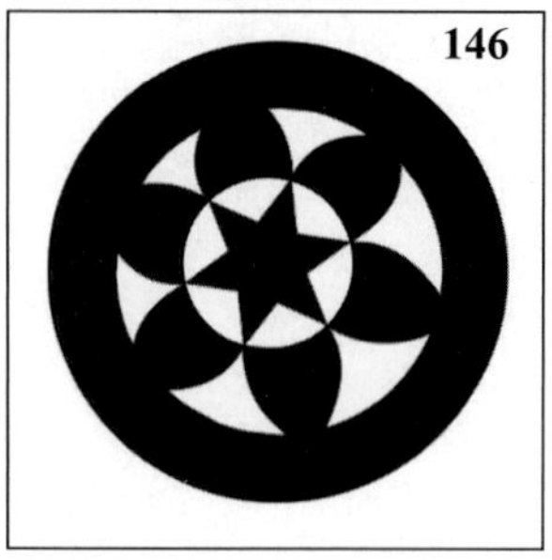
146

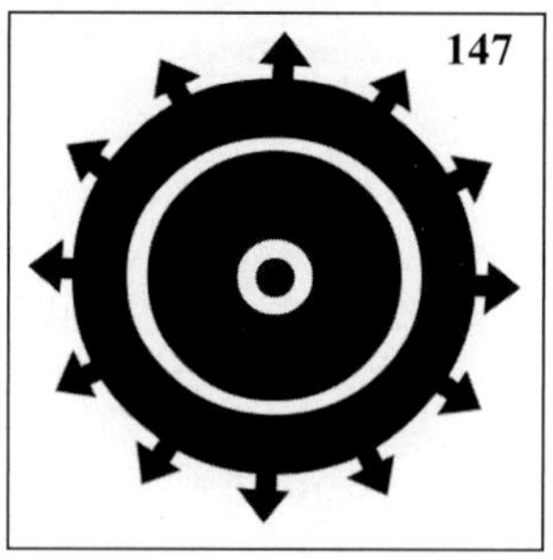
147

148

149

150

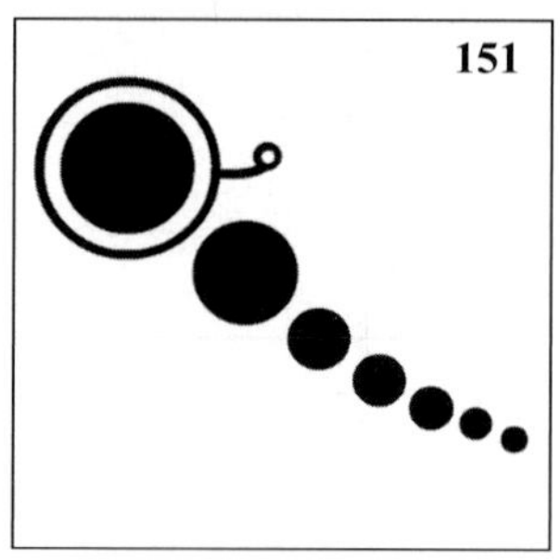
151

152

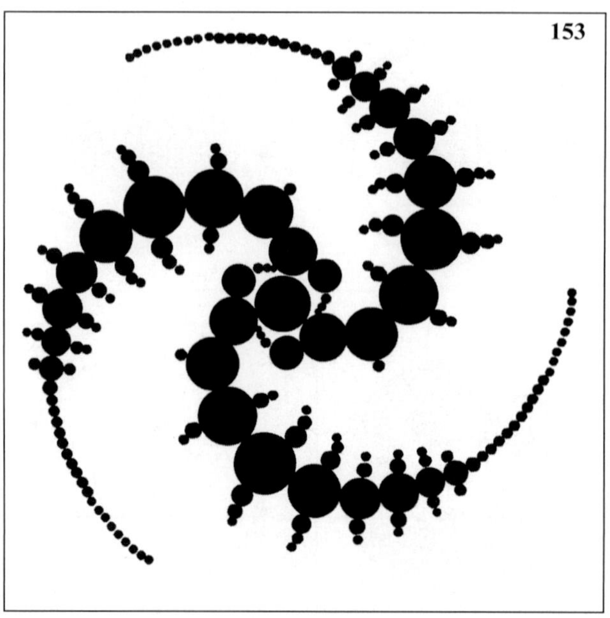
153

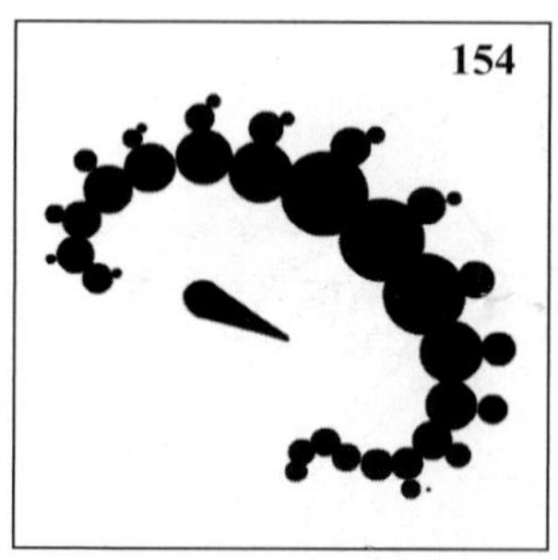
154

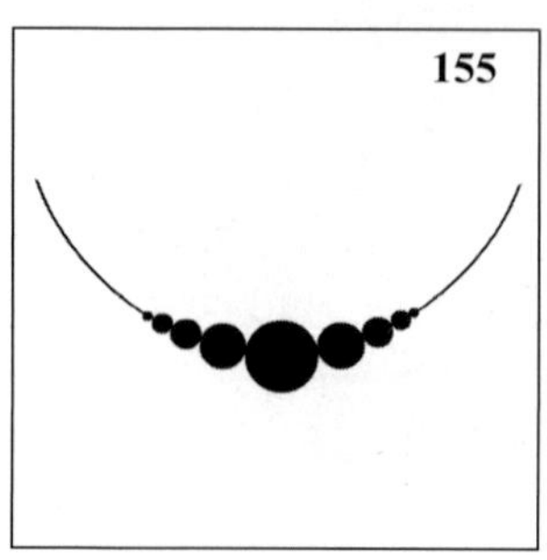
155

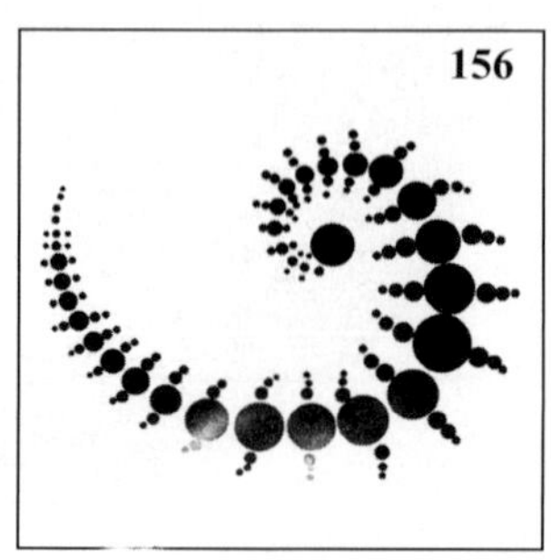
156

Dokumentierte Formationen von 1997 (Auswahl)

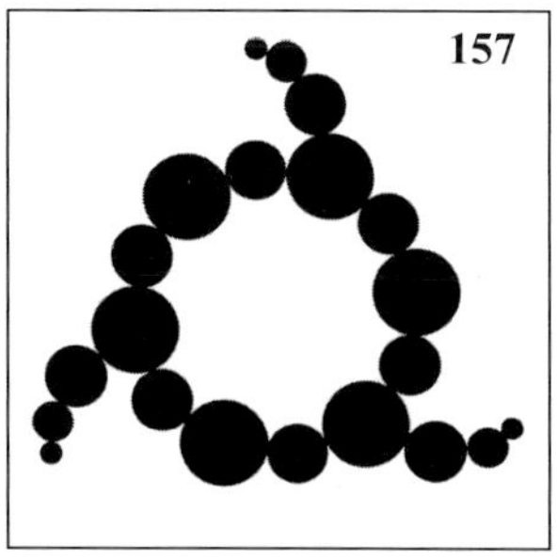
157

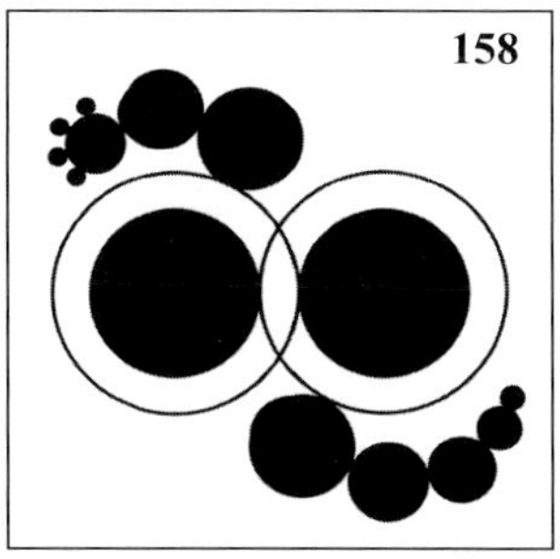
158

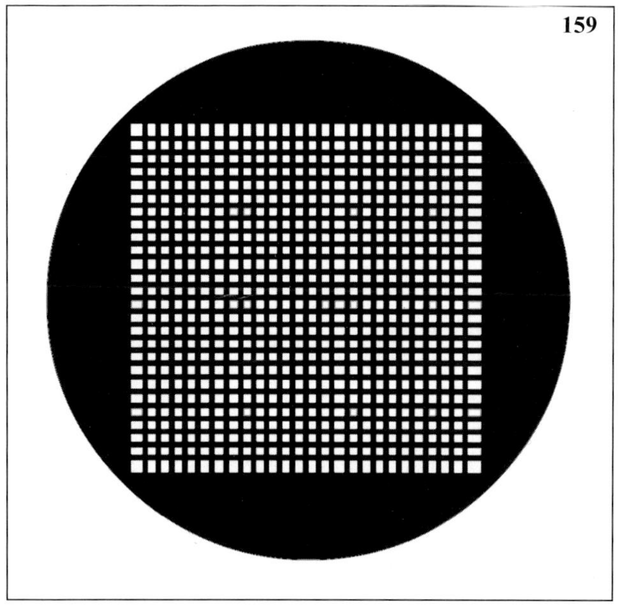
159

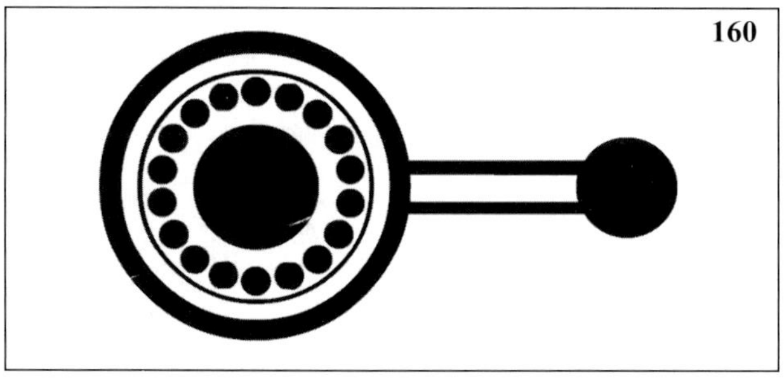
160

161

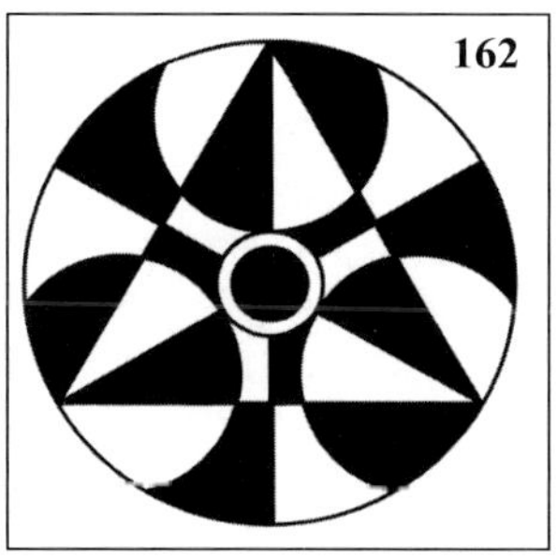
162

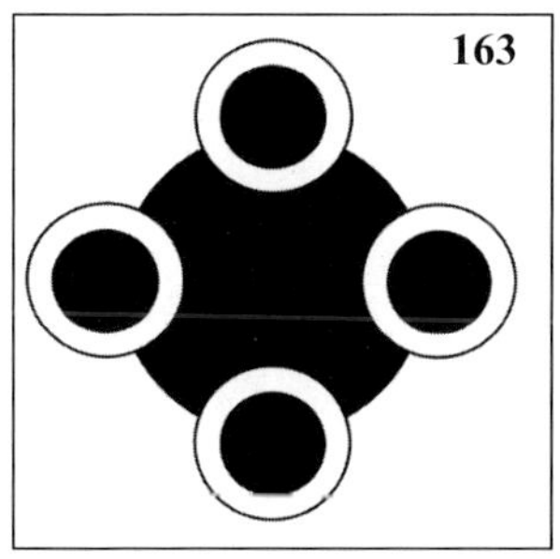
163

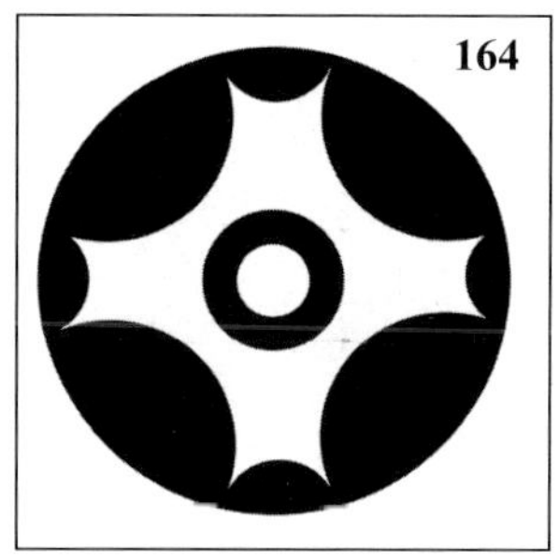
164

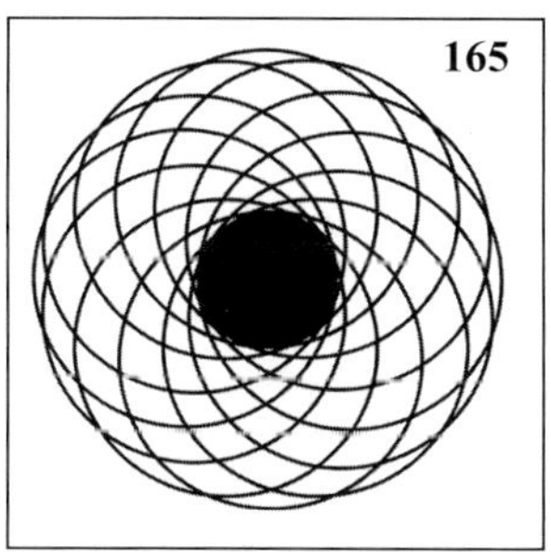
165

166

167

168

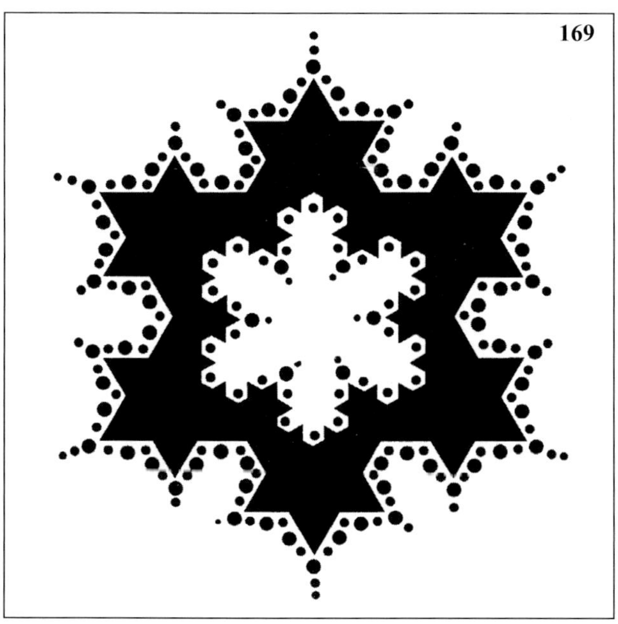
169

170

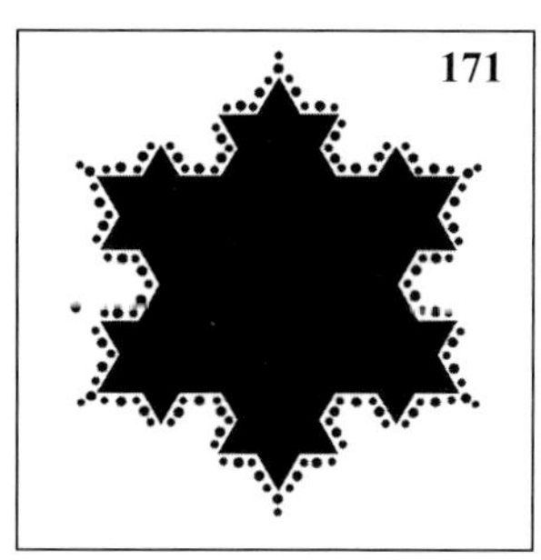
171

Dokumentierte Formationen von 1997 (Auswahl)

172

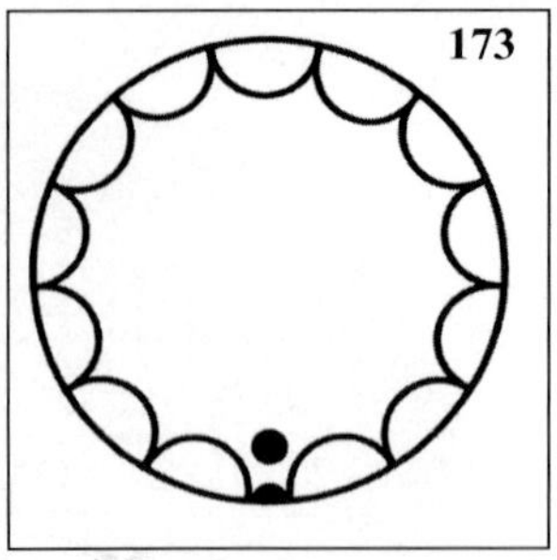
173

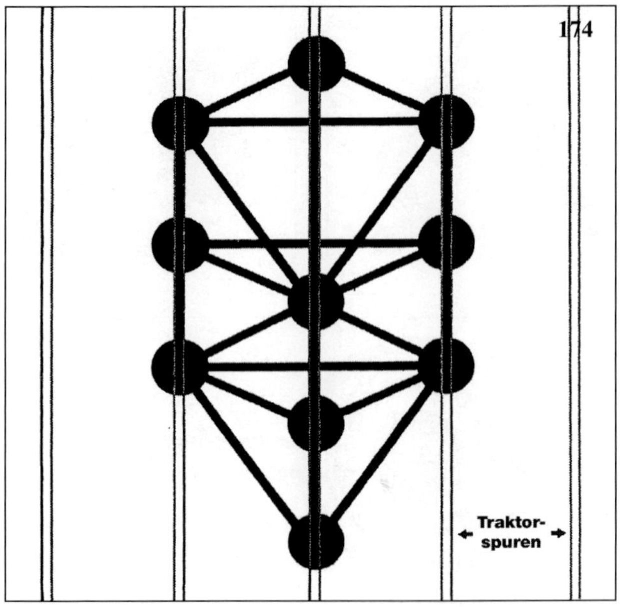

174

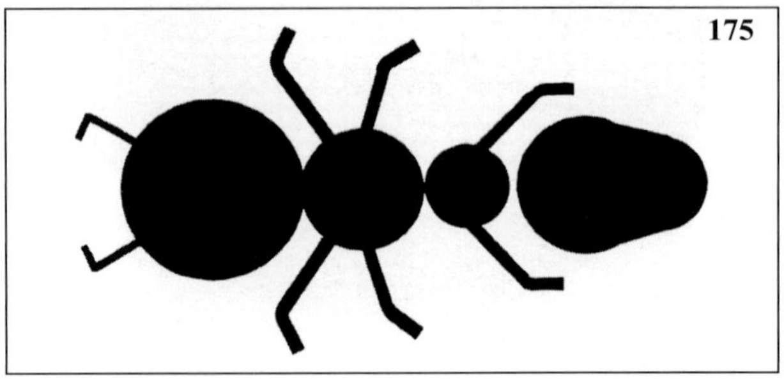
175

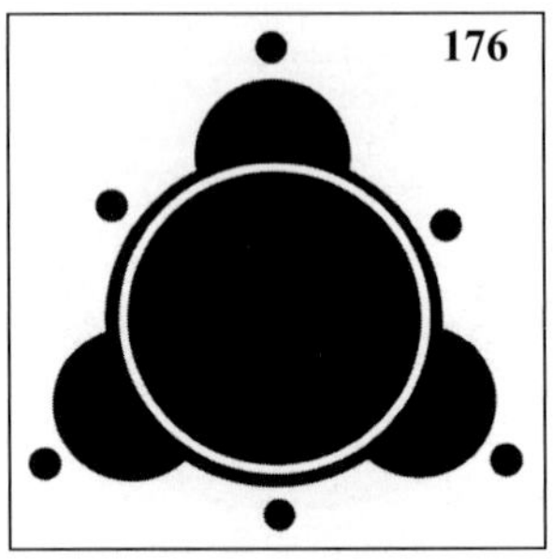
176

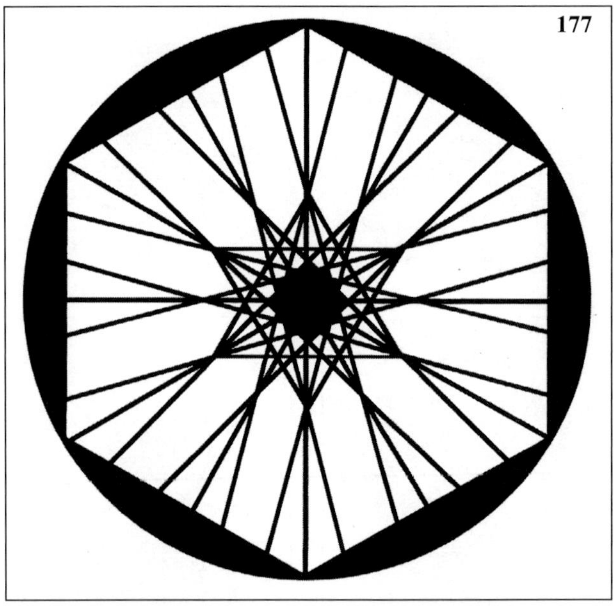
177

178

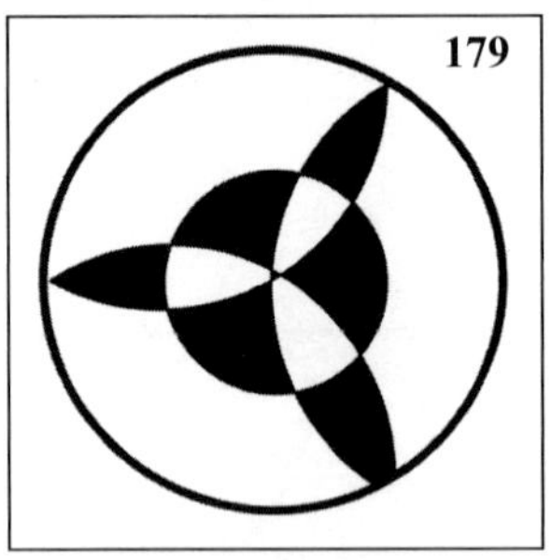
179

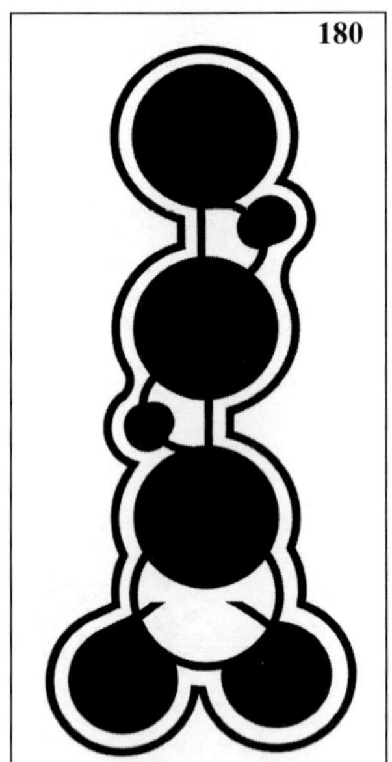
180

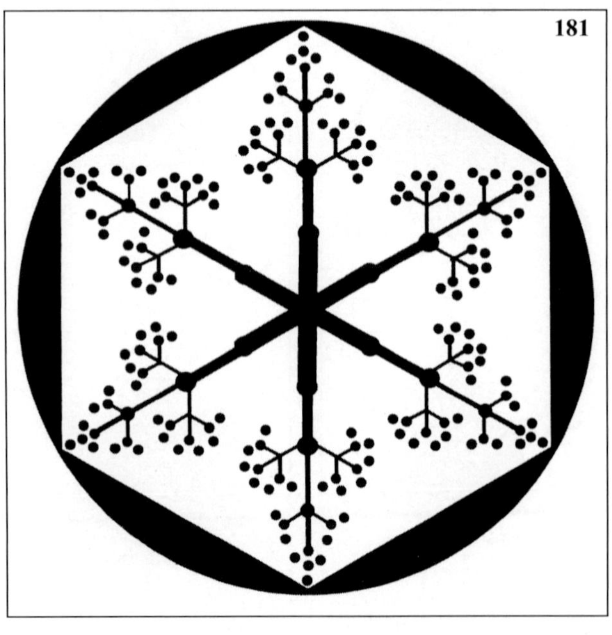
181

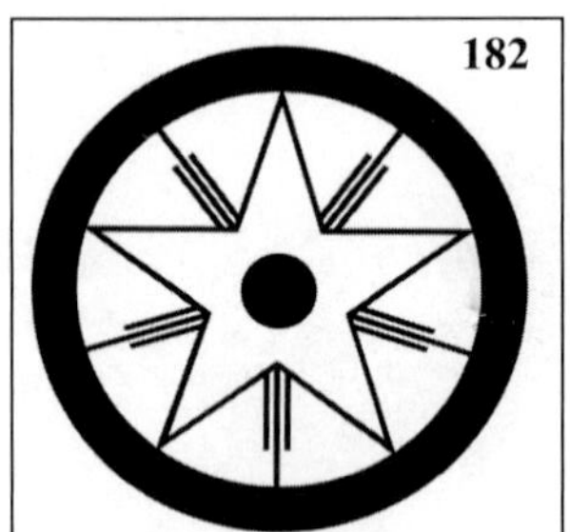
182

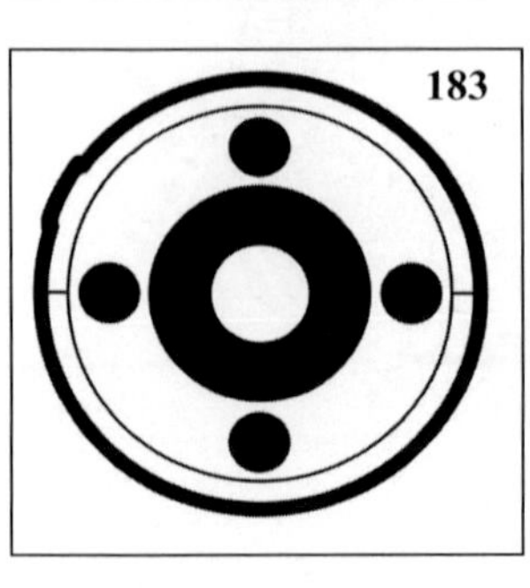
183

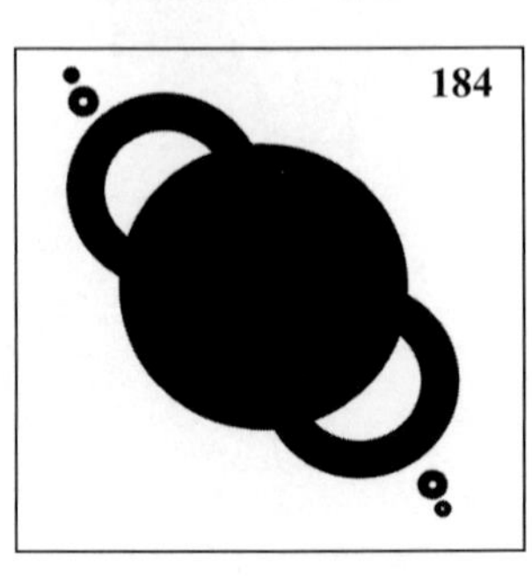
184

Dokumentierte Formationen von 1998 (Auswahl)

185

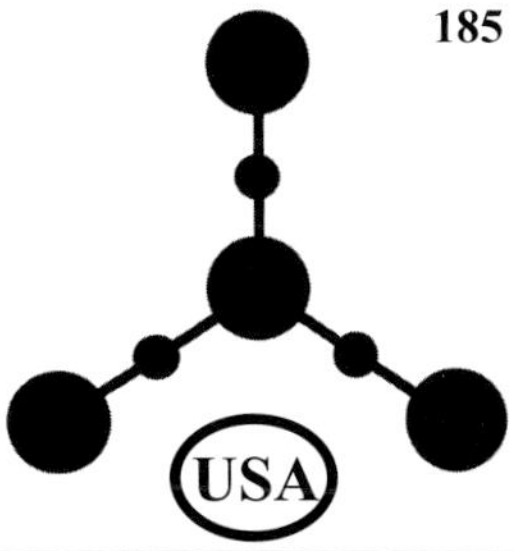

186

187

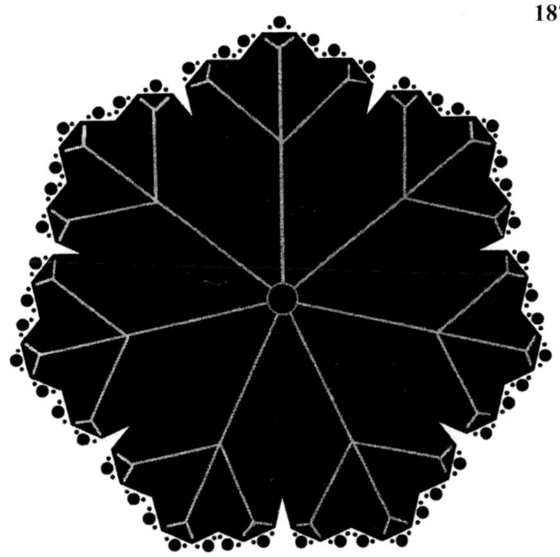

188

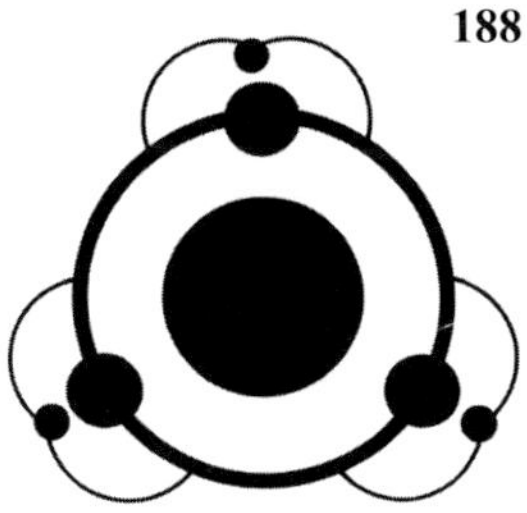

189

190

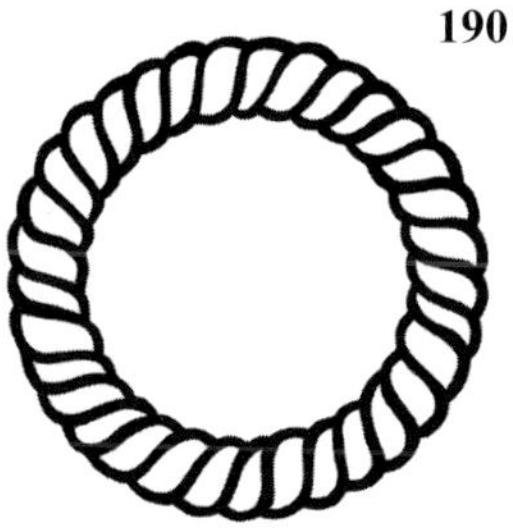

191

192

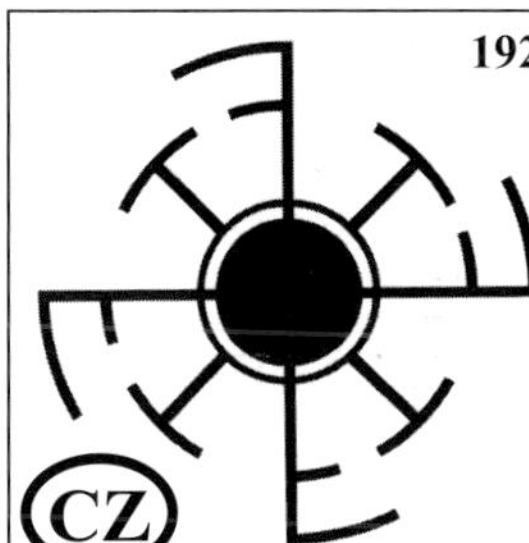

193

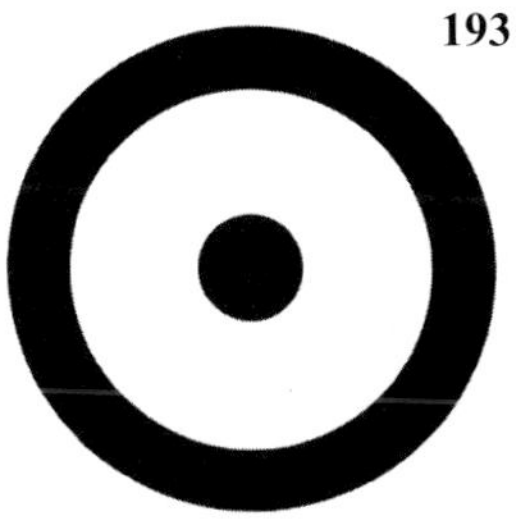

194

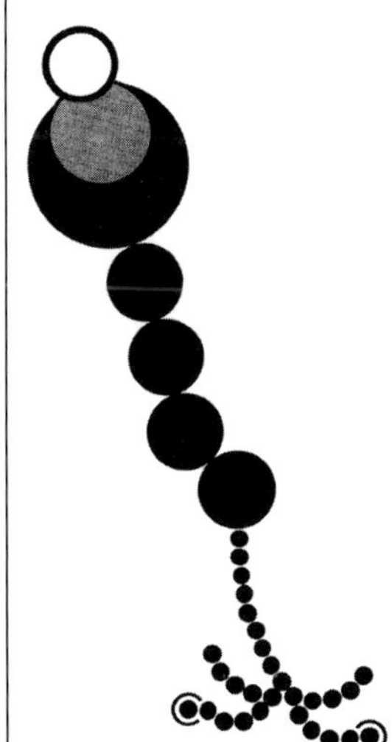

195

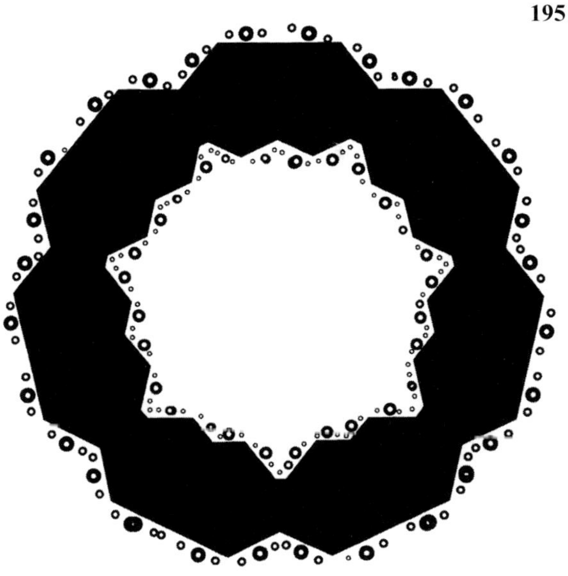

196

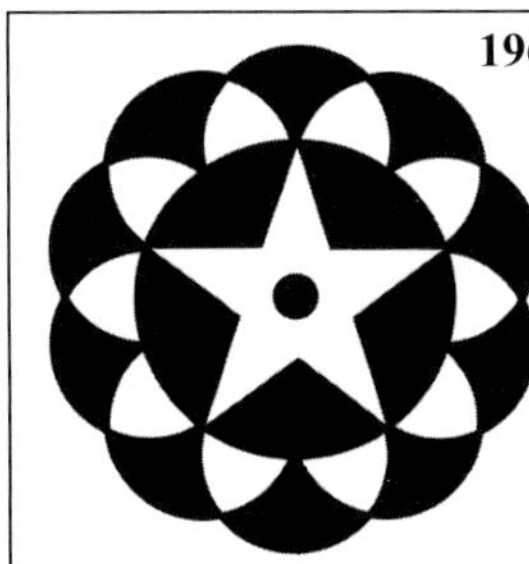

197

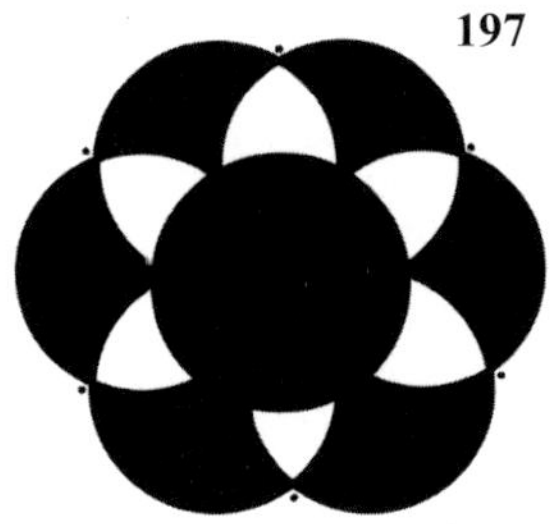

198

Dokumentierte Formationen von 1998 (Auswahl)

199

200

201

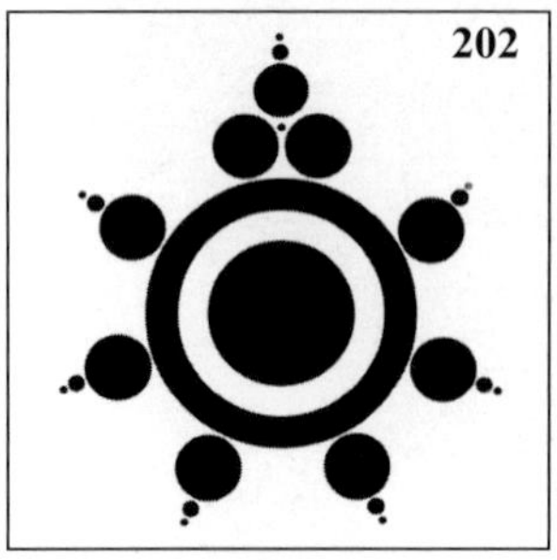

202

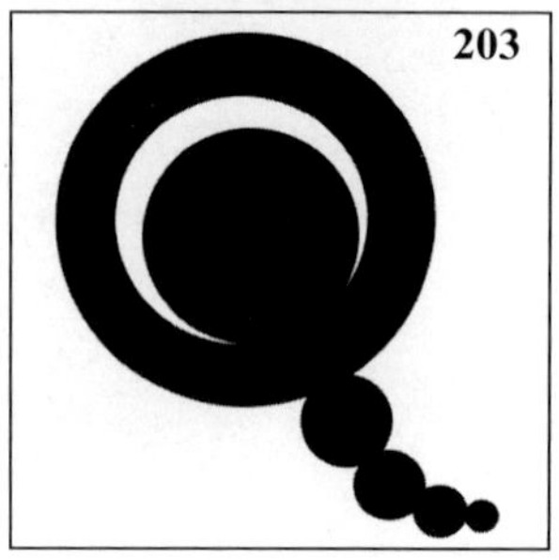

203

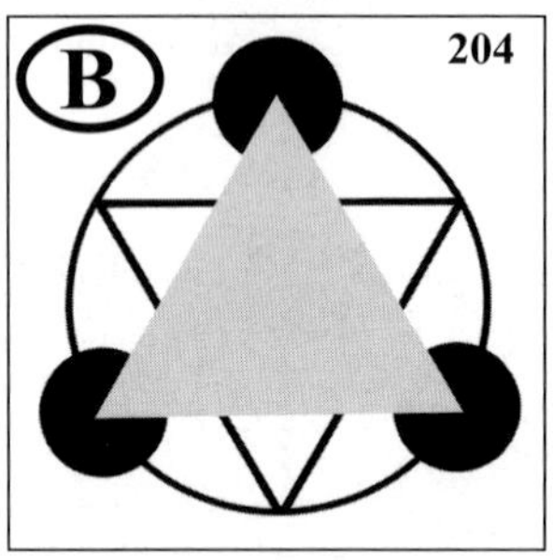

204

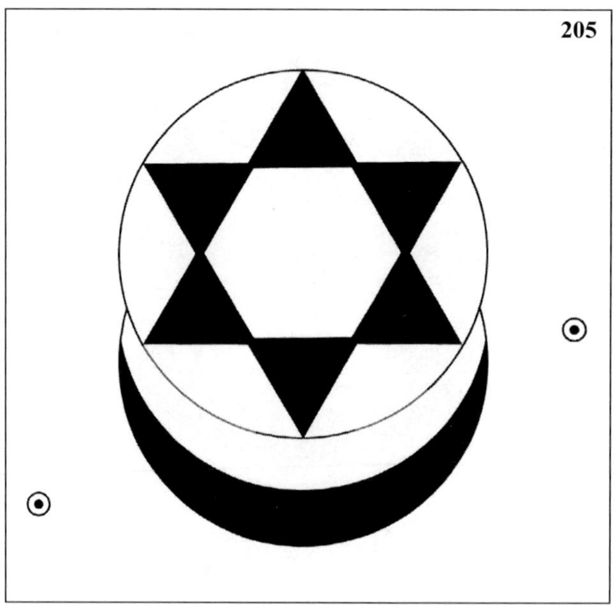

205

206

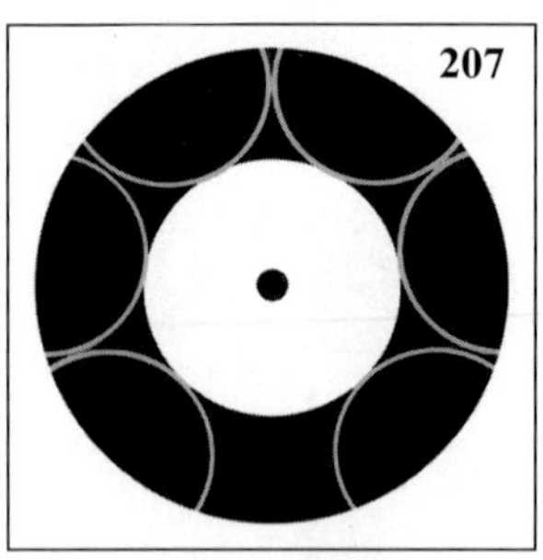

207

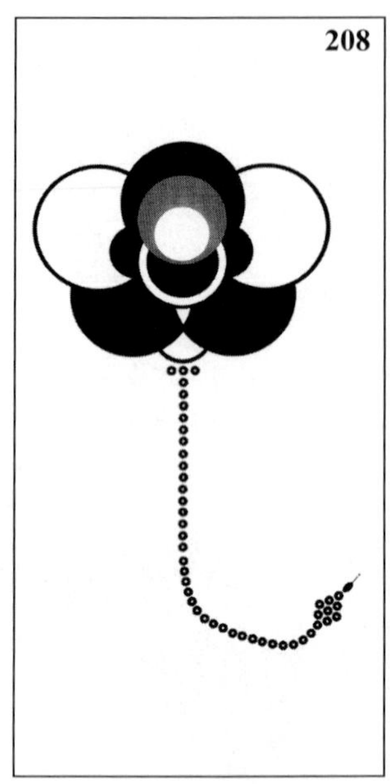

208

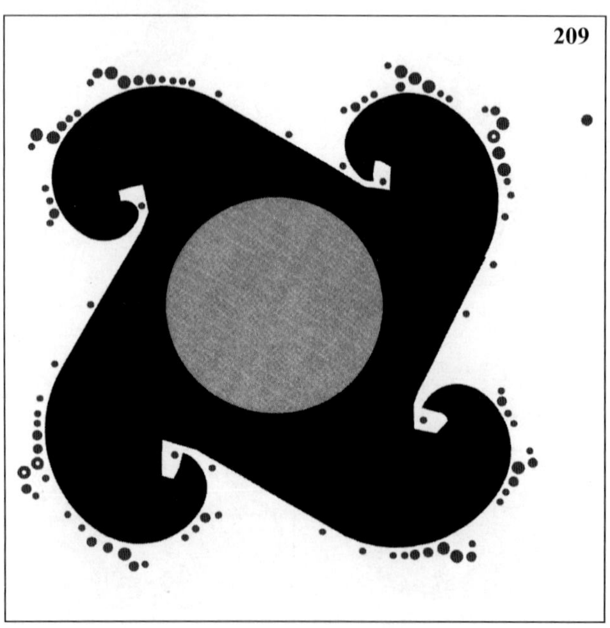

209

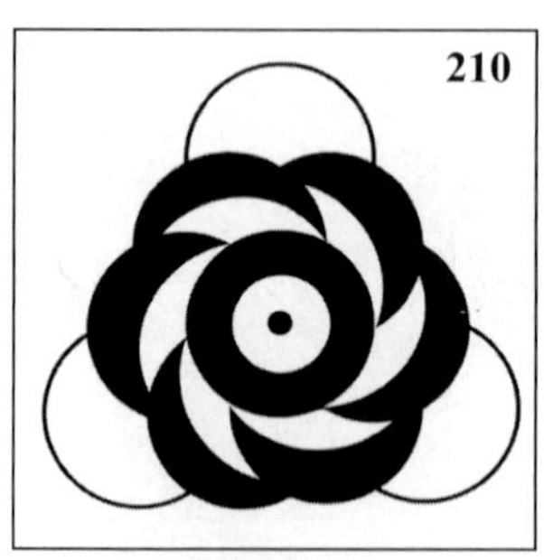

210

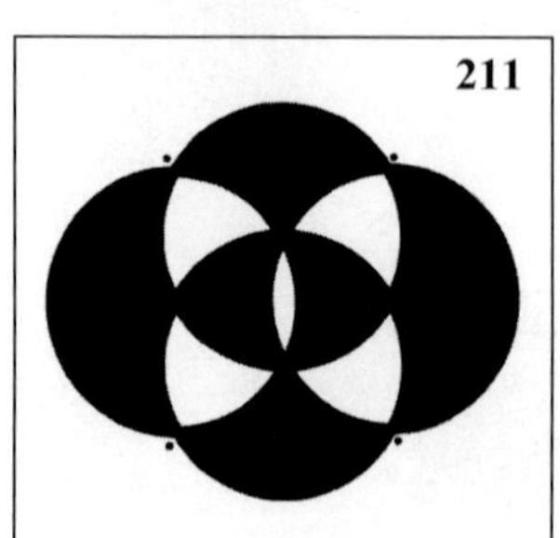

211

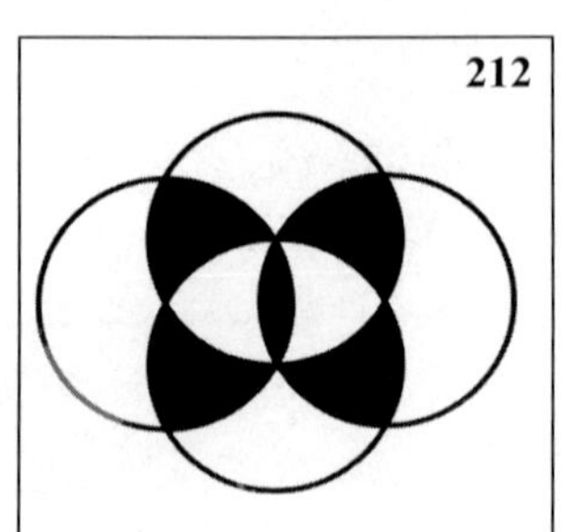

212

Dokumentierte Formationen von 1999 (Auswahl)

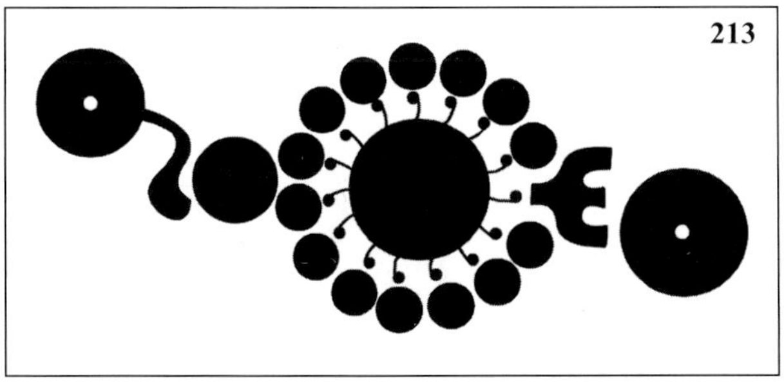
213

214

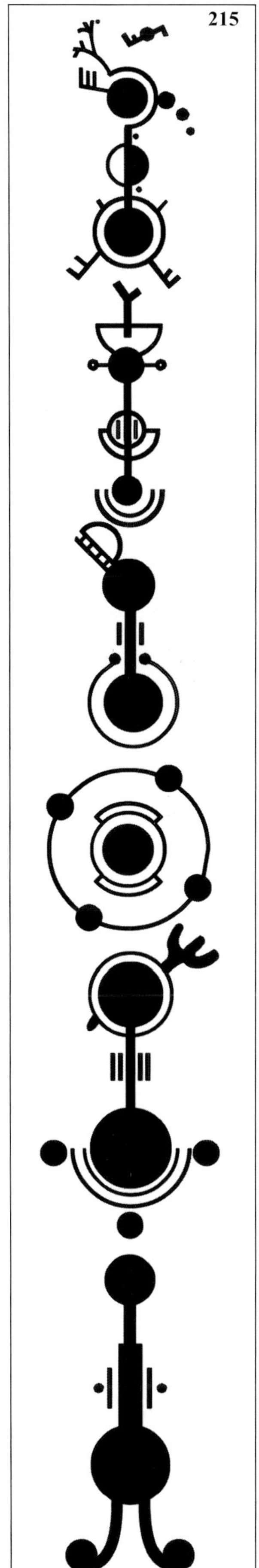
215

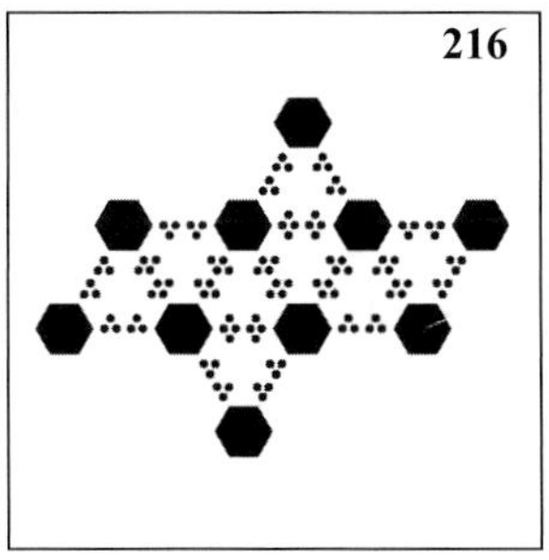
216

217

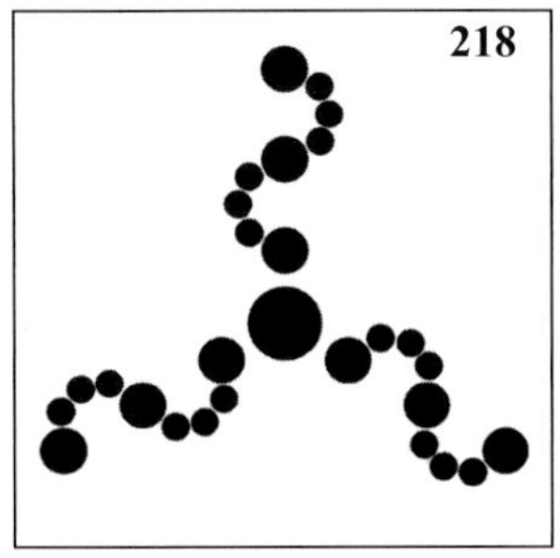
218

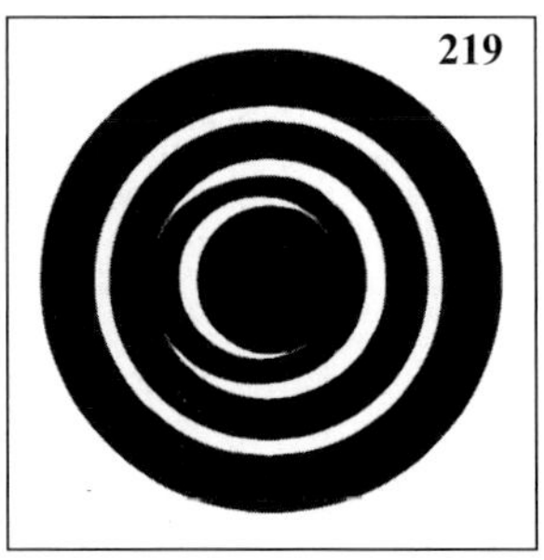
219

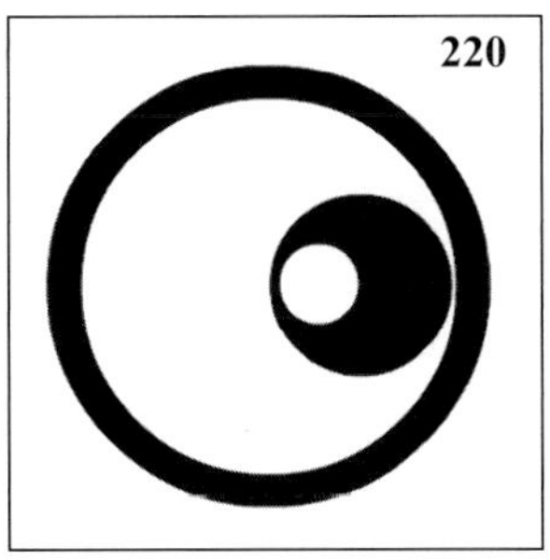
220

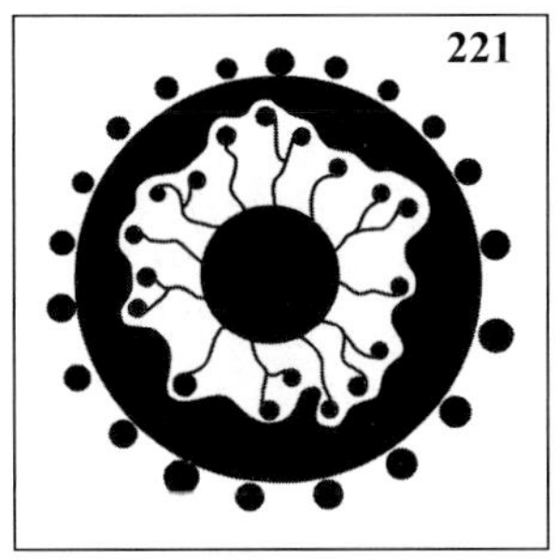
221

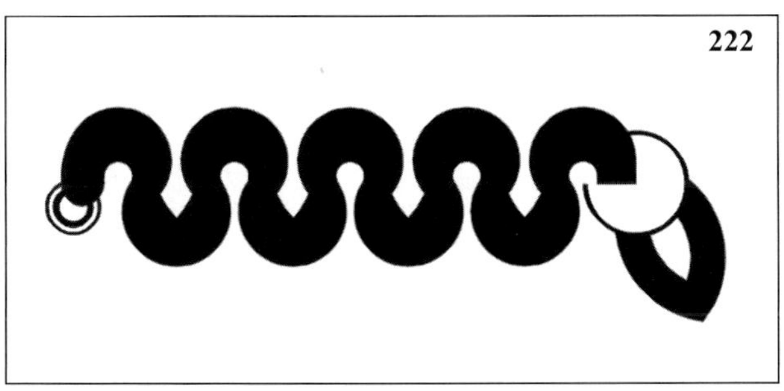
222

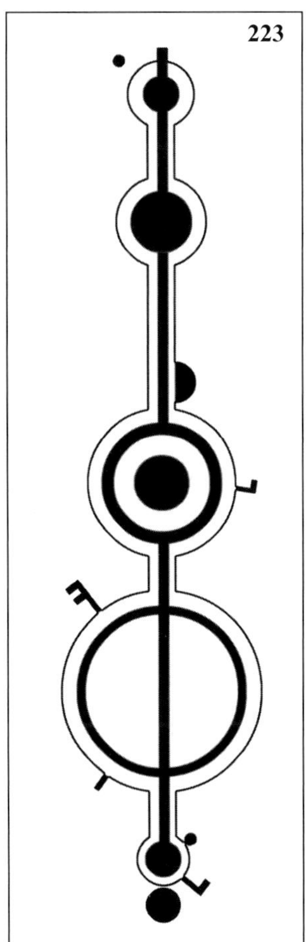
223

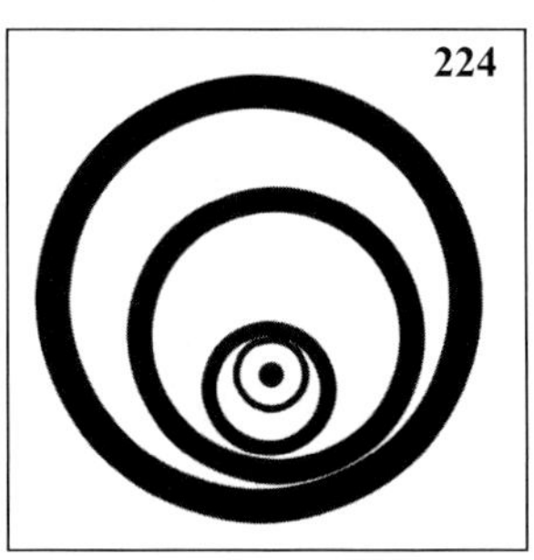
224

225

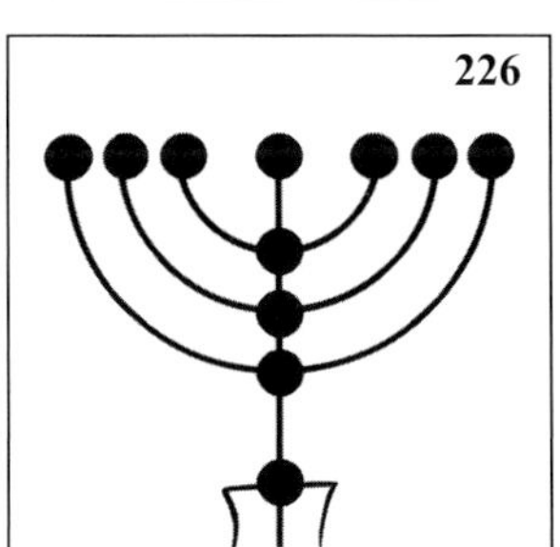
226

227

Dokumentierte Formationen von 1999 (Auswahl)

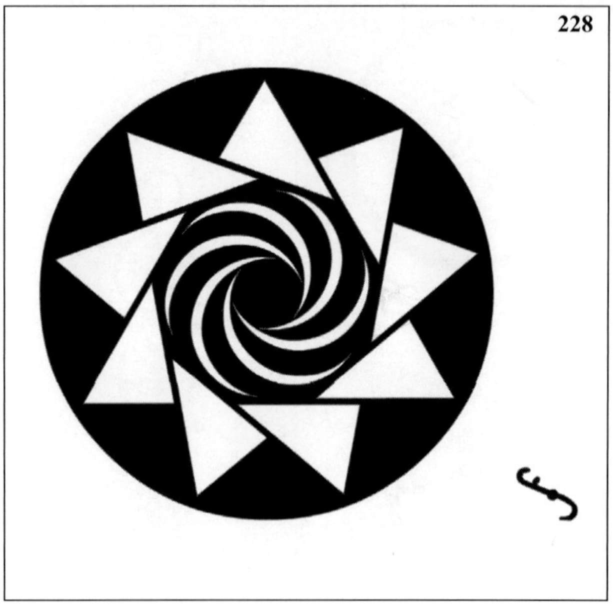
228

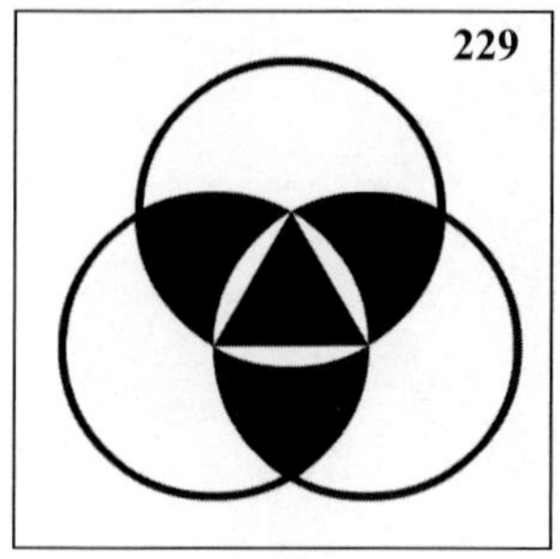
229

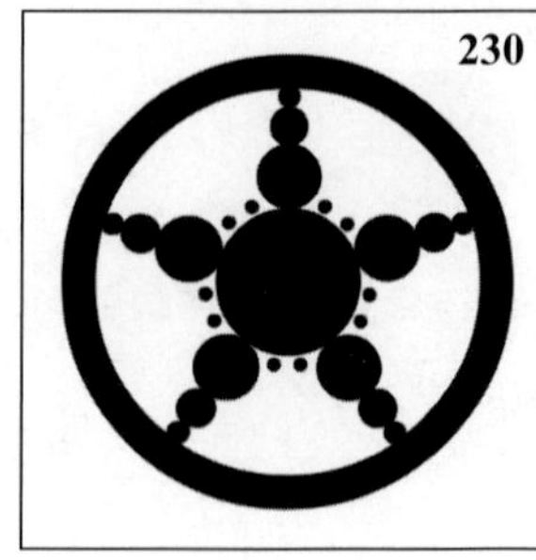
230

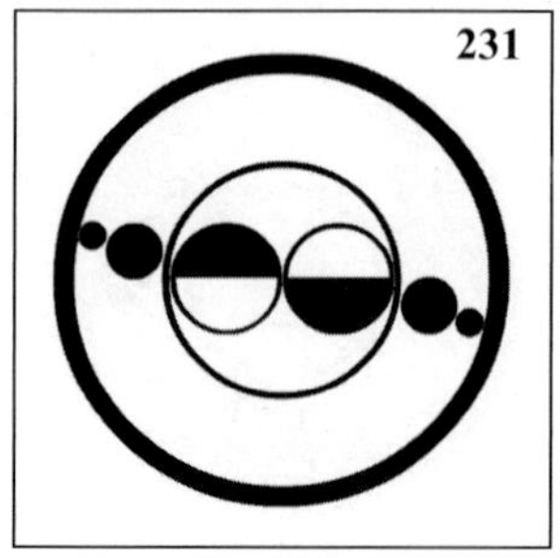
231

232

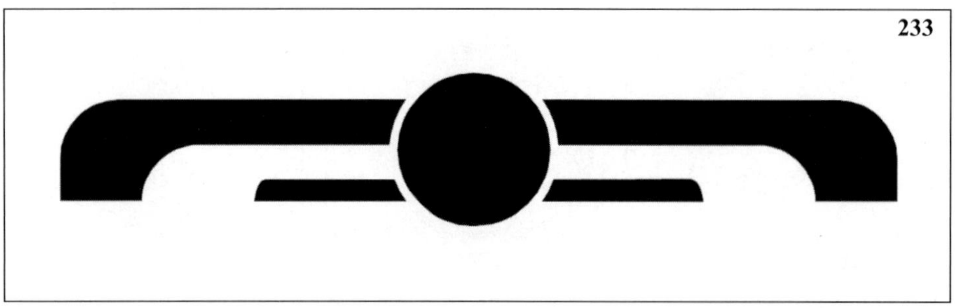
233

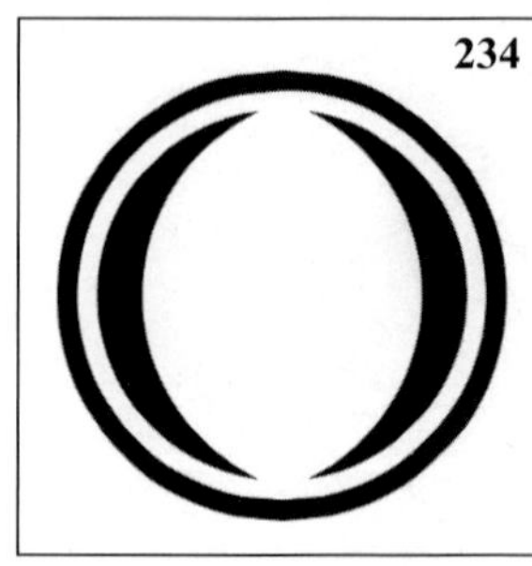
234

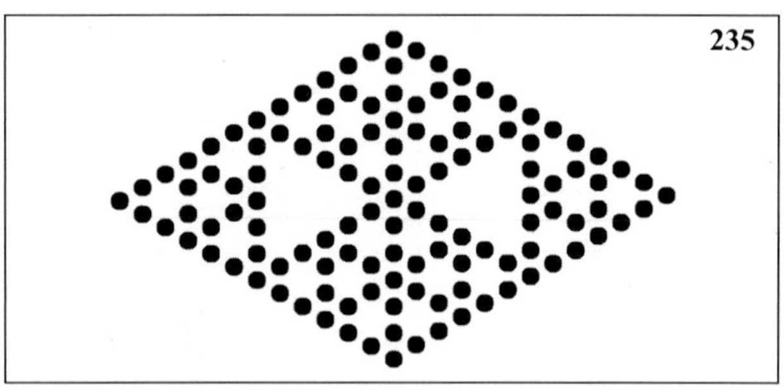
235

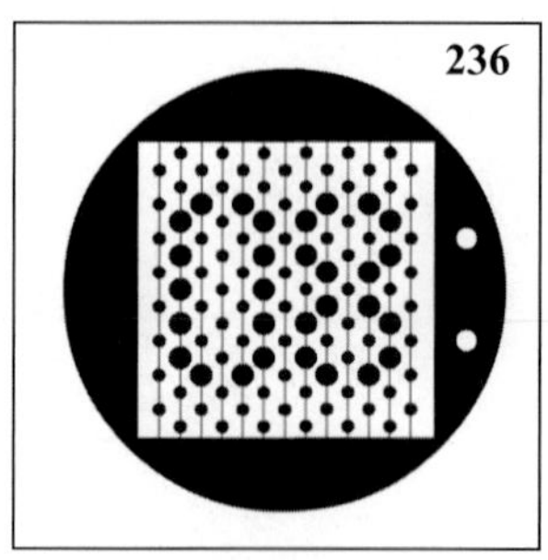
236

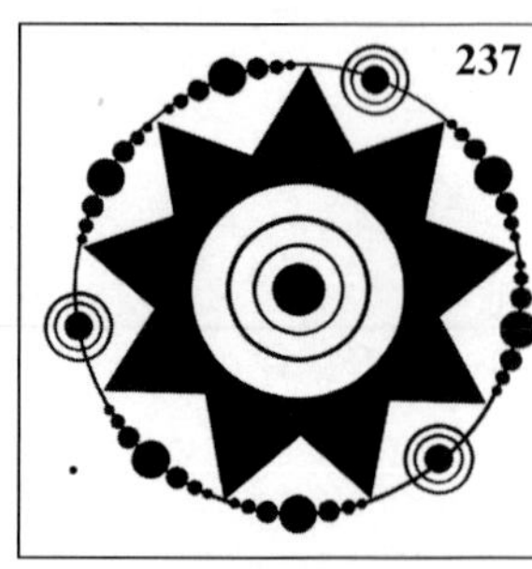
237

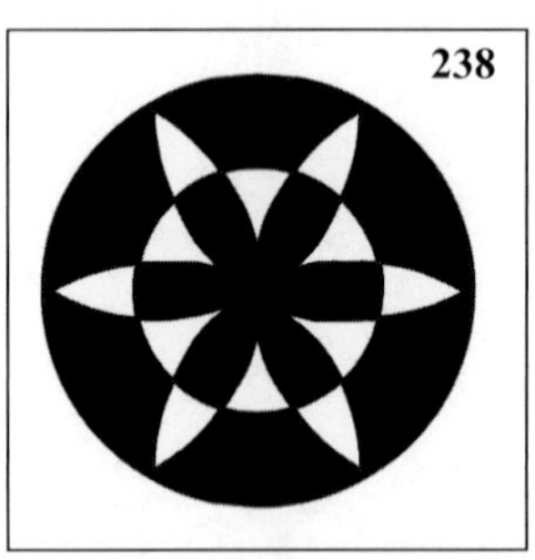
238

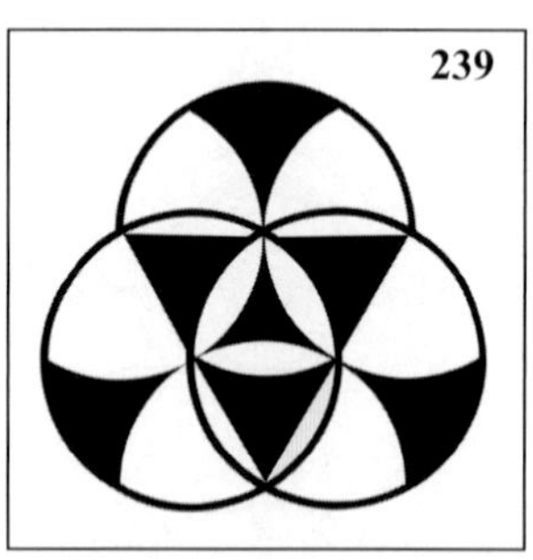
239

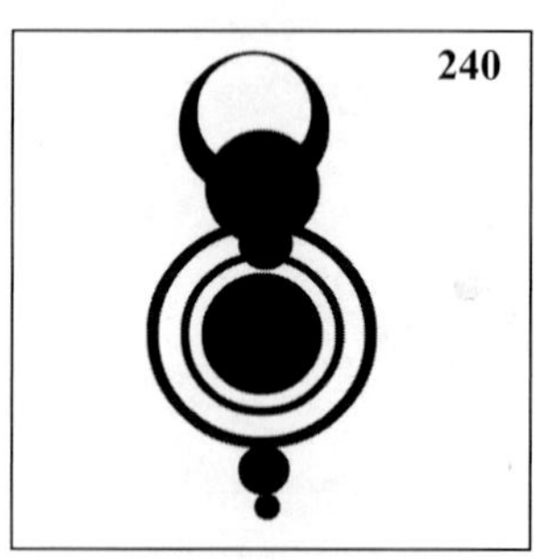
240

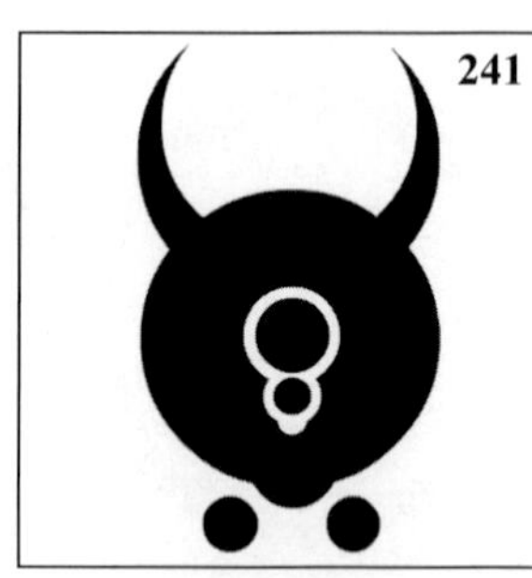
241

242

243

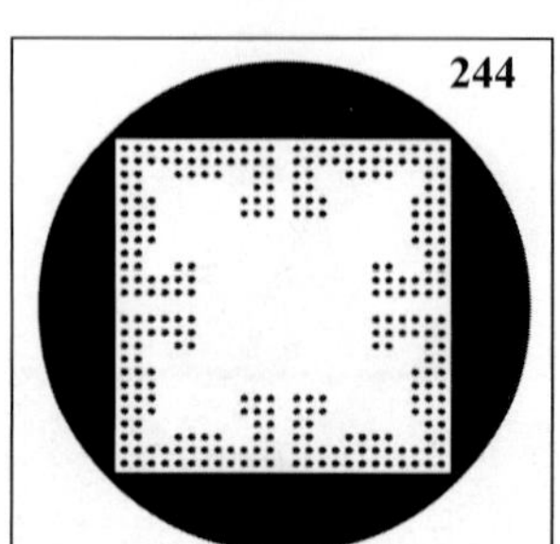
244

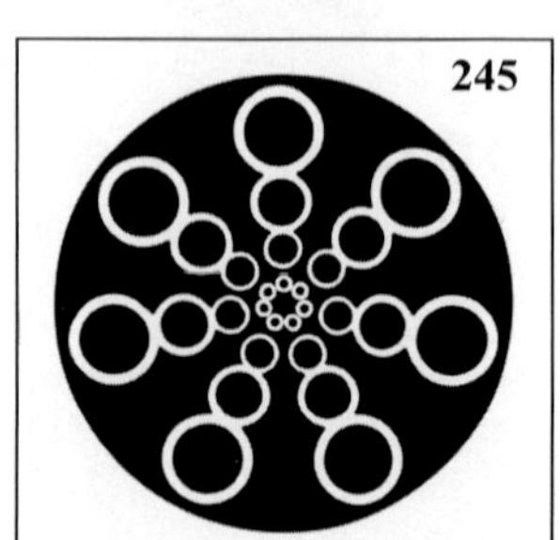
245

Dokumentierte Formationen von 1999 (Auswahl)

246
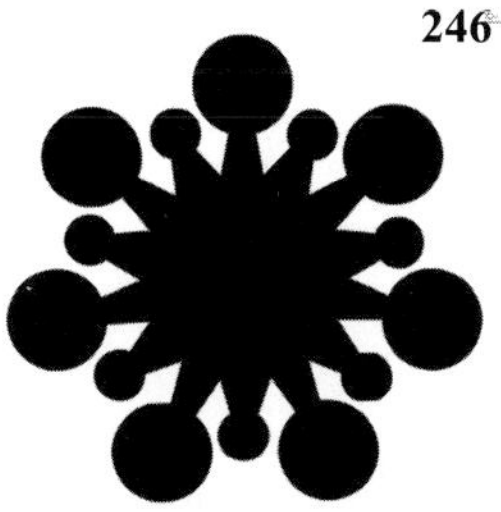

247

248
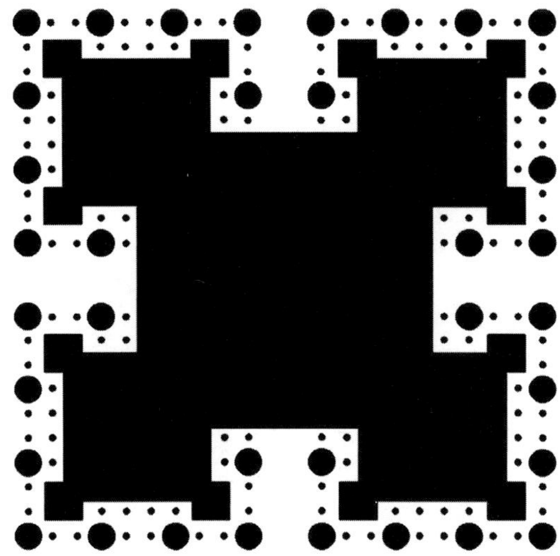

249

250
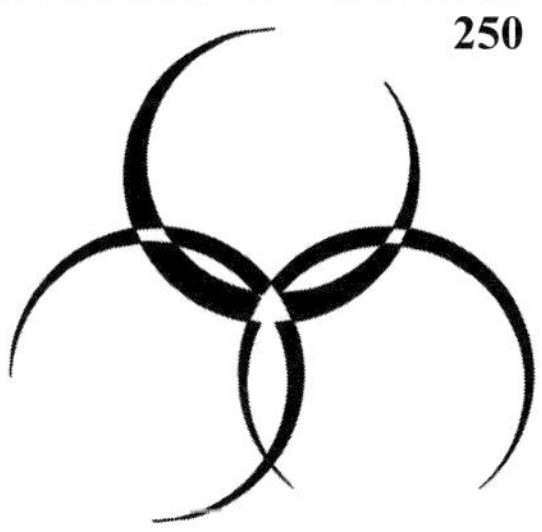

251

252

253

254

255

256

257

258
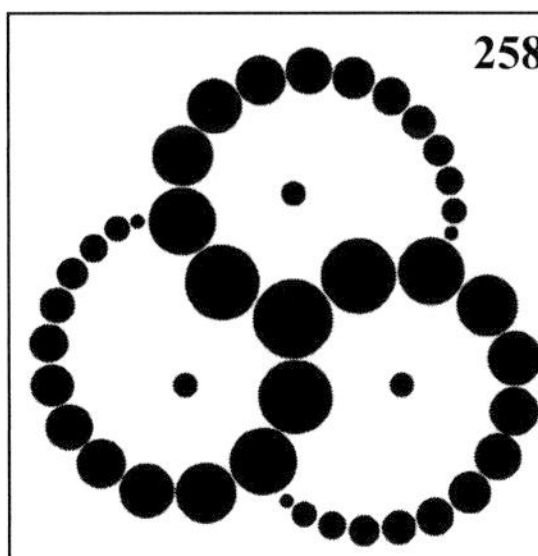

Dokumentierte Formationen von 2000 (Auswahl)

259
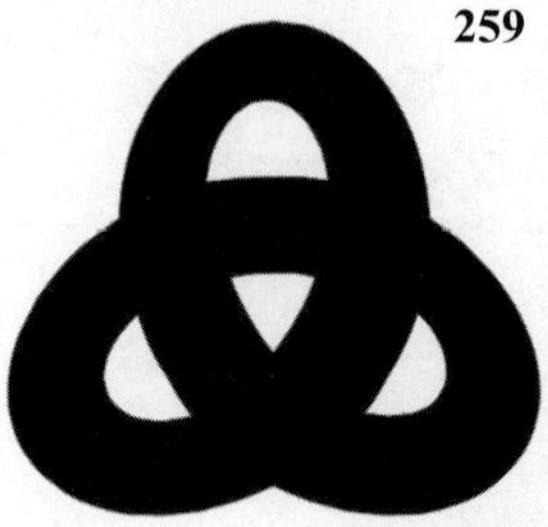

260
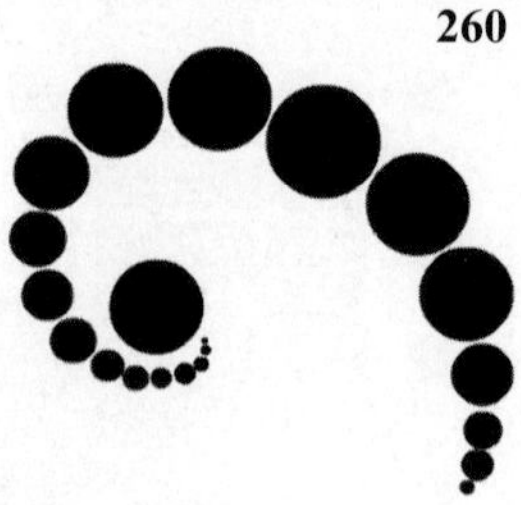

261
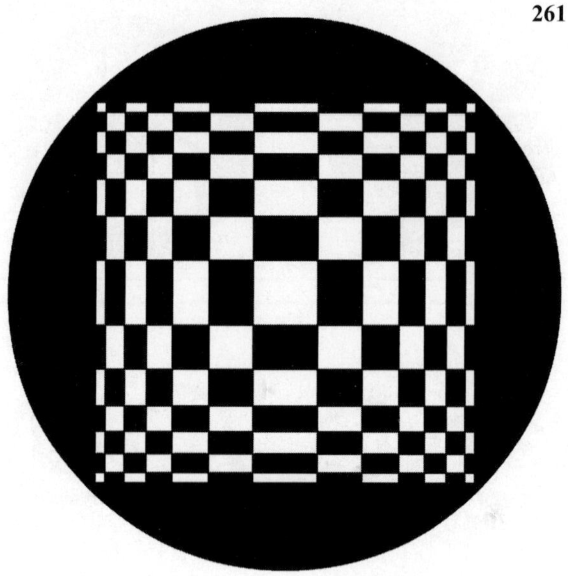

262

D

263

264

265

266

267
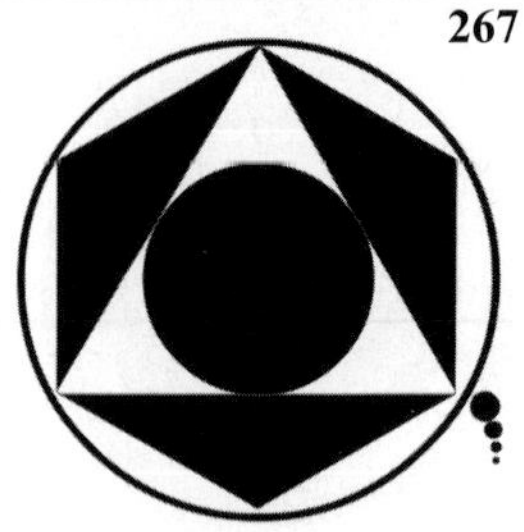

268

269

270
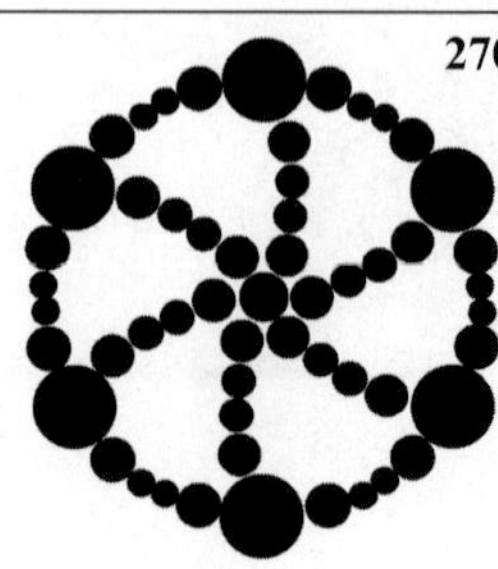

271

Dokumentierte Formationen von 2000 (Auswahl)

272

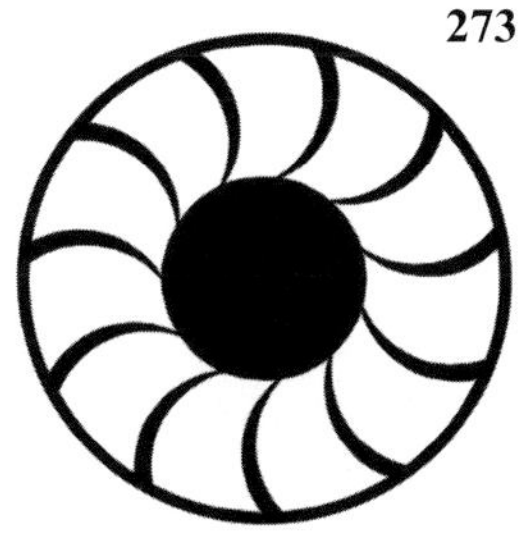
273

274

275

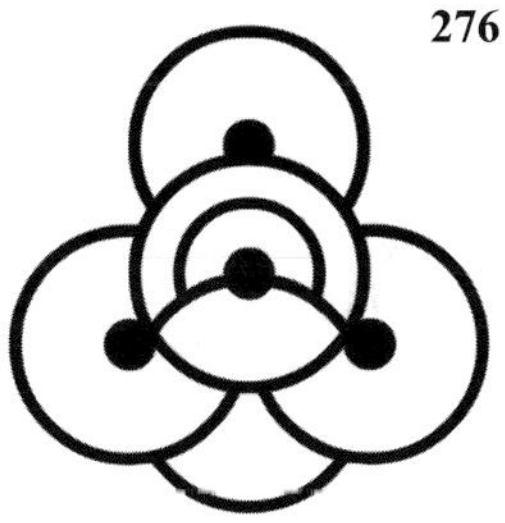
276

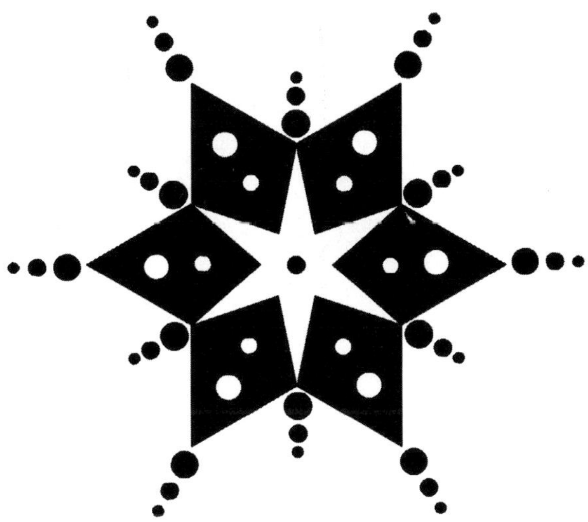
277

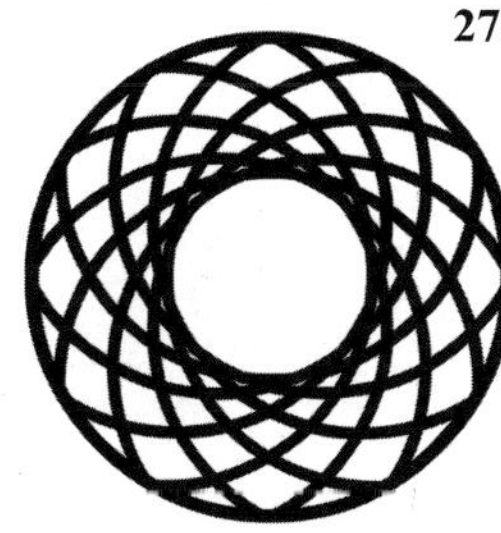
278

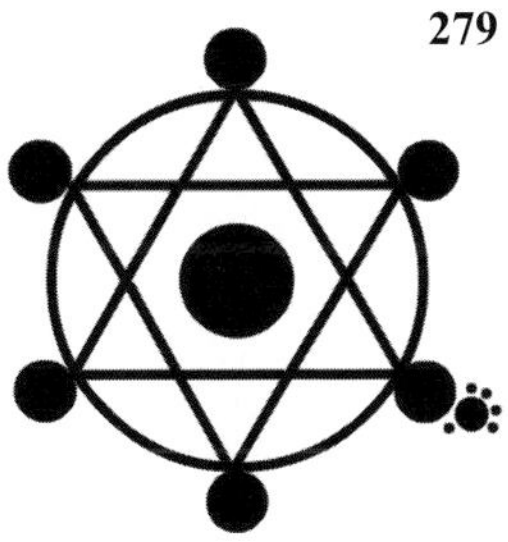
279

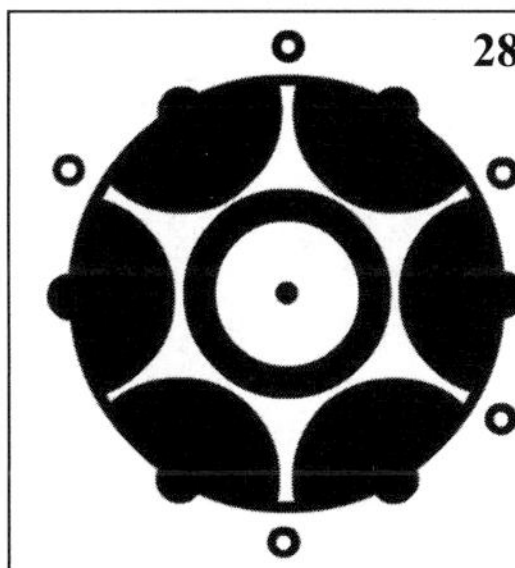
280

281

282

283

284

Dokumentierte Formationen von 2000 (Auswahl)

285

286

287

288

289

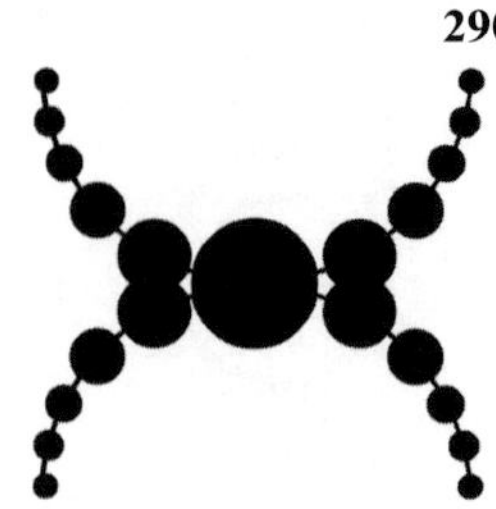

290

291

292

293

294

295

296

Dokumentierte Formationen von 2001 (Auswahl)

297
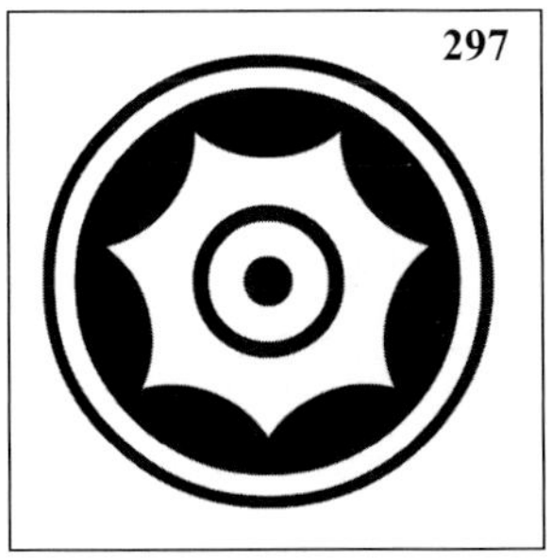

298
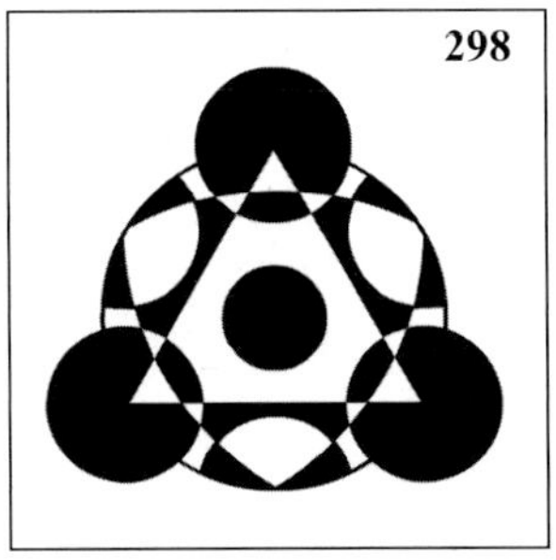

299
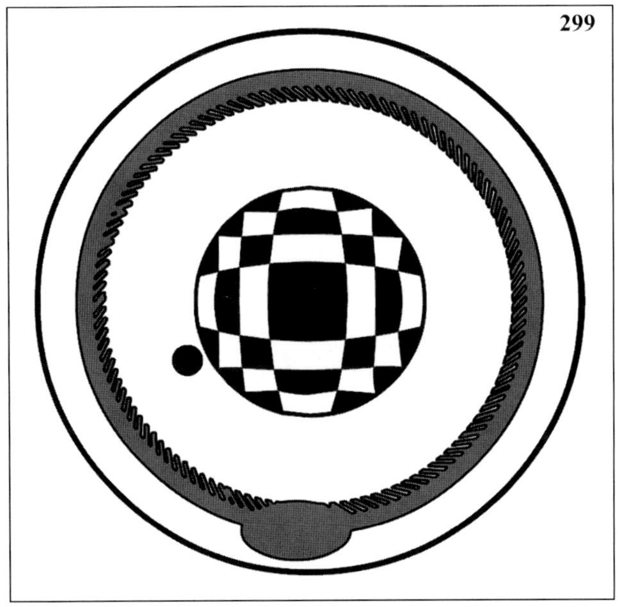

300

301
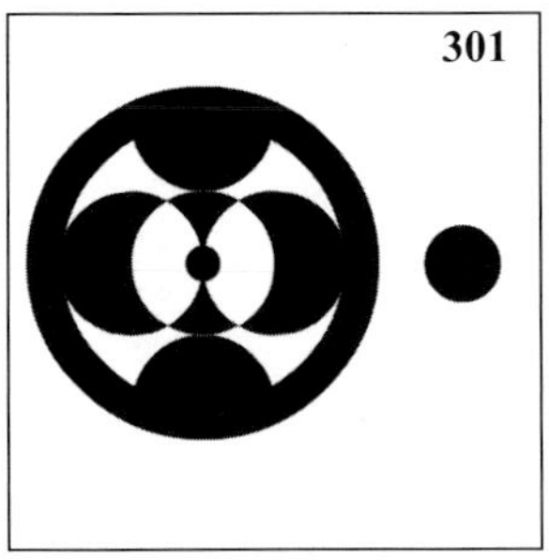

302

303

304
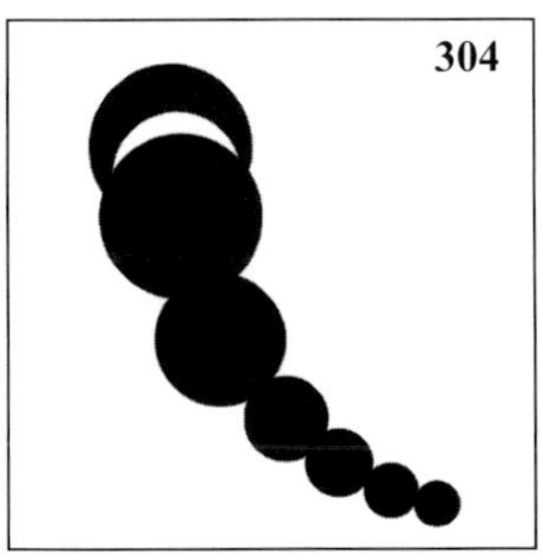

305
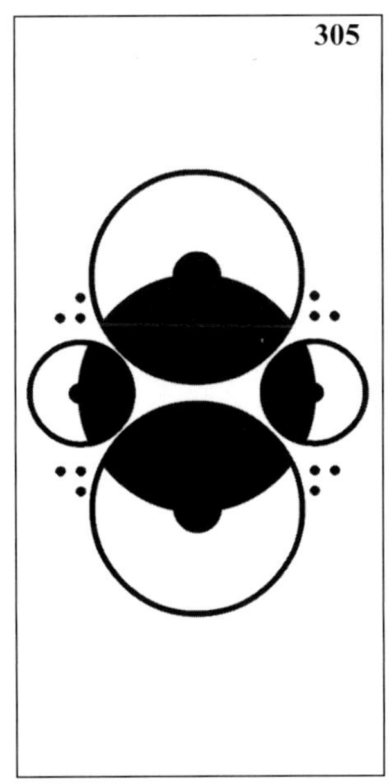

306
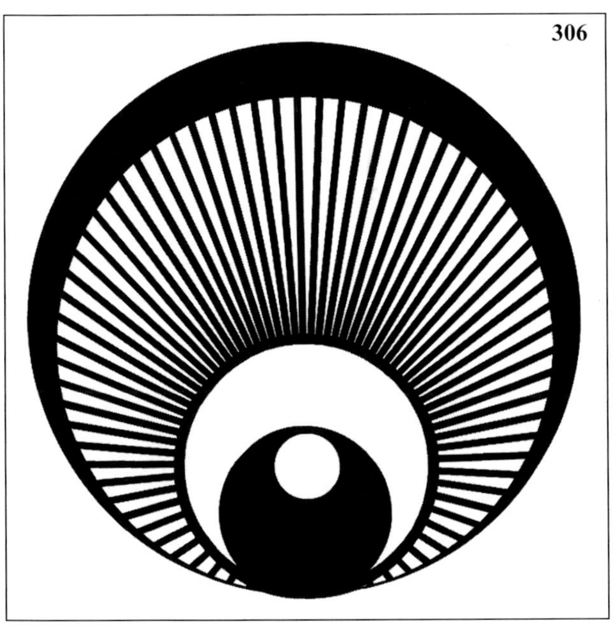

307
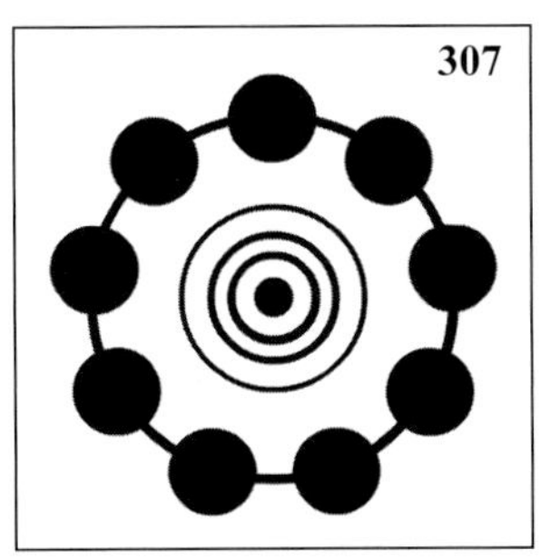

308
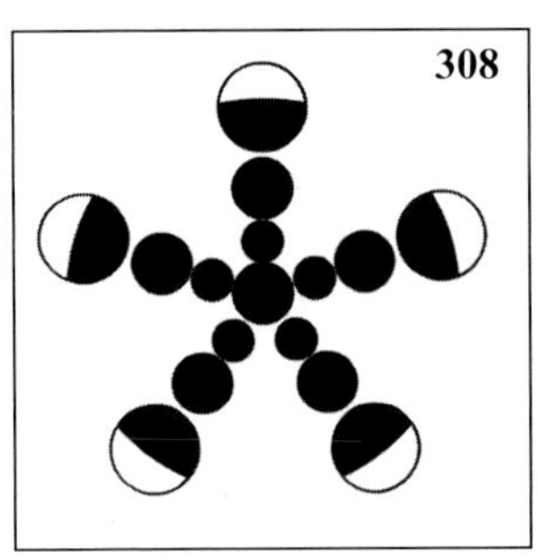

309

Dokumentierte Formationen von 2001 (Auswahl)

310

311

312

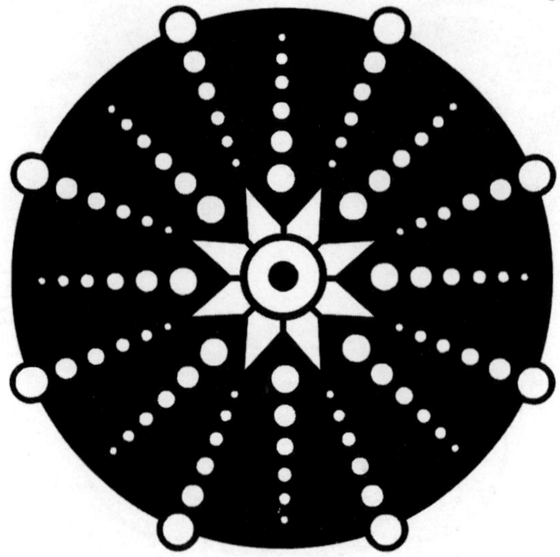

313

314

315

316

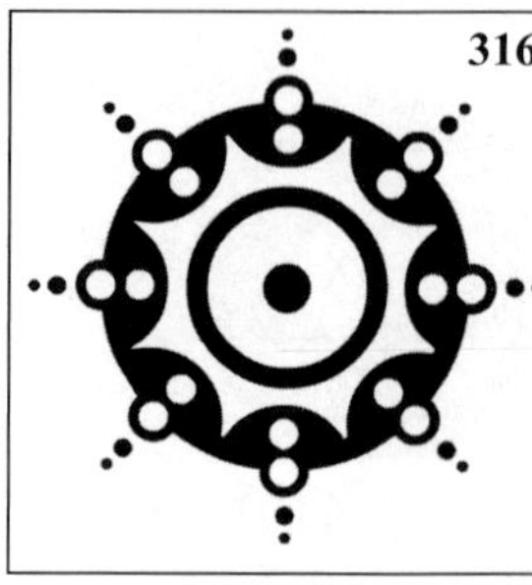

317

318

319

320

321

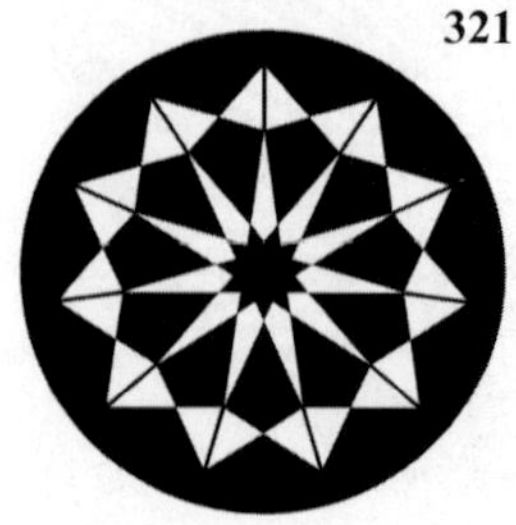

322

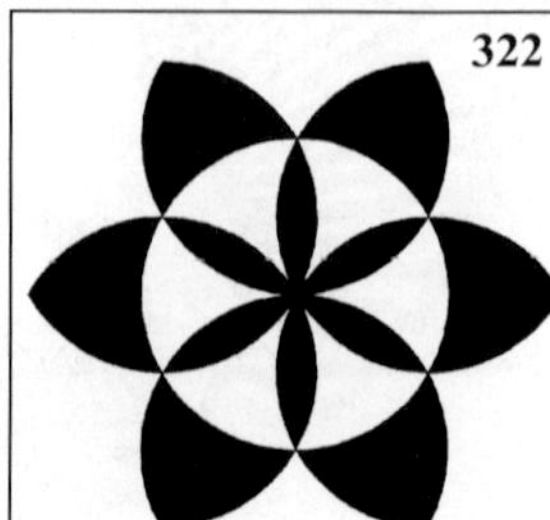

Dokumentierte Formationen von 2001 (Auswahl)

323

324

325

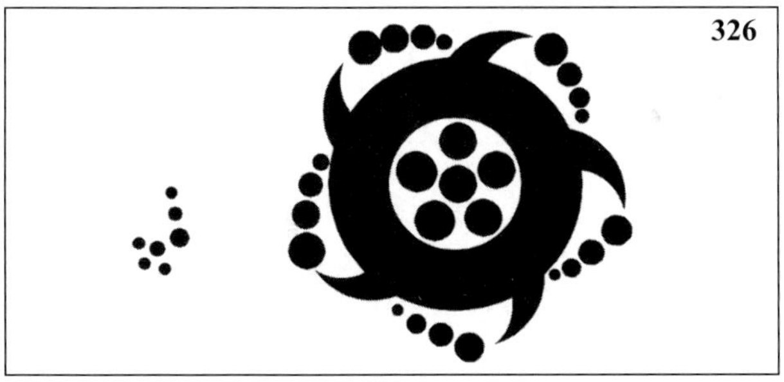
326

327

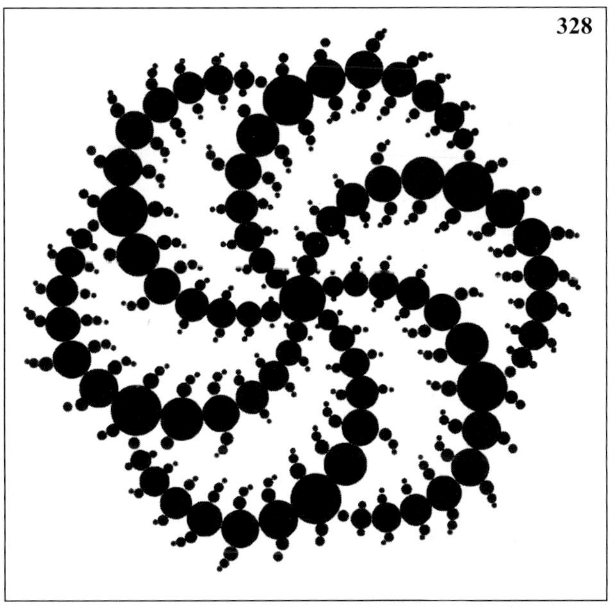
328

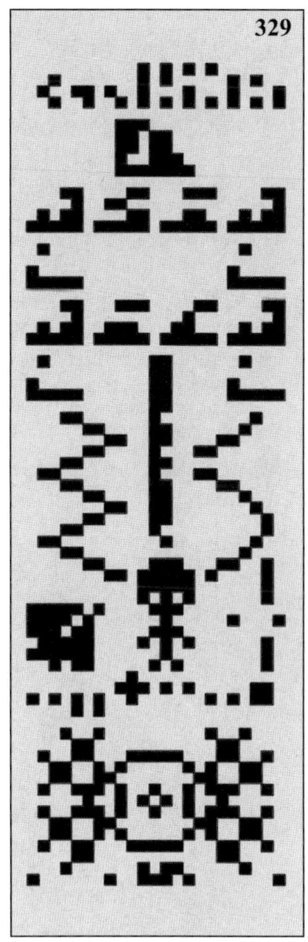
329

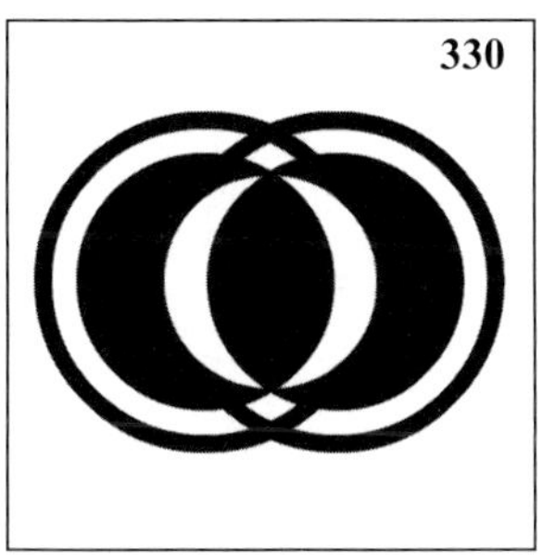
330

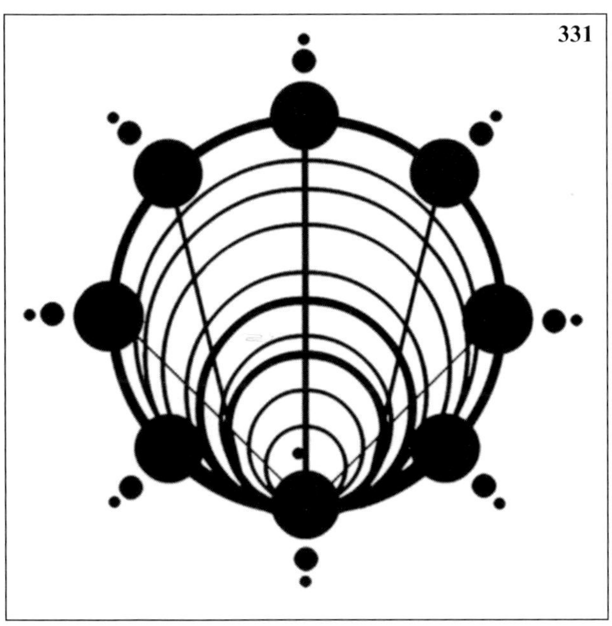
331

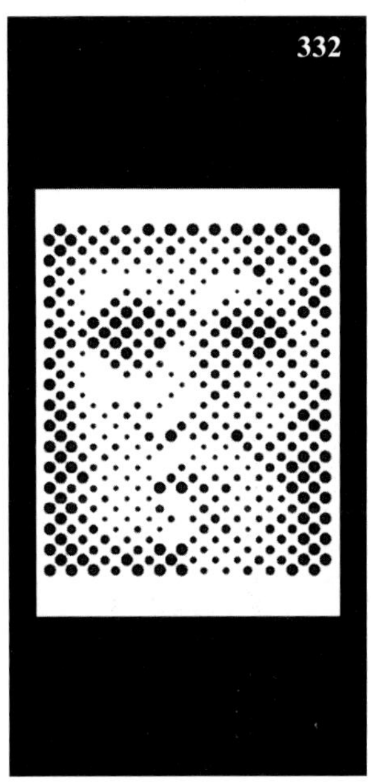
332

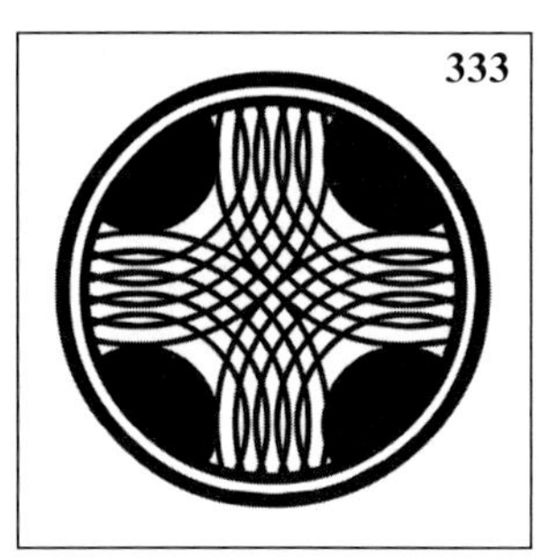
333

Dokumentierte Formationen von 2002 (Auswahl)

334

335

336

337

338

339

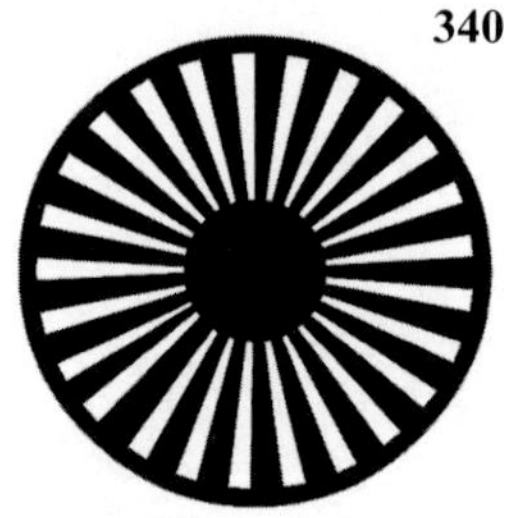
340

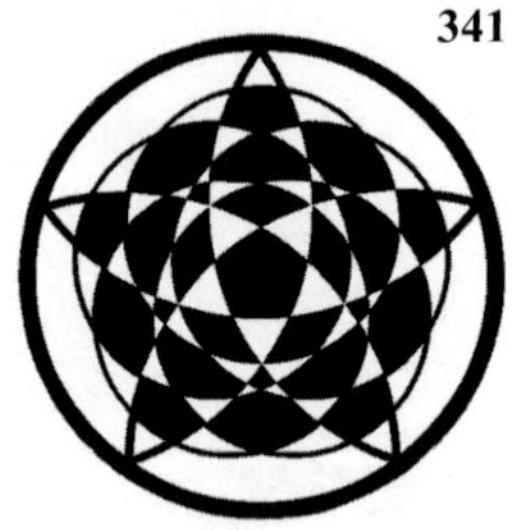
341

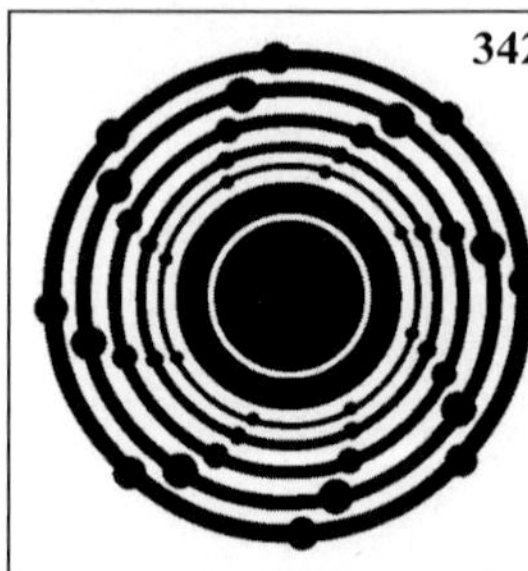
342

343

344

345

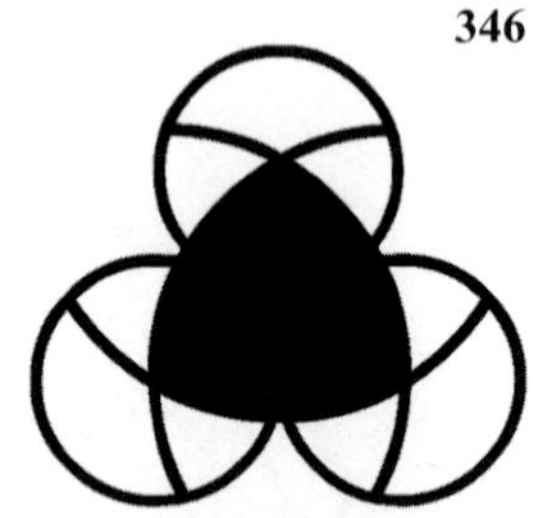
346

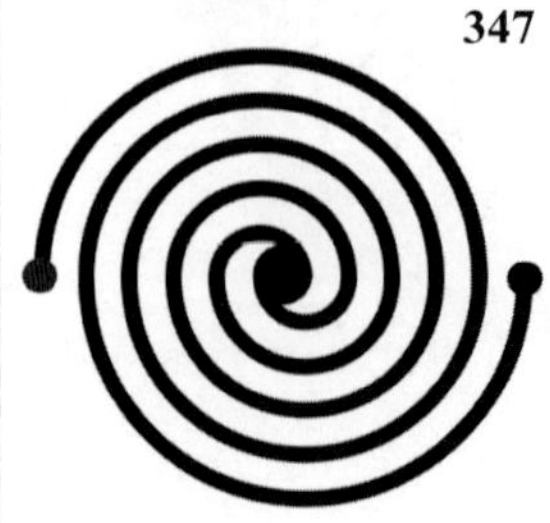
347

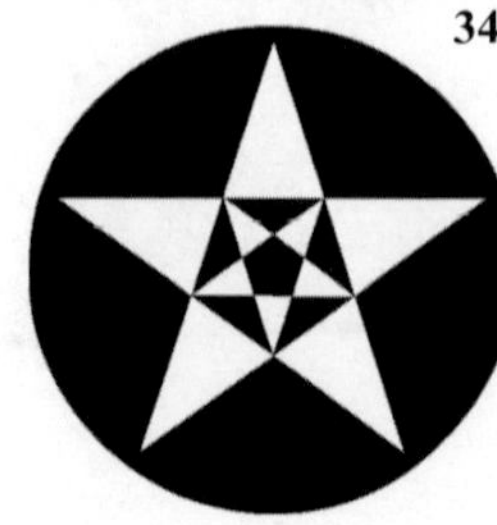
348

Dokumentierte Formationen von 2002 (Auswahl)

349
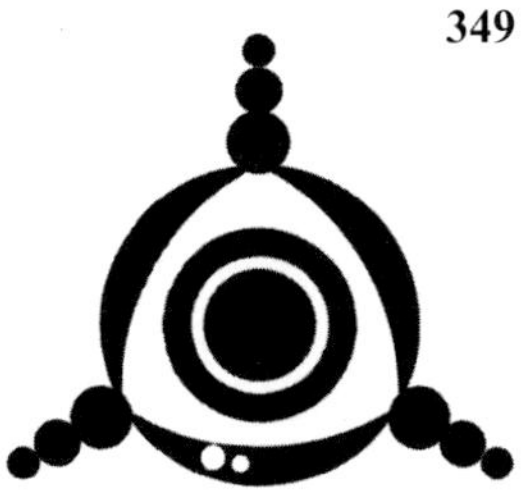

350
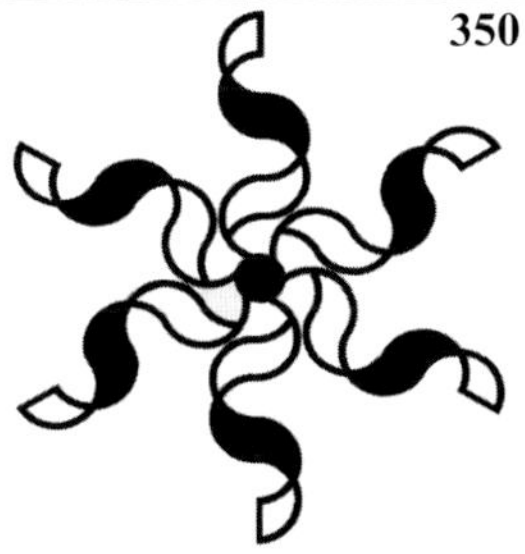

351

352
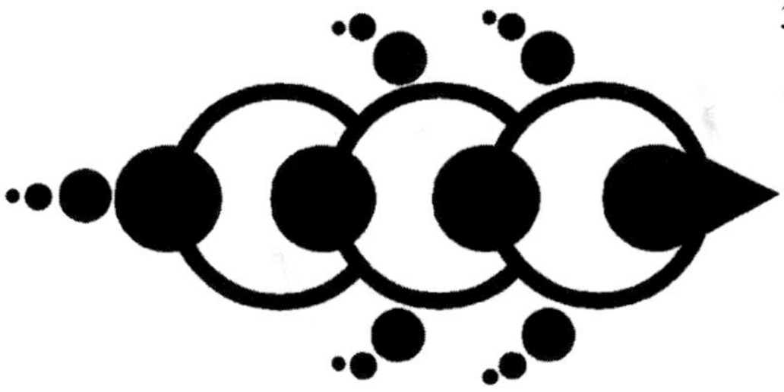

353

354
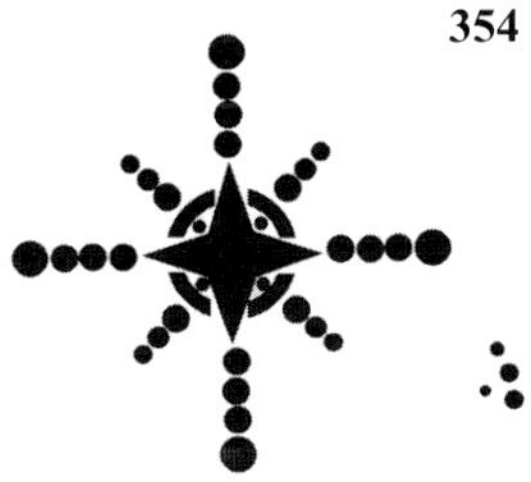

355
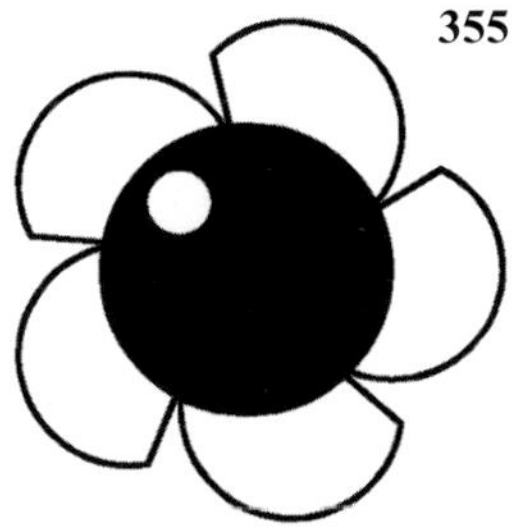

356
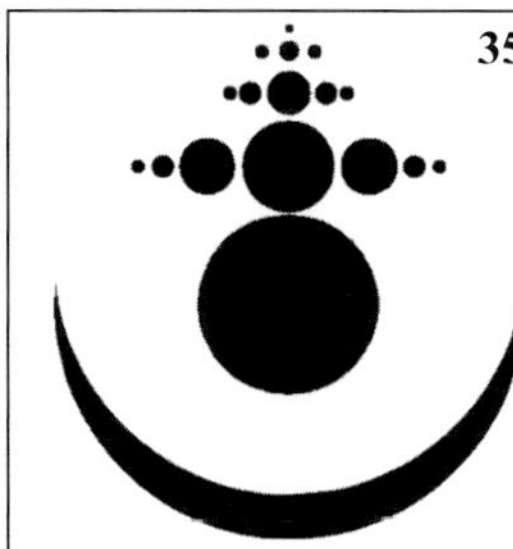

357
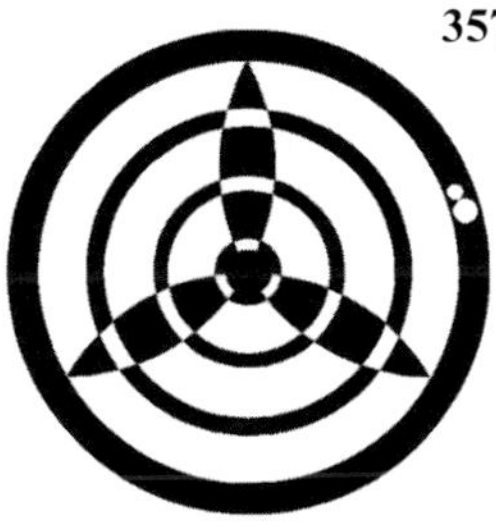

358

359
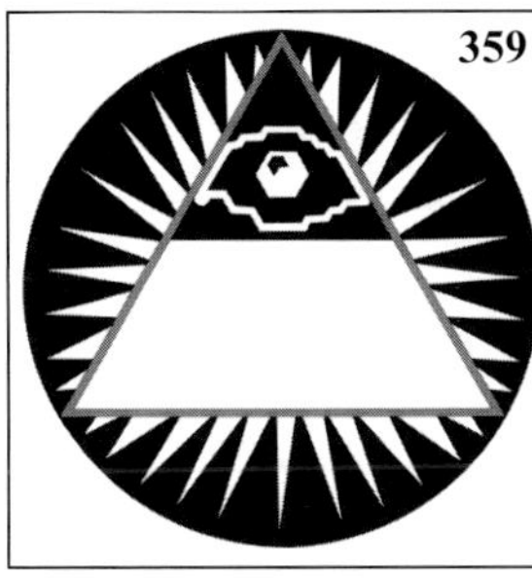

360
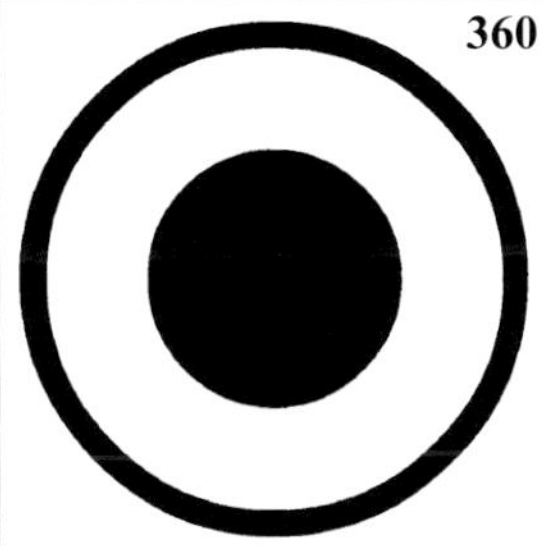

361
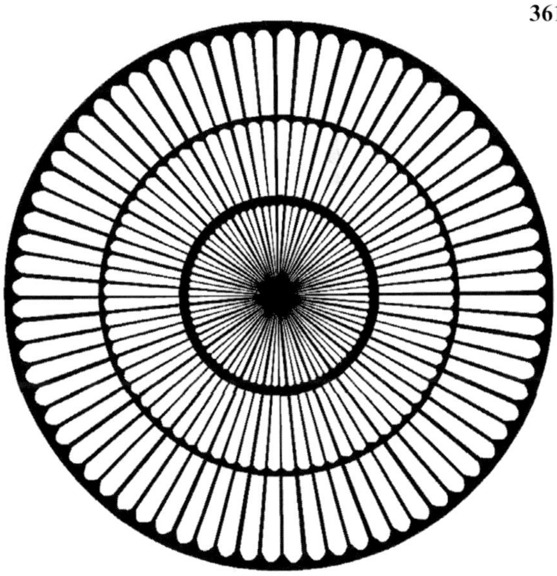

362
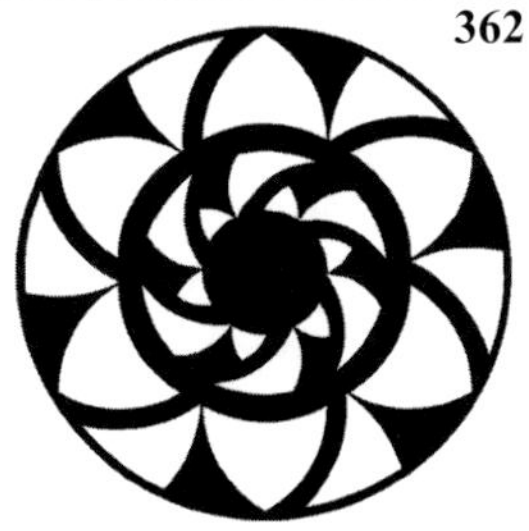

363
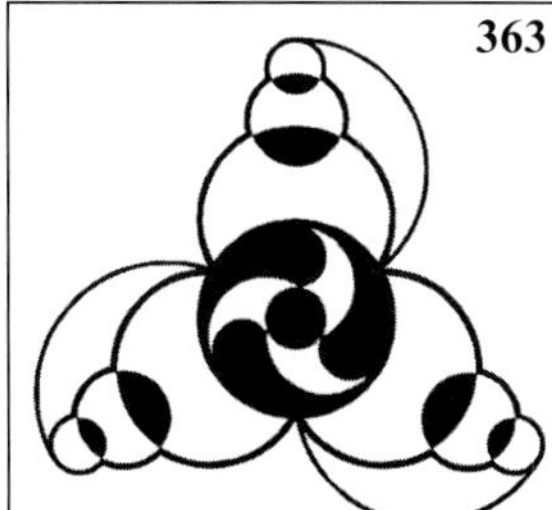

364
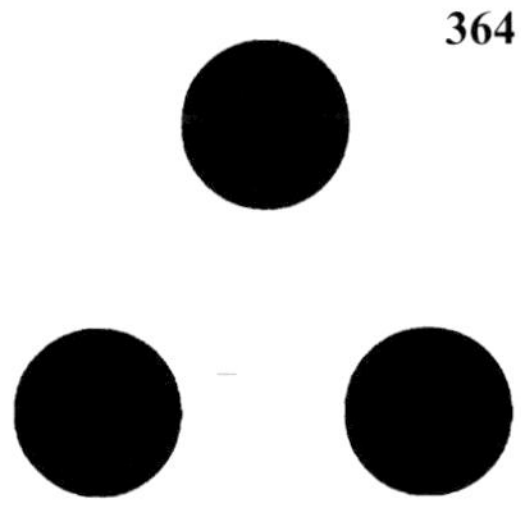

365
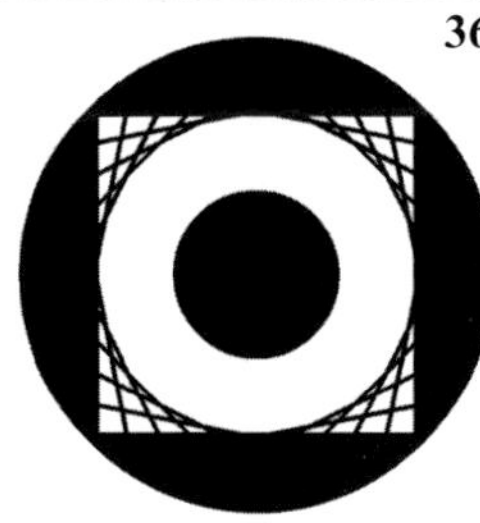

Dokumentierte Formationen von 2002 (Auswahl)

366

367

368

369

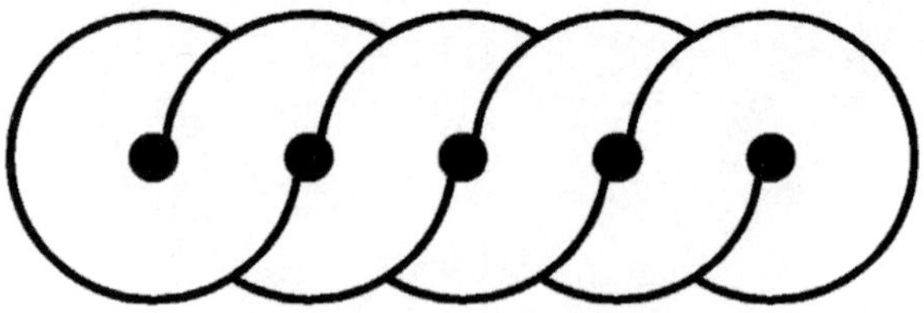

370

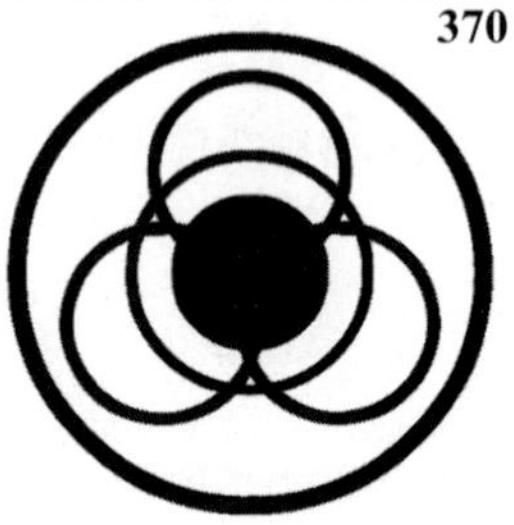

371

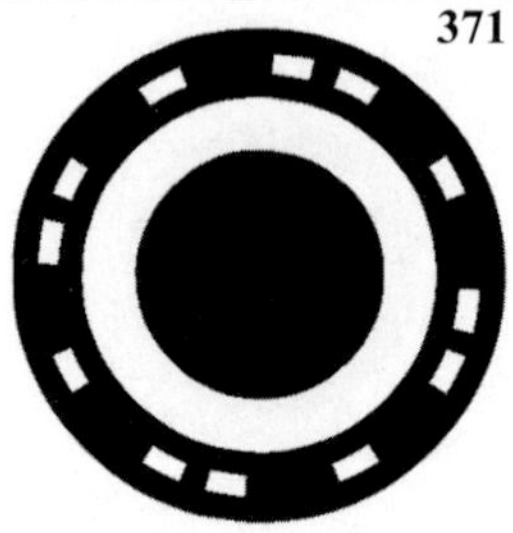

372

373

374

375

376

377

378

379

380

381

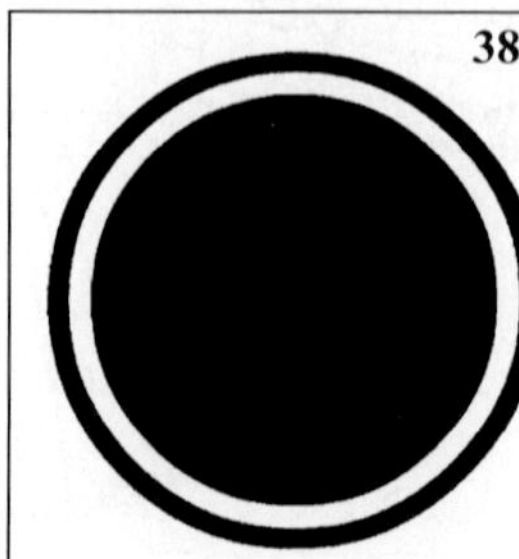

Dokumentierte Formationen von 2003 (Auswahl)

382

383

384

385

386

387

388

389

390

391
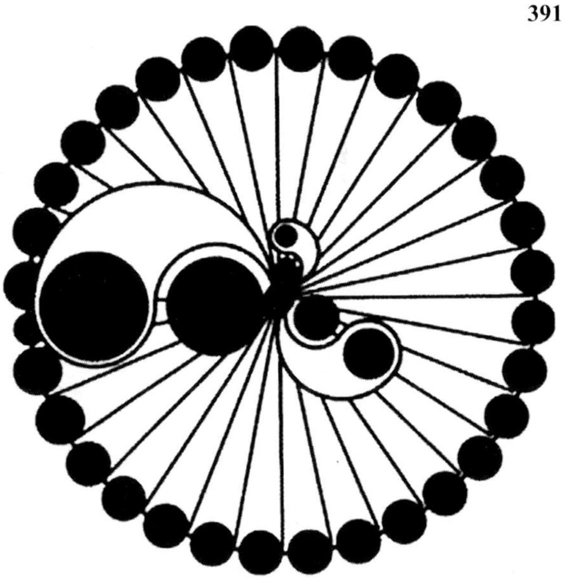

392
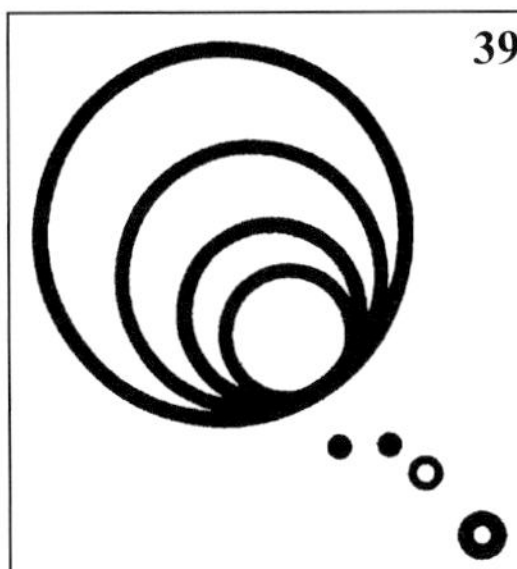

393

394
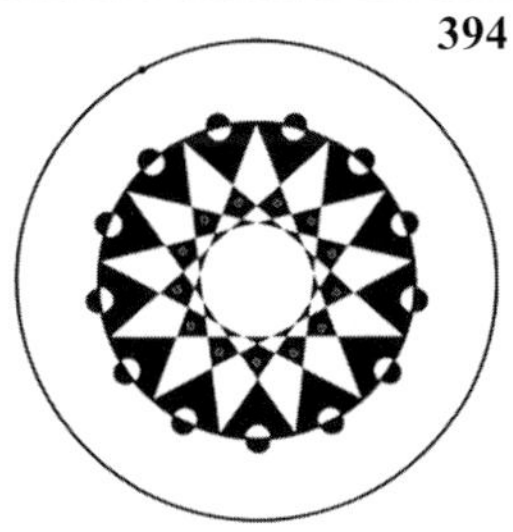

395
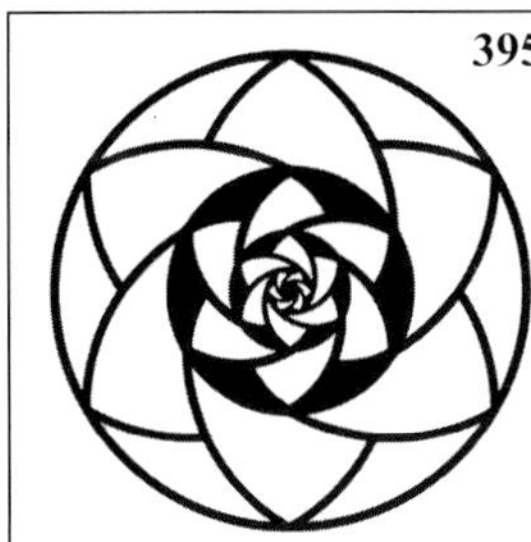

Dokumentierte Formationen von 2003 (Auswahl)

396

397

398

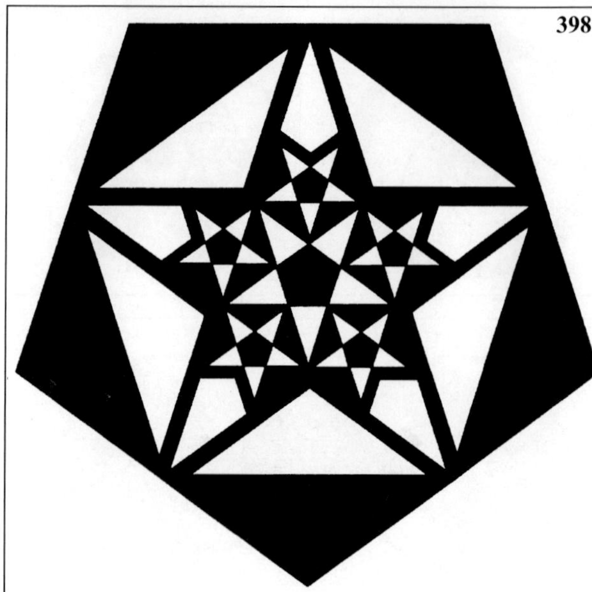

399

400

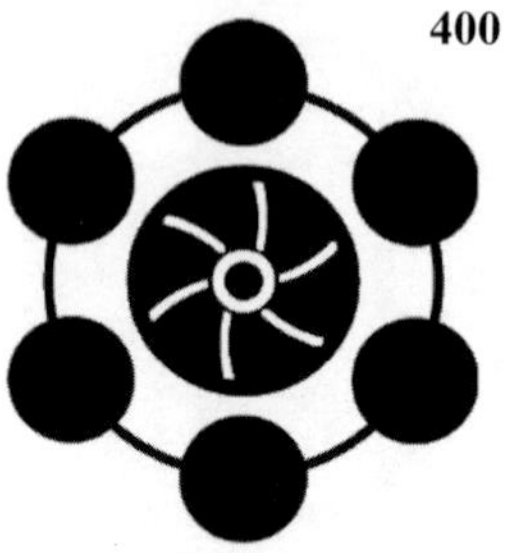

401

402

403

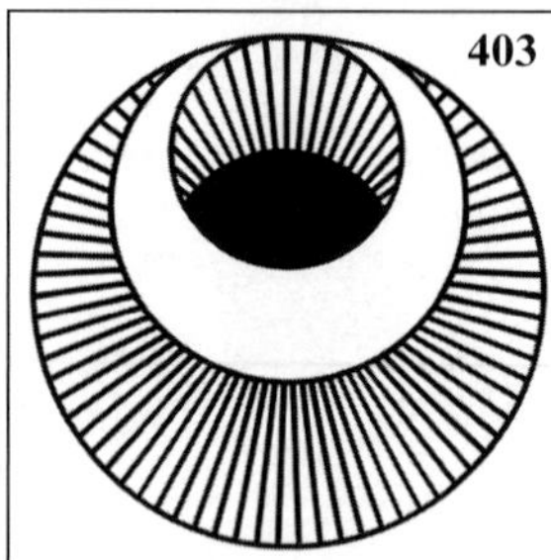

404

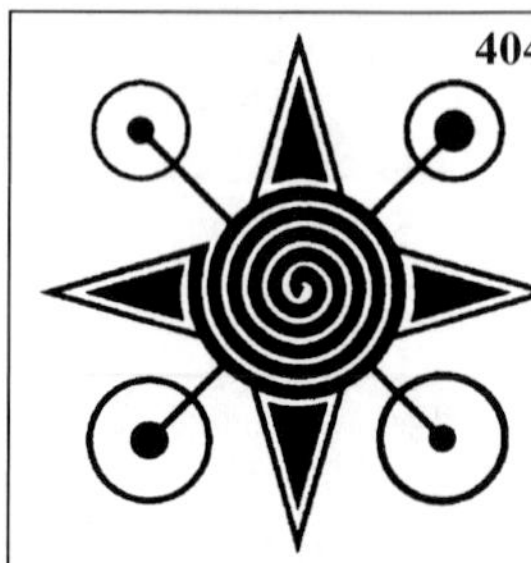

405

406

407

408

409

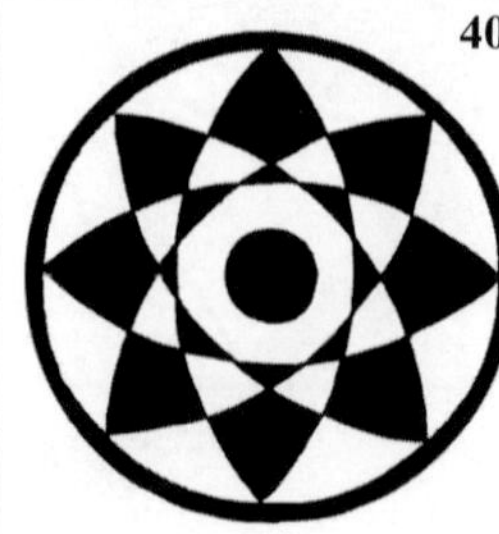

Dokumentierte Formationen von 2003 (Auswahl)

410

411

412

413
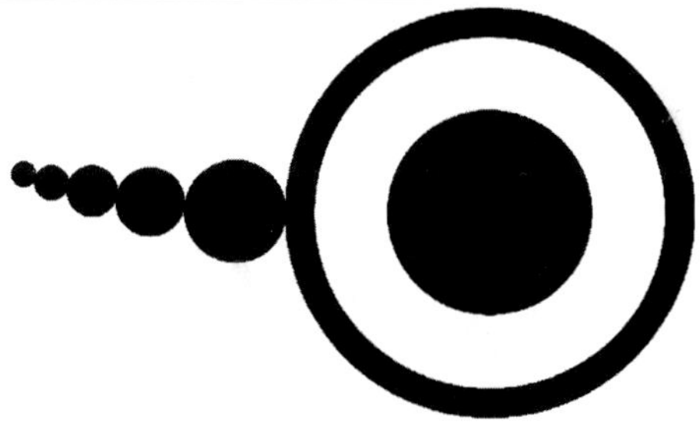

414

415

416
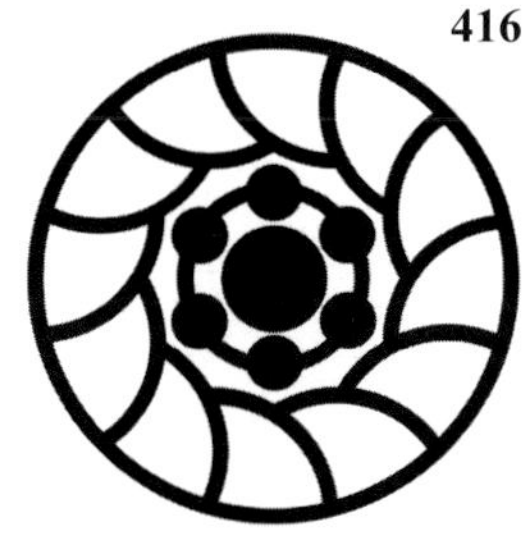

417
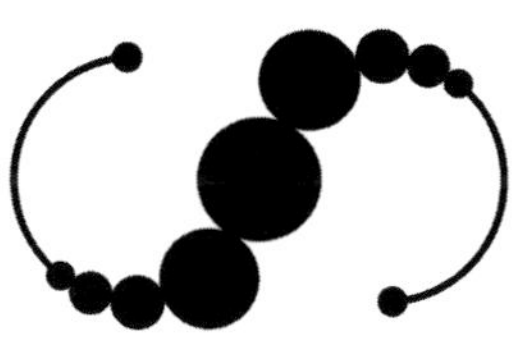

418

419

420

421
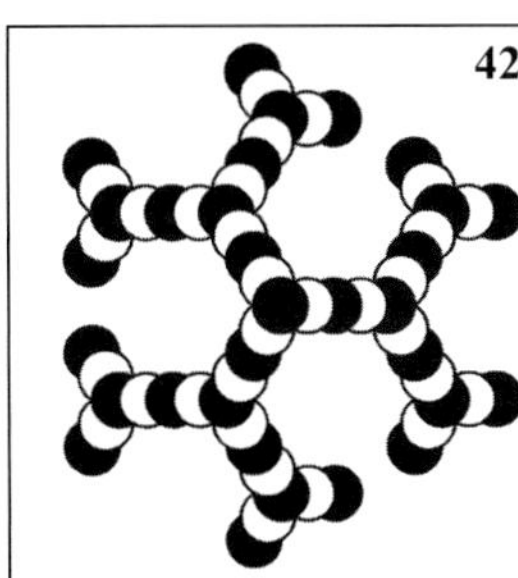

422
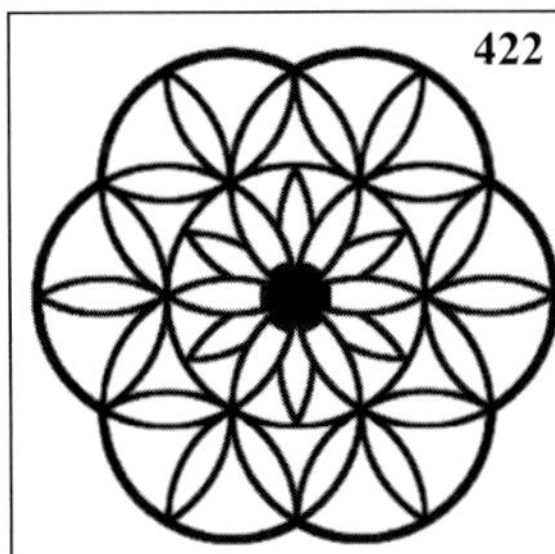

423
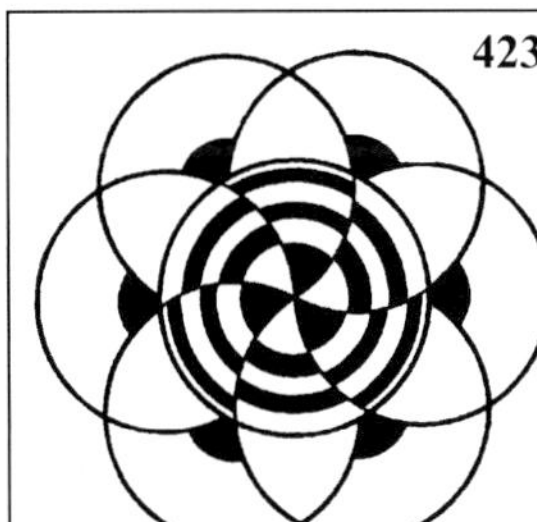

Dokumentierte Formationen von 2004 (Auswahl)

501

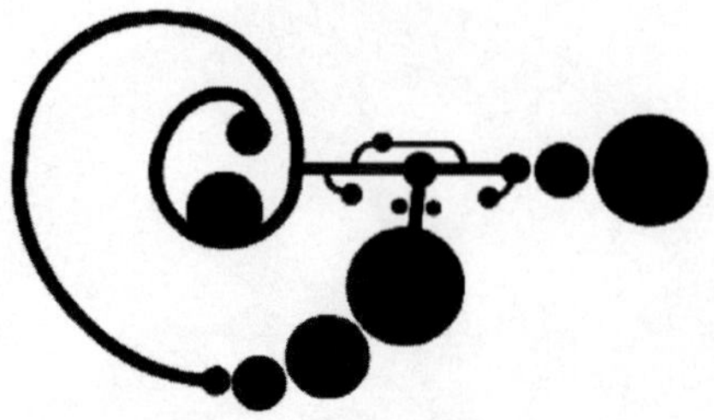

502

503

504

505

506

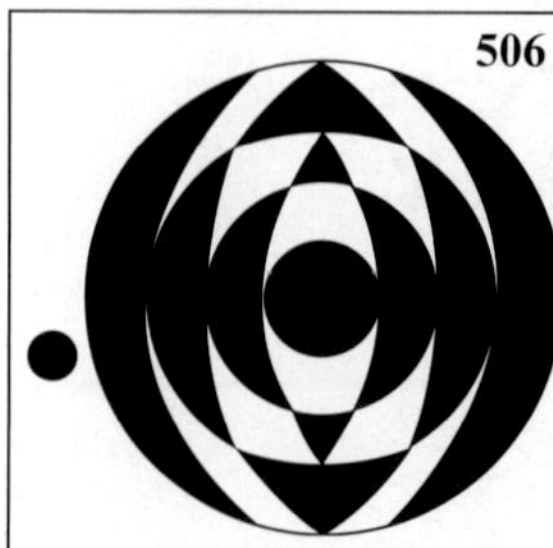

507

Dokumentierte Formationen von 2004 (Auswahl)

508

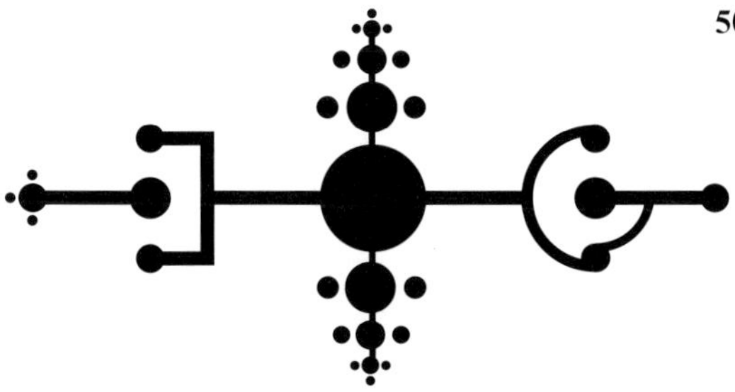

509

510

511

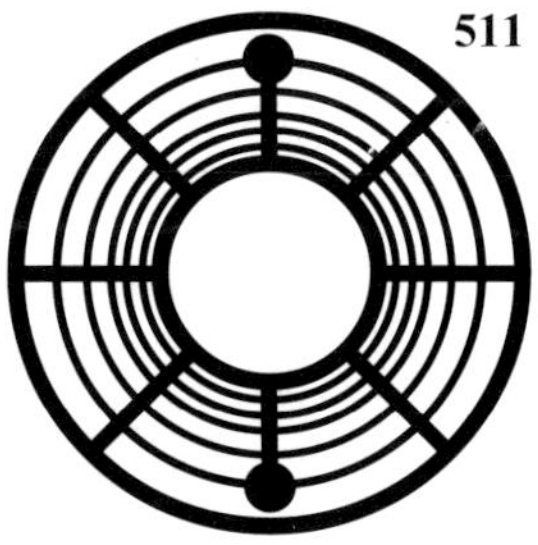

512

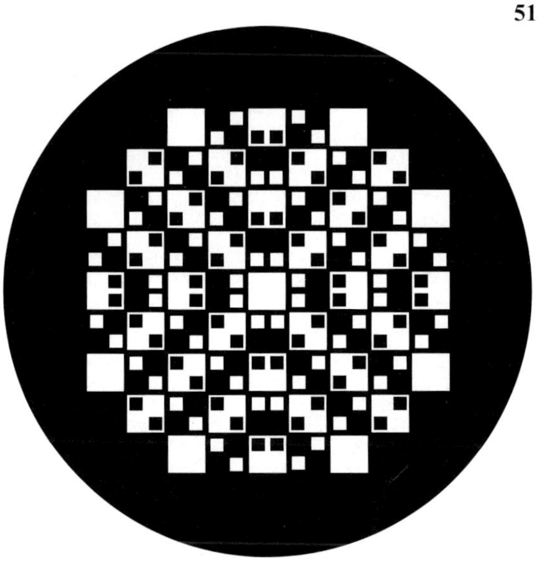

513

514

515

516

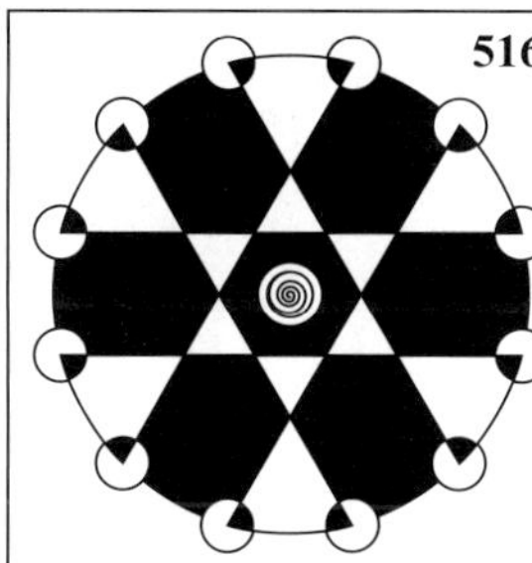

517

518

519

520

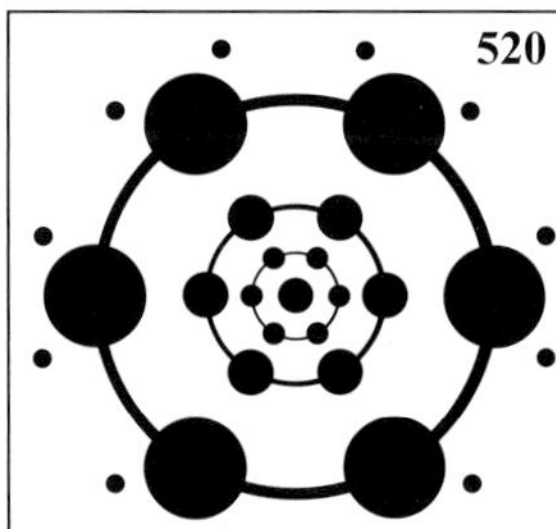

Dokumentierte Formationen von 2005 (Auswahl)

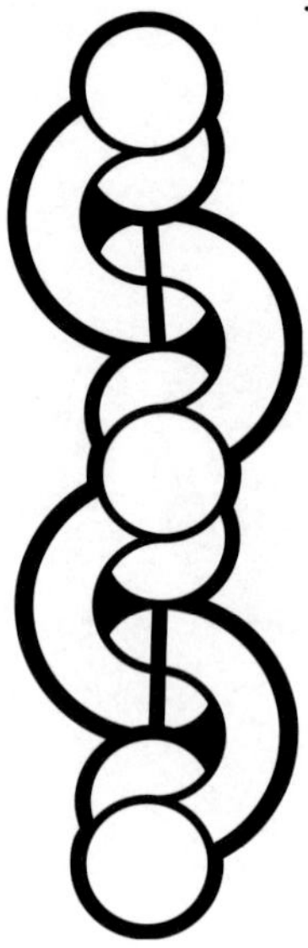
521

522

523

524

525

526

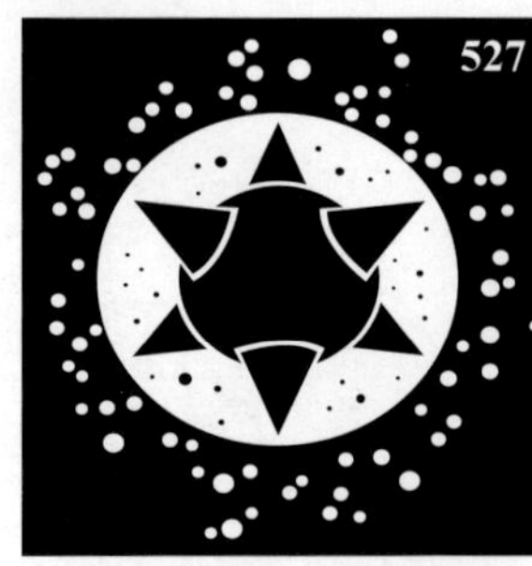
527

528

529

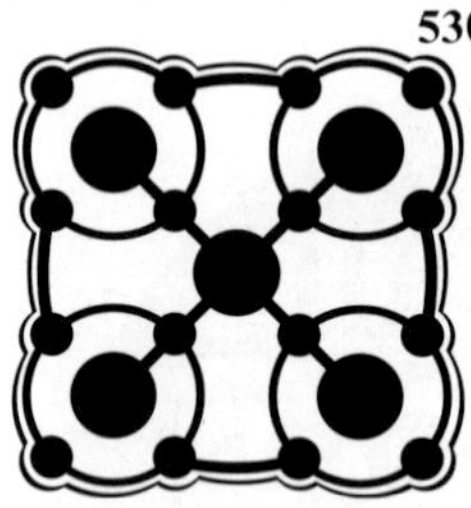
530

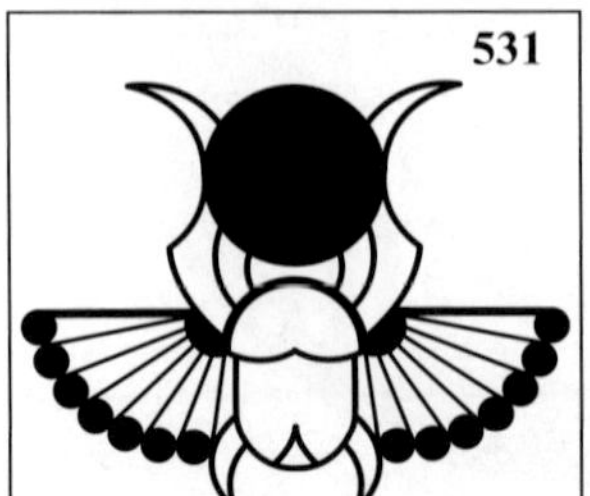
531

532

533

Offensichtliche oder vermutliche Fälschungen von 1990 bis 1994

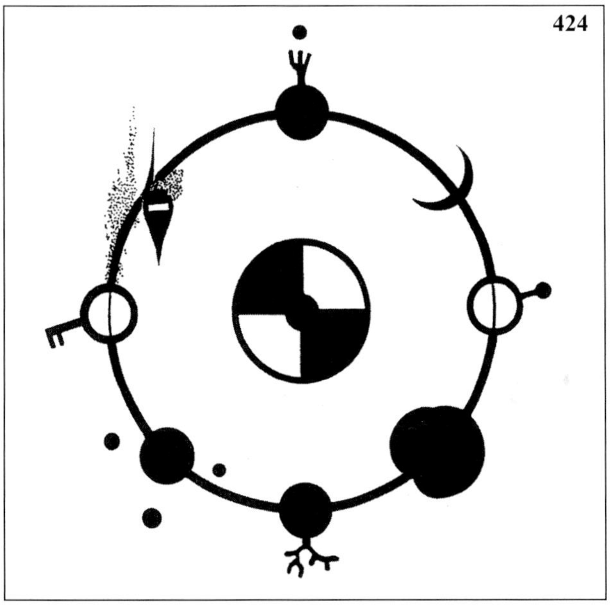
424

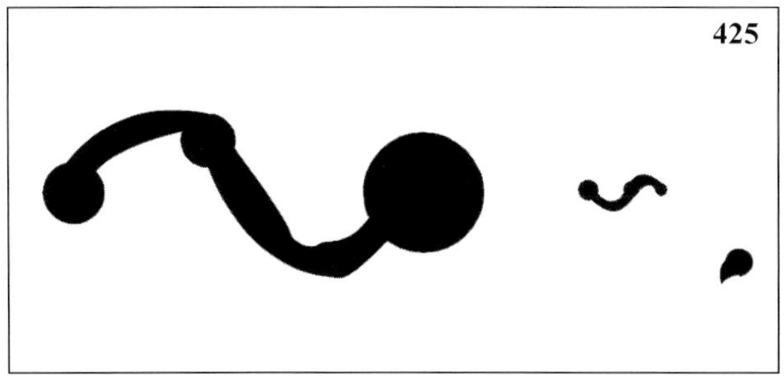
425

426

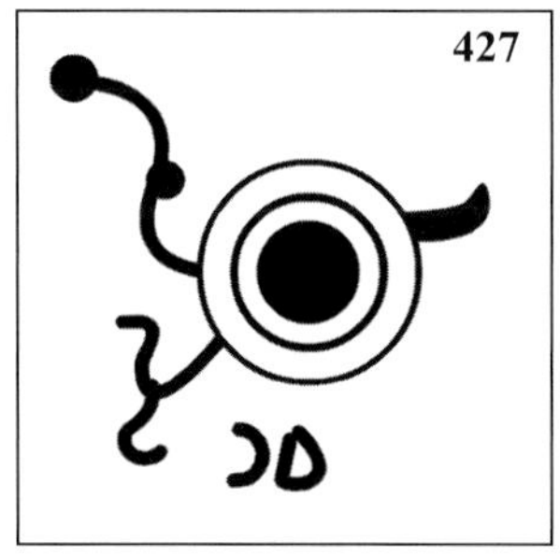
427

428

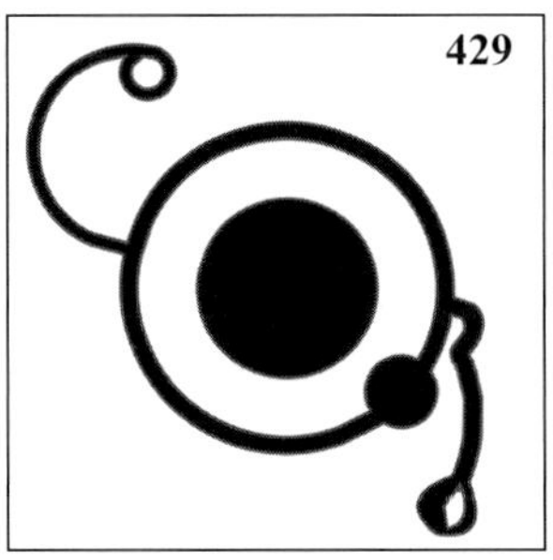
429

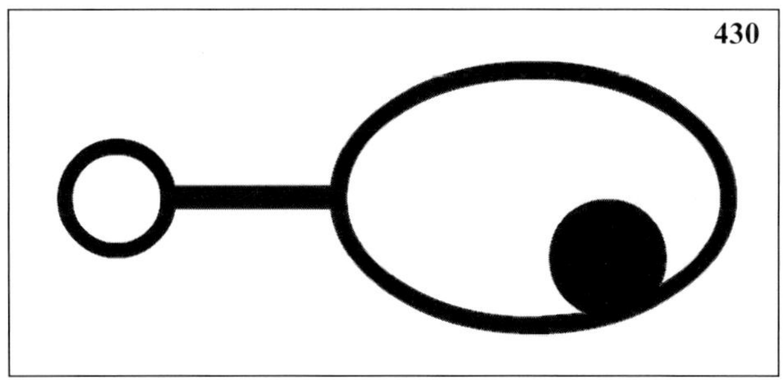
430

431

432

433

434

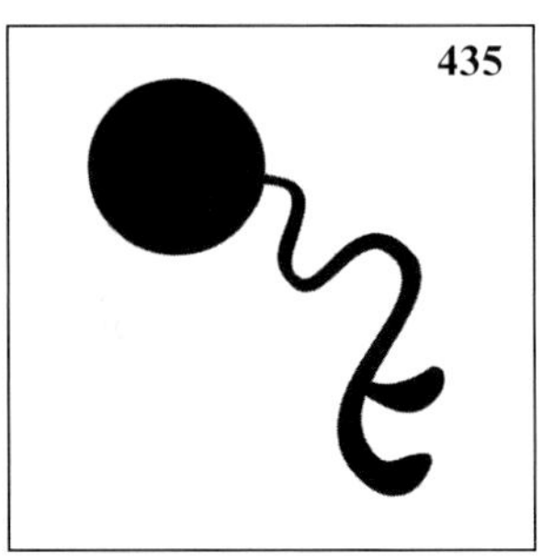
435

436

437

438

Offensichtliche oder vermutliche Fälschungen von 1994 und 1995

439

440

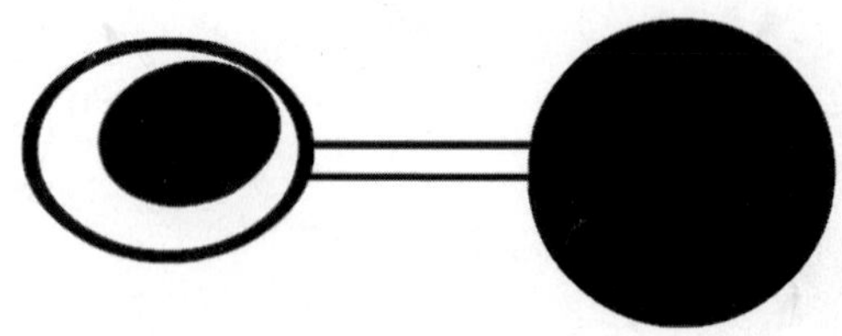

441

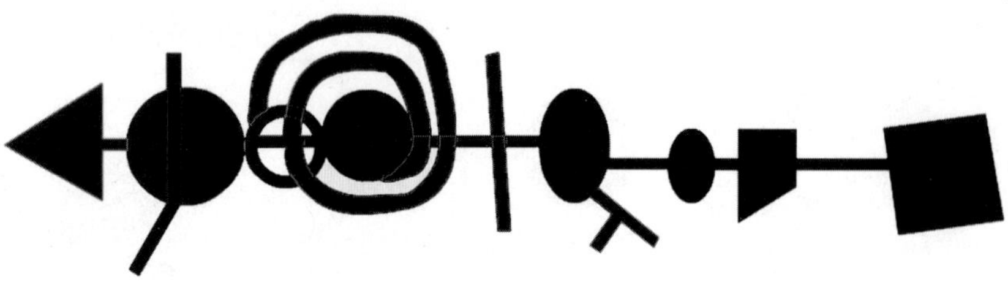

442

443

444

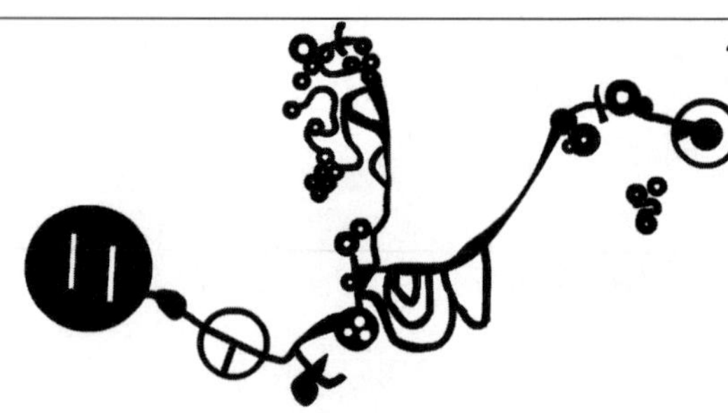

445

446

447

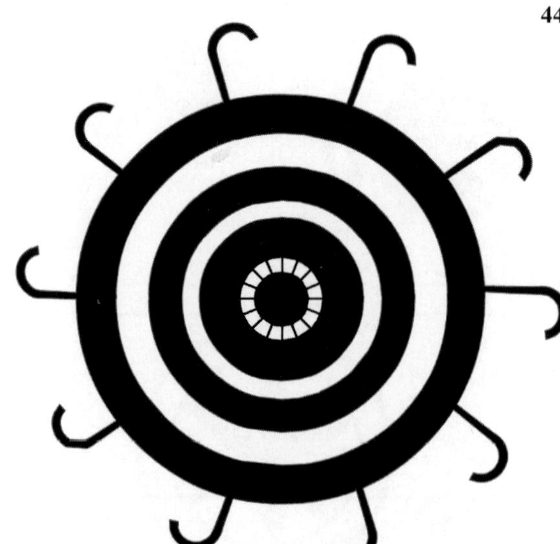

448

449

Offensichtliche oder vermutliche Fälschungen von 1996 und 1997

450

451

452

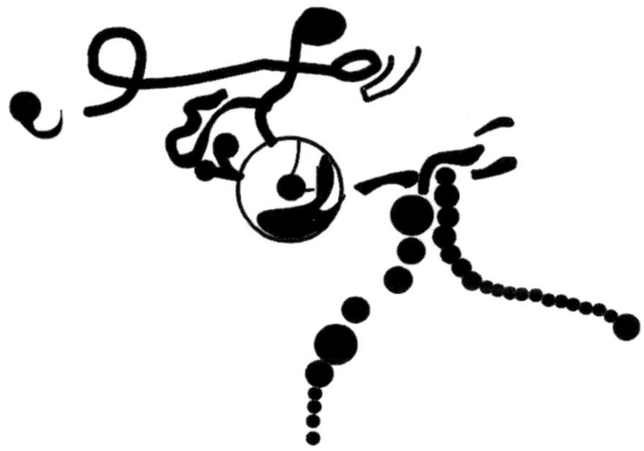

453

454

455

456

457

458

459

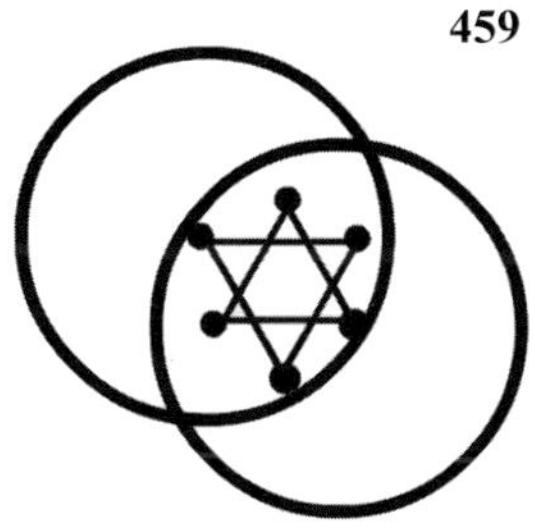

460

461

462

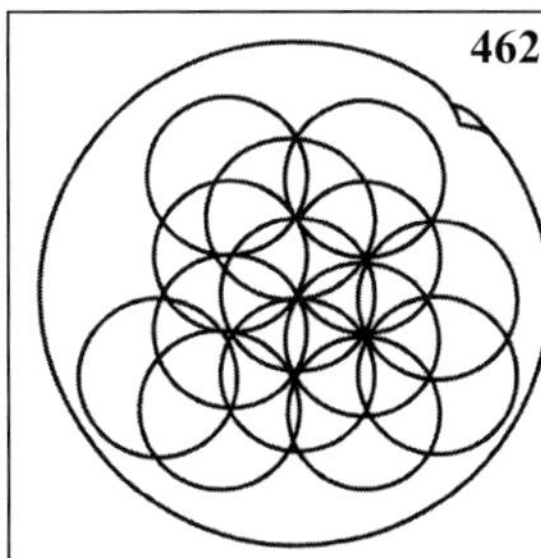

463

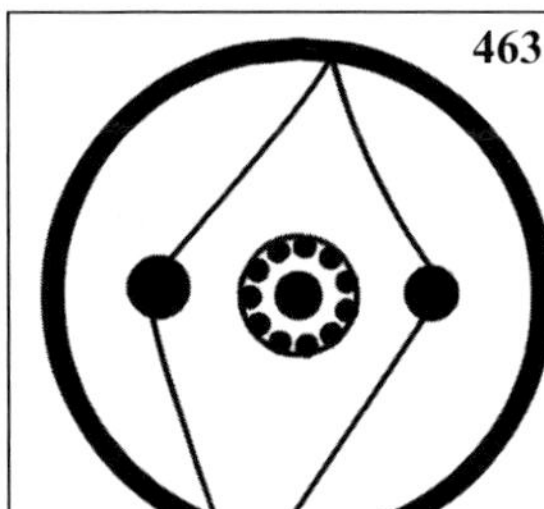

464

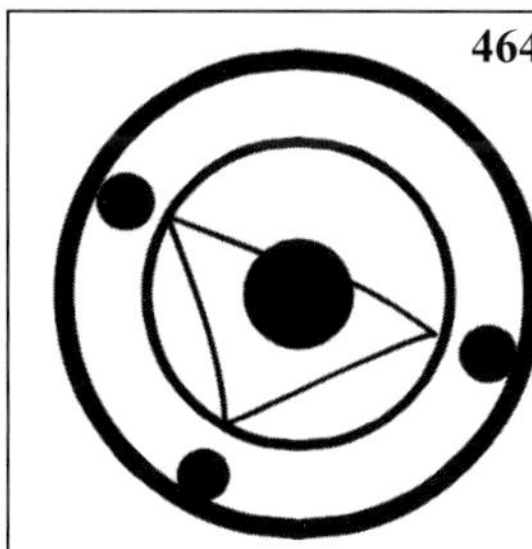

Offensichtliche oder vermutliche Fälschungen von 1997 bis 1999

465

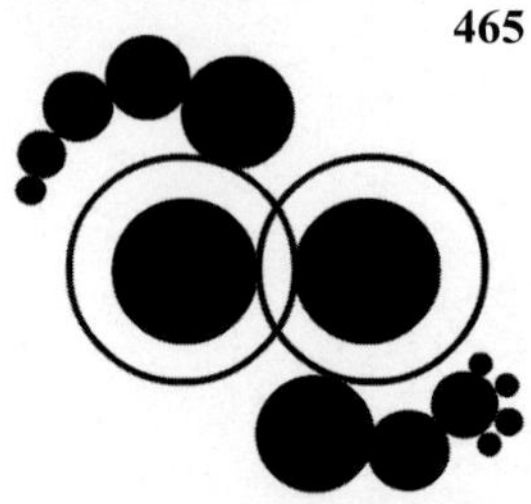

466

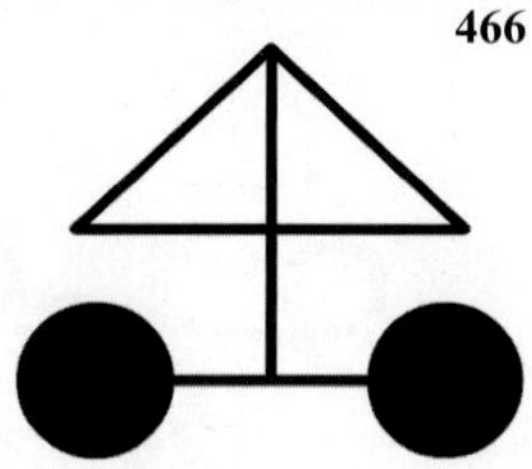

467

BBC BUBBLE BATH

Fälschung im Auftrag des Fernsehsenders BBC

Zeitaufwand: 48 Stunden in abgesperrtem Feld

468

469

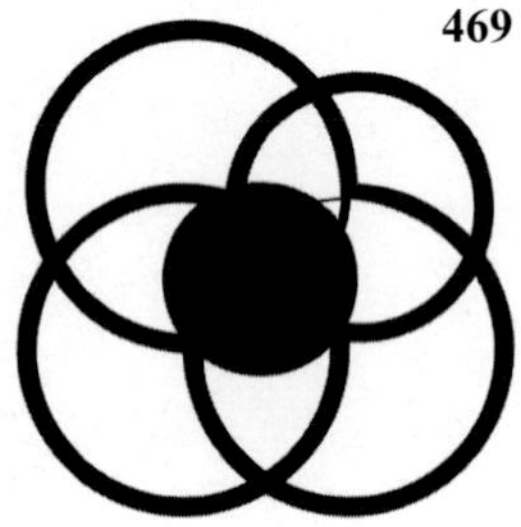

470

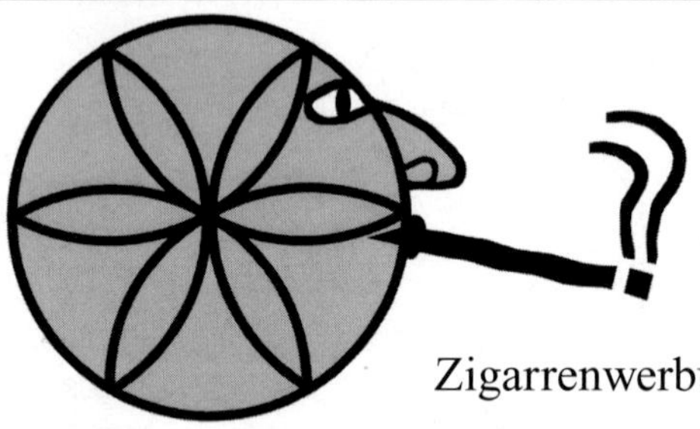

Zigarrenwerbung

471

472

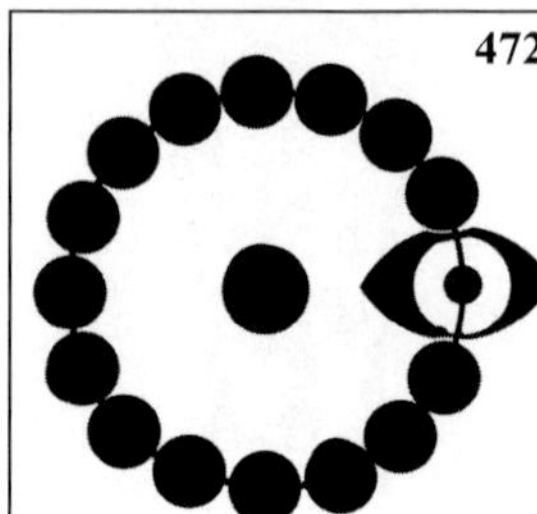

473

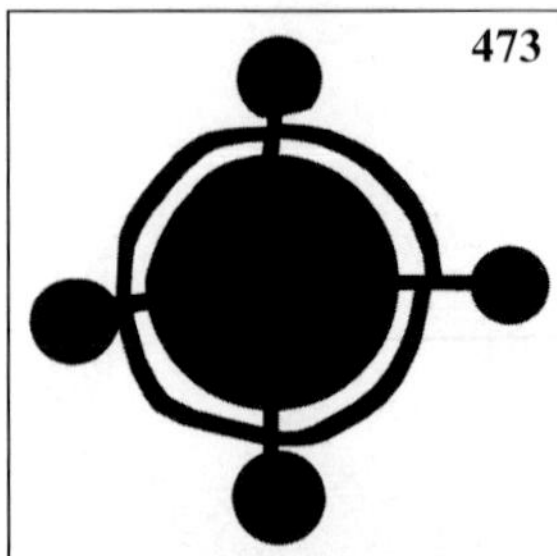

474

475

476

477

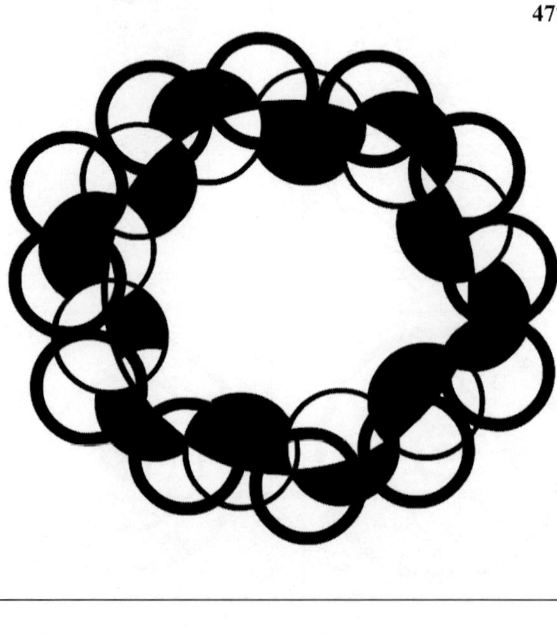

478

479

480

Offensichtliche oder vermutliche Fälschungen von 2000 bis 2003

481
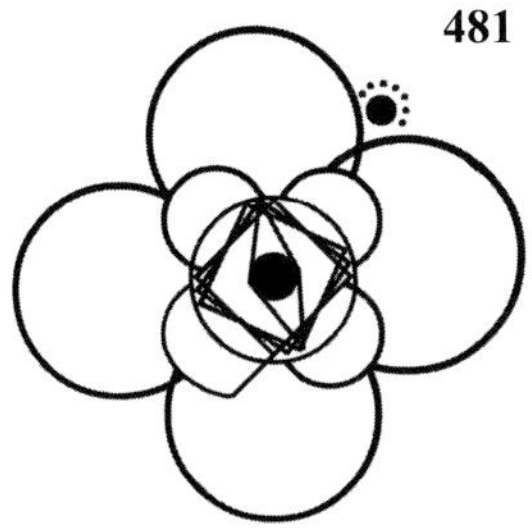

482

483

484

485
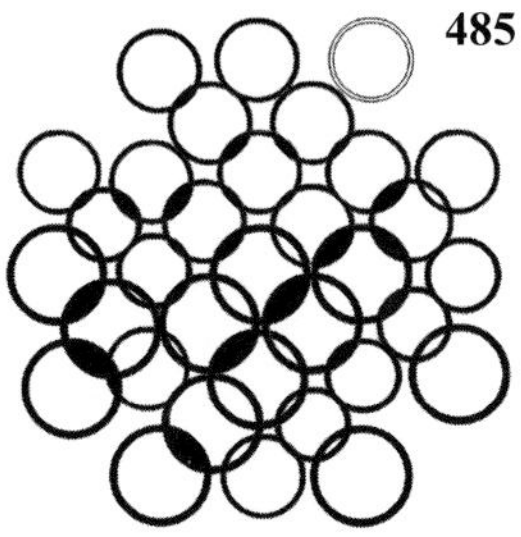

486
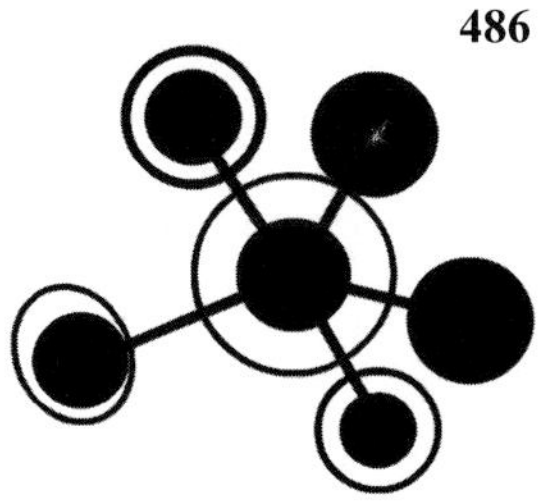

487

488
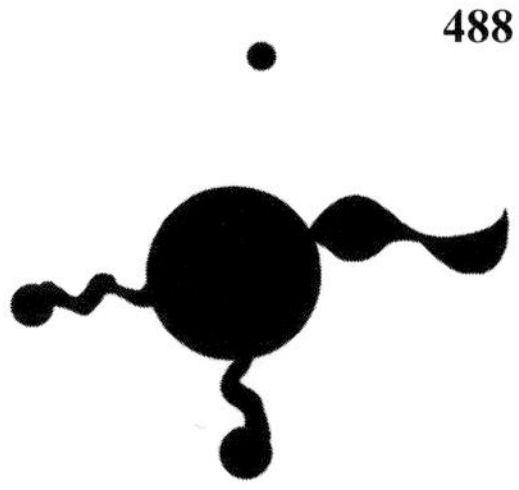

489

490
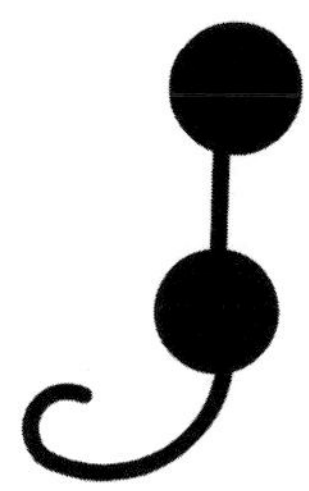

491
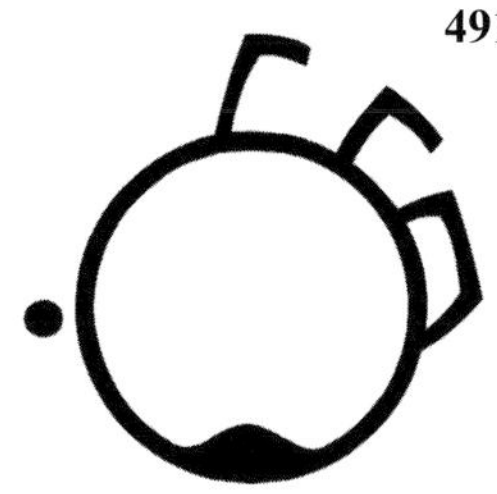

492
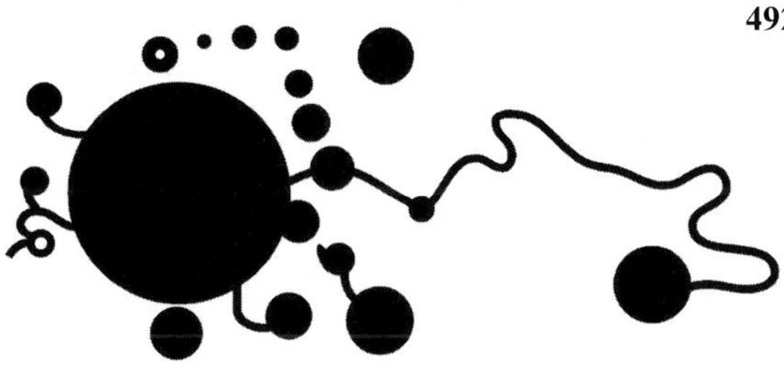

493

494

Werbung für den Disney-Film SIGNS

495
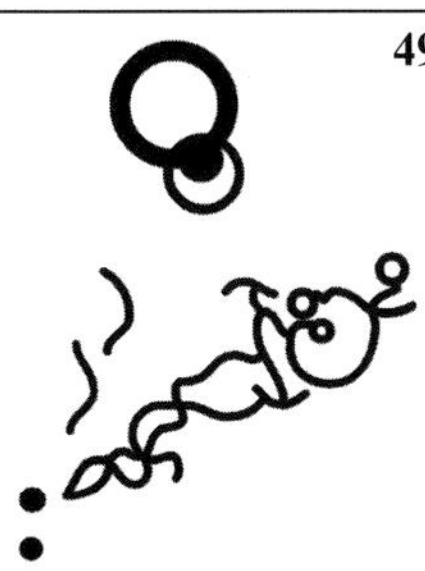

496

497

Mitsubishi-Werbung

498
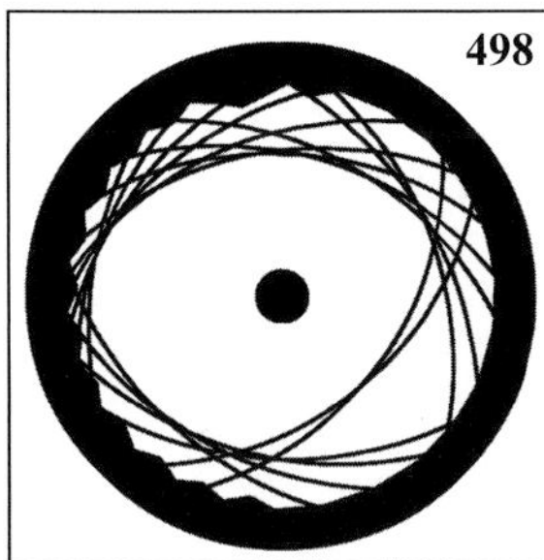

499

500
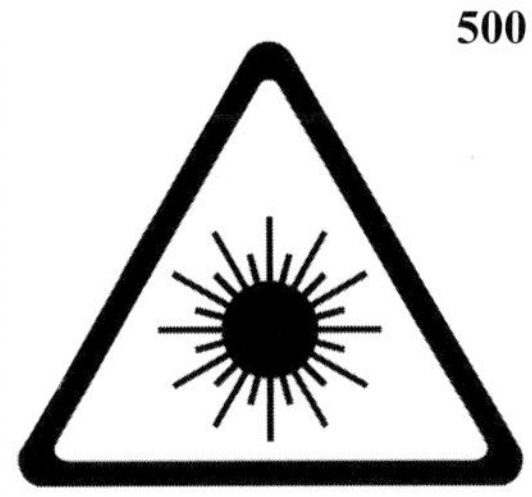

Grafik Nr.	Datum	ORT	Grafik Nr.	Datum	ORT
1	*um 1900*	*Tilshead/Buckinghamshire/GB*	*51*	*11.08.1990*	*Cheesefood Head/Hampshire/GB*
2	*Okt. 1872*	*High Wycombe/Buckinghamshire*	*52*	*26.07.1990*	*East Kennet/Wiltshire/GB*
3	*Jahr 1950*	*Heytesburg/Wiltshire/GB*	*53*	*03.08.1990*	*Cheesefood Head/Hampshire/GB*
4	*Jahr 1935*	*Helions Bumpstead/Essex/GB*	*54*	*05.08.1990*	*Shoreham/West Sussex/GB*
5	*Jahr 1937*	*Helions Bumpstead/Essex/GB*	*55*	*Jahr 1990*	*Colchester/Essex/GB*
6	*Jahr 1940*	*Earl Shilton/Leicestershire/GB*	*56*	*Jahr 1990*	*Swindon/Wiltshire/GB*
7	*Jahr 1940*	*Mill End/Hertfordshire/GB*	*57*	*02.08.1990*	*Hopton/East Anglia/GB*
8	*Jahr 1943*	*Tangmere/West Sussex/GB*	*58*	*27.07.1990*	*Clanfield/Hampshire/GB*
9	*Jahr 1960*	*Cheesefoot Head/Hampshire/GB*	*59*	*07.07.1991*	*Alton Barnes/Wiltshire/GB*
10	*Jahr 1960*	*Evenlode/Gloucestershire/GB*	*60*	*11.08.1991*	*Ickleton/Cambridgeshire/GB*
11	*Jahr 1971*	*Cradle Hill/Wiltshire/GB*	*61*	*17.07.1991*	*Barbury Castle/Wiltshire/GB*
12	*Jahr 1973*	*Region Wiltshire/GB*	*62*	*23.07.1991*	*East Kennet/Wiltshire/GB*
13	*Jahr 1977*	*Twywell/Northhamptonshire/GB*	*63*	*05.07.1991*	*Cheesefood Head/Hampshire/GB*
14	*Jahr 1978*	*Cheesefoot Head/Hampshire/GB*	*64*	*14.06.1991*	*Avebury Trusloe/Wiltshire/GB*
15	*01.07.1982*	*Litchfield/Hampshire/GB*	*65*	*04.07.1991*	*Callington/East Cornwall/GB*
16	*01.08.1982*	*Westbury/Wiltshire/GB*	*66*	*Jahr 1991*	*Sparsholt/Hampshire/GB*
17	*14.08.1987*	*Bratton Castle/Wiltshire/GB*	*67*	*Jahr 1991*	*Grasdorf bei Hildesheim/* ***D***
18	*Jahr 1985*	*Findon/West Sussex/GB*	*68*	*21.06.1991*	*Lockeridge/Wiltshire/GB*
19	*01.07.1986*	*Childrey/Oxfordshire/GB*	*69*	*29.06.1991*	*Lurkeley Hill/Wiltshire/GB*
20	*03.08.1985*	*Goodworth Clatford/Hampshire*	*70*	*30.06.1991*	*Newton St. Loe/Somerset/GB*
21	*24.08.1986*	*Longwood Estate/Hampshire/GB*	*71*	*17.07.1991*	*Preshute Downs/Wiltshire/GB*
22	*25.07.1987*	*Cheesefood Head/Hampshire/GB*	*72*	*Aug. 1991*	*Milk Hill/Wiltshire/GB*
23	*01.09.1988*	*Goodworth Clatford/Hampshire*	*73*	*Juni 1991*	*Upham/Wiltshire/GB*
24	*Aug. 1988*	*Charity Down/Hampshire/GB*	*74*	*07.06.1991*	*Cheesefood Head/Hampshire/GB*
25	*12.08.1989*	*Winterborne Stoke/Wiltshire/GB*	*75*	*Juni 1991*	*Litchfield/Hampshire/GB*
26	*Jahr 1989*	*Oady/Leicestershire/GB*	*76*	*Juli 1991*	*Litchfield/Hampshire/GB*
27	*Juni 1989*	*Region Wiltshire/GB*	*77*	*01.08.1991*	*Beckhampton/Wiltshire/GB*
28	*20.07.1988*	*Silbury Hill/Wiltshire/GB*	*78*	*28.07.1991*	*Stonehenge/Wiltshire/GB*
29	*Jahr 1989*	*Lockeridge/Wiltshire/GB*	*79*	*03.08.1991*	*Waden Hill/Wiltshire/GB*
30	*Jahr 1988*	*Hungerford/Berkshire/GB*	*80*	*Juli 1991*	*Stonehenge/Wiltshire/GB*
31	*23.05.1990*	*Chilcomb Down/Hampshire/GB*	*81*	*08.07.1991*	*Guyhirn/Cambridgeshire/GB*
32	*13.05.1990*	*Morgans Hill/Wiltshire/GB*	*82*	*01.08.1991*	*Beckhampton/Wiltshire/GB*
33	*29.05.1990*	*Longwood Estate/Hampshire/GB*	*83*	*11.07.1991*	*Ogbourne Maizey/Wiltshire/GB*
34	*02.06.1990*	*Cheesefoot Head/Hampshire/GB*	*84*	*07.08.1991*	*Woodforth/Northhamptonshire*
35	*23.06.1990*	*Telegraph Hill/Hampshire/GB*	*85*	*09.07.1992*	*Alton Barnes/Wiltshire/GB*
36	*Mai 1990*	*Winchester/Hampshire/GB*	*86*	*01.08.1992*	*Canford St. Andrews/Northhampt*
37	*06.06.1990*	*Longwood Estate/Hampshire/GB*	*87*	*09.08.1992*	*Froxfield/Berkshire/GB*
38	*13.06.1990*	*Telegraph Hill/Hampshire/GB*	*88*	*Juni 1992*	*Sompting/East Sussex/GB*
39	*27.07.1990*	*Sibson/Cambridgeshire/GB*	*89*	*03.08.1992*	*Tawesmead Copse/Wiltshire/GB*
40	*28.06.1990*	*Allington Down/Wiltshire/GB*	*90*	*06.06.1992*	*Basingstoke/Hampshire/GB*
41	*28.06.1990*	*Longwood Estate/Hampshire/GB*	*91*	*02.06.1992*	*Alton Barnes/Wiltshire/GB*
42	*30.06.1990*	*Morestead/Hampshire/GB*	*92*	*22.06.1992*	*Norridge Common/Wiltshire/GB*
43	*12.07.1990*	*Alton Barnes/Wiltshire/GB*	*93*	*03.08.1992*	*West Stowell/Wiltshire/GB*
44	*12.07.1990*	*Stanton St. Bernard/Wiltshire/GB*	*94*	*05.06.1992*	*Old Sarum/Wiltshire/GB*
45	*13.07.1990*	*Crowley Down/Hampshire/GB*	*95*	*07.07.1992*	*Warnham/West Sussex/GB*
46	*22.07.1990*	*Lewes/East Sussex/GB*	*96*	*12.07.1992*	*Overton/Wiltshire/GB*
47	*25.07.1990*	*Beckhampton/Wiltshire/GB*	*97*	*20.07.1992*	*Chilgrove/West Sussex/GB*
48	*19.07.1990*	*Pepperbox Hill/Hampshire/GB*	*98*	*22.07.1992*	*Milk Hill/Wiltshire/GB*
49	*25.07.1990*	*Sompting/West Sussex/GB*	*99*	*22.07.1992*	*Olivers Castle/Wiltshire/GB*
50	*28.07.1990*	*Etchilhampton/Wiltshire/GB*	*100*	*09.07.1993*	*Lamborne/Wiltshire/GB*

Grafik Nr.	Datum	ORT	Grafik Nr.	Datum	ORT
101	20.07.1993	Etchilhampton/Wiltshire/GB	151	03.07.1996	Denton/Oxfordshire//GB
102	04.09.1993	Bythorn/Cambridgeshire/GB	152	29.07.1996	Windmill Hill/Wiltshire/GB
103	Aug. 1993	Devizes/Wiltshire/GB	153	29.07.1996	Windmill Hill/Wiltshire/GB
104	01.08.1993	Windmill Hill/Wiltshire/GB	154	02.08.1996	Olivers Castle, Chiseldon/Wiltsh.
105	Juli 1993	Cherhill/Wiltshire/GB	155	14.08.1996	Tower Hill, Ashbury/Oxfordshire
106	04.07.1993	Lockeridge/Wiltshire/GB	156	07.07.1996	Stonehenge/Wiltshire/GB
107	07.06.1993	Sompting/West Sussex/GB	157	17.08.1997	Cuxton/Kent/GB
108	11.06.1993	Maiden Castle/Dorset/GB	158	20.07.1997	Hitcham/Suffolk/GB
109	29.06.1993	Sompting/West Sussex/GB	159	01.08.1997	Etchilhampton/Wiltshire/GB
110	Jahr 1993	Avebury, Alton Barnes/Wiltshire	160	14.06.1997	Upham/Hampshire/GB
111	Juli 1993	Nuneaton/Warwickshire/GB	161	20.04.1997	Barbury Castle/Wiltshire/GB
112	01.07.1993	Chalton/Hampshire/GB	162	01.06.1997	Winterbourne Basset/Wiltshire
113	07.05.1994	Morgans Hill/Wiltshire/GB	163	07.07.1997	Headbourne Worthy/Hampshire
114	15.07.1994	Detail Morgans Hill/Wiltshire	164	21.07.1997	Morestead/Hampshire/GB
115	22.07.1994	West Stowell/Wiltshire/GB	165	11.07.1997	Alton Barnes/Wiltshire/GB
116	10.07.1994	Ipsden/Oxfordshire/GB	166	01.08.1997	Etchilhampton/Wiltshire/GB
117	07.08.1994	Froxfield/Berkshire/GB	167	14.06.1997	Upham/Hampshire/GB
118	14.08.1994	Beckhampton/Wiltshire/GB	168	14.06.1997	Oberdrauburg/**ÖSTERREICH**
119	26.07.1994	Olivers Castle/Wiltshire/GB	169	08.08.1997	Milk Hill/Wiltshire/GB
120	19.07.1994	Alton Barnes/Wiltshire/GB	170	18.08.1997	Hackpen Hill/Wiltshire/GB
121	27.07.1994	Hazeley Down/Hampshire/GB	171	23.07.1997	Silbury Hill/Wiltshire/GB
122	15.07.1994	Devizes/Wiltshire/GB	172	14.06.1997	Rockley Down/Wiltshire/GB
123	12.07.1994	Windsor/Ontario/**CANADA**	173	29.06.1997	West Meon/Hampshire/GB
124	10.08.1994	Avebury/Wiltshire/GB	174	06.05.1997	Barbury Castle/Wiltshire/GB
125	07.07.1994	Barbury Castle/Wiltshire/GB	175	17.07.1997	Henwood Down/Hampshire/GB
126	28.05.1994	Berwick Basset/Wiltshire/GB	176	18.06.1997	West Meon/Hampshire/GB
127	16.06.1994	Danebury Hillford/Hampshire	177	14.07.1997	Cley Hill/Wiltshire/GB
128	31.05.1995	Alfriston/Sussex/GB	178	16.07.1997	Stratford-on-Avon/Warwickshire
129	26.06.1995	Longwood Warren/Hampshire	179	02.05.1997	Strethall/Essex/GB
130	01.07.1995	Old Pound, Andover/Hampshire	180	05.08.1997	Fosbury Fort/Wiltshire/GB
131	Juli 1995	East Meon, Warnford/Hampshire	181	09.06.1997	Stonehenge/Wiltshire/GB
132	24.07.1995	Wherewell Hill/Hampshire/GB	182	13.07.1997	Bishops Cannings/Wiltshire/GB
133	12.06.1995	Telegraph Hill/Hampshire/GB	183	14.08.1997	Upham/Hampshire/GB
134	Juli 1995	East Meon, Exton/Hampshire	184	11.07.1997	Lands End Down/Hampshire/GB
135	04.07.1995	Punch Bowl, Ch. Head/Hampsh.	185	15.05.1998	Charlottesville/Virginia/ **USA**
136	11.05.1995	Quidhampton/Hampshire/GB	186	14.06.1998	West Kennet/Wiltshire/GB
137	Mai 1995	Kings Somborne/Hampshire/GB	187	09.07.1998	East Field, Alton Priors/Wiltsh.
138	29.05.1995	Beckhampton/Wiltshire/GB	188	10.05.1998	Upper Clatford/Hampshire/GB
139	06.07.1995	Wareship Down, Kingsclere/Hs.	189	25.05.1998	West Overton Hill/Wiltshire/GB
140	18.06.1995	Cow Down, Andover/Hampshire	190	04.05.1998	Silbury Hill/Wiltshire/GB
141	17.06.1996	Alton Priors/Wiltshire/GB	191	04.07.1998	Dadford/Buckinghamshire/GB
142	26.07.1996	West Tistead/Hampshire/GB	192	27.06.1998	Nähe Ostrava/**TCHECHIEN**
143	17.06.1996	Barham/Cambridgeshire/GB	193	19.06.1998	Hodson/Wiltshire/GB
144	25.05.1996	East Oakley/Hampshire/GB	194	10.07.1998	Westwoods/Wiltshire/GB
145	14.07.1996	Littlebury Green/Essex/GB	195	09.08.1998	Tawsmead Copse/Wiltshire/GB
146	01.06.1996	Silbury Hill/Wiltshire/GB	196	20.06.1998	Avebury Trusloe/Wiltshire/GB
147	25.07.1996	Boxley/Kent/GB	197	03.07.1998	Waden Hill/Wiltshire/GB
148	07.07.1996	Duloe/Bedfordshire/GB	198	19.06.1998	Clanfield/Hampshire/GB
149	02.08.1996	Olivers Castle/Chiseldon/Wiltsh.	199	11.07.1998	Fareham/Hampshire/GB
150	02.08.1996	Barton-le-Clay/Bedfordshire/GB	200	05.07.1998	Danebury Hill/Hampshire/GB

Grafik Nr.	Datum	ORT	Grafik Nr.	Datum	ORT
201	*06.08.1998*	*West Woods/Wiltshire/GB*	*251*	*19.07.1999*	*Devil's Den/Wiltshire/GB*
202	*02.08.1998*	*Danebury Hill/Hampshire/GB*	*252*	*23.08.1999*	*Allington/Wiltshire/GB*
203	*02.08.1998*	*Danebury Hill/Hampshire/GB*	*253*	*19.07.1999*	*Clatford/Wiltshire/GB*
204	*22.07.1998*	*Leystraat Huise/* ***BELGIEN***	*254*	*21.07.1999*	*Liddington Castle/Wiltshire/GB*
205	*05.08.1998*	*Bishops Cannings/Wiltshire/GB*	*255*	*01.09.1999*	*Avebury Manor/Wiltshire/GB*
206	*08.08.1998*	*Beckhampton/Wiltshire/GB*	*256*	*03.08.1999*	*Henwood/Hampshire/GB*
207	*02.08.1998*	*Avebury/Wiltshire/GB*	*257*	*07.07.1999*	*Dodworth/South Yorkshire/GB*
208	*21.07.1998*	*Beckhampton/Wiltshire/GB*	*258*	*20.06.1999*	*Trottiscliff/Kent/GB*
209	*24.07.1998*	*Silbury Hill/Wiltshire/GB*	*259*	*14.05.2000*	*Wrotham/Kent/GB*
210	*19.08.1998*	*West Overton/Wiltshire/GB*	*260*	*18.05.2000*	*Stantonbury Hill/Avon/GB*
211	*22.06.1998*	*Furze Hill/Wiltshire/GB*	*261*	*19.06.2000*	*Windmill Hill/Wiltshire/GB*
212	*21.06.1998*	*Clatford/Wiltshire/GB*	*262*	*17.05.2000*	*Dörnberg / Hessen /* ***D***
213	*02.05.1999*	*Milk Hill/Wiltshire/GB*	*263*	*02.06.2000*	*Silbury Hill/Wiltshire/GB*
214	*20.07.1999*	*Great Everson/Cambridgeshire*	*264*	*13.08.2000*	*Woodborough Hill/Wiltshire/GB*
215	*12.06.1999*	*Alton Barnes/Wiltshire/GB*	*265*	*06.06.2000*	*Bringhorst/Leicestershire/GB*
216	*24.06.1999*	*West Overton/Wiltshire/GB*	*266*	*04.06.2000*	*Silbury Hill/Wiltshire/GB*
217	*27.04.1999*	*East Meon/Hampshire/GB*	*267*	*11.06.2000*	*Silbury Hill/Wiltshire/GB*
218	*24.06.1999*	*Allington Down/Wiltshire/GB*	*268*	*22.07.2000*	*Avebury Trusloe/Wiltshire/GB*
219	*09.05.1999*	*Tormarton/Avon/GB*	*269*	*18.06.2000*	*Market Harborough/Leicestersh.*
220	*23.05.1999*	*Compton Dando/Avon/GB*	*270*	*13.06.2000*	*Wakerly/Northhampshire/GB*
221	*23.05.1999*	*Avebury Trusloe/Wiltshire/GB*	*271*	*01.07.2000*	*Milk Hill/Wiltshire/GB*
222	*12.06.1999*	*Alton Barnes/Wiltshire/GB*	*272*	*24.05.2000*	*Lindenberg / Hessen /* ***D***
223	*19.04.1999*	*Overwallop/Hampshire/GB*	*273*	*25.07.2000*	*North Down/Wiltshire/GB*
224	*30.05.1999*	*Penton Grafton/Hampshire/GB*	*274*	*08.07.2000*	*Kassel-Calden / Hessen /* ***D***
225	*24.06.1999*	*Allington Down/Wiltshire/GB*	*275*	*13.05.2000*	*Winsbury Hill / Avon / GB*
226	*31.05.1999*	*Barbury Castle/Wiltshire/GB*	*276*	*25.07.2000*	*Bishops Cannings/Wiltshire/GB*
227	*01.06.1999*	*Upham/Hampshire/GB*	*277*	*28.07.2000*	*Gravesend/Kent/GB*
228	*17.07.1999*	*Cherhill/Wiltshire/GB*	*278*	*30.07.2000*	*Dodworth/South Yorkshire/GB*
229	*19.06.1999*	*Marksburg/Avon/GB*	*279*	*28.07.2000*	*Telegraph Hill/Hampshire/GB*
230	*19.06.1999*	*Avebury Trusloe/Wiltshire/GB*	*280*	*30.07.2000*	*Bishop Sutton/Wiltshire/GB*
231	*20.06.1999*	*Furze Hill/Wiltshire/GB*	*281*	*24.07.2000*	*Silbury Hill/Wiltshire/GB*
232	*21.06.1999*	*West Meon/Hampshire/GB*	*282*	*19.07.2000*	*Stonehenge/Wiltshire/GB*
233	*19.06.1999*	*Silbury Hill/Wiltshire/GB*	*283*	*03.08.2000*	*Giant's Grave/Wiltshire/GB*
234	*13.06.1999*	*Toot Baldon/Oxfordshire/GB*	*284*	*06.08.2000*	*Broadbury/Wiltshire/GB*
235	*16.06.1999*	*Chilbolton/Hampshire/GB*	*285*	*07.08.2000*	*All Cannings/Wiltshire/GB*
236	*22.06.1999*	*Eserick Park Estate/Yorkshire*	*286*	*10.08.2000*	*Harlton/Cambridgeshire/GB*
237	*24.06.1999*	*Sugar Hill/Wiltshire/GB*	*287*	*02.07.2000*	*Upham/Hampshire/GB*
238	*12.06.1999*	*All Cannings/Wiltshire/GB*	*288*	*22.07.2000*	*Uffington/Oxfordshire/GB*
239	*24.07.1999*	*Corston/Somerset/GB*	*289*	*13.08.2000*	*Chilbolton/Hampshire/GB*
240	*31.05.1999*	*Barbury Castle/Wiltshire/GB*	*290*	*12.08.2000*	*Patcham/East Sussex/GB*
241	*16.06.1999*	*Chesterfield/Derbyshire/GB*	*291*	*13.08.2000*	*Maidstone/Kent/GB*
242	*12.07.1999*	*Warnford/Hampshire/GB*	*292*	*15.07.2000*	*New Alresford/Hampshire/GB*
243	*16.07.1999*	*Honey Street/Wiltshire/GB*	*293*	*20.07.2000*	*Telegraph Hill/Bedfordshire/GB*
244	*16.07.1999*	*Windmill Hill/Wiltshire/GB*	*294*	*16.08.2000*	*Broadbury/Wiltshire/GB*
245	*06.08.1999*	*Bishop Cannings/Wiltshire/GB*	*295*	*16.08.2000*	*Broadbury/Wiltshire/GB*
246	*31.07.1999*	*Roundway Hill/Wiltshire/GB*	*296*	*25.08.2000*	*West Overton/Wiltshire/GB*
247	*28.07.1999*	*Beckhampton/Wiltshire/GB*	*297*	*19.05.2001*	*Bournmouth/Dorset/GB*
248	*04.08.1999*	*West Kennet/Wiltshire/GB*	*298*	*27.05.2001*	*Hackpen Hill/Wiltshire/GB*
249	*05.08.1999*	*Barbury Castle/Wiltshire/GB*	*299*	*17.06.2001*	*Hill Barn/Wiltshire/GB*
250	*20.06.1999*	*Trottiscliff/Kent/GB*	*300*	*26.06.2001*	*Bishops Sutton/Hampshire/GB*

Grafik Nr.	Datum	ORT	Grafik Nr.	Datum	ORT
301	*28.05.2001*	*Pegsdon/Hertfordshire/GB*	*351*	*18.07.2002*	*Windmill Hill/Wiltshire/GB*
302	*23.06.2001*	*South Harting/Sussex/GB*	*352*	*17.06.2002*	*Stratley/Bedfordshire/GB*
303	*03.06.2001*	*Wakerly Woods/Northhampshire*	*353*	*05.07.2002*	*Newsham/Northumberland/GB*
304	*31.05.2001*	*Avebury Avenue/Wiltshire/GB*	*354*	*07.07.2002*	*Englishcomb/Somerset/GB*
305	*30.05.2001*	*Steven's Castle/Hampshire/GB*	*355*	*07.07.2002*	*Darlington/South Yorkshire/GB*
306	*24.07.2001*	*Gog Magog Hill/Cambridgeshire*	*356*	*15.07.2002*	*Sharpenhoe/Bedfordshire/GB*
307	*20.06.2001*	*Avebury/Wiltshire/GB*	*357*	*21.07.2002*	*Rogate/West Sussex/GB*
308	*22.06.2001*	*Beckhampton/Wiltshire/GB*	*358*	*27.07.2002*	*Dodworth/South Yorkshire/GB*
309	*24.06.2001*	*Liddington/Wiltshire/GB*	*359*	*21.07.2002*	*Highclere/Hampshire/GB*
310	*02.07.2001*	*Darfield/South Yorkshire/GB*	*360*	*17.07.2002*	*Aylsham / Norfolk / GB*
311	*12.07.2001*	*Barton-le-Cley/Bedfordshire/GB*	*361*	*28.07.2002*	*Beckhampton/Wiltshire/GB*
312	*28.07.2001*	*Lockeridge/Wiltshire/GB*	*362*	*24.07.2002*	*Barbury Castle/Wiltshire/GB*
313	*27.06.2001*	*South Harting/Sussex/GB*	*363*	*26.07.2002*	*Dunstable/Buckinghamshire/GB*
314	*15.07.2001*	*Windmill Hill/Wiltshire/GB*	*364*	*21.07.2002*	*Charing / Kent /GB*
315	*28.07.2001*	*Stanton St. Bernard/Wiltshire/GB*	*365*	*28.07.2002*	*Andover/Hampshire/GB*
316	*22.07.2001*	*Longwood Warren/Hampshire*	*366*	*28.07.2002*	*Avebury Stone Circle/Wiltshire*
317	*22.07.2001*	*Yatesbury/Wiltshire/GB*	*367*	*15.07.2002*	*Alton Barnes/Wiltshire/GB*
318	*19.09.2001*	*Etchilhampton/Wiltshire/GB*	*368*	*03.08.2002*	*Windmill Hill/Wiltshire/GB*
319	*11.08.2001*	*Desenberg/Nordrhein-Westf./* ***D***	*369*	*28.06.2002*	*Chichester/West Sussex/GB*
320	*01.06.2001*	*Züschen / Hessen /* ***D***	*370*	*28.07.2002*	*Weyhill/Wiltshire/GB*
321	*28.07.2001*	*Yatesbury/Wiltshire/GB*	*371*	*03.08.2002*	*Uffington White Horse/Oxfordsh.*
322	*12.07.2001*	*Milk Hill/Wiltshire/GB*	*372*	*04.08.2002*	*Bitton/Gloucestershire/GB*
323	*06.08.2001*	*West Meon/Hampshire/GB*	*373*	*14.08.2002*	*Alton Barnes/Wiltshire/GB*
324	*10.08.2001*	*Woodborough/Wiltshire/GB*	*374*	*27.06.2002*	*Ashford / Kent /GB*
325	*06.08.2001*	*Alton Priors/Wiltshire/GB*	*375*	*15.08.2002*	*West Stowell/Wiltshire/GB*
326	*24.07.2001*	*Newton St. Loe/Somerset/GB*	*376*	*17.09.2002*	*Lavant/West Sussex/GB*
327	*20.06.2001*	*Avebury/Wiltshire/GB*	*377*	*11.08.2002*	*Etchilhampton/Wiltshire/GB*
328	*13.08.2001*	*Milk Hill/Wiltshire/GB*	*378*	*18.08.2002*	*Avebury/Wiltshire/GB*
329	*14.08.2001*	*Chilbolton/Hampshire/GB*	*379*	*18.08.2002*	*Avebury/Wiltshire/GB*
330	*19.08.2001*	*Shoreham/Kent/GB*	*380*	*21.08.2002*	*Woodingdean/East Sussex/GB*
331	*14.08.2001*	*Huish/Wiltshire/GB*	*381*	*23.07.2002*	*Preston / Lancashire / GB*
332	*14.08.2001*	*Chilbolton/Hampshire/GB*	*382*	*22.06.2003*	*Windmill Hill/Wiltshire/GB*
333	*12.08.2001*	*Kexborough/South Yorkshire/GB*	*383*	*17.06.2003*	*Milk Hill/Wiltshire/GB*
334	*01.06.2002*	*Lilley/Hertfordshire/GB*	*384*	*13.07.2003*	*Avebury Trusloe/Wiltshire/GB*
335	*02.06.2002*	*Avebury Trusloe/Wiltshire/GB*	*385*	*27.04.2003*	*All Cannings/Wiltshire/GB*
336	*26.08.2002*	*Beckhampton/Wiltshire/GB*	*386*	*03.08.2003*	*Boroughbridge/North Yorkshire*
337	*27.07.2002*	*Crooked Soley/Berkshire/GB*	*387*	*22.07.2003*	*Marlborough/Wiltshire/GB*
338	*07.08.2002*	*Firle Bacon/East Sussex/GB*	*388*	*07.06.2003*	*Windmill Hill/Wiltshire/GB*
339	*04.06.2002*	*Silbury Hill/Wiltshire/GB*	*389*	*15.06.2003*	*Ogbourne St. George/Wiltshire*
340	*21.06.2002*	*Waden Hill/Wiltshire/GB*	*390*	*18.07.2003*	*Weyhill/Hampshire/GB*
341	*22.06.2002*	*Avebury/Wiltshire/GB*	*391*	*20.07.2003*	*Hackpen Hill/Wiltshire/GB*
342	*23.06.2002*	*Longwood Warren/Hampshire*	*392*	*22.06.2003*	*Blackberry Hill/Somerset/GB*
343	*17.07.2002*	*Bockschaft/Baden-Württemb./* ***D***	*393*	*04.07.2003*	*Litchfield/Hampshire/GB*
344	*17.07.2002*	*Pewsey/Wiltshire/GB*	*394*	*20.07.2003*	*West Stowell/Hampshire/GB*
345	*01.06.2002*	*Barton Hills/Hertfordshire/GB*	*395*	*21.05.2003*	*West Overton/Wiltshire/GB*
346	*28.06.2002*	*Sompting/West Sussex/GB*	*396*	*05.06.2003*	*Pegsdon/Hertfordshire/GB*
347	*23.06.2002*	*West Overton/Wiltshire/GB*	*397*	*17.06.2003*	*Pirton/Hertfordshire/GB*
348	*27.06.2002*	*Dodworth/South Yorkshire/GB*	*398*	*06.07.2003*	*Avebury/Wiltshire/GB*
349	*01.07.2002*	*Liss/Hampshire/GB*	*399*	*20.07.2003*	*West Tisted/Hampshire/GB*
350	*04.07.2002*	*Stonehenge/Wiltshire/GB*	*400*	*21.06.2003*	*Burham/Kent/GB*

Grafik Nr.	Datum	ORT	Grafik Nr.	Datum	ORT
401	15.07.2003	Stonehenge/Wiltshire/GB	451	28.06.1996	St. Austel/Cornwall/GB
402	18.07.2003	Newbridge/Somerset/GB	452	13.07.1996	West Overton Hill/Wiltshire/GB
403	03.08.2003	Morgans Hill/Wiltshire/GB	453	07.07.1996	East Oakley/Hampshire/GB
404	09.07.2003	Litchfield/Hampshire/GB	454	13.07.1996	East Kennet/Wiltshire/GB
405	29.06.2003	Sharpenhoe/Bedfordshire/GB	455	15.07.1996	Blaby/Leicestershire/GB
406	26.07.2003	Burham/Kent/GB	456	11.06.1996	Coton, Girton/Cambridgeshire
407	12.07.2003	Burham/Kent/GB	457	26.07.1996	Longparish/Hampshire/GB
408	14.06.2003	Houndean Bottom/East Sussex	458	07.07.1997	Winchester/Hampshire/GB
409	08.06.2003	Kenilworth Castle/Warwickshire	459	04.08.1997	Whitchurch/Hampshire/GB
410	20.04.2003	Privett/Hampshire/GB	460	22.07.1996	Waden Hill/Wiltshire/GB
411	21.06.2003	Thornborough Henge/Yorkshire	461	22.07.1997	Cissbury Rings/West Sussex/GB
412	24.06.2003	Stanton St. Bernard/Wiltshire/GB	462	31.07.1997	Alton Barnes/Wiltshire/GB
413	14.05.2003	Woodingdean/East Sussex/GB	463	10.06.1997	Droxford/Hampshire/GB
414	22.07.2003	Patcham/East Sussex/GB	464	11.06.1997	Kilmeston/Hampshire/GB
415	20.06.2003	Waden Hill/Wiltshire/GB	465	02.07.1997	Hitcham/Suffolk//GB
416	01.06.2003	Sompting/West Sussex/GB	466	09.08.1997	Long Handborough/Oxfordshire
417	25.05.2003	Woodingdean/East Sussex/GB	467	Jahr 1998	Milk Hill/Wiltshire/GB
418	26.06.2003	Ulley/Yorkshire/GB	468	17.08.1998	Stanton St. Bernard/Wiltshire/GB
419	04.08.2003	Milk Hill/Wiltshire/GB	469	19.06.1998	Hodson/Wiltshire/GB
420	24.07.2003	Broad Hill/Wiltshire/GB	470	Jahr 1998	Devizes, Beckhampton/Wiltshire
421	11.08.2003	North Down/Wiltshire/GB	471	05.07.1998	Marlborough/Wiltshire/GB
422	28.07.2003	Barbury Castle/Wiltshire/GB	472	04.06.1998	North Down, Beckhampton/Wilts.
423	29.07.2003	Goodwood/West Sussex/GB	473	17.05.1998	Marlborough/Wiltshire/GB
424	16.08.1992	Silbury Hill/Wiltshire/GB	474	19.04.1998	Weyhill/Hampshire/GB
425	25.07.1990	Beckhampton/Wiltshire/GB	475	23.05.1998	West Overton Hill/Wiltshire/GB
426	25.07.1990	Beckhampton/Wiltshire/GB	476	25.05.1998	West Overton/Wiltshire/GB
427	Jahr 1991	Great Wishford/Wiltshire/GB	477	12.04.1999	Gravesend/Kent/GB
428	10.06.1992	Chelwood/Avon/GB	478	06.06.1998	Avebury Avenue/Wiltshire/GB
429	23.07.1992	Chute Causeway/Wiltshire/GB	479	30.04.1999	Woodborough Hill/Wiltshire/GB
430	08.08.1990	Selsey/West Sussex/GB	480	22.08.1999	Bishops Cannings/Wiltshire/GB
431	Mai 1991	Newton St. Loe/Somerset/GB	481	16.08.2000	Pegsdon/Hertfordshire/GB
432	17.08.1993	Hill Barn/Wiltshire/GB	482	27.04.2000	Faringham/Kent/GB
433	28.07.1993	Upton Sendamore/Wiltshire/GB	483	15.07.2000	East Kennet/Wiltshire/GB
434	Jahr 1994	Kornkreisregion/GB	484	16.07.2000	Stanton St. Bernard/Wiltshire/GB
435	01.05.1994	Cheesefoot Head/Hampshire/GB	485	18.07.2000	West Lavington/Wiltshire/GB
436	Jahr 1994	Kornkreisregion/GB	486	27.07.2000	Plumpton/East Sussex/GB
437	31.07.1992	Treddington/Hampshire/GB	487	22.05.2000	Wouldham/Kent/GB
438	16.08.1991	Cheesefoot Head/Hampshire/GB	488	27.07.2000	Marlborough/Wiltshire/GB
439	Juni 1995	Bratton Castle/Wiltshire/GB	489	07.08.2000	Beckhampton/Wiltshire/GB
440	10.07.1994	Lockeridge/Wiltshire/GB	490	30.05.2001	Honeystreet/Wiltshire/GB
441	26.06.1994	Falmer/East Sussex/GB	491	13.06.2001	Silbury Hill/Wiltshire/GB
442	30.06.1992	Sompting/West Sussex/GB	492	22.06.2003	West Overton/Wiltshire/GB
443	16.07.1995	Compting/Sussex/GB	493	17.07.2001	Newton St. Loe/Somerset/GB
444	Juni 1994	West Kennet/Wiltshire/GB	494	12.07.2002	Alton Barnes/Wiltshire/GB
445	23.07.1994	Waden Hill/Wiltshire/GB	495	22.07.2001	Lockeridge/Wiltshire/GB
446	02.07.1995	Saltdean/West Sussex/GB	496	27.07.2001	Ditching/East Sussex/GB
447	Juli 1995	West Lavington/Wiltshire/GB	497	07.08.2001	Hardstoff/Chesterfield/GB
448	22.06.1995	Kingley Valley/West Sussex/GB	498	14.08.2001	Avebury/Wiltshire/GB
449	25.07.1995	Wilmington/East Sussex/GB	499	23.07.2002	Harlow/Hertfordshire/GB
450	15.07.1996	Brixham/Devon/GB	500	09.07.2003	Henwood/Hampshire/GB

Grafik Nr.	Datum	ORT	Grafik Nr.	Datum	ORT
501	*19.06.2004*	*East Field/Wiltshire/GB*	*518*	*28.07.2004*	*Saversnake/Wiltshire/GB*
502	*25.06.2004*	*Milk Hill/Wiltshire/GB*	*519*	*02.06.2004*	*Wilsford Downs/Wiltshire/GB*
503	*05.06.2004*	*Fort Nelson/Hampshire/GB*	*520*	*13.07.2004*	*Burham/Kent/GB*
504	*17.07.2004*	*Windmill Hill/Wiltshire/GB*	*521*	*05.07.2005*	*Beckhampton/Wiltshire/GB*
505	*15.06.2004*	*Honey Street/Wiltshire/GB*	*522*	*12.06.2005*	*Devils Den/Marlborough/GB*
506	*26.07.2004*	*Coombe Abbey/Warwickshire/GB*	*523*	*13.08.2005*	*Woolstone Hill/Oxfordshire/GB*
507	*12.07.2004*	*The Ridgeway/Wiltshire/GB*	*524*	*20.06.2005*	*Monkton Down/Wiltshire/GB*
508	*11.06.2004*	*Telegraph Hill/Hertfordshire/GB*	*525*	*05.07.2005*	*Alton Priors/Wiltshire/GB*
509	*03.08.2004*	*Opposite Silbury Hill/Wiltshire/GB*	*526*	*20.07.2005*	*Avebury/Wiltshire/GB*
510	*29.07.2004*	*West Kennett/Wiltshire/GB*	*527*	*10.07.2005*	*Lane End Down/Hampshire/GB*
511	*12.07.2004*	*Woodborough Hill/Wiltshire/GB*	*528*	*16.07.2005*	*Waden Hill/Avebury/GB*
512	*06.08.2004*	*Hillwood/Aldbourne/Wiltshire/GB*	*529*	*27.07.2005*	*Swindon/Wiltshire/GB*
513	*20.07.2004*	*Pewsey White Horse/Wiltshire/GB*	*530*	*27.07.2005*	*Avebury/Wiltshire/GB*
514	*15.06.2004*	*Woodingdean/East Sussex/GB*	*531*	*21.08.2005*	*Alton Priors/Wiltshire/GB*
515	*01.08.2004*	*Beacon Hill/Hampshire/GB*	*532*	*20.08.2005*	*Marden/Wiltshire/GB*
516	*07.08.2004*	*Wilton Windmill/Wiltshire/GB*	*533*	*09.08.2005*	*Wayland Smithys/Oxfordshire/GB*
517	*03.05.2004*	*Pegsdon Hill/Hampshire/GB*			

Quellenverzeichnis – Quellenverweise

1 Auer, Ingrid: Heilende Engelsymbole, Verlag „Die Silberschnur“

1.1 Anderhub, Werner u. Roth, Hans-Peter: Das Geheimnis der Kornkreise, AT-Verlag

1.2 Bauer, Wolfgang/Dümotz, Irmtraud/Golowin, Sergius: Lexikon der Symbole – Mythen, Symbole und Zeichen in Kultur, Religion, Kunst und Alltag, Heyne-Sachbuch 1990

2 Benedikt, Heinrich Elijah: Die Kabbala, ...: Bauer Verlag

2.1 Bhagavad Gita 7

3 Braden, Gregg: Das Erwachen der neuen Erde, Hans Nietsch Verlag

4 Bührke, Thomas: Kosmische Welten, Verlag Zweitausendeins

5 Churchward, James: Mu der versunkene Kontinent, Windpferd-Verlag

6 Cotterell, Maurice M.: Die ersten Götter, Heyne Verlag

7 Creme, Benjamin: Maitreyas Mission, Edition Tetraeder

8 Czarnetzki, Waldemar: There is Good out there, Magazin 2000plus Nr. 176, Argo Verlag

9 Dames, Michael: The Silbury Treasure, Thames and Hudson

10 Delgado, Pat&Andrews, Colin: Kreisrunde Zeichen, Verlag Zweitausendeins 1990

10.1 Drosnin, Michael: Bibel-Code, Teil 1, Heyne-Verlag

11 Elia der Prophet: Die Legende von Atlantis - Prophezeihungen von Elia zur Endzeit 2011, Band I, Sternentorverlag 1995

12 Elia der Prophet: Ein Zeuge der Götterdämmerung - Prophezeihungen von Elia zur Endzeit 2011, Band II, Sternentorverlag 1995

13 Florek, Reinhard: Das Runden-Handbuch, Windpferd-Verlag

13.1 Frissell, Bob: Zurück in unsere Zukunft, E.T. Publishing Unlimited

14 Godwin, Malcolm: Engel - eine bedrohte Art, Verlag Zweitausendeins

15 Greber, Johannes: Das Neue Testament, Verlag Greber-Kreis Ungarn

16 Goodman, Linda: Star Signs - Sternzeichen, Knaur Verlag

16.1 Goldner, Jay: E.T. hat geantwortet, Verlag „Die Silberschnur“

17 Gott der Herr: Die Neue Bibel, Verlag Lichtkreis Christi

18 Häne, Jakob, Prof. Dr. Morant, Peter: Apokalypse - Geheime Offenbarung, Christiana-Verlag

18.1 Haisch, Elisabeth, Einweihung, Drei-Eichen-Verlag
18.2 Halevi, Z'ev ben Shimon: Der Weg der Kabbala, Knaur-Verlag
19 Hallman, Frithjof: Das Rätsel der Labyrinthe, Verlag Michael Damböck
20 Haselhoff, Eltjo: Faszinierende Kornkreise, Verlag Tobe-Beust 2001
21 Hatcher Childress, David: Anti-Gravity & The World Grid, Adventures Unlimited Press
21.1 Hawkings, Gerald S.: Euclid's Crop Circles + Geometry in English Wheat Fields
22 Heinz-Mohr, Gerd: Lexikon der Symbole - Bilder und Zeichen der christlichen Kunst, Herder Spektrum, Hugendubel
22.1 Herwig, Michael: Der Bergpark Wilhelmshöhe – Landschaftstempel und Einweihungspark, BOD
23 Hesemann, Michael: Kornkreise, Verlag „Die Silberschnur“
24 Hurtak, Dr. J.J.: Die Schlüssel des Enoch, Akademie für die Wissenschaft der Zukunft
25 Hurtak, Desiree und Dr. J.J.: Die Synoptischen Evangelien, Akademie für die Wissenschaft der Zukunft
26 James, Geoffrey: Engelszauber: die verbotene Kunst, München: Verlag Hugendubel, 1998
27 Koch, Joachim und Kyborg, Hans-Jürgen: Die Antwort des Orion, Verlag Langen Müller 1997
28 Kranz, Hans-Joachim, Angelner Korn-Kreis-Kommentar
29 Krönig, Jürgen:Und wieder Kornkreise, Verlag Zweitausendeins
30 Lindwurm, Siegfried: Vorsicht Licht, Argo Verlag
31 Lorber, Jakob: Großes Evangelium des Johannes, Lorber Verlag
32 Lorber, Jakob: Erde und Mond, Lorber Verlag
33 Love, Jeff: Die Quantengötter, Verlag rororo
34 Luther, Martin: Die Bibel, Bibeltext in der revidierten Fassung von 1984 , Herausgegeben von der Evangelischen Kirche in Deutschland, Deutsche Bibelgesellschaft 1985
34.1 Mandelbrot, Benoît: Die fraktale Geometrie der Natur, Birkenhäuser Verlag
35 Maier, Johann, Die Kabbala, Verlag C. H. Beck
36 Marciniak, Barbara: Boten des neuen Morgens, Bauer Verlag
37 Marciniak, Barbara: Plejadische Schlüssel zum Wissen der Erde, Bauer Verlag
38 Melchizedek, Drunvalo: Die Blume des Lebens, Band 1, KoHa Verlag, Almstr.4, 84428 Burgrain
39 Melchizedek, Drunvalo: Die Blume des Lebens, Band 2, KoHa Verlag, Almstr.4, 84428 Burgrain
40 Miers, Horst E.: Lexikon des Geheimwissens, Goldmann Sachbücher
41 Miller, Hamish & Broadhurst, Paul: The Sun and the Serpent, Pentragon Press
41.1 Möller, Jens M.: Geomantie in Mitteleuropa, Aurum Verlag
42 Müller, Andreas: Kornkreise - Geometrie, Phänomene, Forschung, AT Verlag 2001
43 Noyes, Ralph: Die Kreise im Korn, Heyne Verlag1990
44 Olvedi, Ulli und Kuby, Clemens: Living Buddha - Die siebzehnte Wiedergeburt des Karmapa in Tibet, Goldmann Verlag München 2001
44.1 O'Neill, John: Tesla, Verlag Zweitausendeins 1998
45 Pfaffenhoff, Jean-Marie: Die Engel Deines Lebens, Verlag „Die Silberschnur“
46 Papus: Die Kabbala - Übersetzung von Julius Nestler, Fourier Verlag Wiesbaden
47 Prabhupâda, Bhaktivedanta Swami: Im Angesicht des Todes, The Bhaktivedanta Book Trust
47.1 Purce, Jill: The mystic spiral, Thames u. Hudson
48 Quan Yin, Amorah: Das Plejaden Arbeitsbuch, Goldmann Verlag
49 Randles, Jenny und Fuller, Paul: Kreise im Korn - Ein Mysterium wird aufgeklärt, Goldmann Verlag München 1991
49.1 Rawles, Bruce: Mandalas der Heiligen Geometrie, Verlag „Die Silberschnur“, 1999
50 Ronan, Colin A.: Naturgeschichte des Universums, Naturbuch Verlag
51 Schlottig, Markus: Der Schlüssel zum Garten Eden, Argo Verlag
52 Schmidt, K.O.: Das Thomas-Evangelium, Drei Eichen Verlag
52.1 Schwarz-Winklhofer J. u. Biedermann H.: D. Buch der Zeichen und Symbole, Verlag f. Sammler
53 Sediq, Milo: Theorien über die Kornkreise - Ansichten , Einsichten und Betrachtungsweisen über das Kornkreisphänomen, Verlag Bimax - Neue Medien 1998

54 Smith/Braeucker: Mutter Erde wehrt sich, Govinda Verlag
55 Spektrum der Wissenschaft: Verständliche Forschung: Chaos und Fraktale - Mit einer Einführung von Hartmut Jürgens, Heinz-Otto Peitgen und Dietmar Saupe, Verlag Spektrum der Wissenschaft
55 Time Life: Geheimnisse des Unbekannten: Die Suche nach der Seele, Time Life Verlag
56 Wilson, Terry: The Secret History of Crop Circles, Centre for Crop Circle Studies
58 Video: Melchizedek, Drunvalo: Die Ultimative Liebesgeschichte, Satjana´s - Two Wolves Song
59 Video: ITC Entertainment Group: Jesus von Nazareth, Teil 1 - 4
60 Video: Hesemann, Michael: Schiffe aus Licht

Websites, die als Informationsgrundlage dienen:

www.cropcircleconnector.com
www.invisiblecircle.de
www.fgk.org
www.thenoiseroom.com
www.circlemakers.org
www.mysteries-megasite.com/cropcircles/crop.html
www.bltresearch.net
www.kornkreise.de
www.kornkreise.ch
www.jf-archiv.de/archiv99/42Syy38.htm
home.t-online.de/home/wrsinfo/Seite3.html
www.schwochow.de/Kornkreise/news.html
www.franklaumen.de
www.magazin2000plus.de
www.weberbio.de
www.ich-bin-licht.de

Entdecken Sie die Welt der Grenzwissenschaften mit...

MAGAZIN 2000 plus
KOSMOS ERDE MENSCH

Das maßgebende und aktuellste Magazin im deutschprachigen Raum

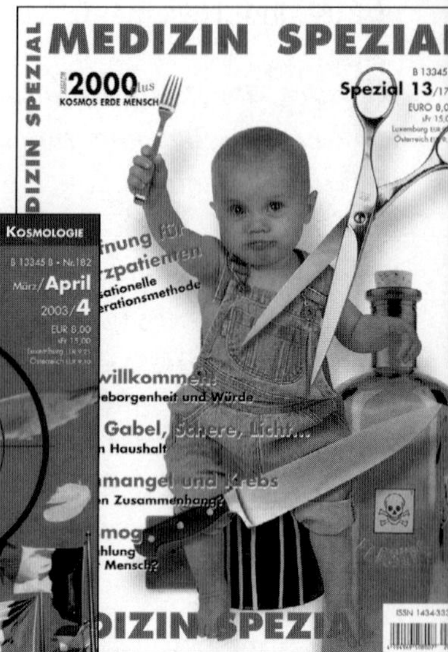

für die Themenbereiche:

- **Grenzwissenschaften**
- **Religion**
- **Astronomie**
- **Astrologie**
- **Parapsychologie**
- **Zeitgeschichte**
- **Kornkreise**
- **Mystik**
- **Freie Energie**
- **Esoterik und Spiritualität**
- **Medizin / Biologie**
- **UFO-Forschung**

Ihr Magazin 2000plus informiert Sie seriös, kompetent und mutig über die neuesten Erkenntnisse und Entdeckungen, die von den Massen-Medien nur oberflächlich oder gar nicht erwähnt werden.

Magazin 2000plus erscheint alle zwei Monate! Hinzu kommen ca. vier Spezialausgaben im Jahr. 100 Seiten, farbig; mit vielen und Artikeln führender Forscher aus aller Welt.

Fordern Sie ein kostenloses Probexemplar an:
Magazin 2000*plus* Web-Seite: www.magazin2000plus.de
Magazin 2000*plus* E-Mail: info@magazin2000plus.de

Argo

Abonnementpreise: jeweils 6 Ausgaben inkl. Spezialhefte

Deutschland:	EUR	40,00
Europa:	EUR	49,00
Luftpost u. sonst. Ausland	EUR	60,0

Erscheinung: 6 mal jährlich + ca. 4 mal Spezial jährlich

Argo-Verlag, Sternstraße 3, 87616 Marktoberdorf • Tel: 0 83 49 / 920 44-0, Fax: 0 83 49 / 920 44 49

Bestellen im Internet: www.magazin2000plus.de

Vom Wundern zum Wissen -
Worum geht es dem meistgetesteten Heiler der Welt?

Dr. Maren Hoffmann

Die heilende Kraft der Liebe

Christos Drossinakis der meistgetestete Heiler der Welt.

Das Phänomen der Geistheilung begleitet die Menschen seit ihrer Entstehung. Derartige Methoden werden nach wie vor wie selbstverständlich von vielen Naturvölkern praktiziert. Christos Drossinakis setzt sich seit Jahren dafür ein Methoden zu entwickeln und zu dokumentieren, die wissenschaftlich die Wirksamkeit Geistigen Heilens belegen. So unterzog er sich an weltweit renommierten Instituten und Universitäten umfangreichen Tests, die seine Kräfte bio-physikalisch meßbar und damit auch nachweisbar machten. Lassen Sie sich in eine Welt entführen, die Ihnen zeigt, daß Kraft und Energie der menschlichen Seele weit über die Möglichkeiten hinausreichen, als man ihr bisher wissenschaftlich zugestanden hat...

Großformat A4 mit schwarzweißen und farbigen Abbildungen
Euro 25,00 • ISBN 3-9808745-0-8

Professor Dr. A. Bubrov beim gemeinsamen Auftritt mit Christos Drossinakis während einer biophysikalischen Konferenz.

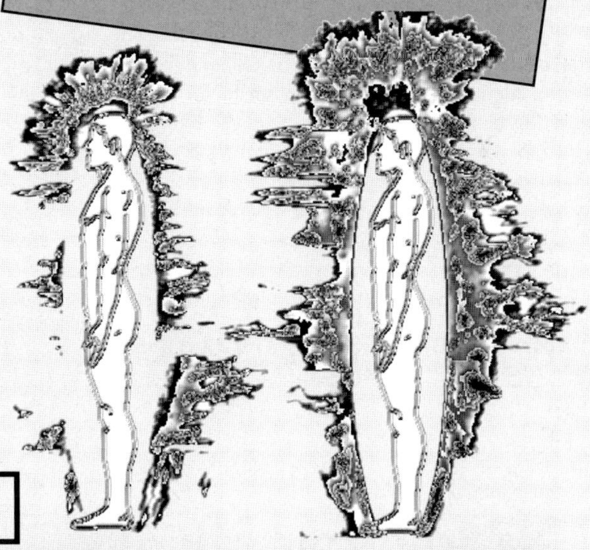

Messungen des Energiefelds des Heilers.

„Gott heilt immer mit!"

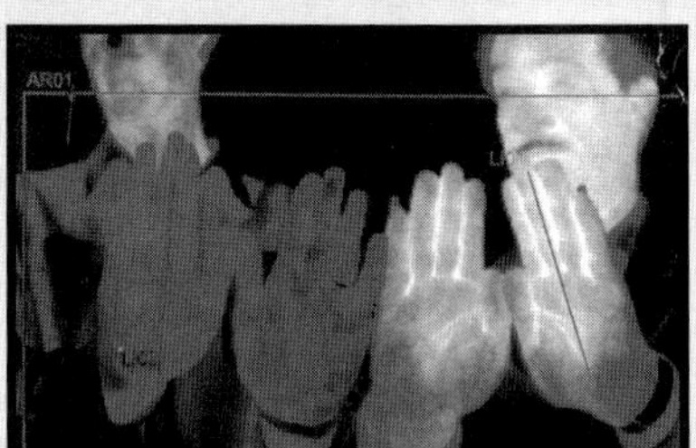

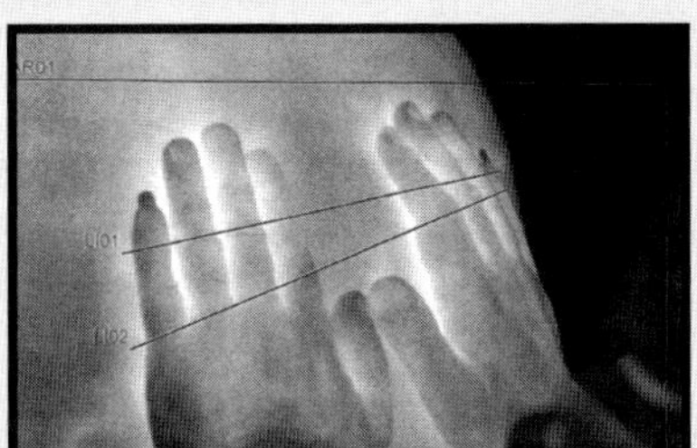

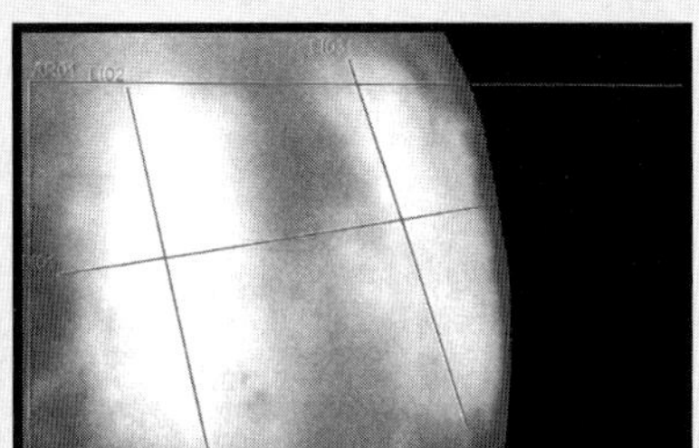

Infrarotdarstellungen von Drossinakis' Handauflegen.

„Geistiges Heilen muß wissenschaftlich erforscht werden. Nur so läßt sich die Spreu vom Weizen trennen - und den Patient vor Nichtskönnern schützen."

Christos Drossinakis

Bestellen im Internet: www.magazin2000plus.de

Adrian Snyman

Worte eines Propheten

Der Seher van Rensburg

Adriaan Snymann ist es zu zu verdanken, daß die Schauungen und Prophezeiungen des Sehers van Rensburg die Europa, Afrika, ja die ganze Welt betreffen in diesem Buch niedergeschrieben werden konnten.Die Prophezeiungen wurden während seiner Lebzeiten von 1899 bis 1926 von van Rensburgs Tochter niedergeschrieben.Die Niederschriften werden im Archiv des Lichtenberg Museums aufbewahrt. Es ist schon über hundert Jahre her, als die Schauungen und Visionen begannen und daher besonders überraschend, mit welcher Genauigkeit van Rensburg die für die Menschheit zukünftigen Ereignisse und Entwicklungen niederschrieb. Dieses Buch schließt die vorhandene Lücke zwischen Nosdradamus und Irlmaier. Es überrascht durch die präzisen Vorhersagen und kann Ihrer persönlichen Lebensplanung dienen.

Euro 25,00 • ISBN: 3-937987-19-3

Dr. Dr. Klaus Zak

Geheimlehren

Definitionen von Alchemie-Metaphysik-Mystik bis zu Naturwissenschaften

Alles was auf der materiellen Ebene erscheint, ist im Geistigen vorweggenommen, und so sind die mystischen Zusammenhänge jedes individuellen Seins erklärbar. Katastrophen, Krankheit, Gesundheit, Partnerschaft, das Glück der Liebe – tauchen nach den Gesetzen der Metaphysik und Alchemie in jeden Lebensstrom ein, um uns zu prüfen und nach den Prinzipien der Mystischen Elemente zu entwickeln. In der heutigen Welt findet sich die Überbetonung des niedrig Materiellen und der globalen uferlosen zwieträchtigen Ausbeutung-Zerstörung unseres Planeten. Die Menschheit sollte in der Religion der wahren Werte innehalten und sich ihrer höheren Bestimmung nach neu besinnen. Als Arzt, Homöopath, Osteopath, Naturwissenschaftler und Wissenschaftsjournalist weist der Autor selbst auf eine „Spiritual-Science", die den Stand unseres Wissenschaftsbildes überhaupt erst ermöglichte und aus der die Menschheit neues Wissen von höheren Ebenen schöpfen kann.

Euro 15,00 • ISBN: 3-937987-18-5

Wolfgang Brunéll

Die Schatzoffenbarung

Auf der Fährte des Mysteriums von Rennes-le-Château

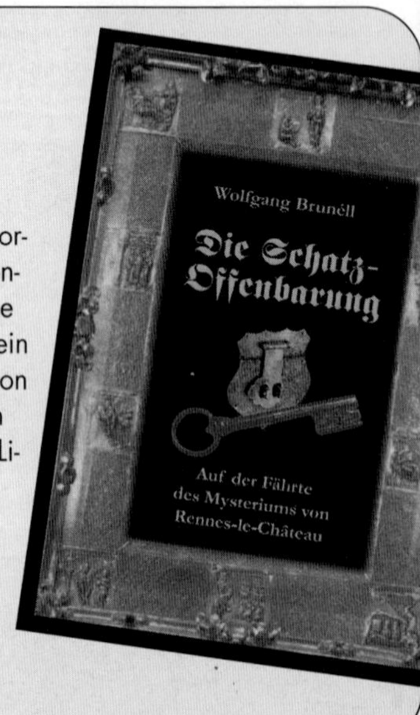

Es ist wahrlich phänomenal: seit den 20er Jahren des 20. Jahrhunderts wird die Gemeinde der Forscher - professionellen wie laienhaften - stetig größer, die sich intensiv und beharrlich mit der abenteuerlichen Legende um ein südfranzösisches Bergdorf beschäftigen. Und mit der lockenden Frage „Wo ist der Schatz?" oder ebenso „Was ist der Schatz?" Urheber eines wahren Rätselfiebers ist ein Landpfarrer, der das Entstehen und die Verbreitung eines immer noch faszinierenden Märchens von einem unermesslichen Schatz kräftig gefördert hat, von zig Tausenden faszinierten Schatzsuchern als Verheißung von Gold, Geld und Edelsteinen, also von Reichtum verstanden. In der Sachbuch-Literatur ist das Thema ein Dauerseller, längst auf dem Weg zu einer „Unendlichen Geschichte". Dabei aber scheint es vielen Autoren vor allem darum zu gehen, an diesem Mysterienspiel nur teilzunehmen, nicht aber die Lösung des Rätsels anzustreben. So wird grenzenlos theoretisch über Mögliches und Unmögliches spekuliert: über einen Schatz der Templer oder Katharer, über den „Gral", die Bundeslade, das letzte Grab Jesu...

Euro 15,90 • ISBN: 3-937987-15-0

Bestellen im Internet: www.magazin2000plus.de

Themen, die die Welt bewegen ...

Grazyna Fosar, Franz Bludorf

Zaubergesang

Frequenzen zur Wetter- und Gedankenkontrolle

4. Auflage

Die globale Klimaentwicklung und die Eingriffe in die Privatsphäre der Bürger gehören zu den dringensten Themen unserer Zeit. Die Autoren weisen fundiert nach, daß beides auf den gleichen Grundlagen basiert. Sie lesen über Wettermanipulation, Frequenzwirkungen auf Körper und Psyche, Frequenzdrogen über Äther und wie Sie sich vielleicht dagegen wehren können.

Euro 23,00 • ISBN 3-9808206-6-1

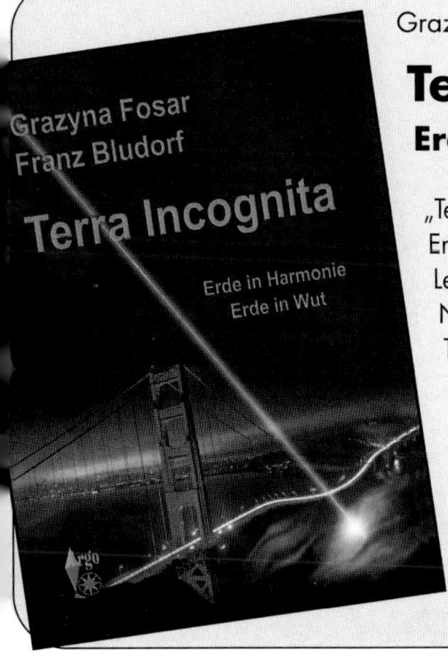

Grazyna Fosar, Franz Bludorf

Terra Incognita

Erde in Harmonie–Erde in Wut

„Terra Incognita" ist ein Spiel, das die Menschheit seit Jahrtausenden spielt. Es geht um Macht, Energie und verschleierte Kontrolle. Dieses Buch zeigt einige Spielregeln. • Das unterirdische Leben in Moskau, Berlin, Tokio... und in den USA • Vatikan bindet Bewußtseinsenergien • Natürliche und künstliche Erdbeben, Tsunamis • Tektonische Waffen, EMP-Strahlenwaffen, Tesla-Waffen • Das "Czakram" von Krakau und die Kathedrale von Chartres • An der Grenze von Shambhala • Geomantie im Bundestag • Geomantische Strukturen in Rom, Washington und Berlin • Kraftorte, Lithopunktur und Drachenwege • "Border Frequencies" - Die Grenze zwischen uns und "den anderen" • Freie Energie und Time Warps

"Terra Incognita" ist nicht irgendein Spiel. Es ist das Spiel - mit einer harmonischen und einer gefährlichen Variante.

Euro 23,00 • ISBN 3-937987-17-7

Mark Hazlewood

Planet X auf Erdkurs

Umwälzungen auf der Erde

2. Auflage

Planet X ist unser 10. Planet, (nach Z. Sitchin auch der „12. Planet") der in zahlreichen historischen Aufzeichnungen untergegangener Zivilisationen mit einer Vielzahl von Namen erwähnt wird. Er kreist um zwei Sonnen und vollendet eine Umlaufbahn in ungefähr 3.600 Jahren. Tritt er in unser Sonnensystem ein, sind die Auswirkungen, selbst aus großen Entfernungen, weitreichend. Ein Zusammenspiel zwischen den elektromagnetischen Feldern des Planeten und der Sonne beginnt.

Euro 23,00 • ISBN 3-937987-02-9

Bestellen im Internet: www.magazin2000plus.de

Traugott Ickeroth

Im Namen der Götter

Band 1 – Eine Chronologie fremden Einwirkens

Unsere Geschichte ist eine völlig andere, als Lehrautoritäten und Medien gemeinhin vermitteln. Wir sind weder die erste „Menschheit" auf dem Planeten, noch ist die Darwin'sche Evolutionstheorie haltbar. Fremde Intelligenzen manipulierten die Entwicklung in ihrem Sinn, griffen unzählige Male in ihre Schöpfung ein und hinterließen Monumente, die nach vorurteilsloser, offener und freier wissenschaftlicher Betrachtung nicht von unseren Vorfahren errichtet worden sein können. Weder waren die Pyramiden Grabmäler, noch Teotihuacán, Stonehenge oder Tiahuanaco Observatorien. Laut tradierter vedischer Philosophie verläuft die Zeit – konträr zu unserem linearen Zeitverständnis – in riesigen, spiralförmigen Zyklen, welche die Maya als Träger von Zeitprogrammen betrachteten, in denen vorgegebene Erfahrungen gemacht und abgeschlossen werden müssen.

Euro 23,00 • ISBN 3-937987-00-2

Traugott Ickeroth

Im Namen der Götter

Band 2 – Die Fortsetzung der Manipulation

Band 2 ist eine nahtlose Fortsetzung des ersten Buches „IM NAMEN DER GÖTTER – Eine Chronologie fremden Einwirkens". Die „Götter" haben sich nur scheinbar von dem Schlachtfeld Erde zurückgezogen. Im Hintergrund ziehen sie weiterhin die Fäden. Dies tun sie aus ihren feinstofflichen, für uns unsichtbaren Reichen, aber auch in unserer dreidimensionalen Welt tauchen sie als Außerirdische auf. Sie sind jene Instanzen, mit welchen eine verborgene Elite zweifellos in Kontakt steht – ob zum Wohl der Menschheit, darf in Frage gestellt werden.

Euro 23,00 • ISBN 3-937987-01-0

Reinhold Lutzmann

Energiequelle Tesla

Biographischer Roman

Ein umfassend recherchierter Roman, der es sich zur Aufgabe macht, seinen Leser in unterhaltsamer und leicht verständlicher Form an das selbstlose und geniale Wirken eines außergewöhnlichen Ingenieurs, an die Fülle seiner Entdeckungen und Erfindungen und an die Auswirkungen seines Lebenswerkes auf die heutige Gegenwart heranzuführen. Lesen sie selbst was und warum die für die Menschen zukunftsweisenden Technologien unterdrückt wurden.

Euro 26,00 • ISBN 3-9807917-6-9

Bestellen im Internet: www.magazin2000plus.de